国家社科基金
后期资助项目
GUOJIA SHEKE JIJIN HOUQI ZIZHU XIANGMU

李开先藏书、著述与刻书研究

Research on Li Kaixian's collection, writing and engraving of books

霍艳芳　著

ZHEJIANG UNIVERSITY PRESS
浙江大学出版社
·杭州·

国家社科基金后期资助项目
出版说明

后期资助项目是国家社科基金设立的一类重要项目,旨在鼓励广大社科研究者潜心治学,支持基础研究多出优秀成果。它是经过严格评审,从接近完成的科研成果中遴选立项的。为扩大后期资助项目的影响,更好地推动学术发展,促进成果转化,全国哲学社会科学工作办公室按照"统一设计、统一标识、统一版式、形成系列"的总体要求,组织出版国家社科基金后期资助项目成果。

全国哲学社会科学工作办公室

自 序

当初,研究李开先是有多方面原因的。一是读硕士和博士的时候,除了发表的文章有几篇是从人的角度微观研究之外,学位论文和专著大多是从朝代角度进行的宏观研究,写完博士论文之后有相当长的时间不知道如何选题写作七八千字的小论文。导师曹之教授曾经说过做学问如能宏观、微观都做,才算真正地出神入化,学术水平才能真正得到提高。参加工作之后,教学之余做科研的时间明显不够,学术水平处于停滞状态,内心不时会涌现一种欠缺感和愧疚感。为了申请山东省博士后项目,个人觉得要选择一个跟山东省或济南市有关系的人或事情进行研究,无意中就选中了李开先,当时对他的了解并不多,仅知道他在文学上成就比较大,又是位藏书家,而查找很多资料之后,发现他还刻印图书,于是决定对他的藏书、著述和刻书成就进行深入研究。二是本科、硕士和博士阶段,一直攻读的是图书馆学专业,虽然攻读硕士和博士学位期间在导师的指导下做了官修史,但对藏书史的兴趣一直益然,尤其重视古代藏书家的藏书轶事和藏书精神。李开先虽然以文学成就扬名,但其藏书宏富,藏书成就实在不可无闻,选择这一题目进行研究实乃圆自己的一个梦。

不过,真正的研究过程开展得并不顺利。经过搜集大量的资料,也曾写出一些小文来,乘兴投稿,结果都以失败告终,辗转数次即发现自己的研究要想从事下去太难。曾打电话问编辑部的老师,有位老师说现在文献学的出路很小,这类稿件版面都在压缩,入选的还在排队等候刊期。试了很多刊物,无一例外碰壁,这种结果和局面使我一度很压抑,怀疑自己的写作能力,也质疑这些刊物的审稿取向和录用标准。后来,看到广西师范大学2001年的一篇硕士毕业论文——《李开先与嘉靖八才子交往考论》,作者梁海柱在"余论:李开先研究的独特发展之路"中指出:"目前李开先研究仍沿着九十年代的路子继续向前发展,但它的发展前景十分暗淡。这倒不是因为研究者缺乏研究的积极性,而是因为李开先及其作品本身缺乏深度。李开先的思想单薄,没有超出前人和同时代人特别的东西,李开先文学主张更缺乏系统性。对它的研究除了钩稽出一些文学观点外，很难深入下去，似也无深入下去的必要。"他的说法很有道理，难道我做这个藏书方面的研究也没有必要、没有前景吗？我彷徨，无助，长期为之沮丧。心情经过沉淀，最终还是决定自己喜欢的事情要咬牙做下去，不能半途而废，即便持续时间更久，克服困难再多，也要继续坚持。

跟这本著作的撰写过程同样曲折的是我申请教育部和国家社科青年项目的经历。2012年初，参加工作半年的我听同事谈怎样申请项目，师兄师姐也对我各种鼓励，我尝试申请了教育部社科青年项目，当时可以同时申请国家社科项目，然而懵懂无知的我以为教育部的项目应该比较容易中就没有申请国家社科项目，结果愿望落空，心里很不是滋味，就暗下决心次年两个项目同时申请。谁知到了第二年，教育部项目和国家社科项目只能二选一，我又申请了一次教育部项目，结果再次失利。到了第三年，教育部规定连续两年申请未中，要停上一年才能申请，我就转向申请国家社科项目，结果国家社科项目连续两年也未中。就这样每次申请每次铩羽而归，心中苦不堪言。其实，回头想想还是自己太迟钝，对各种政策反应太慢，2012年院里就鼓励大家申请国家社科基金后期资助项目，当时我觉得刚定稿的著作《中国图书官修史》已经和武汉大学出版社签订出版合同，就没有申请，后来武汉大学出版社有了申请国家社科基金后期资助项目著作的机会，我仍然没有申请。在2016年底，我以一本专著和九篇发表在CSSCI来源期刊上的论文荣升副教授和硕士生导师，虽然平稳晋升，但提起项目这一短板，仍然为之气短和唏嘘不已。2017年初以"李开先藏书、著述和刻书研究"这一选题申报国家社科青年项目，再次以失败告终。7月，在网上查到这一结果之后，并没有以前那么伤心，就想着好好写书稿，在9月份申报后期资助。因为下半年在家里休产假，就没有返回学校。我一边抱着吃奶的女儿，一边整理资料、搭建框架，竟然写了几万字。快到9月时，想着学校人文社科研究院怎么还没下发申报通知，就去全国哲学社会科学规划办公室网站"项目申报与管理"栏目查看相关消息，才后知后觉地发现后期资助又改为每年一次，仅在4月份受理申报。当时，心中如同打翻了五味瓶，带女儿时精神都有些恍惚，甚至嫌四岁的儿子吵得心烦。经过两天的休整，心情渐渐平复，自嘲地想自己的运气还真不是一般的差，但旺人的本事不小，连续四年谁拉我做课题组成员谁的项目准中。

2019年春季学期，我边上课边准备相关书稿，当时分作三四个Word文档，无论框架还是内容都非常粗略，连书稿的雏形都没有，隐约有当年是否能够如期提交书稿的担心。庆幸的是，全国哲学社会科学工作办公室的网站还没有挂出国家社科基金后期资助项目的申报通知，紧凑地利用时间还是能够在当年申报的。就是抱着这样的想法，我常常泡在办公室中，将接孩子放学的任务交给妈妈——我和老公两地分居，孩子跟着我在济南，一直等天完全黑下来才回家吃晚饭、陪孩子。为了摆脱黏人的女儿的纠缠，常常让妈妈把她带到另外一个房间或阳台，拎着包和鞋子做贼似的偷偷出门。

　　5月中旬，申报通知终于在全国哲学社会科学工作办公室的网站上出现，规定项目的集中受理申报时间为7月1日至7月15日，比上年迟了一两个月。山东大学人文社科研究院的网站稍后挂出，申报截止时间是6月21日，我当时有些着急上火。河南小麦成熟的时间是6月初，妈妈必须赶回去收麦，收麦之后又是播种玉米和晾晒麦子，根本无法再离开家里。也就是说，她走之后，我一人带俩娃，吃喝拉撒都是问题，研究进度肯定会大大减慢。这种焦躁心情持续了两天，我渐渐接受这种现实，急没有用，在妈妈离开之前能多写一些是一些，妈妈离开之后以照顾俩娃为重，他们不生病就是万幸。半个月时间的披星戴月，书稿凑了20万字，感觉如果能够写成25万字就算万事大吉了。5月底，爸爸来济南接妈妈，只住了一晚就要赶回老家。他们带着牵挂坐上去火车站的出租车之后，我就开始一天的忙碌，做早饭、洗衣服、喊儿子起床并送他上学，喊女儿起床，给她穿衣服，喂她吃完饭后已经9点半了，想着家里无法静心工作，就骑电动车带她到办公室去。谁知道准备工作不太充分，小孩子手快，一把将温开水碰倒，一身衣服湿透，我把外罩脱下来将她包裹严实带她回来换衣服，经过一番折腾之后就长了记性，出门必定为她准备两身衣服和一个睡觉盖的小被子。儿子去上幼儿园之后我和女儿在办公室，等接了他放学，我准备好煮好的鸡蛋或玉米，又带他们到办公室，然后到8点多才回家。他们和爸爸视频的时候，我准备晚餐。吃完晚饭，已经9点，又不想让他们立马睡，就出去溜达一下，大街上行人寥寥，等我们回来仅剩下街角的一家超市和送夜里外卖的一家店子有灯了。三人洗漱完毕，每天11点能睡就是大幸。到了周末，儿子再也不肯跟我去办公室，我只好休工半天带他们去公园或者游乐场犒赏一下，以便更快地恢复他带妹妹的积极性。当我把这边的情况跟老公说了之后，他很心疼，向领导请示之后，成功获准休一个月的探亲假。他来了之后，承担起洗衣做饭带孩子的后勤工作。我立马进入高级战备状态，加班加点地码字，书稿最终得以如期提交。书稿虽说可以仅仅完成80%，想起其中的草率和简陋，心中不免忐忑不安，但又逼迫自己不要去想结果如何，暗暗发誓一次不行再来一次。提交之后，书稿的写作未曾中断，框架不断调整，资料不断扩充。直到9月底，负责科研统计和项目申报的副院长代国玺老师给我发来立项公示的通知，我看到自己的名字有幸在列特别激动，自己和家人的付出终于有了回报。学院微信交流群中，领导和各位同事发来很多祝贺，我提醒自己再接再厉，不要辜负所有关心和支持我的人。

三十几年来，自忖做人做事无愧于心，唯独对妈妈特别亏欠。我和老公两地分居，一南一北，因公公和婆婆年老多病，大字不识几个的妈妈就从农村赶来帮我带孩子，她克服乘车晕车、语言不通、城里迷路等困难，短短四个月就瘦了近十斤。每次儿子生病，她守在床边偷偷流泪，看在眼里，我再难受也要忍住，趴在电脑前面继续敲字。我赶书稿的那段时间，她一大早起床做早饭和洗衣服，等我送大宝上学之后，她喊小宝起床，给她穿衣服，然后哄着小宝玩，中午做午饭后又哄她睡午觉，下午5点时带着小宝去接大宝放学，然后带着他们在小区里玩到天黑，不等我回来又将孩子哄回家做晚饭。一天到晚忙下来，吃完晚饭不到8点就累得只能上床休息，一沾床就睡着了。为了她的女儿，她硬生生地改变了自己的生活习惯，并接受我的育儿观念，事情尽量做得让我放心和舒心。如果说我的岁月还算静好，那是因为妈妈在为我负重前行！

老公身为检察官，工作非常繁忙，不在一起时，他每天都抽时间和我们视频，安抚我焦躁的情绪，教训捣蛋的儿子，逗弄乖巧的女儿，我们虽然身在两地，沟通完全没有中断，这也是一家四口心理上没有隔阂的原因。我和孩子到他身边时，再忙他也尽量腾出时间带孩子，让我有时间能够做些学术研究，看着孩子在他怀里哇哇地大哭闹瞌睡直到累了睡着，我几次忍不住要停下来去哄，他都制止我，最后他摸索出靠给孩子放音乐哄睡觉的方法。有时候一些学术上纠结的问题，跟他讲一下，知识渊博的他竟然能够给出一些有参考性的建议，使我如醍醐灌顶，郁结得以缓解。

我觉得这几年最对不住的是儿子，他几个月大时就随我来回奔波，居无定所。我们先后租住过博士后公寓、百货公司旁边民宅、百货公司院内老房、洪楼一小教师宿舍和重汽职工宿舍，搬家那几天他饿的时候就只能泡点方便面和吃几块饼干，他还自豪地跟别人说他有好几个家，有时候路过那些地方，他还建议我去房子里看看。姥姥做家务时，他想让我跟他玩儿，我就让他自己玩玩具，我记忆中对他说的最多的话就是："儿子别闹，等下妈妈陪你玩儿。"有了妹妹之后，他自己玩玩具也成了奢望——他要帮我带妹妹，他边拿玩具逗妹妹边问我："妈妈，我带妹妹带到什么时候？""妈妈，你还要忙多久啊?"有时候,被他问得烦了,手头事情还没做完,我就会吼他,让他再坚持一下,吼过之后就觉得特别后悔。也有时候恨不得自己能有三头六臂,把工作做完之后,陪在他们身边,享受啥也不做的幸福。为母则刚,自知被岁月历练得有些刀枪不入,但他们是我心底的柔软,冬日寒夜里的火苗。为了他们的美好明天,再苦再难我也要砥砺前行。

特别感谢他们,这种爱和支持使我在学术的道路上走得更加坚定和踏实。

2020 年 3 月于山东大学

2021 年 11 月 1 日导师曹之先生仙逝,2022 年 12 月 25 日公公潘喜华老师去世,两位老人生前备受阿尔茨海默病的折磨,缠绵病榻数年,愿天国没有病痛,谨以此书献给他们!

目　录

刻 书 篇

绪 论

私家藏书事业发展至明代，呈现出兴盛的局面，藏书队伍和藏书规模远超前代。李开先是明代嘉靖时期著名的文学家、戏剧家，在文学上与王慎中、唐顺之、陈束、赵时春、熊过等并称为"嘉靖八才子"，他的创作涉及诸多方面，如诗文、戏曲、散曲、对联、谜语等，尤以戏曲、散曲成就为高。此外，他也是位著名的藏书家、刻书家，与金陵焦竑并称为"南北两大家"。他一生重视藏书，"藏书之富，甲于齐东"，因他对词曲有着特殊的爱好，藏书中以词曲书最多，故其藏书又有"词山曲海"之誉。同时，他还对珍稀图书、自己及亲友的著作予以仔细整理和编排，并付梓刊行，广为流传，为雅文学和俗文学的发展与整合做了突出的贡献。目前，学术界对李开先的研究多侧重于他的文学成就，对其藏书、刻书等关注较少，本书旨在查缺补漏。在绪论部分，笔者力求介绍清楚这一选题的研究背景和对李开先有所影响的社会因素、家庭因素和个人经历等。

一、研究背景

（一）研究缘起及意义

李开先（1502—1568），字伯华，号中麓，山东章丘人。祖上居绿原村（即今天济南市章丘区埠村街道东鹅庄），罢归后一直居住于章丘城西南寓。中麓之号来自地名，其家附近有一座胡山——今章丘明水以南、309 国道南侧，胡山有神仙洞、山阳洞、妖精洞、狮子洞等名胜，分北麓、中麓、南麓三麓，中麓泉幽石秀、景色宜人①。他曾在此读书著述，因取号中麓，此外在著作中还使用过中麓生、中麓子、中麓山人、中麓放客、中麓野人、中麓病夫等多

---

① 万历《章丘县志·山水考》载：中麓即李太常开先读书处，山下有泉，清冽可鉴须眉，山顶西南有石，隆然挺立，高可数丈，俗呼为"落鹰石"。

个署名①。

选取李开先作为研究对象，有两个原因：一是缘于恩师的希冀和叮嘱，硕士和博士毕业论文皆是以朝代为线索对官方修书这一文化现象的宏观研究，导师建议以后有机会可以从个体入手进行微观探讨，这样才能将学问做得扎实；二是到山东工作之后，立志将学术服务社会，挖掘当地的文化资源，无意间选中了李开先。随着研究的深入，对他的了解逐渐加深，越来越觉得他在营建极大家业的同时，在藏书、文学等方面取得不菲成就，非常了不起。在 2021 年 1 月去他的老家——章丘东鹅庄调研，结识一批李氏后人，说起"开先祖"他们不自觉地流露出自豪的表情，听着他们感激的话语，我觉得自己十年的努力没有白费。

对李开先的藏书、著述和刻书活动进行全方位的研究，具有重大的学术价值和现实意义。

1. 具有历史认知的科学价值

任何一门学科均有其独特的发展过程，而研究学术史的目的就是追寻其发展脉络与历程、还原历史的本来面目。对李开先这位在藏书史、文献学史上占有重要地位并广泛涉足各种文献活动的藏书家进行深入的个案研究，不仅可以明悉史事、阐释谬误，而且可以丰富藏书史、出版史研究的内容。目前学术界关于李开先的认识存在较多错误，比如认为他的藏书楼为万卷楼、"词山曲海"，认为他参加的词会叫"富文堂词会"，认为他和李攀龙不和，等等，本书将进行逐一论证和阐释。

2. 开拓学术研究的范围

研究李开先的藏书情况，对研究图书馆史具有启发作用，对研究我国图书史及图书馆史者具有参考价值。学术界对李开先的研究侧重于他在文学和戏剧方面的贡献，而对他藏书家的身份多有忽视，更未揭示出其藏书的具体情况及与其交游活动、创作成就、出版情况的密切关系。对李开先藏书、著述和刻书活动进行探讨，有利于还原他的文艺活动的全貌，使得后人对他有一个全面而深入的了解。

3. 对今天私人藏书具有借鉴意义

以史为鉴是史学研究的一个重要功能和目的。古代藏书家既收藏，又

---

① 文人取号比较随意，多以当时心境而转移。中麓生和中麓子比较好理解和常见，中麓山人则标榜自己的布衣身份，中麓放客和中麓野人指出自己狂放不羁，中麓病夫交代自己体弱多病。

研究、校勘、传抄、刻印,往往穷尽毕生的心血,对图书了解和掌握的水平以及保存和续命的贡献,皆为现在的图书馆及私人藏书家所未达。他们周围都有一个学者圈子,在收藏、研究、校勘、出版等方面频繁交流、联系密切,这些现象都是在今天私人藏书家中难以见到的。李开先的私家藏书,以其特定的时代和特有的身份,对当时藏书方面的许多问题进行实践,对今天私人藏书的发展仍然具有重要的启迪作用。

4. 发挥学术服务地方的辐射作用

李开先是明代山东具有重要影响的文化先贤,对之进行研究有助于进一步挖掘济南历史文化资源,增强其文化软实力和综合影响力,这将是一件非常有意义的事情。在章丘实地调研的过程中,笔者深切感受到学术研究要走下"阁楼",通过田野考察补充文献记载的不足,而且研究成果可以变得更接地气一些。

(二)海内外已有研究的回顾

1. 海内外研究现状

民国时期,海内外陆续对藏书史进行研究,出现的研究论著有袁同礼《清代私家藏书概略》(《图书馆学季刊》1卷1期)、洪有丰《清代藏书家考》(《图书馆学季刊》1~2卷陆续刊载)、项士元《浙江藏书家考略》(《文澜学报》3卷1期)等。近年来,特别是2000年以来,出现的大量著作中较具代表性的是任继愈主编《中国藏书楼》(2000年)、傅璇琮和谢灼华主编《中国藏书通史》(2001年)、范凤书《中国私家藏书史》(2001年)等通论性著作,《浙江藏书史》《苏州藏书史》等分省区藏书史,以及专述宫廷藏书的《清宫藏书》,还有讲述书史变迁的《中国旧书业百年》和人物传记性的《文献家通考》等,此外更有很多专论某个藏书群体、某个藏书家故实的文章和著作。台湾的藏书史研究颇为兴盛,东海大学中文研究所、台湾大学图书馆学研究所、中国文化大学史学研究所从事著名藏书家及藏书楼研究,在1991年推出的《图书馆学与资讯科学论文丛刊》第二辑影响甚广,其中包括严倚帆《祁承㸁及澹生堂藏书研究》、蓝文钦《铁琴铜剑楼藏书研究》等十本著作。另外,诸如潘美月《宋代藏书家考》(学海出版社1970年版)、潘铭燊《宋代藏书家考》(《华国》1971年第6期)等单本或单篇著作也不少。然而,这些论著对李开先的论述甚为寥寥。

由于李开先在文学上的成就突出,对他文学作品及生平进行考证和勾勒,自然而然地成为学者关注的焦点。20世纪以来,海内外不少学者陆续对他的生平、创作等进行研究,并对他的作品进行搜集和整理,产生了大量的研究成果。海外对其研究较多的国家是日本,青木正儿在所著《中国近世戏曲史》提到李开先的《宝剑记》《断发记》《改定元贤传奇》等,并做了简单介绍,不过,他对李氏戏曲作品的存佚状况不甚了解。稍踵其后又有学者发表数篇关于李开先的论文,例如,岩城秀夫《李开先——关于他尊重古典的意识》主要探讨李开先重元曲轻南戏的戏曲观念,他在《元刊古今杂剧三十种之流传》指出:何煌校录结果与现存元刊本在文字上一致,最终得出元刊杂剧三十种与李开先旧藏必有关系这一结论。赤松纪彦《〈改定元贤传奇〉小考:〈陈抟高卧〉与〈青衫泪〉》和佐藤晴彦《〈改定元贤传奇〉的出版时期》关于《改定元贤传奇》的研究甚至早于国内。新中国成立之后,国内对李开先的研究进入全面发展时期。不过在早期,关于李开先的研究成果多零散地分布在文学史和戏曲史中,未形成专门的著述。笔者所见收录和研究李开先作品的成果较多,如1953年孙楷第在《也是园古今杂剧考》中指出元刊杂剧属于李开先旧藏,1958年傅惜华《明代杂剧全目》列入他《一笑散》中的全部院本,1959年由文学古籍刊行社出版的《古本戏曲丛刊》初集影印了明代嘉靖二十八年刊本《宝剑记》,第五编收录了日本神田喜一郎收藏的完整版《断发记》,等等。

笔者以全部字段="李开先"检索读秀学术搜索里的图书,并通过去章丘实地调研,共发现15种直接相关的中文图书,如表0-1所示。

表0-1 李开先研究的相关图书

序号	书名	作者及编辑方式	出版信息
1	李开先集(上中下)	路工辑校	中华书局1959年版
2	《金瓶梅》作者李开先考	卜键著	甘肃人民出版社1988年版
3	李开先传略	卜键著	中国戏剧出版社1989年版
4	李开先年谱	政协章丘县文史资料研究委员会编	政协章丘县文史资料研究委员会1990年版
5	李开先年谱	曾远闻著	齐鲁书社1991年版
6	李开先	明兆乙著,卢国德审	华艺出版社1999年版
7	李开先	李兆来著	山东文艺出版社2001年版
8	李开先年谱	李永祥著	黄河出版社2002年版

序号	书名	作者及编辑方式	出版信息
9	李开先全集（上中下）	卜键笺校	文化艺术出版社 2004 年版 上海古籍出版社 2014 年修订版
10	李开先与《宝剑记》	孟祥荣著	山东文艺出版社 2004 年版
11	李开先研究资料汇编	徐泳和陶嘉今辑	山东文艺出版社 2006 年版
12	李开先诗文选	李永祥选注	济南出版社 2009 年版
13	李开先	李永祥著	济南出版社 2012 年版
14	李开先《中麓画品》研究	李盟盟著	天津社会科学院出版社 2016 年版
15	李开先《中麓画品》画学思想研究	杨春凤著	吉林美术出版社 2018 年版

综合上表，可以看出以下几点：一是从出版时间来看，最早的是 1959 年，最晚的是 2018 年，中间虽说因"文革"而中断，但是之后学术界对李开先的系统研究一直不温不火，没有突飞猛进，亦没有停滞不前。二是从作者来看，李永祥和卜键两位学者的研究占比较大，李永祥先后写作《李开先年谱》《李开先》并编选《李开先诗文选》，卜键著《〈金瓶梅〉作者李开先考》《李开先传略》并整理大部头的《李开先全集》。这种现象充分说明人文社科研究资料积累的重要性和产出成果的延续性。三是从内容来看，侧重于以下四个方面：（1）对李开先的作品进行整理和收录。1959 年中华书局出版路工辑校的《李开先集》（上中下三册），前两册为《闲居集》，后一册为戏曲散曲与杂著。尽管书中多有缺漏，在之后半个世纪里仍然是研究李开先的第一手资料。2004 年文化艺术出版社出版卜键笺校的《李开先全集》，综合了各种刻本，收录了包括诗文、传奇、院本、散曲、曲论在内的多种作品，并附录卜键的主要研究成果和有关李开先的文献资料，是迄今为止对其作品和资料收录最全的集子，2014 年上海古籍出版社出版了该书的修订版。2009 年李永祥选注《李开先诗文选》收录李开先诗 174 首、词曲 4 种、文 36 篇，附录中收入李开先传记和集评。（2）对李开先的生平、家世进行研究。1989 年卜键著《李开先传略》介绍他的一生，对其家世、做官经历、闲居生活作了系统分析；稍后政协章丘县文史资料研究委员会、曾远闻、李永祥各编著一部《李开先年谱》，对其家世、生平、思想、著述进行介绍；明兆乙、李兆来和李永祥各著一本《李开先》发掘其生平资料，充分肯定了李开先在文学史上的地位。

(3)对李开先的代表性作品进行研究。1988年卜键著《〈金瓶梅〉作者李开先考》从其生平行实与宦迹游踪、作品成书时间、兰陵笑笑生的考辨等方面，支持《金瓶梅》作者为"李开先说"。2004年孟祥荣著《李开先与〈宝剑记〉》对李开先的家世生平、文学思想及其作品《宝剑记》进行介绍。2016年出版的《李开先〈中麓画品〉研究》和2018年出版的《李开先〈中麓画品〉画学思想研究》着重研究李开先的《中麓画品》，对其在绘画品评上的贡献进行充分肯定。(4)关于李开先研究资料的汇集。2006年徐泳和陶嘉今辑《李开先研究资料汇编》，分别从李开先的家世、生平、交游、著述等方面辑录有关文献，具有重要的参考价值。

笔者在中国知网（CNKI）中，将检索条件设定为：主题＝"李开先"，检索日期截止为2022年9月15日，共检索到文献数据264条，剔除无关与重复后得到212篇有效文献。从年度上看，除了1957年1篇和1982年0篇，从1980年至今持续不断，没有突飞猛进，亦没有中断，如图0-1所示。

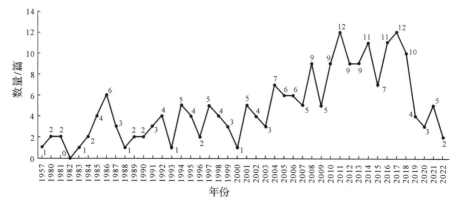

图0-1　相关论文数量年度分布

对212篇有效文献进行分析，有153篇论文来自以下71种学术刊物，如图0-2所示。图中刊物名称的字体越大，代表在该刊物上发表的相关论文越集中，很明显能够看出发表在《艺术百家》《古典文学知识》《戏曲艺术》《齐鲁学刊》等刊物上相关论文数量较多。

153篇论文中有146篇由单一作者独立完成，独著率为96.05%；二人合著文献数为5篇，占文献总数的3.29%；三人合著的仅有1篇，占0.66%。其中，发文数量较多的作者有卜键、刘恒、黄洽等人，如表0-2所示。

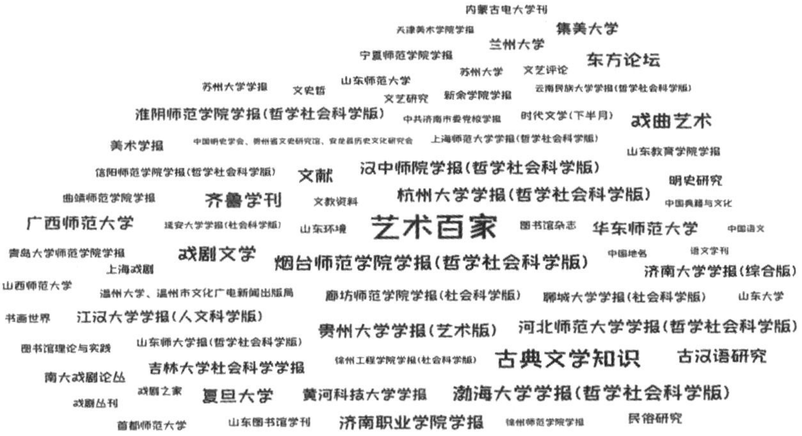
内蒙古电大学刊
天津美术学院学报
集美大学
兰州大学
宁夏师范学院学报
东方论坛
苏州大学
文艺评论
苏州大学学报
文史哲
山东师范大学
文艺研究
新余学院学报
云南民族大学学报(哲学社会科学版)
淮阴师范学院学报(哲学社会科学版)
中共济南市委党校学报
时代文学(下半月)
戏曲艺术
美术学报
中国明史学会、贵州省文史研究馆、安龙县历史文化研究会
上海师范大学学报(哲学社会科学版)
山东教育学院学报
信阳师范学院学报(哲学社会科学版)
文献
汉中师院学报(哲学社会科学版)
明史研究
曲靖师范学院学报
齐鲁学刊
文教资料
杭州大学学报(哲学社会科学版)
中国典籍与文化
广西师范大学
延安大学学报(社会科学版)
山东环境
艺术百家
图书馆杂志
华东师范大学
中国语文
青岛大学师范学院学报
戏剧文学
烟台师范学院学报(哲学社会科学版)
中国地名
语文学刊
上海戏剧
济南大学学报(综合版)
山西师范大学
温州大学、温州市文化广电新闻出版局
廊坊师范学院学报(社会科学版)
聊城大学学报(社会科学版)
山东大学
书画世界
江汉大学学报(人文科学版)
贵州大学学报(艺术版)
河北师范大学学报(哲学社会科学版)
图书馆理论与实践
山东师大学报(哲学社会科学版)
吉林大学社会科学学报
徐州工程学院学报(社会科学版)
古典文学知识
古汉语研究
南大戏剧论丛
戏剧之家
复旦大学
黄河科技大学学报
渤海大学学报(哲学社会科学版)
戏剧丛刊
首都师范大学
山东图书馆学刊
济南职业学院学报
徐州师范学院学报
民俗研究

图 0-2 相关论文主要期刊来源词云图

表 0-2 发文量≥2 篇的作者

序号	作者	发文量/篇	序号	作者	发文量/篇
1	卜键	9	10	杜海军	2
2	刘恒	6	11	黄仕忠	2
3	黄洽	5	12	霍艳芳	2
4	刘铭	5	13	姜丽华	2
5	朱红昭	5	14	李盟盟	2
6	李献芳	3	15	李永祥	2
7	刘英波	3	16	许振东	2
8	王军明	3	17	张小芳	2
9	陈太一	2	18	甄飒飒	2

关键词是表达论文核心内容的词汇，其频次的高低一定程度上能代表该领域的热点研究方向。通过统计，频数≥4 的关键词汇总如表 0-3 所示，用 SATI 软件分析其关键词共现图谱如图 0-3 所示。

表 0-3 相关论文中频数≥4 的关键词

序号	关键词	频数	序号	关键词	频数
1	李开先	120	4	《水浒传》	12
2	《宝剑记》	23	5	《一笑散》	7
3	《金瓶梅》	16	6	《改定元贤传奇》	7

续表

序号	关键词	频数	序号	关键词	频数
7	嘉靖八子	5	12	兰陵笑笑生	5
8	《中麓画品》	5	13	《闲居集》	4
9	戏曲	5	14	《金瓶梅词话》	4
10	《园林午梦》	5	15	明代	4
11	《词谑》	5	16	《打哑禅》	4

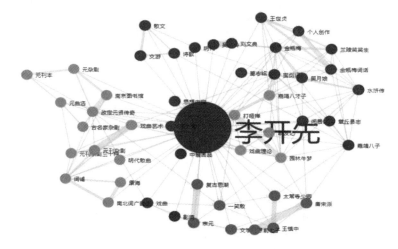

图 0-3　相关论文的关键词共现图谱

对这些论文进行内容分析，可以看出它们的主题集中于以下六个方面：（1）李开先生平事迹的考订。如卜键的《〈李氏族谱〉的发现：李开先生平事迹考略》《关于李开先生平几个史实的考辨——兼与宁茂昌同志商榷》《李开先家世考》等，路工《李开先的生平及其著作》、陈浩《李开先行实考二则》等，其中卜键的研究基于对李开先家乡山东章丘的实地考察，对关于李开先生平研究存在的异议作出详细的解释。

（2）李开先在散文、戏曲、通俗文学等方面的贡献及学术思想研究。代表性的是任远《试论李开先的散文创作》、李献芳《李开先和他的杂剧创作》、黄洽《李开先与通俗文学》、王国彬《李开先戏曲研究》、王博雅《李开先戏曲创作研究》、刘英波《李开先及其散曲创作简论》、连洁《李开先曲学思想的初探——论戏曲创作中的"雅正"观》、谢柏良《李开先及其同仁的戏剧理论——嘉靖隆庆五十年的剧论走向》、刘恒《词曲交游与李开先的曲学成就》、郑传寅《李开先及其曲论》、徐子方《李开先及其院本创作》、宁茂昌《李开先及其文学主张》、刘铭《李开先文学研究》、甄飒飒《李开先诗歌研究》、李梅《李开先诗文研究》、曾远闻《李开先与唐宋派》等，尤其是刘恒《词曲交游与李开先的曲学成就》从李开先和友人在词曲方面的交游互动角度探讨对他词曲成就的影响。

（3）关于李开先某部或某类著作的研究。如徐扶明《李开先和他的"林冲宝剑记"》、甘子超《〈宝剑记〉结构管见》、卜键《李开先及其〈宝剑记〉的再认识》、王永健《一本别具一格的水浒戏——浅说李开先的〈宝剑记〉》、祝肇年《〈宝剑记〉述评》、卜键《所见明刻本李开先〈闲居集〉及其他》、周潇《李开先〈闲居集〉简论》、孙书磊《李开先与〈改定元贤传奇〉的辑刊》、解玉峰《读南图馆藏李开先〈改定元贤传奇〉》、甄炜旎《〈元刊杂剧三十种〉与李开先旧藏之关系》、杜海军《也论元刊杂剧与李开先的收藏关系——甄炜旎〈元刊杂剧三十种〉与李开先旧藏之关系失误辨》、陈太一《李开先及其〈中麓画品〉著述范式》、李盟盟《论李开先〈中麓画品〉的成因》、杨光《浅谈李开先咏雪诗的艺术性与思想性》、吕靖波《〈园林午梦〉、〈打哑禅〉体例辩证》、王辉斌《究心与录载北曲的佳构——论李开先〈词谑〉的戏曲学价值》、冯小禄《作家传：值得重视的文学批评形式——以李开先为例》等。其中徐扶明《李开先和他的"林冲宝剑记"》发表在《文史哲》1957 年第 10 期，是对李开先生平及文学成就最早的研究成果，卜键《所见明刻本李开先〈闲居集〉及其他》介绍了北京图书馆和首都图书馆所藏名刊本《中麓闲居集》，使人们对《闲居集》的存世情况和收藏状况有所了解，冯小禄《作家传：值得重视的文学批评形式——以李开先为例》对李开先为亲友所作的 16 篇传记进行了专门研究。

（4）李开先是否为《金瓶梅》的作者研究。关于《金瓶梅》的作者是谁，主要有王世贞、赵南星、卢柟、李贽、李渔等说法，1962 年中国科学院文学研究所中国文学史编写组出版三卷本《中国文学史》，其中《金瓶梅》一节由吴晓铃执笔，最早提出《金瓶梅》的作者为李开先。1980 年之后，徐朔方先后发表《〈金瓶梅〉的写定者是李开先》《金瓶梅成书补证》《金瓶梅成书新探》等文，卜键发表《关于〈金瓶梅〉作者的"李开先说"》对这一说法进行证实等。

（5）李开先与友人的交游研究。有梁海柱《李开先与嘉靖八才子交往考论》、朱红昭《略论康海、王九思与李开先的交往及其影响》和《章丘词会与嘉靖士人词曲风气》、刘英波《李开先与"章丘词会"成员略考》、何宗美《北曲南歌 优游词会——李开先与章丘词社考论》、楚萍《明代戏曲家李开先与章丘词会》、李华《明代文学家李开先与回族义士马广交往考释》。

（6）李开先藏书方面的研究。有徐苗蓁《明代戏剧家李开先在藏书史上的贡献》、霍艳芳《李开先藏书方式考》《李开先藏书流散考》。

2. 海内外研究趋势

关于李开先的研究，前贤时彦的学术成果众多，它们为本书提供了研究路径和参考资料，是值得充分肯定和高度评价的。不过，上述研究还表明，这些成果不管是专著形式或单篇论文，多集中在李开先生平、家世及其在词曲、文学等方面的贡献，而对其藏书和刻书成就着墨不多。即便对李开先的藏书、刻书情况有些零星的叙述，研究成果也是处于极为分散的状态，缺乏系统化梳理。造成这一局面的原因或许是关于李开先的研究起步较晚，以及对他的著作缺乏深入解读，同时对和他交往的其他文人缺乏大量成熟的个案研究。

将来的研究需要从下述几个方面努力：一是拓宽研究视角，将对李开先的研究由侧重于文学、戏曲等方面的研究，转为以藏书为中心兼及著述、刻书等活动的全方位研究；二是要联系当时的社会背景，因为藏书、著述和刻书活动既是文化现象，又是政治和经济现象，受当时社会环境的制约，对之深入研究能从侧面了解当时社会的政治、经济和文化发展情况；三是对李开先藏书、著述和刻书活动的研究，不能忽视他的人生经历及交游活动对学术文化活动的影响。

(三)研究内容、方法和写作步骤

1. 研究内容

本书的研究对象是明代著名戏曲家李开先(1502—1568)，尤其侧重于他的藏书、著述和刻书活动。不过，由于他生活在明代中后期，社会风气、学术文化皆发生了深刻的变化，阐释他的文化活动时，必定要联系整个时代的文化背景。全书内容框架如图0-4所示。

2. 研究方法

本书基本采用了传统史学的考据和史料梳理方法，同时也应用了政治史和社会史研究方法，以及统计等。具体方法有以下四个。

第一，文献分析法。中国基本古籍库是对中国古典文献进行数字化处理的宏伟工程，收录一万余种历代典籍，分为哲科、史地、艺文、综合四个子库。笔者在中国基本古籍库全文检索类目框中输入"李伯华"和"李中麓"查找典籍中有关李开先的论述，进而搜集大量与课题有关的第一手文献。这些论述大多来自其友人唐顺之、冯惟敏等的著作，以及钱谦益、钱曾、朱彝尊

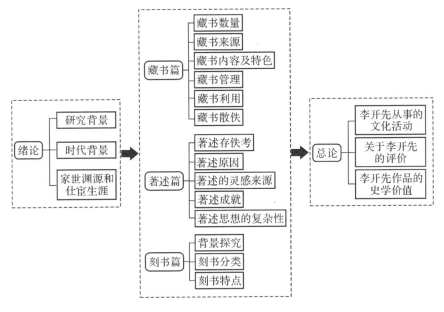

图 0-4　全书内容框架

等后人的评述。然后,遍阅李开先自己的著述,包括《闲居集》《中麓山人拙对》《宝剑记》等,对相关材料进行梳理、提炼、比对、考证,找出突破点,形成基本素材。此外,还参考近代学者整理或论及李开先的各种文献,包括一些文集、各种藏书志等,以文献考证法来研究李氏之生平传略及藏书情形。

第二,社会群体分析的理论与方法。学术史研究除了需要对核心人物进行拓深之外,还需要重视对他产生影响的人际关系网络的作用。李开先取得的绝大成就,与其交游和家乐班的贡献有极大关系。所以,在本书中既突出李开先这位核心人物,也没忽略他所处群体中的其他成员,彰显了他们之间的互动和影响。

第三,宏观研究和微观研究相结合法。在查阅大量史料的基础上,首先从宏观上对李开先藏书、著述和刻书活动的社会学术背景进行简述,然后从微观上详细分析其藏书、著述和刻书活动的各个方面,最后再从宏观上揭示出他在明清藏书史上及中国文献学史上的地位及影响。

第四,定性分析和定量统计相结合法。虽然本书的研究多为定性分析,但在叙述国内研究现状、李开先藏书数量、与他交游的代表性人物、编撰著作及刻印图书的种类、数量等方面,会根据已有史料对之进行粗略统计,必要时会以表格形式进行全面列举。

3. 写作步骤

本书的写作大致可以分为以下几个步骤:第一步是收集资料。对有关李开先及其作品的各种传统纸质文献进行购置、查阅、收集和梳理,同时利用现代检索技术,如利用电脑检索《四库全书》《四部丛刊》电子版和《中国基本古籍库》《国学宝典》等大型数据库,将有关资料摘录出来并详细注明出处,按照有关李开先生平、藏书、著述、刻书、交游、其他爱好及冗余资料等分类,各自做成文档。

第二步,认真研读资料。在相当长的时间内集中几乎所有精力,对这些资料进行细读静思,努力提炼学术界着笔较少的创新点和构筑该书的基本框架,有些材料被放入冗余文档中,过一段时间又被重新选入正文,如是者三,在心中对全书渐渐有个清晰的脉络。

第三步,动手写作。按照篇章结构写作每章每节的内容,写作过程中既对原有资料进行梳理和整合,又根据需要补充大量的新资料进去,有时候由于思路大开甚至会增加些新章节。比如有关章丘词会和诗会,笔者原先仅仅阅读了几篇学术论文,觉得这些民间组织在李开先罢归后为他的艺术创作提供了一个难能可贵的交流平台,不过思路并未打开,写起来难以深入。后来研读了《李中麓闲居集》之后发现其中有很多"雅会"的资料,于是对词会的名称、成立时间、组织形式和参与人员等问题进行深入探究。再比如,有关李开先家乐班的资料也是后来补充进去的,原本以为置办家乐仅仅是李开先消遣时光、打发寂寥的一种途径,后来逐渐发现他会让家乐参与一些文人聚会,甚至教他们学习演唱他的作品,于是推断他的创作与家乐班之间也有比较密切的关系。笔者最开始亦忽视了民间文化对李开先的影响,但在具体写作过程中发现《市井艳词》《打哑禅》等即是在吸收民间营养的基础上写就的,于是对李开先与民间文化的互动与影响展开了讨论。

第四步,将有关李开先藏书、著述和刻书的资料进行整合。试图探讨三者之间的关系,以及总结李开先在中国文献学史上的重要地位,并对他的成就进行评价。由于笔者理论积累尚有欠缺,这部分写起来觉得特别吃力,也是笔者最不满意的地方,期待海内外方家的批评和指正,感激不尽!

第五步,请多位学生帮忙校对书稿中的谬误。比对卜键老师笺校的《李开先全集》(上海古籍出版社 2014 年版)核实引文出处。一位同学校对完毕,将校勘表发给我,我进行取舍并修改书稿,之后再将书稿发给下一位同学,如此三番,谬误消灭不少。

第六步,利用数据库中的最初刻本核对引文。笔者在爱如生中国基本古籍库中搜索《李中麓闲居集》，得到一个十二卷条目，虽然著录显示"明嘉靖刻本"，其实《闲居集》的诗文合集应该刻于李开先死后的隆万年间，而以万历年间的可能性最大。同时，笔者在中国国家数字图书馆中华古籍资源库得到《李中麓闲居集》的五种版本，其中有三种出版发行项著录为"明嘉靖（1522—1566）"，所犯错误与中国基本古籍库相同。此外，中华古籍资源库中还有《中麓小令》和《中麓山人拙对》的清抄本、《中麓山人拙对》明刻本等，比较之后，中华古籍资源库中《李中麓闲居集》十二卷本及《中麓小令》《中麓山人拙对》明刻本的内容还算准确可靠，不过由于抄本和刻本不能提供具体到页码的出处，且中国基本古籍库和中国国家数字图书馆有注册和登录限制，综合考量，笔者认为卜键老师在笺校《李开先全集》时经眼《李中麓闲居集》《宝剑记》《中麓小令》《中麓山人拙对》等多种版本，他的研究足为采信，所以书稿中的引文仍然依据《李开先全集》。将之和所谓的明刻本、清抄本等逐一核对，出现矛盾的地方予以考证，如果是《李开先全集》存在错误就在错字后用圆括号括起来，如果是数据库存在谬误或者无法断定孰是孰非就在脚注中进行说明。

第七步，书稿初定之后，笔者多次到李开先老家——济南市章丘区实地调研。在李开先纪念馆、李家亭李氏家庙、章丘区博物馆等地得到包括文本资料、影像视频等在内的多种有用资料。还有一次机缘就是到朱家峪参观学习，在一家书店看到两部介绍章丘地理环境和历史人文的著作，里面有不少关于李开先的叙述。笔者有意识地将这些材料整合到本书当中，有的以脚注文字的形式引出，有的以图片的形式呈现，使得内容更为丰满和翔实。

第八步，跟一些老师和学生交谈。大家普遍对李开先的财产数量很感兴趣，笔者萌生绘制其财产分布图的想法。在去李家亭李氏家庙调研的路上，看到路牌上曾在李开先笔下出现过的相公庄、明水镇、白云湖等地名，电光石火间要将其游玩足迹描绘出来的念头出现在脑海中。于是，遍寻文献查找合适的地图底版、考证位置，历时数日，最终绘制出李开先足迹、章丘游玩轨迹、财产分布图等。

第九步，按照鉴定专家的修改意见，进一步明晰脉络和框架，增强书稿的逻辑性和可读性。最初看到三位专家的修改意见，觉得非常沮丧，后来沉下心来进行研读，发现这些意见非常中肯，而我的毛病就在于一开笔就刹不住，什么都想写上，大段大段的引文，洋洋洒洒37万字，确实需要精练。有了这样的认知，大刀阔斧的修改虽然痛苦，但收获很大。

(四)研究重点、难点

李开先死后即出现家难,之后门庭衰微,藏书散失严重,仅能从清人著述中窥其藏书大概情况。同样,关于其著述、刻书情况的文献记载也极为罕见,资料甚为零星,要想清晰地勾画他的藏书、著述和刻书活动极为困难。仅有的一些资料对其成就的描述很不一致,有时候尽管是标点、断句上的差异,仍然需要进行反复比对和考证。广泛地占有资料和审慎地考证资料是本研究的重点和难点。

(五)研究创新之处

笔者竭力全面搜集有关李开先的各种资料,包括他自身的著作、传记及其友人为他或他的作品所作的评述等,兼及清代以来有关他的各种论述,拟从当时的社会文化背景和李开先的生平遭际出发,探讨李开先藏书的总体成就和藏书发展源流始末,揭示出他的藏书特色及对藏书的管理和利用情况,同时,对其著述、刻书活动进行深入研究,探讨其中不为人知的相关细节,进而评析他在明清藏书史乃至整个文献学史上的社会地位和影响,力求在以下六个方面有所创新。

1. 李开先藏书的总体成就及其对藏书的管理和利用情况

以往的研究侧重于对藏书家藏品的研究,其实藏书史不应该仅仅局限于藏书的历史。它受很多其他因素的影响,又影响着其他文化活动。细考藏书家的读书、校书、著书、刻书等活动,实皆缘于藏书。所以,研究李开先的藏书,不仅需要考证出其藏书的相关细节,如藏书类型、藏书处所等,还要能够历史地认识他藏书、著述、刻书的动因,有助于解释藏书家这一群体兼事著述、刻书等文化活动的社会条件。

2. 李开先著述的缘起和复杂性

众所周知,李开先是明代著名的文学家,主要作品有《闲居集》《宝剑记》《市井艳词》《园林午梦》《打哑禅》《词谑》《中麓画品》《中麓山人拙对续对》《诗禅》等十余种,甚至有人认为《金瓶梅》亦出自其手①。他的文学造诣不仅体现在创作大量诗文戏曲上,还体现在对文学理论进行总结和对民间文学进行采纳和吸收上。笔者力求探究其进行著述的缘由,并对其思想的复

---

① 吴晓铃、徐朔方、卜键等人在著作和文章中阐述这种观点,李开先后人李厥峰、李厥祥、李庆启等人根据李开先纪念馆保存的一副对联亦持此说,笔者在李开先创作部分有相关的叙述。

杂性进行总结。

3. 李开先的刻书活动及性质认定

明代中后期,随着商业资本的发展和市井文化的繁荣,私刻和坊刻的发展势头超过官刻。章丘一带的刻书业因没有同时期北京、金陵、建安、杭州等地活跃,一贯为后人所忽视。笔者遍阅李开先《闲居集》,发现他亦频繁从事刻书活动,不仅刻印自己的著作,也刊刻为友人写作或整理的作品。通过对李开先的刻书活动进行探究,可将其定性为带有少许坊刻性质的家刻。

4. 李开先的生平遭际对文化活动的影响

李开先的中、晚年,各有一场致命的打击,对其文化活动影响巨大。中年的打击为罢官归田,他为嘉靖八年(1529)进士,历任户部主事、吏部主事、太常寺少卿等职,嘉靖二十年(1541)因九庙灾而罢归。罢官后,他开始赋闲生涯,用无尽的时间去消受"壮岁辞阙"的苦果。不过,他无时无刻不想着有朝一日能够重返朝廷,然终未被起用。如果说他在为官时就致力于藏书搜求,那么罢官后他将藏书、著述、刻书作为一种精神寄托。晚年的打击是接连丧妻失子,连 15 岁的女儿也害病去世,亲人的相继离世使他痛苦不堪,"蓄声妓,征歌度曲",竟日无休。他收藏有大量的戏曲之作及编《宝剑记》《断发记》等皆与命家乐班扮演、唱打有关。同许多人一样,他在作品中抒写情志,寄寓爱憎,却很少有人像他那样,在几乎所有的作品中,他都孜孜于倾诉衷肠,甚至在为人撰写墓志铭时,仍要大段插叙自己的景况或往事。他的生平遭际对文化活动的影响,将在本研究中得以揭示。

5. 李开先的交游对文化活动的影响

李开先一生交游广阔,与之往来的亲朋、师生、同僚、同年等,约有近百人。同时代学人,或因志趣相投,或因互有所求,发生以书籍为中心的交游活动,是很常见的。作为北方著名的藏书家,李开先收藏宏富,向其借阅书籍、传录善本的学人自然不在少数。同时,他也难免会遇到所藏不足征的困难,而向他人求助。藏书家之间还会有互赠书籍、代购书籍等活动。李开先爱好词曲,重视吸收民间文学的营养,创作了大量的相关作品,加上他本人传世意识和自觉意识非常强,凡有著作皆印行,为扩大影响作了多篇序文,并请亲朋好友广作跋语附在书后。同时,他还将友人著作和为友人所作的诗文整理付梓,并整理元人词曲和传奇,扩大传播范围。本书在文献学研究中引入类似社会学研究的人际交往网络观察视角,把师友交游与李开先的藏书、著述和刻书联系起来加以细致入微的考察,希冀由此抉发出李开先文化活动中不少鲜为人知的话题,拓宽传统文献学的研究视野。

6. 利用实地调研获取更多资料进行佐证

2021 年初书稿将定,笔者到李开先故乡章丘(今济南市章丘区)田野调研,参观了李开先纪念馆和李家亭家庙,见到了不少实物资料。这期间,李庆启老师赠给我两本书,皆为市面上和网络数据库中找不到的绝版书。实地看到李开先笔下的相公庄、明水镇、白云湖等地名,归来之后即着手查找合适的地图底版,考证位置,最终绘制出李开先足迹、财产分布、章丘游玩轨迹等图。2021 年 5 月去朱家峪参观学习,在一家书店看到两部介绍章丘地理环境、历史人文的著作,里面有不少关于李开先的叙述,我将之拍照带回,有意识地将这些材料整合到书稿当中。有一家杂货店的店主是一位大学退休老师,跟他闲聊时提到李开先,他指给我胡山的位置,并说起李开先与雪簑的轶事。返程时,我特意爬上朱家峪古圩子墙的礼门看对面苍茫的胡山,更加能够体会到李开先独坐胡山时那种壮年罢归、报国无门的苦闷,以及借著述、饮酒、家乐等娱乐消遣的无奈。这些实地调研的资料有的以脚注的形式引出,有的以图片的形式呈现,使得书稿摆脱严肃的面孔,内容更为丰厚和翔实。

本研究涉及面较广,要求研究者对明代的政治、经济、文化、科学等有相当了解,同时李开先藏书、著述和刻书资料较为分散,查阅起来费时费力,整理起来比较困难。所以,虽然笔者兴趣浓厚,在写作过程中尽心尽力,由于学术沉淀与积累不够,其中不免有挂一漏万和舛误之处,希冀各位专家多多指正。

二、李开先生活的时代背景

大凡一事之兴起与发展,必有其原因与背景,绝非无端而起。柳诒征说:"顾一事之兴,恒函有地域人事流衍兴感之因,非皆无端而崛起。虽其影响有远有迩,而文化之渊源及区域之关系,一为研索,往往有蹊径相通。"① 也就是说,一个时代有一个时代的学术,一个区域有一个区域的学术。欲探求李开先藏书缘起与源流,应先了解明代中后期尤其是嘉靖朝的政治、经济和文化等社会背景。

---

① 柳诒征:《国立中央大学国学图书馆小史》,1928 年该馆排印本,第 1 页。

（一）吏治的败坏

明代重视儒学，大力强化儒学教育。明初，程朱理学被尊为官学，成为当时的主流思想，朱熹注释的"四书""五经"被纳入国子监的钦定教材，成为科举取士的准绳。在儒学教育培养出的大量人才中，有不少人怀有强烈的事业心和责任感，为了制止君主的无道之举，犯颜直谏，据理力争，甚至不惜杀身以成仁。正德朝先后有 146 名朝官谏阻武宗南巡，而嘉靖朝的"大礼议"影响最大，有数百名廷臣牵涉其中。

嘉靖初，围绕着"考兴献王"还是"考孝宗"这一问题，在世宗与首辅杨廷和、礼部尚书毛澄等大臣之间产生激烈的对峙，张璁、桂萼、霍韬等揣知帝意，上疏抨击杨廷和等人，最终形成了势不两立的两派。尤其以嘉靖三年（1524）七月的争议最为激烈，数百名廷臣在左顺门跪伏力争、哭声震天，皇帝劝阻无效，大怒，下令将四品以上官员 86 人停职停俸，五品以下官员 134 人下昭狱被当廷杖责，王相等 18 人被杖死，丰熙、杨慎等被谪戍外地。这一对峙以皇帝和议礼派的胜利告终，然而代价是沉重的。当数百名朝臣为捍卫封建礼法而伏阙死谏、撼门大哭的时候，其中还溢发着士大夫们不屈不挠的气节。天子的震怒，锦衣卫的杖棒，粉碎了他们的固执，同时被粉碎的还有朝臣们所崇尚的清正与忠直。议礼一役的胜利，确立了世宗威柄在御、唯我独尊的地位，这对嘉靖一朝的政治风气产生了深刻的影响。皇帝的错误施政已经无法得到臣子的纠正，而屈从讨好皇帝、是非颠倒的奸臣往往得势受宠，他们借此打击不愿附己的正直大臣，从而导致朝政日益腐败。大臣之间攻讦和内斗比较频繁，跟世宗本人有很大的关系，他以外藩入继大统，唯恐臣民不尊，猜疑忌讳较多，这就为小人构陷他人提供了机会。尤其是后来他身居大内，不问朝政，一心崇道、敛财，朝臣为了执掌大权，党同伐异，派别之争不断。虽然大臣与皇帝的对峙隐匿了，但大臣与大臣的对峙却日趋激化，他们之间始终分为对立的两派，这种局面一直持续到明末。

这一时期，内阁首辅的权力越来越大，世宗对首辅的倚重促使张璁、夏言和严嵩等一批权相的出现。由于首辅位高权重，权之所在，人之所趋，阁臣们为了得到这一位置，结党谋私，互相倾轧，呈现出一种白热化状态。嘉靖初年杨廷和为首辅，在议礼事件中与皇帝发生冲突，张璁和桂萼迎合帝意，攻倒杨廷和后进入内阁，之后费宏、杨一清相继为首辅，张璁不甘居于下位，采取各种手段攻讦，终于取而代之。然而，好景不长，夏言入阁，扳倒张璁当上首辅，不过他和严嵩的斗争更为激烈，最终被严置于死地。如此，内阁首辅换了数位,他们为了争夺首辅之位和巩固自己地位,都会拉帮结派,与此对应的是每位首辅的更迭,都伴随着一大批朝臣的迁转沉浮。虽然这种情况预示着统治集团内部权力的再分配,然而每每掀起不小的政治狂澜,都让官场之中和流落官场之外的人久久难以平静。

李开先为官之后,即使处处谨慎,仍被卷入这种派别斗争之中,他的罢归也与此有很大关系。嘉靖八年(1529),霍韬主持己丑科会试,录取了李开先、陈束等人,李开先和霍韬便有了门生之谊。张璁对李开先亦比较欣赏,曾为他作五言绝句《胡山精舍》:"中麓山堂下,云天万里长。人惊天上语,风散唾涎香。"①李开先对霍韬、张璁等的执政方式比较认同,罢归后曾作《国朝辅弼歌》对已经逝世的贤相进行称颂,在歌颂霍韬的同时,对张璁和桂萼也进行了吹捧。他对霍韬、张璁和桂萼的敬仰与追随,势必引起三人对立者的敌视,最终被夏言借"九庙灾"的契机而罢归。其实,夏言不独针对李开先,早在嘉靖十三年(1534)秋,王慎中被贬谪外任,李开先、吴樾、吕高、熊过、唐顺之、陈束、张元孝、李遂等8人在海甸为他饯行,次日,夏言就上疏弹劾张元孝和李遂,说他们玩忽职守、放纵漫游,两人因此下狱、被调外任,后来其他人也相继被罢谪,以至于李开先感慨:"大臣忌才,往往挤其不当己者,岂惟古有之,今殆有甚焉者矣。"②

耿直清廉之臣毕竟是少数,多数人在中举之后,身份突然贵显,逐渐迷失在权欲之中。于是,官场诌谀、奔竞之风大盛。嘉靖朝,都御史王廷相指出当时的官员"一登仕宦之途,即存侥幸之念,诌谀贿赂,无所不为。遇一官缺,必有数人竞争,于是京师有讲抢攘之谣,而廉耻扫地矣"。③ 这种以一己之好恶决定人才去留的做法是极为有害的,造成整个官场腐败丛生、吏治败坏的局面。成化年间,精通儒家经典、曾预修《永乐大典》的和尚慧暕在八十多岁高龄时,用还债和讨债的说法对比了明朝初期和中期的吏治变化④,认为明初士大夫兢兢业业,一旦犯错,"小有过犯,轻则充军,重则刑戮,善终者十二三耳",而中期官员"饮食衣服,舆马宫室,子女妻妾"等享受无度,所以前期"国家负天下士大夫多矣",中期"天下士大夫负国家多矣"。"还债"和"讨债"的说法,固然是佛家思想和用语,陆容觉得颇有道理,"然谓今日士大

① 《李开先全集·附录四》《唱酬·张孚敬·胡山精舍》,第2301页。
② 《李开先全集·诗文》《李中麓闲居集》文之六《序·〈游海甸诗〉序》,第624页。
③ (明)余继登:《典故纪闻》卷十七,中华书局1981年版,第312页。
④ (明)陆容:《菽园杂记》卷一,上海古籍出版社2012年版,第12页。

夫有负朝廷,则确论也。省之,不能无愧"。①

李开先在《纪旧事》的五言古诗中回忆过去官场之事,虽然不知诗中"小卿"具体指哪个部门的少卿和姓甚名谁,仍可从侧面了解当时的仕风:

> 客有为小卿,同时居京师。吾罢渠方炽,钻刺惟孜孜。乞哀当昏夜,行贿恐后时。争走终南捷,不恤路人嗤。踪迹忽彰露,讥弹首见麾。奴逃门吏散,迁谪向边陲。不但禄位失,兼之名节亏。智衰谋计左,色沮语言迟。居人不觉久,泥涂力难支。飞书浼当路,天风幸早吹。不敢望召还,但求且量移。浊潦暂解渴,粝食亦充饥。人言犹不静,京考忽及期。仍以旧时事,免官分所宜。还乡行不进,难见旧亲知。戏子罢登场,洗去粉与脂。始睹真面目,羞恨剃须眉。丑态俨如昨,悔心不可追。冥行古有戒,铨曹固无私。②

人人争走终南捷径,谁还肯通过真才实干被人赏识。李开先还曾作《因客问述往事》一诗,诗前长序交代写诗原因,其中回忆他离开吏部后的情况:

> 昔予出吏部后,贪风犹未炽,幸门犹未开,奔竞之习,犹有所顾忌而未敢肆。然已有讲攘抢之说,如昔人所谓一官而三人共之者也。吏部若用司属,必采择素有名望者。人以得吏部为荣,不则怨慕终其身。③

一个职位竟由多人来做,官场风气之败坏可想而知。

(二)南倭北虏的侵扰

军户卫所制度是明朝最基本的军事制度,军户依靠种地为生,并且父子相传,不准从事其他行业,这种"寓兵于农"的形式有时又被叫做"军屯"。在明初,它发挥了巨大作用,一是动用大量的军队耕种土地,不仅没有增加农民负担,还能够自给自足、略有丰裕;二是如遇外族入侵或地方叛乱,就能立即调兵将其平定和镇压。然而,明朝中后期土地兼并严重,军户失去土地,没有经济来源,生活困苦,很多军户直接逃离了卫所。明代还有一种为了补充卫所官军不足而征充的民壮,又称民兵。早在洪武年间,由官府临时挑拣民间孔武有力之人编成队伍,有事用以征战,无事复还为民。正统时,改为招募,派遣民兵守边。嘉靖二十年(1541)以后,南倭北虏,边患日甚,官军不

---

① (明)陆容:《菽园杂记》卷二,第12页。
② 《李开先全集·诗文》《李中麓闲居集》之一《五言古诗·纪旧事》,第56—57页。
③ 《李开先全集·诗文》《李中麓闲居集》之二《五言律诗·因客问述往事》,第189页。

敷调用,于是大量增募民兵。

无论是太祖还是成祖,都有重文轻武的倾向。为了朱明王朝的长治久安,又鉴于历史上的藩镇之乱,他们对武将严加防范,太祖设立了五军都督府分割军权,成祖以武力叔篡侄权成功后组建内阁,文臣以进入内阁为荣,武将则被排斥在外。到了明朝中后期,造就了一支数量庞大的文人队伍,科举出身的文臣逐渐充斥政府的各个部门,即便是兵部尚书一职也是由之充任。如此下去,虽可防止武将拥兵自重,有利于国家稳定,然而弊端也比较明显。文官往往善于高谈阔论,真正通晓兵务的人很少,极易导致盲目指挥、草率作战,在这种情况下,取得胜利简直是一种妄想。正如李开先在《射歌》中说:"南倭春汛常防海,北虏秋高屡寇边。武备不如文德重,虽有万千射手将焉用!"①如此,数百名兵将被数十名倭寇杀灭殆尽也就不足为奇了。何良俊《四友斋丛说》和顾起元《客座赘语》皆记录了嘉靖三十四年(1555)数百明军惨死樱桃园的故事:

> 嘉靖乙卯夏,倭三十六人抵南郭外之樱桃园。部遣官兵数百人,帅以指挥蒋钦、朱湘御之。时天暑,士皆解衣甲避暍庐中,若大树下,官袒裼较呼卢饮,不虞倭之猝至也。倭徐以数人衣丐者服若荷担者来,官兵问:"倭至乎?"应曰:"远未至。"益弛而不为备。已数十人突持刃大呼而前,其便旋如风,士袒踞而受歼。先是,二官掘大坎深丈阔数尺者于营后,防卒之奔。至是,奔者皆堕坎中,累累积几满。倭不及刃,取所贮火药倾其上爇之,须臾皆糜烂死。倭徐徐引去。二兵官以阵亡闻。承平久,人不知兵,执殳而出,声嘶股战,势固然也,矧将又不知兵,何惑其以卒予敌。②

36名倭寇用乔装打扮的计谋稳住明军,然后杀他们个措手不及,兵不血刃就使数百人全军覆没。这种结果不得不让人反省明军将领不懂兵法的无知和士兵放松警惕的愚蠢,他们最终自掘坟墓,全部被烧死在用于逃跑时阻挡倭寇的壕沟里。

明初,太祖朱元璋曾在沿海要地建立卫所,设置战船,派遣都司、副使等进行管理,整个海防十分严密。明中叶以来,尤其是进入嘉靖朝以来,海防日趋松弛。在军屯制度遭到破坏的情况下,士卒不堪忍受军官的欺压,大量逃亡。地处海防前线的辽东、山东、浙江、福建、广东等地的卫所减员十分严

---

① 《李开先全集·诗文》《李中麓闲居集》之一《七言古诗·射歌》,第100页。
② (明)顾起元:《客座赘语》卷二《樱桃园》,上海古籍出版社2012年版,第30页。

重,用以作战的船舶和器械大多破旧残缺,浙江、福建的战船、哨船十存一二,遇有警报,只得临时招募渔船。在兵不勤练、船非专业的情况下,怎能抵御凶残倭寇的进攻?嘉靖时期,东南沿海地区的商品经济发展较快,需要有一定的海外贸易与之适应,世宗却承袭传统的海禁政策,严禁与民间的贸易。在海外贸易丰厚利润的驱使下,浙江、福建等地的富商大贾不断进行大规模的走私活动,他们往来于日本、南洋一带,最初主要是进行走私贸易,后来发展为亦商亦盗。他们有的甚至亡命海外,勾结日本各岛的倭寇,对中国沿海进行劫掠活动。

嘉靖二十六年(1547)朱纨受命为副都御史,采取革渡船、严保甲、厉行海禁等措施,命都司卢镗领兵进攻双屿岛,俘获日本人稽天以及海盗头目许栋,浙闽沿海防卫力量显著加强,局势得以稳定。不过,朱纨的举措使得闽浙地区和倭寇素有勾结的豪族大姓骤然失势,他们和朝中的官员串通一气反对他,福建籍御史周亮、河北籍御史陈九德等上疏对之诋毁,并罗织他的各种罪名,致其被罢官且逮捕问罪,他愤恨交加服药自尽。此后,他生前竭力加强的防卫力量被撤除,倭寇对东南沿海地区的侵扰日益加剧。嘉靖三十一年(1552)四月,万余名倭寇在漳、泉海盗的勾引下,乘十余只船,自浙江舟山、象山等处登陆,劫掠台州、温州、宁波和绍兴等地。五月,倭寇攻陷黄岩县城,足足抢掠了七天七夜。消息传到京师,世宗和朝臣才感到事情的严重性,开始反省处置朱纨的失误,后来以山东右佥都御史王忬为巡视大臣,东南沿海防御虽有了一定程度的加强,但积重难返,武备废弛的状况并未根本好转,形势仍然相当严峻。尤其是世宗错杀张经、重用严嵩亲信赵文华之后,情况更是糟糕。嘉靖三十五年(1556)六月,勇猛凶悍的倭寇攻破慈溪,烧杀抢掠百姓,所到之处万劫不复,使得人心惶惶不可终日。幸运的是,经过十几年的战争磨炼,出现了戚继光、俞大猷、刘显等能征善战的将领和一支令倭寇闻风丧胆的军队——戚家军,给最后平定倭寇带来了希望。

元朝灭亡后,蒙古宗族退居漠北。明政府一贯对其采取招抚政策,蒙古势力复振后成为北方的主要忧患。兀良哈部位于蒙古东部,又名朵颜三卫,正统年间依附瓦剌部也先,联合对抗明朝,弘治初年,盗掠古北(今北京密云东北)、开元(今辽宁开元北)等地。正德年间,花当袭父职为朵颜卫都督,其子把儿孙率兵拆毁鲇鱼关,闯入马兰谷抢掠。终嘉靖一朝,北部边防一直处于刀光剑影的紧张状态,这也跟朝政腐败有极大关系。嘉靖十一年(1532)初,蒙古重新要求通贡,兵部廷议后将责任轻飘飘地推给边防官将,通贡之事没有结果,他们才拥兵进犯。后来,世宗拒绝了俺答汗提出的通贡请求,俺答汗恼羞成怒，大举内犯。嘉靖二十一年(1542)闰五月，俺答汗再次派石天爵到大同请求通贡，结果石天爵被新任大同巡抚龙大有诱捕，带至京师处死。俺答汗通贡的数次请求都被拒绝，直到嘉靖二十九年(1550)率兵南下，直逼京师，在城郊大肆杀掠，远近震骇，史称"庚戌之变"，最终世宗同意开设马市，俺答汗才解除了对北京的围困。其实，庚戌之变初期明军错过了最佳战机，与世宗本人崇信道教有关①。战争初起，左谕德赵贞吉去西苑值房拜谒严嵩，严嵩竟然以"以撰斋词辞不见"，在他眼里取悦皇帝比商量抗敌对策要重要得多。嘉靖四十二年(1563)冬十月，辛爱、把都儿攻破边防前线墙子岭，京师戒严，诏令诸镇派兵入援，整整一个月才解围。

李开先在著作中将南倭北虏的侵犯亦写入其中，描述了战争为民众带来的困苦景象，亦抒发了一些军事见解，体现了他忧国忧民的情怀。

(三)经济的富庶

1368年，朱元璋领导农民起义推翻元朝政权，建立明朝。国家初安，他采取减轻赋税、与民休息的政策，努力恢复几经战乱濒于凋敝的农业生产，移民垦殖、奖励农耕、实行军屯、解放匠户，措施颇为得当，生产迅速恢复，社会经济有了极大发展。在洪武五年(1372)下诏有司考课，将"学校、农桑诸实政"作为考核官吏的首选标准。后来，成祖要求凡地方官吏必须深入了解民情，随时向朝廷反映民间疾苦。永乐十年(1412)正月，命令入朝觐见的1500余名地方官吏各自陈述当地的民情，并规定"不言者罪之，言有不当勿问"②。此外，还广开漕运、兴修水利、奖励农桑，社会经济日趋繁荣。仁宗以唐太宗为楷模，修明纲纪，爱民如子，下令减免赋税，对于受灾地区无偿给予赈济，对于流民采取妥善安置而非处罚的做法，并且开放一些山泽供农民渔猎，种种措施使得人民得到了充分的休养生息，生产力得到空前发展。宣宗时政治清明，社会安定，百姓安居乐业，到处是一派复苏的景象，国家的财政收入大幅度增加，经济实力明显增强。英宗正统十四年(1449)，发生了皇帝被瓦剌俘虏的"土木堡之变"，但此事具有偶然性、突发性，没有动摇国本。接下来宪宗、孝宗两朝"太平无事"，史称"朝序清宁，民物康阜"③。然而到

---

① 皇帝对青词有着异乎寻常的热情，因其特殊需要，它成为众多文人争相染指的对象，写得好就有可能平步青云。特别是内阁纷争激烈时，青词更是成为他们邀宠的重要工具，夏言和严嵩当初皆以青词得宠，尤其是严嵩，可谓倾注了全部心力。
② (清)张廷玉等：《明史》卷六《成祖本纪二》，中华书局1974年版，第90页。
③ (清)张廷玉等：《明史》卷十五《孝宗本纪》"赞"，第196页。

中后期,豪强土地兼并破坏屯田制度,数万边兵依靠太仓供给粮食。世宗以后,国家供应的"宗室之蕃,官吏之冗,内官之众,军士之增"①,耗财途径较多,神宗又以公充私专营内府私藏,这就使得国家日渐困敝、空乏。虽有"一条鞭法""节用省费"等理财方法的推行,仍扭转不了大明败落的现实。

明代发展至中期,粮食总产量逐步提高,棉桑的种植逐渐普遍,手工业和商业有了长足的进步和发展。手工业生产,如纺织、矿冶、制瓷、造船、造纸、印刷、兵器制造等行业在生产规模、制作技术水平、产品质量和品种数量上有显著的增长和提高。自从棉花传入中原,在明代得到普遍种植,推动棉纺织业的快速兴起,桑蚕丝织业被取代,这就使得桑皮造纸有了充足的原料,河北迁安、涞州一带和山东的桑皮纸有了进一步的发展。同时,商品货币经济空前活跃,在经济发达的长三角地区,出现了一批专业化的工商业城镇,如苏州府的盛泽镇、平望镇、新杭市等,嘉兴府的新城镇、魏塘镇等。社会经济的发展情况可以从明初至成化间用纸情况的变化体现出来,据陆容《菽园杂记》载:明初民间造纸不易,英宗天顺年间(1457—1464)江西籍内府宦官返乡亲眼见到家乡造纸艰辛,回宫后为宫中用贡纸裱糊墙壁的"暴殄"行为而痛心落泪。洪武时更为节约,国子监监生的练习簿册被光禄寺和法司重新利用。而到了成化之后竟然用榜纸制作炮仗,虽然靡费,也从另一个方面说明成化时社会已经比较富庶。②

明代中期,章丘的经济亦比较发达。王世贞回忆称:"余犹记嘉靖丁巳、戊午间承乏青州兵使者,往来道章丘,甚能悉章丘事。其户口土田几若大郡,其民富而实,亡不吹竽鼓瑟者。"③王世贞在嘉靖三十六年(1557)至嘉靖三十八年(1559)为青州兵备副使,曾到章丘拜访罢归在家的李开先,发现此地百姓生活富足殷实,民众的文娱活动多样。即便李开先在作品中为国家面临的外患而悲叹,有时为乡里出现的盗匪而忧虑,其实他罢归后广拓田产,生活非常优裕,不惟婢女书童环绕、置办家乐班,而且丰厚的财产为其从事藏书、著述和刻书活动提供了强大的经济支撑。

(四)社会风气日渐奢靡

明代官俸之微薄,人所共知。在明初,吏治苛严、政局清明,官员单靠俸

① (清)张廷玉等:《明史》卷七十八《食货志二》,第1898页。
② (明)陆容:《菽园杂记》卷十二,上海古籍出版社2012年版,第102页。
③ (明)王世贞:《弇州山人四部续稿》卷五十三《序·黄汝亨作茅章丘传小叙》,载自《钦定四库全书》,https://www.zhonghuadiancang.com/leishuwenji/yanzhoushanrensibugao/50148.html。"茅章丘"指的是茅坤次子茅国缙,他在万历间曾任章丘知县。

禄勉强可以过活,不至于饿死。统治者利用程朱理学进行专制统治,当时的文人所关心的无非是文章、政事、行谊、气节,很少有人去关心田舍、声利之事。矫枉必将过正,中后期文人从对正统思想的痴迷中清醒过来,将目光转向更加广阔的社会领域,有放纵和猎奇的心理,社会风气随之而变。生活于明代后期的顾起元(1565—1628)听身边老人回忆南京在正德、嘉靖之前社会风尚较为醇厚,对这种生活比较向往和怀念:

> 有一长者言曰:正、嘉以前,南都风尚最为醇厚,荐绅以文章、政事、行谊、气节为常,求田问舍之事少,而营声利、畜伎乐者,百不一二见之;逢掖以呫哔帖括、授徒下帷为常,投赞干名之事少,而挟倡优、耽博弈、交关士大夫陈说是非者,百不一二见之;军民以营生务本、畏官长、守朴陋为常,后饰帝服之事少,而买官鬻爵、服舍亡等、几与士大夫抗衡者,百不一二见之;妇女以深居不露面、治酒浆、工织纴为常,珠翠绮罗之事少,而拟饰倡妓、交结姌媪、出入施施无异男子者,百不一二见之。①

王可立号丹丘,同样羡慕正德和嘉靖以前醇厚的风气,著《建业风俗记》一卷,其中有:"嘉靖十年以前,富厚之家多谨礼法,居室不敢淫,饮食不敢过;后遂肆然无忌,服饰、器用、宫室、车马僭拟不可言。"②《建业风俗记》只有一卷,或未曾流传下来,仅能通过顾起元《客座赘语》摘录的数条了解其大致内容。其实,顾起元并未亲身经历嘉靖以前的那种生活,仅仅在身边老人带有某种情愫的回忆下萌生羡慕之意,不能说完全客观。

如果说明代前期的文人尚能清傲持节、仅靠俸禄满足生活开销和交往需求的话,那么随着官场的日益腐败,同事来往、日常生活等开支数量惊人,上司要打点、同级要结好、亲族要供养,中后期的文人已经不再耻于言利,他们中的一部分甚至开始通过盘剥百姓、贪污公款、接受贿赂等不法手段来敛财,以满足自己不断增长的追求高级享受的欲望。于是,官场中腐败问题愈演愈烈,出现政以贿成的局面。朝廷打击贪腐仅仅停留在"水过地皮湿"的程度,震慑力越来越小。

崇尚心学、三教融合等新思潮的兴起使得文人的道德观念和行为方式发生变化,世风更是日下。官员一生的前半期耗费在科举上,入仕后则将八股文束之高阁,开始全心讲求物质享受和生活舒适,于是,纳姬妾、营居室、筑园亭、侈饮食、备仆役,进而召妓女、养优伶、事博弈。仕宦的生活,除了个

---

① (明)顾起元:《客座赘语》卷一《正嘉以前醇厚》,第17页。
② (明)顾起元:《客座赘语》卷五《建业风俗记》,第114页。

别例外,几乎可以用旷达放诞、骄奢淫逸来概括,沉浸在"选声伎,调丝竹,日游佳山水"的生活趣味中。在江南文人中流行着这样一句话:"备它一顶轿,讨它一个小,刻它一部稿",在他们看来,能乘轿出行、讨个可心小妾、出版一部书稿,就是人生最大的惬意。不过,这些并非占据他们生活的全部,有人会玩收藏、讲版刻、组文会、究音律等,从事清雅一点的活动。例如,生活于弘治、正德年间的边贡,"颇耽于诗酒","在南京,竟以居官不事事为宪臣所劾,而海内文士多向慕之"[①],"每醉,则使两伎肩臂,扶路唱乐,观者如堵,了不为怪"[②]。作诗唱和、狎妓饮酒这种典型的文士生活为朝廷所不容,却得到社会的广泛认可和欣赏。不过,边贡平生痴于藏书,有求古书癖,所蓄书万卷,搜访金石、古文甚多,并非一无是处。

致仕士大夫退居乡里之后,少了约束和羁绊,生活上更是恣意,李开先也不例外。用今天的眼光来看,他在一些低俗的追求方面,如纳姬妾、召妓女、养优伶、营居室、筑园亭、侈饮食、备仆役、事博弈等样样精通。先拿纳姬妾、召妓女、养优伶来说,早年发妻张氏曾遣其弟去苏北丰县、沛县为他买美妾,正妻之外尚有张二、张三、范四等侍妾,《闲居集》中即收录《范张二姬弹筝》《忆张二》《赠张三》《咏范四》等诗作。在营居室和筑园亭方面,他也是不甘落后,归乡之后,积极扩建庄园,据《闲居集》和《中麓山人拙对、续对》的记载,可以隐约推知他有尊藏诰敕楼、待月楼、四望楼、烟楼、耳城楼、藏书万卷楼、平楼、爱莲楼、逍遥楼等,有时享堂、孝廉堂、见宾堂、吾如堂、仍堂、中麓草堂、农商兼济堂、醉归堂、登闲堂、乃肯堂等,有赐闲斋、寄傲斋、卧游斋、明农斋等,有云房、萝月山房、松房,有后知轩、南思轩、北望轩,有烟柳亭、云柏亭、露菊亭、风竹亭、砥柱亭、洞山亭、避暑亭等,有琴台、棋台、钓台、望月台等,这些居室、园亭虽然名称各异,皆体现他的个人旨趣。不过,他并没有沉湎于酒色、奢华享受之中,仍然有不少高雅的追求,比如藏书、著述、刻书等,这些才是本书浓墨重彩着重研究的内容。

明代文人喜结社,"三子""四杰""五黄"之称不胜枚举。关于这一现象,郭绍虞在《明代文人集团》中论述甚详,将原因归结为三个:其一,明代文人在生活态度上多风流自赏,喜结成集团品书评画,此唱彼酬,一时成为风气;其二,明代文人空疏不学,学术肤浅,人无定见,易为时风众势所左右;其三,

---

① (明)张居正等:《明世宗实录》卷一四二,台湾"中研院"历史语言研究所 1962 年校印本,第 3300—3301 页。
② (明)王世贞:《艺苑卮言》卷六,《历代诗话续编》本,第 1052 页。

这种结社具有相当强的实用性,入仕前可以互相切磋,入仕后可以相互汲引。① 为官时李开先即是"嘉靖八才子"的成员之一②,他们在交往、著述中不乏学术性的交流,酬唱往来中相互濡染。罢归后,受乡里耆旧的邀请,加入了他们的词社和诗社,轮流做东饮酒唱和,这些交游活动在本书中也有详述。

(五)戏曲创作逐渐繁荣

明代学术在中国学术史上是最容易被忽视和低估的,那是因为大家皆将之与汉代经学、魏晋玄学、唐代佛学、宋代理学相比,认为它空疏庸陋。其实,它自具价值,在理学、经学、史学、佛学、地理学、天文历算学等方面取得了相当高的成就。例如:理学方面,阳明心学继朱熹、陆九渊之后,大放异彩,甚至被认为是明代学术的代名词;史学方面,今人很看重明代的野史,因为它们在正史之外,独具价值,从中也可看出明人史学观念的新变;文学方面,由于前期台阁体的内容多为粉饰现实、点缀升平,艺术上平庸呆板、了无生气,引发了以李梦阳、何景明为首的前七子的复古运动,文坛领袖已不再是台阁重臣,而是中下层的积极有为的官吏,这也昭示着小说、传奇、戏曲等通俗文学的光辉前景。从嘉靖以后,小说、戏曲等得到了迅速发展,创作十分繁荣,取材面较广。

就戏曲创作而言,到了明代中后期出现一种繁荣现象。之所以如此,除了文学本身发展的必然结果外,还有着极为深刻的社会原因。首先,这跟最高统治者的喜好有一定的关系,与其他朝代相比,明代的帝王、藩王大都喜好戏剧:太祖出身布衣,喜好《琵琶记》,"日会优人进演";成祖对于明初杂剧的"十六子",如汤舜臣、杨景贤等,颇为礼遇,赏赐无数;宪宗、武宗同样是戏剧爱好者,李开先在为《张小山小令》作的后序中说:"人言宪朝好听杂剧及散词,搜罗海内词本殆尽。又武宗亦好之,有进者,即蒙厚赏。如杨循吉、徐霖、陈符所进,不止数千本。"③太祖为了陶冶离京藩王的性情,特赐给他们许多词曲之书,即"洪武初年,亲王之国,必以词曲一千七百本赐之"④。藩

---

① 郭绍虞:《明代的文人集团》,载《照隅室古典文学论集》(上编),上海古籍出版社 1983 版,第 526—530 页。

② "嘉靖八才子"又名"嘉靖八子",乃李开先、王慎中、唐顺之、陈束、赵时春、熊过、任瀚、吕高八人的合称,他们主张文学复古。

③ 《李开先全集·诗文》《李中麓闲居集》文之六《序·〈张小山小令〉后序》,第 644 页。"有进者"中"有",在明刻本中作"于"。

④ 《李开先全集·诗文》《李中麓闲居集》文之六《序·〈张小山小令〉后序》,第 644 页。

王很难在政治上有所作为,渐渐将兴趣转向文化领域,不少在戏曲上有所成就,如宁献王朱权、周宪王朱有燉、辽王朱宪㸅、赵康王朱厚煜等。

其次,民间教育事业的普及,出现"后生小子无不读书"的局面①。不过,科举名额的限制使得他们中的大多数人终生难以突破中下层庶民家庭的出身而获得更高的地位,面临着非常现实的贫困和生计问题。嘉靖以后阳明心学兴起,读书人在思想观念和行为上日益摆脱程朱理学的束缚,出现狂诞、逐利等嬗变。一些人甚至主动放弃生员身份而回归布衣,成为四处游食、干谒权贵的"山人"②。与此同时,亦有人弃儒经商,从事以前读书人不屑的商业活动。为数众多的读书人进入社会农商百工的各个行业,形成通俗文化的巨大市场。这就迫使相当一批文人如果想让自己的作品尽可能地占有市场,必须改变以往那种高雅和孤芳自赏的风格,想方设法地使更多的人接受,而戏剧和民间说唱艺术即是通俗文化的重要表现形式。

与明初戏曲作品多出自民间艺人之手而变成无名氏之作相比,明中期地位较高的文人参与创作,使得戏曲之作呈现"骈俪派"的风格,万历以后更是进入"黄金时期",生活于这一时期的王骥德说:"今则自缙绅、青襟,以迨山人、墨客,染翰为新声者,不可胜纪。"③明代的剧作家,如朱权、丘濬、王世贞、汪道昆、梁辰鱼、汤显祖、陆采、梅鼎祚、阮大铖等,除朱权为亲王外,其他的全为士大夫,官阶从县令到内阁大学士,多数为达官,与元和明初作者大多是平民和吏胥截然不同。李开先也是一位著名的剧作家,经常与章丘、商河一带的剧作家相互交游,日有所长。和他交往密切的袁崇冕、高应玘、张国筹、张自慎等人,在词曲方面皆有造诣,据王士禛《池北偶谈》载:

> 袁崇冕,字西野,进士弼之子……工金元词曲,所著《春游》、《秋怀》诸曲,足参康、王之座。与李中麓唱酬,王渼陂曰:"雅俗相兼,飒飒有余音。"杨方城曰:"神圣工巧,元人之俦。"中麓曰:"金石之音,元黄之色。"其为名流击赏如此……同时有高应玘者,中麓弟子,亦工词曲,以贡仕为元城丞,见知王元美、魏懋权。所著有《醉乡》、《归田》诸稿,其《北门锁钥》杂剧,论者以为词人之雄。又有张国筹者,以贡仕为行唐知县,善

---

① (明)张岱:《琅嬛文集》卷一《夜航船序》,载自《张岱著作集》,浙江古籍出版社 2013 年版,第 28 页。

② 山人之名唐代已有,多指隐居山林者。而明代"山人"一词的含义与此不同,多指科举不第、靠游食于官僚显贵之间的士人,即查继佐《四部丛刊三编·罪惟录》所说的"昔之山人山中人,今之山人山外人"。

③ (明)王骥德:《曲律》卷四《杂论》,《中国古典戏曲论著集成》第四集,中国戏剧出版社 1959 年版,第 167 页。

金元词曲。所著有《脱颖》、《茅庐》、《章台柳》、《韦苏州》、《申包胥》等剧,在袁西野、李中麓伯仲间。皆章丘人,与太常同时。又有张自慎者,字敬叔,商河人,游中麓之门,著金元乐府三十余种。①

他们通过对民间文化的吸收,再创造出一种能够雅俗共赏的文化作品,也使得过去只能在民间流传的东西登上了大雅之堂。这就说明,明初统治者推行极端专制政治,造成民间文化的寂寥,明中叶之后随着中央集权的式微和地方力量的崛起,通俗文化逐渐繁荣。

(六)私家藏书的兴盛

我国私家藏书起源甚早,以名家诡辩著称的惠施,《庄子·天下篇》称其:"行事多方,其书五车。"虽然当时的文献载体可能是简策,体积比较大,"五车竹简就是 1000 公斤,算下来大概有 800 万字","大概就是四大名著总字数的两倍"②,但当时纸张和印刷术尚未发明,书籍流传不广,私人藏书达到这样的规模已经相当不容易。宋朝以后雕版事业兴盛,私家藏书大盛。两宋的图书文物,率多毁于兵荒马乱之中。元代的藏书家见于叶昌炽《藏书纪事诗》记载的仅十数人。我国私家藏书事业振衰起敝,达到复兴而趋于极盛则在明代,数量上远超宋代,又下启清代。

明初整个社会经济比较萧条,从上到下将注意力集中于物质生产的恢复,加上突如其来的文化专制,使得私家藏书事业受到一定影响。即便成祖朝名臣解缙,亦感叹日常生活所费较多,微薄俸禄难以为继:

> 在此每月关米七石,其余每石折钞共七千贯,又尝留下三石,菉四石得钞百余贯。而马料豆每石五十贯,稻草亦甚贵。时时虽有赏赐,随得随用,又作些人情,又置些书,尽皆是虚花用了。衣服靴帽饮食之类,所费不赀。③

至明代中后期,随着社会经济文化的发展,私家藏书兴盛起来。推考其因,除了经济繁荣外,约有数端:一是藏书风气的相沿。明代自前、后七子提倡复古,形成了一股好古书、好奇书的风气,嘉靖以降,私家收藏古书益加发达,流风所及,士人庶民无不竞事储藏。柳诒徵《中国文化史》说:"(明)士大

---

① (清)王士禛:《池北偶谈》卷十四《谈艺四·袁崇冕附高应玘张国筹张自慎》,中华书局 1982 版,第 336—337 页。
② 讲历史的王老师:《古代人的日常生活》,江苏凤凰文艺出版社 2020 年版,第 148 页。
③ (明)张萱:《西园闻见录》卷十四《节俭》,杭州古旧书店 1983 年版,第 29 页。

夫咸以嗜书殖学为务,故能上绍唐宋,而下开有清之文治焉。"①藏书家多以藏书数量名楼,以相矜夸,如以万卷楼为名的藏书家有陈于陛、丰坊、李开先、边贡、杨仪、吴自新、范钦、项笃寿、唐尧臣、郁文博等,此外还有陆瑞家万书楼和朱睦㰐万卷堂等。二是考据学的发皇。早在明代中叶以后,考据学就已走上反空谈、重实学的道路。自前、后七子提倡复古,开启了重古书、读古书的风气。考据学是书本子的学问,需要大量的图籍作基础,对宋元版本需求很大。三是时人刻书妄改的弊病。刻书妄改之病,并不自明人始,在南宋已经存在。然明中叶以后,学风妄诞,尤其是书帕本盛行后,所刻之书大都舛误不精。为了恢复古书的本来面目,自然刺激了私人藏书的兴盛,同时藏书家多能利用所藏善本从事校勘、刻印活动,对厘定正本、肃清学术风气极为重要。

中国文化在经过永嘉之乱、安史之乱及靖康之难后,以北方为优势的传统遂有改变。文化中心南移,江南成为重心,商贾云集、人才荟萃,成为学术渊薮之地。反观私家藏书的发展,自南宋以来,也常以江浙为中心,众多商贾和仕宦崇尚风教、雅好收藏,将天下善本珍玩网罗殆尽。相比江浙私人藏书家风起云涌,北方则甚为寥落,在嘉靖间始有濮州李廷相、开州晁瑮、涿州高儒、章丘李开先诸家闻名于世,稍稍改变成化以来江浙独领风骚的局面。

总之,文人的藏书、著述及刻书活动与政治、经济、文化等紧密相连,既能够反映当时的社会政治、经济状况和文化动态,同时又不可避免地受这些因素的影响和制约。明朝中后期,传统社会向近代社会转型,商业、手工业生产得到极大发展,市民阶层壮大,私家藏书事业和民间文学走向繁荣,小说、拟话本、民歌小令、戏曲作品大量涌现,而发达的印刷技术、众多的书商书坊又加快了这些著作的流传。当时的社会风气、学术动态、政治状况等影响着文人的著述活动,亦会在其作品中有所反映和体现。

三、李开先的家世渊源和生平崖略

李开先(1502—1568),字伯华,号中麓,山东章丘人。祖上居绿原村(即今天济南市章丘区埠村街道东鹅庄),罢归后一直居住于章丘城西南寓。中麓之号来自地名,其家附近有一座胡山——今位于章丘明水以南、309 国道

---

① 　柳诒征:《中国文化史》(第二册),台北正中书局 1978 年版,第 354 页。

南侧,胡山有神仙洞、山阳洞、妖精洞、狮子洞等名胜,分北麓、中麓、南麓三麓,中麓泉幽石秀、景色宜人①,他曾在此读书著述,因取号中麓,此外在著作中还使用过中麓生、中麓子、中麓山人、中麓放客、中麓野人、中麓病夫等多个署名②。了解他的家世有助于探讨他孜孜于仕进以及后来转向藏书、著述与刻书的家庭因素和个人因素。而分期明显的仕宦生涯使其藏书、著述和刻书活动亦具有阶段性。

(一)家世渊源

自隋唐以来,有一种文化现象极为常见,即文人通过科举考试实现做官的目的,形成了学校教育——科举考试——入朝做官的通用路径。可以说,一个人从幼时的启蒙教育开始,直到进入官方学校接受正规教育,长达十余年的寒窗苦读,就是为日后的科举考试作准备。跻身于仕途是读书人的追求,更寄托了家族和家庭殷切的希望。

关于家世,李开先在《家堂秋祭文》中用骈文短章概述了祖先迁徙到章丘所经历的几个时期,李氏原籍甘肃陇西,迫于金兵入侵而"弃家东驰",在章城南的长城岭"暂避乱离",乱局稍定徙居章城"原隰沃美"的绿原村。越数代,李氏族人仕宦文武并出,"文为州牧,武作军师",家业渐渐扩大,然而后来中衰,至李开先时才稍稍振起。③

再据《李氏族谱》④细考,可知在宋金战事中携家迁居章丘的第一世祖叫李演,他"原系陕西即今甘肃巩昌府陇西县人也。避金兵携资迁章邑,卜居长城岭,故世号'长城李氏'。阅再世,占籍城南三十里许绿原村,即今之鹅庄也"。⑤ 初至章丘,李氏的处境是相当艰窘的,惶惶漂泊,无一块安身立命之地。《李氏族谱》卷三"五世"尾端,有修谱人李肇修所作"小记"载:"播迁之初,基无定所,忽而白塔,忽而木厂涧;或为大军所掳,或为河南之行,流离至此,极矣!"⑥六世祖李进为李氏在章丘的第一个入仕为官者,"由敦武

---

① 万历《章丘县志·山水考》载:中麓即李太常开先读书处,山下有泉,清冽可鉴须眉,山顶西南有石,隆然挺立,高可数丈,俗呼为"落鹰石"。
② 文人取号比较随意,多以当时心境而转移。中麓生和中麓子比较好理解和常见,中麓山人则标榜自己的布衣身份,中麓放客和中麓野人指出自己狂放不羁,中麓病夫交代自己体弱多病。
③ 《李开先全集·诗文》《李中麓闲居集》文之十二《祭文·家堂秋祭文》,第1089页。
④ 《李氏族谱》始修于清康熙十五年,经乾隆间两次重修,至嘉庆四年第一次刻板,光绪元年又重修刊刻,2015年第六次续修出版。光绪刻本为卜键在章丘李开先祖居发现,新版本在此基础上由李厥峰、李庆启等人成立的续谱委员会耗费数年续修而成。
⑤ 《李氏族谱》卷三《世纪·一世至四世》,2015年续修版,第1页。
⑥ 《李氏族谱》卷三《世纪·五世至七世》,第3页。

尉累建功勋,历升都统将军",这位"始祖入章以来,实为通籍之始"的先祖赢得李氏后人的无限尊崇①。其后,李氏家道渐渐显赫。八世祖中,以李椿最为贵显,道光《章丘县志》卷八有:"李椿,滨州知州",道光《济南府志》卷四十八《李进传》载:"其孙椿,官都察院奉议大夫、济南路滨州知府、骁骑尉,后封章丘县子。"李椿的两个儿子皆入仕途,长子为文蔚官承事郎延平路沙县尹,次子为文宜官奉政大夫宝昌知州。九世祖李克良,官江西提学升按察司佥事。可见,李氏在第六至第九世祖时期,即为李开先在《家堂秋祭文》中所说"文为州牧,武作军师"的鼎盛时代。当是之时,居官可光宗耀祖,更可以扩拓家业,李氏在官场振起的同时,也发展为乡间富户。

嗣后的几世,李氏再无居官者。元末之世,李氏家业仍然盛炽,所谓"富甲郡邑,名满华夷"绝非虚词。十世祖李士秀在明洪武间以家富徙实京师,结果在南京病亡。至其子李惟望,家资虽颇为可观,然再无往日的气派。李惟望之子名李子瞻,李子瞻生李杰、李升、李坦、李聪四子,李聪即李开先的祖父。《李氏族谱·世纪》曰:"聪,字文慧,增广生。苦学工篆,后弃而之田,躬耕养亲,以乐其志。"②李聪虽然也曾学文,仅为增广生员,然终究归田,半途而废。

李开先的父亲李淳,字景清,号绿原,"在学日有忠厚名,善说书,兼善时文",深受邑人洪汉器重,"其子之年相若者则纳交,幼子及孙则受业于门","李族或有差役不平,遇便即与县主及佐二转讲,得其力为多"③。他中秀才时,洪汉已经去世,参加会试前特去其墓前拜祭。然而,他孜孜追求的仕途之路可用凄凉二字概括无余,"年十五为诸生,试辄前列,年及四十始领乡荐"④,正德五年(1510)秋四十岁时才中举人,之后十年的三场会试皆落第而归,李开先好友李廷相为他撰写的墓志铭中说:

---

① 《李氏族谱》卷三《世纪·五世至七世》,第 4 页。
② 《李氏族谱》卷三《世纪·十三世附后序》,第 18 页。明清两代,府州县由公家给以膳食的生员称为廪膳生,又叫"廪生",有名额限制。于廪生名额外扩充录取、无廪膳待遇的生员,叫增广生,简称"增生"。
③ 《李开先全集·诗文》《李中麓闲居集》文之十《传·云广洪都御史传》,第 958 页。"洪都御史"乃洪汉(1441—1510),字天章,别号云广。成化八年(1472)进士,官至都察院右副都御史巡抚大同,后来因事罢归。李开先年幼时,李淳常常讲洪汉做官时的事情,然当时他年纪太小未能记住。洪汉死时适逢流寇扰乱,后人未及请人作纪念性文字即将他仓促下葬。三十年后,邑人陈德安为之作行状,又二十年后,李开先追念旧谊,为之作传。
④ 原载清道光朝吴璋、曹懋坚等所编《章丘县志》卷十《文苑》。转引自车吉心主编《中华名门才俊·李氏名门》十六《词坛巨匠曲部英才——山东章丘李开先家族》,泰山出版社 2005 年版,第 192 页。

　　辛未（正德六年）会试，费尚书（宏）题奏："中乙榜者，俱令就教，不许告免。"公于三场将出，自计方才脱迹学宫，乃更堕入之耶？遂涂抹第五策半篇，掌卷者批以有故免誊，而前二场已在取列，经房长叹而置之。甲戌（正德九年）落第归家，读书更勤苦。丁丑（正德十二年），正榜比之前科减五十名，公乃中乙榜第三，归而勤苦如旧。①

无论是客观原因还是主观原因造成的，他在正德六年（1511）、正德九年（1514）和正德十二年（1517）的三场会试中皆与进士正榜无缘②，皓首穷经，博求一第之荣光，终未得以进士发身，时运真是不济！难怪他在李开先出生后，曾掬子感叹："愿儿读书有成，仕路通达，莫若父学仕之蹇也。"③

　　不久，李淳患消渴症④。在弥留之际，叮嘱儿子攻书应试和侍奉祖母：

　　吾家世富，国初尝以富户填实京师，近以差繁赋重，族日就贫，吾非读书，门户几不能支。今疾势愈急，殆不久人世，虽教汝学业将成，切勿自足，弃却前功。尔祖母年高，生养死葬，其代吾，其代吾！⑤

在冷雨袭窗、昏灯映泪的父子对泣之夜，李开先记下的是父亲功名未竟的遗憾和在他身上寄予的改变家族命运的厚望。从始祖李演开始，直到父亲李淳，十几代人中尽管偶有为官者，然未有进士出身者，学而优则仕成为李氏家族心中永远的痛。

　　在明代，由官方统一安排的考试充斥了读书人的大部分甚至全部的生活。李淳经历了无休止的考试终究铩羽而归，内心的不甘促使他对子女读书特别重视。即便身为女流的李开先幼妹"在家中，见其中麓兄读书，从旁

---

① 《李开先全集·诗文》《李中麓闲居集》文之八《墓志·累赠奉直大夫吏部验封司员外郎绿原显考墓志铭》，第767—768页。李淳的墓志铭，李开先原托李廷相来写，李廷相死后他才得到墓志铭的遗稿，尚且没有伦次，于是自己乃错写就，阳信刘世伟帮忙填上李淳名讳。

② 《李氏族谱·世纪》李淳下小字注释其生平简介，其中有："每试辄前矛，四十始举于乡。辛未会试，前二场已中额，因五策涂抹未誊入，竟下第。丁丑甲乙榜不就，归而病卒。"与墓志铭有些出入，故不取。

③ 明兆乙：《李开先》，华艺出版社1999年版，第5页。这句话虽不知最早出自何处，结合李淳对功名的殷切期盼和屡试不第、久困场屋的经历，明兆乙这样描述还是比较可信的。

④ 消渴症是中医的病名，即西医所说的糖尿病，是指以多饮、多尿、多食及消瘦、疲乏、尿甜为主要特征的综合病症。

⑤ 《李开先全集·诗文》《李中麓闲居集》文之八《墓志·累赠奉直大夫吏部验封司员外郎绿原显考墓志铭》，第768页。李淳至死未中进士，"累赠奉直大夫吏部验封司员外郎"乃嘉靖皇帝施恩所赠的荣衔，是李开先当时的现任之职。

质问史传,默记入其室,翻阅册籍,濡染笔墨,稍能通其大义"①,在女子无才便是德的封建社会,受兄长读书氛围的影响,幼妹竟能稍通文墨实在可嘉。作为唯一男丁的李开先,更是家族的希望。这也从另一个方面说明,李家为他有所出息肯定会竭尽全力。可见,在那种为官能够光宗耀祖和扩拓家业的时代,李开先锐意科举、汲汲功名之心,是有着浓厚的家庭甚至是家族背景的。他对仕宦道路的强烈追求,贯穿他的一生,是其攻读诗书和苦求功名的不竭动力。

(二)生平崖略

李开先出生于明孝宗弘治十五年(1502)八月,死于明穆宗隆庆二年(1568)二月,享年67岁。他的一生可明显划分为苦读功名的青少年时期、京师宦游的壮年时期(如图0-5)、罢归林下的中晚年时期三个阶段。

图 0-5 李开先身着官服的肖像(图片来自济南市章丘区博物馆微信公众号)

1. 苦读功名的青少年时期

李开先为李淳长子,从小即聪慧异常,殷士儋为其所作墓志铭载:"公生而卓荦颖异,七岁善属文,读书一见辄成诵,而又即知声律、吟咏之学"②。《济南民间故事集萃·神童子》亦说他"三岁学字,五岁背诗,七岁就能作文

---

① 《李开先全集·诗文》《李中麓闲居集》文之七《墓志·亡妹袁氏妇墓志铭》,第704页。"袁氏妇"乃李开先三妹,嫁给同邑袁思艾(号一新),嘉靖十七年(1538)二月初三病逝,死时年仅23岁。袁思艾之父袁良玉去世,李开先作《祭袁良玉处士文》。袁思艾去世,李开先作《祭妹夫袁一新吏目文》,其中提到他"好饮有洪量,质直无他肠",说他善良和廉洁。如此这般,李开先也算践行了照顾妹妹夫家的承诺。

② (明)殷士儋:《翰林院提督四夷馆太常寺少卿李开先墓志铭》,载(明)焦竑《国朝献征录》卷七十《太常寺少卿》,台湾学生书局1965年版,第3040页。

章"①。孙子李攒和李瑛辑校的《先太常年谱》中记载他四岁时能妙答对联：父亲吃新蒜时随口出一上联"捣蒜拌蒜薹"，他应声而对"煮豆燃豆萁"，他的出色表现让父亲惊讶不已②。他的聪明伶俐给这个家庭带来无限欢乐和荣耀，也使得他在乡间远近闻名，当时一位马姓相面人认为他必有大出息，"嘉靖改元，长清相士马小子，一见极为推许"③。乡间有一名叫弭凤的老儒，教授十余名童子，适逢年才十一二岁的李开先随父亲到弭凤授徒的地方拜访，时当三月雨后，弭凤出上联"麦收三月雨"，诸童子无一人能接下联，李开先则应声一连说出十句下联"松吼四时风，柳带早春烟，竹爆一声雷，花落五更风，菊傲九秋霜，花灿一朝霞，科发少年人，槐覆满庭云，芽发仲春雷，棋洒一天星"，以至于"座客无不惊羡"④。当时他为了避免干扰，寓居城北女郎山⑤，由于夜须归而守家，于是"凌晨而往，薄暮而还"⑥。这种读书方式一度被乡人作为激励后学的谈资，广为称颂和流传。

如果说他的青少年时光是比较快乐和充实的，那么，十八岁时父亲去世，迫使他快速成熟起来。在父亲患病辗转床笫的三年间，李家积蓄花费殆尽，一贫如洗、生计日艰。他在《亡妹卢氏妇墓志铭》回忆：

> 庚辰，先大夫弃背，家贫几即如卢，母常为农事，一年有七八月在乡村，妹乃造厨，为朝夕饔飧，奉其兄，养其二妹，余力则精针指组纴细工，而丝枲织作，夜以继日，膏火炯然不息，刀尺铿然有声，而机杼则咿轧彻听也。终岁勤劳，母又时脱簪珥，以给日用，妹犹蔬食布衣，仅足疗饥而御寒。一日，偶见枕顶绣鞋，女贾携之而出，工巧炫丽，以为他家物何以至此。妹言："吾所手制，将鬻之以救燃眉之急"。予闻之惨怀，洒泪不能已。人家积女工，以待嫁而为妆奁，今反以贫而轻弃之乎？他年予或

① 周长风、李忠民、李图滨：《济南民间故事集萃》，济南出版社1992年版，第48页。
② 《李开先全集·附录三》《年谱·族谱·先太常年谱》，第2261页。
③ 《李开先全集·诗文》《李中麓闲居集》之三《七言律诗·赠马相士》，第306页。
④ 《李开先全集·杂著》《中麓山人拙对·续对·中麓山人续对卷之下·跋文》，第1984页。
⑤ 据章丘区博物馆的展览介绍，女郎山之名可追溯到商代，关于其来源，文献记载有三则：一为"章亥有三女溺死，葬此"；二为孔子弟子子张之墓在此；三为战国时期齐国著名将领匡章之墓在此。考古工作者在女郎山进行两次大规模的发掘，除少数大中型贵族墓葬外，大部分为普通平民或地方官吏的墓葬。
⑥ 《李开先全集·诗文》《李中麓闲居集》文之九《行状·西皋举人张君行状》，第844页。

读书有成,幸勿有忘今日。①

他们平素住在章丘城内宅第,父亲死后,母亲去乡村亲为农事,留下他和三个妹妹在城里生活。对比别的女孩怀着美好憧憬准备待嫁之物,懂事的长妹下厨做饭之余将精美的手工贱卖以贴补家用。母亲和妹妹的辛劳,加上亲友的讥讽和轻视,无形中成了身为家中唯一男丁的他奋发向上的动力。为此,他刻苦自励,常常攻读至深夜,终于在嘉靖七年(1528)以毛诗举山东乡试第二人,次年春赴京师会试,得会试第 20 名,高中进士。然而,在廷试的时候,因为不慎漏掉"臣谨对"三字,只得了第 67 名,便从一甲落到了二甲。尽管在廷试时只是中了二甲,仍然实现了李氏此前十几代人的追求,也算没有辜负父母的厚望。母亲得知他中进士的消息,激动落泪而勉励他为官清正慎行:"人谓吾家必落,由今可不愧尔父之志,而免戚党之诮矣!惟清慎以慰亲报君,官之崇卑莫论也。"②

在考取功名之时,他并非"两耳不闻窗外事,一心只读圣贤书",对时政颇为关心。正德十六年(1521),适逢要在乡间征派徭役,他主动拜访新任知县孙应奎(号东谷)并谈论处理对策,"援笔立就",孙知县览之大喜说:"此天下才也!"③不过,他进言知县一事未见他处记载,甚至在所作《东谷孙公去思诗》中亦只字未提,很可能他是为了维护孙应奎的面子而不愿意夸大自己的功劳,想来当时他已经 20 岁,以他积极入仕的性格,对身边之事不可能不管不问、听之任之,《先太常年谱》上的这种说法并非空穴来风。他的这次表现,充分证明他具有超常的眼界胆识和出色的政务处理能力。

2. 京师宦游的壮年时期

嘉靖八年(1529),李开先开始从政生涯。从入仕到罢归,历经十三个年

---

① 《李开先全集·诗文》《李中麓闲居集》文之七《墓志·亡妹卢氏妇墓志铭》,第 702 页。"卢氏妇"乃李开先长妹,生于正德二年(1507),嫁给同邑卢应龙,嘉靖十一年(1532)十一月十一日病逝,年仅 26 岁。李开先长妹去世时,希望兄长"勿以亲人不在而薄其家",李开先没有忘记妹妹的遗愿,不仅让妹夫作跋留名,还在她公公去世时作《祭卢省祭克敬文》,做到这个份上已经仁至义尽。

② 《李开先全集·诗文》《李中麓闲居集》文之八《墓志·封太宜人先母墓志铭》,第 761 页。明兆乙《李开先》中记述嘉靖七年(1528)李开先中举后母亲王氏告诫:"汝父寒窗半生,未尝有懈,孰料会试场场落魄,终不及第,饮恨九泉。明年大比,尔若能金榜题名,方不负汝父临终遗教。"因不见他处记载,亦未引用。

③ 《李开先全集·附录三》《年谱·族谱·先太常年谱》,第 2262 页。明兆乙《李开先》中记述此事:"县尹孙东谷,为官清正,视民如伤,事无巨细,不迎刃而解。见来者是位气度不俗的青衿学子,当面试之,听其所论,皆切中时弊。于是详其家世,开先语如泉涌,一一备述。孙县尹惊诧之余,拱手谦曰:'卑职初莅贵县,公务繁冗,未得登府拜谒,尚希见谅。公子所言,卑职一定严究。'"这种带有故事情节的叙述有些夸张,只能说明此事应该确实发生过。

头。十余年间,屡蒙擢拔,官居清要,历任官职如图 0-6 所示。在朝为官时,上朝和处理政事固然辛苦,他仍然以满腔热情去对待,以至于罢归林下后他感叹生活安逸却养出一身懒病:"积懒今成病,微劳亦自嗟。京师昔旅寓,簿领日纷挐。雪后朝天出,还须赴早衙"①。在这一时期,喜欢游玩的他大有收获:

> 及履仕途,官户部,在京则皇陵诸山无不历览,而西山尝两至焉。出使则北居庸,西太白、终南、贺兰,皆其所尝身之者。及在吏部,随驾至承天,陪祭显陵,五岳望其二而登其三。曾因催粮事将及南都,以改官回。②

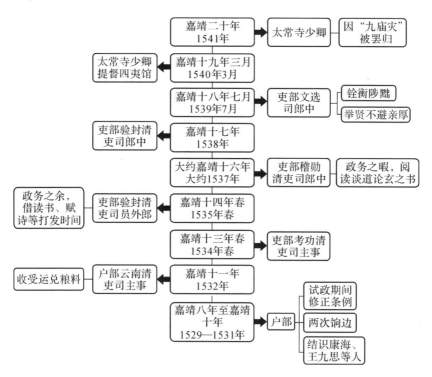

图 0-6　李开先历任官职及主要活动

尤其是与葛涧、张寰游览皇宫南内的经历让他经久难忘,归乡后特作《忆游南内记》:"日惟潜处山间林下,相伴村叟田夫,有时望日瞻云,拜天礼斗,自

---

① 《李开先全集·诗文》《李中麓闲居集》之四《五言排律·咏雪》,第 381 页。《咏雪》三首,此为第三首末尾几句。

② 《李开先全集·诗文》《李中麓闲居集》之十一《记·游龙藏洞记》,第 1024 页。

念盛美不可无传也，乃追忆而记之。"①

　　按照惯例，新科进士一般不予实授，仅充部员，协理公务，接受考察。李开先先在户部试政，户部尚书梁材为人刚直练达、精于吏事，一方面"力袪宿政"，一方面修订条例，重立法度。梁材将修正条例的重任委付于他，使得这位刚刚踏入仕途的年轻人得到充分锻炼。除此之外，在试政期间对他最有影响的事情是两次饷边，即如他在《塞上曲》小序中说："予曾两使上谷、西夏，其军情苦乐，武备整废，颇尝触于目而计于心。当时壮年，便有鞭挞四夷，扫除天下，安事一室之志。"②两次饷边使他对当时的军情和军备有了切身的体会，并暗暗立下"挞伐四夷，扫除天下"的雄伟大志。在饷边之时的另外一个收获就是，他得以见到两位心仪许久的文坛前辈——康海和王九思。出使边塞的经历非常珍贵和刺激，他在罢归后仍不时想起，他的诗文和对联中即多次提到，如"仕路曾将虎穴探"③"向曾探虎穴"④"曾饷边城，羌笛一声胡虏啸"⑤"壮岁曾为塞上行"⑥等。

　　康海是弘治十五年（1502）状元，因受太监刘瑾事件的牵连被削职为民。李开先路过乾州时，与他意外相逢。归途中，李开先又往鄠县拜访王九思。李开先言语及作品中展现的思想锋芒与文采，使他们将其视为同道，并结为忘年之交。康、王为同乡挚友和儿女亲家，人品皆清正耿介，为"前七子"成员，在文坛上享有盛誉，他们对李开先的奖誉和荐举在李开先入仕早期起到了积极的作用。

　　从宁夏返回的途中他即染病，至河南病情加重，在故乡章丘卧病经秋⑦。病愈返京后，仕途一路亨通。嘉靖十一年（1532）春为户部云南清吏司主事，负责"收受运兑粮斛"，他已晓得居官诀窍，殷士儋为其所撰墓志铭说："户部为金穀剧曹，而公所督太仓粟，时尚有中贵人监之，公不竞不绒，委曲调停无挠法焉。"⑧在宦官的监视、干扰下，他竟能"不竞不绒""委曲调

---

①　《李开先全集·诗文》《李中麓闲居集》之十一《记·忆游南内记》，第1031页。

②　《李开先全集·诗文》《李中麓闲居集》文之五《序·〈塞上曲〉序》，第539页。"上谷"即今河北怀来一带，"西夏"即今宁夏。

③　《李开先全集·诗文》《李中麓闲居集》之三《七言律诗·庄所书怀》，第281页。

④　《李开先全集·诗文》《李中麓闲居集》之四《五言排律·秋夜书怀》，第377页。

⑤　《李开先全集·杂著》《中麓山人拙对、续对·中麓山人拙对卷之上·散对》，第1818页。

⑥　《李开先全集·杂著》《中麓山人拙对、续对·中麓山人续对卷之下·散对》，第1943页。

⑦　《李中麓闲居集》之三《七言律诗·大雪夜寒》的第二首开端有"两次凌寒塞上行，归来多病卧南荣"，即指他出使归来在家养病。

⑧　（明）殷士儋：《翰林院提督四夷馆太常寺少卿李开先墓志铭》，载（明）焦竑《国朝献征录》卷七十《太常寺少卿》，第3040页。

停",最终取得"无挠法"的效果,可见在官场中已经修炼出一套柔而韧的治事态度。

嘉靖十三年(1534)春"以才望调吏部",为考功清吏司主事。在吏部,考功司仅次于文选司,两者同为切要之地。乍入吏部,即为尚书汪铉所器重,升擢较快,所作《中麓山人拙对》中有"雨露霑濡数月三迁居画省,风尘奔走十年八次泛黄河"即为明证。①

嘉靖十四年(1535)春为吏部验封清吏司员外郎,同时,座师霍韬为吏部右侍郎,好友王慎中为验封司郎中,霍韬严苛刚断,王慎中精通吏事。一时,吏部条例简明,政风清爽。在这种环境中,他才略徐展,心情甚是舒畅。可惜好景不长,王慎中因事遭谗而谪判常州,霍韬受排挤升任南京礼部尚书离京。两人的相继离去,无疑使他产生一种失去依托的孤独之感,加上验封司乃吏部闲曹,政务寥寥,唯有借读书、赋诗、编曲消遣无聊的光阴,他在《边华泉诗集序》中记叙这段经历:

> 向予副郎验封日,僚长则五泉刘宪甫也。公厅发遣,政务旧规,惟长主之,而副不与焉。五泉以相爱且念予识事体也,每升厅必偕,然亦不过数事,事亦不过数语。终朝寂坐,如妆塑人,因携《华泉诗集》,就朱墨笔逐一选取,期于精而不贵多。间有未安者,退公又正于百泉皇甫子。装潢成帙,托之舜泽苏代巡刻焉。②

他耐不住上班时无事可做的寂寞,终将书册携带到这种"终朝寂坐,如妆塑人"的办公场所,品赏诗文。

大约在嘉靖十六年(1537),升为吏部稽勋清吏司郎中,稽勋司与验封司情况无异,也是闲曹,"吏曹重门内,南为稽勋司。东邻文选,后俯通衢,既非文选之多政,日听通衢之歌声,都下谓之外翰,同官称为吏隐"③。他在此"外翰""吏隐"之地为一僚之长,同样日日无事,阅读不少《云笈七签》《道藏》之类谈道论玄的书籍。

嘉靖十七年(1538),转为吏部验封清吏司郎中。循资序进,他本来应担任考功清吏司郎中,然因当时的文选司郎中黄祯和他同籍且相交不错,世宗御批不许④。吏部自古被称"天曹",让同乡的黄祯和李开先分掌文选司和

---

① 《李开先全集·杂著》《中麓山人拙对、续对·中麓山人拙对卷之上·散对》,第 1725 页。
② 《李开先全集·诗文》《李中麓闲居集》文之六《序·〈边华泉诗集〉序》,第 615—616 页。
③ 《李开先全集·诗文》《李中麓闲居集》文之六《序·〈重订双修揭要集〉序》,第 597—598 页。
④ 《明史》卷一百九十九《郑晓传》载:"昔黄祯为文选,调李开先考功,皆山东人,诏不许。"(中华书局 1974 年版,第 5272 页。)

考功司这两个最重要的部门，自然为害怕官员结党营私的执政者所忌讳。

嘉靖十八年(1539)七月，文选司郎中黄祯因"贪婪欺罔"的罪名，被下昭狱、贬黜为民。于是，李开先被调任文选司郎中。文选司为四司之首，职掌铨衡陟黜，尤为剧要。往任的一僚之长要么故意显示尊贵、标榜清正，要么谨小慎微、以保官为要务，而他的做派大为不同。殷士儋在为其所作的墓志铭中云：

> 故任吏部者，率矜厓岸，高自标致，扄门谢宾客，虽亲故人不相接，以示尊倨。公顾数与诸友游，以诗文相赓和，暇则浮白对弈，谈笑竟日而无废事。卒之，人莫敢干以私，而称吏部能谢绝请谒，亦卒无逾公者。公既负才气，居铨衡要路，素伉直，不善事权贵人，而诸傒幸见抑者又日媒蘖之。时柄臣衔公不附己，遣逻卒廉公阴事，久之无所得，终不释。①

尽管身居要职，他照常与朋友饮酒唱和，凸显出他独特的神采和个性。在此任上，他极力推举和提拔那些清廉正直而又长期不得重用的官员，比如他在外僚来京接受考察之时，把长期被贬抑外省、担任福建参议的陈束推为河南提学副使，推荐吕高为山东提学副使，推荐李舜臣为应天府丞，推荐乔瑞为济南知府，其中陈束和吕高为其好友，为免人猜忌，一般人避之唯恐不及，他竟敢不避嫌而推举，可见他胆识过人。事实证明，他的做法是极为正确的：对于陈束而言，"文事乃其余事，能变士习，兼得士心，乡试期近，坐肩舆一昼夜疾驰二三百里，应试士数甫完，而病不可支矣"②，可见，陈束对于工作极为卖力，不久呕血不止而病死；吕高在山东提学副使任上，"至则行政有要，政自易于举；取士无失，士咸服其精"③。这一时期，他还无偿地帮助前吏部尚书兼太子太傅刘忠的孙子得到荫封，之前刘某携千金拜访王教、许瓒等人谋划此事皆未果，他最终辗转为其在中书省谋个职位，并警告负责办理的下属："如以分，千金何事；如非分，千金何为！且若为吾吏，欲撄人之金乎？"刘某登门拜谢并疑惑地问他为什么能够大胆地促成此事，他笑着回答："令祖先朝耆德，予为秀才时读其文，辱从长者之后，又颇悉其立朝之节，常想其

---

① （明）殷士儋：《翰林院提督四夷馆太常寺少卿李开先墓志铭》，载（明）焦竑《国朝献征录》卷七十《太常寺少卿》，第3040页。
② 《李开先全集·诗文》《李中麓闲居集》文之十《传·后冈陈提学传》，第938页。
③ 《李开先全集·诗文》《李中麓闲居集》文之十《传·江峰吕提学传》，第941页。

人。今见若,幸慰矣,况在恩典,谁可废乎!"①一席话说得对方感恩涕零,两人缔结终身情谊。正是因为他比较光明磊落和"伉直",对那些钻营投机的侥幸之徒绝不姑息放纵,招致"权贵人"和"侥幸见抑者"衔恨在心,而竭力搜罗他的"阴事",终无所得。罢归后回忆旧事,提到"向逢朝贵腰难折,今耦田夫首且卑"②,"谤以虚名起,官因愚直休"③,"久据要津竦狂不免谗人忌,自投散地游衍无愁候吏催"④,说明为官时他比较亢直和清高,已经招致小人的异议和语言攻击。

文选司郎中一职历来难以久任,李开先亦然。嘉靖十九年(1540)三月,改擢太常寺少卿、提督四夷馆,太常寺少卿为正四品,比正五品的各部郎中虽职高一品,实又重回闲曹冷司,远离了权力中心,即如他自己所说"寺曹曾吏隐"⑤。嘉靖二十年(1541)四月,皇家宗庙失火,火从仁庙起,延烧太庙,群庙一时俱焚。天灾异变往往要警醒君主去查劾朝内奸佞,世宗十分震怒,"敕内外臣工痛加克责,以尽交修之敬。文武群臣如有奸欺负国、蠹政殃民者,听言官指实奏劾。九卿堂上官及各衙门四品以上,令各自陈"⑥。"自陈"乃"自陈乞休"之意,用现在的话说就是自我批评并请求罢免职务。他同其他四品以上京官一样,呈上一份带有反省性质的"辞职书",原来以为只是走个过场的辞呈,却被玩成真的。夏言等柄政者依据个人好恶,顺势决定将他同吏部尚书许赞、吏部右侍郎欧阳铎等12人罢免。尽管朝中内阁大学士兼兵部尚书翟銮等人为他力争留下的机会,然终未扭转将其罢归的定局。

关于罢官,自言"以疾辞官"⑦"上疏辞官"⑧"上疏投劾"⑨,或者以思乡而辞阙,这些都是隐晦说法。他真正被罢归的原因不仅仅是因为"九庙灾",

---

① 《李开先全集·附录三》《年谱·族谱·先太常年谱》,第2265页。不过,《年谱》中关于李开先担任文选司郎中的时间记载有误,认为是在嘉靖十三年,明显有悖于事实。那么相应关于李开先处理此事的时序亦有误,不是在嘉靖十五年,而是在嘉靖十八年左右。

② 《李开先全集·诗文》《李中麓闲居集》之四《七言排律·用前韵自述》,第405页。

③ 《李开先全集·诗文》《李中麓闲居集》之四《五言排律·村游晚归感怀》,第378页。

④ 《李开先全集·杂著》《中麓山人拙对、续对·中麓山人拙对卷之上·散对》,第1743页。

⑤ 《李开先全集·诗文》《李中麓闲居集》之二《五言律诗·立秋日作》,第145页。《立秋日作》一韵十六首,此为第十三首颈联。

⑥ 《明世宗实录》卷二百四十八"嘉靖二十年四月辛酉夜",第4973页。

⑦ 《李开先全集·诗文》《李中麓闲居集》之三《七言律诗·题〈高秋怅离卷〉》,第266页。

⑧ 《李开先全集·诗文》《李中麓闲居集》之三《七言律诗·闻道后追忆旧事》,第324页。诗中原文为"上疏一朝辞帝子",表面上看他罢归是上疏乞归导致的。

⑨ 《李开先全集·诗文》《李中麓闲居集》之三《七言律诗·归隐学道》,第330页。《归隐学道》共四首,此为末首开端,诗中原文为"上疏投劾得归年"。

而是由于得罪权臣，即"因忤权臣遭斥谴"①，"触忤权臣早罢官"②，"庙灾，上疏乞休，夏相拟旨如疏"③。这种忤逆权臣，可追溯至关于议礼的大臣之争。"议礼派"一般为新科进士和中下级官员，多因支持世宗而发迹，倏然间位极人臣。然其中并非全是媚谀之辈，如霍韬、张璁、方献夫等，仍有几分刚直，只不过在统治阶级内部斗争之时，为了提升自己，有时迫不得已采用了一些极端手段。夏言与张璁、方献夫等赞成议礼的大臣不和，因疏赞"分祀天地""二郊配飨"等深得世宗宠眷，后来入阁秉政，与霍韬的矛盾益发尖锐。嘉靖七年（1528），霍韬拜礼部尚书掌詹事府事，力抵夏言的主张，夏言则上疏劾霍韬七罪，霍韬由是下都察院狱。从此，两人交恶，势同水火，彼此因循相报。霍韬是李开先的座主，对他甚是器重，李开先曾言及其调到吏部的内幕："予之改吏部，虽遵岩王子荐之，亦由吕子能听之，怀之为其人，非私之云尔。"④"遵岩王子"是王慎中，以吏部考功司员外郎升验封司郎中，"吕子"为吕希周，时任文选司郎中，李开先的升职表面上看是缘于王慎中的举荐和吕希周的接纳，实际上却归功于吏部左侍郎霍韬，他在吏部尚书汪鋐被罢后一直主持吏部之事。

　　他与霍韬的关系决定了他与夏言之间必然存在嫌隙，再加上他"素伉直，无善事权贵人"，这些才是他最终被罢归的根本原因。不过，当时他出于自保并未与夏言针锋相对，甚至在座主霍韬死后，竟不敢为其写墓志铭。有的著作称他"因上书弹劾内阁首辅夏言而罢官家居"明显有误⑤，一则他并没有做过弹劾权臣之事，二则夏言不会愚蠢到如此直接地处置政敌。罢归后，他才变得激烈起来，对以前的懦弱异常后悔，将对夏言的憎恨明确地表达出来。嘉靖二十七年（1548）冬，他听到夏言被弃市处死的消息，还写一首《闻夏桂洲凶报》的七言律诗：

> 驱犊躬耕今几秋，久忘帝里旧豪游。
> 少年知己如星散，往事伤心付水流。
> 袖内不藏新谏草，灯前时补敝貂裘。

①　《李开先全集·诗文》《李中麓闲居集》之三《七言律诗·田间四时行乐诗》，第299页。《田间四时行乐诗》次韵百首，此为第五十首。
②　《李开先全集·杂著》《中麓山人拙对·续对·中麓山人拙对卷之中·散对》，第1838页。
③　《李开先全集·诗文》《李中麓闲居集》文之九《传·亡妻张宜人散传》，第866页。
④　《李开先全集·诗文》《李中麓闲居集》之二《五言律诗·再用前韵怀吕东汇》，第168页。
⑤　商传：《明代文化史》，东方出版中心2007年版，第370页。

上方有剑何须请，相国惊闻沥血头！①

诗中念念不忘罢官给他造成的伤害和难掩对夏言恶有恶报的快慰之情，不过其中更有年华易逝、知己零落的感叹。他在《中麓山人拙对》中曾幸灾乐祸地表示"天道好还夏相遭诛兼乏嗣"②，认为夏言被戮和身后无子乃老天的报应。嘉靖三十五年(1556)，他在《国朝辅弼歌》中对已经去世的阁臣进行点评，其中关于夏言写道："纳贿招权夏公谨，贪婪何止万文康"，对于"议礼派"的方献夫、桂萼、张璁则极力揄扬："西樵得君古今少，同者惟有桂及张。大礼议成赖宸断，能为万世立纲常。"③好友刘绘在科道时曾两次弹劾首辅夏言，两人有共同仇人，在与刘绘诗文唱和过程中，他实在忍不住而将罢归原因直说出来，即"台臣憎直君同我，往事微茫付梦思"④，"微生滥与春官选，苦死不为夏相知"⑤。如果说前句还有些含蓄，没有明确将憎恨和排挤两人的"台臣"是谁指出来，后句则点出自己百般谨慎、未曾直接忤逆夏言仍旧不为他所容。嘉靖二十年(1541)，潘高在考察时被罢归，李开先指出前后同罢者有王慎中、吕高、罗洪先、唐顺之、赵时春等人，"事虽不同，同黜于一人之毒手"，"台臣竟以事败戮，天之报应如此"⑥。此"一人"和"台臣"，同样指当时的内阁首辅、刚愎刻忌而又深得嘉靖皇帝信赖的夏言。王军明则认为李开先被罢归"帮派问题可能是原因之一，但是可能的原因是经济问题"，提及他在退居之后"广治田产，家蓄歌儿"的费用值得思量⑦。其实从父亲临终遗嘱和母亲在李开先做官前的叮咛，以及他谨小慎微地和同僚维持关系等可以看出，他非常在意仕途沉浮，肯定会恪守本分、为官清廉，经济腐败问题乃无稽之谈。

3. 罢归林下的中晚年时期

嘉靖二十年(1541)初夏，李开先回到故乡章丘，开始长达 27 年的赋闲

---

① 《李开先全集·诗文》《李中麓闲居集》之四《七言律诗·闻夏桂洲凶报》，第 254 页。夏言，字公谨，号桂洲，贵溪人。所作诗文宏整，以词曲擅名，有《桂洲集》和《南宫奏稿》传世。

② 《李开先全集·诗文》《中麓山人拙对·续对·中麓山人拙对卷之上·散对》，第 1755 页。

③ 《李开先全集·诗文》《李中麓闲居集》之一《七言古诗·国朝辅弼歌》，第 85 页。夏公谨指夏言，万文康指万安。"西樵得君古今少"指的是方献夫，他称病返乡后在西樵山设石泉书院讲学，著有《西樵山石泉书院记》。桂指桂萼，张指张璁(字孚敬)。

④ 《李开先全集·诗文》《李中麓闲居集》之三《七言律诗·与嵩阳刘太守简札往复未尝及罢官事因和其诗偶尔及此》，第 353 页。

⑤ 《李开先全集·诗文》《李中麓闲居集》之三《七言律诗·再用前韵有述》，第 353 页。

⑥ 《李开先全集·诗文》《李中麓闲居集》文之九《传·潘春谷传》，第 857 页。

⑦ 王军明：《〈宝剑记〉在明代的传播》，《山西大学学报(哲学社会科学版)》2012 年第 1 期，第 73 页。

生涯。至家，他作对一联以抒胸怀："在学十年血气方刚曾许国；历官九任心情才倦即还家。"①归乡后，不知是路途上的鞍马劳顿，还是内心的郁结不得发泄，到家后就一病不起，入秋后才得以好转。尽管他罢归时，好友御医王琠相赠解郁汤，他仍然病了许久，可见罢归对他来说是如此痛苦不堪②。病愈后，在乡里耆旧的盛情邀请下，加入他们创办的词社和诗社，并担任会长。词友和诗友如乔岱、袁崇冕、谢九容、张师雍等，在词曲方面皆有造诣，李开先与他们唱和不断，一起探讨作曲的奥秘，更以此抒发衷肠，在写作上自然大有长进。

嘉靖二十六年（1547）八月十九日，发妻张氏病卒。她在嘉靖二年（1523）嫁给李开先，温良贤淑，被引为"良友"，她的离世使他痛苦万分。他在铭文中表达中年丧妻的哀伤：

> 宜人贫则助余学，仕则助余政，致政则助余以闲。日具杯酌，与宾友为乐。即余至百年，乃不能相同以死，白首不相离之约，今成幻梦。出门有碍，持内无人。豪游浩歌，无复旧兴；左瞻右盼，只益新愁。中年丧妻，谓之不幸，若余则又不幸之尤者！伤心难腾之口也！③

祸不单行的是在张氏死后不到三个月，爱妾张二亦不明不白地死去，这对他又是一个不小的打击。

嘉靖二十七年（1548），他续娶齐东王氏④。当时"有侍妾数人，童仆千指，事上接下，授衣分哺，识者盖忧其主内之难也"，才十八岁的王氏"事姑备极孝敬，御众妾不妒而庄，内政巨细，一经处分，无不中节"⑤。一个涉世未深的女子，竟然能够将人数众多、关系复杂的家庭管理得井井有条，可见，她乃一能干、贤淑的女子。李氏后人在《先太常年谱》中对她的评价相当高："淑德懿行，家政井然就序。堂无虚坐，灶不绝烟，天下异闻无不备知。以好客故，四方宾客无日而不至也。"⑥她抚平了李开先丧失贤内的哀痛，使他稍

① 《李开先全集·杂著》《中麓山人拙对、续对·中麓山人拙对卷之上·散对》，第 1739 页。
② 《李开先全集·诗文》《李中麓闲居集》之三《七言律诗·寄御医意庵王琠罢官南归》，第 282 页。诗中小字注释"予之罢也，意庵尝惠解郁汤"。
③ 《李开先全集·诗文》《李中麓闲居集》文之八《墓志·诰封宜人亡妻张氏墓志铭》，第 764 页。
④ 王氏乃王贡之长女。王贡，字来献，号古泉，齐东人。生于正德五年（1510），比李开先尚小八岁。李开先担任户部主事管理太仓时见他"携其女，居学房巷前"，"岂知十年后，君即予丈，而女即予妻也"（李开先《南顿巡检古泉王君合葬墓志铭》）。
⑤ （明）李春坞：《明故宜人先母墓志铭》，载韩明祥编著《济南历代墓志铭》，黄河出版社 2002 年版，第 156 页。
⑥ 《李开先全集·附录三》《年谱·族谱·先太常年谱》，第 2268 页。

微振作起来。

闲居前十年,他的生活中虽然有不幸和郁闷,然并不颓废。他希冀得到皇帝的起用,渴望着有朝一日能够重返朝廷。或者说,他压根儿没有想到自己的仕途就此结束,常常热切地盼望着东山再起。嘉靖二十七年(1548)冬夏言获罪被戮,他有了起复的机会,加上在朝中的故交如李廷相、张治等,皆曾上疏举荐。关于朝廷要起用他的消息不断传来,他作《客有讹传将起用予者中夜热甚不能安寝独步望月作为此诗》表达激动的心情:

> 每逢贵客起谈锋,自是轻狂世不容。
>
> 无复蒲轮征北上,惟工辞赋待东封。
>
> 暑中高枕安眠少,病后巡檐举步慵。
>
> 月挂松梢临夜半,仓皇疑是吐珠龙。①

虽然这种消息并非第一次传来,但还是令他激动万分,夜里高枕失眠,甚至出现幻觉。

事实上,他的起复是很困难的。因为这段时间,皇帝由一个有作为的明主,完全堕落成荒淫无道、沉迷斋醮的昏君。嘉靖二十七年(1548)之前,朝中由夏言柄政,其后至嘉靖四十一年(1562)由严嵩父子弄权,他对这两位首辅的做法都深恶痛绝。他们也都不喜欢这位有独立思想、狂放不羁且不依附于己的官员在身边添堵,怎会起用他呢。随着时间的飞逝,朝中旧友或逝、或调、或隐,更是无人替他张罗起复之事。

嘉靖三十一年(1552)六月初七,母亲王氏逝世,直到嘉靖三十九年(1560)才与其父合葬。母亲去世8年未曾下葬,缘于他苦苦等待皇帝赐一纸谕祭,然终未能如愿。尽管当时有"京官四品者,许请谕祭"的制度,且有同品级的官员郭鋆请示成功的先例,他经过多方奔走仍未果,所谓"隆恩固不敢滥乞"乃其隐晦的说法②。否则不会摈弃"入土为安"的传统,迁延8年之久才将其母下葬,正如他自己所说"衰病力不任,久以葬为难"③。他为老母请示谕祭无望,说明他一厢情愿地和朝中高官如杨博、王用宾、高燿、黄光升等拉拢关系,然而他们已无人愿意或有能力出面为其斡旋。在这8年之

---

① 《李开先全集·诗文》《李中麓闲居集》之三《七言律诗·客有讹传将起用予者中夜热甚不能安寝独步望月作为此诗》,第269页。

② 《李开先全集·诗文》《李中麓闲居集》文之八《志铭·封太宜人先母墓志铭》,第759页。李开先母亲的墓志铭乃李开先自己所作,改变了父母亲墓志铭由名家执笔的传统,一是因为他恐铭文出自他人之手容易失实,二是因为他不愿求人,干脆自己动手。

③ 《李开先全集·诗文》《李中麓闲居集》之一《五言古诗·将除服有作》,第58页。

中，饱受折磨："官罢得闲讴歌哑哑为词客，母亡未葬忧瘁累累作罪人"①。面对苍白的现实，他渐渐清醒过来，回归庙堂的念头彻底打消，曾叹息说："吾负经济之才，因抗柄臣，壮归林下，今母襄事举而吾年亦迈，即知己满朝，宁复出乎！吾惟广田园、通宾客，以自娱而已。"②他在《中麓山人拙对》中也说："罢官十载违朝谒，结客终朝恣燕游"③。在复出无望的情况下，他只能借"广田园""迎宾客""恣燕游"打发时间和寻求解脱。《先太常年谱》中说隆庆元年（1567）"世宗龙御宾天，大父闻诏蹢踊几绝。意若无复有知己者，用世之情遂已"④，由"闻诏蹢踊几绝"可以推测他听闻世宗殡天的消息之后，极为伤心和悲痛。不过，这句话让人费解之处较多：一则嘉靖四十五年（1566）十月皇帝去世即昭告天下，新帝即位才决定来年改元隆庆，他听闻讣告肯定早在隆庆元年；二则新朝仍需用人辅佐，亦会起复旧人返朝，他居家25年世宗未曾再用，新帝登基他有了新的机会，不能说"用世之情遂已"。他能否复出，关键在于皇帝是否还记得他，朝中有没有他复出的阻力和愿意在皇帝面前为他美言的官员。所以，笔者认为不是世宗去世让他用世之情消失殆尽，母亲去世请谕祭无着已经让他认清无情的现实。

已步入中晚年的他最大的苦痛和遗憾是子嗣问题，得子之喜和殇子之痛常常左右他的情绪，极大地影响他的生活，例如：他在某年十月初一祭祀祖宗时想起"传世犹无子，亢宗赖有吾"⑤；在某年立冬时也感慨生了儿子心情才会舒畅，"触事增新慨，感时改旧容。近年倘得嗣，差可慰情悰"⑥；在《中麓山人拙对》中曾说："一身急务惟生子，满眼闲愁不可人"，"得嗣方贻厥，无兄难友予（于）"，"樽前有妓从宾闹，膝下无儿奈老何"，"无子多愁懒上三层画阁，救人一难胜修七级浮图"⑦。嘉靖二十七年（1548）冬，已四十六岁的他盼来第一个儿子，出生之日恰逢他的好友苏洲（雪簑渔者）和乐安县尹郭中来访，因名之苏郭。他作《戊申得子志喜》表达欣喜之情，"乘春插柳本无心"说明此子为妾所出，乃他的"无心插柳"之举。不过，晚年得子，嫡出还是庶出于他来说已经不甚重要。诗中表达了得子后的无限喜悦和欣慰，

---

① 《李开先全集·杂著》《中麓山人拙对、续对·中麓山人拙对卷之中·散对》，第1788页。
② （明）李春坞：《明故宜人先母墓志铭》，载韩明祥编著《济南历代墓志铭》，第156页。
③ 《李开先全集·杂著》《中麓山人拙对、续对·中麓山人拙对卷之上·散对》，第1726页。
④ 《李开先全集·附录三》《年谱·族谱·先太常年谱》，第2271页。
⑤ 《李开先全集·诗文》《李中麓闲居集》之二《五言律诗·十月朔日祭茔毕偶述》，第148页。
⑥ 《李开先全集·诗文》《李中麓闲居集》之二《五言律诗·初冬感述》，第159页。
⑦ 《李开先全集·杂著》《中麓山人拙对、续对·中麓山人拙对卷之中·散对》，第1764、1767、1770、1820页。

希望将千亩田产和珍贵古刻传承给他①。可惜的是,苏郭在嘉靖二十九年(1550)闰六月因病夭亡。李开先哀痛之余,对子嗣尚有几丝希望:

> 漫夸这山人有子,非干咱为父不慈。求医问卜祷神祠,难道善人有福,造物无私。儿归世,吾独自,读书怕见之无字。空伤痛,空伤痛,风流太史。要宽解,要宽解,再产灵芝。②

果不其然,次年二月,王氏为年近五十的李开先生下一子,乳名九十。由《辛亥生子》可知,他在得子之前心灰意懒,以致"书久废""地多荒",得子之后"喜欲狂",决定好好"课子"和"明农林下事",不再希冀重归仕途③。这首诗既是他已经正视和接受现实的明证,也是一位因得子而喜悦的父亲展望未来许下的承诺。然而,九十在嘉靖三十二年(1553)七月也因病夭折。这对他打击很大,使他老泪纵横,忧愁满面,叹息不绝,进而反思自己是不是"福德俱薄"或"享用过厚"④。嘉靖三十五年(1556)五十五岁时,王氏又有身孕,然亦不育。两子亡后,他唯一的女儿招弟在嘉靖四十五年(1566)十五岁时也因病死去。他在极度悲痛之余仍然鼓励自己生个儿子,在女儿死后作《谢任医士》一诗答谢江湖游医任绵山治愈了女儿的瘰疬,诗首小序中说"若得男,庶可解慰。予年虽长,尚当勉力也",诗中有"爱女如男今已失,得男方可慰平生"⑤。年近六十仍然希冀得子,即如《中麓山人续对》中所说"年将周甲子,日望得男丁"⑥。此外,《中麓山人续对》中还有"有朋不远千里,无子又将六年。"⑦

不过,这种愿望到死都没有实现。一生喜爱热闹和渴望后继有人的他没有儿孙绕膝的快乐,晚景竟是如此孤单与清寂,他的心情正如他在《中麓山人拙对》中所说:"兄无弟少目断秋风楼外宾鸿因起叹,母逝儿亡耳闻夜雨床前蟋蟀更添愁"⑧。大约在嘉靖四十年(1561)⑨,从堂弟李继先那里过继一子,即李春坞。李春坞,字自怡,号绍麓、廪生。成人之后,亦以文学名于

---

① 《李开先全集·诗文》《李中麓闲居集》之三《七言律诗·戊申得子志喜》,第253页。
② 《李开先全集·散曲》《四时悼内·悼殇词》,第1515—1516页。
③ 《李开先全集·诗文》《李中麓闲居集》之三《七言律诗·辛亥生子》,第259页。
④ 《李开先全集·诗文》《李中麓闲居集》文之五《序·〈中秋对月忆子警悟词〉序》,第514页。
⑤ 《李开先全集·诗文》《李中麓闲居集》之三《七言律诗·谢任医士》,第370页。
⑥ 《李开先全集·杂著》《中麓山人拙对、续对·中麓山人续对卷之下·散对》,第1912页。
⑦ 《李开先全集·杂著》《中麓山人拙对、续对·中麓山人续对卷之下·散对》,第1917页。
⑧ 《李开先全集·杂著》《中麓山人拙对、续对·中麓山人拙对卷之中·散对》,第1761页。
⑨ 李开先到晚年仍盼望着有亲生子嗣继承祖业,且明代宗室要求必须等本人死后或者年满六十岁才能过继晚辈,笔者推测李开先松口过继之事不会早于六十岁,即嘉靖四十年(1561)。

乡间,万历年间应章丘知县董复亨之邀预修县志。他先娶康迪吉之女为妻,康氏病故后继娶弭氏,共育七子、六女,其中长子李衡万历间中举,为候补知县。李衡工诗善书画,乡人延续对李开先的称呼称其为"小太常公",因号"虎门",族中后人称其为"虎门老爷"①。如是论之,李开先也算子孙兴旺、后继有人了,李淳至李衡四世谱系如图 0-7 所示。

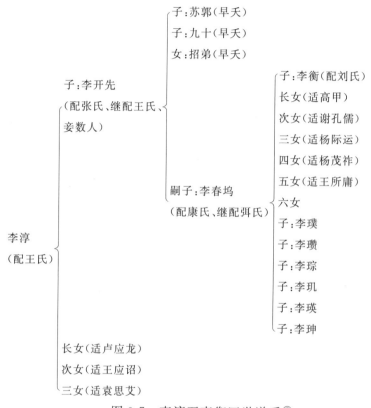

图 0-7　李淳至李衡四世谱系②

　　他的晚年是在亲友相继辞世和自己衰病兼至的煎熬中度过的。亲人如母亲王氏、发妻张氏、爱妾张二、三个儿子、快成人的女儿相继离世,对他打

① 据章丘区博物馆前馆长宁荫棠讲,李衡与万历四十四年进士、官至御史的宁光先(号中门),并称为"章丘二门"。

② 此表乃根据李春坞《明故宜人先母墓志铭》和 2015 年续修《李氏族谱·世纪》所载制作。李春坞为王氏所作《明故宜人先母墓志铭》最后记载:"子一,即不肖坞,娶康太守迪吉女。孙男一,名衡,聘刘向化女。孙女六:长字太学生高凤台子甲;次字顺庆府通判谢庭菊子孔儒;次字庠生杨甫子际运;次字藩掾杨惟可男茂祚,次字庠生王杞子所庸,一未字。"由此可知至万历十六年(1588)王氏卒时,李春坞和康氏生有长子李衡和六女。李璞、李瓒、李琮等其他六子名字皆为"王"字旁,可以推断乃李春坞继配弭氏所生。从李瓒撰文、李衡书丹、李璞篆盖伯父李春蹊《明故文学龙渠李公暨配孺人王氏合葬墓志铭》,可知李瓒、李璞两人亦有一定的文学修养。

击很大，在《中麓山人拙对》中说："妻丧儿殇偶同骚客哀时命"，"思亲不见影，哭子复吞声"，"哀哉子丧无多日，甚矣吾衰已有年"，"怀人隳老泪，对客问衰容"①。每每好友逝世，他大多为其撰写墓志铭，如李舜臣、罗洪先、王阶、袁崇冕、张师雍、魏守忠等，其中李舜臣卒于嘉靖三十八年（1559），罗洪先卒于嘉靖四十三年（1564）八月，王阶、袁崇冕和张师雍分别卒于嘉靖四十五年（1566）二月、十一月和十二月，魏守忠卒于隆庆元年（1567）春。晚年的他常缅怀友人，感叹"白发予怜故友稀"②，在《中麓山人拙对》中说："举杯洒泪挚友多为泉下人"③，还在《六十子诗》序中称所交百名友人"林居细数，半已物故"，"静室披阅，恍如睹其貌，而划然闻其声"。④ 时常怀念友人和为子嗣悲伤使他忧郁沉积："怀友登楼重遮望眼云千顷；哭儿掩袂欲断愁肠日九回。"⑤

步入中晚年，他经常生病，著述中有很多相关语句，如："乍寒还乍暖，难摄病中身"（《闲居集·春愁》），"卧病沧江岁几周"（《闲居集·携客登江上楼》），"服药无功再检方"（《闲居集·直书所事》），"身似长卿常抱病"（《闲居集·闲述》），"多病年来不耐寒"（《闲居集·画雪》），"一秋废学缘多病"（《闲居集·村居秋兴》），"病衰不复梦朝参"（《闲居集·庄所书怀》），"病按古方曾得效"（《闲居集·田间四时行乐诗》），"病衰今日两童扶"（《闲居集·赠马相士》），"迎医已疾类癯仙"（《闲居集·病中读〈道德经〉感悟》），"不是病余亲药饵，通宵乘月弄潺湲"（《闲居集·游白云湖夜归》），"病余无复旧形容"（《闲居集·送鹤泉高光禄假满旋京》），"病目眩生花"（《闲居集·自叹》），"文园多病客，良剂幸相遗"（《闲居集·赠医士郭鹿仙》），"半生命蹇病仍加"（《闲居集·冬至日雪》），"骨厓厓，十年多病瘦如柴""悲秋难展眉间皱，抱病重添鬓上霜"（《中麓小令》），"伤春病、强自支吾，独夜寝、有谁存问""春色已平分，最难捱，久病身"（《四时悼内》），"交游门下多羊仲，衰病林间一马卿""病作儿啼眼暗检方频举烛，夜阑人静心忙乞药误敲门""久病秋连夏，丛愁夜抵年"（《中麓山人拙对、续对·中麓山人拙对卷之中·散对》），"目病行暗投，身劳梦不明""病痊今勿药，胃壮且加餐""病久新年增老态，丹成异日返

---

① 《李开先全集·杂著》《中麓山人拙对、续对·中麓山人拙对卷之中·散对》，第1775、1779、1782、1800页。
② 《李开先全集·诗文》《李中麓闲居集》之三《七言律诗·挽云峰王士登》，第364页。该诗一韵二首，此为第二首。
③ 《李开先全集·杂著》《中麓山人拙对、续对·中麓山人拙对卷之上·散对》，第1749页。
④ 《李开先全集·诗文》《李中麓闲居集》之四《五言绝句·六十子诗》，第414页。
⑤ 《李开先全集·杂著》《中麓山人拙对、续对·中麓山人拙对卷之中·散对》，第1776页。

童颜""病余体瘦嫌宽带,酒醉心忙莫著棋""病体非难愈,赏心不易逢""病体不能亲笔砚,尘心强自对琴书""病嫌山葛重,醉戴野巾偏"(《中麓山人拙对、续对·中麓山人续对卷之下·散对》),等等。

他肝火旺盛,性格有点暴躁,妻子张氏在他盛怒时"多方解说",使他"不惟不迁然且顿释,久之肝气亦平矣",张氏去世之后,"肝病更复萌作,药之殊不奏功"①。他还患有严重胃病,在隆庆元年(1567)多次发作,八月二十八日作诗《生日病中》交代胃病严重时粒米未进,而且精神不济,坐卧难安②。他自述:

> 予以饮食无节,调摄不时,自八月初旬,塞闷疼痛,兼恶逆诸疾交作,蔬饭渐少,而精神顿减。至八月二十(廿)八日生辰,先后十余日粒米不入于口,舌干体倦,色暗面黄,肉消骨立,五内烦而方寸乱矣。③

侄儿李春蹼和李春田也说:"伯父因脾胃作梗,眠食不甘,(济宁医士周江皋)至则数日而愈。"④虽然有李炜、王春山、周江皋等医生的精心治疗和调理,仍无力回天,隆庆二年(1568)二月因病卒于家。弥留之际手书遗嘱中说有三件事颇为遗憾,即"惟苏杭未得一游,普济新修园未得一到,《词谑》一书未成,尤可惜也"⑤,怀着对生的渴望离开了令他恋恋不舍的人世间。

(三)文化活动的三个阶段

李开先自幼聪慧,一生有三好,即戏曲、藏书和交友。根据生平经历的分期,其从事的藏书、著述和刻书等文化活动也可明显分为三个阶段:苦读功名之时是第一阶段,当时经济萧索没有资本从事刻书活动,然而凭着浓厚的兴趣,仍然积累了少量书籍,攻读举业之余不忘"敲棋编曲";京师宦游之时为第二阶段,与朋友交游增多,购书、藏书、借书等活动逐渐频繁,然而因忙于公务,著述和刻书活动较少;罢归林下之后广置田产是第三阶段,营造多处藏书处所,书画收藏宏富,藏书、著述、刻书等活动逐渐达到高峰。

---

① 《李开先全集·散曲》《四时悼内·〈四时悼内〉小序》,第 1502 页。
② 《李开先全集·诗文》《李中麓闲居集》之三《七言律诗·生日病中》,第 373 页。"屏岩与小村"乃为其治病的医生李炜和王春山。
③ 《李开先全集·诗文》《李中麓闲居集》文之六《序·病愈谢小村王茂才序》,第 649 页。"至八月二十八日生辰"中"二十",在明刻本中皆作"廿",故改之。
④ 《李开先全集·杂著》《中麓山人拙对、续对·中麓山人续对卷之下·跋文》,第 2004 页。周某,号江皋,济宁人。父子皆为庠士,家传七世行医。
⑤ 《李开先全集》附录三《年谱·族谱·先太常年谱》,第 2271 页。《先太常年谱》为李开先的两个孙子李赟和李瑛辑校,曾孙李谟、李论刊刻。

1. 入仕之前

他酷好藏书，先人未曾遗留给他这方面的基础，一切但凭一己之力，一点一滴积聚而成。藏书活动真正始于何时，没有明确的记载。不过，他入仕前父亲因患"消渴症"壮年而逝，"家无厚积，加之迎医治丧，费用久而且多，生计日否，戚党诮而轻视之"，父亲去世时他才十九岁，"一妹及笄，二妹俱幼，纸笔线丝，男女不可一日少者，无从取办"，母亲"亲省田桑，茹辛历苦，凡百所需，有时短缺，不至不堪"，"有急则货簪珥，稍裕则又复之，屡货屡复，岁以为常"①。在这种全赖母亲辛苦耕种和手里紧急时典当簪珥度日的情况下，衣食尚无着落，更不要说购买书籍了。嘉靖七年（1528）乡试，他中举人，"花币则以为第三妹出嫁之需"，二妹"惟恐其不厚，昼夜裁剪纫刺，无惰容，无忌心"②，中举后官方奖励的一点钱财全用在给三妹准备妆奁上，可以推测当时虽有藏书之心而无余资购求。不过，由于他对戏曲有着浓厚的兴趣，在苦攻举业之暇千方百计地"学词"，竭尽全力搜集此类书籍在所难免，正如他自己所说：

> 予自游乡校，读书或有余力，则以学词。词独爱张小山之作，以其超出尘俗，不但瘬劲而已。当时苦于无书，止有杨朝英所集《太平乐府》，及检旧箧，又得《阳春白雪集》及《百一选曲》两种。③

可见，《太平乐府》《阳春白雪集》《百一选曲》等乃其早期的主要藏品。虽然无钱购书，爱书的本性还是流露出来，一旦条件成熟，即一发而不可收。

这一时期，他主要为考取功名做准备，虽然"敲棋编曲"不断，然而能够用于创作的时间和精力有限，多是些单篇作品，如在《南北插科词》序中说："时或强缀一篇，虽中板拍，殊无定声，以此钩致虚名。然非有神解顿悟之妙，好之笃而久，是以知之真而作之不差耳。"④由于他罢归后对入仕前的作品有些遮掩，内容和质量如何不得而知。至于刻书更是无从谈起。

入仕之前，他和袁公冕、乔岱等交游颇多。袁公冕乃好友袁崇冕之兄，与张茂兰、乔岱时称"章丘三俊"，当时初入仕，两人曾有这样一则轶事：袁公冕怀念被遣归的宠姜权氏，作"二小词，一追忆，一代答"，喝酒时诵与他听，酒醒之后问"夜来曾以拙作献丑否"？他故意说没有献丑，后来袁公冕在乔

① 《李开先全集·诗文》《李中麓闲居集》文之八《墓志·封太宜人先母墓志铭》，第760页。
② 《李开先全集·诗文》《李中麓闲居集》文之七《墓志·亡妹卢氏妇墓志铭》，第703页。
③ 《李开先全集·诗文》《李中麓闲居集》文之六《序·〈张小山小令〉后序》，第643—644页。
④ 《李开先全集·诗文》《李中麓闲居集》文之六《序·〈南北插科词〉序》，第562页。

岱家,"见几上有一纸,取视之,则其词也",就问乔岱怎么回事:"此吾隐细之作,避人知者,何以在此?"乔岱回答是侍从据他口述誊写,袁公冕赞叹"只一遍辄能记之,发身何难之有"①。他超强非凡的记忆力令袁公冕惊叹不已。

2. 京师宦游期间

嘉靖八年(1529)中进士,在朝为官之后才"俸入有余"②。当官之后,不仅有了官俸可以购书,而且人脉和视野渐广,更有可能搜寻到善本。

他一入朝即拜访同乡先达、当时的太常寺卿刘钺。刘钺(1476—1541),字汝中,号西桥,青州寿光人。户部尚书刘玼之子,以荫得官。不仅家藏丰富、门类较多,"凡圣作贤述,山经海志,稗官小说,石室灵文,无不藏焉",而且数量惊人,晾晒时需要三五个仆人搬弄十天才能晒上一遍,而且刘姓的文集单独收藏,大约有五十多家③。基于共同爱好,李开先深受他的赏识,并且时常得到指教。两人交往久了,李开先的有些做法估计也是受他的影响,比如藏书内涵丰富,也有多个藏书处所。同样在官场之中,结识了山东濮州人李廷相,其藏书多古刻。他为太常寺少卿提督四夷馆时,因四夷馆在东安门右边,与李廷相的藏书楼相毗邻,"时时过从,翻阅书册。一日,索观字刻,因出《淳化帖》相示,殊不惬意;复出《大观帖》,则惊心夺目,若与古人对语者。云一得之书肆,一得之丰五溪,而书肆者尤佳"④。上下班经常到李廷相的藏书楼看书,由索要字刻、李廷相倾其所有予以满足可以看出两人的亲密无间。他作《寄题李蒲汀尚书藏书楼》咏之,其中颔联"古经当日曾分借,新刻别来屡寄将"道出两人的书缘关系⑤,在京时李廷相曾借给他一些图书,罢归后李廷相仍经常将珍贵刻本寄给他读。

他和葛涧、张寰的交情亦始于宦途,三人皆有爱书之癖。嘉靖十九年(1540)十月,他们在宫中太监王松溪的导引下,浏览皇宫大内的南半部,大饱眼福⑥。葛涧,字子东,号芝山,扬州人。游览南内后不久,即南归故乡。葛涧藏书的渊源当追溯至父亲葛钦,经过父子两代努力,藏书宏富,据乾隆

---

① 《李开先全集·诗文》《李中麓闲居集》文之九《传·袁西溪传》,第 882 页。
② 《李开先全集·诗文》《李中麓闲居集》文之七《墓志·亡妹卢氏妇墓志铭》,第 703 页。
③ 《李开先全集·诗文》《李中麓闲居集》文之七《墓志·资善大夫太常寺卿兼翰林院五经博士西桥刘公墓志铭》,第 667 页。
④ 《李开先全集·诗文》《李中麓闲居集》文之十一《跋语·〈淳化帖〉跋》,第 1041 页。"丰五溪"即浙江鄞县(今属宁波市)人丰熙,著名藏书家丰坊之父。
⑤ 《李开先全集·诗文》《李中麓闲居集》诗之三《七言律诗·寄题李蒲汀尚书藏书楼》,第 279 页。李廷相,弘治十五年(1502)进士,嘉靖十六年(1537)擢为户部尚书总督仓场兼提督西苑农事。其父李瓒亦科第出身,亦曾任户部尚书,故李开先赞父子"两世尚书百世芳"。
⑥ 《李开先全集·诗文》《李中麓闲居集》文之十一《记·忆游南内记》,第 1029 页。

朝所编《江都县志》载，"（葛）钦嗜古书，构楼五楹，藏书数千，至（葛）涧益至万余卷。江淮间称积书多者，无如葛氏"。李开先在《寄题葛芝山藏书歌》一诗序中说和葛涧"岂非同病相怜者哉"，说明他们曾通过共同努力来获得一些不甚流行的图书，诗正文中说："芝山葛子书满屋，锦帙牙签数万轴。架上乱积蝇头书，床间总是牛腰束……我亦好书真成癖，远搜博访及穷谷。片时不离铅椠间，半生正堕鱼虫窟……后四十年驾文螭，披发与子游亭毒。"①张寰（1486—1561），字允清，号石川，昆山人。正德十六年（1521）进士，曾任济宁知州，调濮州，历刑部员外郎，终任通政司右参政。致仕归，以图史自娱，筑"崇古楼"，聚书甚富。曾为李开先《中麓小令》作跋，跋语为："别公六阅寒暑，寝食梦思，未尝不在左右。小令之作，快读数阕，足以消世虑而生道心。游观吴下，定在何时？容面扣词学真诠也"②，说明两人已经分别6年，他很想念李开先，相约到江苏游玩，当面谈论词学。

李开先与陕西咸宁人许宗鲁、福建大田人田顼结为忘年交。许宗鲁为正德十二年（1517）进士，嘉靖八年（1529）为太仆少卿，后来官至副都御史巡抚辽东，嘉靖三十一年（1552）致仕归家，七年后卒于家。富藏书，嗜词曲。李开先归乡后，两人曾有往来，嘉靖三十八年（1559）许宗鲁写信给李开先并馈赠宝镜，然而未久即下世，令李开先无限惋惜，"况闻许子已物故，睹物焉能不惨情"③。田顼，字希古，号柜山，为正德十六年（1521）进士，嘉靖七年（1528）授南京兵部武选清吏司主事，榷税九江。还改礼部员外郎，升郎中。筮仕内朝，历转外宪，皆有异迹。嘉靖三十年（1551）左右，李开先作《秋日有怀柜山田希古》表达思念之情，"好画真成癖，吟诗喜欲狂"，说明田顼爱好收藏画作，喜欢写诗作文。④ 这一时期，李开先还结交不少山东济南、章丘等地的官宦。罢归后，因少了一些官场上的顾忌，和不少昔日同僚联系得更为频繁。

不过，他为官之后再未随心所欲地创作戏曲。因为从事戏曲创作在人们心中属于消磨意志和贻误政事的活动，为了避免惹上不务正业的非议，所以在行为上有所收敛。在《傍妆台小令》序中承认："不事词曲，自在仕路已

---

① 《李开先全集·诗文》《李中麓闲居集》之一《七言古诗·寄题葛芝山藏书歌》，第76页。
② 《李开先全集·散曲·小令》《中麓小令·〈中麓小令〉跋语》，第1483页。
③ 《李开先全集·诗文》《李中麓闲居集》之一《七言古诗·古镜歌》，第94页。
④ 《李开先全集·诗文》《李中麓闲居集》之二《五言律诗·秋日有怀柜山田希古》，第155页。"十年无讯问"大概指自从李开先罢官归家两人未有信息交流，所以推知该诗作于嘉靖三十年左右。

然矣。"①在《归休家居病起蒙诸友邀入词社》也说："仕途不作词,朝省日奔驰。"②还在《南北插科词》序中解释："继叨窃科第,厕名郎曹,征逐流尘,兢兢了公务之不暇,于是弃置不为,今十年所矣。"③可见这一时期,他的著述不多,连最喜欢的词曲写作也暂且搁置。不过,他作为"嘉靖八才子"之一,追随唐顺之、王慎中参与李梦阳、何景明为首的"前七子"提倡的文学复古运动。④ 复古运动主张"文必秦汉、诗必盛唐",其抄袭蹈古的弊端很快暴露出来,为此唐顺之、王慎中等人又发起了反复古运动,变学秦汉为学曾巩和欧阳修,即如他在《荆川唐都御史传》中所说:

> (唐顺之)素爱崆峒诗文,篇篇成诵,且一一仿效之。及遇王遵岩,告以自有正法妙意,何必雄豪亢硬也。唐子已有将变之机,闻此如决江河,沛然莫之能御矣。故癸巳以后之作,别是一机轴,有高出今人者,有可比古人者,未尝不多遵岩之功也。⑤

两项运动李开先都曾参与,冷静地审视,对其精华加以吸收进而形成自己的文学主张,即"诗不必作,作不必工",提倡作诗为文直抒胸臆。这一时期,他所作的诗文比较多,《游海甸诗》中即收录了他的作品,不过由于该书已经亡佚,加上《闲居集》将罢归前的诗文排除在外,早期作品的风格已不得而知,但可以肯定的是,《闲居集》"信手直写"的冲淡诗风绝对不是一朝一夕形成的,跟罢归前也有千丝万缕的联系。从弭子方为《闲居集》所作跋语可以看出,他们在整理《闲居集》时,原想将他罢官前所作也收录在内,但他"坚不肯出",这就说明整理和刻印《闲居集》时罢归前的诗文尚且留存,只不过由于其中有违心或言不由衷的内容不愿意拿出示人而已。⑥ 晚年他检寻旧箧,找到嘉靖十二年(1533)三十二岁时所作的冬词,作对一副表达感慨之情:"偶得冬词时正中旬兼二岁;忽临晚景争离七裘只三春。"⑦由此可知,罢归前的作品他一直当宝物似的留存着,晚年看到后联想到年轻时的意气风发

① 《李开先全集·诗文》《李中麓闲居集》文之六《序·〈傍妆台小令〉序》,第561页。
② 《李开先全集·诗文》《李中麓闲居集》之二《五言律诗·归休家居病起蒙诸友邀入词社》,第112页。
③ 《李开先全集·诗文》《李中麓闲居集》文之六《序·〈南北插科词〉序》,第562页。
④ 《李开先全集·诗文》《李中麓闲居集序》云:"中麓子虽资不敏而才最下,亦尝官京师,从数子刻苦与奇古诗,复欲建功立业,如四子所期待。""四子"指薛蕙、李舜臣、唐顺之、王慎中。明嘉靖刻本《李中麓闲居集》十二卷中,原文是"如四子所待"。
⑤ 《李开先全集·诗文》《李中麓闲居集》文之十《传·荆川唐都御史传》,第951页。
⑥ 《李开先全集·诗文》《李中麓闲居集·弭子方跋》,第1120页。
⑦ 《李开先全集·杂著》《中麓山人拙对·续对·中麓山人续对卷之下·跋文》,第2005页。

还感伤不已。遗憾的是,罢归前的作品由于仅为草稿而未曾刻印,在历史岁月中就难以与自然灾害和人为原因相抗衡,亡佚得更快。

在宦途中,他编选了《边华泉诗集》,只是自己未主持刻印,而是托别人代刻,从侧面证明这一时期他没有从事刻书活动。

3. 罢归林下

罢归林下后,他的活动范围局限于山东章丘一带,"自从辞帝里,不复出齐州"①。时间和精力花费在自己想做的事情上,一边购置庄宅田产,一边继续搜求珍稀图书,所购图书不仅数量多,而且价值不菲,正如在《戊申得子志喜》中云:"薄田山后过千亩,古刻堂中直百金。"②除了结交权贵名士之外,和当地及附近的藏书家来往甚密,在藏书方面的互通有无在所难免。将心比心,他对藏书家的藏书精神更为关注。

李冕、刘东等皆为章丘或周边的知名藏书家,他们对书籍极其渴求和爱惜,甚至视之如命。身为藏书家的李开先深受这种精神的影响,对他们甚为敬佩。李冕(1490—1563),字端甫,号脉泉,嘉靖五年(1526)进士,官至承宣布政使。李开先在为其所作的墓志铭中说他"平生最爱书册,口所熟读、手所不释者,略无点污损坏","他无所嗜,惟嗜读书,在疾中枕边,犹自有书。诗有古意,文有古法,每一篇必沉思苦练,迟久而后成,闻作时文亦然"。③刘东(1502—1566),字思周,号贞庵,嘉靖四年(1525)举人,历仕南京户部江西司员外郎、贵州司郎中,生平好书,积书甚多,有"书箱"之称,晚年以缉书冒风,得疾而终。李开先作《挽南户部刘贞庵》称他:"老去惟耽书册癖,生来耻作舍田谋。"④为其所撰的墓志铭中又言:"生平好书,积书最多,每向夫人索钱还书客,恐惜其多,托言醵礼及他使用。其疾也,坐缉书冒风。是始也以书博官,其终也以书致疾。"⑤他们对藏书的珍爱程度用嗜书如命来形容并不为过。

罢归后,他加入章丘当地的词会和诗会中,并担任会长,在日常生活中和其他成员开展娱乐性的唱和互动。在《村中书事》中说"新喜交游多墨客,

---

① 《李开先全集·诗文》《李中麓闲居集》之二《五言律诗·和三渠王尚书至临潼韵》,第 235 页。

② 《李开先全集·诗文》《李中麓闲居集》之三《七言律诗·戊申得子志喜》,第 253 页。

③ 《李开先全集·诗文》《李中麓闲居集》文之八《墓志·通奉大夫云南右布政使脉泉李公合葬墓志铭》,第 780、785、786 页。

④ 《李开先全集·诗文》《李中麓闲居集》之四《七言排律·挽南户部刘贞庵》,第 408 页。

⑤ 《李开先全集·诗文》《李中麓闲居集》文之七《墓志·奉议大夫南京户部郎中贞菴刘君墓志铭》,第 729 页。

旧曾侍从滥清卿"①,将罢归前和罢归后的交游活动进行对比。在这种情况下,他的心态经历了苦闷、愤怒、惆怅、忧虑种种情绪干扰之后,慢慢地放松下来,重新进入激发状态。这一时期,重拾诗文词曲爱好,不断有新作问世,主要作品有诗文集《闲居集》,传奇《宝剑记》《断发记》和《登坛记》,院本《一笑散》,散曲《赠康对山》《卧病江皋》《傍妆台》等,曲论《词谑》。同时,有很多青年慕名投入其门下学习作诗为文,使他真正体会到教学相长的快乐。渐渐的,他对民间文学比较重视,认为"真诗只在民间",在当地民间小调和谜语的基础上,整理出《市井艳词》和《诗禅》,并辑录为节庆、庄园和友人所作的对联,编成《中麓山人拙对、续对》。这就说明归家后他在创作上并没有继续追随唐顺之和王慎中的写作风格,而是距离民间文学越来越近,编戏作曲,怡然自乐。整理出的《画品》《诗禅》《市井艳词》《中麓山人拙对、续对》等,彰显他爱好广泛和日常生活丰富多趣,诗歌创作也在技法上吸收了民间文学的特质,以通俗易懂的语言直抒胸臆。

这一时期的刻书活动比较频繁,刻印成果非常丰富。最初是刻印诗文作品如《卧病江皋》《中麓小令》《宝剑记》《中麓山人拙对、续对》等,并作多篇序文,甚至为了扩大作品的影响力请诸多亲友为之作跋。然而,到了晚年,亲人和朋友多已下世,他对政治的热情转为对人生和戏曲的反省。他为朋友整理诗文集并刻印,如谢少南《十朝诏令》、苏洲《烟霞小稿》、赵时春《赵浚谷诗文集》、唐顺之《唐荆川批选名贤策论》、谢九容《东村乐府》、袁崇冕《西野春游词》等,甚至将为某位好友所作的诗文单独整理刻印,如李舜臣《贤贤小集》、李冕《贤贤续集》、马广夫妇《与善录》、孙光辉《事定公评》、王阶《存友录》、刘东《存友续录》、袁崇冕《幸览篇》、张师雍《遗览编》、魏守忠《一朝千古集》、康迪吉《伤逝编》等,还编选元代贤人的戏曲文集如《张小山小令》《乔梦符小令》《改定元贤传奇》等。

对李开先来说,起复愈来愈成为一种遥远、渺茫而不切实际的空想。政治上的失落从某种意义上助长了他的文化追求,把藏书、著述和刻书活动作为一种文人的特权和精神支柱来经营。可以说,罢归林下后近 30 年是他一生中最无奈和最寂寥的时期,也是他一生中最丰富和最活跃的时光。在长期研究的过程中,笔者发现他喜爱藏书,而且藏以致用,或利用其进行著述,

---

① 《李开先全集·诗文》《李中麓闲居集》之四《七言排律·村中书事》,第 407 页。《村中书事》一韵二首,此为第一首。

或选取一些进行刻印,罢归后写作的著作大多成书后即付梓,有时候还将为朋友写作的纪念性文字整理结集单独出版。可以说,他的藏书、著述和刻书活动既是并列关系,又是你中有我的关系,本书为了凸显内容的逻辑性,以藏书、著述与刻书分篇,而章节的顺序叠加。

藏书篇

　　李开先的藏品包括图书、档案、书画作品等。所藏档案中，他最为看重的是为官时两遇恩封所得的诰敕，为了尊藏这三份诰敕，特别建造尊藏诰敕楼，为楼所作的对联是"十年登仕路；两次沐恩波"①。至于书法作品，他曾言："国朝《千文》帖，敝箧所藏，不过八九家：萧山海有笔意，李崆峒有笔势，王雅宜有笔力，张东海之熟，文衡山之楷，马孟河之奇，云涧二沈、二钱，各擅一长。然视宋徽宗不逮矣！视怀素、智永，则又不逮远矣！"②可以推测，他大概收藏有怀素、智永、宋徽宗及本朝八九家《千字文》书法作品。至于绘画作品，从他能够编纂品评之作——《画品》二卷，可以窥见其藏画甚多，其中有南宋画院四大家之一马远的《松图》，还有《瑶池春晓》《玉洞桃花万树春》等，他有时挑拣一些馈赠友人，例如：应友人潘高之请托为其母作贺寿诗，并将所藏马远《松图》做寿礼③；应文友高明之请为其母题寿诗，并赠其《仙子跨凤图》④；为了祝愿门人马惟则学业有成，赠其《鱼图》并题诗⑤。《宋帝山

---

① 《李开先全集·杂著》《中麓山人拙对、续对·中麓山人拙对卷之上》"尊藏诰敕之楼"，第 1685 页。首次恩封得到的那份敕命时间在嘉靖十二年十一月，因世宗得第一子。后来的恩封在嘉靖十五年十二月，因世宗得第二子，得到两份敕诰，妻子被封为宜人，母亲被封为太宜人，父亲被追封为承德郎。三份诰敕原文见于《李开先全集·附录三》《年谱·族谱·先太常年谱》第 2282—2285 页。李开先纪念馆院中有三个龙帽龟趺的"奉天诰命"碑，应该是李开先在其父母和妻子死后将皇帝三封诰敕刻石以留念。
② 《李开先全集·诗文》《李中麓闲居集》文之五《序·雪篁〈千文〉序前》，第 505 页。
③ 《李开先全集·诗文》《李中麓闲居集》之一《七言古诗·以马远〈松图〉寄寿春谷潘母》，第 87 页。
④ 《李开先全集·诗文》《李中麓闲居集》之一《七言古诗·〈仙子跨凤图〉为高鹤泉乃堂庆寿题》，第 91 页。
⑤ 《李开先全集·诗文》《李中麓闲居集》之一《七言古诗·〈鱼图〉为马惟则秀才题》，第 91 页。

携书画暑月见访留饮次韵》一诗中有："为我能知画,羡君更善书"①,指出自己对画作颇有研究,而友人宋帘山善于书法,此次宋携带书画来访,两人不免交流和切磋。不过,因题目所限,档案和书画作品之类的藏品不是本书的研究重点。在这一部分,笔者为他藏书家的身份正名,探究其藏书数量、来源、内容特色、管理、利用、散佚归属等问题。

---

① 《李开先全集·诗文》《李中麓闲居集》之二《五言律诗·宋帘山携书画暑月见访留饮次韵》,第222页。该诗乃回赠宋帘山之诗的次韵之作。宋帘山不知何人,帘山明显是字号,他在诗中称赞李开先"中麓文章伯,芳邻愿卜居。张筵出盛馔,插架尽奇书"。

第一章　藏书数量

　　李开先藏书的具体数量,因藏书目录《李中麓书目》佚失,而难以确知。不过,仍然可以从他的著作和他人的论述中,找到一些蛛丝马迹。兹从明清人的说法、李开先自己的说法和今人的说法三个方面,铺陈有关他藏书数量的论述,使"藏书宏富"这一模糊概念具体化。

一、明清人的说法

1. 明人的说法

　　和李开先交往的人比较了解他藏书的具体情况,如唐顺之、冯惟敏、王世贞等人皆曾在著述中提到他藏书宏富。不过,作为亲近的朋友,他们的说法可以取信而又不可尽信。

　　唐顺之与他交情最深,亦最知情。嘉靖十八年(1539)作《李中麓文选藏书歌》①,此诗前半篇咏他藏书之富,后半篇咏他学识渊博,有关藏书的记载如下:

> 中麓子,最好奇,平生苦心只自知。
>
> 破冢将寻姬氏籍,凿山欲出禹王碑。
>
> 鸟篆蚪文焚后字,白云黄竹删前诗。
>
> 藏在阴厓及海窟,神物守护谁得窥。
>
> 自从掇取归君屋,但闻胡山鬼夜哭。
>
> 汗牛讵止盈五车,插架应知满万轴。

---

① 曾有人认为唐顺之为李开先作的是《李中麓草堂藏书歌》,笔者查证唐的原著,发现实为《李中麓文选藏书歌》,用"文选"二字交代李开先曾做过文选司郎中,他们的好友、同为嘉靖八才子的陈束在《陈后冈诗集》中也有《同屠六宫谕、胡用甫侍讲、李伯华文选、吕大东驾、熊叔仁武选饮任二司直宅,醉复话旧,席上辄成口号相赠》《出都酬谢任熊二兄兼简李伯华文选》,王世贞《弇州山人四部稿》卷十九也有《答李伯华文选》一诗。

开函几席生云烟,五色纷纷耀人目。

家中绫绮割截尽,更剪朝衣作装束。①

这段话主要包括四层意思:其一,交代他的藏书得之不易,他对藏书已到了痴迷的程度,每当得知某地某家藏有某种善本时,总要费尽心机设法买来或者借抄,可从"破冢""凿山"两词体现出来;其二,交代他的藏书非常珍贵,以至于自从这些珍本归他所有之后,胡山的鬼都为之连夜哭泣;其三,交代他藏书的大致数量,从嘉靖八年(1529)入朝为官到嘉靖十八年(1539),经过十年辛苦搜求,藏书渐成规模,数量达到万卷,即"汗牛讵止盈五车,插架应知满万轴",也凸显其藏书数量增长迅速;其四,指出他的藏书装帧精良,甚至为了给图书做封套之类的东西,达到"家中绫绮裂截尽,更剪朝衣作装束"的程度。作为挚友,唐顺之所言肯定言过其实,不过从中还是能够窥见他藏书之多和藏书之精。

冯惟敏乃散曲之集大成者,在他归乡后亦曾数至章丘访游。嘉靖二十一年(1542)秋,以"仙吕·点绛唇"为曲牌作《李中麓归田》,其中《混江龙》一阕中有:

似您这天才杰出,真个是无愧前修。霎时间对客挥毫风雨乡,世不曾闭门觅句鬼神愁。囊括了三坟五典,八索九丘。网罗了百家众技,三教九流。席卷了两汉六朝,千篇万首。弹压了三俊四杰,七步八斗。俺也曾夜到明明到夜听不彻谈天口,则为他心窝儿包尽了前朝秘府,舌尖儿翻倒了近代书楼。

《青歌儿》一阕句首为:"坐卧间牙签牙签万轴,行动间锦囊锦囊千首。"②《李中麓归田》点出了李开先知识渊博、口若悬河、思路开阔、文思敏捷等优点,亦包含了冯惟敏对他的一腔崇敬。"囊括了三坟五典,八索九丘""牙签万轴"等皆为虚指,仅能说明他藏书众多。

王世贞是明代著名的文学家、史学家,同时也是位著名的藏书家。在嘉靖三十六年(1557)至嘉靖三十八年(1559)出任青州兵备副使,多次到章丘拜访他,曾在李家居住一月。《弇州山人四部稿》卷十九载《答李伯华文选》一诗对两人昔日交游和唱和进行追忆,并告知他自己家难离职之后的状况,其中有:"惟有邺侯三万编,青藜荧荧夜欲燃。主人倦读命所狎,弹棋陆博欢

---

① (明)唐顺之:《李中麓文选藏书歌》,《唐顺之集·荆川先生文集》卷之二,浙江古籍出版社 2014年版,第 69 页。

② (明)冯惟敏:《海浮山堂词稿》卷一《大令》,上海古籍出版社 1981 年版,第 2—3 页。

相先。"①交代他藏书众多，可与唐代著名藏书家李泌相媲美。同书卷三十五《春夜饮李伯华少卿》中有："牙签纵横十万卷，肉谱上下三千年。"②同卷《还过李伯华里不及访》云："宁因刺史开三径，敢向中郎乞五车。"③以上三首诗中"三万编""十万卷""五车"，皆说明他藏书极多，藏书数量很可能已达到"十万卷"。

2. 清人的说法

清代亦有人认为他藏书较多，不过仅是笼统的定性描述，没有提供具体数字佐证。朱彝尊说"藏书之富，甲于齐东"④，交代他藏书之多在齐东一带乃首屈一指。

钱曾在《读书敏求记》中说："近代藏书家，推章丘李氏，金陵焦氏，王孙则西亭之万卷堂。"⑤"焦氏"乃焦竑，"王孙西亭"乃周藩朱睦㮮，钱曾认为李开先是明代中后期与焦竑、朱睦㮮齐名的三大藏书家之一，这种叙述已经突破了地域限制，而将之与全国的藏书家相比。

二、李开先自己的说法

他在著述中自夸藏书丰富堪比唐代李泌："染翰操觚字古谩夸扬子宅；堆床插架书多敢拟邺侯家。"⑥谈起私人藏书的数量，用的字眼是"万卷""五车""三十乘"：涉及"万卷"的有"岂但三车富，还过万卷余"⑦，"得儿有数休嗟晚，付托堂中万卷书"⑧，"有酒千钟醉不休涸鱼得水；积书万卷何曾读老鼠搬姜"⑨等；涉及"五车"的有"买地常千亩，积书过五车"⑩，"延客开三径，

① （明）王世贞：《弇州山人四部稿》卷十九《诗部·答李伯华文选》，伟文图书出版社有限公司1976年版，第1272—1273页。
② （明）王世贞：《弇州山人四部稿》卷三十五《诗部·春夜饮李伯华少卿》，第1923页。
③ （明）王世贞：《弇州山人四部稿》卷三十五《诗部·还过李伯华里不及访》，第1924页。
④ （清）朱彝尊：《静志居诗话》卷十二《李开先》，人民文学出版社1990年版，第332页。
⑤ （清）钱曾：《读书敏求记》卷二《地理舆图·梦粱录二十卷》，书目文献出版社1984年版，第58页。
⑥ 《李开先全集·杂著》《中麓山人拙对·续对·中麓山人拙对卷之上·有即亭》，第1693页。
⑦ 《李开先全集·诗文》《李中麓闲居集》之二《五言律诗·初夏江上送李九河携借书还邺》，第166页。《初夏江上送李九河携借书还邺》共三首，此为第二首。
⑧ 《李开先全集·诗文》《李中麓闲居集》之四《七言绝句·即事次前韵》，第453页。《即事次前韵》共三十四首，此为第十七首前后两句。
⑨ 《李开先全集·杂著》《中麓山人拙对·续对·中麓山人拙对卷之中·散对》，第1819页。
⑩ 《李开先全集·诗文》《李中麓闲居集》之四《五言排律·自叹》，第377页。

载书过五车"①,"道在眼前人自远,支离空读五车书"②等;涉及"三十乘"的有"书积已过三十乘,诗成约有百千篇"③等。著作中还有"架上万典为老伴",同样说明典籍之多。不过,他的说法同样比较笼统,具体是多少也没有明确交代。

总之,无论是唐顺之的"五车""万轴",王世贞的"三万编""十万卷""五车",还是李开先自己说的"三车""万卷""五车""三十乘",都足以说明他的藏书数量相当可观。

三、今人的说法

今人关于李开先藏书数量也有一些表述,兹列举如下:

(1)杜泽逊和程远芬合著的《山东著名藏书家》中记载:"李开先自幼博览群书,酷爱收藏图书,他的藏书范围极其广泛,上自圣贤著述、人间秘笈,下到里巷歌谣,应有尽有,数量不下5万卷。"④

(2)徐凌志主编的《中国历代藏书史》中说:"李开先是北方藏书家中最为有名的一个,《明史》称其'性好蓄书,李氏藏书之名闻天下',清朱彝尊《静志居诗话》言其藏书'甲于齐东'。其藏书楼名万卷楼,藏书万余卷。李氏家藏'词山曲海'不下千卷,是为其藏书特色。"⑤

古代的说法是否能够推衍为今天的数量,还有待商榷。而且徐凌志的看法还有问题,认为书楼名为万卷楼,藏书数量大概就是万余卷。其实藏书万余卷在唐代就不成问题,何况明清,唐代私人藏书在万卷以上者就不下20家,藏书最多的当推德宗时的宰相李泌,多达三万卷,其他如韦述、苏弁、柳仲郢等亦各在万卷以上⑥。到了明代,藏书数量超过万卷者多以千计,著名者如宁波范氏天一阁、常熟毛氏汲古阁等。徐凌志没有意识到"万卷"仅是约数,且万卷楼只是李开先的藏书处所之一。

① 《李开先全集·诗文》《李中麓闲居集》之四《五言排律·答客》,第388页。
② 《李开先全集·诗文》《李中麓闲居集》之四《七言绝句·即事次前韵》,第453页。《即事次前韵》共三十四首,此为第二十首后两句。
③ 《李开先全集·杂著》《中麓山人拙对、续对·中麓山人拙对卷之中·散对》,第1786页。
④ 杜泽逊、程远芬:《山东著名藏书家》,山东文艺出版社2004年版,第35页。
⑤ 徐凌志:《中国历代藏书史》,江西人民出版社2004页,第298—299页。
⑥ 焦树安:《中国读本·中国藏书史话》,中国国际广播出版社2011年版,第4页。

第二章　藏书来源

李开先如此之多的藏书是通过何种方式聚集起来的，值得深入探究，据考证，他的藏书来自花钱购求、他人赠与、借抄他人之书和自己著述等。

一、花钱购求

花钱购求是李开先藏书的主要方式，在此先介绍嘉靖一朝的书籍价格，然后分析他购书资金的来源。

1. 嘉靖朝的书价

图书作为一种特殊的商品，探讨书价具有特殊的意义。虽然自汉代以来就有了书肆，可是典籍中流传下来有关书价的史料很少。书价除了受物价波动影响外，还跟纸张质量和价格、印刷质量、装帧情况等因素密切相关，即如胡应麟在《少室山房笔丛·经籍会通四》中所说：

> 凡书之直之等差，视其本、视其刻、视其纸、视其装、视其刷、视其缓急、视其有无。本视其钞、刻，钞视其讹正，刻视其精粗，纸视其美恶，装视其工拙，印视其初终，缓急视其时又视其用，远近视其代又视其方，合此七者参伍而错综之，天下之书之直之等定矣。[1]

关于李开先所生活的嘉靖年间书价何许，资料较少。明嘉靖年间刊本《李商隐诗集》六卷，傅增湘为其所作的跋语云："书为项子京旧藏，子京有手识一条，云得此书值四两。"[2]项子京即项元汴，生于嘉靖四年（1525），卒于万历十八年（1590），获得此书大概在嘉靖年间，当时买得此书花费四两银子。万历之后的书价资料倒有数条，如苏州龚绍山刊本《陈眉公批评列国志

---

① （明）胡应麟：《少室山房笔丛》卷四《经籍会通四》，上海书店出版社 2001 年版，第 43 页。

② 傅增湘：《藏园群书经眼录》卷十二《集部一·李商隐诗集六卷》，中华书局 1983 年版，第 1093 页。

传》十二卷"每部纹价壹两",苏州舒载阳刊本《封神演义》二十卷"每部定价纹银贰两",而二两银子是当时购买一亩地的价格,按照当时的米价,相当于六品官一个月的官俸。① 至于购买那些书画作品和宋元刻本更是需要花费不少钱:项元汴从文彭手中买得晋代书法家索靖《出师颂》花费"七十金"②,即七十两银子;《池北偶谈》记载嘉靖初年王延喆翻刻宋本《史记》的经过,"一日,有持宋椠《史记》求鬻者,索价三百金。延喆给其人曰:'姑留此,一月后可来取直。'乃鸠集善工,就宋版本摹刻,甫一月而毕工"③,足以说明在当时宋本《史记》珍稀难求,竟然价值"三百金"。王延喆的仿宋翻刻本,可与原本乱真,连卖者都难以分清,被清代叶德辉称为"明人刻书之珍品"。《天禄琳琅书目后编》载,万历二十三年(乙未年,1595)张诚父在北京城隍庙购得宋版《说文解字韵谱》五卷,花费十两银子。④

相比图书的昂贵,普通百姓的购买力相当有限,除了应付日常生活开支之外,鲜有余钱购买纸墨、图书,他们顶多买些《万年历》《居家便览》《商贾要览》之类的实用书籍。能买得起书,尤其是去购买诗词、曲赋、小说等消遣性书籍的,主要还是皇家贵族、达官贵人、土豪富商或文人学士。

2. 购书经历和资金来源

李开先在入朝为官之前,因家贫无余资买书。嘉靖八年(1529)中进士,俸入有余才得以购买心爱之书。最早出现的关于其藏书活动的记载也在此年,他登进士后拜访同乡先达、时任太常寺卿的刘锐,两人皆好购书、善辞章、喜掌故、精时务,有着许多共同爱好。当听李开先说起嗜好购书时,刘锐说自己"四十年前,亦有此病"⑤。罢归林下后,他四处购置庄宅、田产,营造极大家业,更有条件购置大量图籍。著述中有关藏书搜购的句子很多,诸如:嘉靖三十七年(1558),他作《即事次前韵》34 首感时伤世,郁悒之情溢于言表。其中第 30 首为:

---

① 蔺文锐:《商业媒介与明代小说文本的大众化传播》,《戏曲艺术》2005 年第 2 期,第 82 页。
② 詹景凤:《詹东图玄览编》卷三"王太常藏索靖书史孝山《出师颂》",辑入《中国书画全书》(四),第 26 页。原文为"其一则文寿承于都下买得,数年后以七十金售与项元汴",文寿承即文征明长子文彭。
③ (明)王士祯:《池北偶谈》卷二十二《谈异三·王延喆》,中华书局 1982 年版,第 536 页。不过"有持宋椠《史记》求鬻者"中"鬻"字,原书误为"粥"。
④ (清)彭元瑞等:《天禄琳琅后编》卷三《说文解字韵谱》,《清人书目题跋丛刊十》,中华书局 1995 年版,第 268 页。
⑤ 《李开先全集·诗文》《李中麓闲居集》文之七《墓志·资善大夫太常寺卿兼翰林院五经博士西桥刘公墓志铭》,第 662 页。刘锐,字汝中,号西桥,山东寿光人,与李开先交善。

怜书情似泣枯鱼，腹内文章从此虚。

细访谁家藏善本，银钱不惜倩人书。①

此诗明确表达自己藏书若渴及不惜代价购求善本的决心。此外，他所作的一首绝句中有："临水登山无限乐，学荒徒费买书金"②；他所作的散对中有："橘树三株新橘可收三百颗；书斋几处古书曾费几千金。"③这些句子皆透露出花钱购书是藏书的主要来源，家中数量众多、珍贵无比的藏书花费他不少金钱。花钱购求虽然需要一定的资金作后盾，但优点是能够随时随地凭己之兴趣积聚图书，灵活性较大。

大体来讲，他购书资金来自以下几个方面：一是在朝为官时支取的俸禄和其他官员降黜蝇营的贿赂。尤其是他曾经在掌天下铨衡的吏部任职多年，担任文选司郎中后更是直接掌握着人才任免的大权，接受贿赂实在难免。跟他同时代的王廷相对比明代前中期的贪污之风说："先朝岂无贿者，馈及百两，人已骇其多矣。今也动称辄数千或乃数万矣……先朝受贿者，暮夜而行，潜灭其迹，犹恐人知矣。今也纳贿受赂，公行无忌，岂非士风大坏矣。"④当时，连本为纪察百官以整肃吏治而设的巡按御史和监察御史都接受贿赂，何况其他官员呢。在古代社会上，做官可以敛财是一种共识，官员的实际收入比朝廷规定的俸禄要高出很多。二是自家田产庄园的产出。他罢归后，虽然少了一半俸禄和官场带来的其他收入，但是他充分发挥聪明才智，营建无数田产和庄园，成为名副其实的大地主，有了丰厚的资本去购置珍本秘籍，以及从事其他文化活动。关于他的田产和庄园，在财产史部分有详细的论述。三是诗文应酬的润笔费，就是别人请他作诗为文支付的报酬。关于前面两点比较好理解，兹将第三点展开详论。

诗文应酬付润笔费早就有之，最有名的事迹是汉武帝废后陈阿娇被贬至凄冷的长门宫，为了重获皇帝宠爱，陈阿娇用黄金百斤求大文士司马相如代撰《长门赋》，一篇六百多字的赋文价值百斤黄金，润笔费着实高得惊人。⑤《隋书·郑译传》记载一则轶事：隋文帝感念郑译与他同生共死的功

① 《李开先全集·诗文》《李中麓闲居集》之四《七言绝句·即事次前韵》，第 454 页。

② 《李开先全集·诗文》《李中麓闲居集》之四《七言绝句·戏为一韵七绝句》，第 436 页。一个韵律他一口气作七首，此为第二首。

③ 《李开先全集·杂著》《中麓山人拙对、续对·拙对卷之上·散对》，第 1756 页。

④ （明）王廷相：《浚川奏议集》卷九《天变自陈疏》，转引自彭勇《明史》，人民出版社 2019 年版，第 130 页。

⑤ 这一事迹最早出自萧统《文选》《长门赋》序"，今人关于陈阿娇支付的酬金，有"黄金百金""黄金百斤""黄金百两""黄金百万"等不同说法，兹择其一。

绩,命内史令李德林草拟诏书恢复郑译官位,丞相高颎就开玩笑地对郑译说"笔干",郑译答曰:"出为方岳,杖策言归,不得一钱,何以润笔。"①从此,后人把稿费、书画酬金通称为"润笔"。明代润笔之风同样盛行,不过前期士大夫为他人作应酬性文字,更为看重买主的身份操行,正统年间官至礼部尚书的丘濬,文章雄浑壮丽,求文者纷至沓来,如果他瞧不起求文者的品行,虽千金亦不与。正统之后,士大夫不再耻于言利,润笔收入十分可观。内阁大学士李东阳"立朝五十年,清节不渝。既罢政居家,请诗文书篆者填塞户限,颇资以给朝夕。一日,夫人方进纸墨,东阳有倦色。夫人笑曰:'今日设客,可使案无鱼菜耶?'乃欣然命笔,移时而罢,其风操如此"②。虽然《明史》作者用李东阳以为别人写应酬诗文的润笔费维持一家人的日常生活开支这个例子来证明他的清正廉洁,但是从侧面说明京师慕名拜访请他写东西的人太多,竟然填塞门户,使得他每日赚到的润笔费足以维持富足生活的日用开销。稍晚于李东阳的李梦阳罢官之后,出于应酬需要从事的诗文创作在其作品中占较大比重,其中有不少是应商人之请而作,李开先毫不客气地指出他"虽四次下吏,而晚景富贵骄奢,以其据纷华之地,而多卖文之钱耳"。③

李开先作为"嘉靖八才子"之一,仰慕其文名、不远万里找他写诗作文者同样不计其数:嘉靖三十三年(1554)左右,济南知府项守礼"以书礼相加",请他为母亲周氏作墓表。李开先受宠若惊,"因返其礼而发其书,即《慕萱录》所尝读而知之者也",不仅退回润笔费,而且爽快地立即动手写作④;同年,滑县知县张佳胤"走使致辞,束帛为礼"⑤,请李开先为祖父母作墓表。这仅仅是李开先为山东地方官所作应酬诗文的两则例子,他们登门相求尚且带着润笔费,普通人更会如此。在当时的社会风气下,李开先应该不会分文不取。不管他碍于对方身份和地位是否收润笔费,这都说明润笔费成为他罢归后收入的一个来源,他用之购书乃在情理之中。

二、他人赠与

除了花钱买书,在李开先的藏书中,他人赠与的情况也比较多。"他人"

---

① (唐)魏征等:《隋书》卷三十八《列传三·郑译传》,中华书局 2000 年版,第 757 页。
② (清)张廷玉等:《明史》卷一百八十一《列传第六十九·李东阳》,第 4825 页。
③ 《李开先全集·诗文》《李中麓闲居集》文之十《传·李崆峒传》,第 931 页。
④ 《李开先全集·诗文》《李中麓闲居集》文之九《墓表·敕赠安人项母周氏墓表》,第 833 页。
⑤ 《李开先全集·诗文》《李中麓闲居集》文之九《墓表·处士张公配刘氏墓表》,第 829 页。

不仅指友人，还包括地方官员。

1. 风行官场的书帕本

在明代，书帕本作为一种雅尚风行官场，官员上任或奉旨归京以及官绅之间的交往，例以一书一帕相馈赠，其侧重在帕中包裹的礼品，而且礼品有越来越贵重的趋势。《日知录》载："昔时入觐之官，其馈遗，一书一帕而已，谓之书帕。自万历以后，改小白金。"《识小录》亦载："往时，书帕至三四十金矣。外舅宦詹姚公为翰林时，外宦书帕，少者仅三四金，余所亲见。此不过往来交际之常，亦何足禁。自今上严旨屡申，而白者易以黄矣。犹嫌其重，更易以圆白而光圜者。近年来每于相见揖时，一口叙寒暄，两手接受。世风日偷，如江河之下，不可止矣。"①如此，明明是贿赂行为，却冠以"书帕"的雅号，送人以书不过是一种掩饰，受书之人也未必翻阅。

书帕本往往只注意表面装潢，忽视文字内容，故不为重视版本和书籍质量的读书人和藏书家所重。一般而言，清廉的官员会拒收书帕礼，唐顺之即是其中之一，"荆川唐子之居吏曹，一以清苦自持，而以进贤退不肖为急。同年及朝觐进表官至京者，率有折帕礼，曹吏受之，不以为异，唐子始却之"②。李开先在朝为官十余年，肯定也接触过这种书帕本，但他同样不会将之纳入收藏之列。

2. 好友赠送的图书

朋友之间经常赠送的图书不仅刻印质量上乘，赠予这一行为还蕴含朋友情谊于其中。李廷相、李舜臣、李冕、张时彻、蔡暖等曾赠给李开先图书，他往往写作诗文表示感激。李开先在朝中与同乡李廷相交好，两人不断进行思想交流和分享收藏成果，罢官将归时，李廷相"赠以贵重器物作思念，后寄新刻书册博见闻"③，返乡后，李廷相仍然经常将新刻和新著的书寄赠给他，正如《寄题李蒲汀尚书藏书楼》中所说："古经当日曾分借，新刻别来屡寄将"④。李舜臣"但有作，必走使相示"，李开先归乡后，某年六月他在夜间来访，天将亮才离去，"以母病不能为数日之留，约在长山张姓家，各以近文及新得相与讲订"⑤。嘉靖三十五年（1556），同乡挚友李冕以年迈多病致仕，

① 魏子云：《金瓶梅词话注释》（增订本）上册，中州古籍出版社1988年版，第248—249页。
② 《李开先全集·诗文》《李中麓闲居集》文之十《传·康王王唐四子补传》，第969页。
③ 《李开先全集·诗文》《李中麓闲居集》文之十《传·蒲汀李尚书传》，第905页。
④ 《李开先全集·诗文》《李中麓闲居集》之三《七言律诗·寄题李蒲汀尚书藏书楼》，第279页。
⑤ 《李开先全集·诗文》《李中麓闲居集》文之八《大中大夫太仆寺卿愚谷李公合葬墓志铭》，第771页。

将从云南带回的杨慎校刻的北宋董逌《广川画跋》两册送给他,他拿家藏本与之对校,然后将之和所藏《广川书跋》一起刻印①。嘉靖三十八年(1559),南京兵部尚书张时彻寄给他新著《芝园集》,他作诗表示敬意和感谢,诗中有"竹径堂开宾从满,芝园集出世人传"②。嘉靖四十二年(1563),同年进士蔡瑷寄信给他以洨滨书院记相托,包裹中除了书信,还有私人著述,"及发其余函,一乃所注书解,一乃所著文集。而集中有自制书院记,及湛甘泉、陈文冈共记者,予将何所置其喙"?③

有时仿照别人作品所作的唱和之作,往往会寄给原作者品评,例如:他的《中麓小令》传世后唱和者甚多,王九思和百曲编为《南曲次韵》寄来,他觉得这是质量最佳的唱和之作。新乐王朱载玺按照《中麓小令》作《诗外微撒》一书寄给他,他为之作序。他作《四时悼内》悼念亡妻张氏和张二,辽国主朱宪㷖因之作《思贤集》悼念李才人,寄给他后,他亦作序,并附赠所编《悼内同情集》。

3. 地方官赠送的志书和历书

关于地方志,明代中央政府因多次编修一统志,一次次地诏令天下省、府、州、县修志,从而掀起全国编修志书的浪潮。各地编修的方志往往由地方行政长官担任主修、地方名士担任主纂,也有少量为地方人士私自编修,成书之后为提升此书的影响力而请朝中名臣或本地名人作序。身为"嘉靖八才子"之一、以四品京官身份被罢归的李开先,曾多次接受赠与的方志,并为一些方志作序。嘉靖三十九年(1560)冬,新泰人孙述、崔克仁等损益旧志而编成《新泰县志》,两人亲自到他家,"请序其端"④,他慨然应允。嘉靖四十四年(1565),青州知府杜思寄给他新修《青州志》校阅,他作七言律诗《谢武川杜太守惠新修〈青州志〉书》表示感谢。⑤

历书对百姓的农业生产和日常生活具有指导意义。一如唐宋,明代官方严禁私刻历书,由中央政府出版发行,一层层地往下颁发。虽然发行量极大,但在民间并不普及,大多为官场所用,明人陆容《菽园杂记》卷四载:

---

① 《李开先全集・诗文》《李中麓闲居集》文之十一《跋语・跋〈广川书跋〉》,第 1039 页。
② 《李开先全集・诗文》《李中麓闲居集》之三《七言律诗・张东沙尚书寄惠〈芝园文集〉且以李太白过许久无例力报谢用石城诗韵奉怀》,第 308 页。
③ 《李开先全集・诗文》《李中麓闲居集》之十一《记・洨滨书院记》,第 1013 页。
④ 《李开先全集・诗文》《李中麓闲居集》文之六《序・〈新泰县志〉序》,第 604 页。
⑤ 《李开先全集・诗文》《李中麓闲居集》之三《七言律诗・谢武川杜太守惠新修〈青州志〉书》,第 356 页。

今每岁颁历后，各布政司送历于内阁若诸司大臣者，旁午于道，每一百本为一块。有一家送五块者，十块者，廿块者，各视其官之崇卑，地之散要，以为多寡。诸司大臣，又各以其所得馈送内官之在要津者。京师民家多无历可观，岂但山中无历，寒尽知年而已哉！①

京师中以对方"官之崇卑"和"地之散要"判断受赠历书的多寡，地方官员同样将它作为年关礼物赠送当地有影响力的人。以四品京官身份被罢归的李开先，仍有一些师友位居高位且和他联系过密，肯定在地方政府结交之列。他的诗中说："桃洞秦人忘甲子，又承赐历识春秋。"②他的散对中有："月朔又颁新岁历，冬残未枉故交书。"③"赐历"和"颁新岁历"说明他日常所用历书即为地方官员赠予。

赠送图书部分是当面赠予的，不少是不远千里通过邮寄方式寄来的，"闻寄新书无非诗客兼词客，选开古砚不是书童定画童"④。这种意义和价值已远远超出图书本身，确切地说，它更像朋友之间沟通感情和维系关系的媒介，与此同时，通过这种方式得以更为广泛地流通和传播。

三、借抄图书

李开先藏书中还有一部分是借抄而来，即借来别人的书，雇人抄写成副本收藏。在雕版印刷术盛行的明清，抄书原因是书无刻本或虽有刻本而无法购获，再或者是藏书家为补配所藏残缺而为，此外许多藏书家因无法购得宋元佳本，而又喜好其风格、内容等，遂采用影写形式以留其真，聊以慰藉。抄书来源，大致有公藏和民间两种途径，抄自公藏者多来自文渊阁，借抄私藏的多为藏书家之间的相互借抄。

1. 借抄公藏

官府藏书举全国之力聚集而成，以其种类丰富、内容全面、版本精良，为读书人所青睐。明代官修《文渊阁书目》反映文渊阁的藏书情况，只记书名，未记卷数，共收书 42600 多种。其中十之九是宋朝刻本，大多为当时所未

---

① （明）陆容：《菽园杂记》卷四，中华书局 1985 年版，第 39—40 页。
② 《李开先全集·诗文》《李中麓闲居集》之四《七言绝句·谢上官惠历》，第 447 页。《谢上官惠历》一韵两首，此为第一首。
③ 《李开先全集·杂著》《中麓山人拙对、续对·拙对卷之中·散对》，第 1778 页。
④ 《李开先全集·杂著》《中麓山人拙对、续对·中麓山人拙对卷之中·散对》，第 1767 页。

有。文渊阁并非单纯收藏书籍,亦会将其提供利用:一是供皇帝阅读。皇帝时常来此看书、论讲,与诸儒谈论古今,寻求治国之道,从方孝孺《书事诗》中"黄门忽报文渊阁,天子看书召讲官"一句可见一斑。二是利用藏书培养人才。永乐三年(1405)成祖选派优秀的庶吉士到文渊阁进修,翰林官亦可在此研讨学问。永乐八年(1410)以国子监祭酒兼任翰林院侍讲的胡俨有诗曰:

> 承乏词林愧不才,重承恩诏直芸台。
> 筵前视草频封检,带得天香满袖回。①

"芸台"指古时藏书丰富的秘书省,胡俨借此比拟文渊阁。在阁中,他和其他官员处理政务、查询资料,下班后带着满袖书香归家。三是为修撰史书和编辑《永乐大典》等类书服务。

从明初至英宗时,翰林官退朝之后,可以到文渊阁中阅览稀见之书,只不过后来钥匙归内阁掌管,中后期典籍散失严重,利用率也降至极点,直至"久为虚设"②。文渊阁的藏书并非对所有官员开放,唯有奉诏备顾问者才能到阁中看书。不过,既然开了一道口子,就为官员抄录其中藏书提供了便利。李开先在朝为官时,肯定也借抄过文渊阁的藏书,他所说"借抄先馆阁,博览及瞿昙"即指此事,该诗句下用小字注释:

> 内书原陈芳洲奏请,自南都移来,共八十厨,掌以典籍。后迁代不常,因而攘窃抵换,存者无几。例许抄览,必先具领状,以时缴纳,世所谓"读中秘书"者是也。今馆中诸君不得如前,闻只市书而已。③

短短的一段文字讲述了文渊阁的历史和借阅制度,原有藏书中的一大部分是在永乐十六年(1418)由陈循从南京文渊阁挑拣过来的珍本秘籍,不过后来因管理不善丢失和毁弃较多,阁中藏书按照惯例是允许借阅抄写的,只不过要做好登记工作和按时归还,李开先罢归之后的大臣就没有那么幸运了。

清朱彝尊解释:"文渊阁藏书,例许抄览,先具领状,以时缴纳,世所称读中秘书,盖谓是已。"④王培荀《乡园忆旧录》卷一亦载:"章邱(丘)李中麓开先官太常,藏书之富,甲于齐鲁,明时文渊阁书许臣工借抄故也。"李开先的

---

① (明)黄瑜:《双槐岁钞》卷四《文渊阁铭》,中华书局1999年版,第65页。
② (清)鄂尔泰、张廷玉:《词林典故》卷三《职掌附詹事府·明》,载自傅璇琮、施纯德《翰学三书》,辽宁教育出版社2003年版,第43页。
③ 《李开先全集·诗文》《李中麓闲居集》之二《五言律诗·积书省悟》,第137页。
④ (清)朱彝尊:《静志居诗话》卷十二《李开先》,人民文学出版社1990年版,第332页。

朋友也有抄自馆阁中典籍的经历,他在《跋〈广川书跋〉》中提到李冕从云南归家时赠给他杨慎校刻的《广川画跋》两册,杨慎为此书所作跋语曰:"原得之馆阁,与同寅王舜卿共传写之。"①意指《广川画跋》是杨慎和王元正从文渊阁中抄录而来。

这充分说明,对于明清私人藏书家来说,借抄文渊阁珍本是补充私藏的最佳选择。但凡有些手段的藏书家,就不会放弃这种机会。

2. 借抄友人私藏

罢归之后,李开先仍有借书活动。他在《田间四时行乐诗》中说:"事闲地僻书宜读,特遣儿童远借经。"②意指远离朝堂之后,少去许多政务和应酬,在空闲和幽静的状态下更适合读书。为了读到奇书和未读之书,不惜遣仆远借他人之书。他所在的绿原村和好友李冕所在的明水镇相比邻,李冕归田后,两人交往频繁,除了诗文交流外,还互通图书有无,即如他在为李冕所写《喜得脉泉李方伯还家》长诗中所说:"村镇况比邻,往来迭为主。饱饭愧无功,缉书差有补。"③

他性情豪放不羁,借书时会有一些无赖举措,或借书迟还,或直接将朋友之书占为己有。山东临朐冯惟健、冯惟敏、冯惟讷三兄弟散曲成就颇高,以诗文称名齐鲁间,且皆与他有交。当旁人说起他爱好藏书时,冯惟讷笑曰:"是尝假吾书八部,今未归也。"④这句话交代出他借书的数量及借书之久,一个"笑"字凸显冯惟讷对这位好友久借不还的无奈。另一友人吕高曾拿《淳化帖》请他品定,他竟"据而有之",并狡辩说"江峰善书而予不善,奇物正可为不能者之助",吕高无法,"一笑而掷之"⑤。他的"据而有之"和吕高的"笑而掷之",恰恰说明朋友之间无嫌无隙的亲密。需要指出的是,他并非吝啬之人,朋友聚会唱和、文人慕名来访,他皆热情相待,时常馈赠图书,这点在后面藏书利用中会有详细交代。他能够将藏书不吝赠与和外借,这是

① 《李开先全集·诗文》《李中麓闲居集》文之十一《跋语·跋〈广川书跋〉》,第 1039 页。王元正,字舜卿,盩厔人,与杨慎同年进士,亦为其挚友。

② 《李开先全集·诗文》《李中麓闲居集》之三《七言律诗·田间四时行乐诗》,第 303 页。《田间四时行乐诗》共百首,此为第七十六首。

③ 《李开先全集·诗文》《李中麓闲居集》之一《五言古诗·喜得脉泉李方伯还家》,第 60 页。

④ (明)王应麟:《少室山房笔丛》甲部《经籍会通四》,明万历刻本,第 39 页。

⑤ 《李开先全集·诗文》《李中麓闲居集》文之十一《跋语·〈淳化帖〉跋》,第 1041 页。江峰即吕高之字。《〈淳化帖〉跋》即是为这本《淳化帖》所作,李开先认为该帖与在李廷相家所见《大观帖》和淳化帖相差甚远,不过仍比较珍贵:"此帖比之蒲翁《大观》,远不可及;视《淳化》初刻,亦不甚类。或绍兴监本,或建中靖国续帖,冒以淳化年号,亦不可知。虽然,亦为稀遇鲜有者矣。虚窗展对之余,因题数语,以纪岁月,并所由得云。"

相当伟大的。那么,他霸占朋友藏书的近乎无赖之举,恰恰凸显他以非常手段获得善本的迫切心情。

其实,嗜书如命的藏书家采取些许无赖行为得到心爱之书无可厚非。乾隆四十六年(1781)浙江海宁藏书家周春从海盐张燕昌借得南宋汤汉所注、用金粟山笺纸装面护心的《陶靖节先生诗注》之后,久久不还,在张燕昌的催促下最终用叶玄卿重达一斤、妙笔生花的大圆墨交换,黄丕烈批评他获得此书近于巧取豪夺。周春借到此书之后,就迫不及待地为之作跋,交换成功后将它和所藏宋刻《礼书》放在一起,命名书斋为"礼陶斋"。忍痛割爱卖掉《礼书》后,改书斋名为"宝陶斋"。嘉庆十三年(1808),书贾吴东白高价买走此书后,周春"泣下数行",无奈地改书斋名为"梦陶斋"①。从周春几易斋名可以看出,他对《陶靖节先生诗注》一片痴情。李开先、周春等藏书家孜孜不倦地收藏图书应该说是一种传统,某种文化一旦形成传统,在这个传统里的人就成为文化的俘虏。

四、自己著述

李开先藏书中的一部分来自自己的著述乃笔者基于常理的一种推测,他没有明确阐述。对于读书人来讲,自己所写的著作是肯定会收藏的,以便留着纪念及馈赠友人。

1. 收藏已经刻成的著述

嘉靖二十三年(1544),所作《中麓小令》百首刻印,王九思、杨慎、李廷相、李舜臣、茅坤等89人为此书作跋语誉之,附陈于后。王九思、杨慎、李廷相等人的跋语乃在他寄赠图书之后反馈过来的,写跋之人或直接接受其赠书,或从他赠与之人处看到此书。商大节说:"所惠新声,展玩至再……更望多惠数册,寄之相厚,则公之珠玉布满湖湘,阳春白雪不足为调矣!"冯惟讷曰:"承惠名作,高才逸群,绝调迈古,词隐义贞,有风人之旨焉。"王九思又曰:"中麓山人寄予《傍妆台》百首,盖其归田后作也。"邹伦曰:"奉常中麓李公,投簪林下,以其余兴漫成《傍妆台》百阕,寄两江子。两江子召予饮鸣玉

---

① 吴东白到海宁周春处买书乃有备而来、志在必得,虽然周春故意要价"三十二番"且要求立即付款,吴东白满口答应,周春不能失信,只得卖给他。

亭,出词命歌,四座停杯,侧耳倾听。"①此外,还有徐守义说"承示佳作"、张治道说"辱寄佳词"、张九叙说"忽承瑶篇掷下"、夏文宪说"见示新词"、同邑友人孙光辉说"示来南曲"、左春坊左司谏谢少南说"辱寄新词"、胡侍说"昨惠雄词"、山东佥事吕怀健说"承惠佳词"、张鲲说"承寄瑶篇"、宁阳知县莫贲说的"赐来佳制,天葩云藻"、高苑知县傅汝舟说"恭领佳制"、博兴县丞盛楷说"猥承赐词"。以上充分证明他已经刻印的著作存有较多复本,以备馈赠友人,扩大作品的影响力。他的其他作品亦是如此,不再枚举。

值得注意的是,他寄赠给友人题跋的书,还不是此书出版的最终版本。他们反馈过来跋语后,刻书者予以编排,将它和正文连在一起,出版工作才算完成。图书刻印之后,肯定还会留存一部分,以便应付友人的索要。一直到现在,文人、学者出了本专著仍会广赠学术水平较高的人雅正,可见今人和古人的心思和做法是相通的。

2. 收藏未写成的著述

他不唯收藏已经刻成的著述,未写成的著述亦在收藏之列。嘉靖十七年(1538),担任稽勋司郎中之职,因事简心闲,得以详读宋朝张君房《云笈七签》,并博采《道藏》有关玄学的内容,编成《双修揭要》。罢归林下后,"复取旧著读之","督耕省敛之暇,从而改定之",更名为《重订双修揭要》②。这说明他辑录道教著作而成的《双修揭要》最初未曾出版,一直到罢官之后,事过境迁有新的感悟,才将收藏的初稿进行更定,即《重订双修揭要》。

嘉靖二十三年(1544),同邑门人高应圮刻印《卧病江皋》,并作序:

> 嘉靖辛卯,中麓先生出饷西夏,归而卧病经秋,因作【一江风】以抒郁抱,非若不病而呻吟者也。予尝展候,见其单张片纸,填委架阁,遂袖而类之,共得一百一十一咏。其为人取去者,不可复追矣! 惜其散逸,而幸其仅存,乃谋之梓人,刻而永其传焉。③

这同样表明,《卧病江皋》初稿成于嘉靖十年(1531)秋他卧病期间,之后就被遗忘在书架角落,门生高应圮见书稿"单张片纸,填委架阁"且"为人取去"而散逸不少,决定将其刻印。

总之,他作为明代一名知识分子,代表着古代知识分子通行的藏书方

---

① 《李开先全集·散曲·小令》《中麓小令·〈中麓小令〉跋语》,第 1469、1470、1476、1490 页。邹伦为商人,他从方元焕(号两江)处得到李开先寄去的《中麓小令》,忍不住写了跋语。
② 《李开先全集·诗文》《李中麓闲居集》文之六《序·〈重订双修揭要集〉序》,第 598 页。
③ 《李开先全集·散曲·小令》《卧病江皋·〈卧病江皋〉序》,第 1425 页。

式。今天学者的藏书也大多通过这些渠道积聚，只不过在今天出版业发达、藏书易得的情况下，今人图书购买、赠与、外借等活动更为便捷和频繁。早在四百年前，他前瞻性的藏书活动不仅对今天的私人藏书具有启发意义，也体现出当时有关藏书、借书、编撰等时代特色以及他不拘小节、豁达大方等性格特征。

第三章　藏书内容及特色

一般探讨藏书家藏书的特色，大多依据其所撰的藏书志。但藏书志的盛行是清朝以后的事，清朝以前的藏书家即或撰有藏书志，亦只是以"解题"方式，对书之作者及内容略作叙述。何况李开先所作《李中麓书目》早已亡佚，加上他死后即出现家难，导致他门庭衰微，藏书散失严重，至今仍存的藏书已非常稀少，欲研究其藏书的类型及版本特色倍加困难，更无法对其进行文献计量。不过，从后人零星的记载中，仍可窥见他的藏书情况，可以得知其众多藏书遍及经、史、子、集，尤以经学时务类、戏曲类等为多。

一、经书多经学时务类

他收藏的经书多经学时务类，集中收藏在中麓书院的万卷楼内，《藏书万卷楼记》载："藏书不啻万卷，止以万卷名楼……楼独藏经学时务，总之不下万卷，余置别所凡五。"①可见，万卷楼"独藏经学时务"，数量在万卷以上。当时，他创办中麓书院的目的是培养有潜力的后生，万卷楼专藏经学时务类旨在扩大生徒视野和为科考服务，正如他自己所说"学傍建阁为尊经"②，"堂开书院为传经"③。据他为刘天民所作的墓志铭可知，他收藏的仅有关《尚书》的注解之书就有三十多种："一日，会于酒筵，（刘）越席执余手问曰：'君善聚《书》，《书》解有几种数耶？'余曰：'三十余种。'"④单《尚书》一种图书的注解之作即收藏那么多，这从侧面说明收藏的经书之多。

据后人的零星记载，他收藏过的经学著作除了前述《尚书》注解之作，尚

---

① 李永祥：《李开先诗文选》，济南出版社 2009 年版，第 216 页。
② 《李开先全集·诗文》《李中麓闲居集》之三《七言律诗·田间四时行乐诗》，第 293 页。《田间四时行乐诗》次韵百首，此为第四首。
③ 《李开先全集·诗文》《李中麓闲居集》之三《七言律诗·田间四时行乐诗》，第 296 页。《田间四时行乐诗》次韵百首，此为第二十八首。
④ 《李开先全集·诗文》《李中麓闲居集》文之七《墓志·四川按察司副使前吏部文选司郎中函山刘先生墓志铭》，第 655 页。

有宋抄本《春秋谷梁传》、唐李鼎祚所作《周易集解》、北宋孙奭撰《孟子音义》和陆佃撰《礼象》、南宋项安世所作《周易玩辞》、元李简撰《学易记》等。

关于《春秋谷梁传》，清瞿镛说："春秋谷梁疏七卷抄残本，……旧为章邱李中麓氏藏本，字迹甚旧，有朱笔校改处。"①陈鳣也说："是本出章邱李中麓家，惜缺文公以前五卷，字多驳落，缮写虽不工，然行款悉依旧式。其驳落处俱空白，长州何北山煌尝据以校汲古阁注疏，改正甚多，今为周猗唐明经所藏。"②张金吾亦云："春秋谷梁疏残本七卷抄本……是书则从李中麓藏本辗转传写者，阙文误字虽亦不少，以无别本可校，姑仍其旧。"③可知，李开先所藏《春秋谷梁传》，成为后来藏书家所藏的祖本，即便残阙不全，因无他本可参校，唯仍其旧。关于行款格式，陈鳣在《宋本尔雅疏跋》中说："谷梁传疏为周猗唐所藏，李中麓家照宋抄本，十二卷，每半叶十二行，行二十一字，自第一至五凡缺五卷。"④

关于《周易集解》，清李富孙在《校经廎文稿》中跋此书云："（《周易集解》）朱睦㮮氏本，据云得李中麓氏。"⑤莫友芝《宋元旧本书经眼录》亦载："《周易集解》，明嘉靖本，明宗室朱睦㮮灌父所刻，有嘉靖丁巳冬刻书序及上海潘恩序。……朱序谓刻自宋季希，有存者，予得之李中麓，复用校梓以传。欲使圣人之道不致偏滞，而自汉迄唐三十家之言，亦不至埃灭弗闻也。"⑥唐代李鼎祚所作的《周易集解》，北宋蜀地平阳彦孚所刻庆历本是目前可知的最早刻本，南宋嘉定五年（1212）鲜于申用大字重刻，这种宋季刻本到明代嘉靖时已为人间稀有，所以在蟫林弥足珍贵。朱睦㮮从李开先处得到此种版本之后，加以校勘，于嘉靖三十六年（1557）将之刻印传世，是为聚乐堂四亭氏刊本。可见，他收藏的《周易集解》乃宋季刻本，后来馈赠给朱睦㮮。

关于《孟子音义》，清代藏书家和刻书家毛扆跋云："余在京师，得宋本《孟子音义》。……书贾又挟北宋《章句》求售，亦系蜀本大字，皆章丘开先藏书也。"⑦清陈鳣在《经籍跋文》中亦说："《孟子音义》二卷，影写北宋蜀大字

① （清）瞿镛：《铁琴铜剑楼藏书目录》卷五《经部五·春秋类·春秋谷梁疏七卷抄残本》，清光绪常熟瞿氏家塾刻本，第42页。
② （清）陈鳣：《经籍跋文·宋本谷梁传单行疏跋》，清涉闻梓旧本，第28页。
③ （清）张金吾：《爱日精庐藏书志》卷五《经部·春秋类·春秋谷梁疏残本七卷抄本》，清光绪十三年吴县灵芬阁集字版校印本，第46页。
④ （清）陈鳣：《经籍跋文·宋本尔雅疏跋》，第32页。
⑤ （清）李富孙：《校经廎文稿》卷十七《周易集解跋》，清道光刻本，第138页。
⑥ （清）莫友芝：《宋元旧本书经眼录》卷二《周易集解》，清同治刻本，第29页。
⑦ （清）毛扆：《毛扆书跋零拾（附伪跋）》之《孟子音义》，载潘天桢《潘天桢文集》下编，上海科学技术文献出版社2002年版，第285页。

本。……至于经注旧刻,则有若李中麓所藏北宋蜀大字本。"①《孟子音义》在毛扆之后又传入何焯手中,何氏作跋云:

> 建阳残本《孟子》五册,得之虞山钱氏,末叶脱烂,手写补完。篇叙自世彩堂以下,诸刻皆阙。毛丈斧季为东海司寇购得章邱李中麓少卿所藏北宋本,乃有之,余又传于毛氏也。壬辰夏六月庐江何焯记。②

可见,李开先所藏的《孟子音义》乃北宋所刻影写蜀大字本,版刻甚精,在他之后辗转多位藏书家之手,到何焯手中时已经"末叶脱烂"且"诸刻皆阙"。

关于《礼象》,清朱彝尊《经义考》载:"陆氏《礼象》,丹徒张先生鹏巡抚山东,获之章丘李中麓家,惜已残阙矣。"③李开先曾经收藏有北宋陆佃所作《礼象》,保存了百余年之久,直到康熙二十三年(1684)九月至康熙二十五年(1686)十月江苏丹徒人张鹏担任山东巡抚期间才为他所得,可惜的是已经残阙不全。

《周易玩辞》十六卷,南宋项安世撰。此书初成于宁宗庆元四年(1198),重修于嘉泰二年(1202),写作期间项安世曾向朱熹求教。此书不全录经文,而是摘录部分经文进行解说。清何焯说:"大江以南抄本有五部,俱不全,后于李中麓家得残本,其文独全,遂成完书归。"④似乎此书没有刻本传世,南边流传五部抄本皆不完备,李开先家收藏的虽然也是残本,但更胜一筹。

关于元朝李简所撰《学易记》,清丁丙《善本书室藏书志》载:"通志堂从李中麓家藏本付雕后,得元椠,惜未校正。"⑤何焯亦曰:

> 从李中麓家藏钞本发刊后,健庵得一元刻书,贾伪作刘跂著者,并假造刘跂序文。健翁云近得刘跂《学易记》,昔未曾刻,余狂喜叫绝,急索观之,及开卷即李简之书也。余云即宜校正,去伪序并传,皆未从也。⑥

综合以上两条史料可知,李开先家藏的《学易记》乃元人抄本,清初纳兰性德得之后,在通志堂将之付梓。稍后,徐乾学又得此书元刻本,然而书贾不了解此书的实际情况,伪造此书著者是刘跂并假造其序文,何焯从徐乾学处看

① (清)陈鳣:《经籍跋文·宋本孟子音义跋》,第33、34页。
② (清)何焯:《义门先生集》卷九《跋·跋孟子音义》,清道光三十年姑苏刻本,第2页。
③ (清)朱彝尊:《经义考》卷一百四十一《礼记·礼象》,清文渊阁四库全书本,第1248页。
④ (清)法式善:《陶庐杂录》卷四,清嘉庆二十二年陈预刻本,第3页。
⑤ (清)丁丙:《善本书室藏书志》卷一《经部一·学易记九卷》,清光绪刻本,第12页。
⑥ (清)法式善:《陶庐杂录》卷四,第4页。

到此书的正文确确实实是李简的作品,建议将此书进行校正并将伪序去掉之后流传,徐乾学未曾采纳。

据清法式善《陶庐杂识》载,李开先还收藏有《洪范集说》《毛诗指说》《春秋经筌》等经书:

> 《洪范集说》一卷,元诸暨胡一中允大撰。……何焯曰:"汲古元刻李中麓藏本,中阙一叶,从黄梨洲处补全"。
>
> 《毛诗指说》一卷,唐成伯瑜撰,凡四篇。……何焯曰:"李中麓钞本"。
>
> 《春秋经筌》十六卷,宋左锦、赵鹏飞《经义考》列之南宋末,何焯曰:"全书从天一阁钞来,汲古得李中麓残本三册以校勘"。
>
> 《春秋通说》十三卷,宋温州布衣黄仲炎若晦撰,绍定三年五月自序。何焯曰:"东海先有钞本,从黄俞邰处来,仍伪书也。后汲古得李中麓所藏影钞宋本,用以付刊。"
>
> 《春秋经传类对赋》一卷,宋徐晋卿撰。何焯曰:"汲古李中麓钞本"。
>
> 《周礼订义》八十卷,宋乐清王与之次点东岩撰。……何焯曰:"李中麓宋本"。
>
> 《孝经注解》一卷,唐玄宗宋司马光范祖禹撰……何焯曰:"李中麓本"。
>
> 《四书集编》二十六卷,宋真德秀撰,何焯曰:"李中麓钞本,惜未尽善"。
>
> 《四书纂笺》二十六卷,元詹道传撰,用王鲁斋所定句读。何焯曰:"李中麓元本"。①

二、史书多家乘方志类

他收藏大量的史书,单家谱就有相当多的数量,曾说:"予家多书,尝类分其志先事者,多是一册,间有二三册者,大约五百余家。或名以'垂美',或名以'考终',或名以'荣哀',或名以'世行'。而志感、实纪、年谱、昭节、如存等,虽种种不同,而记事传世之孝道,则无不同者。"②每姓按一册计算,"五

---

① (清)法式善:《陶庐杂识》卷四,第8—17页。
② 《李开先全集·诗文》《李中麓闲居集》文之五《序·〈王氏家乘〉后序》,第558页。

百余家"就五百余本,更不要说有的姓氏收藏"二三册"了。

他还藏有大量地方志,除前面所提杜思寄给他的《青州志》,还有《山东通志》《齐乘》《太平寰宇记》《大明一统志》《舆地》《三齐》《莱芜县志》等志书,所作《莱芜县志》序中说:

> 《山东通志》初成,适砺庵方巡察以一帙见寄,遂批阅之。客中携书不多,参以《齐乘》、《寰宇记》、《一统志》、《舆地》、《三齐》等纪,乃知县名莱芜,汉所置也,国朝因之。……罢归林下,八年于兹矣,《章志》虽云草创,尚未敢出以示人。而少渠陈君(即莱芜知县陈甘雨),于政务丛集之余,号称难治之地,乃能摭故实,采新闻,而为莱邑一佳志。余之闲居无事者,有愧多矣。①

其中,《山东通志》乃嘉靖十二年(1533)山东巡按御史方远宜、山东提学副使陆钺等创修,此书在明修地方志中号为佳本,不仅体例新奇而且详核有法。此书修成之后,广赠有影响力之人批阅,李开先作为曾在户部、吏部供职的京官,自然也有份,他拿到此书之时正值在外做客,随身携带的图书不多,只好利用手头所有的《齐乘》《太平寰宇记》等书参证。嘉靖二十七年(1548),莱芜知县陈甘雨"于政务丛集之余"主修《莱芜县志》,赠给他一本请求赐序。他联想起自己罢归八年,闲居无事仍未能写出《章丘县志》,感到"有愧多矣"。

据清钱曾《读书敏求记》载,他还藏有晋葛洪《西京杂记》二卷、南宋吴自牧所著《梦粱录》二十卷、唐朝韩谔所著《岁华纪丽》。关于《西京杂记》,钱氏云:

> 后序云:"此两卷在(葛)洪巾箱中,尝以自随。"则原书为二卷无疑。流俗本妄分六卷,谬甚矣。章丘李中麓所藏,卷仍上下。但每事标题,又分自甲至癸。殆犹存子骏《汉书》之旧欤?俟博识者详论之。②

《西京杂记》原书两卷,本为葛洪巾箱中随身携带之书,在流传过程中有人将之分为六卷,他所藏本仍是上、下两卷,然而每件事的标题又有细分,保持汉时修史的风格。关于《梦粱录》,钱氏载:

---

① 《李开先全集·诗文》《李中麓闲居集》文之五《序·〈莱芜县志〉序》,第482—483页。其中顿号不符合新版标点符号要求,引用从原书之旧。

② (清)钱曾:《读书敏求记》卷二《地理舆图·葛洪西京杂记二卷》,书目文献出版社1984年版,第56—57页。其中"子骏"乃刘歆之字,而《汉书》乃班固所作,不知钱氏所云"子骏《汉书》"作何解释。

……斧季(毛扆)从辇下还,解装出书二百余帙,邀予往视,皆秘本也。……《梦粱录》亦其一焉……今斧季所购,乃中麓秘藏之物。①

康熙初年,汲古阁主人毛扆曾到京师和山东访书,《梦粱录》乃其访得李开先旧藏之一。关于《岁华纪丽》,钱氏云:"此是旧抄,卷中阙字数行,又失去末叶,无从补入。后见章丘李中麓藏宋刻本,脱落正同,知是此本之祖。盖因岁久,墨敝纸渝,字迹不可扪揣,故抄本仍之耳。"②

他喜欢读史,《闲居集》中有《读〈西汉书〉》的七言律诗,认为:"《汉书》体例号编年,帝纪无如文武贤。"③七言绝句《即事次前韵》中亦有:"闲居岁久逢良夜,爱读周南太史书。"④他所藏的史学著作中,可以肯定的是还有一部宋代《蜀鉴》和本朝陈鉴所编《西汉文鉴》。前者据清王士禛《池北偶谈》载:"《蜀鉴》十卷,起秦人取南郑、秦人伐蜀迄西南夷本。……又有姚咨嘉靖丙寅跋云:是编予得之罗浮外史顾玄纬氏,玄纬得之兵侍鄞范东明翁,翁又得之章丘李中麓。"⑤可见,《蜀鉴》辗转多人之手,从他经范钦、顾玄纬到姚咨手中。后者据王士禛《跋山谷精华录》载:"予与中麓为乡里后进,曾购其藏书目录,累年不可得。仅于京师慈仁寺市得小册《西汉文鉴》一种,朱印宛然。"⑥他所藏的《西汉文鉴》,被王士禛在京师慈仁寺购得,其上有其藏书印记。

三、子书重农书医道之典

他收藏的子书有农书、历书、医书、道家之书、小说集、书法总集等。归乡后,广置田产,章丘水寨、张林镇、普济镇、明水镇、小清河畔、高埠、大沟厓等地都有他的庄田。他经营有方、种植得当,与广泛收藏和经常阅读农书有些关系,《中麓山人拙对》中有:"野歌信口高低和,农谱随心坐卧看","兵略

---

① (清)钱曾:《读书敏求记》卷二《地理舆图·梦粱录二十卷》,第58页。

② (清)钱曾:《读书敏求记》卷二《时令·韩谔岁华纪丽七卷》,第39—40页。

③ 《李开先全集·诗文》《李中麓闲居集》之三《七言律诗·读〈西汉书〉》,第328页。

④ 《李开先全集·诗文》《李中麓闲居集》之四《七言绝句·即事次前韵》,第452页。《即事次前韵》一韵三十四首,此为第六首后两句。"闲居岁久逢良夜"中"岁久",在明刻本中作"成●",明显有误和残缺。

⑤ (清)王士禛:《池北偶谈》卷十六《蜀鉴》,清文渊阁四库全书本,第25—26页。

⑥ (清)叶昌炽:《藏书纪事诗》卷二《李开先伯华》,北京燕山出版社2008年版,第158页。

粗知今生恨少封侯骨,农书极熟前世应为处士身"。①《闲居集》收录《读〈农桑纂辑二要〉有感》的七言律诗:

> 穷经兀兀不知年,白首为儒砚已穿。
> 校字张灯热病目,束书作枕着华颠。
> 呼童闭户辞宾客,无吏催租对圣贤。
> 但著农桑三两卷,胜为小说百千篇。②

"农桑纂辑二要"大概是元世祖时司农司编纂的《农桑辑要》和元末鲁明善所作《农桑衣食撮要》,他对著述农书的行为极为赞赏,认为编修三两卷农书胜过写作百千篇小说。他在答复友人的五言排律《问予何所事》中说自己经常阅读农书和道书,即"此外读书否? 农书与道书"。③

明代历书有王历和民历两种,主体是有关来年天文历法和预测气候、年成的内容,有大量吉凶宜忌的历注,民历的历注有祭祀、嫁娶、冠带、会客、出行、安床、裁衣、沐浴、剃头、疗病、动工、破土、移徙、栽种等 32 事,依照历书处理日常农事和杂事成为时人的一种习惯。李开先认为"数时探节须通历"④,"占时取次看新历"⑤,所以同样收藏有历书,《闲居集》中收录《得新历书因成二绝句》《谢上官惠历》等诗文。

他步入中年之后身体大不如前,晚年更是在衰老病痛和亲友离世的煎熬中度过,为了养生和了解病况,收藏不少医书。隆庆元年(1567)秋冬之交,他大病一场,赖李炜和王春山积极医治才恢复,为了答谢两人,"载一车医书以助之"。能够送给医生一车医书,说明他所藏医书数量较多。此次病愈后,他还作《医案》一文详细记录所用药方,感叹"自许医书曾多读,药方亦久试,无有如此而可已疾养生者"⑥。由此可知,他收藏有大量医书,经过不断研读和总结,对医药知识比较精通。

归乡之后,他并非优游林下般惬意,大多时间在品尝壮岁辞阙的苦涩。为了打发时间和祛除郁恼,读大量的道书消遣时光。嘉靖三十三年(1554)仲冬,《田间四时行乐诗》成书,其中有一句:"书藏万卷何书好? 得用今知惟

---

① 《李开先全集·杂著》《中麓山人拙对、续对·中麓山人拙对卷之上》"农商兼济之堂"和"田舍郎",第 1700、1702 页。
② 《李开先全集·诗文》《李中麓闲居集》之三《七言律诗·读〈农桑纂辑二要〉有感》,第 267—268 页。
③ 《李开先全集·诗文》《李中麓闲居集》之四《五言排律·问予何所事》,第 390 页。
④ 《李开先全集·杂著》《中麓山人拙对、续对·中麓山人拙对卷之中·散对》,第 1775 页。
⑤ 《李开先全集·杂著》《中麓山人拙对、续对·中麓山人续对卷之下·跋文》,第 1972 页。
⑥ 《李开先全集·诗文》《李中麓闲居集》文之十二《杂文·医案》,第 1084 页。

道经。"①嘉靖三十七年(1558),他作七言绝句《即事次前韵》,其中有:"星斗一天潭月冷,灵文朗诵道家书。"②此外,在《闲居集》中有《家居学道》一诗:

> 举世歆名利,争驰车马喧。
>
> 不才辞帝里,多病卧文园。
>
> 赖有三生幸,独窥众妙门。
>
> 片辞能悟道,何用五千言!③

嘉靖三十八年(1559),《病中读〈道德经〉感悟》一诗中有:"蹉跎学道动经年,诸子无如老子贤。"④并作一首七言律诗《谢客读〈石函记〉感悟》,其中有:"《石函》有记由心悟,丹道无言难口传。"⑤可见,他阅读的道书有老子的《道德经》和被民间称为"众仙之长"许逊所著的《石函记》,而且,这两本书他还会反复地看,每次都有新的感悟。

他还收藏有小说集,可以考知的有宋钱易《南部新书》和宋冀绮刻本《五色线集》。关于《南部新书》,毛扆跋云:"甲辰年访书于李中麓先生家,见有此本。彼以其皮相而忽之,予即命童子影抄携归,复假旧本较正一过。"⑥"甲辰年"乃康熙三年(1664),毛扆访求到他的藏本,因书表残损而被李氏后人忽视,毛扆命书童影写抄录,并与原本对校一番而将抄本带回。关于《五色线集》,毛扆跋云:"《五色线集》凡三卷,先君(指毛晋)所藏止上下二卷,遂刊入《津逮秘书》。辛酉夏日,余访书于章邱李氏中麓先生之后,于乱帙中得冀京兆(冀绮)刻本,乃有中卷者,其(冀绮)序述原委甚明。"⑦

此外,据毛扆《汲古阁珍藏秘本书目》载:"《书苑菁华》四本,李中麓家精抄,签头系中麓手书。二两。"⑧可见,他还收藏有《书苑菁华》这部南宋陈思所著的书法理论总集。《汲古阁珍藏秘本书目》乃毛扆为了将汲古阁的藏书卖给吴兴潘末而拟定的售书单,将他所抄《书苑菁华》作价二两。

---

① 《李开先全集·诗文》《李中麓闲居集》之三《七言律诗·田间四时行乐诗》,第303页。《田间四时行乐诗》共百首,此为第七十七首。

② 《李开先全集·诗文》《李中麓闲居集》之四《七言绝句·即事次前韵》,第453页。《即事次前韵》一韵三十四首,此为第十九首后两句。

③ 《李开先全集·诗文》《李中麓闲居集》之二《五言律诗·家居学道》,第135页。

④ 《李开先全集·诗文》《李中麓闲居集》之三《七言律诗·病中读〈道德经〉感悟》,第322页。

⑤ 《李开先全集·诗文》《李中麓闲居集》之三《七言律诗·谢客读〈石函记〉感悟》,第322页。

⑥ (清)毛扆:《毛扆书跋零拾(附伪跋)》之《南部新书》,载潘天桢《潘天桢文集》下编,第302页。

⑦ (清)毛扆:《毛扆书跋零拾(附伪跋)》之《五色线集》,载潘天桢《潘天桢文集》下编,第304页。

⑧ (清)毛扆:《汲古阁珍藏秘本书目》,清嘉庆道光年间吴县黄氏刻士礼居丛书,第2页。

四、集书中词曲收藏颇丰

他所藏的集部书，最多的是词曲类。他对词曲之作有着浓厚的兴趣，在家乡求学之暇就痴迷于词曲之书："予自游乡校，读书或有余力，则以学词。"①"余性好游，敲棋编曲，竟日无休，归则读书夜分，务补昼功。"②此时，他尚且是一位备考科举的学子，在寒窗苦读的情况下，偶有"余力"便去"学词"，有时甚至"竟日无休"，举业如此繁重，仍未能使他将词曲放下，足以凸显其沉迷至深。

后来，在经济条件允许的情况下，他孜孜访求大量的词曲之书，所存有杂剧、戏文、散曲、韵书、曲谱等，逐渐形成藏书的一大特色。他所收藏词曲著作的具体数量已无从考知，然在选刊《改定元贤传奇》时，能够"尽发所藏千余本，付之门人诚庵张自慎选取"③，仅元传奇类即有"千余本"，勿论其他。清代汲古阁主人毛晋跋《新刊张小山北曲联乐府》云：

> 章丘李中麓开先，晓音律，善作词，最爱张小山，谓其超出尘俗。其家藏词山曲海，不下千卷，独不得小山全词，仅从选词八书（《太平乐府》、《阳春白雪》、《百一选曲》、《乐府群珠》、《诗酒余音》、《仙音妙选》、《乐府群玉》、《乐府新声》），辑成二卷，名曰《小山小令》，序而刻之海塾。④

关于他所涉猎过的词曲之书，他在《南北插科词》序中说：

> 予少时综理文翰之余，颇究心金元词曲，凡《中原》、《燕山》、《琼林》、《务头》四韵书，《太和正音》、《词话》、《录鬼》、《十谱格》、《渔隐》、《太平》、《阳春白雪》、《诗酒余音》二十四散套，张久可、马致远、乔梦符、查德卿等八百三十二名家，《芙蓉》、《双题》、《多月》、《倩女》等千七百五十余杂剧，靡不辨其品类，识其当行。音调合否，字面生熟，举目如辨素苍，开口如数一二。甚至歌者才一发声，则按而止之曰："开端有误，不

---

① 《李开先全集·诗文》《李中麓闲居集》文之六《序·〈张小山小令〉后序》，第 643 页。
② 《李开先全集·诗文》《李中麓闲居集》文之八《墓志·诰封宜人亡妻张氏墓志铭》，第 762 页。
③ 《李开先全集·诗文》《李中麓闲居集》文之五《序·〈改定元贤传奇〉序》，第 556 页。
④ （清）毛晋：《毛晋书跋零拾（附伪跋）》之《新刊张小山北曲联乐府》，载潘天桢《潘天桢文集》下编，第 323 页。

必歌竟矣!"坐客无不屈伏。①

他对金元词曲爱好甚笃,遑论"四韵书"和"二十四散套",还是"八百三十二名家"和"千七百五十余杂剧",他皆能达到"辨其品类,识其当行。音调合否,字面生熟,举目如辨素苍,开口如数一二"的熟练程度,从侧面说明他收藏的词曲之书不在少数,常常翻阅才能烂熟于心。

清代著名藏书家黄丕烈将自己爱好藏曲与李开先曲藏众多相比而自惭形秽,敬佩之情溢于言表:

> 余不喜词曲,而所蓄词极富……今词议未成,而曲更无论。因思毛氏云,李中麓家词山曲海,无所不备。而余所藏培塿沟渠也。然世之好书者绝少,好书而及词曲者尤少,或好之而无其力,或有其力而未能好之,即有力矣好矣,而惜钱之癖与惜书之癖交战而不能决,此好终不能夺。余真好之者也,非有力而好之者也,故几几乎得而复失,皆绌于力以致未能伸所好也。②

认为他乃真正喜好词曲之人,所以不惜财力进行购置,而且还能够对之研读和利用。文学家郑振铎在《跋脉望馆抄校本古今杂剧》中也说:"'物常聚于所好!'山东于氏、李氏和清代的孔氏都是藏曲的大家。今所见的许多重要的曲本,殆多数源出于山东。"③可知他曲藏之丰富古今尽知,故有"词山曲海"之美誉。

他还收藏有诗词之作,据毛扆《汲古阁珍藏秘本书目》载:"李中麓抄本唐诗二十二家八本,绵纸旧抄,四两。"④因唐诗抄本有八本且用棉纸抄就,《汲古阁珍藏秘本书目》将之作价四两。据王士祯《跋山谷精华录》载,"康熙戊寅,司寇(徐乾学)次子章仲为工部郎中,以宋椠本《山谷精华录》八卷见贻。视其卷首,即中麓印记在焉。"⑤《山谷精华录》乃徐乾学从李开先处所得藏书之一,康熙三十七年(1698),徐乾学次子徐炯将之赠给王士祯。关于此书,王士祯还说:"宋任渊撰《山谷精华录》八卷、《诗赋铭赞》六卷、《杂文》

---

① 《李开先全集·诗文》《李中麓闲居集》文之六《序·〈南北插科词〉》序》,第562页。

② (清)黄丕烈著、屠友祥校注:《荛圃藏书题识》卷十《古今杂剧六十六册》,上海远东出版社1999年版,第876—877页。

③ 郑振铎:《跋脉望馆抄校本古今杂剧》,载自《西谛书话》,生活·读书·新知三联书店2005年版,第355页。

④ (清)毛扆:《汲古阁珍藏秘本书目》,中华书局1985年版,第3页。"绵"即"棉",棉纸实为一种皮料纸。

⑤ (清)叶昌炽:《藏书纪事诗》卷二《李开先伯华》,北京燕山出版社2008年版,第158页。

二卷,宋椠本也。有章邱李中麓太常图书印记。"①不过,据叶昌炽考证,《山谷精华录》假托宋本,其实乃明人所作。此外,李开先收藏有屈原《离骚》,他曾作《读〈离骚〉》一诗发表感想。②

由上可知,从内容上分析,他的藏书涵盖经史子集,有经学时务类、词曲类、宗教著作类、农书历书类、志书家谱类等多种类型,反映出其藏书的内容特色及个人旨趣。从版本来讲,以刻本为多,抄本较少,其中有不少宋元善本。从用途上,体现出实用和收藏两个方面的价值。"实用"是说藏书中经学时务类是为了教授生徒,诸如农书、史书等以备日常查考之用,喜爱的词曲之作在闲暇之时可供娱乐消遣。其藏书虽然丰富,但绝非随意收藏,而是有原则地选择,对版本比较重视,喜爱收藏宋元刻本、善本,如前所述《春秋谷梁传》《周易集解》《孟子音义》《礼象》《周易玩辞》《学易记》《周礼订义》《四书纂笺》等见诸后人记载的图书绝非凡品,大多为珍稀的宋元刊本或抄本,为藏书家所珍重。其实,这些善本乃他的藏书经过家难、国变后的劫余部分,得以流传到清代的更是凤毛麟角,藏书之精可见一斑。不过需要指出的是,以上对藏书内容的分析和揭示,仅仅是在现有史料的基础上进行的,无异于以管窥天,不足以概括其藏书内容的全部。

---

① (清)王士祯:《带经堂诗话》卷四《总集门一·纂辑类》,清乾隆二十七年刻本,第 11 页。
② 《李开先全集·诗文》《李中麓闲居集》之二《五言律诗·读〈离骚〉》,第 138 页。

第四章　藏书管理

回顾中国数千年的藏书史，不论是官藏还是私藏，大多经历过书灾。尽管灾祸有水、火、兵、虫等不同的原因，书籍遭受的损失程度有轻重之分，皆足以使人痛惜，尤其是当无情的水火之灾来临时，藏书家只能眼睁睁地看着大量心爱的藏书在顷刻间化为乌有，痛不欲生。此外，藏书饱受灾难，与材质的柔弱也有关系。就纸张而言，其制作材料虽然有韧皮、茎秆、树皮、木质纤维等，然而既不耐水、火，又不堪阳光、尘埃，也经不住区区蠹虫和霉菌的侵害。于是，嗜书如命的藏书家未雨绸缪，采取种种保护措施和方法，不遗余力地预防灾害的发生，或将灾害的损失降到最低限度。这些保护措施通过藏书建筑、书籍本身的装帧，以及藏书的日常管理体现出来。

一、将藏书分置多个处所收藏

藏书建筑以楼为善，专门用来藏书，具备防火、防水、通风、干燥等功能。李开先爱书惜书，肯定想将典籍放于安全无隐患的地方收藏。那么，他将宏富的藏书存放于何处？怎样存放才能便于平日利用？这是两个值得深入思考的问题。

1. 万卷楼

他的藏书处所为学界熟知的是万卷楼，代表性的观点有：

（1）齐秀荣在《山东古代私家藏书简述》一文中说："至于全部藏书，在他所写的《藏书万卷楼记》中说：'藏书不啻万卷，止以万卷名楼。'其中词曲书收藏最多，有'词山曲海'之称。"①

（2）韦力在《书楼寻踪》中提到李开先及万卷楼说："他藏书的具体情况由于历史文献上没有详细的记载，故难窥其全貌，只在其所作的《藏书万卷

---

① 齐秀荣：《山东古代私家藏书简述》，《山东图书馆季刊》1987年第2期，第57页。

楼记》中自述道：'藏书不啻万卷，止以万卷名楼。'另《静志居诗话》中对他的藏书有过描述，称他'签帙必精，研朱点勘，北方学者能得斯趣，殆无多人也。'因为他自己又是词曲名家，所藏此类书籍极多，故其藏书处有'词山曲海'之誉。"①

（3）任继愈主编的《中国藏书楼》在中编"藏书楼发展史"部分，按朝代分期，先概说各个时期不同历史背景下的藏书活动，然后分系统介绍重点藏书楼的情况。其中，对李开先的藏书情况做了详细介绍，标题拟为《李开先与万卷楼》，开首引语为："明代中叶，山东章丘有一座藏书楼，名万卷楼，其藏书富甲齐东，名盖全国。万卷楼主人是著名文学家、剧作家、藏书家李开先。"②

（4）李楠和李杰编著的《中国古代藏书》在论述李开先的藏书时几乎完全沿袭了任继愈的说法，将标题改为《万卷楼藏书》，没有意识到万卷楼仅是其藏书处所之一，说"万卷楼的藏书完整保存了一百多年，明末清初开始散出，经过明末清初的社会动乱，已经散失殆尽"③。

（5）徐苗蓁在《明代戏剧家李开先在藏书史上的贡献》一文中说："经过李氏一生的远搜博访，苦心经营，其'藏书之富，甲于齐东'，并筑万卷楼、文明楼、火象楼蓄之。"④

（6）李盟盟在《论李开先〈中麓画品〉的成因》一文中说："李开先还是一位著名的收藏家和鉴赏家。他入仕之后，即以薪俸搜购书籍，积以多年，藏书十分丰富，罢居林下，筑'万卷藏书楼'以贮之，并搜集大量历代书画作品，自负鉴赏，尤喜浙派绘画。"⑤

（7）李小梦在《李开先：爱曲、爱书、爱交友的济南名士》一文中说："做官时，其薪俸主要用来购书。回乡后，修建'藏书万卷楼''词山曲海'为藏书处所，所藏以词曲话本最多，有'词山曲海'之誉。"⑥

除了徐苗蓁认为他的藏书处所是万卷楼、文明楼、火象楼之外，齐秀荣、韦力、李楠和李杰皆认为他唯一的藏书处所是万卷楼，其中齐秀荣和韦力认为万卷楼中收藏了词曲类图书，李盟盟认为万卷楼中还收藏了书画作品，李

① 韦力：《书楼寻踪》，河北教育出版社 2004 年版，第 251 页。

② 任继愈：《中国藏书楼》，辽宁人民出版社 2001 年版，第 999 页。

③ 李楠、李杰：《中国古代藏书》，中国商业出版社 2015 年版，第 129 页。

④ 徐苗蓁：《明代戏剧家李开先在藏书史上的贡献》，《图书馆理论与实践》2004 年第 1 期，第 97 页。

⑤ 李盟盟：《论李开先〈中麓画品〉的成因》，《天津美术学院学报》2008 年第 2 期，第 71 页。

⑥ 李小梦：《李开先：爱曲、爱书、爱交友的济南名士》，《济南时报》2019 年 12 月 7 日。

小梦则认为他的藏书处所是万卷楼和"词山曲海"。其实,以上观点关于其藏书处所的认识皆有谬误。更有甚者,一篇博文认为李开先的藏书楼是"词山曲海":"明代文人李开先曾在济南一带搜集时兴俗曲百余首,名曰《市井艳词》,并亲作词曲数百首,交于艺人演唱并付梓传世,其藏书楼被称作'词山曲海',这便是后世济南'书山曲海'或'曲山艺海'名号的源头。"①本书对李开先"词山曲海"与济南"书山曲海"或"曲山艺海"的关系不予讨论,但将"词山曲海"作为藏书楼名称的看法可谓谬以千里,这是因为"词山曲海"仅指代藏书特色,说明他的藏书类型中词曲之书很多,而非指代藏书处所。

任继愈后来在引述《藏书万卷楼记》之后接着说:"从以上记载中,我们不难看出李开先藏书的规模及特色。万卷楼专门收藏经学时务类的图书,已不下万卷,而其他各类图书则被另分至五处收藏。李开先将所收图书分开收藏,原意在保护图书,免遭不测,却正好说明了其藏书之富宏。仅词曲类的图书,李开先就收藏不下千卷,这是南方许多藏书家都望尘莫及的。"②这就说明任继愈最初以万卷楼引入,渐渐地发现李开先不止这一个藏书处所,于是分析藏书分开存放的好处。

《藏书万卷楼记》原载于李开先《闲居集》,然而目前能见的最早的版本为明刻本《闲居集》。笔者查证卜键笺校的《李开先全集》,其为《藏书万卷楼记》加句读,现原文摘录如下:

> 藏书不啻万卷,止以万卷名楼,以四库旷类不尽,乃仿刘氏《七略》,分而藏之。楼独藏经学时务,总之不下万卷。余置别所,凡五书。文明,火象也,又天地精华,多则为祟,古之善藏者每分之,庶不灾于火。吾楼书不过万以此。名山大川,其藏所也,奚必于楼?《诗》三百,蔽于"思无邪"三字;半部《论语》,犹歉于"节用爱人"。有一言而终身行之者,又奚必万卷?而况不啻万卷也哉?既记之,而复继以诗,以见吾志。③

不过,书中的断句有些问题,如"余置别所,凡五书。文明,火象也,又天地精华,多则为祟"意思不明。无独有偶,王绍曾和沙嘉孙合著的《山东藏书家史略》(山东大学出版社 1992 年版)关于藏书万卷楼的断句也是如此。这样就

① 逝去的"书山曲海"·杂谈济南曲艺的前世今生(一)[EB/OL].[2020-02-27]. http://blog. sina. com. cn/s/blog_50a05b0f0100hwg0. html.
② 任继愈:《中国藏书楼》,第 999 页。
③ 《李开先全集·诗文》《李中麓闲居集》文之十一《记·藏书万卷楼记》,第 996 页。笔者见到"多则为祟"中"祟",惟在中国基本古籍库明刻本中为"祟",故仍旧。

很容易认为"文明""火象"也是藏书楼,不过"五书"中的"书"是无法作为处所的量词的。笔者查阅徐苗蓁《明代戏剧家李开先在藏书史上的贡献》一文,发现其引述有"藏书不啻万卷,止以万卷名楼。以四库胪类不尽,乃仿刘氏《七略》,分而藏之。楼独藏经学时务,总之不下万卷,余置别所凡五",而未发现关于后半句的记载,至于他认为李开先的藏书处所是万卷楼、文明楼、火象楼,有可能是因袭他人之误。

由上可知,为了保护图书、避免火灾,万卷楼专藏经学时务之书,已不下万卷,其他书按类别另外分置多个地方收藏,然而,他本人和后人皆没有明确指出其他藏书处所具体是哪里。以下藏书处所乃笔者在阅读原始著作时,根据爬梳出来的资料线索推断出来的,与当时的实际情况有无偏差已不可知。

2. 胡山中麓草堂

最初,笔者怀疑焉文阁就是中麓草堂,甚或是藏书万卷楼。但是,看到《中麓山人拙对》中所收为焉文阁、中麓草堂和万卷楼分别写的对联——《焉文草阁》《中麓草堂》和《聚书万卷堂》,始知三者并非同一处所。他为中麓草堂作四副对联是:"大镇业农凡五所,小园便静掩重门","著书幸在癸辛里,济物曾成子午桥","夜坐挑灯闲话《墨》,晨兴点《易》自研朱","燕泥点入琴书湿,萤火飞来几席明"[①]。可见,中麓草堂也是他的主要藏书处所之一。

中麓草堂亦称中麓山堂,位于章丘东南部巍然雄立的胡山之中(见图4-1)。为了逃避市井喧嚣,他选择清幽优美的胡山中麓,大肆修筑一番。建成之时,同乡兼好友李舜臣作《中麓堂记》记之:

> 山东名胜称泰山。云泰山介齐鲁间,其北皆故齐地,今章丘县亦一区也。县有胡山,胡山之高,比于泰山,可鸡鸣时见日,须史特迟,山可知矣。山有三麓,其中一麓为今选部李君所居,人是以称中麓先生。中麓堂成,舜臣谨为之记。[②]

他卜居中麓,并以之为标榜,加上友人杨慎、张璁、张治道、刘汝楠等先后以他栖息胡山为题材作诗称咏,胡山更加名扬天下。正所谓,人以山而名,山以人而显。

据景元华《岱北第一雄山——胡山》载,李开先对胡山情有独钟,在罢归

---

① 《李开先全集·杂著》《中麓山人拙对、续对·中麓山人拙对卷之上·中麓草堂》,第1696页。
② (明)李舜臣:《愚谷集》卷七《记志·中麓堂记》,明隆庆刻本,第1页。

图 4-1　站在朱家峪古圩子墙礼门上看胡山

（左右分别为青龙山和白虎山，正面对着最高的山头为胡山）

后的第二年即嘉靖二十一年(1542)就隐栖于胡山中麓，与僧人一起重修了胡山绝顶寺院祠宇，并作《胡山记》镌碑遗世，碑文历经沧桑已难辨认，至1996 年止尚存 266 字，末尾众僧署名前为李开先及亲友李继先、李承先、谢庭芝、谢庭竹、王吉的撰文署名和邑人文仲科的书丹署名，他的名字前署衔为"历四夷馆太常寺少卿致仕前吏部文选司郎中中麓"，谢庭芝的名字前为"国学生"①。嘉靖四十三年(1564)冬，燕京煤客刘祥去世，其子刘都"不远千里，冲寒驰至中麓胡山"，请他作墓志铭。他援笔立就以酬旧交，使得刘都辰时至山而午时返程②。这就说明数十年间，除了章丘宅第，胡山中麓草堂是他住得最久的地方，在此必定收藏一些以供平日阅读和查考之用的图书。

3. 其他藏书处所

翻遍他的著述，可以大致猜测其他藏书处所为焉文阁、四望楼、醉归堂和后知轩，所藏书籍以便于利用为目的。嘉靖二十一年(1542)，李过阳《孝廉堂序》云：

> 归而治第于城之西南隅，中构一堂，颇宏壮而鲜丽，市材于河，伐石于山，攻木之工，镕金之匠，陶泥染画，皆博取乎远近之良。堂前有对厢，有重门，有门房；堂后有寝居，有翼室，有二楼二堂二卷厦及一小厅，

---

① 景元华：《岱北第一雄山——胡山》，中国文化出版社 2008 年版，第 63—64 页。

② 《李开先全集·诗文》《李中麓闲居集》文之七《墓志·煤客刘祥墓志铭》，第 716—717 页。

二假山。一山有洞。园亭六,园门二,名花怪石,充斥其中。寝后重门如前堂,左有家庙,右有廒库,有厨灶井栏,稍远则有书屋。①

该序乃他改定门人李过阳之作,从中可以看出孝廉堂位于宅第中心,彰显为人之本在于孝廉,堂后是卧房,卧房附近有书屋。其实卧房旁边的书屋指的就是其写作场所——焉文阁。嘉靖三十八年(1559),七言律诗《书斋题壁》载:

> 经生矻矻以穷年,黄卷终朝对圣贤。
> 帘影斜穿双燕子,书声惊舞一胎仙。
> 画前有易几先泄,删后无诗妙不传。
> 坐久令人神思倦,掩书出户望江天。②

任何人写作都不可能一气呵成,肯定有需要查证资料的时候,焉文阁收藏一些图书在所难免。《焉文草阁》的对联云:"躬耕畎亩名动京师若是者则吾岂敢,身在江湖心悬魏阙微斯人其谁与归。"③

宅第西南隅的四望楼也收藏有图书,他在《四望楼记》中说:

> 楼称四望者何?北女郎而南跕山,东长白而西华不注,望之近在几席间,四山皆可卧游也……吾宅后楼虽高,却不妨众目。得望山而遥为之主,则四山者,四座嘉宾也。自官罢而闲,因之兴豪而远,不然,得失斗于心,奔走劳其形,虽有时登楼,茫茫焉张目四视,则四山者,四愁障也。……楼高三级,如在云烟,可以参禅,可以养丹,然非所好也。惟蓄《山海经》、《地里编》,与夫《青城记》、《九域志》、《舆地纪》而已焉。吾其逃于佛而出于仙,日惟读五书以望四山。窃仁者之名,以永其年者乎?④

可知,四望楼得名于东有长白山、西有华不注山、南有跕山、北有女郎山⑤,主要是为了遣兴所建,楼高三层,仅仅收藏《山海经》《地里编》《青城记》《九域志》《舆地纪》等图书,《九域志》当为北宋所修《元丰九域志》,不过《地里

---

① 《李开先全集·诗文》《李中麓闲居集》文之六《序·〈孝廉堂序〉》,第591页。
② 《李开先全集·诗文》《李中麓闲居集》之三《七言律诗·书斋题壁》,第318页。
③ 《李开先全集·杂著》《中麓山人拙对·续对·中麓山人拙对卷之上·焉文草阁》,第1687页。
④ 《李开先全集·诗文》《李中麓闲居集》文之十一《记·四望楼记》,第999页。
⑤ 长白山横亘于章丘东北部,是章丘和邹平的界山;华不注山位于济南东北角,章丘西面;跕山位于章丘城南,山石赤红色,当地人称其为"赭山""跕山"或"柳将军山",与柳下惠之弟柳下跖有关;山东的女郎山位于章丘绣惠镇北关村北,又名"金牛山",其他两处女郎山分别在陕西襄城县西南和四川温江县北。

编》和《青城记》两书难猜具体所指。他为四望楼作四副对联,其中之一为:"枕泰岱而跨沧溟山河齐十二,家诗书而户弦诵礼乐鲁三千。"①

醉归堂的记载见于好友冯惟敏的《海浮山堂词稿》,冯在《李中麓醉归堂夜话》感怀:"比桃源深远,仿栗里幽闲,侯门有铗几曾弹? 玩图书数卷。""入嵩山深隐,向北海垂纶,粗衣淡饭守清贫,有残书数本。"②"玩图书数卷"和"有残书数本"皆说明醉归堂中有少量藏书。李开先为醉归堂作四副对联③,从内容上看不出堂中有无藏书,亦未载明此堂建在何处,笔者从"醉归"两字猜测它应该也在他日常居住的宅第中。

南园,离章丘县城很近,又称近城小园、近游园。他曾在其中读书:

> 予家城市,人事丛委,应酬为劳。老母在堂,于礼不能远离,日惟避喧南园内。园去城二余里,跨一寒,携两童,凌晨而出,薄暮而还,稍得塞充宁神,绎寻旧业,而读所未读之书。……松柏之间,有一草庐,岁久敝漏,不蔽风雨,且卑隘如坐阱中,不得已改作焉。撤草而覆之以瓦,左右置牖,前后为门,疏朗空洞,落日后犹能辨蝇头字。中设一扁,名以"后知轩"。夫松柏皆后凋材也,必于岁寒然后知,又居之四面通明者为轩,孰谓斯名不情称哉? ……轩凡三楹,在园之中央并迤北,径亭同。经始于嘉靖甲辰七月望日,毕工于八月朔日。至九月晦日,中麓山人自为之记。④

可知,他为逃避家中喧嚣,在嘉靖二十三年(1544,甲辰年)初秋于南园营造了"疏朗空洞""四面通明"的后知轩,心血来潮时骑一跛驴、带两书童,在轩中待上一天,既可以"塞充宁神",又得以"绎寻旧业,而读所未读之书"。

其实,还有一个被忽视的藏书处所是他的卧室,他的诗句中有:"户开忽有南薰入,吹落床前满地书。"⑤他为有即亭所作的对联:"染翰操觚字古谩夸扬子宅,堆床插架书多敢拟邺侯家"⑥,说明他爱好书画、喜欢饮酒,且藏

---

① 《李开先全集·杂著》《中麓山人拙对、续对·中麓山人拙对卷之上·四望楼》,第1689—1690页。

② (明)冯惟敏:《海浮山堂词稿》卷二下《小令》《醉太平十八首·李中麓醉归堂夜话(戊午感事)》,上海古籍出版社1981年版,第113—114页。

③ 《李开先全集·杂著》《中麓山人拙对、续对·中麓山人拙对卷之上·醉归堂》,第1710页。

④ 《李开先全集·诗文》《李中麓闲居集》文之十一《记·后知轩记》,第978—979页。"且卑隘如坐阱中"中"阱",在明刻本中作"穽"。

⑤ 《李开先全集·诗文》《李中麓闲居集》之四《七言绝句·即事次前韵》,第452页。《即事次前韵》一韵三十四首,此为第十一首后两句。

⑥ 《李开先全集·杂著》《中麓山人拙对、续对·拙对卷之上·有即亭》,第1693页。

书众多。《散对》中有："堆床方册常千卷,悬榻围茅可二间。"①可见,他有在床上读书的习惯,会在卧室中放置大量藏书,数量多达上千卷。不唯他有在床上堆书和读书的爱好,唐朝诗人卢照邻有诗云:"寂寂寥寥扬子居,年年岁岁一床书。"对于文人来说,床不但有使身体解乏的功用,而且是使精神得以放松的场所。夜深人静和雪天寂寥之时,捧起喜欢的书读到困意泛起,抛掉手中书册倒头便睡,真是一种享受!

二、藏书装裱、晾晒、编目和加盖印章

古代书籍屡遭劫难,政治战争原因造成的损坏难以避免,但自然条件带来的损害是可以避免的。私人藏书家吸取以前的经验与教训,对藏书的自然条件进行研究,并采取措施使之得到很好的保护。他们除了注意藏书楼构造之外,还重视对藏书进行装裱、晾晒、编目和加盖藏书印。

1.藏书装裱

古代藏书家为了使图籍耐藏和便于利用,常常进行装裱。为了保护里面的内容,会在书前加上书衣;为了便于利用,会在书衣上贴上写有书名和册次的书签。宋版书一直以质量优异而备受藏书家青睐,不仅印刷效果好,而且在装帧用纸上也有讲究。

明代流行的图书装裱形式之一是包背装,书衣一般用蓝色或棕色的软纸裱两到三层,资金雄厚的藏书家则用绫或绢裱制。除了书衣,明清时喜欢给线装书做"书套",雅一点称为"函"。函套用来存放整套或价值高的善本,一般用硬纸做衬里,里面裱糊白纸,外面裱糊蓝布,讲究者不用蓝布而用锦,用函套把书四边包起,用两个牙签插紧,只空出书头和书根。②

绫、绢或锦等丝织品比较昂贵,豪华装裱需要不少花费,正如李开先在散对中所说:"万贯收书装束须千贯,百金买剑饰磨又十金。"③清人郑燮在《骨董》一诗中亦言:"末世好骨董,甘为人所欺。千金买书画,百金为装池。"④这就说明古人不仅重视藏书的内容价值,亦重视外在形式的呈现方式。用千贯或百金对万贯或千金买来的书进行裱饰,除了使图书经久耐用

① 《李开先全集·杂著》《中麓山人拙对·续对·拙对卷之中·散对》,第1793页。
② 黄永年:《古籍版本学》,江苏教育出版社2009年版,第59页。
③ 《李开先全集·杂著》《中麓山人拙对·续对·拙对卷之中·散对》,第1834页。
④ (清)郑板桥著,吴泽顺编注:《郑板桥集》,岳麓书社2002年版,第40页。

外,还让图书变得更为精美、大方,进而形成独特的藏书风格。清人朱彝尊曾从徐乾学处见到李开先的藏书残余,"爱签帙必精,研朱点勘",不禁赞叹"北方学者能得斯趣,殆无多人也"①。由这句赞赏可知,朱彝尊所见到的这批藏书应该具有统一的装裱风格,就是不知这项工作是李开先亲自所为,还是雇佣他人完成。

2. 晾晒图书

早在西周,古人即通过晾晒来防蠹,据汲冢竹书《穆天子传》载:"仲秋甲戌,天子东游,次于雀梁,□蠹书于羽陵"②,指出周穆王西游时曾在羽陵曝晒生有蠹虫的图书。唐宋至明清,官方比较重视借晾晒保护藏品,甚至当做一项文化活动来进行。晾晒不仅能够去除蠹虫和霉菌生长发育需要的水分,而且阳光的热能可以破坏其细胞组织,直接威胁着它们的生存。此外,晾晒图书就需要对之搬动、翻动和安放,虽然整个过程会使图书错乱、牵扯和玷污,却可以去掉其上部灰尘、蠹虫虫卵和霉菌孢子,从而起到预防蠹虫和霉菌的作用。

私人藏书家亦有晾晒藏品的经历,忘年交刘锐藏书数量众多,晾晒时需要三五个仆人搬弄十天才能晒上一遍。李开先藏书门类广泛、数量丰富,肯定也需如此,不过他的日常曝书活动鲜有记载。笔者所见唯有两处晾晒在船上意外遭水的记载,第一处见于《闲居集》之二《五言律诗·晒书》:

> 边刘并及余,边尚书华泉、刘太常西桥。痴好在收书。亡岂惟三箧,汉张安世能记诵三箧亡书。边在家失火,余在舟遭水,存者尚多;刘则散失无遗矣。多应过五车。惠子多方,其书五车。出《庄子》。搬移纷仆辈,晒晾满庭除。只恐伤科蚪,莫教饱蠹鱼!③

他以边贡和刘锐两人类比自己,指出三人都嗜书如命且藏书众多,小注交代在一次行舟中图书意外遭到水浸,回到家后为了防止滋生蠹虫和霉菌,组织众多仆人和婢女晾晒,将整个院落都铺满了。无独有偶,还有一处记载见于

---

① (清)朱彝尊:《静志居诗话》卷十二《李开先》,人民文学出版社 1990 年版,第 332 页。
② 郭璞注:《穆天子传》,中华书局 1985 年版,第 28 页。
③ 《李开先全集·诗文》《李中麓闲居集》之二《五言律诗·晒书》,第 209 页。边指历城人边贡,弘治九年进士,嘉靖间历太常卿提督四夷馆、南京户部尚书。喜藏书,不幸于嘉靖十一年遭火,痛惜病笃,竟此辞世;刘指寿光人刘锐,嘉靖间为太常寺卿兼翰林院五经博士,嘉靖二十年四月卒于乡。刘为文学世家,性喜聚书,卒后则散失。

《闲居集》之四《七言绝句·即事次前韵》："行乐不虞船发漏，可怜坏我古今书。"①卜键笺注该诗作于嘉靖三十七年（1558），所以船漏坏书当在这年之前，笔者推断两处记载很可能指同一件事，因为行舟遭到意外这种事情带有极强的偶然性，很难巧合地发生多次。

3. 编制目录

古代很多私人藏书家在藏书的同时，兼治目录之学。他们通过编目来加强对藏书的系统管理，使藏书的利用更加便捷。不过，私家藏书目录多为自用且秘不示人②，所以较藏书家的其他著述更易亡佚。

李开先同样为众多藏书编有目录，明末清初黄虞稷《千顷堂书目》著录《李中麓书目》一卷，说明黄氏千顷堂曾经收藏该目，而到了顺治、康熙年间乡人王士禛③"曾购其藏书目录，累年不可得"④。可见，此目亡佚于明末清初。由于该目录早已失传且在著述中只字未提，编目过程仅能从同年好友熊过所作的序文略窥一斑。熊过《南沙先生文集》卷一收录《山东李氏书目序》，现摘录如下：

> 学者博依前闻，睿哲之言可征睹也。仲尼曰：诵诗读书，与古人居。雅言诗书执礼，绝铁灭漆，易道乃明。求百二十国图书，或据灶觚而听其读，斋戒北辰，拜告备于天，曰：《孝经》、《春秋》、河洛，谨已备矣。其好古敏求若斯之勤也。盖三元八会，不可究结；梵语佉卢，或左或右。书草旁行，河图缘字，税辞离志亦各乘宜而用，曷庸舍旃。苟曰任心自足，其于畜德，何其异于孔氏哉！明兴迄今，郁郁然文章著矣。后死之士，与于斯文，挟策而言，各异其旨以骇听。上者谭性命，次工词章。废弃前闻，不守师法，于是古之籍亦散逸不收矣。山东人李子伯华起而愤之，收其涣亡，登而选之，天明地藏，圣作贤述，人所秘密，下逮委巷之议不遗。撮名举要，校而藏之。熊子至燕之日，则告之故。熊子谢曰："幸甚！始汉田伏申培辕固高堂胡毋各明五经，传其萌芽以为先师，其人皆齐鲁山东之国也。子欲缵其绪思废绝之阙，岂独遗化好学之风

---

① 《李开先全集·诗文》《李中麓闲居集》之四《七言绝句·即事次前韵》，第 454 页。《即事次前韵》一韵三十四首，此为第二十九首后两句。

② 相传清代朱彝尊为了看到钱曾《读书敏求记》，在担任江南典试官时不惜设局买通钱的书童，窃取书目后命抄书手连夜抄录，后人念其读书心切，对其窃书行为美其名曰"雅赚"。

③ 黄虞稷的生卒年为 1629—1691 年，王士禛的为 1634—1711 年。还需要指出的是，王士禛为山东新城（今桓台县）人，常自称济南人，而李开先为章丘人，严格来说两人不能称为同乡。不过因济南和章丘毗邻，叶昌炽说两人同乡也不算错。

④ （清）叶昌炽：《藏书纪事诗》卷二《李开先伯华》，北京燕山出版社 2008 年版，第 158 页。

哉?"然集之常苦艰,而脱简烂编,或遂至逸灭,难得而综,非一世也……
于是李子差次其书,循其品汇惟谨。往予见今代掌故之籍,未尝不叹其
统纪乖盭,欲建其藏书之册,会天子以未遑罢徐御史议而止。专已守残
者猥喜之,而通人大以为望。庸知夫文明之代,犹郁而不发有如此者
也。嗟乎!后之人有厌小已之陋,博于文章以尽其变者,得李子之藏而
伏读焉,功岂小哉!李子曰:"子以山东经传要我,诚不敢忘。子蜀之
产,苏先生诚贤者,是尝纪庐山李氏藏书,子且说山东李氏乎?"叙述其
旨,俾刻而藏之名山。①

该序透露出很多值得重视的信息:一是他继承齐鲁先贤孔子好古敏求的遗
志,重视搜集亡佚典籍;二是他的藏书比较广泛,上至"天明地藏,圣作贤述,
人所秘密","下逮委巷之议不遗也",可以说雅俗兼收,这就似乎说明该目录
乃是对所有藏书进行的著录;三是他编目时先"差次其书",然后"循其品汇"
进行著录;四是熊过称该目录为《山东李氏书目》,完全是因循他自己的说
法,他"以山东经传要我"为己任,希望能和北宋江西藏书家李常②相媲美,
喜欢熊过称其为"山东李氏"。

4. 加盖藏书印章

私人藏书家在书上留下痕迹的方式比较多,如句读、批注、勘误等,而以
加盖藏书印比较常见。喜爱藏书的人多有几方心仪的印章,在珍爱的藏书
上钤盖收藏印记,是一种标识,更是一种艺术欣赏。试想在一部刊印精美的
书上,钤上古雅别致的藏书印,朱墨粲然,相映生辉,真是一件乐趣无穷的事
情。藏书印之于所有者的作用在于标示所有权和癖好志趣,之于后人有裨
于考辨一书的收藏和流传过程。

据浙江图书馆开发的中国历代人物印鉴数据库统计,李开先挚友唐顺
之的藏书印有 11 枚,如唐氏应德、荆川、唐宇昭、云客、毗陵孔明、毗陵唐良

① 《李开先全集·附录二》《叙论·题跋·曲评·山东李氏书目序》,第 2224—2225 页。熊过"始
汉田伏申培辕固高堂胡毋各明五经"之语,意指传习五经的硕儒八人中有六人出自齐鲁故国:
传《诗》者,鲁为申培公,齐为辕固生;传《书》者,为济南伏生;传《礼》者,则鲁之高堂生;传《易》
者,则淄川田生;传《春秋》者,齐鲁有胡毋生。以此说明,齐鲁历史悠久,有博大精深的文化传
统。
② 李常即李公择,少时曾在庐山五老峰下白石僧舍读书,后来将藏书九千卷捐献,挚友苏轼为其
作《李氏山房藏书记》称颂他。李常的二姐乃黄庭坚的母亲,受封为安康郡君,有很深的文学造
诣。

士藏书印、良士等，如图 4-2 所示①；王世贞的藏书印更是多达 40 枚，如世贞、王世贞、元美氏、王氏元美、王元美氏、有明王氏图书之印、伯雅、仲雅、季雅、酉室、汉晋唐斋、乾坤清赏、天弢居士等②。据任继愈《中国藏书楼》载，另一好友李廷相的藏书印也有多枚，如濮阳李廷相双桧堂书画记、濮阳李廷相书画记、濮阳李廷相书屋记、濮阳李廷相双桧堂书画私印、濮阳李廷相家图籍印、天全、濮阳李氏书画之印等③。从唐顺之、王世贞、李廷相等皆有多枚藏书印可知，受当时社会风气影响，李开先亦会为藏书加盖印章。

序号	印鉴	释文	出处	序号	印鉴	释文	出处
1		唐氏应德1	林申清编著《中国藏书家印鉴》（上海书店出版社，1997.11）	2		唐氏应德2	林申清编著《中国藏书家印鉴》（上海书店出版社，1997.11）
3		荆川	林申清编著《中国藏书家印鉴》（上海书店出版社，1997.11）	4		唐宇昭	林申清编著《中国藏书家印鉴》（上海书店出版社，1997.11）
5		云客	林申清编著《中国藏书家印鉴》（上海书店出版社，1997.11）	6		半园	林申清编著《中国藏书家印鉴》（上海书店出版社，1997.11）
7		毗陵孔明	林申清编著《中国藏书家印鉴》（上海书店出版社，1997.11）	8		宇昭	林申清编著《中国藏书家印鉴》（上海书店出版社，1997.11）
9		毗陵唐良士藏书	林申清编著《中国藏书家印鉴》（上海书店出版社，1997.11）	10		唐宸	林申清编著《中国藏书家印鉴》（上海书店出版社，1997.11）
11		良士	林申清编著《中国藏书家印鉴》（上海书店出版社，1997.11）				

图 4-2　李开先挚友唐顺之的藏书印，引自中国历代人物印鉴数据库

但是，他的藏书印情况资料寥寥。据王绍曾说，李开先藏有许多善本，有的盖有藏书印：

　　知见者有宋抄《谷梁传》单疏残本（存文公以前，缺自文公以后），宋刻蜀大字本赵岐《孟子注》，晋葛洪《西京杂记》二卷本，宋吴自牧《梦梁录》二十卷。除蜀大字本《孟子注》外，毛斧季（扆）均得自章邱李氏后人，曾为钱曾所传抄。……此外，李氏复藏有宋刻本《石林奏议》十五卷，明抄本《啸庵四六》（残存十五卷），明嘉靖刻本《白崖文集》四卷，钤

---

① 中国历代人物印鉴数据库[EB/OL].［2021-04-23］. http://diglweb. zjlib. cn:8081/zjtsg/zgjcj/cypicgl. jsp? channelid=91700&searchword=％C3％FB％C8％CB％B1％E0％BA％C5=46.

② 中国历代人物印鉴数据库[EB/OL].［2021-04-23］. http://diglweb. zjlib. cn:8081/zjtsg/zgjcj/cypicgl. jsp? channelid=91700&searchword=％C3％FB％C8％CB％B1％E0％BA％C5=66.

③ 任继愈：《中国藏书楼》，第 294 页。

有"李氏中麓草堂图籍记"、"李开先印"等印章。李氏以"词山曲海"著称,现在流传于世者,尚有《元刊杂剧三十种》,李氏还抄有其他元剧,何煌在收藏《脉望馆抄校本古今杂剧》时,曾据以校勘。①

《宋四六论稿》的作者施懿超曾见《啸庵四六》存于南京图书馆的缩微胶片,因年代久远,胶片已经开始霉变,以致影响阅读,不过仍能看清卷内有"李氏中麓草堂图籍记"、"林泉珍秘图籍""謏文斋"等印记②。从李开先作品的落款印迹,似乎可以推测藏书印章情况,《游百脉泉一韵五首》石刻诗左下有两枚印章(如图4-3所示),圆章内容为"伯华",方章内容为"己丑进士",这是

图4-3 《游百脉泉一韵五首》石刻上李开先两枚落款印章

因为"伯华"乃李开先的字,而"己丑进士"暗指他乃嘉靖八年己丑科进士,这

---

① 王绍曾:《三论山东私家藏书之风——从山东藏书家收藏的善本书谈到聊城杨氏海源阁、临清徐氏归朴堂藏书的聚散》,《山东图书馆季刊》1993年第4期,第7页。
② 施懿超:《宋四六论稿》,上海古籍出版社2005年版,第193页。

非常符合古人以字号或进士称号入印的习惯,笔者猜测,李开先亦会将之用于藏书盖章。由此可知,他有"李氏中麓草堂图籍记""李开先印""伯华""己丑进士"等多枚印章,而原始面貌和具体使用情况不得而知。

第五章　藏书利用

明清时期，私家所贮多重宋元，所以往往将之珍秘扃藏。历来有不少藏书家每因秘不示人，而为人所诟病。然而，李开先一生勤奋不懈地收集、整理和爱护书籍，对于书籍并非徒充箧笥，最终目的在于利用。对于宏富的藏书，他的藏书心得是：

> 多取不为贪，诗书僻性耽。
> 借抄先馆阁，博览及瞿昙。
> 誉望惭书簏，文章效《济南》。
> 若无真实行，万卷总空谈。[1]

"誉望惭书簏，文章效《济南》"两处用典：一是唐代知名学者李善，号书簏，为昭明太子《文选》作注，并以讲授《文选》为业，别号"文选学士"。他学问博洽，而不善于撰文，其子为唐代著名书法家李邕。二是北宋文学家李荐，著有《济南集》。早年师从苏轼，为"苏门六君子"之一，作文才气横溢，辩而中理。后来辞别苏轼归家安葬亲人，闭门苦读数年再次拜见苏轼，苏轼称赞他乃张末、秦观之流，想将他推荐给朝廷重用，未能成功。李开先此处以李姓先贤作比，感慨要向李善和李荐学习。最后一句点出藏书就是为了将之付诸"真实行"，如果做不到，虽然藏书过万亦是无用。他不单为藏而藏，且重视藏以致用，更不局限于为自己所用。他的藏书除了自己阅读、著述和借给朋友传抄外，还在闲余进行校勘和刻印，并将万卷楼的藏书作为中麓书院的参考资料。

一、阅读

中外成功人士人格的养成和创新意识的造就，都离不开读书。李开先

---

[1] 《李开先全集·诗文》《李中麓闲居集》之二《五言律诗·积书省悟》，第137页。

同样因勤于和善于读书,才为自己争取到中进士后在朝为官这一良好的生存状态和灿烂的发展前景。

在京为官时,他经常读宋明理学和唐诗元词之类的著作,后来在给好友蔡瓌著作写的序中回忆当年精读程颢(人称明道先生)和程颐(人称伊川先生)兄弟《二程全书》的原因和过程:

> 中麓子居官颇有余兴,首谈理学,次则吟咏。唐诗元词,收揽兼并,熟读晦庵、元城《语录》,而《二程全书》前数册览犹未竟也。唐荆川(唐顺之)尝谓熊南沙(熊过)曰:"李子其不识明道、伊川耶?何于其书不曾一言及之,以入吾之听耶?"中麓子潜闻之,乃因疾注门籍,已吊庆,谢宾客,减酬赠,即取二子书,画则详观,夜则考正。疾愈走会荆川,但有言即以其书作证。荆川惊讶,遂邀南沙相与讲订。①

由此可知,他处理公务之暇所读之书以儒家经典为多,熟读了后人辑录关于朱熹(号晦庵)的《朱子语类》和关于刘安世(号元城)的《元城语录》,在好友唐顺之的激励下仔细研究《二程全书》,读时非常投入,减少了平时应酬,不分日夜地阅读和考订,为了取得更为合理的解释,还同唐顺之和熊过商定。在朝为官时的阅读不同于考取功名时的功利和罢归后打发光阴的消遣,带有寻找和好友之间更多共同话题的目的,从某种意义上说是受友人刺激和相互效仿的结果。

罢归后,他常常通过读书打发时间和寻找内心安宁。这是因为读书是一种忘却烦恼和解除忧愁的最佳途径,能够让心灵很快恢复宁静与平和。嘉靖二十三年(1544),他在城外二里的南园重建后知轩,"跨一蹇,携两童,凌晨而出,薄暮而还",在那里"稍得塞充宁神,绎寻旧业,而读所未读之书"②。不过,他有自己的阅读习惯。他喜欢在床上或榻上读书,《述我》一诗中提到:"卧凭书引睡"③,在散对中说:"只能读书傲断榻,不能抽笔赋长杨"④,"诗题拥座吟兴无穷又值山容献秀,书册堆床诵声不辍堪于江榴同清"⑤。躺着读书反映了读书人轻松的阅读心态,放松身体而任凭读书的心

---

① 《李开先全集·诗文》《李中麓闲居集》文之六《序·〈训蒙谬说〉序》,第 611 页。
② 《李开先全集·诗文》《李中麓闲居集》文之十一《记·后知轩记》,第 978 页。
③ 《李开先全集·诗文》《李中麓闲居集》之二《五言律诗·述我》,第 210 页。
④ 《李开先全集·杂著》《中麓山人拙对、续对·中麓山人续对卷之下·散对》,第 1918 页。
⑤ 《李开先全集·杂著》《中麓山人拙对、续对·中麓山人续对卷之下·散对》,第 1997 页。该对联为李开先平日所作,妹夫王应诏随手记录下来。

境在时空里无穷绵延。他喜欢在夜里读书,《冬至日雪》中说"读书夜半映窗纱"①,散对中说:"读书将半夜掀帘怕有灭灯风"②,"夜读兰膏残复续"③。可见,他经常读书至半夜,竟然添了多次灯油。夜深人静、灯火阑珊之时,摊开一本心仪已久的书如饥似渴地阅读,真乃人生的一种至美享受。《偶述近况》中说:"瓦盆注酒终朝醉,石室藏书有日传","三冬诵读三冬业,一日清闲一日仙"④。散对中云:"两日饮干三石酒,一冬读彻五车书。"⑤散曲中说:"三冬学就千金赋,读彻五车书。"⑥这些交代出他喜欢饮酒这一生活习惯,而且指出忙碌了大半年,冬天闲来无事,能够读完五车书。此外,"明窗过目书三卷,暖榻周身被一床"⑦,指出他每天的读书量是三卷;读书时还不断思考,不时获得新的体会和感悟,如他在《村居秋兴》中说"架上典坟为老伴""行行车重载书多",阅读这些书时,他为"参破经疑喜独歌",为"新来悟得先天妙"感到"夜月无心印碧波"⑧,这种感觉是非常美妙和令人高兴的。读到兴起万物皆忘,"对酒值初冬篱菊已残犹可把,读书当盛夏园花正茂几曾窥"⑨,这种境界是特别享受和令人羡慕的。

他喜欢读史书,曾作五言古诗一首《暑夜读史》交代盛夏夜晚读史书的情况,其中有以下几句:

> 史以鉴兴衰,读之增感怆。
>
> 盛暑助灯辉,蚊蚋集书幌。
>
> 囊萤效车胤,燃藜拟刘向。
>
> 倦极方掩书,月出薰风荡。⑩

在盛夏夜晚,在蚊虫纷扰的书房里点上一盏油灯苦读史书,疲惫至极合上书本走出书房,月光下凉爽的夜风吹来,扫去一天的倦意和烦躁。

当然,他也有不想读书的时候。七言古诗《前象棋歌》中说:"无事偏知

---

① 《李开先全集·诗文》《李中麓闲居集》之四《七言排律·冬至日雪》,第 400 页。

② 《李开先全集·杂著》《中麓山人拙对、续对·中麓山人拙对卷之中·散对》,第 1793 页。

③ 《李开先全集·杂著》《中麓山人拙对、续对·中麓山人拙对卷之中·散对》,第 1783 页。

④ 《李开先全集·诗文》《李中麓闲居集》之三《七言律诗·偶述近况》,第 326 页。《偶述近况》有两首,以上两句分别出自其中一首。

⑤ 《李开先全集·杂著》《中麓山人拙对、续对·中麓山人拙对卷之中·散对》,第 1827 页。

⑥ 《李开先全集·散曲》《中麓小令》,第 1464 页。

⑦ 《李开先全集·杂著》《中麓山人拙对、续对·中麓山人拙对卷之中·散对》,第 1808 页。

⑧ 《李开先全集·诗文》《李中麓闲居集》之三《七言律诗·村居秋兴》,第 278 页。《村居秋兴》一韵十一首,此为第七首。

⑨ 《李开先全集·杂著》《中麓山人拙对、续对·中麓山人续对卷之下·散对》,第 1949 页。

⑩ 《李开先全集·诗文》《李中麓闲居集》之一《五言古诗·暑夜读史》,第 59 页。

夏日长,诗书懒读积匡床。"①无事时觉得酷热夏季的白天特别漫长难捱,抱来一堆书哪本书都不想读,被舍弃的书堆满睡床。他作七言律诗《读史偶述》二首,其中有:"多病无眠夜抵年,挑灯读史羡前贤","废书起叹难成寐,坐待银河没晓天"②。病魔缠身时容易失眠,他觉得度过一个夜晚犹如度过一年,看书之后仍无睡意,坐起来睁眼等天亮。《秋夜书怀》中说"书因愁懒读,田惧以多荒"③,在散对中说:"掩书长闭目,对酒暂开怀","书册尘蒙心懒读,笙簧鼎沸耳愁闻"④,"笔慵挥砚池因雨满,书不读简帙被风开"⑤。心情不好时同样不想读书,唯有喝酒听曲取乐,不过通过这些方式消愁,忧愁并未得以真正除去。

关于阅读后何时体会最深刻,他认为唯有亲身经历后才能真正明晰和领悟作品中蕴含的情感。比如关于亡妻的哀痛,他在妻子张氏和爱妾张二去世前后的体会明显不同,在《四时悼内序》中说:

> 康对山(康海)向尝简予云:"内亡而出入不便,寻芳访友之乐,不得自遂,乃知林下清福,其不易享如此。"李崆峒(李梦阳)志左夫人有云:"古今之慨,难友言而言之妻,今入而无可与言者。"二公之言,往时读之,不觉沉痛,乃今知其言之不徒矣!⑥

他在《悼内同情集序》中说:

> 往读丧内志文,虽其甚痛切者,此心亦不为动,以未尝历其苦也。及予妻张宜人亡后,复读其文,则垂涕不能已。均一邻笛也,惟怀乡之心独感焉;均一秋雨也,惟愁人之耳偏人焉。⑦

妻妾在世时,他读友人写的哀悼亡妻的话语,心灵触动不大,而亲身经历这种痛楚之后,再想起友人的话和读这样的作品,哀伤不已。这就是读者对作品产生了强烈的心理共鸣现象,也是李开先《中麓小令》问世后最受仕途受挫之人欢迎的原因。

---

① 《李开先全集·诗文》《李中麓闲居集》之一《七言古诗·前象棋歌》,第 79 页。
② 《李开先全集·诗文》《李中麓闲居集》之三《七言律诗·读史偶述》,第 320 页。《读史偶述》共两首,前句出自第一首,后句出自第二首。
③ 《李开先全集·诗文》《李中麓闲居集》之四《五言排律·秋夜书怀》,第 377 页。
④ 《李开先全集·杂著》《中麓山人拙对·续对·中麓山人拙对卷之中·散对》,第 1792、1827 页。
⑤ 《李开先全集·杂著》《中麓山人拙对·续对·中麓山人续对卷之下·散对》,第 1917 页。
⑥ 《李开先全集·散曲》《四时悼内·〈四时悼内〉小序》,第 1502 页。
⑦ 《李开先全集·编集》《悼内同情集·〈悼内同情集〉序》,第 2188 页。

二、校勘、著述和刻书

由于书籍版本各异，为了追求正解，古人有边读书边校勘的习惯。有学识的藏书家还会利用藏书进行新的创作，甚至会在经济条件允许的条件下将著作和校勘成果进行刻印。李开先的著述和刻书也是本书的研究重点，在之后的篇章中有较为详细的阐述。

1. 校勘

明代通行的书籍大部分是刊刻本，小部分是手抄本。它们在刊刻和抄写过程中，难免产生讹误、缺漏、增添、颠倒等情况，同一种图书在流传过程中文字也可能有所不同。这就需要通过校勘补正种种错误和校出内容上的异同，以获得较为可靠、接近原著的本子。

李开先在读书时，经常从事校勘工作。七言律诗《田间四时行乐诗》中说："新葛落机裁野服，古书插架列山庭。闲居有幸同刘向，画读遗书夜看星。"①以刘向自比，夜里读遗书和观星象。他作《自赞》对自我进行认识和介绍，其中有"雠经质史，断简残编"和"文飞风雨，笔扫云烟"，说明他经常从事读书、校勘和创作活动②。他在七言绝句《即事次前韵》中说："讹字连朝校鲁鱼，解疑要在此心虚"③，指出校勘时要认真和虚心。在散对中说："病向名医求善药，闲寻文士校亡书"④，指出校勘亡书需要负责的文士，如同生病后向名医寻求良药一样重要。清代朱彝尊见到他的藏书残余，发现它们不仅装裱精美，而且"研朱点勘"⑤。瞿镛亦说："春秋谷梁疏七卷抄残本，……旧为章邱李中麓氏藏本，字迹甚旧，有朱笔校改处。"⑥《春秋谷梁传疏》

---

① 《李开先全集·诗文》《李中麓闲居集》之三《七言律诗·田间四时行乐诗》，第 298 页。《田间四时行乐诗》次韵百首，此为第四十二首。西汉时，校勘业已产生，一般认为最早从事此项工作的人是刘向和刘歆父子。成帝至哀帝时，著名学者刘氏父子受命整理官府藏书，每校一书，写成定本之后还总结内容提要向皇帝报告。当时的校勘方法是："一人读书，校其上下，得谬误，为校；一人持本，一人读书，若怨家相对，故曰雠也。"因此，古代校勘也称校雠，有关这方面的学问也叫做校雠学。

② 《李开先全集·诗文》《李中麓闲居集》之一《杂体·自赞》，第 106—107 页。

③ 《李开先全集·诗文》《李中麓闲居集》之四《七言绝句·即事次前韵》，第 452 页。《即事次前韵》一韵三十四首，此为第十一首前两句。

④ 《李开先全集·杂著》《中麓山人拙对·续对·中麓山人拙对卷之中·散对》，第 1770 页。

⑤ (清)朱彝尊：《静志居诗话》卷十二《李开先》，人民文学出版社 1990 年版，第 332 页。

⑥ (清)瞿镛：《铁琴铜剑楼藏书目录》卷五《经部五·春秋类·春秋谷梁疏七卷抄残本》，清光绪常熟瞿氏家塾刻本，第 42 页。

上面亦有他"朱笔校改"的旧迹。

在将图书刻印之前李开先亦会将之认真校勘，这点比较好理解，即便今天图书出版之前亦有作者和编辑相互配合的三审三校工作，可见在保证作品的严谨性方面古今殊同。不过，他的刻书活动大多由门客或门人主持，校勘活动由他们共同参与完成。

2. 著述和刻书

兴之所极能够创造奇迹，他研读了大量词曲著作，有了足够的鉴赏能力。好之笃而久，烂熟于心，厚积薄发，有所创作。词曲之作有传奇《宝剑记》《断发记》《登坛记》，杂剧《一笑散》(含《园林午梦》《打哑禅》)，散曲《赠对山》《卧病江皋》《四时悼内》《中麓山人小令》《南曲次韵》等，曲论《词谑》。嘉靖二十三年(1544)所作《中麓小令·仙吕南曲傍妆台》体式精妙，时人多为仿效，传诵、和者和刻者不计其数，谓之"中麓体"。嘉靖二十六年(1547)夏，作传奇《登坛记》《宝剑记》和《断发记》，其中《宝剑记》流传至今，与《浣纱记》《鸣凤记》并称明中叶三大传奇，这奠定了他在戏剧史上的地位。

除了著述，他还致力于词曲之书的刻印。清代周亮工说："公所藏元人曲有百十种，如马东篱、白仁甫诸曲，皆手自改订付梓。又最喜张小山、乔梦符小令，尚刻以行。"[①]他对元人张小山、乔梦符十分推崇，曾说他们"犹唐之李、杜"[②]，于是多方辑集两人的散曲，刻成《张小山小令》和《乔梦符小令》。他还主持刊刻《改定元贤传奇》《歇指调古今词》等元杂剧，其中《改定元贤传奇》乃以从收藏的千余种元人杂剧中精选出的十六种为基础，而新中国成立后影印出版的《古本戏曲丛刊》(第四集)所收的《元刊杂剧三十种》正是当年他的旧藏。《元刊杂剧三十种》不仅保存了元人所刊杂剧的本来面目，而且使得十四种元杂剧依赖此本存传于世，至今已成为中国文化遗产中不可多得的珍品[③]。将自己的秘藏整理刻印，以己之好推及爱书之人，将心比心，充分彰显他与天下共赏的胸怀。

---

① 《李开先全集·附录二》《叙论·题跋·曲评》之《姚燮》，第 2259 页。赵山林所著《中国戏剧学通论》(安徽教育出版社 1995 年版)与此大体相同，唯"尚刻以行"为"专刻以行"。
② (清)刘熙载：《艺概》卷四《词曲概》，清同治刻古桐书屋六种本，第 17 页。
③ 马永涛：《李开先：曲有三千调转》，http://dzrb.dzwww.com/dazk/ws/200712/t20071219_3106531.htm。

三、外借和赠书

古代民间聚书不易,珍本难得,这就使得很多藏书家将私藏秘不示人,或者要求子孙想方设法地传下去。范钦几乎和李开先同时,创建的天一阁是中国现存最早、历史最悠久的私家藏书楼之一,其封闭性简直达到登峰造极的地步,与图书收藏的本意相去何啻千里。与之相比,李开先的伟大之处在于将藏书慷慨外借或赠与他人。

在任何时候藏与借都是一对矛盾,《词谑·借书互嘲》记述一人去借别人《太和正音谱》的故事,揭示借书者与藏书者之间的纠葛:

> 又有两人,一借《太和正音谱》,吝而不与。亦以【朝天子】讥之:"丽春园可夸,梁山泊撒花。易打散,难抄化。《太和音谱》出君家,曾许借,牢牵挂。往取了数回,思量了几夏。不赚来敢是梦撒?狗口里象牙,小孩子手里蚂蚱。有则借,无则罢。"回复者不记其全:"乞儿见财,孩儿见奶,舍了命,荒了脉。俺家诗礼你来捱,便迟也亦担待。你爱也,人皆爱。"①

李开先以藏书著称,且藏书中尤以词曲为多,可以猜测这则故事很有可能是他亲身经历或发生在朋友身上的事情。陆容在《菽园杂记》中也曾说:

> 积书不能尽读,而不吝人借观,亦推己及人之一端。若其人素无行,当谨始虑终,勿与可也。世有借书一痴,还书一痴之说,此小人谬言也。痴本作瓻,贮酒器,言借时以一瓻为赞,还时以一瓻为谢耳。以书借人,是仁贤之德,借书不还,是盗贼之行,岂可但以痴目之哉!②

指出借书之人实在伟大,而借书不还实则盗贼行为。

李开先说由于自己善于藏书,向他借书的人络绎不绝。在某年初夏送赵康王朱厚煜门客李九河返回河南安阳,作诗《初夏江上送李九河携借书还邺》三首,其中第二首③:"借书日不虚,为我善藏书",交代每天都有慕名前来借书的人,"岂但三车富,还过万卷余",说明自己藏书丰富。"贤王多问

---

① 《李开先全集·曲论》《词谑·一词谑·借书互嘲》,第 1541 页。
② (明)陆容:《菽园杂记》卷九,上海古籍出版社 2012 年版,第 76 页。
③ 《李开先全集·诗文》《李中麓闲居集》之二《五言律诗·初夏江上送李九河携借书还邺》,第 166 页。赵王封地彰德府在河南安阳,唐时为邺郡。

学，遣使甚勤渠"，交代赵康王和李开先多有来往，"书去劳门客，抄时正鲁鱼"，说明这次李九河返乡时李开先托他为赵康王带去一些书册，估计其中也有他自己的著作，所以请赵康王在聘人抄书时认真校勘。赵康王喜爱读书，史称他"文藻赡丽"，他听说李开先藏书丰富，特派人到章丘借书，李开先畏于权势，肯定会不惜代价投其所好，将珍藏的书册多多奉上。其实，官场中根据上司喜好赠送古玩书册早已司空见惯，他深谙为官之道，亦会聚书会友，甚至用珍本向上司行贿，只不过在京师做官时的赠书活动被其政事活动所掩盖不得而知。

李开先的作品中有很多借书或赠书给朋友的例子，例如：《中麓山人拙对》中有"骂座难驱贪酒客，击门猜是借书人"①，有人敲门就猜是来借书的人，虽然有些夸张，但说明他的藏书不是深藏阁楼而秘不示人；他曾借书给陕西大学问家马理，"（马理）生前每有书来借，勉予以学业"②；章丘县丞胡某致仕回湖北，他作《送胡县丞还楚》一诗，诗中有："农经竹谱吾家有，把赠同心林下人"③，这说明他将胡县丞当作和他同心同趣的人，将家藏林下消遣之书不吝赠予；嘉靖三十四年（1555）春，浙江鄞县诗人吕时臣来访，在其门下旅居大半年，吕返回家乡时，他为其"饯别于西郊""又赠之以古今书册"，诗中说"奇书秘册人争借，莫道相传自邺侯"当指序中所说赠给他古今书册事④；晚年多病，多赖邑中名医李炜和王春山调理身体，为了答谢两人，他竟然赠给他们一车医书。如果藏书没有复本，他就将藏书抄录一本赠给朋友，杨慎曾经向他索观戴侗《六书故》等书，他就是采用这种做法满足杨慎的需求："升庵（杨慎）近有一书，索戴侗《六书故》等籍，行即各录副本，乘风寄之，以酬宿诺，以投雅好云。"⑤《闲居集》载他曾将新得的历书赠与乡邻：

> 新历封传三十册，呼奴分送与乡邻。
>
> 农人重麦如金玉，首看来年几日辛。⑥

不过，由于藏书不易和复本较少等原因，他也有借书给别人之后又后悔的情

①　《李开先全集·杂著》《中麓山人拙对、续对·中麓山人拙对卷之中·散对》，第 1827 页。
②　《李开先全集·诗文》《李中麓闲居集》文之九《传·溪田马光禄传》，第 892—893 页。
③　《李开先全集·诗文》《李中麓闲居集》之三《七言律诗·送胡县丞还楚》，第 251 页。
④　《李开先全集·诗文》《李中麓闲居集》之三《七言律诗·题〈高秋怅离卷〉》，第 266—267 页。
⑤　《李开先全集·诗文》《李中麓闲居集》文之十一《跋语·跋〈广川书跋〉》，第 1040 页。
⑥　《李开先全集·诗文》《李中麓闲居集》之四《七言绝句·得新历因成二绝句》，第 433 页。李开先得到历书后作两首绝句，此为第一首。在古代，农历正月第一个辛日——地支为辛的日子，为古代帝王祈求丰年之日。

况。散对中有："悔开邺架闲邀客，误把农书赠与人。"①可以看出，他在为自己将珍藏的农书赠给他人而懊恼不已。

四、培养生徒

书院在我国有悠久的历史，源于唐，盛于宋，衰亡于清末，历时千载，藏书、供祭和讲学是其从事的三大活动。明代书院的发展比较曲折，前期由于政府重视官学和科举，非官办学校出身者不准应试，作为私家讲学之所的书院遭到冷落。嘉靖以后，书院得以迅速发展，据统计，最盛时书院总数达到了1239所②。不过，世宗朝曾有禁毁书院之令，嘉靖十六年（1537）二月专毁湛若水甘泉书院，次年四月因吏部尚书许赞进言遂有全面禁毁之令。只是世宗时虽有端倪，终禁而未止，直到万历十年（1582）正月诏毁天下书院，"凡先后毁应天等府书院六十四处"③，力度稍大一些。

书院一般由当地鸿儒、乡宦创办，用以教授生徒，布道讲学。李开先罢归后，创办了中麓书院，将之作为精神寄托之一予以经营。所作《谷日》一诗中有"西园一所非无忌"，其下小注云："书院在学西，邑人咸称曰西园。又西园乃公子无忌故事。"不难看出，该诗乃改自韦庄《忆昔》"西园公子名无忌"，而中麓书院因位于儒学之西，被当地人称为西园④。由清道光《章丘县志》卷首附"县治图"和《绣水诗钞中的章丘山水》所附章丘古城图可知，儒学和圣庙（孔子庙、先师庙、文庙）皆在城西南隅，儒学之东南为文昌宫，圣庙之南为棂星门，那么中麓书院当位于儒学和圣庙中间，如图5-1所示。

中麓书院大概建成于嘉靖三十五年（1556）秋，他作五言排律《中秋书院初成诸友携酒过临将夜半始月》，其中有一句为："高会当圆景，书堂正落成"⑤。后来，还作篇幅较长的《中麓书院记》，从这篇纪念性文字可以窥知中麓书院和万卷楼的大致情况：

---

① 《李开先全集·杂著》《中麓山人拙对、续对·拙对卷之中·散对》，第1774页。
② 任继愈：《中国藏书楼》，第1158页。
③ （清）夏燮：《明通鉴》卷六十七《纪六十七·神宗显皇帝万历六年》，线装书局2009年版，第2457页。
④ 《李开先全集·诗文》《李中麓闲居集》之三《七言律诗·谷日》，第360页。
⑤ 《李开先全集·诗文》《李中麓闲居集》之四《五言排律·中秋书院初成诸友携酒过临将夜半始月》，第377页。

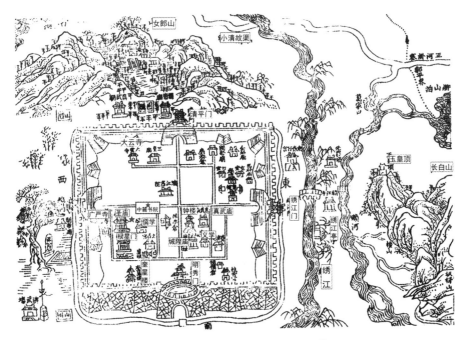

图 5-1　中麓书院的大致位置①

　　吾章城内,宅价高而隙地少。近学宫有园一区,计地三十余亩,中麓子购而有之。喜其与宅居亦近,不但学宫而已。寻复稍斥其北,为之堂者五楹,名以"藏书万卷";缭以坚垣,竖以大门。门内有一亭一坊二厅,又将广列号舍,总为书院,以待学者。而人蚤以书院称之矣,从众意,扁其门曰"中麓书院"云。……然有书院,则有院主,无非以官师为之。中麓子,世所指弃人也,学有愧于前,政有愧于后,出无益于国,退无益于乡,方欲执经问难于达人,虽构书院而可当院主哉……书院创非一日,然五蔬蔽于繁花,三径鞠为茂草。今岁夏五,稍加修治,而号舍尚无余力,以待丰稔成之。庠士王茂实昆玉,及徐宗吾、韩汝立,将约众亲宾赐贺,而难其文者数年矣。吾因自为之记,以答众意。贺则不敢当,日后人材或有所成就,若请名公为文,以偿吾之记而表吾之书院,则不敢辞尔。②

书院既以拥书讲学为务,无书不成书院。历代书院都比较重视藏书,图书的

---

① 底图为《绣水诗钞中的章丘山水》所附古地图之一,因绣江书院创办于清代嘉庆六年(1801),可知该图绘制于此年之后。据翟伯成《章丘的私塾和县学书院》一文可知,中麓书院与阳丘书院、绣江书院并称为章丘三大书院。

② 《李开先全集·诗文》《李中麓闲居集》文之十一《记·中麓书院记》,第 1009—1011 页。

收集、整理与流通,始终为书院的讲学活动服务。中麓书院占地三十余亩,他购置田产后陆续建成。最先建成的是北面的五间万卷楼,万卷楼有威严的大门和坚固的围墙,内有亭子、牌坊各一个和大厅两个,因资金有限,多间宿舍待丰稔之时才能盖成。他为万卷楼作的对联为:"读书日落青灯继,授业风微绛帐垂","闭户不殊扬子第,开帘忽见女郎山①。"授业"二字点出中麓书院是为教授生徒而建,也可看出万卷楼培养人才之功用。

他的传道心得是"授徒不在分章句"②,不重视培养学生字斟句酌的能力,而是提倡学生博览群书,更注重增强学生的实践能力。相比官学,书院多采取启发诱导的教学方法,生徒在这种氛围的熏陶下,学术思想十分活跃。对于教师,他提出一定的素质要求,"夫为教严而师道立。师道立而善人多,此其说在古已然,而迄今不废也。世之为师者吾惑焉,视金钱之多寡以为嗔喜,较岁仪之有无以为勤惰,威不可畏,学未知新,正杨子所谓不模不范者,岂能致人之无方无隐哉"?③ 认为老师要清正博学而非极端功利,才能成为学生的模范。如果教化不严,培养出来的学生于社会风气不利:

> 自教化弛而文体变,师之上者,徒以出题发问、校艺识文为能,而身心道德则一言不及。下此者又可知矣。士惟剽窃乎腐烂之语,出入乎口耳之间,以幸主司之见录,而身心道德,既无闻于师,又不讲于友,今更为玄虚凿空之文,而前辈浑成博厚之气漓矣。④

嘉靖四十一年(1562),中麓书院已有萧条迹象。他在赠给门人崔东甫的一首五言律诗的序文中说:

> 世有通患,在好为人师,广招门客,愚耳目而张门面,腾口说而遗身心,窃尝耻而姗之。恐蹈前辙,是以书院空设,书籍徒多,旧时从者今皆散处,闲谈则有之,真实讲学岁不过数次耳。⑤

可见,短短几年间,中麓书院即有空设之嫌,学生解散,闲谈的时候居多,真正讲学每年不过数次,万卷楼所藏书籍虽多,但其作用没有得到充分地发挥。

---

① 《李开先全集·杂著》《中麓山人拙对、续对·中麓山人拙对卷之上·聚书万卷堂》,第 1721 页。
② 《李开先全集·诗文》《李中麓闲居集》之三《七言律诗·田间四时行乐诗》,第 297 页。《田间四时行乐诗》次韵百首,此为第三十二首。
③ 《李开先全集·诗文》《李中麓闲居集》文之五《序·送陈仁斋长教汤溪序》,第 481 页。
④ 《李开先全集·诗文》《李中麓闲居集》文之十一《记·临朐县重修儒学记》,第 989—990 页。
⑤ 《李开先全集·诗文》《李中麓闲居集》之二《五言律诗·赠崔生》,第 211—212 页。

其实,整体上就藏书的规模和质量来说,明代书院并没有取得相应的成就。这是因为明代的统治者推崇科举制度,书院受其影响,藏书面相当狭窄,所藏无非是些应付考试的通用教材,再加上受王阳明和湛若水两位大师的影响,讲会之风日盛,到后来甚至走向极端,学生终日空谈心性,不读书成为时尚,藏书也就越来越不被重视。[①] 李开先万卷楼的藏书多是经学时务类,同样难逃最终无人问津的命运。可以猜测,以他素来大方慷慨和重情重义的为人,不惟万卷楼的藏书承担教育学生之功用,他的其他藏书如果学生需要也会外借。昔日同僚姚涞由于羡慕他的丰富藏书,特将儿子送到章丘求学,即如他为姚涞作《六十子诗·姚明山涞》中所说:"遣子来从学,为予有异书。"[②]

总体来讲,李开先因爱书而藏书,因藏书而著述、刻印,已经达到藏以致用的境界。他对藏书的利用可分为供己所需和服务大众两种情况,前者是藏书为治学修身之用,体现在为增长学问、进行创作而藏书,前述的阅读、校勘、著述即属于这种情况,后者是藏书为嘉惠学林之用,体现在为传播知识和积累文化而藏书,即如前述的刻书、外借或赠书、培养生徒。

[①]　任继愈:《中国藏书楼》,第 1158 页。
[②]　《李开先全集·诗文》《李中麓闲居集》之四《五言绝句·六十子诗》,第 422 页。

第六章 藏书散佚

众所周知,世间鲜有聚而未散之事。李开先以毕生心血搜求的宏富藏书,同样逃脱不了散佚的命运。

一、李开先死后的家难

他的藏书散佚是在其死后,尸骨未寒其家即出现变故。这场家难虽然没有直接导致藏书散佚,但和它有极大的关系。其实,主人死后藏书散佚的事例不少,对此他也有清醒的认识,嘉靖四十五年(1566)好友刘东去世,他在挽诗中感叹"书多自是有人收""客为遗书敬远求"[1],指出刘东刚刚去世就有人前来搜求遗书。没想到两年后,自己的藏书亦难逃被人觊觎的下场。

1. 家难的表面原因

关于家难的原因,明代沈德符有这样一种说法,山东巡抚洪朝选乃家难的幕后黑手,因觊觎李开先的藏书便兴起大狱使李家破败:

> 洪(朝选)初抚山东,闻章丘李少卿先芳家富藏书,与借观不与,因起大狱,破灭其家,李以恚恨死,及洪非命,或谓有天道焉。于东阿《笔麈》但记洪芳洲为少司寇时逼死故都御史杨顺,以媚华亭,不知有章丘李中麓事也。洪与中麓同年进士,以此人犹薄之。[2]

然而,洪朝选因借书而兴狱迫害李开先之事未见其他记载。

---

① 《李开先全集·诗文》《李中麓闲居集》之三《七言律诗·挽贞庵刘郎中》,第 367 页。该诗一韵二首,这两句分别引自其中一首。

② (明)沈德符:《万历野获编》卷四《辽废王》,中华书局 1974 年版,第 122 页。(清)盛枫《嘉禾征献录》卷十《刑部·金枝》的记载与之大同小异。

细究之,沈氏的记载有很多错误:其一,原文中将李开先写成"李少卿先芳"①,人名有误;其二,他自罢归林下直到寿终正寝,过的是优游林下的日子,没有银铛入狱的经历;其三,家难和他死亡的先后有误,他死后才出现家难;其四,他是在隆庆二年(1568)二月卒于脾病,不是"以患恨死";其五,他是嘉靖八年(1529)进士,洪朝选是嘉靖二十年(1541)进士,两人不是"同年进士"。寥寥数语即存在如此之多的漏洞,沈氏的说法实在难以令人信服。还有一个铁证是,洪朝选在嘉靖四十五年(1566)五月赴任山东巡抚,隆庆元年(1567)八月转任南京户部右侍郎,至次年二月李开先去世时,他已经离任半年,直接说明兴起家难的当政者不是他。不过,从沈氏那段话中也可以看出,李开先藏书众多广为人知,已有树大招风之嫌。

2. 家难的深层原因:族人的觊觎

家难的原因十分复杂和隐晦,细细推敲,则和族人争夺财产、地方统治者倾轧有关。隆庆二年(1568),李开先病死,当时他的继配王氏三十八岁,嗣子李春坞才十二岁②。他尚未下葬即出现家难,家产被掠夺,家人陷入衣食无着的惨状。这场灾难在李春坞为王氏撰写的《明故宜人先母墓志铭》中记载甚详:

> 隆庆二祀,先大夫终于正寝。母痛哭无休,几至陨命。而里中无赖方以寡妇孤儿为易欺,作俑始祸,争起乘之。当路者不为悯吊,反从井下石,随使桑梓田园,瓜分瓦裂,门可罗雀,灶或一两日不举火,困苦伶仃,莫可名状。③

由此可知,家难起因于宗族之间的财产之争,众人垂涎李开先的田产和庄园,在"里中无赖"的煽动欺压和当政者"从井下石"的怂恿鼓动下,迅速发展为瓜分和抢夺行动,很快使得王氏和李春坞等人"灶或一两日不举火"。

这种财产之争在他生前即开始了,主要体现在妻子张氏、宠妾张二、两

---

① 李先芳(1510—1594),字伯承,号北山,濮州人。嘉靖二十六年进士,历任户部主事、刑部曹郎、陕少卿、亳州同知、宁国府同知等,万历初辞官归里。才华横溢,以诗作著称于世,通晓音律,尤精琵琶,对医学、道教、佛教等皆有研究。他亦为嘉靖朝名士,与李开先有很多相似之处,是故有人认为他也可能是《金瓶梅》的作者。

② 嘉靖二十六年(1547)八月十九日李开先的结发妻子张氏病卒,一年后他续娶齐东时年十八岁的王氏。大约在嘉靖四十年(1561),在两个儿子相继夭折之后,李开先从堂弟李继先那里过继一子,取名春坞。

③ (明)李春坞:《明故宜人先母墓志铭》,载韩明祥编著《济南历代墓志铭》,第156页。《章丘历代碑刻选粹》(中国文史出版社2005年版)一书中收录李春坞撰《王氏墓志铭》,内容与之大同小异,唯一不同是"门可张罗",然两个词语的意思相同,皆指门庭冷落之意。

子一女相继莫名离世。张氏乃一名善于持家的女子，李开先喜欢游玩，"时或兴到，便欲策马长往，止遣一仆归报曰：游某处，某日回。得以尽远游之兴，而无内顾之忧者"，"事有重轻，人有疏戚，或值疑难处，从中商榷，以之应事接人，多得其当"。① 李开先为她作的传记中也说，"客或索观器物，可应手取，酬答简札，月无虚日，有时急求原简，照之敷辞，曾无一次错误"，她非常勤劳、睡觉少而轻，听到风声犬吠即督促女仆起来探视，他作诗夸赞她："早眠常二鼓，迟起是平明。似此劳生甚，何愁家不成？"②张氏名义上是小产而死，是否为别人陷害不得而知。张二同样比较能干，"赞理内政，蔚有令闻"③，她死得比较蹊跷，用李开先自己的话说是"异症国医难料理"④，章丘及附近的医生都无计可施，可见大家根本不知道她得了什么病。他在为妻子张氏作的墓志铭中说："处群妾不妒，人言或有异同，死后始信其然矣"⑤，可见张氏生前有人对她的做派有些异议。长子苏郭和次子九十先后夭折，唯一的女儿招弟在十五岁时也因患瘰疾死去。他在怀念九十的散曲《中秋对月忆子警悟》"锦衣香"一则说："事蹊蹊，难忖料，梦糊涂，才惊觉。多应是事奉君亲不忠不孝，又无才无学大名高"⑥，这说明他曾对连遭横祸进行反思，不过百思不得其解。万般无奈之下，他从堂弟李继先处过继了李春坞为子，以继承本支香火。

他的著作中除了提及堂弟李继先、堂侄李春蹊和李春田、族亲李久夫、族侄李继孜外，很少提及其他族人：李继先见于《十月村居遇雨与李龙塘胡胡山马峰亭并弟继先相守数日得诗三首》，堂侄李春蹊和李春田曾为《中麓山人续对》作跋，提到李久夫的为《贺藩吏李久夫序》，提到李继孜的为《镇抚李继孜行状》。这就似乎说明，他认为有些族人的德行根本达不到被收录在著作中的标准。从其为祖父李聪作的《先大父处士墓表》可知，李氏一族人丁还算兴旺。李聪兄弟四人，排名第四，兄长为李杰、李昇、李坦，共有子嗣八人。李聪娶妻高氏，生二子，长子李淳，次子李温。李淳即李开先之父，李温娶妻王氏，生二子，即李继先和李承先，相比李开先无子，李继先育有李春蹊、李春田、李春坞、李春墅、李春林五子，李承先育有李春荣。至李开先去世时，这个家族已经相当庞大，如图6-1所示。

---

① 《李开先全集·散曲》《四时悼内·〈四时悼内〉小序》，第1502页。
② 《李开先全集·诗文》《李中麓闲居集》文之九《传·亡妻张宜人散传》，第866页。
③ 《李开先全集·诗文》《李中麓闲居集》之一《杂体·侍姬张二诔》，第105页。
④ 《李开先全集·诗文》《李中麓闲居集》之三《七言律诗·忆张二》，第262页。
⑤ 《李开先全集·诗文》《李中麓闲居集》文之八《墓志·诰封宜人亡妻张氏墓志铭》，第764页。
⑥ 《李开先全集·散曲》《四时悼内·中秋对月忆子警悟词》，第1519页。

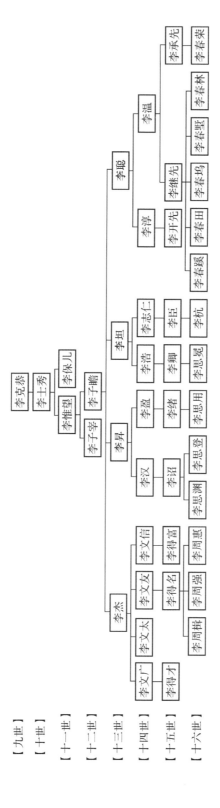

图6-1　李氏九世至十六世的世系图（部分）①

① 根据《李氏族谱·世纪》所载制作，2015年续修版，第10—26页。李开先无子，堂弟李继先的第三子李春均过继给他。

从李聪自动弃学归田可知，他是一个不计较得失的人。李家"家富不以名，止以乐施称者数百年"，到李聪时，"施而兼及缁流，不御酒肉终其身"，为了尊重僧徒的饮食习惯，自己终身不吃酒肉。李聪对三位兄长极为尊重，虽然没有墓表中所说"白首无间言，行则撰仗履，病则侍汤药"那么夸张，但其中记载他帮助长兄卖粮一事可以说明他确实很顾及兄弟之情。长兄深信阴阳禁忌，欲向四十里外的买主卖粮数百石，买主带人拉着五十辆小车来装时，他取老黄历一看，发现当天不宜开仓就决定毁约，买主不依而索赔，双方于是僵持不下。李聪见双方两难，就打开自己粮仓借粮给长兄卖给买主，并说："阴阳果验，宁索吾家，勿以贻兄忧。"①李淳也是个满心忠孝的读书人，忠厚之名远扬。如此，父子俩的为人难免给人留下好欺负的印象。李开先在《封太宜人先母墓志铭》中交代他未入仕时，父亲患"消渴症"壮年而逝，面对他家穷困潦倒的局面，戚党不仅没有伸出援手，反而表现出"诮"和"轻视"②，恰恰说明他们是极为冷漠的。

李开先没有亲生子嗣，只能过继族侄李春坞继承家业，在众多侄辈中为什么选中李春坞呢？大抵有以下三个原因：第一，李开先和李春坞生父李继先关系密切，对其夫妻为人处世之道比较满意；第二，李春坞自身在小辈中比较优秀，古语说"三岁看大，七岁看老"，李开先认为他将来能够有所出息；第三，过继李春坞，王氏的态度亦比较重要。王氏对李春坞是视若己出般的爱护，李春坞对王氏比较孝顺，这种过继的母慈子孝的场面在寻常百姓家亦不多见。至于李春坞过继过来的时间问题，笔者从李开先到晚年仍盼望着有亲生子嗣承继家业，以及明代宗室有要求必须等本人死后或者年满六十岁才能过继晚辈的规定，推测他松口过继之事不会早于他六十岁，即嘉靖四十年(1561)。因他没有嫡子继承家产，且他死时李春坞年幼易欺，族人才有分一杯羹的想法，其他条件类似的侄系也觊觎他丰厚的家产最后挑起家难。李春坞墓志铭中对之也有所记载："族属某颇无赖，讼公(指李春坞)数四。"③可见，这场财产之争曾对簿公堂。李瓒、李衡和李璞为伯父李春蹊所作墓志铭中提到，祖父李开先死后，父亲李春坞幼弱，"里中无赖子乘间速讼，二三当道效坠井下石之计，更持之急，所有田园尽见侵夺，几不能保五亩之宅"，叔祖李继先"感愤，恙以疾卒"，伯父李春蹊偕父亲李春坞"如京师求

---

① 《李开先全集·诗文》《李中麓闲居集》文之九《墓表·先大父处士墓表》，第831—832页。
② 《李开先全集·诗文》《李中麓闲居集》文之八《墓志·封太宜人先母墓志铭》，第760页。
③ 有关李春坞的《明故文学绍麓李公暨配孺人康氏合葬墓志铭》现存章丘博物馆。

援于太保殷公"，"前二三当道亦悔祸之延，而讼始息"。① 家难之后，李继先极力维护王氏和李春坞的权益气愤而卒，李春蹊携幼弟李春坞赴京寻求支援，这场灾难才渐渐平息。

3. 家难的深层原因：当局的纵容

这场家难虽然起因于宗族间的财产之争，归根在于地方当局纵容和乘机倾害。嘉靖四十年(1561)左右，李开先曾作《拨闷》二首，第二首中有"不媚台贤荐，不忧里少欺"②，表明他晚年的日子过得并不顺畅，对朝中高官的举荐已经失去热情，平时也会受到无赖里少的欺侮。《养讷》一诗中有："省事其间还有事，当言之处亦无言。山人非不能雄辩，守兑真堪养性源。"③说明他晚年与当局关系不甚融洽，很多事情不能明说，只能埋在心里吃哑巴亏。殷士儋为他撰写的墓志铭中云：

> 公以隆庆二年二月望卒于家，嗣子幼弱，里中无赖稍稍龁龁之，而一二有司复持之急，以故不克襄事者数年，至是始议，以万历甲戌十一月廿日葬公绿原村祖茔。④

其中，提到"里中无赖"欺负和攻击幼弱的李春坞，同时一两个当政者(即"有司")逼之过急，以至于生者受尽人间之苦，死者也不得入土为安。他的棺柩在万历二年(1574)十一月，才葬入绿原村祖茔，距其卒日已逾七年之久，足见这场家难持续了七个寒暑。

关于谁是家难的纵容者，查康熙《章丘县志·职官表》可知，在隆庆二年(1568)二月至万历二年(1574)十一月这段时间，任职的山东巡抚有姜延颐(1567年8月至1570年2月在任)、梁梦龙(1570年2月至1571年11月在任)、傅希挚(1571年11月至1574年2月在任)、李世达(1574年2月至1577年9月在任)四人，任职的章丘知县为李镐(1568—1571年在任)、范函(1571—1575年在任)二人。梁梦龙不畏权贵、豪放耿直，在巡抚山东之前，曾先后弹劾吏部尚书李默、吴鹏，兵部侍郎殷学，延绥巡抚董威，贵州巡抚高冲等数十名高官，并因弹劾即将入阁的袁炜而被记恨。在山东巡抚任上政

---

① (明)李瓒、李衡、李璞：《明故文学龙渠李公暨配孺人王氏合葬墓志铭》，载韩明祥编著《济南历代墓志铭》，第160页。

② 《李开先全集·诗文》《李中麓闲居集》之二《五言律诗·拨闷》，第194页。《拨闷》共二首，此句为第二首的首联。

③ 《李开先全集·诗文》《李中麓闲居集》之三《七言律诗·养讷》，第345页。

④ (明)殷士儋：《翰林院提督四夷馆太常寺少卿李开先墓志铭》，载(明)焦竑《国朝献征录》卷七十《太常寺少卿》，第3040页。

绩显赫,先是禁辽流民、平定东土,后又接受朝廷委派督行海运,同时写作《海运新考》和《史要编》两部学术著作,似他这种品格清高之人在万机之暇是不会去兴风作浪陷害李开先的遗属的。① 傅希挚更是以为官清廉、爱民如子的形象被后人敬仰,因嘉靖二十二年(1543)在淮安知府任上不受馈赠,他的蜡像在 2010 年被陈列在江苏淮安楚州区的"廉政教育厅"内。巡抚山东期间,主要是疏浚运河,并受穆宗之命登泰山举行祈求平安的告祭仪式。从其为人可以肯定,他也不是李开先家难推波助澜之人。李世达为人亢直,在京任刑部尚书时,曾弹劾中官张德、东厂太监张鲸和驸马都尉侯拱宸。万历三年(1575)六月,浙江因海潮泛滥成灾,淹没人畜房屋无数,朝中大臣有人建议朝廷命犯罪之人捐粮赎罪。李世达进言:"法不可废,宁赦毋赎。赦则恩出于上,法犹存。赎则力出于下,人滋玩。"有识之士都认为他言之有理。担任左都御史时,兵马指挥何价暴虐致死三人,御史刘思瑜对之包庇,李世达为此劾奏,神宗就降了刘思瑜的级。后来李世达又接连弹劾罢免御史韩介等数人。这等眼里容不得沙子的言官,怎能做出贪图别人财产、欺辱孤儿寡母这些伤天害理之事。四位山东巡抚中,唯有姜延颐资料寥寥,不得知其为人如何,然而他最早接触家难,并在家难最剧烈的时候当政,似乎与家难难脱干系。关于章丘知县李镐和范函的资料同样寥寥,不过李镐的可能性最大。因明代致仕官员在中央仍有些盘根错节的关系,返乡后,一般的地方官员不会在致仕官员头上动土,唯有最高当政者和其关系僵化后才有意愿得罪他,或者在其死后才有机会算计他。所以,兴起李开先家难的人,不是山东巡抚就是章丘知县,抑或是巡抚和知县的联合行动,而姜延颐和李镐两人嫌疑最大。

这场家难赖某些大人物出面干涉才得以平息,据李春坞《明故宜人先母墓志铭》载:"已而,(王氏)遣人赍哀书,北告难于姻亲太保棠川,南告难于先大夫故人西亭,咸赐荫庇"②。"太保棠川"即殷士儋,字正甫,又字棠川,嘉靖二十六年(1547)进士,隆庆四年(1570)进为太子太保,隆庆五年(1571)十二月辞官归里。家难之时他身在京师,故曰"北告"。他的家族和李开先的家族曾经通婚,故曰"姻亲"。"故人西亭"为开封的周藩宗正朱睦㮮,字灌甫,号西亭,李开先生前和其交往密切,《闲居集》中曾收录诸如《贺西亭宗贤生子》《贺西亭中尉奉朝命建乃尊奉国将军崇孝祠落成》等为其所作的应酬

---

① 王云:《山东巡抚》,农村读物出版社 2003 年版,第 99—107 页。
② (明)李春坞:《明故宜人先母墓志铭》,载韩明祥编著《济南历代墓志铭》,第 157 页。

之文,凸显两人交情不一般。在殷士儋和朱睦㮮两人的"荫庇"下,家难渐渐平息。然而,这也为李开先藏书的散佚埋下伏笔。

二、家难之后的初步散佚

尽管有较多关于家难的叙述,且李春坞也明确指出桑梓田园是族人争夺的对象,然而众多藏书的归属如何,这方面的叙述相对寥寥。

关于藏书散佚之后的归属,钱谦益云:"海内藏书之富,近代推江都葛氏(涧)、章丘李氏(开先),灌甫倾赀购之。"①"灌甫"即周藩朱睦㮮,他素喜藏书,藏书数量为宗室第一,书室名为万卷堂。《明史》亦说他:"访购古书图籍,得江都葛氏、章丘李氏书万卷,丹铅历然,论者以方汉之刘向。"②他倾资购求江都葛涧、章丘李开先的藏书之后,藏书数量多达四万卷。他与李开先的交情似乎也因喜藏书的共同爱好而增进,李开先曾经赠给他南宋嘉定五年(1212)所刻、唐朝李鼎祚所著的《周易集解》,他将之重刻后,还特意在序中感激李氏的慷慨赠与。李开先的藏书中不乏如《周易集解》之类的宋元刻本,加上他对藏书校勘甚精,所收藏的图书甚为其他藏书家青睐,对善本情有独钟的朱睦㮮也不例外。

藏书家大多视书逾珍宝,李开先自然不会轻而易举地将众多佳本赠与朱睦㮮。朱睦㮮所得李开先藏书,只能是获之于兴起家难者或李氏后人。然而,钱谦益说李氏藏书是朱睦㮮"倾赀购之",那么得之李氏后人的可能性最大。朱睦㮮很可能是在帮助王氏和李春坞平息家难之后,提出购买藏书的要求。王氏和李春坞之所以答应这个要求,大概有以下几个原因:一是报答朱睦㮮于李家危难之际伸出援手,在家难平息之后,王氏心中对殷士儋、朱睦㮮、李臣之三人非常感激,直到弥留之际仍告诫李春坞不要忘记他们的大恩:"汝父交遍海内,遭家多难。前后念斯文骨肉,出吾家于汤火而衽席之者,无如济南殷公、中州宗正、嵩阳父母。吾不及见尔之富贵,苟富贵,无忘报德焉"③。其中,"济南殷公"即指殷士儋,"中州宗正"即朱睦㮮,"嵩阳父母"即嵩县人、章丘知县李臣之。这是因为殷士儋和朱睦㮮平息了家难,而李臣之则以知县的身份帮助恢复李开先被剥夺的田产,并让李春坞进县学

---

① (清)钱谦益:《列朝诗集小传》闰集,上海古籍出版社1983年版,第775页。
② (清)张廷玉等:《明史》卷一一六《诸王传一》,第3569页。
③ (明)李春坞:《明故宜人先母墓志铭》,第157页。

就读①。二是将书售予朱睦㮮可以增加家庭收入,原先李家在李开先经营下家境丰盈,田产数十处,他死后家中困顿至"乏灯火之费",王氏只得"著素衣而省稼",以至于大家都以为她是个不折不扣的村妇。尽管后来李家田产得到部分恢复,其家光景已不复从前,王氏自李开先死后"垂二十年,躬苦茹茶,岁无宁日"②。在家庭拮据、衣食无着落的情况下,卖书也是增加家庭收入的渠道之一。三是家难之后李家急需寻求靠山庇护,和皇亲、高官保持密切关系则是明智的选择。事实证明,李家和周藩的友谊持续到王氏死后,王氏的墓志铭即由朱睦㮮之子、辅国中尉朱勤羡书丹,陕西道监察御史李化龙篆额。

至于卖书给朱睦㮮一事,未见当事人及当朝人谈起,也是有原因的。当事人不愿谈起,是顾及面子和声誉。对于李氏后人来说,由于藏书不易,卖掉先人辛辛苦苦积聚起来的私藏乃不孝之举;对于朱氏而言,不管他给李家多少钱财,在外人看来,难免有乘人之危、欺负孤儿寡母之意。当事人讳莫如深,其他人也就不敢多言。此事被慢慢淡忘,以致目前所见仅有钱谦益的只言片语。

由于相关资料缺失,朱睦㮮购买李开先藏书的品种已不确知。不过在数量上肯定不少,以至于李氏遗书所剩无几,据李开先生前好友茅坤回忆:

> 李中麓太常,盖仆释褐时以文章交而最深者也。儿缙之令章丘,业已移书叮咛之。太常之没已二十余年,而无子,其故所贮图书、古器已散,而茕茕守残业者,特其继嗣而已。③

茅坤(1512—1601)为嘉靖十七年(1538)进士,在京谒选时因不愿依附于夏言而被记恨,夏言嘱吏部授其边徼令。当时李开先为吏部文选司郎中,经其斡旋,茅坤最终被任命为青阳县令。虽然茅坤自言"青阳令久无甲科者,甲科自予始"④,但到青阳做官终究强于边徼,所以茅坤对他的慷慨相助还是非常感激的。茅坤的儿子茅国缙在万历二十年(1592)为章丘知县,赴任后谨遵父命探访恩人,而此时李开先已经去世二十四年。短短的二十余年间,

---

① 李臣之,号伊溪,河南嵩县人。万历二年(1574)进士,次年赴任章丘知县,后来升武昌府同知。据李春坞《明故宜人先母墓志铭》载,李臣之"高先大夫(李开先)之名,复其遗产,训其遗孤,使从试于督学鹤皋周公。……母始愁容稍舒"。李臣之以知县的身份,恢复李开先被剥夺的田产,并让李春坞进县学就读,从学于督学、儒学大师周鹤皋。

② (明)李春坞:《明故宜人先母墓志铭》,第 157 页。

③ (明)茅坤:《茅鹿门文集》卷八《书·复陈五岳方伯书》,明万历刻本,第 22 页。

④ (明)茅坤:《三黜纪事》,《茅坤集》,浙江古籍出版社 2012 年版,第 787 页。

李开先生前收藏的图书、古玩器皿之类散失殆尽,唯有嗣子李春坞守着残存的一点家业,实在令人痛心和惋惜。

遗憾的是,朱睦㮮如此丰富的藏书竟没有一部能够流传下来。崇祯十五年(1642),清兵大举南下,在开封附近掘开黄河大堤,万卷堂的藏书与汴梁古城尽毁于滔滔洪流中。呜呼哀哉!

三、明末清初的再次散佚

除了家难之后散佚的那一大部分,李氏的残余藏书在明末清初开始散出。明朝末年,战乱使许多藏书楼的藏书散落四方。到了清初,社会逐渐安定,那些战争中散佚的珍贵图籍开始在社会上流传,很多藏书家趁此时机广为搜购流散的图书,李开先的藏书在私人藏书家手中重新集中。

1. 流向徐乾学传是楼

据朱彝尊《静志居诗话》载:

> 先时,边尚书华泉(边贡)、刘太常西桥(刘铰)亦好收书。边家失火,刘氏散佚无遗,独中麓所储,百余年无恙。近徐尚书原一(徐乾学)购得其半,予尝借观,爱签帙必精,研朱点勘。北方学者能得斯趣,殆无多人也。……闻中麓后人,尚余残书数十部。巡抚丹徒张公物色之,中有陆农师《礼象》一篇。张公殁后,访之不能得矣。①

由上可知,与边贡和刘铰藏书迅速散佚不同,李开先的藏书保存了百余年,残余藏书中的一半在清初为徐乾学所购得。

徐乾学(1631—1694),字原一、幼慧,号健庵、玉峰先生,清初著名大臣和学者。自幼酷爱读书、抄书和藏书,筑传是楼庋藏天下善本、稀见之书。黄宗羲《传是楼藏书记》云:

> 丧乱之后,藏书之家,多不能守。异日之尘封未触,数百年之沉于瑶台牛箧者,一时俱出,于是南北大家之藏书,尽归先生。先生之门生故吏遍于天下,随其所至,莫不网罗坠简,搜抉缇帙,而先生为之海若,作楼藏之,名曰"传是"。②

① (清)朱彝尊:《静志居诗话》卷十二《李开先》,人民文学出版社1990年版,第332页。
② (明)黄宗羲:《南雷诗文集》上《记类·传是楼藏书记》,载《黄宗羲全集》,浙江古籍出版社2012年版,第117页。

当时,全国各地都有徐乾学的学生和部属,他经常委托他们在各地收集图书,李开先的藏书大概也是通过这种方式购得的。

徐乾学所购得的李开先藏书的具体数量和品种已罕为人知,据王士禛《跋山谷精华录》载:"康熙戊寅,司寇(徐乾学)次子章仲为工部郎中,以宋椠本《山谷精华录》八卷见贻。视其卷首,即中麓印记在焉。"①可知,《山谷精华录》乃徐乾学从李氏后人处所得藏书之一,康熙三十七年(1698)徐乾学次子徐炯(字章仲)将之赠给王士禛。关于此书,王士禛还说:"宋任渊撰《山谷精华录》八卷、《诗赋铭赞》六卷、《杂文》二卷,宋椠本也。有章邱李中麓太常图书印记。"②不过,据叶昌炽考证,《山谷精华录》假托宋本,其实乃明人所作。

2. 流向毛扆汲古阁

李开先的藏书还曾流向毛扆的汲古阁。毛扆(1640—1713),字斧季,乃毛晋之子,他继承了毛晋汲古阁的藏书,为清代著名的藏书家和刻书家。为了充实汲古阁所藏,毛扆曾四处访书,亦访求过李开先的藏书,据钱曾《读书敏求记》载:

> 斧季从辇下还,解装出书二百余帙,邀予往视,皆秘本也。……予因次第借归,自春徂秋,十抄五六。《梦梁录》亦其一焉。……今斧季所购,乃中麓秘藏之物,予不敢忘其所自,遂因类牵连,书之如此。③

被毛扆采访到的李开先旧藏大概有"二百余帙",除了上述《梦梁录》之外,还有《南部新书》《五色线集》《孟子音义》《书苑菁华》和抄本唐诗等。

关于这次访书经历,还可从毛扆为这些书所作的跋语中窥见一斑。毛扆跋《南部新书》云:"甲辰年访书于李中麓先生家,见有此本。彼以其皮相而忽之,予即命童子影抄携归,复假旧本校正一过。"④"甲辰年"乃康熙三年(1664),毛扆到"李中麓先生家"访求得《南部新书》,因书表残损而被李氏后人忽视,毛扆命书童影写抄录,并与原本对校一番而将抄本带回。毛扆跋《五色线集》云:

> 《五色线集》凡三卷,先君(指毛晋)所藏止上下二卷,遂刊入《津逮秘书》。辛酉夏日,余访书于章邱李氏中麓先生之后,于乱帙中得冀京

---

① (清)叶昌炽:《藏书纪事诗》卷二《李开先伯华》,北京燕山出版社 2008 年版,第 158 页。
② (清)王士禛:《带经堂诗话》卷四《总集门一·纂辑类》,清乾隆二十七年(1762)刻本,第 11 页。
③ (清)钱曾:《读书敏求记》,书目文献出版社 1984 年版,第 58 页。
④ (清)毛扆:《毛扆书跋零拾(附伪跋)》之《南部新书》,载潘天桢《潘天桢文集》下编,第 302 页。

兆(冀绮)刻本,乃有中卷者,其序述原委甚明。喜而携归,已十年矣。兹因上伏曝书,令抄入家刻中,并录其序,且附冀公事略于后,以见其人之足重如此。但此板当年分授先兄(毛表),已质他所,不得补刊与世共之,为可惜尔。庚辰六月毛扆识。①

可知,《五色线集》原本三卷,乃弘治二年(1489)冀绮刻本。而毛晋所藏只有上、下两卷,并将其刊刻收入《津逮秘书》。后来毛扆从李开先后人那里得到冀绮刻本,将之抄入家刻之中,只因当年分家时此书版片分给了毛扆之兄毛表,毛扆以不能将《五色线集》完本刊刻流传而深感遗憾。值得注意的是,毛扆跋《五色线集》说自己的访书时间是"辛酉夏日"——康熙二十年(1681),与跋《南部新书》所说"甲辰年"——康熙三年(1664)相差了十七年,似乎毛扆曾两次访求李开先遗书,这是不符情理的。关于毛扆此次访书地点是在京师,还是在章丘,后人争议颇多,毛扆跋《孟子音义》云:"余在京师,得宋本《孟子音义》。……书贾又挟北宋《章句》求售,亦系蜀本大字,皆章丘开先藏书也。"②这与毛扆跋《南部新书》所云"访书于李中麓先生家"有所矛盾,不过可以肯定的是,李开先的藏书在流入毛扆之手以前经历颇为曲折。

李开先精抄《书苑菁华》和《唐诗二十二家》可见于《汲古阁珍藏秘本书目》,该书目乃毛扆为了将汲古阁的藏书卖给吴兴潘耒而拟定的售书单,其中记载:"《书苑菁华》四本,李中麓家精抄,签头系中麓手书。二两。"③"李中麓抄本《唐诗二十二家》八本,绵纸旧抄,四两。"④《书苑菁华》被作价二两,《唐诗二十二家》抄本因有八本且用棉纸抄就而作价四两。

3. 流向其他藏书家

可以考证,李开先旧藏还曾流传至纳兰性德、张鹏、王士祯等人之手。纳兰性德得到的是元朝李简所撰《学易记》,丁丙《善本书室藏书志》载:"通志堂从李中麓家藏本付雕后,得元椠,惜未校正。"⑤可见,李开先家藏的《学易记》乃元人抄本,清初纳兰性德得之后,在通志堂将之付梓。至于此书如何到纳兰性德之手,相关记载阙如。

张鹏得到的是北宋陆佃所作《礼象》,朱彝尊《经义考》载:"陆氏《礼象》,

---

① (清)毛扆:《毛扆书跋零拾(附伪跋)》之《五色线集》,第304页。
② (清)毛扆:《毛扆书跋零拾(附伪跋)》之《孟子音义》,第285页。
③ (清)毛扆:《汲古阁珍藏秘本书目》,中华书局1985年版,第3页。
④ (清)毛扆:《汲古阁珍藏秘本书目》,第21页。
⑤ (清)丁丙:《善本书室藏书志》卷一《经部一·学易记九卷》,清光绪二十七年(1901年)刻本,第14页。

丹徒张先生鹏巡抚山东,获之章丘李中麓家,惜已残阙矣。"①李开先收藏的《礼象》保存了百余年之久,直到康熙二十三年(1684)九月至康熙二十五年(1686)十月江苏丹徒人张鹏做山东巡抚期间从其家访得,可惜的是书已经残阙不全。

王士禛得到的是明人陈鉴所撰《西汉文鉴》,据王氏《跋山谷精华录》载:"予与中麓为乡里后进,曾购其藏书目录,累年不可得。仅于京师慈仁寺市得小册《西汉文鉴》一种,朱印宛然。"②《西汉文鉴》乃王士禛在京师慈仁寺购得,其上有李开先的藏书印。至于此书怎么从章丘流传至京师,不得而知。

总之,李开先丰富的藏书经过家难和国变的剧烈动荡,随之星散,先后流向朱睦㮮的万卷堂、徐乾学的传是楼、毛扆的汲古阁等。聚和失乃物之常道,"楚人失弓,楚人得之",藏书在各地亦是如此聚散无常、此消彼长。从这个意义上说,也没什么可遗憾的了。不过,这些藏书中的一大部分最终散失无存,以至于清末叶昌炽在《藏书纪事诗》中感叹:

> 云烟已逐边刘散,又自江南到济南。
> 积劫微尘应悟彻,本来禅诵及瞿昙。③

---

① (清)朱彝尊:《经义考》卷一百四十一《礼记·礼象》,清文渊阁四库全书本,第 1248 页。
② (清)叶昌炽:《藏书纪事诗》卷二《李开先伯华》,北京燕山出版社 2008 年版,第 158 页。
③ (清)叶昌炽:《藏书纪事诗》卷二《李开先伯华》,第 158 页。

著述篇

　　如果说一本书是一个知识空间，那它的编写者就是这个空间的建筑师，李开先的著述成就奠定了他在文学史和戏曲史上的特有地位。就他的一生而论，为官政绩远逊于林下著述；就其著述而言，诗文远不及词曲；他自己则说，著述不及棋艺①。他的作品今存者有诗文集《闲居集》十二集，传奇《宝剑记》《断发记》，杂剧《园林午梦》《打哑禅》，散曲《赠对山》《卧病江皋》《四时悼内》《中麓山人小令》，曲论《词谑》，画论《中麓画品》，杂著《中麓山人拙对续对》《诗禅》等。他的文学造诣不仅体现在创作了大量诗文戏曲上，还体现在对文学理论进行总结和对民间文学进行采纳和吸收上。

---

① 《李开先全集·诗文》《李中麓闲居集》之二《五言律诗·答远书相问》，第172页。李开先喜欢下棋，他对自己的棋艺水平相当满意和自负，自谓"棋局称无敌，文章愧大家"。不过，他的棋艺不在本书研究范畴。

第七章　著述存佚考

罢归对李开先来说虽然痛苦，但是开拓了他的创作视野。归乡后，他笔耕不辍，写诗作文，日积月累数量非常可观。在散对中说："书积已过三十乘，诗成约有百千篇。"①他不光创作新作，也曾拿出以前未完成的作品删改增订，正如在散对中所说："老年休唱当年曲，今日重删昨日诗。"②

一、他人关于李开先著作的说法

关于李开先的著作，学术界关注最多的就是他的曲学著作。兹摘取几种叙述，列举如下。

（1）徐扶明在《李开先和他的"林冲宝剑记"》一文首段中说："他的戏曲作品，大约有'宝剑记'、'登坛记'、'断发记'和'一笑散'。至于'梧桐雨'一种，尚不能确定。这些作品，最容易见到的，仅有'园林午梦'（附文秀堂本'西厢记'后，暖红室本大同小异）。'断发记'，据说日本藏有明万历刊本。'宝剑记'，很久以来，只流传'夜奔'一折（见'纳书楹曲谱'），最近'古本戏曲丛刊'影印了原刊本，才使我们看到了它的全貌。"③该文刊发于《文史哲》1957 年第 10 期，囿于当时的社会条件，对李开先的著作列举不全。

（2）济南出版社 1992 年版《章丘县志》在《章丘县历代主要作者、作品表》中列举李开先的著述情况为："《宝剑记》、《断发记》、《登坛记》，院本《一笑散》6 种；散曲《中麓小令》、《卧病江皋》、《四时悼内》；《经义待质》，诗文《居闲集》；评论《中麓画品》及《中麓拙对》、《中麓续对》、《诗禅》、《词谑》等。"④

---

① 《李开先全集·杂著》《中麓山人拙对、续对·中麓山人拙对卷之中·散对》，第 1786 页。
② 《李开先全集·杂著》《中麓山人拙对、续对·中麓山人拙对卷之中·散对》，第 1827 页。此处乃互文的修辞手法，"曲"和"诗"皆指他的创作。
③ 徐扶明：《李开先和他的"林冲宝剑记"》，《文史哲》1957 年第 10 期，第 35 页。
④ 杨积清主编，章丘县志编纂委员会编：《章丘县志》，济南出版社 1992 年版，第 524 页。

（3）李献芳在《简论李开先思想的变化与文艺观的创新》一文中提到李开先创作的诗文词曲："他创作了传奇《宝剑记》、《断发记》两种，杂剧《园林午梦》、《打哑禅》两种，诗文集《闲居集》十二卷，还有散曲、杂著，他改定过'元贤传奇'，校刊过乔梦符和张小山散曲，选编了《市井艳词》、《诗禅》等，几乎各种民间不被人重视的体裁他都精心地收集、创作过……"①

（4）甄飒飒在学位论文《李开先诗歌研究》中提到：李开先一生著述颇丰，"所著有《闲居集》十二卷，杂集二十一种行于世"。现存的主要有诗文集《闲居集》十二卷，传奇《宝剑记》、《断发记》各两卷，院本《一笑散》（《园林午梦》、《打哑禅》）两种，散曲《赠康对山》、《卧病江皋》、《中麓小令》、《四时悼内》四种各一卷，曲论《词谑》（未完成），杂著《画品》一卷，《中麓山人拙对、续对》二卷，《诗禅》一卷。而根据《闲居集》，李开先又有多种整理编辑的诗文及元曲时令小调，现存的主要有《乔梦符小令》、《张小山小令》、《改定元贤传奇》（六种）和《悼内同情集》一卷。②

（5）朱红昭在《李开先词曲生涯与士人心态》一文中开篇即言说："李开先是明代中期著名的词曲大家，在其传世作品中，现在所能看到的词曲作品大致如下：散曲套数《述隐·赠对山》（1531）、散曲《卧病江皋》1卷（1531，刊于1544）、散曲《中麓小令》1卷（1544）、传奇《宝剑记》2卷（1547）、套数《四时悼内》1卷（1548）、院本集《一笑散》2卷（刊于1560）以及《词谑》中的几首词曲（如题为"嘲王九思外户"的两首小令【沉醉东风】和【朝天子】）。从《述隐·赠对山》、《卧病江皋》的叹世到《中麓小令》的归隐，再到《宝剑记》、《四时悼内》的抒情以及再到《一笑散》的禅梦人生，李开先的词曲作品真实地展示出其心态的发展变化，并为读者提供一个嘉靖士人人生历程和心态发展的镜像。"③

从上面五种说法可以看出，随着时代的发展和研究的深入，对李开先著作的列举越来越详细和完备，且列举的是达成社会共识的作品，而对于《梧桐雨》《金瓶梅》等作者归属尚具争议的著作要么指出"尚不能确定"，要么干脆不提。对李开先是否为《金瓶梅》的作者问题，卜键老师研究颇深。而笔者在李开先老家实地调研时，李氏后人的一些说法值得注意。

李氏后人李厥峰、李厥祥、李庆启等人从署名"隐茗弟"所作的一副隶书对联"阙文传夏五，行乐舞秋千"（如图7-1所示），认为《金瓶梅》有可能亦是

---

① 李献芳：《简论李开先思想的变化与文艺观的创新》，《齐鲁学刊》1997年第5期，第14页。

② 甄飒飒：《李开先诗歌研究》，山东大学2011年硕士论文，第5页。

③ 朱红昭：《李开先词曲生涯与士人心态》，《西北民族大学学报》2013年专辑，第117页。

李开先所作,综合起来理由有以下四个:一则因为"隐茗弟"是"隐名滴"的谐音,似乎有某种暗示,他们在《李氏族谱》书前插图下说"寓意《金瓶梅》阙文系自己所写";二则兰陵不仅是地名,亦是美酒,在当时相当于今天的茅台,开先祖喜欢喝酒,"兰陵笑笑生"有可能是他的笔名。三是他组建有家乐班,成员张二、张三、范四等亦是他的宠妾,与西门庆丰富的感情生活相像。四是他所作《宝剑记》中主人公林冲是水浒人物,《金瓶梅》中西门庆、潘金莲亦是如此,说明作者有很深的水浒情节。但是,从李开先及友人的作品中,笔者没有发现他写作《金瓶梅》的蛛丝马迹,故书中未将《金瓶梅》视为他的作品。

图 7-1　李开先所作隶书对联(藏于章丘博物馆,图片来自济南市章丘区博物馆微信公众号)

二、著述成就列表

笔者根据李开先和今人的相关论著进行归纳，并查证"中国古籍保护网——全国古籍普查登记基本数据库""学苑汲古——高校古文献资源库（书目）""中文古籍联合目录及循证平台"等，他的著述成就见表7-1。

表 7-1　李开先的著述成果

序次	书名	写作时间	类型	版本和存佚
1	南北插科词	嘉靖八年（1529）以前	散曲	嘉靖二十年（1541）翻出旧稿，寄赠给友人屠应峻，可能并未刻印。早已亡佚，未见传本。
2	述隐·赠对山	嘉靖十年（1531）春	散曲	脱稿后可能即由康海主持刻印，传遍海内。早已亡佚，未见传本。
3	一江风·卧病江皋	嘉靖十年（1531）秋	散曲	嘉靖二十三年二月，同邑门人高应玘主持刊刻工作，未见流传，国家图书馆藏有旧抄本一册。
4	双修揭要	嘉靖十六年（1537）写成初稿，罢归后修订	道家作品	罢归后进行修订，可能没有刻印。早已亡佚，未见传本。
5	中麓画品	嘉靖二十年（1541）秋	画论	李开先生前即刻印两次，大概初刻于嘉靖二十四年（1545）十月，复刻于嘉靖三十五年（1556），然未见传本。清嘉庆中刻本藏于河南大学图书馆、道光五年绵州李氏万卷楼刻本藏于辽宁大学图书馆、四川大学图书馆和北京大学图书馆，道光五年李朝夔刻本藏于武汉大学图书馆，光绪八年广汉钟登甲乐道斋刻本藏于北京大学图书馆和佛山市图书馆。明或清抄本藏于上海图书馆、江苏师范大学图书馆等。今刊本有《函海》本、《丛书集成初编》本和《美术丛书》二集本。

续表

序次	书名	写作时间	类型	版本和存佚
6	中麓小令	嘉靖二十三年（1544）	散曲	成书即刻印，刻印多次，流传甚广。然今未见流传，清抄本藏于国家图书馆。
7	宝剑记	嘉靖二十六年（1547）夏	传奇	明嘉靖二十六年李开先原刻本和清昇平署抄本藏于国家图书馆、北京国家图书馆等处，民国二十七年北京国剧学会昆曲研究会刻印《宝剑记·夜奔》一折，今刊本有《古本戏曲丛刊初集》本、北京图书馆藏明刊本影印本等。
8	断发记	大概嘉靖二十六年（1547）夏左右	传奇	万历十四年世德堂刻本，存日本神田喜一郎处。今刊本有《古本戏曲丛刊》本，乃据日本藏明万历本影印。
9	四时悼内	嘉靖二十七年（1548）七月	散曲	未知刊刻与否，旧抄本一册藏于国家图书馆。
10	市井艳词	嘉靖二十九年（1550）左右	散曲	成书即刊刻，然今未见传本。
11	中麓山人拙对、续对	《拙对》成于嘉靖三十一年（1552）十二月左右，《续对》成于嘉靖三十八年（1559）	对联集	《拙对》成书即刻印，后来又将之和《续对》合刻，明嘉靖刻本和清抄本藏于国家图书馆。
12	诗禅	嘉靖三十四年（1555）秋	谜语集	成书即刻印，未见原刻本，清抄本藏于国家图书馆。
13	李中麓闲居集	嘉靖三十五年（1556）编成前四册，全十二册大概编于隆庆年间	诗文集	李开先生前即刻印部分，死后于万历间将全本刻印。南京图书馆、国家图书馆、中国科学院图书馆等藏有刻本或抄本。
14	一笑散	嘉靖三十九年（1560）二月	杂剧	旧抄本，收院本两种，藏于国家图书馆。
15	词谑	隆庆二年（1568）二月，未能成书	曲论	未成书而卒，明刻本藏于国家图书馆，民国铅印本藏于上海图书馆。

续表

序次	书名	写作时间	类型	版本和存佚
16	山东李氏书目		目录	早已亡佚,未见传本。明熊过曾作《山东李氏书目序》。
17	经义待质		解经之作	早已亡佚,未见传本。见载于乾隆《章丘县志·艺文》、瞿冕良《中国古籍版刻辞典》等。

　　关于上表,有两点需要注意:一是关于《断发记》的著作权问题,吕天成《曲品》题"章丘李开先作",并说该剧"事重节烈,词亦佳,非草草者。且多能守韵,尤不易得"①。《古典戏曲存目汇考》卷三"明初及阙名作品"在李开先名下列举《登坛记》《断发记》和《宝剑记》,《曲海总目提要》著录《断发记》云:"此剧为明李开先撰,日本存有万历刊本。"日本的岩城秀夫教授通过比较《断发记》和《宝剑记》在押韵规律上的相似之处,认定《断发记》出自李开先之手。长此以往,现在学术界一般认为《断发记》的作者为李开先。不过,郑振铎由《闲居集》中没有提及该剧即认为它不是李开先所作,也有一定的道理。不过,仅凭这些还不足以证明《断发记》不是他的作品,故在上表中仍将其列于《宝剑记》之下。

　　二是他在弥留之际仍笔耕不辍,致使《闲居集》全十二册在其生前结集比较困难,为了看到作品的社会反响,他曾经将一些专题诗单独出版,例如:嘉靖三十三年(1554)冬刻印百首《田间四时行乐诗》,嘉靖三十六年(1557)正月将《中麓山人咏雪诗》七十五首单独刻印,嘉靖四十四年(1565)中秋将《塞上诗》百首付梓。这些诗的单行本在上表中没有揭示出来,然而由于刻印时李开先为其作序,刊刻者为之作跋,能够详细地揭示一些关于写作和刻书的背景和过程信息,所以,本书在"著述成就"部分中将这些单行本和《闲居集》并列阐述。

---

① (明)吕天成:《曲品·能品十一·断发》,载自齐豫生、夏于全主编《中国古典文学宝库》第五十六辑,延边人民出版社1999年版,第266页。

第八章　著述成因

凡事皆有因有果,李开先的著述也是如此,是当时主客观条件相互影响和作用的结果。写作是他的嗜好之一,兹按主动和被动两个方面陈述如下。

一、浓厚盎然的兴趣

1. 罢归前将兴趣掩埋在心底

在为考取功名而攻读诗书之时,李开先即对戏曲有着浓厚的兴趣,他自言:"余性好游,敲棋编曲,竟日无休。归则读书夜分,务补昼功。"①可见,当时虽然举业繁重,他仍然不肯将下棋和词曲放下,白天交游无暇读书,夜里加班加点将落下的功课补上。由于人的精力有限,妻子对他的身体非常担心,以语诚之,他才稍稍收敛,不致如此昼夜辛劳。

他在《南北插科词》序中回忆说由于对金元词曲非常喜爱,对很多戏剧家和剧种了然于胸,以至于唱戏之人一张口他就知道起调对错。然而进入仕途之后,就弃置不为。这一时期虽然未见他有什么著述,无法否认的是他的才华绝非一朝一夕之功铸就,可以说这一阶段既是他为考取功名做准备的时期,也是他著述的积累和尝试时期。步入仕途之后,为了处理政务和避免落下口实,他将词曲爱好深深地埋在心底。

2. 罢归后的自由挥洒

不幸的是,嘉靖二十年(1541),时当壮年被莫名罢官,李开先实在是不甘心。有很多文人被罢官后重新被朝廷起用的先例,他同样抱有这样的幻想,"寸心犹恋阙,驷马久停骖"②,希望能够得到重返朝廷的机会。于是,广交朋友,周旋应酬,言行谨慎,并对外宣传他大部分时间在研究经术:"闲居

---

① 《李开先全集·诗文》《李中麓闲居集》文之八《墓志·诰封宜人亡妻张氏墓志铭》,第762页。
② 《李开先全集·诗文》《李中麓闲居集》之二《五言律诗·林居》,第218页。

日长,颇有余力。省稼灌园之外,六经训解义有未安者,随笔注之。竢研穷既久,各成一家之言。所尝与谈经者,将走书乞正。"①因为他清楚地认识到,如果整日吟诗作曲、喝酒取乐,定会使自己的起复无望。他所说的对古六经予以校注一事他自己未再提起,王九思在书《宝剑记》后中也说:"公之《六经注疏》,想已著成,风便无惜见教,俾濑朽之人,得以饫闻至论,此生不虚,尤为一大幸也!"②《中国善本书目》《山东通志·艺文志》对之有所著录,可以旁证该书已成完本,书名为《六经注疏》,或称《经义待质》。相比较而言,他为词曲之书做得更多,大肆宣传,又是刻印,又是请人作序跋,经过一番张罗使其名闻天下,这些都说明他对戏曲的喜爱和重视程度远远超过了儒家著作。

最终,在起复的希望破灭和政治热情退却后,他决定遵从内心,过起终日宴游的生活。在《宝剑记》序中,他承认自己的日常生活比较丰富:"仆之踪迹,有时注书,有时摘文,有时对客调笑,聚童放歌;而编捏南北词曲,则时时有之。"③这与他之前小心谨慎的态度有着天壤之别。

二、罢归后的精神寄托

葵霍向阳,矢志不移。古代文人对政治有着一种异乎寻常的热情,认为自己担负着不可推卸的责任,将修身、齐家、治国和平天下作为人生信条。不过,现实往往是残酷的,险恶的政治环境不仅不能提供一个施展抱负的舞台,反而使他们备受摧残。他们渴望归隐又不甘忘却政治,即便在罢归后,身心仍在痛苦中挣扎,无法获得内心的宁静。

壮岁归田后,昔日指点江山的潇洒变成今天赐命去官的懊丧,京城的通衢大道变成故乡的曲折小径,以前的繁华热闹变成眼下的苍凉冷清。这对于拥有强烈仕宦之心和忠君思想的李开先来说,心理落差之大可想而知。对于将要开始的鸡犬相闻且最终老死于草莽的乡下生活,他着实不敢去想,也不愿去想,他的心中常常涌起一种有苦难言的烦躁和知音难求的孤独。消除这种烦躁和孤独的方法,只有在精神上找寻突破口和发泄渠道,去做一些自己平日爱好、可以使自己感到被重视的事情,在其中寻求一种内心的静

---

① 《李开先全集·散曲》《中麓小令·〈中麓小令〉引》,第 1449 页。
② 《李开先全集·传奇》《新编林冲宝剑记·书〈宝剑记〉后》,第 1260 页。
③ 《李开先全集·传奇》《新编林冲宝剑记·〈宝剑记〉序》,第 1129 页。

谧和充实。无疑,饮酒、下棋、交游、藏书、著述等就成为他精神上的寄托,做这些事情时他可以逃避失意和喧嚣,但笔者遍寻他的著作发现,唯有著述才是他的最佳寄托,才能使他将早年养成的豪气真正施展于林下的消闲岁月。

罢归林下后,他的内心时常被感时忧世、思亲念友的痛苦搅动,难以彻底"忘忧"。这种忧痛促进他对战争、人生和社会的思考,有太多的思想感情和人生体验需要表达,于是他将其付诸文字,选择在诗中潇洒、曲中风流和戏中放诞。他在《拨闷》第二首中说:"田废征求急,岁凶老幼悲。赈饥无异策,拨闷强题诗。"①《立秋日作》第二首云:

> 一朝辞帝辇,十载卧园林。
>
> 有负凌云志,空怀捧日心。
>
> 弘农休坐啸,泽畔正行吟。
>
> 三伏欣才尽,五云望自深。②

罢官后,之前的凌云壮志和伟大抱负无从实现和施展,只能将这种无奈倾注于文字间,稍稍有所慰藉和依托。尤其是当亲人去世时,更是会将痛苦诉诸笔端,长子苏郭去世,李开先作《悼殇词》,原因是"四体交病,五内欲摧,词以自解。因附于《悼内》之后,以见连年数奇,有时或得遂心云,谨安命以竢之"。③

赋闲之后生活闲适,格外需要找些事情打发寂寞。著述同下棋、听曲、喝酒、钓鱼等活动一样,是一种消遣手段。多数情况下,这些活动反而成为李开先写作的催化剂,使他的思维更加活跃。他"搠弹放歌""横口纵笔"④,正如殷士儋作的墓志铭所说:

> 乃辟亭馆,招致四方宾客,时时以其抑郁不平之状发之于诗。尤好为金元乐府,不经思索,顷刻千余言。酒酣,与诸宾客倚歌相和,怡然乐也。以是,公之长篇短调遍海内,而名亦随之。人或以靡曼谓公者,公不顾。呜呼! 古贤智之士抱琬琰而就煨尘者,或傍山而吟,或披发而

---

① 《李开先全集・诗文》《李中麓闲居集》之二《五言律诗・拨闷》,第 194 页。《拨闷》共二首,此为第二首的颈联和尾联。
② 《李开先全集・诗文》《李中麓闲居集》之二《五言律诗・立秋日作》,第 143 页。《立秋日作》一韵十六首。
③ 《李开先全集・诗文》《李中麓闲居集》文之五《序・〈悼殇词〉序》,第 513 页。
④ (明)万历《章丘县志》卷二八《文苑传・李开先》,载自《李开先全集・附录》《一传略・李开先传》,第 2217 页。

啸,或鹿裘带索而歌,要之,其中皆有所负而未庸,故缘此以泄。①

不过,"抽刀断水水更流,举杯消愁愁更愁",一醉解千愁的做法只是暂时地忘却,热闹过后会倍增凄凉和感伤。从某种意义上说,他超越常规和放浪不羁的言行正是追求卓越功名和实现政治抱负的掩饰。同邑好友加同年进士张克恭在为《中麓山人拙对》所作的跋语中,对他罢归后的所作所为进行阐释:

> 中麓一时而文数篇,一韵而诗百首,十年而对千联,人谓其学力所致。然观其理繁应剧,送迎谈弈,不少暇,而清兴愈勃,敛用世之大才而为忘世之至乐,以为专于学力及徒工诗文与对者,其亦浅之乎知中麓者欤?②

张克恭认为他借著述"敛用世之大才而为忘世之至乐",这种看法是知己般的了解和符合事实的阐述。好友栗应宏为《诗禅》所作的跋语中,认为:"盖古之君子,道不用于时,往往托于世外之迹,文辞之间,以寄其慷慨卓越潇洒磊落之意。飘然尘表,陶然自得,玄解远观,顾不以彼而易此也。"③对他写作《诗禅》的原因进行了深刻剖析,认为这是他"托于世外之迹",在文辞之间寄托着他的"慷慨卓越潇洒磊落之意"。

以上史料无不指出他仕途无望,只好常常借诗文"坐消岁月",把生命的热情倾注在著述上,也从另一方面说明恰恰是仕途上的坎坷成就了他的文名。

三、强烈的传世意识

古人认为立德、立功和立言乃三不朽,人的肉身终究会死亡腐朽,受人景仰的道德标准和言行典范却可以永垂不朽。虽然立德、立功的价值超过立言,但它们如不被史家记载和传播,或者达不到至圣的高度、建立的功勋不够卓越,就不会被人所知;而立言大不相同,可以自撰,亦可编撰他人著述,借助文字就能留名后世,使自己成为后人尊敬和仿效的典范。

---

① (明)殷士儋:《翰林院提督四夷馆太常寺少卿李开先墓志铭》,载(明)焦竑《国朝献征录》卷七十《太常寺少卿》,第 3040 页。

② 《李开先全集·杂著》《中麓山人拙对、续对·〈中麓山人拙对〉跋语》,第 1850 页。

③ 《李开先全集·杂著》《诗禅·〈诗禅〉跋》,第 2040 页。

1. 传名后世的希冀

李开先壮年辞阙，心中纵有万般不甘，也只能勉强接受。好在现实为他关闭建功立业之门的时候，著述为他打开了一扇窗，更确切地说是另一个空间。写作让他在失望和沮丧的现实之外，又拥有了一个可以高谈阔论的世界，使他最终得以弥补功名未竟的遗憾。他在《自赞》中说：

> 少壮貌不逾人，而况衰年；仕宦功未及人，而况归田。自笑其柔如韦，漫夸其直如弦。舞剑雄豪尚在，照灯形影相怜。无何有之乡携朋中圣，如是观之域许我逃禅。幸而以苦李独存，樗材获全。雠经质史，断简残编，穷年兀兀，终日乾乾，于以多识，于以寡怨。然吾详吾后，吾愧吾前，斯亦不足畏也已，小道有可观者焉！相知过许，敢不勉旃。文飞风雨，笔扫云烟。黜末学耳食之陋，得古人心印之传。有出门合辙之通才，为闭户养高之时贤。名不殁于后日，学有契乎先天。①

从该自赞不难看出，虽然仕途曲折和受挫，但他通过校勘和写作达到"小道有可观者"和"名不殁于后日"的目的。在《中麓山人拙对》中有"仕宦亨屯百岁之间俱过客，文章显晦千秋而下必知吾"，"要使文章藏石室，不将名姓挂金闺"②，他认为做官和著述在历史长河中所留下的痕迹不同，官做得再大转眼就成过往烟云，写作虽清苦却能流芳百世。估计也正是在这种思想的激励下，他才写出如此众多的作品，若用此话来衡量，他确实实现了"千秋而下必知吾"和"文章藏石室"的目标。

他听说有人提倡刻王慎中诗文全集，认为"此不朽之盛事也，可惜简札不完，解经诸说即为门人持去，不可复矣"③。他在为康迪吉之父康济民作的《怀朴康君传》中说：

> 古谓山泽之士，必有待而后能施于世；予谓立言之士，亦必有待而后能传于远。是固常相须而难相值者也。予非能言者，而窃有志于立言，每欲得山泽高士，挂予笔端，借之以远其传。④

指出作传者和传主在声名远扬上相互成全的关系，他希冀为山泽高士作传以扩大自己和作品的影响力。他还在为《莱芜县志》作的序中说："余恨不得

---

① 《李开先全集·诗文》《李中麓闲居集》之一《杂体·自赞》，第 106—107 页。
② 《李开先全集·杂著》《中麓山人拙对·续对·中麓山人拙对卷之中·散对》，第 1777、1823 页。
③ 《李开先全集·诗文》《李中麓闲居集》文之十《传·遵岩王参政传》，第 948 页。
④ 《李开先全集·诗文》《李中麓闲居集》文之九《传·怀朴康君传》，第 858 页。

见莱志者,十六年于兹矣,今何幸见其志,而又以序文托名其端哉"①,据嘉靖本《莱芜县志》,该序末尾题署"嘉靖戊申二月八日赐进士出身中顺大夫提四夷馆太常寺少卿致仕前吏部文选司郎中章丘中麓山人李开先撰",这一署名之长,足见他对借为县志作序留名后世的重视。他为雪簑《千字文》拓印本作序,还特意指出:"特详著简端,同得托名不朽。双溪杨盈、西墅逯希闵、二峰石轲、清渠霍潭、泰峰陈德安、柏亭高进及予,共七人云。"②不光通过作序希冀自己不朽,还组成七人团队希冀大家共同不朽。

2. 著述中的时间诗

他在不少诗文中提到自己的年龄和别人的年龄。古人喜说虚岁,他出生于孝宗弘治十五年(1502)八月,从他的年龄可以推知某诗具体作于某时或者大概作于某时。首先,他的诗中有不少年龄确数,诸如:《丁未除夕》有"四十七年明日是,百年将半此闲身"③,可以推知该诗作于嘉靖二十六年(1547)的除夕;《五十三岁生辰自寿》中有"堪叹吾生五十三,况逢初度岂胜惭"④,可知该诗作于嘉靖三十三年(1554);《乐闲》中说:"六十一龄随日积,百千万襖等云浮"⑤,说明该诗作于嘉靖四十一年(1562);六十五岁生日,他作《六十五岁八月二十八日生辰自寿》一韵二首,第一首中有"嗜诗不减当时兴,棋手新来尤所长",第二首中有"六十五龄交旺运,好将药裹改诗囊"⑥,可知该诗作于嘉靖四十五年(1566)。此外,诗作中还有不少关于年龄的约数,可据此大致推断出诗文的写作时间。诸如:他作《自叹》中有"年今逾半百,岂若养丹砂?"⑦另一首《乐闲》中有"年今五十强,避世遁江乡"⑧。可知,这几首诗大概作于嘉靖三十一年(1552)。《归田后谢招隐数君子》中有"气虚病愈声犹壮,耳顺年临步不艰"⑨,说明他快六十岁了,《元日立春》中说"三冬已过空回首,六十将临叹此身"⑩,说明这两首诗大概作于嘉靖三十九

---

① 《李中麓全集·诗文》《李中麓闲居集》文之五《序·〈莱芜县志〉序》,第483页。
② 《李中麓全集·诗文》《李中麓闲居集》文之五《序·雪簑〈千文〉序前》,第505页。
③ 《李开先全集·诗文》《李中麓闲居集》之三《七言律诗·丁未除夕》,第257页。
④ 《李开先全集·诗文》《李中麓闲居集》之四《七言排律·五十三岁生辰自寿》,第399页。
⑤ 《李开先全集·诗文》《李中麓闲居集》之三《七言律诗·乐闲》,第345页。
⑥ 《李开先全集·诗文》《李中麓闲居集》之三《七言律诗·六十五岁八月二十八日生辰自寿》,第369—370页。
⑦ 《李开先全集·诗文》《李中麓闲居集》之四《五言排律·自叹》,第378页。
⑧ 《李开先全集·诗文》《李中麓闲居集》之四《五言排律·乐闲》,第379页。
⑨ 《李开先全集·诗文》《李中麓闲居集》之三《七言律诗·归田后谢招隐数君子》,第280页。
⑩ 《李开先全集·诗文》《李中麓闲居集》之三《七言律诗·元日立春》,第335页。

年(1560);《戊辰元日》中有"六十余龄两戊辰,今辰犹是未衰人"①,虽然诗句中是年龄约数,然而因为李开先生命中的两个戊辰年分别为正德三年(1508)和隆庆二年(1568),可以确切地推知该诗作于隆庆二年(1568)的元旦。《中麓小令》作于嘉靖二十三年(1544),他已经四十三岁,曲文中也有关于年龄的句子,"五陵豪气空千丈,百岁光阴已四十","自度度,百年屈指四十多"②。《中麓山人续对》中有《五十九岁自寿》:"静观道德真经手注五千非一日,难满诗文积债眼看六十欲临年。"③

嘉靖二十年(1541)初夏,他罢官归家。关于罢官时间在诗中也有体现,如"赐告十余载,安闲后半生"④,"一朝辞帝辇,十载卧园林"⑤,"真知生计惟春日,罢吏为农十载余"⑥,"十载居官廿载农,闲情莫似宦情浓"⑦,"相随渔父久垂纶,手疏辞官十五春"⑧,从此还可以推知该诗作于何时。《中麓山人拙对、续对》中也有不少有关年龄、罢归时间和昔日为官时间等的语句:"四十辞官壮心犹不下,重阳丧父没齿罢登高","罢官十载违朝谒,结客终朝恣燕游","新垦薄田千百亩,旧叨厚禄十三年","一生损益凡三友,十载驱驰为一官","扈跸长征日夜曾穷三百里,辞官得允春秋儵过几多年"⑨,"春事阑珊今日一百五,韶光荏苒明年五十三","一事无成全凭末造时光好,百岁过半有似中秋昼夜停","历世为农播谷生涯元有种,十年游宦飘蓬踪迹叹无根"⑩,"道德五千言要言惟守一,春秋六十岁今岁又加三","傲雪欺霜六十春秋还有四,批风抹月三千诗曲亦徒多"⑪,"阅历星霜六十五年成底事,居

① 《李开先全集·诗文》《李中麓闲居集》之三《七言律诗·戊辰元日》,第373页。
② 《李开先全集·散曲》《中麓小令》,第1453、1461页。
③ 《李开先全集·杂著》《中麓山人拙对、续对·中麓山人续对卷之下·五十九岁自寿》,第1873页。
④ 《李开先全集·诗文》《李中麓闲居集》之二《五言律诗·夏日即事写怀》,第140页。《夏日即事写怀》共十四首,此为第一首首句。
⑤ 《李开先全集·诗文》《李中麓闲居集》之二《五言律诗·立秋日作》,第143页。《立秋日作》一韵十六首,此为第二首首句。
⑥ 《李开先全集·诗文》《李中麓闲居集》之三《七言律诗·早春即事》,第250页。
⑦ 《李开先全集·诗文》《李中麓闲居集》之三《七言律诗·归农》,第346页。《归农》一韵十四首,此为第二首。
⑧ 《李开先全集·诗文》《李中麓闲居集》之三《七言律诗·闲述》,第270页。
⑨ 《李开先全集·杂著》《中麓山人拙对、续对·中麓山人拙对卷之上·散对》,第1728、1726、1739、1745、1754页。
⑩ 《李开先全集·杂著》《中麓山人拙对、续对·中麓山人拙对卷之中·散对》,第1759、1779、1781页。
⑪ 《李开先全集·杂著》《中麓山人拙对、续对·中麓山人续对卷之下》"嘉靖四十三年春帖"和"四十四年春帖",第1979页。

诸日月百千万计不如闲”,"血气初成前次丙寅时尚幼,精神转健再过乙丑可称翁","六十年前正德改元初记事,百千世后大明推执善为文","酒啜糟醨通国之中人尽醉,门悬弧矢中秋之后我初降"①。他有如此之多关于罢归时间的诗句,可见对于壮岁辞阙多么地不甘心,写诗时这种痛苦常在心头萦绕,于是自然地倾注笔端。

他还为别人作年龄对联,例如:为母亲发丧作九副对联,其中"七十七年非不寿人子无穷之心宁止于此,三千三百本多仪葬亲莫大之事惟致其哀"②;为妻子张氏发丧作七副对联,其中"四十三年如昨梦,百千万恨集今朝"③;他在《挽王南江》的对联中将王慎中的事迹进行了简单概括:"八千路远信难通得何疾病因长逝,五十年余名大振况有六章可久传"④;为马惟则母金氏发丧作六副对联,其中"礼有三千葬礼无违诚在我,年登八十寿年积德总由人"⑤;为魏守忠发丧作五副对联,其中"寿过古稀还有六,人当今世更无双"。⑥

3. 详细记录身边的事和人

发生在身边的大小事,在其作品中会有所体现。如嘉靖三十二年(1553)左右他的脚被刺伤,他的诗中有"足疾强登楼"⑦,"刺疮有意成吾懒"⑧,"足疾经秋尘事稀"⑨。嘉靖四十年(1561)在宅第中建可供消遣娱乐的延客小厅,特作《延客小厅记》,其中有"厅构于辛酉夏五,记成于六月初三,时因延客,遂对客立书之"⑩。他还将强烈的传世意识推及他人,曾专门为李东阳、何景明、唐顺之、王慎中等作传,并将为友人所作的诗文整理成集,如李舜臣《贤贤小集》、李冕《贤贤续集》、王阶《存友录》、刘东《存友续录》、袁崇冕《幸览篇》、张师雍《遗览编》、魏守忠《一朝千古集》、康迪吉《伤逝编》等,他还曾为友人整理作品集,如整理乔岱作品编成《乔龙溪词》、整理何景明辞赋为《何氏辞赋集》等。万历年间担任章丘知县的董复亨赞曰:"然余

---

① 《李开先全集·杂著》《中麓山人拙对、续对·中麓山人续对卷之下·跋文》,第1982—1983页。
② 《李开先全集·杂著》《中麓山人拙对、续对·中麓山人续对卷之下·先母发丧》,第1895页。
③ 《李开先全集·杂著》《中麓山人拙对、续对·中麓山人续对卷之下·亡妻发丧》,第1897页。
④ 《李开先全集·杂著》《中麓山人拙对、续对·中麓山人续对卷之下·挽王南江》,第1888页。
⑤ 《李开先全集·杂著》《中麓山人拙对、续对·中麓山人续对卷之下·为马惟则母金氏发丧作》,第1981页。
⑥ 《李开先全集·杂著》《中麓山人拙对、续对·中麓山人续对卷之下·跋文》,第2001页。
⑦ 《李开先全集·诗文》《李中麓闲居集》之二《五言律诗·春望》,第177页。
⑧ 《李开先全集·诗文》《李中麓闲居集》之三《七言律诗·足被刺伤作》,第252页。
⑨ 《李开先全集·诗文》《李中麓闲居集》之三《七言律诗·与客夜话》,第253页。
⑩ 《李开先全集·诗文》《李中麓闲居集》文之十一《记·延客小厅记》,第1009页。

独心高先生为李、何、王、唐诸文士立传，夫班孟坚轻傅毅，笔下刺刺不能休……"

对于他人事迹，他也是尽量行诸文字，使其言行和美德流传千古。父亲李淳叮嘱他："不知祖父行事，或知而不传，岂得为孝子顺孙？"于是，祖父李聪的墓表"盖承父志而述祖德"，他"不敢假手人，文之拙陋，有所不计云"①。他为妻子张氏作《亡妻张宜人散传》，开首即言："宜人懿行可述者多，恐其久而逸也，更为散传，言无伦次，事无统纪，随心信笔，漫然书之，以备参考云。"②在为张诗所作《昆仑张诗人传》的末尾言及作该传和如此命名原因："予与子言交游六七年，颇称知己。集已刻传，其行事恐久而湮没，世徒慕其名而不得其实，乃撰此附诸其集之后。子言文非不高，世独尚其诗，因题其传曰昆仑张诗人云。"③隆庆元年（1567），他将为母亲王氏一族所作的诗文编辑为《王氏家乘》，"时方修《世宗实录》，太史氏或见之而采焉。则以家乘而入国史，其有考而有传也，将必大且久矣"④。希冀《王氏家乘》的内容能够为实录选录，以至于更大范围和更为久远地传之后世。

他还尽力为生意经营者打广告，扩大其声誉和影响。《赠造刻漏者》诗前有长序："滨人王尧弼，善制更鼓，器极精巧……为予旧尝有作，日久损坏，今再修补。将行，遂赠之以小诗短序，以竢有同嗜好者，重其器因以知其人"⑤，尽力为王尧弼的刻漏生意做宣传。他脾病发作赖李炜、王春山医治得当而痊愈，分别为两人作《病愈谢屏岩李医序》和《病愈谢小村王茂才序》，在后者末尾说：

> 述事必赖于文，具礼方可见敬。遂为此拙文，并将彼薄礼，聊以报再生之恩，而阐过人之德。文其所当文，敬其所当敬，更不必问其欲与不欲也。选吉谋良，以十一月之望日，同亲友强贺于其门，或无闭门不纳之理。闻老幼喧传于满路，足征路人相庆之情云。⑥

不惟为王春山作文，还将带着谢礼登门答谢，声势浩大，竭尽全力使他的名声传之更远。

---

① 《李开先全集·诗文》《李中麓闲居集》文之九《墓表·先大父处士墓表》，第831—832页。
② 《李开先全集·诗文》《李中麓闲居集》文之九《传·亡妻张宜人散传》，第865页。
③ 《李开先全集·诗文》《李中麓闲居集》文之九《传·昆仑张诗人传》，第902页。
④ 《李开先全集·诗文》《李中麓闲居集》文之五《序·〈王氏家乘〉序》，第558页。
⑤ 《李开先全集·诗文》《李中麓闲居集》之四《七言绝句·赠造刻漏者》，第472页。
⑥ 《李开先全集·诗文》《李中麓闲居集》文之六《序·病愈谢小村王茂才序》，第649页。"或无闭门不纳之理"中"门"，在明刻本中为"有"，明显解释不通。

此外,他还有意识地选择勒石的方式使得自己的活动和亲人的生平事迹流传后世。《章丘历代碑刻选粹》中涉及他的碑刻多方,或为他撰写和书写,或为他篆额、篆刻:嘉靖二十七年(1548)八月,他带着家人畅游百脉泉,写下《游百脉泉一韵五首》,该诗平仄韵律十分讲究,结尾都有"缨"字,是历代文人吟诵百脉泉的著名诗篇,其手迹现存龙泉寺大殿西山外墙;同年冬十月所立《重修城隍庙碑记》的石碑现存绣惠法庭内,重修城隍庙事宜由时任章丘知县的陈东光主持,事毕后请本地的九位进士撰文并勒石。撰文者分别为嘉靖二年进士王昺,嘉靖五年进士李冕,嘉靖八年进士李开先,嘉靖十一年进士谢九仪,嘉靖十四年进士张舜臣,嘉靖二十三年进士刘禄、杨选和康迪吉,乡贡进士胡士元。嘉靖二十一年(1542)所立《胡山记碑》现存胡山顶,他隐栖胡山中麓时重修绝顶寺院祠宇并作《胡山记》镌碑纪念,碑后记载由李承先、李继先、李开先、谢庭芝、谢庭竹、王吉共同撰文,邑人文仲科书丹;嘉靖三十年(1551)所立《龙洞游记碑》现存西龙洞,由张一厚书丹、李开先篆额、雪簑撰文;嘉靖三十六(1557)《高应璋墓志铭》现存章丘区博物馆,由杨选撰文、谢九仪书丹、李开先篆额;嘉靖四十三年(1564)《高龙墓志铭》现存章丘区博物馆,由李开先撰文、王昺书丹、谢九仪篆额[1];此外,他为挚友谷继宗撰文的《明李大公配董氏合葬墓志铭》篆盖(如图8-1),还将皇帝颁赐诰敕刻石,为祖父、父亲、妻子张氏等撰写墓志铭并刻石,这些石刻现存东鹅庄李开先纪念馆中。石头比较坚硬,耐自然灾害的能力强,相比于其他载

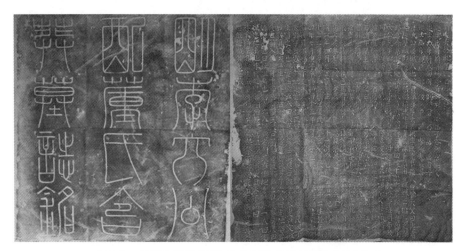

图 8-1 李开先篆盖的《明李大公配董氏合葬墓志铭》[2]

① 刘家和:《章丘历代碑刻选粹》,中国文史出版社 2005 年版,第 35、36、37、39、42、44、46 页。
② 该墓志铭的拓片由宁昭收提供。

体,在历史的时空中更容易传之久远。这些现存的石刻中由他书写的文字,可为今人拨开重重迷雾研究他的书法和透视其性格特征提供了参考。

四、借以发表自己的文学主张

1. 对诗人和诗文的看法

他对文学的发展持历史进化论观点,认为:"世之为诗有二:尚六朝者,失之纤靡;尚李、杜者,失之豪放。然亦以时代南北分焉。成化以前,及南人纤靡之失也;弘治以后,及北人豪放之失也。"①这种观点虽值得商榷,但他指出诗歌具有时代和地域特点是非常难得的。身为"嘉靖八才子"之一,他追随唐顺之、王慎中等从事复古运动,自然反对李东阳的台阁体诗风,"诗靡于六朝,而陈子昂变其习;文敝于八代,而韩退之振其衰。国初诗文,犹质直浑厚,至成化、弘治间,而衰靡极矣。自李西涯为相,诗文取絮烂者,人材取软滑者,不惟诗文趋下,而人材亦随之矣"②,"是时西涯当国,倡为清新流丽之诗,软靡腐烂之文,士林罔不宗习其体"③。对于前七子中何景明和李梦阳,他在《咏雪诗序》说:"我朝自诗道盛后,论之何大复、李崆峒,遵尚李、杜,辞雄调古,有功于诗不小。然俊逸粗豪,无沉着冲淡意味,识者谓一失之方,一失之亢。其雪诗如《天门望雪》、《梁园春深》等作,正坐方、亢之病。"④指出虽然何景明、李梦阳等人志在复古,并在辞调方面取得突破,但是一味追求高亢豪放,又呈现一定的偏颇与不足。

相反,他对边贡和高叔嗣比较推崇。在《边华泉诗集》序中说:

> 国初诗微存古意,亦有古法,至成化年而萎腐极矣。敬皇兴文勤政,事简俗熙,士夫争以声实相高,诗三变而复古,不但微有古意古法而已。时则有庆阳李崆峒、信阳何大复,虽云角立而为二,其与边华泉实则鼎峙而为三。⑤

他认为,李梦阳、何大复和边贡的诗皆有古意和古法,在诗坛呈鼎足而立之势。其实,无论是诗歌成就,还是声望影响,边贡都是"弘正四杰"(即李梦

①　《李开先全集·诗文》《李中麓闲居集》文之六《序·〈海岱诗集〉序》,第474—475页。
②　《李开先全集·诗文》《李中麓闲居集》文之十《传·对山康修撰传》,第916页。
③　《李开先全集·诗文》《李中麓闲居集》文之十《传·渼陂王检讨传》,第922页。
④　《李开先全集·诗文》《李中麓闲居集》文之六《序·〈咏雪诗〉序》,第580页。
⑤　《李开先全集·诗文》《李中麓闲居集》文之六《序·〈边华泉诗集〉序》,第616页。

阳、何景明、徐祯卿和边贡)中名气最小的,袁袤、胡应麟、钱谦益等人甚至认为边贡与李梦阳、何大复和徐祯卿不在一个档次上,难当"四杰"之名①。他将边贡置于如此之高的位置,颇具意味。笔者推断这和他与李梦阳、何大复等人的文学见解迥异有关,带有抵制情绪就难以作出客观的评价。无独有偶的是,他对略微早于他的高叔嗣同样评价颇高。高叔嗣在年轻时受教于李梦阳,但他并未效仿李梦阳的诗风,诗文写得淡雅清旷,较少描写外界客观事物,偏重于抒发主观情思,为自己高材遭忌、身羸多病、客居他乡和友朋贬谪而嗟叹悲歌,即使有一些景物描写,也是为了渲染、烘托他的感情氛围。他所表达的情绪及表达的方式,受到时人的广泛注意和推崇。陈束序其《苏门集》云:"谢绝品流,因心师古,每有属缀,仵兴而就,宁复罢阁,不复浅易之谈,故其篇什直举胸情,刮抉浮华,存之隐冥,独妙闲旷,合于风骚。有应物之冲淡,兼曲江之沉雅,体孟、王之清适,具岑、高之悲壮。"李开先对他比较赞赏,说其诗文与何大复、李东阳相比较:"苏诗能入室,何李只升堂","何、李虽成大家,去唐却远;苏门虽云小就,去唐却近"。蔡汝楠和王廷干称其为"本朝第一",李开先认为"其言虽过,要之不可尽非也"。②

李开先以亲历者的身份,在《市井艳词》又序中对嘉靖前期的文学名流及其创作进行素描式勾勒:

> 学诗者,初则恐其不古,久则恐其不淡;学文者,初则恐其不奇,久则恐其不平;学书、学词者,初则恐其不劲、不文,久则恐其不软、不俗。唐荆川之于诗,王南江之于文,方两江之于书,予之于词,其事异而理同,致百而虑一者乎?荆川始登仕籍,究心汉魏,继则四子二张,后酷爱刘随州,而晚唐亦多取焉。南江文非汉不目,其在留都寄声云:"韩文乃尔佳,予犹笑其拘乎尔,直至喜苏,学乃进。昨得闽中书,仆之于文,出入乎曾、王之间,苏氏兄弟,犹以为过于豪而失之放,盖已喜而又过之矣。"两江近寄字数纸,浑融无亢硬之病,闻因朱射陂"字软为难"之说,有以激成之耳。……然孟渭泉诗,首陈后冈,而荆川贰焉,要之薛西原、高苏门、徐昌谷均不可少者。常楼居、吴皖山虽云小才,亦可附五子后。若论精当雄浑,无如皇甫少玄、百泉两兄弟。近多称孔文谷、乔三石不亚粟紫团,惜予林居,不多见其作。崔后渠自谓:"文无闲语,同己者惟苏门。"李愚谷亦谓:"同者惟熊南沙。"短崛精细其长也。宏博则推赵浚

---

① 余来明:《嘉靖前期诗坛研究(1522—1550)》,武汉大学出版社 2009 年版,第 51—52 页。
② 《李开先全集·诗文》《李中麓闲居集》之四《五言绝句·六十子诗·高苏门叔嗣》,第 422 页。

谷,南江平正通达,尤为善鸣之士。①

他在序中首先指出唐顺之的诗、王慎中的文、方元焕的书法和自己的词,"事异而理同";接着赞同孟渭泉的观点,认为陈束、唐顺之、薛蕙、高叔嗣、徐祯卿、常伦、吴樵等人诗学造诣颇高,皇甫涍、皇甫汸兄弟之诗精当雄浑,孔天胤和乔世宁的声名不亚于栗应宏;最后又提到崔铣推崇高叔嗣、李舜臣推崇熊过,赵时春之诗比较宏博,王慎中则平正通达。尽管囿于所见,他仅提到自己所知的少数诗人,这一名单仍不失是对嘉靖前期诗坛顶端的近距离写照。

2. 对词曲的看法

他在不少序文中谈到对戏曲的看法,在为好友袁崇冕《春游词》所作序文中对诗词差别、戏曲源流、传奇套词小令的差异和诗词曲的关联之处进行探讨:

> 词与诗,意同而体异。诗宜悠远而有余味,词宜明白而不难知。以词为诗,诗斯劣矣;以诗为词,词斯乖矣……传奇戏文虽分南北,套词小令虽有短长,其微妙则一而已。悟入之功,存乎作者之天资学力耳。然俱以金、元为准,犹之诗以唐为极也。何也?词肇于金,而盛于元。元不戍边,赋税轻而衣食足,衣食足而歌咏作,乐于心而声于口,长之为套,短之为令,传奇戏文于是乎侈而可准矣……音多字少为南词,音字相半为北词,字多音少为院本;诗余简于院本,唐诗简于诗余,汉乐府视诗余则又简而质矣。三百篇皆中声,而无文可被管弦者也。由南词而北,由北而诗余,由诗余而唐诗,而汉乐府,而三百篇,古乐庶几乎可兴,故曰今之乐,犹古之乐也。②

在为乔岱《乔龙溪词》作的序中谈到南音和北音的差别:

> 《周官》鞮鞻氏掌四夷之乐歌,北方曰禁,南方曰任。有娀谣乎飞燕,肇起北声;涂山歌于候人,始为南韵。北之音调舒放雄雅,南则凄婉优柔,均出于风土之自然,不可强而齐也。故云北人不歌,南人不曲,其实歌曲一也,特有舒放雄雅、凄婉优柔之分耳。吴歈、楚些,及套、散、戏文等,皆南也。康衢、击壤、卿云、南风、三百篇,下逮金元套、散、杂剧

---

① 《李开先全集·诗文》《李中麓闲居集》文之六《序·〈市井艳词〉又序》,第 567—568 页。
② 《李开先全集·诗文》《李中麓闲居集》文之六《序·西野〈春游词〉序》,第 596—597 页。

等,皆北也。北,其本质也,故今朝廷郊庙乐章,用北而不南,是其
验也。①

他从南北曲的不同风格上区分两者差别,而且强调南音和北音的不同特色
完全由风土人情的差异所致,没有必要强求统一。

总之,他虽然没有写出文学总论性质的作品,文学主张散见于诗文之
中,故借写作表达文学观点便成为著述的动力。

五、恃才逞能和争强好胜的心态

1. 恃才作诗

自古就有文人相轻的心理,李开先曾作《数诗赠武定医士小峰石建寅》
三首,诗下小注:"吴兢《乐府解题》亦列其名,苏门高宪长曾为此体,数字总
加于各句之上,予则错综于各句之中;高则一字起十字止,予则自一字至亿
兆等十五数目字俱全,且一韵三首。非故犯其难也,聊以备一格云尔。"②高
叔嗣曾用从一到十这十个数字开首作诗,李开先则将从一到亿兆等十五个
数字镶嵌在诗中作一韵三首,还自称"非故犯其难也,聊以备一格云尔"。李
开先对高叔嗣的作品比较推崇,这一做法大有与他比个高低的意味。

袁公冕(号西溪)是李开先好友袁崇冕的兄长,其父寓住庆阳时,想将他
送到李梦阳(号崆峒)处读书,不过因事牵扯未能成行。后来,袁公冕曾作
《十月始见菊》一诗③,时在开封的李梦阳见到该诗,"惊讶海内亦有能诗如
此者。及问知出西溪手,崆峒以为无怪其然:'此尝游吾门者,宜其类吾《九
日无菊》诗也。'"李开先觉得李梦阳这种说法有往自己脸上贴金的意思,直
言:"门实未尝游,从旁窃观则有之矣"④。由于李梦阳《九日无菊》和袁公冕
《十月始见菊》两诗受到士大夫的好评,李开先分别按韵而作《赏菊》⑤和《赏
晚菊》⑥,这种心理与李梦阳的无端炫耀殊无二致。

---

① 《李开先全集·诗文》《李中麓闲居集》文之五《序·〈乔龙溪词〉序》,第526—527页。
② 《李开先全集·诗文》《李中麓闲居集》之四《七言绝句·数诗赠武定医士小峰石建寅》,第471
页。
③ 《李开先全集·诗文》《李中麓闲居集》之三《七言律诗·赏晚菊附西溪原诗》,第342页。
④ 《李开先全集·诗文》《李中麓闲居集》文之九《传·袁西溪传》,第883页。
⑤ 《李开先全集·诗文》《李中麓闲居集》之三《七言律诗·赏菊》,第343—344页。
⑥ 《李开先全集·诗文》《李中麓闲居集》之三《七言律诗·赏晚菊》,第342页。

　　嘉靖二十三年(1544)左右,即兴写作《中麓小令》百阕,作为北人而写南曲,且"起结句同而字异,杂以常言,援笔即成,七法不差,十九韵皆尽"①,不乏文人的逞能之处。嘉靖三十三年(1554)冬,著《田间四时行乐诗》百首,自序言:"中麓子素不能诗,诗不能多。客有携《梅花百咏》过予山堂相戏者:'子亦可为此乎?'予曰:'诗不难于百,而难于一韵;韵不难于一,而难于如唐。七言律则其尤难者,一两首即可名世,百而不佳,虽多亦奚以为?……客且退,待三日后复会于此,将为诗一韵百首,中必半唐人。一能之,已百之。'"②可知,此诗乃是在和友人打赌后数天内仿《梅花百咏》并次其韵而作。《梅花百咏》乃元朝诗人和散曲家冯子振所作,禅宗寺僧人明本一览而和之,本为文人逞才使能的游戏之作,几天时间李开先以一韵遍作百首,是欲与冯子振、明本一比高下吗? 为此,他还特意在后序中解释:

　　　　予观《经籍考》及《崇文书目》所载诗集,至少者人各不下数卷,今存于世者能有几何? 以予百咏诗较之,奚啻邓林一木、九牛一毛哉? 存亡无足深惜,只恐见是刻者,以予有好名之累,乃述与客往复之言以为后序,而特著前意云。③

似有为自己的争名行为进行辩解之意,徒增欲盖弥彰之嫌。

　　此外,他作《中麓山人咏雪诗》75 首,前 63 首作于嘉靖三十五年(1556)冬至至立春,后 12 首春雪诗作于嘉靖三十六年(1557)初,他在《咏雪诗》序中指出:

　　　　诗有难题,有俗题,雪题甚雅而亦甚难。不惟难于今,而古亦难之。作者不惟鲜于今,而古亦鲜焉。惟其题难作鲜,而佳诗因是不多得。……然诗贵工不贵多,予惟勉强妆缀,所谓"虽多亦奚以为者"也。题难而又古今人之所鲜者,宜其远不逮他作,而他作素非所长,总之俱不能工。④

咏雪诗既然少而且难作,他一下子作七十多首,肯定是恃才傲物和与世争名的心理在作祟。

2. 恃才创新

　　他在为何景明作的《何大复传》表达了为人作传的益处及文人争强好胜

---

① 《李开先全集·散曲》《中麓小令·〈中麓小令〉引》,第 1449 页。
② 《李开先全集·诗文》《李中麓闲居集》文之六《序·〈田间四时行乐诗〉序》,第 582 页。
③ 《李开先全集·诗文》《李中麓闲居集》文之六《序·〈田间四时行乐诗〉后序》,第 583 页。
④ 《李开先全集·诗文》《李中麓闲居集》文之六《序·〈咏雪诗〉序》,第 579—580 页。

的心态:"关中王渼陂、李崆峒、康对山、吕泾野、马溪田,河南何大复,同以文章命世。为人作传状碑志,可因而耀今信后。人之为之文者,往往不及。予窃为不平,思有以报相知,不自量其才力卑下,勉强作传。"他认为,为名人作传能够"耀今信后",而且觉得他人为何景明所作的传状碑志之类"往往不及",于是在他本人和何景明"虽无倾盖遭逢及一字往复"的情况下,仍然觉得很有必要为其重新作传。①

唐顺之死后,他没有按照惯例为其作挽诗哀悼,而是用对联的形式表达悲痛之情:"出似非时莫讥制行同流辈,死真足惜再读遗文作古人",题下小注为"挽惟有诗,对则前此无闻"②。王慎中死后,他同样作一副对联表示哀悼。

罢归后,他积极营建田产和庄园,并开始写作对联,再后来渐渐借对联抒发感情和应酬人事,不过有些对联没有什么实际意义,乃是单纯炫耀的逞能之作,如"诗狂欲上天眇四子小二张吟肩瘦耸放笔批风穷奇吊古信手拈来头头是道,思渴如吞海傲五侯轻千乘醉胆横生飞筋对月涉险登高随心走去面面皆春","鲸波迷望眼雾锁云埋水国三千里触舟怪石起狼牙采薪造粥昼长苦饥宦游不若还乡好,鸟道失行踪风偬雨骤烟村四五家绕户小溪分燕尾沽酒论文夜深不寐旅寓方知行路难"③。前对单联 31 字,后对单联 36 字,如此长的对联无论挂到哪里都不合适,仅能作为向人炫耀才高的资本。

此外,他还集唐诗名家名句作《玄同之任关中怆然有感于旧游(集唐诗二首)》《与客游古寺再用前韵(集唐诗)》《山中访隐士不遇(集唐诗)》《集古诗挽李脉泉》等数首。兹以一首《玄同之任关中怆然有感于旧游》为例加以说明:

> 晓风残月入华清(杜常),雁带斜阳出渭城(韦庄)。
> 去辙已平秋草遍(许浑),行人过尽暮烟生(司空曙)。
> 蝉鸣驿树残阳远(朱庆余),花落闲阶夕雨晴(刘沧)。
> 惆怅旧堂扃绿野(李郢),荒原空有汉宫名(司空曙)。

这些诗句皆出自名家之手,经典性是毋庸置疑的。不过堆砌在一首诗中,又是"残风晓月""雁带斜阳""蝉鸣驿树""花落闲阶",又是"行人过尽"

---

① 《李开先全集·诗文》《李中麓闲居集》文之十《传·何大复传》,第 933 页。
② 《李开先全集·杂著》《中麓山人拙对、续对·中麓山人续对卷之下·挽唐荆川》,第 1887—1888 页。
③ 《李开先全集·杂著》《中麓山人拙对、续对·中麓山人拙对卷之上·散对》,第 1731、1734 页。

"惆怅旧堂",犹如一位气质美女浓妆艳抹、打扮太过,与友人张大儒(号玄同)去关中赴任没有关系,与李开先"怆然有感"的意境殊不相称。

六、维系感情的需要

自古以来,文人喜欢赋诗为文来维系感情,一赴宴,一送别,一游览,一高升或一贬官就写作,每逢家中有红白喜事乃至种植的珍花异草长势喜人时便招客聚饮,其间赋诗写字,涉及古诗奇句或奇闻轶事。可以说,写作是文人的生活方式,亦是同等学识与相似趣味的士子们之间私下交流的工具。

1. 日常诗文写作

某年清明节他到祖村扫墓祭祖,"墓祭甫毕,忽忆城有雅会,日薄暮而雪转加,自限不能赴矣,即有两青衣手持邀简,跽而口称众客惟散坐,必待予行酒。予不得已,马选疾足,仆用少年,冲风冒雪而旋。途中作为此诗,至则遍呈座客"①,交代正好友人聚会等他出席,拒绝未果只好快马加鞭赶回,在赴宴途中作一首诗,到场正好拿给众人看。

女郎山在章丘城北一里许,他和友人曾多次游玩。每次游玩同伴不同,某年六月他作诗感伤,"追忆同游旧侣,半已物故。存者又远在一方,如郭似庵、皇甫百泉辈。是已有所感怆,作为此诗,遍示新同游者"。当时郭宗皋被流放甘肃,皇甫汸退居故乡长洲,天南海北,后会无期,他想起来便不由自主地流下眼泪,感叹"往事已如斯,未来安可测",并将此诗给游伴们看。②

某年正月十七大雪复至,夜间他召集朋友聚会,"春游容卜日,夜酌孰相陪。莫放诗人走,须扶醉客回。韵严无警句,灯后有余杯"③。可见,他们在元宵节后聚会,一边欣赏雪景和猜灯谜,一边喝酒赋诗,不醉不归。南园中松柏苍古高大,得到朋友称赞,他作《秋晚王公服郭子慰冯士仰见访南园松下咸称此树苍古难得予因喜而赋之》,一高兴就作了两首五言排律。④

陈珍字或号国用,为他门客中棋士,他在《赠棋客陈国用》诗前小序中说"国用不但优于棋,而且优于行,谦让退藏,彼轻浮浅露者望之,自然敛退。

---

① 《李开先全集·诗文》《李中麓闲居集》之三《七言律诗·清明雪中墓祭回》,第 276 页。文中所引为诗前交代写诗背景的小序。
② 《李开先全集·诗文》《李中麓闲居集》之四《五言排律·六月中旬重游女郎山》,第 392 页。
③ 《李开先全集·诗文》《李中麓闲居集》之四《五言排律·正月十七夜雪会》,第 382 页。
④ 《李开先全集·诗文》《李中麓闲居集》之四《五言排律·秋晚王公服郭子慰冯士仰见访南园松下咸称此树苍古难得予因喜而赋之》,第 384 页。

诸相知以为先是以棋投谒者,俱赠之诗,此则不可独无也,遂有是作。"①这就说明来与他切磋棋艺的人皆得到过他的赠诗。

2. 主动写作的诗文分类

他主动写的应酬文字,大致有这么几类:第一,赠给友人或门人的欣喜和勉励之文。例如:赠给翟瓒的《寄赠翟青石大中丞》、赠给饶思聪的《赠武定兵备饶湖田》、赠给徐恒锡的《赠署印联峰徐三府》、赠给谢九仪的《赠谢少溪》、赠给谢九仪之弟谢九式的《送谢龙磐应贡入太学》、赠给胡来贡的《〈宛陵山水歌〉赠三尹胡胡山》、赠给王仪的《赠王南岷》、赠给郭宗皋的《寄赠郭似庵》、赠给连襟弭子方的《赠少庵弭来夫》、赠给门人马惟则的《〈鱼图〉为马惟则秀才题》、赠给门人的《赠刘次禹秀才》、赠给门客的《赠医士王静庵》《赠蹴鞠客阙美》等,以及《贺临洮别驾胡少川升任南刑部员外郎》《贺林雄连举二子》《送长洲主簿张子陈之任》《冬日送乔龙山之任山西府属》《送门人黄金溪自县教谕擢州学正》《送黄方泉擢守济宁州序》等祝贺好友升迁的诗文。

第二,为友人或友人父母祝寿。《云峰王处士墓志铭》载,嘉靖三十年(1551)王阶母亲张氏八十大寿,"士夫亲友各有诗文词赋称贺,迤逦十余日不绝"②,李开先作《寿云峰王母》一诗以示敬意。此外,李开先还为友人或友人的父母作《题〈瑶池春晓图〉寿衡王》《〈游仙引〉寿南冶马济周》《以马远〈松图〉寄寿春谷潘母》《陈翁六十寿诗》《〈仙子跨凤图〉为高鹤泉乃堂庆寿题》《寿彭翁七十序》《贺寿官张岳丈九十二岁序》《贺洺涯丁二尹父母七十偕寿序》③等祝寿诗文。

第三,怀念和悼念亲友的诗文。例如怀念田顼的《秋日有怀柜山田希古》、怀念唐顺之的《春日台集忆唐荆川》、怀念罗洪先的《岁终寒夜有怀念庵子》、怀念屠楷的《书寄临桂直斋屠尚书》、怀念许谷的《怀许石城旧寅长》等,哀悼姜大成的《哀姜园》、哀悼林春的《挽林东城旧寅长》、哀悼蒋御史的《挽蒋少济》④、哀悼祝文冕的《挽旧尹祝静庵》、哀悼陈璋的《挽陈东皋旧刑部》、哀悼继配王氏的外祖翁王臣的《挽外祖翁》、哀悼王氏外祖母吕氏的《挽外祖母》等。

---

① 《李开先全集·诗文》《李中麓闲居集》之四《五言排律·赠棋客陈国用》,第394页。
② 《李开先全集·诗文》《李中麓闲居集》文之八《墓志·云峰王处士墓志铭》,第814页。
③ 为县丞丁洺涯父写《贺洺涯丁二尹父母七十偕寿序》,是李开先主动为之,他在序中说:"李子嘉洺涯之政,而本其亲之贤也,不索且文之,况有命耶!"
④ 《李开先全集·诗文》《李中麓闲居集》之二《五言律诗·挽蒋少济》,第215页。诗前有序言,蒋原以御史外谪,后来又升佥事,但是未能查到他的原名。

第四，答谢友人赠予。如《谢上官惠历》《谢谢少溪惠鱼次谷少岱韵》《谢友人惠雪梨葡萄》《奉谢杨方城寄书》等。

第五，为别人作品作序。如李开先为边贡和何大复诗集分别作《边华泉诗集序》和《何氏辞赋集序》，为唐顺之诗文作《荆川诗卷跋》，为赵时春《赵浚谷诗文集》、袁崇冕散曲集《春游词》、高应玘散曲集《醉乡小稿》、乔岱《乔龙溪词》、谢九容《东村乐府》、崔铣《松窗寱言》、苏洲《烟霞小稿》、张铎《海岱诗集》等作序。

第六，为不少好友作传、行状、碑铭之类，以示纪念。他曾为康海作传，"久欲作传报之，索其志状不可得，急了心愿，乃以平日所闻，并其文集及关中士夫集有可采者，强成篇章，以竢他日有得，更当增补之"①。为了报答康海的称扬和提携之恩，他克服可取资料有限的困难，为康海写了篇洋洋洒洒的传记。此外，他还为王九思、李梦阳、何大复等先贤和陈束、王慎中等好友作传。在《后冈陈提学传》篇首中讲述了为王九思、康海等前辈所作六传得到了好友冯惟讷的称赏，并鼓励他为同代人王慎中、唐顺之等作传"以备信史"：

> 青州冯少洲大参，尝有书来，索中麓子新作，乃以王（九思）、康（海）、吕（柟）、马（理）、李（梦阳）、何（景明）六传应之，过承称许，以为雄文老笔，凌轶子长，前辈宗工钜儒，表章略尽，但自今上改元后，如王（慎中）、唐（顺之）、陈（束）、吕（高）数子与公，以文章气节，彪炳当时，其声实可方驾弘、德间矣。今诸子稍稍有厌世者，公不可不各为一传，以备信史。②

七、难以拒绝的人情请托

在古代碍于人情请托为他人作诗为文的情况比较常见，这种被动写作一般有两种情况，一种是为生者作赞美性文辞，另一种是为死者作颂德性传记、墓表等。无论哪种情况，最终目的皆是借这种诗文实现名垂不朽。

1. 请托名人作诗为文的社会风气

明人陆容在《菽园杂记》中对嘉靖中期时人请人作诗作序的行为和被请

① 《李开先全集·诗文》《李中麓闲居集》文之十《传·对山康修撰传》，第920—921页。
② 《李开先全集·诗文》《李中麓闲居集》文之十《传·后冈陈提学传》，第936页。

托者的回应进行深刻揭示：

> 古人诗集中有哀挽哭悼之作，大率施于交亲之厚，或企慕之深，而其情不能已者，不待人之请也。今仕者有父母之丧，辄遍求挽诗为册，士大夫亦勉强以副其意，举世同然也。盖卿大夫之丧，有当为神道碑者，有当为墓表者，如内阁大臣三人，一人请为神道，一人请为葬志，余一人恐其以为遗己也，则以挽诗序为请。皆有重币入赘，且以为后会张本。既有诗序，则不能无诗。于是而遍求诗章以成之。亦有仕未通显，持此归示其乡人，以为平昔见重于名人。而人之爱敬其亲如此，以为不如是，则于其亲之丧有缺然矣。于是人人务为此举而不知其非所当急。甚至江南铜臭之家，与朝绅素不相识，亦必夤缘所交，投赘求挽。受其赘者，不问其人贤否，漫尔应之。铜臭者得此，不但哀册而已，或刻石墓亭，或刻板家塾。有利其赘而厌其求者，为活套诗若干首以备应付。及其印行，则彼此一律，此其最可笑者也。①

陆容认为嘉靖中期之前亲人去世，亲厚之人或爱戴他的人会主动为其写"哀挽哭悼"的作品，而后来遇到父母丧亡，时人则"遍求挽诗为册"。世人一般请名人执笔，被请托者在丰厚润笔费的诱惑下有求必应，无论相识与否、品行高下，一律歌功颂德，于是出现"彼此一律"的可笑局面。李开先也曾说"旧时翰林之葬其亲者，志状碑传，必出馆阁大臣手"②，受时下风气的影响，翰林官的亲人去世，所需纪念性材料乃求馆阁重臣执笔。

　　一篇关于死者的纪念性材料能够流传后世，取决于两方面的因素：一是传主的身份，如果他是名人，通常情况下关于他的资料会流传后世；二是执笔者的身份，对于那些寂寂无闻者来说，请名人写纪念性材料，生平事迹传之后世的机会就会大大增加。基于这种认识，当时人们争相拜访名人请他为亲友写诗为文，以表孝心。有人甚至在生前就将纪念性文字托付给有潜力的后辈，以求自己的事迹能够传之后世，比如：何景明临终向后辈嘱托后事，"墓文必出崆峒手"，想请早已绝交的李梦阳为其执笔，当时他的后辈和孟洋、张诗等侍立在旁，因拉不开脸面而比较为难："自论诗失欢后，绝交久矣，状去，崆峒文必不来。吾辈并樊少南、戴仲鹖，亦可攒辕一崆峒。"于是孟洋、樊鹏等违背这一遗嘱为何景明作了墓志、行状，李开先觉得这些材料仍

---

① （明）陆容：《菽园杂记》卷十五，上海古籍出版社 2012 年版，第 126 页。
② 《李开先全集・诗文》《李中麓闲居集》文之十《传・对山康修撰传》，第 918 页。

不如意,于是主动为其作传①;马理生前将之托付给李开先,"生前每有书来借书,勉予以学业,兼有身后文之托",他死后,李开先看到有"赵尹状其行,杨司马、乔宪长为之志且表之矣,独未有传",于是为其作《溪田马光禄传》。②

2. 李开先的被动应酬

作为"嘉靖八才子"之一,声名远扬,慕名找他写东西的人同样不少。当时"人言死者但得李文,免堕地狱"③,可见大家对他的诗文认同度颇高。碍于请托,他为别人写了不少应酬诗文、墓志铭、行状、传记等。例如:好友潘高去世之后,他的长子"云祥年今十八,即能为有伦次事状,千余里走使属予作传"④;莱州府推官温训升任成都府同知时,借道章丘,拜托他为其祖母偿还谢某金子一事写传记⑤;章丘训导李石坡的父亲七十二岁时,李石坡僚友周泌溪暨其众门人,请他作文祝寿⑥;曾任嘉兴知府的陈守义请他为姻亲、山西人赵进写七十岁的寿文,他作《遥贺西庄赵大夫七帙寿序》;因杨选的缘故,其父母被封为文林郎和孺人时,又恰好七十岁,李开先说"众客约日称贺,而征其文于予",于是作《贺双溪杨公孺人时氏同封偕寿序》。⑦

有些人情请托可以推辞,有些却推辞不掉。济南知府魏裳将要入京观见参加考核,李开先作《送兰川魏太守入觐序》,不仅碍于魏作为知府的身份,还有其他官员的请托:"别驾陈文石、通府冯后山、节推刘默庵,同书驰至中麓山斋,命为之文,以导其行。"⑧当地父母官——章丘知县的请求更是无法拒绝:嘉靖三十四年(1555)章丘知县程熟亲自登门,请他为马政膺奖一事作贺文,谅谁都不会且也无法推辞,李开先为他作《贺吾潭程尹马政膺奖序》,顺便为县丞王东泉作《贺东泉王二尹马政膺奖序》。章丘知县刘田入京朝觐前,李开先作《送见川刘尹朝觐序》,因为"其僚佐以予知其政而异其才,又尝官考功司考察,言有据而事能详"⑨。刘田僚属找他作序的理由还挺充分,否则他仅在任一年,难有很深的交情去替他写序。章丘知县张一通在嘉

---

① 《李开先全集·诗文》《李中麓闲居集》文之十《传·何大复传》,第 933 页。
② 《李开先全集·诗文》《李中麓闲居集》文之九《传·溪田马光禄传》,第 892—893 页。
③ 《李开先全集·诗文》《李中麓闲居集》文之七《墓志·煤客刘祥墓志铭》,第 716 页。
④ 《李开先全集·诗文》《李中麓闲居集》文之九《传·潘春谷传》,第 858 页。
⑤ 《李开先全集·诗文》《李中麓闲居集》文之九《传·温母常氏还金传》,第 864 页。
⑥ 《李开先全集·诗文》《李中麓闲居集》文之五《序·奉贺李翁七十二寿序》,第 484 页。
⑦ 《李开先全集·诗文》《李中麓闲居集》文之五《序·贺双溪杨公孺人时氏同封偕寿序》,第 493 页。
⑧ 《李开先全集·诗文》《李中麓闲居集》文之五《序·送兰川魏太守入觐序》,第 535 页。
⑨ 《李开先全集·诗文》《李中麓闲居集》文之五《序·送见川刘尹朝觐序》,第 536 页。

靖四十四年(1565)到任,才数月就得到山东巡抚鲍象贤的褒奖,"其僚友赵丞、田簿以及张尉,同诣予所请文,以重其始,以昭其盛。予邑人也,更期其大有所为,以苏民困,遂为之文而不可辞"。①

有时候碍于亲友的请求,为亲友的朋友作诗为文:堂弟李继先和门客李永正与同邑人王国贤交善,于是作《贺双台王国贤荣膺冠带序》②;他作《重修三官庙记》缘于岳父张锜的请托,三官庙庙主、苦行僧洪果"以予林下散人,每探春必过此灵境,托妻父张锜,命为之记。妻父行年八十有九,乡宾也,寿官而又乐善人也。予性好游,兼不敢违尊长之命,乃述废兴始末,畁之勒诸石,以垂永永"③。亦有托他的弟子向他索文的情况,《巡抚朱镇山祠堂记》即部分缘于弟子罗兰之请,"罗生兰,旧尝从游,因众意,索记于中麓野人。门墙之分,乡曲之请,又大工而且义举也,难于固辞,遂书此以勒于石,以久其传"④。某年太医院医士胡螺川携谷继宗的推荐信找他写诗,他用刘吾泉太守的诗韵作诗一首相赠⑤。细思之,这首赠诗有一石三鸟之便:第一,胡螺川本身为太医院医士,擅长太素脉,以其身份直接向他索诗,他应当不会拒绝;第二,胡螺川携带好友谷继宗的推荐信前来,看在友人面子他也无法拒绝;第三,他作诗是用太守刘吾泉的诗韵而作,相当于追随刘太守,并与之进行精神上的交流。

其实,他的耳根和心都比较软,做不到坚决地拒绝别人。《中麓山人续对》中有《友人有求而不遂劳而无功者以一对怜之》:"见死无人救,浮生枉自忙"⑥,无论别人求什么东西,他都尽量给予,甚至拒绝别人后会为对方白跑一趟而愧疚。别人求他写作对联也是如此,门客虞得琴的跋语中说:"中麓翁久不欲作对语,然有必不可免者,如遇新岁首,构新亭台及有事者恳请难于但已不可严拒时,或作曲应之。"⑦有的时候,他还会为好友代笔,如作于嘉靖三十八年(1559)的《文林郎河南道监察御史北泉蓝公墓志铭》乃代替李

---

① 《李开先全集·诗文》《李中麓闲居集》文之五《序·贺邑令洙滨张君抚台奖励序》,第542页。
② 《李开先全集·诗文》《李中麓闲居集》文之六《序·贺双台王国贤荣膺冠带序》,第599—600页。
③ 《李开先全集·诗文》《李中麓闲居集》文之十一《记·重修三官庙记》,第981页。"畁之勒诸石"中"畁",在明刻本中作"卑",乃形似致误。
④ 《李开先全集·诗文》《李中麓闲居集》文之十一《记·巡抚朱镇山祠堂记》,第1037页。
⑤ 《李开先全集·诗文》《李中麓闲居集》之三《七言律诗·院医庐陵胡螺川善太素脉携谷少岱荐书过访索诗因次吾泉刘太守韵应之》,第350页。胡螺川和刘吾泉皆为号,其名字不得而知。
⑥ 《李开先全集·杂著》《中麓山人拙对·续对·中麓山人续对卷之下·友人有求而不遂劳而无功者以一对怜之》,第1880页。
⑦ 《李开先全集·杂著》《中麓山人拙对·续对·中麓山人续对卷之下·跋文》,第1978—1979页。

舜臣而作,作于嘉靖四十年(1561)的《累封恭人邢妻孙氏墓志铭》是代张舜臣而作,以上皆因为好友受人所托写作墓志但适逢生病无法完成,便让铭主后人请李开先代笔,他为帮友人脱困而爽快答应。

请他写诗文的人太多太多,《中麓山人拙对》中说"亲情要比朋情厚,诗债常同酒债多"①。嘉靖三十二年(1553)左右,他的脚被刺伤,比较严重,甚至长了脓疮,他行动不便而推却很多外出的应酬,正因为如此,他才有更多的时间写诗作文,"乘间可了诗文债,潦草篇章信笔挥"②,这说明请他作诗为文者比较多,平日积攒起来,正好趁养伤之机挥洒笔墨来偿文债。短时间内写得太多,作品质量就难以保证,有时候写完就知道有问题而追悔莫及,"诗成客去追难及,简被人催语未工"③。不过,这也是无法避免的,毕竟多和精是难以兼得的。

总之,李开先的著述受重拾兴趣爱好、寄托精神需求、希冀传名于后世、发表个人见解、联络亲友感情等主观因素的制约,同时也受当时人情请托风气的影响。

---

① 《李开先全集·杂著》《中麓山人拙对、续对·中麓山人拙对卷之中·散对》,第 1775 页。
② 《李开先全集·诗文》《李中麓闲居集》之三《七言律诗·足被刺伤作》,第 252 页。
③ 《李开先全集·杂著》《中麓山人拙对、续对·中麓山人拙对卷之中·散对》,第 1842 页。

第九章　著述的灵感来源

李开先著述有一定的习惯，喜欢一蹴而就，如果有事打断就会停顿很久，等再有兴趣了才能完成，"提学副使冯惟讷过予家，时方为公（霍韬）作志文，将脱稿。鄙性作文不论长短，只一笔立成，有人冲断，则阁笔须待再有兴方为之。冯来，自念此文又不知更待何时，喜其惠公文集一部，正可为助"①。嘉靖四十一年（1562）为霍韬作墓志铭时，适逢冯惟讷赴浙江提学副使之任路过章丘，他正担心墓志铭将又成文无期，幸好冯带来一部霍韬的文集，对他速成此文帮助很大。

任谁的写作灵感都不可能不受干扰，这就不难理解他对著述并非时时刻刻保持较高热情，有时候受到琐事和忧愁困扰，也会流露消极的情绪，曾作《悔作文事》表达不想写作的沮丧：

> 自愧原非作赋才，幸于词客得追陪。
>
> 涂涂置笔将焉用，岂若捐文放酒杯。②

他也有百无聊赖不想写作或感觉怎么也写不好的时候，例如："百岁光阴惊过半，一冬笔砚懒相亲"③，"有时阁笔诗无兴，到处开樽酒有缘"，"难得好诗题景物，惟将行乐副年华"④，"笔慵挥砚池因雨满，书不读简帙被风开"⑤。有时也会为自己声名在外、诗文受到大家称赞感到羞愧，"拙诗羞被世人夸"⑥。他对什么时候写出的东西质量颇高有独特的看法，"诗客因穷诗更

---

① 《李开先全集·诗文》《李中麓闲居集》文之七《墓志·太子少保礼部尚书谥文敏渭厓霍公墓志铭》，第695页。

② 《李开先全集·诗文》《李中麓闲居集》之四《七言绝句·悔作文事》，第448页。

③ 《李开先全集·诗文》《李中麓闲居集》之四《七言排律·季冬念日有事西村途中口占》，第399页。

④ 《李开先全集·杂著》《中麓山人拙对、续对·中麓山人拙对卷之中·散对》，第1820、1837页。

⑤ 《李开先全集·杂著》《中麓山人拙对、续对·中麓山人续对卷之下·散对》，第1917页。

⑥ 《李开先全集·杂著》《中麓山人拙对、续对·中麓山人续对卷之下·散对》，第1956页。

妙,酒朋烂醉酒偏亲"①,"诗人处困诗偏感,会友因衰赴会稀"②,可见他认为在平和的气氛中反而作不出好诗文,唯有处于困境之中和压力之下才会创造奇迹,颇有绝地逢生的意味。

一个人不可能有那么多灵感,谁都会有才思枯竭的苦恼。在《谷少岱赠诗次韵奉答》提到"酒狂我亦嵇中散,诗思君为王右丞",夸赞好友谷继宗文思敏捷、诗才较高,谷曾赠诗给他,他"几回欲和阳春曲,阁笔停杯愧不能"③。某年腊月下大雪,他正在作白战体诗,绞尽脑汁所获不多,酒友登门拜访为其解围,即"吟诗白战吾方苦,酒客临门忽解围"④。诗文著述较多的他,写作灵感有一部分来自对藏书的潜思细读和咀嚼吸收,李舜臣《中麓堂记》载:"先生特秉玄览,自有文字,有一未能读乎?读而无不能有,有而无不能言,言而无不能媲。"⑤揭示出他读书与著述之间的关系,而且这点已经在藏书利用部分有所说明,兹不详述。他的灵感还有一部分来自人与人之间的交往,尤其是同道中人的相互切磋,即"交情有出壶觞外,得句多从杖履间"⑥。在为好友李舜臣所作的墓志铭中提到:"余为文,窃愿效唐荆川明畅,熊南沙该博,王遵岩委曲,而简古则愚谷。"⑦可见,他写作刻意追求并学习唐顺之的明畅、熊过的该博、王慎中的委曲和李舜臣的简古等风格。

灵感是一种虚无缥缈的东西,所以其来源亦无法具体确定。说不定是看过的一本书,或者是吃到喝到的某种东西,跟朋友的谈话或朋友的作品,或为对敬仰者的追随仿效,或为诗友词友之间的相互唱和,或为在家乐班听曲后的感悟创作,或为门客弟子之间的教学相长,或为民间俚语的耳濡目染,不一而足,难分轻重,笔者只能尽可能地探究和还原他创作的思想源泉。兹将对他的写作有益的交游活动分条设类列举如下。

---

① 《李开先全集·杂著》《中麓山人拙对、续对·中麓山人拙对卷之上·散对》,第 1829 页。
② 《李开先全集·杂著》《中麓山人拙对、续对·中麓山人续对卷之下·散对》,第 1958 页。
③ 《李开先全集·诗文》《李中麓闲居集》之三《七言律诗·谷少岱赠诗次韵奉答》,第 251 页。
④ 《李开先全集·诗文》《李中麓闲居集》之三《七言律诗·十二月大雪天且甚寒》,第 363 页。白战体亦称"禁字体",一种遵守特定禁例写作的诗。禁例大略为不得运用通常诗歌中常见的名状体物字眼,意在难中出奇,或者是限定某些字必须入诗。
⑤ (明)李舜臣:《愚谷集》卷七《记志·中麓堂记》,第 1 页。
⑥ 《李开先全集·杂著》《中麓山人拙对、续对·中麓山人续对卷之下·散对》,第 1951 页。
⑦ 《李开先全集·诗文》《李中麓闲居集》文之八《墓志·大中大夫太仆寺卿愚谷李公合葬墓志铭》,第 771 页。

一、向"前七子"成员及马理、吕柟等前辈学习

李梦阳、何景明、王廷相、边贡、康海和王九思为"前七子"成员,倡导复古运动,在当时文坛上声誉颇高。虽然李开先早期的不少拟作未能流传下来,但是后期《闲居集》存有不少关于李梦阳的作品,如《赏菊用李崆峒九日无菊诗韵》《九子诗》等,还编选过何景明的辞赋集和边贡的诗集并作序言,足见他与文坛复古诸子有所交往,受他们的影响颇深。

1. 与李梦阳、何景明、王廷相和边贡的交游

李梦阳(1473—1530),字献吉,号崆峒,陕西庆阳(今属甘肃)人。弘治六年(1493)进士,仕至江西提学副使。工诗及古文,倡言"文必秦汉,诗必盛唐",为"前七子"领袖。李开先考取功名前即对他比较仰慕,登进士第后委托座主王教致书向其请教,适逢他在病中,"枕上得书叹息,以为世亦有同心如此者,竢病愈复书。"①不过,他最终未能痊愈,未与李开先晤面而卒,可见两人并无直接来往。李开先罢归后曾用他《九日无菊》的诗韵作《赏菊》一诗②,整理的《悼内同情集》中收入了他的祭妻文,而且还为他作《李崆峒传》。他肯定"诗缘情"的传统命题,尤其是对于民间文学的关注,对李开先影响甚大。

何景明(1483—1521),字仲默,号大复,河南信阳人。弘治十五年(1502)进士,授中书舍人,因得罪刘瑾而落职,刘瑾被诛后才被起用,仕至陕西提学副使,卒于官。初入仕途,在文坛上与李梦阳互为羽翼,"是时崆峒方以诗文雄压都会,乃卒遇而响应之,改白坡而号大复,弃时尚而修古辞,犹夫唐荆川之值王遵岩,如江河将决,一彻其防,而沛然莫之能御",声名渐渐远扬,"而大复之作,流布函夏,始刻长安,久而在处有之,但识字者,即心慕其人而口诵其辞。或与边华泉及崆峒称为'海内三才',或与安阳崔后渠称为'中州二俊',或与关中诸公并吴下徐迪功称为'弘德七子',声愈振而礼愈谦,求识面愿卜邻者,自举贡以至公卿无不然"③。李开先虽然未与他直接交往,但神交较久,为之作传,称他"学精见远,志大行坚,处家怡怡,交友雍雍。至于取予进退,则断断不可回。乐道安贫外,更无余事,却有余长,如阴

---

① 《李开先全集·诗文》《李中麓闲居集》文之十《传·李崆峒传》,第 931 页。
② 《李开先全集·诗文》《李中麓闲居集》之三《七言律诗·赏菊》,第 343 页。
③ 《李开先全集·诗文》《李中麓闲居集》文之十《传·何大复传》,第 934 页。

阳、医卜、地理、天文、律吕、历数，各臻其妙。犹以词章非实用之物，将略去不复容心。"①后来，还为他编刊《何氏辞赋集》。

王廷相（1474—1544），字子衡，号浚川，河南仪封人。弘治十五年（1502）进士，官至都察院左都御史。他对李开先比较器重，而且这种情谊爱屋及乌，李开先向他推荐挚友吕高，他欣然用之，时称得人。他死后数年，李开先作《六十子诗·王浚川廷相》忆之："台纲能独持，宿德真吾师"。②

边贡（1476—1532），字廷实，号华泉，山东历城人。弘治九年（1496）进士，官至太常丞。与李梦阳、何景明、徐祯卿并称"弘正四杰"，又同列名明代文学"前七子"。嘉靖十一年（1532），藏书之所万卷楼遇火，所藏图书焚烧殆尽，他痛苦万分，仰天大哭，遂起病而卒。去世时，李开先刚入仕，两人的交往肯定不多，不过李开先对他非常仰慕，在他去世后编选《边华泉诗集》。

李开先与李梦阳、王廷相、边贡等人的直接交往太少，关系仅限于此。相比较而言，他与康海、王九思的交往更为密切一些。

2. 与康海和王九思的交游

嘉靖十年（1531），初涉官场的李开先试政户部时，奉命饷军宁夏，途中得遇康、王二人。康海（1475—1540），字德涵，号对山，陕西武功人。弘治十五年（1502）状元及第，授编修，因有与刘瑾交往的嫌疑在刘被诛后罢官。擅长诗文，亦工词曲，有《沜东乐府》《康对山文集》及杂剧《中山狼》等作品传世。他反对当时专事剽袭、鹦鹉学舌的写作风气：

> 古人言以见志，其性情状貌，求而可得，此孔子所以于师襄而得文王也。要之自成一家。若傍人篱落，拾人唾咳，效颦学步，性情状貌，洒然无矣，无乃类诸译人矣乎？君子不作凤鸣，而学言如鹦鹉，何其陋也！③

于是和王九思、李梦阳等倡导了文学复古运动。虽然自恃清高，对李开先却十分赏识，"坐谈即许以国士"，两人激昂阔论，相见恨晚，李开先当夜"作一正宫长套词"，即《述隐·赠对山》。一套长达二十二曲，将忿恨与豁达融于一曲，风格颇为独特，赢得康海、张治道、胡侍等诸人的赞赏，"传播长安以及鄠县"④。正是由于这次交往，也正是由于《述隐·赠对山》中所蕴含的思想

① 《李开先全集·诗文》《李中麓闲居集》文之十《传·何大复传》，第935页。
② 《李开先全集·诗文》《李中麓闲居集》之四《五言绝句·六十子诗》，第418页。
③ 《李开先全集·诗文》《李中麓闲居集》文之十《传·对山康修撰传》，第916页。
④ 《李开先全集·诗文》《李中麓闲居集》文之十《传·渼陂王检讨传》，第925页。

锋芒与文采,使素自高标的康海将其视为同道,缔结了忘年之交和终生之谊。

王九思(1468—1551),字敬夫,号渼陂,又号紫阁、碧山,陕西鄠县人。弘治九年(1496)进士,仕历翰林院检讨、吏部郎中,同以刘瑾事被罢归。擅于作诗,尤好词曲,"诗文苍古,而词曲则新奇,不止守元人之家法,而且得元人之心法矣。脍炙人口,洋溢人耳,自罢寿后始然,而前此尚不为此体也"①。著述颇丰,有《渼陂集》《渼陂续集》《碧山乐府》及杂剧《沽酒游春》等传世。他对李开先同样比较欣赏,早已得到康海传来的音讯,"朝暮北望,不见音尘,意料或不来矣。忽一日造其门,惊讶以为从天降也。握手庆幸,有如旧交"②。短短不到一周的时间,两人关系就有了突飞猛进的发展,相识之前仅凭康海的称誉和《述隐·赠对山》的内容期待与李开先相见,结识之后面对面地交流使两人产生惺惺相惜之感。目前难以确知两人在短短数天所做的具体事情,不过从《词谑》可以窥见他们的交往集中在曲律音韵上的探讨,兹举三事以说明:一是李开先作【沉醉东风】一曲讥讽他包养的外室不专情。没想到曲成之后,迅速传遍长安,为了避免事态扩大,王九思请他再次作曲来阐释和缓解,于是他又作【朝天曲】一曲。③ 二是两人品评一套《商调词》:

> 曩游鄠县,王渼陂使人歌一套《商调词》,试予评之。歌毕,又使反之。予曰:"此不难评,可比涎涎邓邓冷眼儿睐,杓杓答答热句儿浸。"渼陂曰:"君所指乃王元鼎嘲娼妇苹文秀者,以此拟彼,将以之为元词乎?"予曰:"在元人之下,有燎花气味。"渼陂曰:"是已是已,此元末国初临清人也。"④

三是李开先幽默诙谐地品评王九思《游春记》。《词谑·驳渼陂词》所载甚为生动详细:

> 渼陂设宴相邀,扮《游春记》,开场唱【赏花时】,予即驳之曰:"'四海讴歌百姓欢,谁家数去酒杯宽。'两注脚韵走入桓、欢韵,因请予改作'安'、'乾'二字。"至"唐明皇走出益门镇",予又驳之曰:"平声用阴者犹

---

① 《李开先全集·诗文》《李中麓闲居集》文之十《传·渼陂王检讨传》,第 925 页。
② 《李开先全集·诗文》《李中麓闲居集》文之十《传·渼陂王检讨传》,第 925 页。
③ 《李开先全集·曲论》《词谑·一词谑·嘲王渼陂外户》,第 1536 页。根据语意推测,此处的"外户"当指外室或者比外室的地位还低微的女子。
④ 《李开先全集·曲论》《词谑·一词谑·商调词》,第 1538 页。

不足取，况用'益'字去声乎？"复请改之。上句乃"太真妃葬在马嵬坡"，拘于地名，急无以为应。若用"夷门"，字倒好，争奈不曾由此去耳。因戏之曰："非是王渼陂错做了词，原是唐明皇错走了路。"满座大笑，扮戏者亦笑，而散之门外。①

由上亦可知，李开先并没有谨小慎微地掩饰才情，而是大胆直接地指出曲中不足，更加赢得王九思对他的赞赏，也充分说明两人对作品有着精益求精的共同追求。这种交往对两人来讲都是一种提升，成果显著："谈倦则各出所作，互相评定，半夜而寐或彻夜不寐者凡五六夜，而赓和之作，约有一小册。"②两人一见如故，有说不完的话，将作品写出来互相评定，五六天中一作一和的作品竟有一小册之多。

可惜的是，天下没有不散的筵席，短短的相聚不过数天。自此别后，三人虽未再见面，仍以书信往来的方式保持交流和相互切磋。李开先每有词曲之作，必寄给王九思品评。《中麓小令》百曲写就，王九思非常激赏，按照原来韵律和了百首，两人之作合刻为《南曲次韵》，他为《宝剑记》作后序时已经八十二岁，双目已经失明，然文思如泉涌。还作《咏胡山》对李开先极口揄扬，其中有："山下才子谪仙同，几回蹑履攀穿窿"，认为他狂放不羁，与诗仙李白同调。康海和王九思曾经介绍他结识关西的吕柟、马理、崔铣等先达，对其学问、思想的修养乃至仕途都有积极影响，从康海《对山集》卷九收录《与唐渔石》和《与张孟独》两封信中可以看出康海曾向唐龙、张治道举荐他，利用自己的朋友圈为他的仕途助力③。李开先对他们的提携很是感激，在《渼陂王检讨传》中说："予初碌碌，赖二翁称扬有名，鄙作亦赖之得进。"④又在《对山康修撰传》中称："予为进士有名，赖君延誉，别后逢便即书，表一长卷，余者尚有二三十通。"⑤早在《述隐——赠康对山》就曾称誉康海、张治道、王九思三人：

　　【十四煞】读书破万卷，诗成神鬼惊，才华炫耀珍珠迸。阳春白雪那能和？绿水青山谁与盟？远不出长安境。一个是太微才子，一个是紫

---

① 《李开先全集·曲论》《词谑·一词谑·驳渼陂词》，第 1542 页。
② 《李开先全集·诗文》《李中麓闲居集》文之十《传·渼陂王检讨传》，第 925 页。
③ 《先太常年谱》中亦记载，康海在李开先离开之后，"移书荐之唐太宰渔石公"，"唐太宰渔石公"即唐龙，他从正德三年(1508)至嘉靖二十五年(1546)一直活跃于官场之中，历任郯城知县、云南监察御史、陕西提学副使、山西按察使、兵部尚书、刑部尚书等职。不过，唐龙和李开先的交集未见他处记载。
④ 《李开先全集·诗文》《李中麓闲居集》文之十《传·渼陂王检讨传》，第 926 页。
⑤ 《李开先全集·诗文》《李中麓闲居集》文之十《传·对山康修撰传》，第 920 页。

阁先生。①

虽然未再谋面且书信往来有限，但李开先对他们的仰慕未曾减少。刚与两人分别不久，就在所作《一江风·卧病江皋》中表达思念之情：

> 病难捱。世态无常态，路债无穷债。边关来，词客王公，才子康公，风韵真同派。价高众口抬，文高万卷开，后会知谁在？
>
> 病难捱。柳絮飞狂态，榆荚堆愁债。远差来，时正残春，今已中秋，暗把流光派。侧身向北抬，凝眸望北开，云外长安在。②

罢归之后，作《六十子诗》，其中《康对山海》为："早岁中龙头，忤时蹈虎尾。文辞追远古雅，才识真雄伟。"《王渼陂九思》为："戏编今丽曲，善作古雄文。振鬣长鸣骥，能空万马群。"③在为乔岱《乔龙溪词》所作的序中仍提及康海在南词和北词方面的词曲造诣皆很高："如康对山，每付席稍后，座间方唱南词，或扮戏文，见其入即更之，其所刻《泮东乐府》，南词亦参错其间，以为止长于北，是岂知词与对山者耶。"④

3. 与马理和吕柟的交游

经由康海和王九思的推荐，李开先和马理、吕柟等结识，逐渐发展为忘年交。马理（1474—1555），字伯循，号溪田，陕西三原人。正德九年（1514）进士，屡起屡伏，最终仕至光禄寺卿。做官期间，敢于据理力争，武宗时因谏止皇帝巡游和世宗时因大礼议忤旨皆被廷杖。虽然政绩不甚突出，然而学问精湛，致仕后聚众讲学，嘉靖二十年（1541）总纂《陕西通志》。嘉靖三十四年（1555）十二月陕西大地震，他和夫人被倒塌的窑洞压死。李开先在朝为官时，因康海和王九思的举荐，与他结识并过往甚密。马理很器重他，曾作诗一首颂扬："东有君子儒，闻是谪仙族。爱卜名山居，结茅向中麓。"⑤嘉靖十二年（1533）八月，李开先以户部主事差管徐州仓道，马理欲设宴为他饯行，因事未果，后来派一吏追送到三忠祠。此后两人再未谋面，马理生前经常寄信给他并借阅书籍，勉励他的学业。马理死后，他作《六十子诗·马溪田理》和《溪田马光禄传》，传中盛赞其学问和文章卓绝：

① 《李开先全集·散曲》《述隐——赠康对山》"十四煞"，第 1418 页。张治道号太微，王九思别号紫阁山人。
② 《李开先全集·散曲》《卧病江皋》，第 1431 页。
③ 《李开先全集·诗文》《李中麓闲居集》之四《五言绝句·六十子诗》，第 414—416 页。
④ 《李开先全集·诗文》《李中麓闲居集》文之五《序·〈乔龙溪词〉序》，第 527 页。
⑤ 原载于道光《章丘县志》卷五，转载自卜键《李开先家世考》，中国艺术研究院戏曲研究所和《戏曲研究》编辑部合编的《戏曲研究》第二十二辑，文化艺术出版社 1987 年版，第 237 页。

自胡元微言之绝,先生与何柏斋(何瑭)、崔后渠(崔铣)、吕泾野(吕柟)力回其澜,可直继濂、洛、关、闽之绪。自晚宋文体之腐,先生与王渼陂(王九思)、李崆峒(李梦阳)、康对山(康海)首振其弊,天下始知有先秦、两汉之文。……所著有《四书注疏》、《周易赞义》、《尚书疏义》、《诗删义》、《周礼注解》、《春秋修义》、《陕西通志》与诗文集各若干卷,皆得诸精思力践之余。先生学行重四海,游踪半三秦,述作传百代,声名播四夷,而庆泽可庇其十世子孙。生虽未得大用,殁岂复有遗恨哉![1]

吕柟(1479—1542),原字大栋,后改字仲木,号泾野,陕西高陵人。著名理学家,关中派的领袖人物。正德三年(1508)进士,历任南京吏部考功郎中、南京太常寺少卿、国子监祭酒、南京礼部侍郎等职,多次讲学,从者甚众。李开先《六十子诗·吕泾野柟》中称他:"著述拟河汾,不徒言有文。一时推正学,百世挹清芬。"[2]《泾野吕亚卿传》中赞他的学术成就说:

真醇道学,在关中可继张横渠(张载)者,泾野一人而已;在我朝可继薛文清(薛瑄)者,亦泾野一人而已……先生上可庶几乎周(周敦颐)之精、程(程颢与程颐)之正、邵(邵雍)之大、朱(朱熹)之著述,不但横渠;近可兼乎吴康斋(吴与弼)、胡居仁、陈白沙(陈献章)之长,抑又不但文清。

传中还提到与他的结识和交往过程,"先生知予,以王渼陂、马溪田、康对山三公之荐,在京师忘年与交,别后音问不绝。其赠予《中麓说》及简札,集中乃不载,何也?其为予牌匾大书,真得古法"[3]。据此可知,他曾经赠给李开先《中麓说》及简札,不过《泾野诗文集》缺载,李开先感到比较纳闷和遗憾。所写《中麓说》见于《李开先全集·附录二》,仅从胡山中麓的地理位置与泰山较近来谈李开先的幸运,无甚实质性的内容。李开先娶继配王氏后,与吕柟又成亲戚,"予之继配,其祖母吕氏,乃先生近派,流寓齐东,举族往来甚厚"[4],也就是说王氏祖母和吕柟是近亲,他在为岳父王贡作的墓志铭中说吕氏乃"知县琪之女,状元泾野公之侄女也。"[5]

康海、王九思、马理、吕柟等数位文学耆宿对李开先的影响比较大,从他

---

①　《李开先全集·诗文》《李中麓闲居集》文之九《传·溪田马光禄传》,第895—896页。

②　《李开先全集·诗文》《李中麓闲居集》之四《五言绝句·六十子诗》,第417页。

③　《李开先全集·诗文》《李中麓闲居集》文之九《传·泾野吕亚卿传》,第884、891、892页。

④　《李开先全集·诗文》《李中麓闲居集》文之九《传·泾野吕亚卿传》,第892页。

⑤　《李开先全集·诗文》《李中麓闲居集》文之七《墓志·南顿巡检古泉王君合葬墓志铭》,第706页。

们身上，他不独学习治学方式和理念，退居林下后还有意模仿康海和王九思蓄声伎、事词曲的生活情趣，母亲死后借鉴吕柟的治丧方式，"自成服、奠葬、迁柩、题主，以及卒哭三虞，兼大小祥，至于脱禫，斟酌损益，各有仪注。杨东江葬其父母，及予葬母，踵其遗意行之"①。他甚至还效仿吕柟和马理在书院讲学的行为而创办中麓书院，比如吕柟先后在正学书院、云槐精舍、解梁书院、北泉精舍等求学和讲学，马理先后在嵯峨精舍和商山书院聚众讲学。

二、与唐顺之、王慎中等"嘉靖八才子"成员的交游

李开先踏入仕途之后，和任瀚、熊过、唐顺之、陈束、王慎中、赵时春、吕高等人唱和交游，缔结了终生不渝的友情。他们为文推崇唐宋，提倡"出入有度，神气自流"的文风，与复古派"前七子"的观点相抵牾，文运为之一变。清代钱谦益说："嘉靖初，王道思、唐应德倡论，尽洗一时剿拟之习。伯华与罗达夫、赵景仁诸人，左提右挈，李、何文集，几于遏而不行。"②八人中除王慎中和赵时春是嘉靖五年（1526）进士，其余在嘉靖八年（1529）登第，时人称他们为"嘉靖八才子"。

李开先罢归后，和其他成员来往密切，而和任瀚无往来。任瀚（1501—1593），字少海，号忠斋，又号五岳山人，人称固陵先生，四川南充人。嘉靖八年（1529）进士，历任吏部主事、考功郎中、左春坊左司直兼翰林院检讨等职。因语侵霍韬，被削为民，后来遇赦，复官致仕。研究《六经》，又潜心于《易》，颇有所得。同时又教书育人，如诗书大家黄辉、神宗时宰相陈于陛、著有《皇极经世衍义》的张鉴等皆出自其门下。从此可以看出，李开先和他没有来往的原因大概有三个：一是罢归后南充和章丘隔着千山万水，纵使有联络之心，也会因交通不便、鸿雁传书之难而作罢，缺少沟通和交流致使两人关系疏远。二是任瀚和霍韬有过节，而霍韬是李开先的座主，是导致他被罢归的罪魁祸首，他再豁达和不计较，和仇人的门生——李开先的关系也好不到哪里去。三是两人的志趣不同。为官时，他以清修方正闻名，因不愿和权贵同流合污而多次请求辞官归家，李开先自始至终对做官满腔热情。罢归后，他专攻经学和教书育人，李开先则致力于词曲研究，两人没有共同语言，也就没必要联系。不过，我国民间通信业起源于唐代长安、洛阳两京之间"往来

---

① 《李开先全集·诗文》《李中麓闲居集》文之九《传·泾野吕亚卿传》，第887页。
② （清）朱彝尊：《明诗综》，中华书局2007年版，第1993页。

甚速,有同驿骑"的"驿驴",明代永乐年间甚至出现了专营此项业务的民信局,这就说明在没有战乱干扰的情况下,民间私人之间突破空间限制保持精神上的联系不成问题。罢归后,李开先与同僚、前贤联络不断,与远在云南的杨慎都能保持密切的联系,而独与任瀚没有往来,可以肯定使两人关系中断的真正原因是后面两个。任瀚之外其他几人的生平及与李开先的诗文交游见表9-1。

表9-1 任瀚外其他几子生平及与李开先的诗文交游

姓名及生卒年	字、号	籍贯	历任官职	与李开先的诗文交游
熊过 (1506—1580)	字叔仁,号南沙	四川富顺	礼部主事、礼部员外郎	熊过为李开先作《山东李氏书目序》《中麓记》,李开先为其作《九子诗·熊南沙过》。
唐顺之 (1507—1560)	字应德,一字义修,号荆川	常州武进	兵部主事、吏部主事、翰林院编修、右春坊司谏、兵部郎中、右金都御史	唐顺之为李开先作《中麓草堂藏书歌》《与李少卿中麓书》,李开先为其作《九子诗·唐荆川顺之》、《移菊夜宴用荆川唐太史韵》、《春日台集忆唐荆川》、《喜闻唐荆川复官》、《荆川唐都御史传》及补传、《荆川诗卷跋》①,还作《挽唐荆川》一副对联。
陈束 (1507—1540)②	字约之,号后冈,又号龙冈	浙江鄞县	礼部主事、湖广佥事、福建参政、河南提学副使	陈束《陈后冈诗集》中收有《同屠六宫谕、胡用甫侍讲、李伯华文选、吕大东驾、熊叔仁武选饮任二司直宅,醉复话旧,席上辄成口号相赠》《出都酬谢任熊二兄兼简李伯华文选》等;李开先为其作《六十子诗·陈龙冈束》《后冈陈提学传》。
王慎中 (1509—1559)	字道思,初号南江,更号遵岩	福建晋江	户部主事、礼部员外郎、山东提学佥事、江西参议、河南参政	李开先为其作《九子诗·王遵岩慎中》、《寄致政大参王遵岩》二首、《遵岩王参政传》及补传。

① 《荆川诗卷跋》大概作于嘉靖四十年(1561)前后,唐顺之的儿子唐鹤征寄来《立秋诗》一卷,李开先认为"无奇语而未尝不奇,如老态而殊为不老。令人终日相对忘倦,亿(忆)旧不能不继之以悲"(《李开先全集·诗文》《李中麓闲居集》文之十一《跋语·〈荆川诗卷跋〉》)。

② 陈束的生卒年不详,1507—1540 年这个时间范围乃根据《明史文苑传笺证》、李开先《后冈陈提学传》推知。据《明史文苑传笺证》载,嘉靖十九年(1540)是他为河南提学副使的时间,而他"故有呕血疾,会科试期迫,试八郡之士,三月而毕,疾增剧,竟不起,年才三十三。"可知,他死于担任河南提学副使期间,死时才 33 岁。

续表

姓名及生卒年	字、号	籍贯	历任官职	与李开先的诗文交游
赵时春 (1509—1568)	字景仁， 号浚谷	陕西平凉	户部主事、兵部主事、山东按察佥事、山东按察副使、右佥都御史巡抚山西	赵时春《赵浚谷文集》卷四收入《胡山中麓赋》，《赵浚谷诗集》卷一前有"嘉靖四十四年乙丑春太常寺少卿章丘李中麓开先序"，卷四又有《答李中麓太常》诗三首。李开先《闲居集》中收录《九子诗·赵浚谷时春》《和浚谷赵中丞见赠诗韵》《得浚谷赵中丞书感赋》《〈赵浚谷诗文集〉序》。
吕高 (1505—1557)	字山甫， 号江峰	镇江丹徒	户部主事、兵部郎中、山东提学副使	吕高《与李中麓书》收入《明文海》卷一九九；李开先作《江峰吕提学传》《九子诗·吕江峰高》，为《吕江峰集》作序，还作《晓起闻吕江峰讣音》一副对联。

1. 嘉靖八才子的成就和风格

嘉靖八才子体现此际文坛复古发展态势的一个缩影，李开先在为吕高作品所作的序中，列出八人的著作如下：

> 任（瀚）有《考功集》，熊（过）有《内外集》并《周易象旨决录》，唐（顺之）集十二卷，陈（束）集不分卷二册，王（慎中）有《家居》、《玩芳堂》二集，各七卷，而赵（时春）集十五卷。予自杂著外，集亦不分卷，凡十二厚册。惟江峰（吕高）不知其集之多少存亡。①

不过，列举得不很全面。任瀚为南充人，与富顺熊过、内江赵贞吉、新都杨慎并称"西蜀四大家"，著述甚富，有《吏部集》《考功集》《任宫坊集》《五岳集》《春坊集》《钓台集》《任文逸稿》《任诗逸草》《任少海文集》等②。熊过博览群书，著有《南沙文集》十二卷、《庙议》二卷、《六书订解》八卷、《先天历法考异》四卷、《土圭测景图论》二卷、《读史蠡测》四卷、《皇明大事纪》十卷、《乐

---

① 《李开先全集·诗文》《李中麓闲居集》文之五《序·〈吕江峰集〉序》，第538页。王慎中《遵岩家居集》七卷，由其弟王惟中校正。
② 金生杨：《任瀚著述新考》，载自四川省人民政府文史研究馆和蜀学研究中心主办的《蜀学》第9辑，巴蜀书社2015年版，第127—141页。

府琳琅》六卷、《冰厅摭言》二卷、《南中异物志》一卷、《三礼直解》十二卷①。
唐顺之学识渊博，尤重实学，《明史》载：

> 顺之于学无所不窥。自天文、乐律、地理、兵法、弧矢、勾股、壬奇、
> 禽乙，莫不究极原委。尽取古今载籍，剖裂补缀，区分部居，为左、右、
> 文、武、儒、稗六编传于世，学者不能测其奥也。为古文，洸洋纡折有大
> 家风。②

他对天文、地理、数学、历法等皆有研究，于奇门遁甲、兵法战阵、刀枪拳棍等
无一不学。著述繁富，《明史》中所说"为左、右、文、武、儒、俾六编传于世"指
的是他所编《左编》一百四十二卷、《右编》五十卷、《文编》六十四卷、《稗编》
一百二十卷及《武编》，此外还有《荆川集》《诸儒语录》《勾股等六论》《五经总
论》等数种著作，并批点了《史记》《汉书》等史籍。陈束英年早逝，作品多已
散失，著有《陈后冈集》二卷（诗、文各一卷），存诗一百二十首，由唐顺之选
辑，文三十四篇，为张时彻选辑③。王慎中作诗为文，卓然成家，《遵岩集》二
十五卷被收入《四库全书》，另有《玩芳堂摘稿》四卷，还有一些散文和诗作被
录入各种文选中。赵时春工诗文词曲，著有《赵浚谷诗文集》十六卷、《洗心
亭诗余》一卷、《平凉府志》十三卷、《稽古绪论》等④。关于吕高，《明史·文
苑传》言"于八子中名最下"，通过查阅资料发现他至少著有《江峰漫稿》十二
卷。他们大多著述等身，声名在外，充分证明世人所称的"嘉靖八才子"并非
浪得虚名，而是实至名归。

李开先在序中还对包括自己在内的八人的诗文创作风格进行品评：

> 古有"建安七子"、"大历十才子"，今嘉靖十年后，更有"八才子"之
> 称。八人者，迁转忧居，聚散不常，而相守不过数年，其久者亦止八九年
> 而已，不知天下何以同然有此称。详其所作，任忠斋以奇警，熊南沙以
> 简古，唐荆川以明畅，而陈后冈之精细，王遵岩之委曲，赵浚谷之雄浑，
> 各随其材力。吕江峰独以雅致擅名。七子所长，果是不可及，但任失之

① 金生杨：《明代西蜀熊过之易象学》，载自刘大钧《长江学术文献大系·大易集旨》，上海科学技术文献出版社 2016 年版，第 303 页。
② （清）张廷玉等：《明史》卷二百五《列传第九十三·唐顺之传》，中华书局 1974 年版，第 5424 页。
③ 唐桂英：《陈束研究》，湘潭大学 2014 年硕士论文，第 1 页。陈束生前曾自编诗集《无奇集》，估计未能刻印。
④ 结合周鉴《行实》和杜泽逊《跋明刻本〈赵浚谷诗文集〉》的记载，《赵浚谷诗文集》包括《诗集》六卷、《文集》十卷、《疏案》一卷和《永思录》一卷，有明万历八年周鉴刻本，见于《中国古籍善本书目》《北京图书馆古籍善本书目》等著录，北京市图书馆、天津市图书馆、北京师范大学图书馆、山西大学图书馆等处收藏。

靡丽,熊失之悭涩,唐失之软弱,而失之深晦者陈,失之疏荡与缠绕者乃赵与王也。吕亦自谓有方板之失,其短处自不可掩……惟予兼有七病,素无一长,亦幸得厕名于其间。①

这一评价颇为中肯,对后人了解嘉靖八才子的著述特色很有参考价值。

2. 嘉靖八才子的情谊

据梁海柱《李开先与嘉靖八才子交往考论》考证,八人可能相聚的时间仅为嘉靖八年(1529)李开先等中进士到同年冬熊过离京,而且李开先与他们每个人可能相聚的时间比其他七人彼此可能相聚的时间都要长②。尽管八人迁转无常,齐聚的时间不到一年,但是他们交往密切,缔结了终生不渝的友谊。

"嘉靖八才子"在仕途上互相提携和指点,李开先就职吏部时,曾经推荐吕高为山东提学副使、陈束为河南提学副使,辗转举荐唐顺之为右春坊右司谏。他推举吕高时,僚友说:"素相交厚,或当避嫌。"他却毫不在意:"只知才堪督学,又何恤乎厚当避嫌耶?"③陈束死在河南提学副使任上,临死前写信给他:"疏狂之性,原与时违;畸薄之缘,更与天忤。久患脾湿,气体大不佳胜,不即引去,乃局促从事,以致肌骨内销,形神外变,不久为阎罗君座上客耳。"李开先评价他:"生平善书而楷尤善,多才而诗更精,文宗六朝,亦非今之学六朝者可比。诗则有难言者,每情会景来,思奇兴发,一篇成则一篇便可名世。"④唐顺之因得罪张璁被免官后起复,正值东宫教员缺十余人,李开先首先找左锱到内阁说情:"失唐殊不惬众望","内旨不允","再推,因而及之,得为右春坊右司谏"。后来唐顺之请朝东宫而获罪,李开先"为之多方求救,如崔京山等,不遗余力,因召见言及之",最终性命得保被削职为民。⑤

除了仕途上的交往外,他们还经常诗文唱和。刚入仕时,李开先与吕高皆擅诗文,且同在户部供职,做完公事就和杨仲琼、李新芳、左思忠、王廷、黄华等人琢磨诗文,即如李开先在为吕高所作传记《江峰吕提学传》中说:

> 余继亦有此委,与君同事,仓务甫毕,即相与和诗论文,日有长益。而杨卬徕仲琼、李漳野新芳、左石臬思忠、王南岷廷、黄梓谷华,更相琢

---

① 《李开先全集·诗文》《李中麓闲居集》文之五《序·〈吕江峰集〉序》,第537—538页。
② 梁海柱:《李开先与嘉靖八才子交往考论》,广西师范大学2001年硕士论文。
③ 《李开先全集·诗文》《李中麓闲居集》文之十《传·江峰吕提学传》,第941页。
④ 《李开先全集·诗文》《李中麓闲居集》文之十《传·后冈陈提学传》,第938页。
⑤ 《李开先全集·诗文》《李中麓闲居集》文之十《传·荆川唐都御史传》,第952页。

磨，可谓一时之盛也。①

唐顺之由吏部考功司主事被简入翰林院，"陈束尤相厚，入则陪侍讲筵，出则校雠东观，暇则杯酒欢宴，或穷日夜不休"，后来和王慎中交往，在写作文风上受之影响颇多②。嘉靖十三年（1534）秋，王慎中离京赴任常州通判，李开先、吴檄、吕高、熊过、唐顺之、陈束、张元孝、李遂等八人在海甸（今海淀）为之饯行，面对满眼荒凉的景象和即将远行的好友，众人心情沉重，唯有借酒消愁，"酒酣赋诗，有颦眉者，有昂首者，有口呻吟而身屈伸者"，李开先大笑说："本为游乐，而乃愁苦如此。或罚酒，或罚席，予首甘之，而诗则不能也。"限定时间到了，"遍阅诸友，有得数句者，有欠结句者，独皖山（吴檄）先成，意高辞雅，不亚唐之名家。继而诸作悉具，而予亦终篇"。九人唱和之诗，编成诗集《游海甸诗》，在罢归后竟辗转到他手上，遂作序刻印。③ 嘉靖十六年（1537）朝中考察之际，陈束从湖广佥事任上返京，与旧友屠应峻、胡经、李开先、吕高、熊过等人在任瀚家中聚会，席上众人饮酒作诗，陈束作《同屠六宫谕、胡用甫侍讲、李伯华文选、吕大东驾、熊叔仁武选饮任二司直宅，醉复话旧，席上辄成口号相赠》。考察完毕，由于李开先的帮助，陈束升任河南提学副使，离京时作《出都酬谢任熊二兄兼简李伯华文选》答谢任瀚、熊过、李开先等友人。

李开先提到在京师宦游期间受薛蕙、李舜臣、唐顺之、王慎中等人的影响颇深，"中麓子虽资不敏而才最下，亦尝官京师，从数子刻苦为奇古诗，复欲建功立业，如四子所期待。"④当然，这种学术增进是相互的：王慎中"十八岁举嘉靖五年进士，授户部主事，寻改礼部祠祭司。时四方名士唐顺之、陈束、李开先、赵时春、任瀚、熊过、屠应峻、华察、陆铨、汪以达、曾作辈咸在部曹，慎中与之讲习，学大进"⑤。唐顺之在《答王遵岩》中说自己受王慎中影响较大，"仆旧从兄学为文章，有一二仅得处，尽是兄之指教，但才既不长，又不能竭精力以从事，是以遂成废罢。"⑥赵时春认为王慎中"教诲我者多矣，

---

① 《李开先全集·诗文》《李中麓闲居集》文之十《传·江峰吕提学传》，第 940 页。
② 《李开先全集·诗文》《李中麓闲居集》文之十《传·荆川唐都御史传》，第 950—951 页。
③ 《李开先全集·诗文》《李中麓闲居集序》，第 52 页。
④ 《李开先全集·诗文》《李中麓闲居集序》文之六《序·〈游海甸诗〉序》，第 623 页。
⑤ （清）张廷玉：《明史·王慎中传》，中华书局 1974 年版。
⑥ （明）唐顺之：《荆川先生文集》卷六《答王遵岩》，《四部丛刊·集部》，商务印书馆民国八年（1919）版，第四册第 69 页。此书乃据上海涵芬楼藏明万历刊本影印。

其受益也大矣"①。

即使分离之后,他们彼此之间也保持着密切往来。比如唐顺之在《答王遵岩》中说,"两得兄书,拳拳以病体为念,真意恳恻,令人读之,堪为涕下,非兄死生之交,不能至此,感激感激!"②在《与王遵岩参政》中说:"不会兄于武夷终是此生不了心事,三年之间定当发兴耳。"③这说明两人距离虽远,思念未减。李开先亦是如此,晚年忆起他们,效仿李梦阳作五言古诗系列《九子诗》,为吕高、熊过、唐顺之、赵时春和王慎中分别作了《吕江峰高》《熊南沙过》《唐荆川顺之》《赵浚谷时春》和《王遵岩慎中》,表达思念之情。

3. 李开先钦佩的成员

总的来说,嘉靖八才子中以唐顺之和王慎中的名声最大。李开先最佩服唐顺之,曾说"唐君吾畏友,刚果而有断","著书似扬雄,解嘲兼解难"④,"荆川原是济川才,不独文章耀上台"⑤,还说他"一意沉酣六经,诵读诸子,尤留意国朝典故律例之书,旁及天文地理兵战射法","盖其天性甚敏,而济以勤苦,是以无坚不破。于书无所不读,亦无所不精;于艺无所不究,亦无所不能"。⑥

唐顺之以其个人魅力赢得李开先对他的赞赏和钦佩,李开先为官时常常得到他的提点:"(唐顺之)至京,则向所交游者多半凋散,世所指'八才子'者,独少二人,仍相与绎旧业、正新知,与诸友俱有益。而其戒予不当著棋,止予不出醮银,及称予覆疏的确,迄今何可忘也!"⑦李开先罢归后,两人书信往来不断,唐顺之的提点时时有之。唐顺之曾回信给李开先,其中提到:"昨得兄书知丧内之戚,吾与兄与南江同之,怅然怅然!又闻兄已得子及后娶复有孕,极为兄喜,一身轻万事足,兄兼得之矣。复何所求?"由于苏郭死于嘉靖二十九年(1550)闰六月,九十出生于次年二月,按十月怀胎来计算,王氏大概在嘉靖二十九年(1550)年五月或前六月怀上九十,这就可以推测李开先的去信大概在此年前六月,收到唐顺之的回信时很可能苏郭已经夭

---

① (明)赵时春:《答江西王少参书》,载自杜志强校《赵时春文集校笺》,天津古籍出版社 2012 年版,第 487 页。

② (明)唐顺之:《荆川先生文集》卷六《答王遵岩》,第四册第 66 页。

③ (明)唐顺之:《荆川先生文集》卷七《与王遵岩参政》,第四册第 110 页。

④ 《李开先全集·诗文》《李中麓闲居集》之一《五言古诗·九子诗·唐荆川顺之》,第 65 页。"著书似扬雄"中"扬",在明刻本中皆为"杨"。

⑤ 《李开先全集·诗文》《李中麓闲居集》之四《七言绝句·喜闻唐荆川复官》,第 440 页。《喜闻唐荆川复官》三首,此为第三首首句。

⑥ 《李开先全集·诗文》《李中麓闲居集》文之十《传·康王王唐四子补传》,第 969 页。

⑦ 《李开先全集·诗文》《李中麓闲居集》文之十《传·荆川唐都御史传》,第 952 页。

折。唐顺之的回信中还说：

> 兄书中言章丘凋敝，思得良牧。摄山敝乡最有志向之士也，律己清苦，莅民岂弟，兹调亦以直道致。其为章丘，必有可观。且赖兄为邑人，当如古澹羽任棠之徒，上裨有司之见闻，下以善道化诱乡里，非兄之责而谁责也？弟何能为助哉！[①]

从该信可以推测，李开先向唐顺之说金九成走后章丘缺乏贤良知县，唐顺之则提醒他要像任棠那样诱导长官清明理政，这是他不可推卸的责任。

嘉靖三十六年（1557）春，李开先在章丘城南的高台上招待宾客，看到眼前美景想起唐顺之，于是作一首五言律诗《春日台集忆唐荆川》[②]，在诗前序中解释为官时已作出"煦日花间转，光风草际回"这一诗句，"自谓寻常不足观，荆川独爱而诵之。丁巳春，宴客城南台上，风景适与诗合，遂足成一章，兼及荆川。据诵诗之日，迄今二十五年矣，再加此数，则人各八十上下。未来事安得而知之？道远别久，抚景兴思，此诗亦情不能已尔"。诗末句"遥思唐太史，何日共衔杯"更是表达出作者对唐顺之的思念，与白居易在《问刘十九》中所写"晚来天欲雪，能饮一杯无"有异曲同工之妙。两人的深厚友谊充分说明真正的朋友不一定要形影不离，但一定要惺惺相惜，哪怕时隔多年未见，再见面时心里仍然没有一丝隔阂和嫌隙。遗憾的是，自从别后他们未曾再见面。

嘉靖三十七年（1558），唐顺之被起复为兵部职方郎中，听到这个消息李开先欣喜非常，连作《喜闻唐荆川复官》三首，其中第一首为：

> 暂借兵曹寄此身，伫看大拜极人臣。
> 已知起废非所愿，窃喜朝堂又得人。[③]

其中"已知起废非所愿"乃是真心地为好友辩护，因为这次起复与严嵩亲信赵文华的举荐有很大关系。嘉靖三十九年（1560）四月，唐顺之来信"索善识风云占验之人，及予（李开先）词曲，与李阳冰篆书，并《元朝经世大典》"[④]，不过不久就卒于扬州舟中。李开先为他作传，并破例用对联追悼他"出似非

---

① （明）唐顺之：《荆川先生文集》卷六《与李少卿中麓》，第四册第 43—44 页。
② 《李开先全集·诗文》《李中麓闲居集》之二《五言律诗·春日台集忆唐荆川》，第 157—158 页。唐顺之曾以吏部考功司主事简选翰林院编修，因明代翰林院有修史之职，故诗中称唐顺之为"唐太史"。
③ 《李开先全集·诗文》《李中麓闲居集》之四《七言绝句·喜闻唐荆川复官》，第 440 页。"伫看大拜极人臣"中"伫"，在明刻本中为空白方框。
④ 《李开先全集·诗文》《李中麓闲居集》文之十《传·荆川唐都御史传》，第 956 页。

时莫讥制行同流辈,死真足惜再读遗文作古人"。①

王慎中的仕途亦坎坷不平,先因得罪首辅张璁被谪判常州,后因得罪首辅夏言而被免官。罢官时年仅 33 岁,此后一蹶不起,居家以治学著文为事,声名益盛。李开先对王慎中比较欣赏和感激,在所作《遵岩王参政传》中对王的教诲和提携深表感谢:"予文之进也,以其教之也;予官之转也,以其荐之也。厚德雅谊,终身报之有不能尽者,芜劣一传,何足为有无哉!"②在传记中,李开先还说王慎中的著述风格历经多种变化:在任户部主事监兑通州时,"俱秦、汉、魏、唐风骨,而晋人字书,亦时时模拟之";任礼部员外郎时,渐渐喜欢上曾巩、王安石等人的诗文,"乃取旧所为文如汉人者悉焚之。但有应酬之作,悉出入曾、王之间"。这时写信给李开先:"新来独得为文之妙,兄虽海内极相契,而于此文有不能共其味者矣!"罢归后,"涵养深沉""藏锋敛锷",更为世人所重。王慎中曾经自大地对李开先说:"吾之诗文,不外古人,而有高出古人者。中麓止知敬服唐荆川,殊不知唐荆川特得吾之绪余者也。"不过,最终他还是为文所累,因此丧命:

> 仲子以文累其身,上官有求文不遂者,因其弟事诬及之,虽未明坐,而正人君子,虽纤毫点污,亦自难堪,加以豪右仇口,市井讹言,转相鼓煽,交哄突起,有如天降地出,莫测端倪……仲子竟以抑郁致疾而终。③

王慎中死时虚岁五十一,潘高去世时四十四,"有读遵岩诗文甚爱之者,书其集后曰'遵岩王子非今士'",李开先偶然看到这半联,提笔写下"春谷潘君久古人","虽一举笔,不忘厚友,于此亦可见云"。④

在仕途上,赵时春可谓是一波三折。嘉靖五年(1526)会试第一,选庶吉士,改官户部主事,转为兵部主事,嘉靖九年(1530)因上疏称皇帝佞道获罪,下诏狱,贬黜为民。嘉靖十八年(1539),起为翰林编修兼司经局校书。次年以皇帝称病不上朝,与罗洪先、唐顺之上疏,请皇太子出御文华殿接受百官朝贺,世宗大怒,切责之,贬黜三人为民。嘉靖二十九年(1550)俺答内侵,兵至密云,京师戒严,起为兵部主事,次年为山东佥事。嘉靖三十二年(1553)擢佥都御史巡抚山西,被劾罢官。他精于兵事,李开先亦好谈兵,两人引为知己,诗文唱和不绝。李开先在《赵浚谷诗文集》序中讲述了两人惺惺相惜

---

① 《李开先全集·杂著》《中麓山人拙对、续对·中麓山人续对卷之下·挽唐荆川》,第 1887—1888 页。

② 《李开先全集·诗文》《李中麓闲居集》文之十《传·遵岩王参政传》,第 949 页。

③ 《李开先全集·诗文》《李中麓闲居集》文之十《传·遵岩王参政传》,第 944、945、947、943 页。

④ 《李开先全集·杂著》《中麓山人拙对、续对·中麓山人续对卷之下·跋文》,第 1995 页。

的交情——"浚谷子每寄声云：'诗文词论俱未有序，在交游知爱，莫有如中麓者，四序幸勿退托'"，赵时春非常信任李开先，希望他为自己的四种著作作序。李开先亦对他赞誉颇多，说他"抵掌笑谈天下事，靡不切当。通达国体，识者谓可比之贾生……诗非徒作，文非浪言，诗有秦声，文有汉骨。朴厚而近古，慨慷而尚义。此三秦风气。浚谷子钟山川之灵，而又充之以问学之久，幼则为脱羁天马，长则为济时人龙云"①。嘉靖三十三年（1554）八月，李开先族侄李继孜在抗倭战争中牺牲，赵时春对这位昔日爱将惋惜再三，"烦详其家世年日，欲为作一传，少纾哀抱耳"②，于是李开先为李继孜写作行状，提供充足资料供其作传使用。嘉靖四十四年（1565）左右赵时春闲居在家，作一首怀念诗赠给李开先。李开先作《和浚谷赵中丞见赠诗韵》，尤其是"梦里三秦近，醒来两地赊"一句说明他同样想念赵时春③。李开先更是在《九子诗·赵浚谷时春》的最后说："何时重聚首？西望隔秦关。恨无缩地术，相忆摧心肝。慰愁检佳集，愁多不忍看。"④看着好友文集，思绪飘向千里之外，想念起来肝肠寸断，只恨自己不会缩地之术，无法立即见到他。

三、在章丘词会和诗会中的交流

士大夫素有结社聚会的传统，尤其那些辞职罢官之士，兼济天下的志向和名垂史册的欲望无法完全释怀，需要以集会为平台，发泄内心郁积的愤懑与焦灼。戴光中在《天一阁主范钦传》中对文人的结社活动予以概括：

> 诗社活动，一言以蔽之，游、宴、诗、酒而已，所谓选胜赋诗，觞咏自娱是也。花时月夕，或登山，或放舟，遇景命题，同心投分，乐志忘形，有倡斯和，互相砥砺，间事校评，期臻雅道。燕集赋诗，诗成酒散，下月复聚。当然，社必有会，会必有宴，他们迭为主宾，轮流做东。而诗酒之会的活动场所，则在各自的别业。⑤

① 《李开先全集·诗文》《李中麓闲居集》文之六《序·〈赵浚谷诗文集〉序》，第620页。
② 《李开先全集·诗文》《李中麓闲居集》文之九《行状·镇抚李继孜行状》，第851页。李继孜为李开先本家，尚武习射，膂力过人，在乡时常追随李开先出行，以父侍之。后来受李开先的激励入伍，充为民兵，曾随李开先挚友赵时春赴代州抵御鞑靼，以战功擢济南卫左所镇抚，嘉靖三十三年（1554）随参将南调抗倭，八月战死于嘉定彩桃江之役。
③ 《李开先全集·诗文》《李中麓闲居集》之二《五言律诗·和浚谷赵中丞见赠诗韵》，第245页。
④ 《李开先全集·诗文》《李中麓闲居集》之一《五言古诗·九子诗·赵浚谷时春》，第66页。
⑤ 戴光中：《天一阁主范钦传》，浙江人民出版社2006年版，第160页。

李开先返乡后不久即被邀请加入乔岱、袁崇冕等本地文人结成的词会，在《中麓山人拙对》中为词会作的对联为："化国之日舒以长，治世之音安以乐"①，从中也可以看出词会活动不外乎"游、宴、诗、酒"，众人定期雅集，"遇景命题"饮酒赋诗，晨烟夕霭啸歌自得。他在戏曲创作上的成就，与在词会和诗会中的交游是有联系的。

1. 词会名称考释

关于这一词会的名称，有人认为是富文堂，如：李永祥《李开先》一书认为："罢归林下之后，他的家乡章丘士绅，爱好词曲蔚然成风，组织了词会，称为'富文堂词会'"②；陈先运主编的《章丘历史与文化》认为富文堂词会就是李开先主盟的章丘词会；李小梦《李开先：爱曲、爱书、爱交友的济南名士》一文说："李开先回乡后，在家修建亭园，结词社，又组织成立'富文堂词会'，还搜集戏曲及民间文学作品"③；武存中在《不卖茶卖白开水的济南茶馆》中说："据记载，宋元以来，济南已为词曲胜地，明代济南戏曲家李开先，创立了'富文堂词会'，专门编创俚词俗曲。他有一座'藏书楼'，专门珍藏历代市井艳词俗曲，被誉为'词山曲海'。'曲山艺海'便是由李开先之'词山曲海'而来"④。有人认为富文堂词会和词社皆是他罢归后参加的文学团体，例如：吴汝连所著《济南历代名士选传》在《曲有三千调转高——明代文学家、戏曲家李开先》一文中简单介绍了李开先的生平履历和文学成就，说"他与好友组织起'词社'、'富文堂词会'等文学团体，并自任会长"⑤；宁昭收在《一块李开先篆盖墓志铭拓片的解读》认为"李开先回乡后，与同乡好友结成'词社'，又组织成立'富文堂词会'"⑥，同样将词社和富文堂词会视为两个不同的组织。笔者猜测，认为词会名字叫"富文堂"和他加入该词会者是误读了他为好友谢九容《东村乐府》所作的序文，序中说："古来诗有会，固矣，词惟富文堂一会尔，或有之，然余莫之前闻也。"⑦既然提到"古来"两字，那就说明他加入的词会绝对不会叫着"富文堂"。他在著作中称加入的词会为"词社""词林""词会"或"酒会"，今人的几篇论文多称为"章丘词会"，本书延续

---

① 《李开先全集·杂著》《中麓山人拙对、续对·中麓山人拙对卷之上·词林雅会》，第 1697 页。
② 李永祥：《李开先》，济南出版社 2012 年版，第 52 页。
③ 李小梦：《李开先：爱曲、爱书、爱交友的济南名士》，《济南时报》2019 年 12 月 7 日。
④ 武存中：《不卖茶卖白开水的济南茶馆》，《齐鲁晚报》2019 年 12 月 2 日。
⑤ 吴汝连：《济南历代名士选传》，黄河出版社 2014 年版，第 227 页。
⑥ 宁昭收：《一块李开先篆盖墓志铭拓片的解读》[EB/OL].[2021-02-27]，http://blog.sina.com.cn/s/blog_b53d3be40102whpk.html 。
⑦ 《李开先全集·诗文》《李中麓闲居集》文之五《序·〈东村乐府〉序》，第 479 页。

了这一名称。

其实,富文堂乃金陵人黄琳的藏书楼,其中藏有典籍和书画古玩。黄琳,字美之,又字休伯。明代鉴赏家,弘治间官至锦衣卫指挥,富文堂所藏之丰在当时有"冠于东南"之誉。富文堂的功用不止收藏,还是黄琳与文人雅士诗酒唱酬的场所,据顾起元《客座赘语》载:

> 黄琳美之元宵宴集富文堂,大呼角伎,集乐人赏之,徐子仁、陈大声二公称上客。美之曰:"今日佳会,旧词非所用也。请二公联句,即命工度诸弦索,何如?"于是子仁与大声挥翰联句,甫毕一调,即令工肄习。既成,合而奏之。至今传为胜事。①

徐霖(字子仁)和陈铎(字大声)是富文堂的座上客,当时金陵曲坛流传最广的便是两人在富文堂联句的逸事,徐霖有南北黄钟合套《富文堂陈大声徐子仁联》,陈铎曾作《粉蝶儿·富文堂宴赏》《北伴读书·富文堂宴赏》等套曲②。富文堂词会仅仅组织了几次唱和活动,无论在持续时间、参与人数、组织制度,还是在塑造的影响力和取得的成就等方面都无法与李开先主持的词会相比。李开先以富文堂词会为标杆,目标是将之远远超过,"即当订约刻期,比之旧会加盛,使富文堂退然远望焉,是则余意也,谨因词序而并及之"。③

2. 词会的会长

词会成立于何时,不得而知。在李开先罢归前,词会会长有可能为乔岱。嘉靖二十年(1541)春,李开先罢归将还,先写信给乔岱请他接纳:"自登仕籍,故园久荒,云冷石床,藤交瓮牖,海鸥不下,野鹤见猜,不日归来,词林雅会,能预为置一坐榻乎?"④"不日归来,词林雅会,能预为置一坐榻乎",传达的是精神上对词会的一种期待和寄托。乔岱的回信,满口答应为其预留一席。初夏,他到家后作《罢官抵家简乔龙溪金宪》一诗:

---

① (明)顾起元:《客座赘语》卷六《霅仙秋碧联句》,第119页。
② 陈铎,字大声,号秋碧,邳州人,居住在南京。弘治、正德年间以散曲称名,著有《秋碧乐府》《滑稽余韵》等,李开先《词谑·陈秋碧嘲王孟启赌弈不胜》收录他所作的三首散曲。
③ 《李开先全集·诗文》《李中麓闲居集》文之五《序·〈东村乐府〉序》,第479页。
④ 《李开先全集·诗文》《李中麓闲居集》文之七《墓志·山西按察司金事前监察御史龙溪乔公合葬墓志铭》,第672页。

> 出使昔东还,值君已遂闲。
>
> 罢休今日始,迟速十年间。
>
> 义社欣连榻,词林共闭关。
>
> 高标吾所慕,逸驾许谁攀?①

诗中除了表达对词会的仰慕之情,暗含十年前他出使宁夏返乡养病时乔岱已经赋闲在家并主持词会活动。

然而,他归乡后一病不起,直到入秋才恢复健康,作《归休家居病起蒙诸友邀入词社》二首,第一首:

> 仕途不作词,朝省日奔驰。
>
> 官罢非无兴,病多几不支。
>
> 秋来吾已健,夜宴客相随。
>
> 新作谁能唱?须烦女教师。

第二首:

> 诸友俱能作,如吾何所知。
>
> 强推为会长,深愧不相宜。
>
> 《玉树》多悲调,《竹枝》亦俗词。
>
> 口占南北曲,即席付歌儿。②

做官时太忙碌无空作词,罢归后的几个月因病无法作词,身体康复后被众人推举为词会会长,夜宴时主宾新作词曲由"女教师"和"歌儿"即席演唱。

事实证明,李开先被推举为会长是合情合理的,理由如下:第一,他作为"嘉靖八才子"之一,文采出众,声名在外,也正是他的加入使得词会超越一地的局限,逐渐为当时的文坛知晓;第二,他以四品官被罢归,政治地位突出,人脉广泛,跟县令、提学等地方官关系密切,地方长官的关照能够为他们的活动提供更多保障和庇护;第三,他家资殷实,家中置有家乐班,而当时文人所作词曲需要借助歌舞表演出来,以便发现曲文和韵律上的不当之处,正好将家乐班的作用发挥到最大极限;第四,他性格开朗,爱好词曲,不惟写作,兴起时也会唱上几句,即如他自己所说闲来无事时"口占一曲半清

---

① 《李开先全集·诗文》《李中麓闲居集》之二《五言律诗·罢官抵家简乔龙溪金宪》,第 111 页。他出使过家拜访乔岱一事在李开先为张茂兰作的《东谷张先生传》中得到印证。

② 《李开先全集·诗文》《李中麓闲居集》之二《五言律诗·归休家居病起蒙诸友邀入词社》,第 112 页。

商"①。在《中麓山人拙对》中说："疾走尚同中岁健,高歌不似少时狂","与客狂歌不免邻翁笑,携童缓步强如驿吏迎"②。《四时悼内》中有："困来眼合,被鸣蝉惊回睡魔;醒来口哦,付鸣弦无非怨歌"③,很显然省略的主语是他自己,说明他不时唱些哀乐怀念妻妾。《中麓山人续对》中也有"与客倒金樽呼童当户唱,何人知玉律与我倚楼吹"的句子。④

前会长乔岱同样具备上述几个条件,为弘治十五年(1502)进士,官至山西按察司金事,"既解官,乃构华第,市良田,囊有俸钱,衣余锦绮","虽歌童环侍,不废读书,日有日程,月有月记,文细而事该。诗兼苏、黄气骨,共数十卷,藏于家",在嘉靖二十一年(1542)八月去世,当年"六月之会,公强赴焉,虽行不健步,喘不续声,兴发犹歌一长调,往时悠扬宛转之音,尚存一二"⑤。李开先所作《乔龙溪词》序中说："邑人乔龙溪先生,……擅词名。远迩但称其长于北词,是岂知词与先生者耶?……龙溪非惟能作,而且善讴,南词时亦有之,但非其所好。以为非其所长,是岂知词与先生者耶?"⑥乔岱无论在资历、地位,还是家资、兴趣,皆是担任会长的不二人选,不过他年长李开先24岁,人至暮年精力有限,李开先一罢归他就让位,于公于私都是一个明智的选择。而且,跟李开先一样,他喜欢既作北词又为南曲及唱和戏文,不能排除两人因爱好相同而惺惺相惜。

3. 词会的组织形式

词会一般每月初一聚会一次,即如李开先所说"每月朔日,轮次设酒"和"每月相参作主"⑦。不过,实际上并非完全如此。自李开先入会至乔岱生病之前,"共七八举,而公病矣"⑧。从嘉靖二十年(1541)六月乔岱去世至嘉靖二十六年(1547)八月李开先妻子逝世这段时间也未举行,"慨自龙溪乔金宪捐馆,雅会遂寝,几欲复之,又以丧吾内人,不忍作乐,事散而复聚,知在何时"?⑨ 嘉靖三十一年(1552)六月李开先母亲离世和嘉靖三十二年(1553)

① 《李开先全集·诗文》《李中麓闲居集》之三《七言律诗·直书所事》,第269页。
② 《李开先全集·杂著》《中麓山人拙对、续对·中麓山人拙对卷之中·散对》,第1804、1809页。
③ 《李开先全集·散曲》《四时悼内·夏》,第1507页。
④ 《李开先全集·杂著》《中麓山人拙对、续对·中麓山人续对卷之下·春帖》,第1884页。
⑤ 《李开先全集·诗文》《李中麓闲居集》文之七《墓志·山西按察司金事前监察御史龙溪乔公合葬墓志铭》,第672页。
⑥ 《李开先全集·诗文》《李中麓闲居集》文之五《序·〈乔龙溪词〉序》,第526—527页。
⑦ 《李开先全集·诗文》《李中麓闲居集》文之五《序·〈东村乐府〉序》,第479页。
⑧ 《李开先全集·诗文》《李中麓闲居集》文之七《墓志·山西按察司金事前监察御史龙溪乔公合葬墓志铭》,第672页。
⑨ 《李开先全集·诗文》《李中麓闲居集》文之五《序·〈东村乐府〉序》,第479页。

七月爱子九十早夭这段时间雅会亦停办,《见残菊作》一诗可以佐证,之前他的园里种了很多菊花,聚会时观赏颇多,"自毋下世而子上殇,菊既废而会亦寝"①。嘉靖四十五年(1566)春,王阶去世,也暂停聚会,即"口歌词社今初歇,足迹闲门后渐稀"②。由此可以看出,词会遇到主要成员家中丧事就会停止。遇到特殊的节日或天气,聚会的时间也会有所变动,比如:春节期间的正月初一按照传统要走亲访友,不适合聚会,某年正月十七雪后他们在夜里聚会,"韵严无警句,灯后有余杯"③,也算对本月初一无法正常集会的弥补;某年夏天因长时间暑热暂停举办诗会和词会,李开先在五言律诗《六月十五日》中说:

> 中伏今三日,无风热更强。
>
> 懒游防触暑,禅定自生凉。
>
> 趁树频移榻,迎宾暂着裳。
>
> 诗词聊罢会,河朔共传觞。④

天气炎热使人不愿外出和穿衣,只能在阴凉的树下或河边纳凉饮酒。《十二月七日复大雪》的第二首中有:"词林有雅会,不必效袁安。"⑤下雪引发人的诗情,对文人来说是个舞文弄墨的好时机,这次词会的举行时间就是在十二月七日,抑或是初一举行后初七又举行一次。

词会的气氛比较轻松、闲适,即如李开先《立秋日作》第九首云:

> 座中无俗客,雅会有词林。
>
> 月馆堪容膝,水亭可醒心。
>
> 雨苔阶下满,风竹槛中吟。
>
> 月上诗方就,人归夜已深。⑥

交代众人集会的地点在月馆,其中有可以休憩的环水亭台,久雨后长出的青苔爬满台阶,大风过后竹子在栏杆旁沙沙作响。月亮升上中天作诗方成,大

---

① 《李开先全集·诗文》《李中麓闲居集》之三《七言律诗·见残菊作》,第 260 页。
② 《李开先全集·诗文》《李中麓闲居集》之三《七言律诗·挽云峰王士登》,第 363 页。该诗一韵二首,此为第一首。
③ 《李开先全集·诗文》《李中麓闲居集》之四《五言排律·正月十七夜雪会》,第 382 页。
④ 《李开先全集·诗文》《李中麓闲居集》之二《五言律诗·六月十五日》,第 143 页。
⑤ 《李开先全集·诗文》《李中麓闲居集》之二《五言律诗·十二月七日复大雪》,第 150 页。《十二月七日复大雪》共六首。
⑥ 《李开先全集·诗文》《李中麓闲居集》之二《五言律诗·立秋日作》,第 144 页。《立秋日作》一韵十六首。

家散会时已到深夜,可见词会的环境非常优美和静谧。《立秋后作》第十三首载:

> 延客为嘉会,满堂尽赏音。
>
> 赓诗方白战,醉酒卧清阴。
>
> 博陆齐呼采,捶丸暂解襟。
>
> 樽前分戏剧,诗就共讴吟。①

他们在一起和诗交流,喝酒畅谈,时不时还会玩些博陆、捶丸等游戏,喝着酒作着诗,诗成大家一起歌唱和吟诵,营造了一个远离庙堂险恶和世俗纷扰的欢乐氛围。古语说:酒逢知己千杯少,志趣相投的数人一起开怀畅饮,吟诗作乐乃一件非常痛快的事情,酒在此就是灵感的催化剂,即"酒助诗才速,风吹酒力微"②。喝酒和吟诗两种行为是分不开的,李开先说"招邀酒客同词客"③,"诗朋相据罄交欢"④。李开先在《东村乐府》序中回忆:"忆昔词成之余,相与吊古穷奇,登山临水,一倡众和,大笑长呼,出游鱼而惊秣马,愁花鸟而走山灵,今恍如隔世事矣!"⑤快乐的时光总是短暂的,追忆起来竟然觉得恍如隔世。

众人在词会中并非无拘无束,而是"轮次设酒,各出新作,品较进止,无者有罚"⑥,"每月相参作主,分题定韵,言志抒情,北曲南歌,长章小令"⑦。会员轮流做东,要求每人必须展示新作品,否则受罚,所作北曲南歌和长章小令皆有涉及,但是要限定题目。题目由会长来出,"予自辛丑引疾辞官,归即主盟词社。见其前作,俱是单词,众友以为只精此,散套杂剧无难事矣。每会,属予出题,间涉小套,众必请而更之"⑧。每次集会必出新作这一要求算是对成员的砥砺,如此积累下来每人的成果都比较可观,即如李开先所说

---

① 《李开先全集·诗文》《李中麓闲居集》之二《五言律诗·立秋后作》,第147页。《立秋后作》一韵十四首。

② 《李开先全集·诗文》《李中麓闲居集》之二《五言律诗·暑月夜游忆旧》,第136页。《暑月夜游忆旧》共十四首,此为第九首。

③ 《李开先全集·诗文》《李中麓闲居集》之三《七言律诗·田间四时行乐诗》,第299页。《田间四时行乐诗》次韵百首,此为第四十七首。

④ 《李开先全集·诗文》《李中麓闲居集》之四《五言排律·秋夜梧桐》,第398页。

⑤ 《李开先全集·诗文》《李中麓闲居集》文之五《序·〈东村乐府〉序》,第479页。

⑥ 《李开先全集·诗文》《李中麓闲居集》文之七《墓志·山西按察司佥事前监察御史龙溪乔公合葬墓志铭》,第672页。

⑦ 《李开先全集·诗文》《李中麓闲居集》文之五《序·〈东村乐府〉序》,第479页。

⑧ 《李开先全集·诗文》《李中麓闲居集》文之五《序·〈醉乡小稿〉序》,第504页。"引疾辞官"乃一种含蓄的说法,李开先名义上是以"九庙灾"被罢归,其实是因得罪夏言所致。

"不两年，充然成帙。操健笔而擅词场，人各有能矣"。①

词会是成员展示所长和相互交流的场所，比如谢九容老先生喜欢讴歌，"格古调平，音谐字妥，娱众目而便歌喉，真艺林中之善鸣者也"②，王阶是"社中之善作能识者也"③。它也是提携后进的机会，李开先的得意门生高应玘（号笔峰）年纪最轻，经老师提携加入词会，在众多前辈的指点下作品大有长进，"当时独高笔峰年最熙妙，而词有长进。罢会十年余矣，其所作日积月累，日异而月不同；月积岁累，月异而岁不同。今刻《醉乡小稿》，乃其所慎选约取者也"。高应玘工词曲，李开先评价和勉励他："笔峰之单词，已登岸而非临河，窃叹既升堂而非宫墙外望者。罢会虽十余年，适方壮盛也，致精自有余力。过此以往，不日而化，谨拭目跂足以竢之。"④他还被王世贞（字元美）和魏允中（字懋权）赏识，"所著有《醉乡》、《归田》诸稿，其《北门锁钥》杂剧，论者以为词人之雄"。⑤ 毋庸置疑的是，词会中的唱和经历对每个成员来说都是非常宝贵的学习机会。

4. 词会和诗会的交融

值得注意的是，李开先加入词会的同时也加入了诗会，而且两会的成员多有交叉。《封文林郎监察御史双溪杨公暨配太孺人时氏墓表》云："林下与予七八人，结诗文社。"《祭脉泉李方伯文》云："诗社追随。"《中麓山人拙对》中有"歌咏归诗社，沉醉卧醉乡"。上述三处引文出现了"诗文社""诗社"之说，这几种称谓与前面的"词社""词会"相比，不仅是名称之变，其性质也不一样，那就说明诗会和词会一样皆是当时文人参与的文学活动。众人在一起吟诗玩乐，与词会中的气氛差不多，这点可从《中麓山人拙对》中"诗客因穷诗更妙，酒朋烂醉酒偏亲"一句窥知⑥。

李开先所作《屯留知县姜君合葬墓志铭》中提到："君（姜大成）与予共八人为诗会，每月一次。君初则行至，继则舆至，又继则不能至矣。又不数日，盖棺矣！时嘉靖三十年二月十八日也。""先是，邑有词会，予与焉，亦是八

---

① 《李开先全集·诗文》《李中麓闲居集》文之五《序·〈东村乐府〉序》，第 479 页。

② 《李开先全集·诗文》《李中麓闲居集》文之五《序·〈东村乐府〉序》，第 479 页。

③ 《李开先全集·诗文》《李中麓闲居集》文之八《墓志·云峰王处士墓志铭》，第 814 页。

④ 《李开先全集·诗文》《李中麓闲居集》文之五《序·〈醉乡小稿〉序》，第 504 页。可惜的是不知《醉乡小稿》的成书和刻印时间，也就无从知道词会的罢会时间。（万历）《章丘县志·文苑传·高应玘》载："嘉靖间例贡，李中麓高座弟子也。工诗能词。隆庆间任元城丞，有清白之誉。是时王元美先生镇大名，应玘上诗为所赏鉴……著有《醉乡小稿》并《高仲子归田稿》藏于家。"

⑤ （清）王士禛：《池北偶谈》卷十四，齐鲁书社 2007 年版，第 276 页。

⑥ 《李开先全集·杂著》《中麓山人拙对·续对·中麓山人拙对卷之中·散对》，第 1829 页。

人,已亡其三;今会亦八人,亦亡其三。前会亡者,乔金事杂,谢着老九容,谢知县九叙;今会亡者,刘知县培,刘照磨希杜,君又继之。然此特十年之间耳,若更历十年,或数十年之久,不知又将如何?"①意指词会有乔岱、谢九容、谢九叙等人,而诗会有刘培、刘希杜、姜大成等人。《云峰王处士墓志铭》中亦列举了相关成员如下:"龙溪乔金宪,黉山夏二守,西野、东村,袁、谢二乡老,双溪、北滨、松涧、泰峰,杨、刘、姜、陈四县尹及予,为词会数年,而处士亦社中之善作能识者也。虽历下进士谷少岱,亦慕名赴会。"②意指乔岱、夏文宪、袁崇冕、谢九容、姜大成、陈德安等十六人是词会成员,与前述有些矛盾。李开先肯定不是故意写错,大概是由于有些成员既能作曲,也能作诗,于是既参加词会又参加诗会,比如李开先、夏文宪、张克恭等两会皆曾参与。既然两会成员因死亡而减少,就有其他新成员不断来补充。正如他自己所说:"会友年来多物故,更从何处访知音?"③兹将词会和诗会部分成员列举如下,如表 9-2 所示。

表 9-2 词会和诗会部分成员

姓名	字号	籍贯	官职	才学及著作	与李开先的诗文互动
乔 岱 (1478—1542)	字希申,号龙溪	章丘	弘治十五年进士,官至山西按察司金事	《乔龙溪词》	李开先为其作《山西按察司金事前监察御史龙溪乔公合葬墓志铭》《乔龙溪词序》,为其族弟作《冬日送乔龙山之任山西府属》。
袁崇冕 (1486—1566)	初名衮,号西野	章丘	终身布衣	《春游词》《秋怀词》及南北诸小令	他倡导刊刻李开先《田间四时行乐诗》,并为《中麓小令》作跋;李开先将为其所作辑为《幸览编》并作两序和一跋,还为其作《处士袁西野像赞》《赠袁西野》《贺袁西野七十三寿序》《西野〈春游词〉序》《西野袁翁登八袭亲友咸将往贺焉予以小诗特为之倡云》《问西野疾》《预祭西野袁翁文》④《豫作乡宾西野袁翁墓志铭》,此外,还作《为袁西野妻发丧作》一副对联、《赠袁西野》四副对联、为其预作挽联六副、《为袁西野乃郎发丧作》两副对联、为他发丧作两副对联。

① 《李开先全集·诗文》《李中麓闲居集》文之八《墓志·屯留知县姜君合葬墓志铭》,第 743 页。
② 《李开先全集·诗文》《李中麓闲居集》文之八《墓志·云峰王处士墓志铭》,第 814 页。
③ 《李开先全集·诗文》《李中麓闲居集》之四《七言绝句·戏为一韵七绝句》,第 436 页。此为七首绝句的第四首。
④ 袁崇冕有强烈的传世意识,未死即让李开先作此文,所以叫"预祭"。

续表

姓名	字号	籍贯	官职	才学及著作	与李开先的诗文互动
王阶 (1492—1566)	字士登，号云峰	章丘	布衣		他协助刊刻李开先《田间四时行乐诗》，并为《卧病江皋》作后序，李开先为他作《田舍翁歌赠云峰王士登》《处士王云峰赞》《冬日访王云峰处士》《云峰诗四首为王士登赋》《闻王云峰卧病仍次前韵诗以问之》《祭云峰王士登文》《挽云峰王士登》《云峰王处士墓志铭》。此外，为其发丧作七副挽联，为其母作《寿云峰王母》，还作《赠王云峰》五副对联。
谢九容	号东村	章丘		《东村乐府》	他为李开先《中麓小令》作跋，李开先为其作品《东村乐府》作序。
谢九叙	字慎庵	章丘	嘉靖元年举人，官至巩县知县		李开先为其作《寄巩令谢慎庵》。
高应玘	字仲子，号笔峰，又号碧峰	章丘	元城丞	《醉乡小稿》、《归田稿》、《北门锁钥》杂剧	他为李开先《田间四时行乐诗》等作跋，并负责《一江风·卧病江皋》《改定元贤传奇》等的刊刻事宜；李开先为其作品《醉乡小稿》作序，还作《为高碧峰妻发丧作》两副对联。嘉靖三十六年(1557)，李开先为其长兄高应璋(字仲爱)墓志铭篆额，嘉靖四十三年(1564)为其父高龙(字济时)作《听选官高君合葬墓志铭》。
杨盈 (1483—1558)	字守谦，号双溪	章丘绣惠镇渔张村	正德二年举人，曾任潞城知县		李开先作《封文林郎监察御史双溪杨公暨配太孺人时氏墓表》《祭封御史双溪杨翁配太孺人时氏文》。
陈德安	号泰峰	章丘	嘉靖四年举人，官至乐亭知县	《泰山赋》	他积极参与李开先《田间四时行乐诗》的校订印行；李开先作《同陈泰峰游道院》十首、《〈泰山赋〉跋》，为其父作《陈翁六十寿诗》
谷继宗	字嗣兴，号少岱	历城	嘉靖五年进士，官至宜兴知县	《璇玑词韵》	李开先为其作《谷少岱赠诗次韵奉答》《赠少岱》《贺谷少岱丧目重明序》《寿少岱谷知县八十岁》。
逯希闵	号西墅	章丘	官至石州州判		主持刊刻李开先《田间四时行乐诗》和《中麓山人拙对·续对》并作跋语；李开先为其作《寄石州州判逯西墅》，为他父亲发丧作两对对联《为逯西墅乃尊发丧作》和祭文《祭逯处士天泽文》。
刘培	号北滨	章丘	正德八年举人		

续表

姓名	字号	籍贯	官职	才学及著作	与李开先的诗文互动
刘希杜	字照磨	章丘			关于他的资料甚少,仅仅知道嘉靖十八年左右他曾校订王廷相《浚川内台集》。
姜大成 (1496—1551)	字子集, 号松涧	章丘	嘉靖十六年举人,曾任郾城、屯留知县		他作《宝剑记》后序,为《中麓小令》作跋;李开先为其作《屯留知县姜君合葬墓志铭》《哀姜园》。
魏守忠 (1492—1567)	字荩臣, 号东皋	章丘			他为李开先《田间四时行乐诗》作跋;李开先为其作《祭东皋魏省祭文》《挽东皋魏省祭》和《东皋魏省祭合葬墓志铭》,还作《为魏东皋妻发丧作》八副对联,为其发丧作五副对联。
袁勋友 (1488—1556)	字无狭, 号乐盘	章丘	正德五年与李淳同年中举,官至衡府纪善	《皇系贤录》、《女孝经》、《乐盘心》(包括《寤言志》《述武政》《服制身纪》《五经见》等书20册)	他与李开先为忘年交。他为李开先《中麓小令》题跋;李开先作《奉议大夫衡府右长史乐盘袁公合葬墓志铭》,《为郑姊丈丧事两过钓鱼台南村》诗中亦提到他。①
张师雍 (1486—1566)	字从简, 又字公度, 号悔庵	章丘	以例贡选授代州同知		李开先为其作《贺悔庵张翁八十寿序》、《挽悔庵张州同》三首、《儒林郎代州同知悔庵张君墓志铭》、《祭悔庵张州同文》,此外还有《赠致政代州同知张悔庵》一副对联、为其发丧作四副对联,为张氏家族作《张氏迁茔记》。②
李冕 (1490—1563)	字端甫, 号脉泉	章丘明水镇	嘉靖五年进士,官至云南右布政使		李开先为其作《喜得脉泉李方伯还家》《赠李脉泉》《送李脉泉宪长之任贵州》《与李脉泉秋日游上方井寺》《同李脉泉方伯谢少溪亚卿刘后峰谏议三致政游女郎山》《寿李脉泉七十岁》《集古诗挽李脉泉》《祭脉泉李方伯文》《通奉大夫云南右布政使脉泉李公合葬墓志铭》《脉泉李方伯祠堂记》。

① 《李中麓闲居集》之三《七言律诗·为郑姊丈丧事两过钓鱼台南村》诗下小注"村久荒落,鲜人烟。时正初冬,木叶已残,而径花犹艳,经由乐盘袁长史墓下,怆然动怀,诗末因之",诗中有"抚景更悲袁右史,荒坟久卧白云隈"。

② 《李中麓闲居集》文之十一《记·张氏迁茔记》,记的正文前有一段交代写作背景的话,可以看出李开先与张师雍的关系亲密:"邑人张悔庵,乃先君密交,后又忘年与予为会长,素亦喜读阴阳书,但不失之酷信耳。"意思是张师雍与李淳、李开先父子两皆亲厚,不过"后又忘年与予为会长"要理解为张师雍是会友中年龄最长的人,而非词会会长。《祭悔庵张州同文》中有"予生虽晚,相知甚早。敬意乾乾,祭仪草草"。

续表

姓名	字号	籍贯	官职	才学及著作	与李开先的诗文互动
夏文宪	字柏贞，号黉山	章丘	嘉靖七年举人，官至四川重庆府同知	有文名；识画并能作画	他为李开先《田间四时行乐诗》和《中麓小令》作跋，李开先作《昼日观水上烟火次夏黉山韵》与之唱和，夏由商州知州升重庆府同知时，李开先作《贺夏黉山以州正擢府贰》二首以示祝贺；李开先《闲居集》中有《谢少溪园与张柏岩夏黉山共四同年赏牡丹分韵赋诗予得"看"字》《再同众同年在予园赏牡丹仍限韵赋诗分得"喧"字》等诗文。
张克恭	字安甫，号柏岩	章丘	嘉靖七年举人，曾任浙江台州府通判		参与李开先《田间四时行乐诗》校正，李开先《闲居集》中有《谢少溪园与张柏岩夏黉山共四同年赏牡丹分韵赋诗予得"看"字》《再同众同年在予园赏牡丹仍限韵赋诗分得"喧"字》等诗文。

从表 9-2 可以看出，章丘词会和诗会的成员多是致仕官员，是当时当地较大规模的文人团体，聚集词曲家、诗人及各种艺术人才于一处，他们在词会和诗会中相互交流和增进，使章丘成为当时艺术创作十分活跃、艺术氛围异常浓厚的词曲中心之一。众人之间除了爱好相同，在雅会中唱和外，还有一些诗文应酬，以为友人祝寿、作墓志铭和为其作品写序作跋的情况最多，有时甚至会为友人亲人写些应酬性文字。

需要指出的是，谷继宗虽然是历城人，情况比较特殊，他幼年家贫却勤奋好学，常去寺庙拣取未燃尽的木条，由母亲捆扎成束，供其晚上读书照明之用。一生穷困潦倒，仕途坎坷，积忧成疾，导致双目失明。为避乡人，赴章丘投奔好友李开先。李开先安排他住在南村庄园，会友及其他好友闻之，纷纷携带礼品前去慰问，与之切磋诗文：

> 少岱殊无戚容，不减昔游豪兴，应酬无虚日，诗文无暇时，章人感壮其志，而乐与之交，携酒肴争为之主，而少岱亦自忘其身之为客也。所居不出一楼，所历不过九十日，所作则有数百篇。其因雪赠予七言排律百七十句，虽有目者检古本，据韵书，亦不能若是其详雅也。①

他在章丘居住三个月就作诗文数百篇，赠给李开先写雪的七言排律就有170句，足见他才思敏捷。后来幸遇良医以针刺目，从而复明，李开先作《贺

---

① 《李开先全集·诗文》《李中麓闲居集》文之五《序·贺谷少岱丧目重明序》，第501页。

谷少岱丧目重明序》为他感到高兴，"翰墨从今传历下，不须想像赋高唐"①。他赠给李开先的诗比较多，李开先与之唱和，且作诗多次其韵，如《谷少岱赠诗次韵奉答》《题〈赵节妇保孤卷〉次谷少岱〈挽张徐甥舅〉诗韵》《谢谢少溪惠鱼次谷少岱韵》《诗虽次少岱韵未有专为少岱作者特补赠》等，可以看出《诗虽次少岱韵未有专为少岱作者特补赠》六首是为专门赠给谷少岱所作，题下小注"少岱专讲修炼学，是以诗内多言及之"②。不过，李开先对谷继宗《璇玑词韵》评价不高，认为它"过于用心，费了许多转折，终不如旧韵之简便"。③

5.关系密切的词会和诗会友人及成员之间的互动

众人志趣相投，有很多共同爱好和话题。根据《闲居集》中涉及诗文数量多少和与之情义轻重比较，笔者推测上表中所列数人对李开先影响较大的是王阶、李冕、魏守忠和袁崇冕等人，其中王阶、魏守忠和袁崇冕是他承认的三老友，"袁西野、王云峰、魏东皋三人者，皆中麓子老友也。日常相会，后以多病，会虽简而情益亲"。④

王阶与李开先交情甚笃，身体健康时逢年过节都会亲自拜访他，疾病缠身时让儿子、孙子和重孙二十人代替他拜访，"堂中几不能容"，李开先说"林下有此老友，相与优游作乐事，亦晚景转行好运也"⑤。李开先作《田舍翁歌赠云峰王士登》中说他"马经农谱时翻阅，数卷丹书委石床"，"但遇达官急退避，每邀词客共徜徉"。⑥ 王阶临终时神思不乱、语言有伦，详细地向子孙交代后事，称有三事未遂心愿，三事中有两件与李开先有关："一则不得与予面诀，有所欲诉；二则寿母诗文，未及装表成卷；其三则予曾许唐人《瑶池春晓图》，将以雪簪字书予寿诗于其间。待雪簪来，三事终当副其意。"⑦王阶死后，李开先在所作祭文中表达了深深的怀念之情：

> 契交云殁，悲痛难禁。嘉宾虽多，无如子之同心；词人虽多，无如子之知音；谋客虽多，无如子之深沉；直友虽多，无如子之规箴；文伯虽多，无如子之博通古今；隐士虽多，无如子之增重山林；医巫虽多，不能驱子

---

① 《李开先全集·诗文》《李中麓闲居集》之四《七言排律·贺谷少岱丧目重明》，第404页。
② 《李开先全集·诗文》《李中麓闲居集》之四《七言绝句·诗虽次少岱韵未有专为少岱作者特补赠》，第456页。
③ 《李开先全集·曲论》《词谑·一词谑·谷少岱词韵》，第1537页。
④ 《李开先全集·诗文》《李中麓闲居集》文之七《墓志·东皋魏省祭合葬墓志铭》，第734页。
⑤ 《李开先全集·诗文》《李中麓闲居集》之八《墓志·云峰王处士墓志铭》，第812—813页。
⑥ 《李开先全集·诗文》《李中麓闲居集》之一《七言古诗·田舍翁歌赠云峰王士登》，第92页。
⑦ 《李开先全集·诗文》《李中麓闲居集》文之五《序·〈存友录〉序》，第544页。

肺病之因寻；亭台虽多，不能起子乘兴以登临。棋谁与相较？酒谁与同斟？书谁与共阅？诗谁与长吟？田本躬耕而沃美，树遗手植以阴森。空挂延陵之剑，绝弹伯牙之琴。有言在耳，有泪沾襟。香浮于案，殽实于鬲。我乎竭诚以致祭，神其不弃而居歆。尚飨！①

李开先特意将为他所作的诗文编辑成《存友录》并刻印，并在后序中说："予与云峰偕生盛世，不须尚友；同乡共井，又非远友；执手同心，相交四十年，盖契友之最深者也。"②

李冕在嘉靖三十五年(1556)以老疾致仕，返乡后加入诗社。两人相交甚笃，李开先得知他返乡的消息即作《喜得脉泉李方伯还家》长诗表达欣喜和期待之情，其中有："藩司失一贤，吾今喜有侣。不但是通家，交好两无拒。壮岁更同朝，自幼相尔汝。别久情愈切，朝夕空延伫。""村镇况比邻，往来迭为主。饱饭愧无功，缉书差有补。王充著《论衡》，置笔遍墙柱。"③其实，李冕和李开先两家的关系颇有渊源：

> 公之父赠君，与予先君为忘形交。公与予生同乡，仕同朝，归同游，拜简往复称通家。生黄中，又曾受学于予，存日酷爱鄙作，疾革所以独以墓文相托。数日间手书百千言，大小俱有次序，其遗予之书，大意言："此后无复会期，病中承记念谆教，顾自不慎，有负良言。子弱，百凡望扶持。墓志铭敢以相累"云云。④

李冕父亲李秀和李开先父亲李淳是好友，所以李冕与李开先两人自幼交好。后来，李冕长子李黄中又师从李开先。关系如此亲厚，李冕临终将墓志铭托付于李开先，并希望他继续提携儿子。李开先在祭文中说：

> 公年既长，予生较迟。忘年之友，通家之私。情非一日，知历三时。予方垂首，公已扬眉。教言亹勉，勿忧弃遗。既而同朝，退食委蛇。久而同归，诗社追随。义投气合，无少嫌疑。予之益友，士之严师……⑤

这篇祭文与其他应酬之文区别较大之处在于其中真情实感分量较重，充分说明两人交情甚笃。后来，乡人在明水镇中央为李冕建祠，李开先作《脉泉

---

① 《李开先全集·诗文》《李中麓闲居集》文之十二《祭文·祭云峰王士登文》，第1110页。
② 《李开先全集·诗文》《李中麓闲居集》文之五《序·〈存友录〉后序》，第545页。
③ 《李开先全集·诗文》《李中麓闲居集》之一《五言古诗·喜得脉泉李方伯还家》，第60页。
④ 《李开先全集·诗文》《李中麓闲居集》文之八《墓志·通奉大夫云南右布政使脉泉李公合葬墓志铭》，第787页。
⑤ 《李开先全集·诗文》《李中麓闲居集》文之十二《祭文·祭脉泉李方伯文》，第1105页。

李方伯祠堂记》,其中有"叹良友之不可复作,而道貌之不得再见也,遂撰此记,以待刻之墙隅陷石,或祠侧穿碑"。[1]

魏守忠虽然未曾中第,仅为藩吏,与李开先的关系亦比较密切。曾经做梦梦到所藏《折桂图》为李开先所得,就将该图赠给他,以使假梦成真。隆庆元年(1567)左右,李开先在为他作的墓志铭中说他:

> 性好着棋观书,棋后以疾罢着,而观书终其身……一疾三年,卧中每见予为他人所作志文,叹曰:"日后中麓念旧,亦必有此作,但吾无可称,又身已为吏,焉用文之?"……予传闻而递告之曰:"惟无可称,所以为可称,吏亦人世不可少者。吾乡张文忠公、刘文简公独非吏耶? 若是今日不起,则明日文出。"继而予以痰嗽作梗,两月后始操笔,去葬期虽远,而践前言则迟矣。[2]

魏守忠临终时想让李开先为其作身后文,李开先因感冒未能如期完成,后来不仅为他写作墓志铭,还作有祭文。祭文中有:"管夷吾之哭鲍叔牙,泪下如雨;顾长康之悲桓宣武,眼似悬河。故友凋零,每恨知心之少;少年豪横,堪嗟刺目之多。"[3]以管仲哭鲍叔牙和顾恺之哭桓温,类比自己吊唁魏守忠,指出两人感情颇深。

袁崇冕的父亲袁弼、兄长袁公冕、弟弟袁轩冕皆为科第出身,就他一人终身布衣,未曾入仕。他爱好广泛,"能词,善诗谜,棋手及齐云之社,各臻其妙",又善于营建田园,"门横渔船,家藏走犬,柳阴掩日",李开先作一诗夸赞他"门第之高、技艺之美、住居之幽"[4]。李开先在为其所作的赞中说他:

> 魁然其貌,坦然其心。内养真有得,外物不相侵。久宾乡饮,寄迹词林。敲棋无倦,放笔豪吟。能任利名展脱,不随尘世浮沉。疏狂情性,磊落胸襟。寿年难量其数,物理独观其深。之人也,其即古之真隐与遗直,今之识事而知音者乎?[5]

在《贺袁西野七十三寿序》中说他"受性坦易,制行刚方","俭素不愧清白吏后裔","虽长于词,耽于棋,惟以寄兴,不至苦心"[6]。可见,他们有很多共同

---

① 《李开先全集·诗文》《李中麓闲居集》文之十一《记·脉泉李方伯祠堂记》,第 1035 页。

② 《李开先全集·诗文》《李中麓闲居集》文之七《墓志·东皋魏省祭合葬墓志铭》,第 735 页。

③ 《李开先全集·诗文》《李中麓闲居集》文之十二《祭文·祭东皋魏省文》,第 1117 页。

④ 《李开先全集·诗文》《李中麓闲居集》之三《五言古诗·赠袁西野》,第 257 页。

⑤ 《李开先全集·诗文》《李中麓闲居集》之一《杂体·处士袁西野像赞》,第 106 页。

⑥ 《李开先全集·诗文》《李中麓闲居集》文之六《序·贺袁西野七十三寿序》,第 590 页。

之处,如善猜诗谜、工词曲、好下棋、擅于经营等,这些无疑增进了两人的感情。

他同李开先一样兴趣广泛且长于北曲,将欣赏金元词曲视为人生的最高境界。李开先在为其所作的墓志铭中叙述两人交往时间长,爱好相同,年龄虽相差十五岁却情同兄弟:

> 中麓子友于西野翁四十余年矣,识面在正德末年,定交在嘉靖初年。因词曲而识面,因契合而定交。西野翁长中麓子十五岁,中麓子尝以兄事之。西野翁(则)以"中麓子生乎吾后,其闻道也先乎吾",不敢以兄自居。盖词曲乃西野翁倡之,而中麓子继之,其了悟独早,邑人误谓在师友间,其实乃兄弟行,而西野翁则首功也。其情爱有出厚友之上者。①

在《幸览篇》后序中亦说:"友以志同道合。中麓子之与西野友也,无不同且合者,而词曲尤甚焉。邑人过许,以为高山流水有知音,白雪阳春诚寡和。不但游乐云山并辔,与夫笑谈风雨连床。"②言语之中透露两人惺惺相惜,感情深厚,他们对忘年之交极为看重。袁崇冕对两人的友情也极为珍惜,临终念叨所牵挂者有三事,即:"西村沃美无人看种,满腹元词世未尽知,良友如中麓不复会合。"③清人王士祯《池北偶谈》载李开先和他的一则轶事,足以证明两人在曲学方面的功力并驾齐驱:

> 尝有客以《黄莺学画眉词》谒李太常,坐客皆言佳,西野后至,太常曰:"翁素负知音,试择佳句几何,予已有定评。"西野目毕,应声曰:"止起五字是词家语,余无足取。"太常展手示之,云止"未老已投闲"一句。客皆大笑叹服。④

袁崇冕善于作谜和猜谜,对李开先《诗禅》的成书帮助很大,"其作灯谜及知灯谜,亦自谓一世无出其右。中麓子编集古今谜,多就而正之,中间取其所作,不下十数条"⑤。李开先《词谑》中亦有不少关于袁崇冕的内容,比如:《嘲子弟》中说"更有一套双调,并嘲子弟妓女者,原西野为之,不能全载,只

---

① 《李开先全集·诗文》《李中麓闲居集》文之七《墓志·豫作乡宾西野袁翁墓志铭》,第711页。明刻本中多出"则"字。
② 《李开先全集·诗文》《李中麓闲居集》文之五《序·〈幸览编〉后序》,第551页。
③ 《李开先全集·诗文》《李中麓闲居集》文之十一《跋语·〈幸览编〉跋》,第1047页。
④ (清)王士祯:《池北偶谈》卷十四《谈艺四·袁崇冕》,第336—337页。
⑤ 《李开先全集·诗文》《李中麓闲居集》文之七《墓志·豫作乡宾西野袁翁墓志铭》,第713页。

撮其大略"①,摘录几句他作的曲文;《嘲僧》中摘录他为讥讽僧人所作的【雁儿落过得胜令】散曲。

应他之请,李开先在他还在世即作好墓志铭、祭文并辑录《幸览篇》,"予于西野,虽愿其寿,每惧其危,志文既有作,祭文亦相随。宁备而不用,恐用而后时。此举本出于二三友之同志,于以报答乎四十年之相知"②。这种预作志文之事也只有毫无猜忌的挚友才能做到。

李开先与众人在词会中研讨格律,唱和曲文,《词谑》记载:

> 予家酒会,词客咸集。就中袁西野长于北词而短于南,吕东野长于南词而短于北;刘修亭无目,板眼最正,东野时或有失。予尝戏之曰:"西野不知南,东野不知北;修亭有板无眼,东野有眼无板。"座客无不鼓掌大笑。③

吕东野即鄞县人吕时臣,刘修亭即盲人说书家刘九,两人皆为李开先门客,可见,李开先认为曲词要注重曲文匀称和音律"板眼",他在创作上取得的成就,与其在有门客参与的词会和诗会中的交流有关。

除了参加聚会,有些成员私下也有交往。李开先与好友杨选之父杨盈相差二十岁,两人为忘年交,"形年无意而两忘,诗词有社以相邀。茅亭竹舍,月夕花朝;壶矢觞咏,限韵分曹;时陈美食,云出内庖"④。嘉靖三十六年(1557)正月,李开先同王阶、逯希闵、陈德安、高进游玩遇雪,他作诗《正月十日与王云峰逯西墅陈泰峰高柏亭南游归途遇雪入夜转盛次日成诗用纪岁事云》,其中有"随风轻霰迷山谷,四子相携正远游"⑤,《中麓山人咏雪诗》中亦有《初春同袁王逯高四子春游归途遇雪入夜转盛》一诗。嘉靖三十九年(1560)左右,李开先同李冕、谢九仪、刘禄游章丘城北一里许的女郎山⑥。

6. 谢九仪亦可能是词会或诗会成员

笔者基于李开先与谢九仪有很多唱和之作,及词会或诗会的成员和他多有来往,推测他应该也是词会或诗会成员。谢九仪,字君赐,号少溪,谢九

---

① 《李开先全集·曲论》《词谑·一词谑·嘲子弟》,第 1548 页。
② 《李开先全集·诗文》《李中麓闲居集》文之十二《祭文·预祭西野袁翁文》,第 1112 页。
③ 《李开先全集·曲论》《词谑·一词谑·谑言》,第 1547 页。
④ 《李开先全集·诗文》《李中麓闲居集》文之十二《祭文·祭封御史双溪杨翁配太孺人时氏文》,第 1100 页。
⑤ 《李开先全集·诗文》《李中麓闲居集》之三《七言律诗·正月十日与王云峰逯西墅陈泰峰高柏亭南游归途遇雪入夜转盛次日成诗用纪岁事云》,第 255 页。
⑥ 《李开先全集·诗文》《李中麓闲居集》之四《五言排律·同李脉泉方伯谢少溪亚卿刘后峰谏议三致政游女郎山》,第 387 页。

容之弟,谢九式之兄。嘉靖十一年(1532)进士,担任雄县知县,在他的关心和指导下,雄县的第一部县志《雄乘》在当年成书。谢九仪治政严谨、勤廉贤能、树正气、除歪风,民众口碑很好。以宏才大器调任德清县,雄县县民苦苦挽留未走,后来调至朝中,升任监察御史,最终官至兵部侍郎。嘉靖三十七年(1558)左右,致仕归家,与李开先交往密切,为其《田间四时行乐诗》和《中麓山人咏雪诗》作跋。

他刻印其兄谢九容《东村乐府》,李开先应邀作序,称他"尝督学北畿,江浙乡试,或为监临,或司誊校,素以文为职。词亦文之一也。"还说他的行为乃践行孝悌之道,又兼顾了亲情与公心,"刻其词以传,亲情也;而实公事也,义举也"①。某年他的生辰,李开先作《〈海山谣〉寿少溪谢亚卿》②。还作五言律诗《赠谢少溪》,诗前有长长的序文,表达他归田后两人相伴的希冀,但又觉得他早晚会重返官场,序首夸赞他:

> 少溪负经济才,历任中外,藉藉著贤声。年五旬余,以兵部亚卿提督京营,已而回佐本部,又升户左。众方望其登台践斗,志与道大行于天下,乃上疏乞休。虽林下有高贤,而仕途失一良臣矣。

诗的正文再夸:

> 谢子富经纶,京卿早乞身。
> 林泉喜有伴,兵赋属何人?
> 约日游东岳,终宵礼北辰。
> 里中称逸叟,天下仰名臣。③

谢九仪曾邀请李开先、张克恭、夏文宪在自家庄园中欣赏牡丹,李开先作《谢少溪园与张柏岩夏黄山共四同年赏牡丹分韵赋诗予得"看"字》④。不久,李开先邀请谢九仪、张克恭、夏文宪三人在南园赏牡丹,作《再同众同年在予园赏牡丹仍限韵赋诗分得"喧"字》⑤。说明他们在欣赏牡丹时,边喝酒边限韵作诗,在南园时家乐班亦曾到场演出。后来,李开先作七言律诗《赠

---

① 《李开先全集·诗文》《李中麓闲居集》文之五《序·〈东村乐府〉序》,第479页。
② 《李开先全集·诗文》《李中麓闲居集》之一《七言古诗·〈海山谣〉寿少溪谢亚卿》,第96—98页。
③ 《李开先全集·诗文》《李中麓闲居集》之二《五言律诗·赠谢少溪》,第156页。
④ 《李开先全集·诗文》《李中麓闲居集》之二《五言律诗·谢少溪园与张柏岩夏黄山共四同年赏牡丹分韵赋诗予得"看"字》,第165页。
⑤ 《李开先全集·诗文》《李中麓闲居集》之二《五言律诗·再同众同年在予园赏牡丹仍限韵赋诗分得"喧"字》,第166—167页。

谢少溪》,诗中有"我喜敲棋君善饮,人称豪客与闲仙","两朝恩命千钧重,三谢文章百世传",并用小字注释"乃翁任盐运副,曾受褒封","兄九韶、弟九式,俱能文"①。该诗指出谢九仪出身官宦之家和书香门第,不过笔者猜测"九韶"乃九容之误,之前说谢九仪的兄长是谢九容,而且谢九容也擅长作诗为文,定在"三谢"之列。谢九仪送鱼给李开先吃,李一高兴,连作《谢谢少溪惠鱼次谷少岱韵》六首。

鉴于李开先与谢九仪交往颇多,又邀请他和其他词会或诗会友人共同唱和,谢九仪很大可能也是词会或诗会的成员。不惟两人关系亲近,他们的后辈也有联系,谢九仪侄儿谢庭兰(字惟馨)师从李开先,嘉靖四十五年(1566)谢庭兰请李开先为亡妻弭氏作墓志铭,李开先的女儿招弟与谢九仪的儿子谢庭薰定亲。②

四、对李开先影响比较大的其他文友

对李开先影响较大的文友尚有李舜臣、刘绘、罗洪先、潘高、杨慎、王世贞、张舜臣、冯惟敏、沈仕、马广、胡来贡等人。

1. 与李舜臣、刘绘、罗洪先和潘高的交游

罢归后,李开先效仿李梦阳为诗文友作《九子诗》的做法,为做官时交往密切和爱好相同的九位好友亦作《九子诗》,序曰:"予亦有友九人焉,诗文而兼经济者也。勿论经济,其诗文不屑乎今,而实不外乎今;不蹈乎古,而实不远乎古。有可掩蔽'前九子'者焉。"③这九位好友,除了"嘉靖七才子"中的吕高、熊过、唐顺之、赵时春、王慎中,还有李舜臣、刘绘、罗洪先和潘高,由此可见,他们四人在李开先心中地位较高。

李舜臣(1499—1559),字懋钦,又字梦虞,号愚谷,又号未邨居士,山东乐安人。嘉靖二年(1523)进士,仕至太仆寺卿,也是在嘉靖二十年(1541)因九庙灾上疏自陈而罢官。李开先对他的仕途贡献较大,在为其所作祭文中说"予曾两荐,仕路微通",其下小注"升司业,予在验封,转荐之;升府丞,予在文选,自荐之也"④。相似的罢归经历,更是拉近了两人的距离。李开先

---

① 《李开先全集·诗文》《李中麓闲居集》之三《七言律诗·赠谢少溪》,第311页。
② 《李开先全集·诗文》《李中麓闲居集》文之八《墓志·淑媛弭氏墓志铭》,第818页。在墓志铭中,李开先说:"予与少溪为同年,兼且结婚姻,惟馨又从学于予。"
③ 《李开先全集·诗文》《李中麓闲居集》之一《五言古诗·九子诗序》,第61页。
④ 《李开先全集·诗文》《李中麓闲居集》文之十二《祭文·祭愚谷李太仆文》,第1103—1104页。

在为他所作的墓志铭中说两人过往甚密：

> 愚谷但有作，必走使相示，甚至半篇亦来，急不待脱稿。生前既以文交，身后宜以文托也……愚谷履仕途先余两科，然情符契合，在同乡及其同年，无如余两人者，会者每夜数易烛，离则每月不乏书。余先致仕家居，愚谷夜过焉，时值六月，天将曙，始散去。以母病不能为数日之留，约在长山张姓家，各以近文及新得相与讲订。别愚谷曾不逾月，即闻致仕邸报，出于权贵所排挤，与罢余者同一人也。①

与李开先留意词曲不同，他专攻经学，尤其精通《尔雅》。李开先也曾说他："夜则注六经，日则登古台。注经有独得，吊古有余哀。有时为诗文，诗细而文该"②，为南京尚宝司卿时"《易》、《诗》、《书》、《仪礼》、《戴记》、《左氏春秋》，分日读之，每六日一易，舛则质以篆隶与增广韵，旁及唐陆德明音义"③。或许受李开先的影响，他亦作词，不过承认所作不佳，正如他在为《中麓小令》所作跋语中说："适瘥小儿，忽览新作，齐物傲俗，戚怀顿释。情理辞韵，无一不与古人契者，先得鄙心矣！盖鄙人近亦欲作词，乡人二友，一致仕县丞，一布衣也，俱词稍工，鄙人颇与之往来，时有小作，然视之兄示词，砥砆与美玉也。"④两人的诗文往来为今天所见者不多，李舜臣《愚谷集》卷三收录《酬李伯华寄书》⑤一诗，从题目可以看出，这是给李开先的回信，乃是唱和之作。此外，他还作有《中麓堂记》，而李开先为其作《挽李愚谷》《祭愚谷李太仆文》等。钱谦益《列朝诗集小传》除了交代两人研究旨趣不同却有很多共同话题之外，还指出他们在外的声名不相上下，并称"二李"：

> 懋钦与章丘李伯华才名相颉颃，并由吏部左迁，并以京堂罢免，皆为嘉靖初权贵人所龉龁。伯华家居，纵酒度曲，颓然自放；懋钦一意经术，易、诗、书、三礼、左传，分日读之，每六日一易，其指归在尔雅，质以篆隶广韵及陆德明音义，各有注释部分秩如也。伯华后懋钦两科，而致仕先于懋钦，会则夜数易烛，离则月不乏书。有作必走使相示，两人学

---

① 《李开先全集·诗文》《李中麓闲居集》文之八《墓志·大中大夫太仆寺卿愚谷李公合葬墓志铭》，第771页。

② 《李开先全集·诗文》《李中麓闲居集》之一《五言古诗·九子诗·李愚谷舜臣》，第62页。

③ 《李开先全集·诗文》《李中麓闲居集》文之八《墓志·大中大夫太仆寺卿愚谷李公合葬墓志铭》，第775页。

④ 《李开先全集·散曲》《中麓小令·〈中麓小令〉跋语》，第1467页。

⑤ （明）李舜臣：《愚谷集》卷三《江西稿·酬李伯华寄书》，第6页。

业不同,而志趣近合,今三齐之士,屈指先辈有名人,必称二李。①

刘绘(1505—1573),字子素,又字少质,号嵩阳,河南光州人。嘉靖十四年(1535)进士,授行人,改户部给事中。嘉靖二十一年(1542),因两次弹劾夏言,被排挤出京,出任重庆知府。后来,挂冠辞职,回到家乡光州设坛讲学,人称"嵩阳先生"。他与李开先、唐顺之、赵时春"为文章意气之交"(《列朝诗集小传》丁上),著有《嵩阳集》《易勺》《春秋管》等。李开先写成哀悼妻妾的《四时悼内》寄给他,他回信一封安慰之余,并提及数事:第一,"壬寅秋,曾一通信,继此孤踪不定,静躁殊辙,遂失奉问",也就是说两人自从嘉靖二十一年(1542)秋的一次通信后再无联系,这是因为罢归后行踪不定、心神不安,想来李开先会谅解他,每每追忆在京为官时的经历他觉得"芬华系心,成一戏局;交游欢结,尽是梦境"。第二,"向闻吾兄园亭之胜,每驰遐慕,来书亦谓亭台之美,兼得龙藏洞幽岩曲馆,诚佳丽之区矣!"听说李开先庄园之美比较神往,自己如果能够在场结伴游玩该有多好。第三,归来后营建茅亭数间,挖小池"环渠",种柳养鱼。因脾胃久病,需要经常迎医问药,偶尔接待几个亲友。第四,近得一男伎比较称心,"性质文雅,能吹箫,善末,唱北曲,音韵弘闲,格调清丽,真得教坊之传"。与他"对花乘月","共泛环渠之上",真是一件快乐的事情。一收到《四时悼内》就交给他歌唱,"无不叶律,【那吒】一令,更足感人"! 第五,自己在北调方面颇有长进,时有所作和所歌,可惜李开先不得与闻。"曾有《怀中麓作》二篇,因笔札草甚,尚俟他日专人奉寄之"②。刘绘《嵩阳集》中有《歌行》长诗歌咏李开先,用饱含深情和略显夸张的文字喻指他藏书众多、著述宏富。李开先在所作《九子诗·刘嵩阳绘》对之亦颇多赞许,由《与嵩阳刘太守简札往复未尝及罢官事因和其诗偶尔及之》的诗题可知两人时有诗文唱和。李开先《送棋客吴橘隐兼及吴升甫》诗中有"寄语嵩阳刘给舍,年来我更善樗蒲"③,樗蒲乃古代类似掷骰子的一种游戏,后来引申为赌博。他在赠给门下棋客吴橘隐的诗中仍记得向刘绘提到自己和他的共同爱好,这有点和好友分享近况的意味。刘绘《春游集》中赠棋士曹起的诗中提到:"批亢残局三百势,传自山东李少卿",对好友的棋艺颇为佩服。吴橘隐感觉刘绘次子才华出众,必有大出息,随口作上联"中

---

① (清)钱谦益:《列朝诗集小传》丁集上《李太仆舜臣》,古典文献出版社 1957 年版,第 382—383 页。
② 《李开先全集·散曲》《四时悼内·附刘嵩阳复书即为后序》,第 1504—1505 页。
③ 《李开先全集·诗文》《李中麓闲居集》之四《七言排律·送棋客吴橘隐兼及吴升甫》,第 403 页。据钱谦益《列朝诗集小传》载,刘绘晚年亦好樗蒲。

土文魁来秋有待刘黄鼎"，李开先应声对下联"东方廉吏当日无如弭素庵"①。综合李开先送吴橘隐时请他为刘绘带话，及吴橘隐对刘绘儿子比较了解，可以猜测吴橘隐为刘绘同乡，亦可能为深知李开先下棋爱好的刘绘推荐来的。嘉靖三十三年（1554），李开先为刘绘门生、滑县知县张佳胤的祖父母作《处士张公配刘氏墓表》。

罗洪先（1504—1564），字达夫，号念庵，江西吉水人。嘉靖八年（1529）状元，授修撰，仕至左春坊赞善。嘉靖十九年（1540）因上疏请朝东宫忤旨，被罢归。离开官场后，终日著书讲学，于天文、地理、水利、军事、算学等无不究习，尤精地理制图②。著有《念庵集》二十二卷、《冬游记》一卷，精心绘制的《广舆图》二卷是历史上最早的分省地图集。李开先作《寄罗念庵》《岁终寒夜有怀念庵子》《挽念庵罗状元》等，并为《广舆图》作序。《岁终寒夜有怀念庵子》中有"路遥江右三千里，月又天边十二圆"③，说明两人距离遥远，大概有 12 年未曾相见。

潘高（1514—1557），字子抑，号春谷，山西宁化人。嘉靖十一年（1532）进士，历大理寺评事、右寺副、寺正，擢陕西参议，嘉靖二十年（1541）因忤夏言在考察时被罢归。著有《晋乘平交录》《蓄德随录》《攘夷策》《守边或问》及诗文若干卷，"其长尤在边事，奇略伟画，动中机宜，应急有如宿虑，遥度不异亲经。每闻东南倭兵动地，西北胡尘障天，切齿拊膺，慨然有雪耻除凶之意"④。其实，李开先与他在关心军事这点上可谓意气相投。李开先应其所托为其母写贺寿诗，并以所藏宋代马远《松图》作贺礼，这在《以马远〈松图〉寄寿春谷潘母》中记叙甚明。李开先还为其作《九子诗·潘春谷高》《答潘春谷书感赋》《潘春谷传》。

2. 与杨慎、王世贞、张舜臣、冯惟敏、沈仕等人的交游

杨慎（1488—1559），字用修，号升庵，四川新都人。正德六年（1511）殿试第一，授翰林院修撰，后来升任经筵讲官。嘉靖三年（1524）因大议礼受廷杖，谪戍云南永昌卫，终身不得赦免。博学能文，早年受业于李东阳门下，以

---

① 《李开先全集·杂著》《中麓山人拙对、续对·中麓山人续对卷之下·跋文》，第 1996 页。"弭素庵"即弭锐，字仰之，为官清正廉洁，不受一钱贿赂，乡人称不绝口。

② 《明史·罗洪先传》载，他罢归后"甘淡泊，炼寒暑，跃马挽强，考图观史，自天文、地志、礼乐、典章、河渠、边塞、战阵攻守，下逮阴阳、算数，靡不精究。至人才、吏事、国计、民情，悉加意咨访"。他虽然未及门王守仁（王阳明），但自称王门后学，对王氏良知说有所发展，所以后人认可其为王学传人。

③ 《李开先全集·诗文》《李中麓闲居集》之四《七言绝句·岁终寒夜有怀念庵子》，第 459 页。

④ 《李开先全集·诗文》《李中麓闲居集》文之九《传·潘春谷传》，第 857 页。

诗文知名。被贬谪之后，更是于书无所不读，好学穷理，老而弥笃，有《升庵集》《丹铅杂录》《陶情乐府》等著作传世。他在嘉靖三年（1524）即被谪戍云南，而李开先在嘉靖八年（1529）才中进士入京为官，两人并无直接接触，两人的联系多亏李开先同乡挚友李冕牵线。李冕在嘉靖三十三年（1554）调任云南右布政使，两年后以老病致仕归乡，经他介绍，李开先与杨慎才有了诗文交往。杨慎作《寄中麓李伯华》，原诗被收录在《杨升庵全集》卷十八。李开先的和诗为《杨升庵状元以"草"字诗见寄依韵奉答》①，被收录在《闲居集》之二。李开先还作《自嘲并怀邹东郭杨升庵龚云冈三太史》四首，第三首即为怀念杨慎所作，其中有"扬雄识字称无算，万里书来尚问奇"②，交代两人的诗文往来。嘉靖三十八年（1559）七月，他客死云南，李开先作《挽杨升庵》，两人的这段忘年之交宣告终结。③

　　王世贞（1526—1590），字元美，号凤洲、弇州山人，江苏太仓人。嘉靖二十六年（1547）进士，历官刑部主事、青州兵备副使等职。因父亲王忬蒙冤被杀，守丧家居。隆庆初复官，历任浙江参政、山西按察使等。万历年间，官至南京刑部尚书。自幼有才名，与李攀龙等结为诗社后，名声更著，为"后七子"领袖，倡导"文必秦汉，诗必盛唐"之说，成为一时风气。嘉靖三十五年（1556）升为山东按察副使青州兵备，次年赴任，经章丘拜访李开先，受到主人热情招待，并让家乐班演出助兴。他到李开先家多次，作有《春夜饮李伯华少卿》《冬日同客游李太常伯华诸园》等，李开先亦作诗《冬至夜王凤洲宪副见访近城园中有诗相赠依韵奉》相和。首次拜访后，他还为《中麓山人咏雪诗》作跋，跋语中对自己受到的热情招待和所见所闻感到非常满意：

　　　　昨于道次仓卒修谒，便辱长者施忘年之雅，使佐杯酒，扢扬风骚。复得演金象之秘奇，耳雕龙之藻辩。至于雪中诸诗，恍若入宝城矣。且奇石秀木，无让平泉；古文秘籍，下嗤邺架。乃知天下固自有人也。晨起就道，色骄驭夫，以为龙门之游。④

他亦曾为《宝剑记》提出一些意见，有的观点不被李开先认可和接受。

　　张舜臣（？—1566），字熙伯，号龙冈，章丘宁家埠镇马彭村人。嘉靖七

---

① 《李开先全集·诗文》《李中麓闲居集》之二《五言律诗·杨升庵状元以"草"字诗见寄依韵奉答》，第 178 页。

② 《李开先全集·诗文》《李中麓闲居集》之四《七言绝句·自嘲并怀邹东郭杨升庵龚云冈三太史》，第 442 页。"扬雄识字称无算"中"扬"，在明刻本中为"杨"。

③ 《李开先全集·诗文》《李中麓闲居集》之三《七言律诗·挽杨升庵》，第 358—359 页。

④ 《李开先全集·附录二》《叙论·题跋·曲评》《〈咏雪诗〉跋》，第 2244 页。

年(1528)与李开先同年中举,嘉靖十四年(1535)进士,仕至南京户部尚书。隆庆元年(1567)因疾归乡,半道而卒,皇帝赠其太子少保,并亲撰谕葬文。归葬祖坟后,后人奉旨立碑刻石并建碑楼以蔽风雨侵蚀,碑楼至今仍存,楼内之碑却毁于 20 世纪六七十年代①。曾为李开先《中麓山人咏雪诗》和《中麓小令》题跋,嘉靖四十年(1561)用谢榛的韵律作诗一首赠给李开先,李亦作诗一首表示答谢,其中有"君久官崇品,予先罢奉常"说明他做官较久且官阶较高②。某年夏,李开先正无聊时接到他的书信,转而欢喜异常,即"闭门孤闷方难破,喜有天边书寄来"③。李开先还作《赠张龙冈》一诗,诗中有"委蛇东省称良佐,出入西山或遇仙",说他曾经负责监管西山大石窝,运送建筑石材④。嘉靖三十九年(1560),他的母亲去世,李开先作《祭龙冈张母太淑人文》,其中提到"孙各读书,子居卿亚","祭葬有恩,光荣无价"⑤,暗含他官职已崇,且为母亲请了谕祭。嘉靖四十四年(1565),他的第三子张养斋替即将赴杞县做知县的内侄王中宇(号云楼)向李开先索文壮行,李作《送杞令王中宇之任序》。嘉靖四十五年(1566)去世后,李开先作《祭龙冈张尚书文》,其中有:

> 小弟与兄同学者十年,同仕者七年,隐见不同者二十五年。由后湖前,岁月盖四十八迁矣。中间会合固屡有之,而离索者过半焉。乃若胶漆之情,金石之交,日愈久而既固且坚。一榜之中,惟兄与与川二兄最贵,惟兄与似庵、望湖三兄最贤。议者犹谓兄有权术,居今时势,盖有不得不然。⑥

交代与他关系密切,他做官有才能和权术。

冯惟敏(1511—1580),字汝行,号海浮,山东临朐人。嘉靖十六年(1537)中举,后累举进士不第,官至保定府通判。父亲为正德三年(1508)进士、官至按察司副使的冯裕,冯裕解官后与杨应奎、石存礼、陈经等结为"海岱诗社",众人诗文唱和不断。这种家风对孩子的影响较大,四子冯惟重、冯

---

① 李芳、潘攀:《张舜臣碑楼》,《今日章丘》2015 年 1 月 8 日(03)。
② 《李开先全集·诗文》《李中麓闲居集》之二《五言律诗·张龙冈用谢榛四溟韵惠诗作此酬谢》,第 193 页。
③ 《李开先全集·诗文》《李中麓闲居集》之三《七言律诗·暑中大风雨张龙冈寄书适至》,第 287 页。
④ 《李开先全集·诗文》《李中麓闲居集》之三《七言律诗·赠张龙冈》,第 312 页。
⑤ 《李开先全集·诗文》《李中麓闲居集》文之十二《祭文·祭龙冈张母太淑人文》,第 1104 页。
⑥ 《李开先全集·诗文》《李中麓闲居集》文之十二《祭文·祭龙冈张尚书文》,第 1114—1115 页。
与川即葛守礼,官至尚书;似庵即郭宗皋,望湖即吴岳,俱为侍郎。

惟健、冯惟敏和冯惟讷同以诗文称名齐鲁间，并称"临朐四冯"。冯惟敏乃散曲之集大成者，有"曲中辛弃疾"的美誉，在李开先归乡后曾数至章丘访游。嘉靖二十一年（1542）秋来访，离章后的途次中以"仙吕·点绛唇"为曲牌作《李中麓归田》表达对其赞赏和尊敬之情，序中交代两人的交往过程和该曲的写作背景：

> 吾乡中麓李公，博学正谊，予心慕之。都中邂逅，彼此尘鞅，未缘请益。顷抗疏归田，娱情述作，绍作大雅，讨论秘文，杂兴所及，时涉新谱，其亦游戏翰墨故邪，抑定乐之无斁也？仆因得而听之，意真味婉，气正声平，借使达者属耳，击节赏音，里人闻之，亦足以发流通之妙，不在兹乎！秋夕共语，悉所未闻，偶论乐声，深契予意。途次无聊，遂成俚阕如左。①

"都中邂逅，彼此尘鞅"指的嘉靖二十年（1541）乃大比之年，冯惟敏赴京赶考，与李开先邂逅。"顷抗疏归田"是对李开先罢归的委婉说法，更能证实两人相识乃在此年。如果说该序中未能说明冯惟敏来章是在何年，该曲曲尾小注："是年北虏始寇边。"证明这次拜访是在嘉靖二十一年（1542）②。两人"秋夕共语，悉所未闻，偶论乐声，深契予意"，艺术见解很是相投，他将该曲置于《海浮山堂词稿》卷首，亦能窥见对李开先胸襟、才情比较赞赏和敬仰。嘉靖二十三年（1544）《中麓小令》问世，他积极唱和，作《傍妆台·效中麓体》六首。后来再至章丘，作小令《醉太平·李中麓醉归堂夜话》十八首，极力赞美李开先的学问人品。嘉靖三十七年（1558），监察御史段顾言（号古松）巡按山东，借机搜刮，贪赃枉法。他写了不少骂段顾言的曲文，揭露其罪行。段顾言对他恨之入骨，将他逮至省城监狱。李开先为保他出狱不仅花费不少财力，亦在作品中为之申冤，《吃杖妓》中说："段古松巡按山东，访拿甚严。一仪宾犯事，牵连群妓，各受痛责。冯海浮以双调慰之，亦只具节略而已。"③李开先敢于在《词谑》中收录该曲，说明他不惧权势，对好友极力维护，如此两人亦缔结了生死之交。与他交往和词曲唱和，对李开先散曲的创作肯定大有裨益。反常的是，李开先除了在《词谑》中收录《吃杖妓》外，再没提及他或与之唱和之事，这种异乎寻常的做派是值得探究的。

---

① （明）冯惟敏：《海浮山堂词稿》卷一《大令》，上海古籍出版社 1981 年版，第 2 页。《词谑》中《吃杖妓》的文字与之大同小异。
② 虽然之前北虏和明军一直摩擦不断，但未犯边，关系尚不紧张。嘉靖二十一年（1542）北虏从朔州进入雁门关，侵犯太原，长驱直入，一直深入今河北一带，沿途杀戮抢劫，十分凄惨。
③ 转引自曹立会：《冯惟敏年谱附冯惟敏著作》，青岛出版社 2006 年版，第 121 页。

沈仕(1488—1565),字子登,自号青门山人,杭州人。以翰墨丹青称名,王道思称之为"江湖诗人第一人"。与李开先交善,曾为《中麓山人续对》作跋。嘉靖四十一年(1562)春游山东,先后拜访李开先、冯惟敏等人。他们"检阅书画之余,可否诗词之暇,以新构楼堂等命作对扁大小字"①,除了在一起谈论书法绘画、诗文唱和,还请李开先为他的庄园对扁作对联。两人这次直接交流,互赠的诗文今已不多见,《闲居集》中收录李开先以其原韵作《青门沈山人别来久矣忽承过访谈及在京旧事怆然动怀》二首,其中第二首为:

> 在昔居官日,名高毁易来。
> 惟虞贤路塞,不使幸门开。
> 久矣负豪气,几乎作祸胎。
> 客来同话旧,回首亦堪哀。②

可知两人无话不谈,除了家长里短之外,李开先还向他回忆自己为官时的清正,倾诉终被罢归的无奈和痛苦。嘉靖四十四年(1565)春,他从汴梁周藩寄诗给李开先,李作《和沈青门赠诗韵》,诗前序文解释:"青门沈氏子自汴梁寄诗来,开端即讲学之语,而后及相思并久离门墙之情,书中则言学道求成。予今和其诗韵,而诗句则答其书意云。"③

3. 文友日常交游的一个缩影

李开先豪爽又喜热闹,身边经常聚集一帮文友,众人一起唱和,为平静的生活增添不少乐趣。某个下雪天,他正孤坐,恰逢众友来访,众人饮酒作诗,好不痛快。他作《雪中友人晚访登楼酌酒摊韵赋诗》二首,第一首交代活动背景和场景,诗中有李开先正"独坐方愁云不开"之时,看到"众宾似约雪同来",一下子振奋起来,于是边饮酒边赏景,"竞挥彩笔吟飞絮,慢跨银鞍歌《落梅》";第二首发出感慨"雪中楼上好登临,况有同人惬赏心","授简谁能居客右?诗才贵速莫沉吟"④。从两诗可以看出,众人轮流作诗不少于两轮,他分别得了"梅"和"吟"字。⑤

---

① 《李开先全集·杂著》《中麓山人拙对、续对·中麓山人续对卷之下·跋文》,第 1975 页。
② 《李开先全集·诗文》《李中麓闲居集》之二《五言律诗·青门沈山人别来久矣忽承过访谈及在京旧事怆然动怀》,第 214 页。
③ 《李开先全集·诗文》《李中麓闲居集》之二《五言律诗·和沈青门赠诗韵》,第 248 页。
④ 《李开先全集·诗文》《李中麓闲居集》之三《七言律诗·雪中友人晚访登楼酌酒摊韵赋诗》,第 282—283 页。
⑤ 根据李开先和友人唱和推测,他们限韵的结果要体现在诗的结尾最后一字上。

《十月村居遇雨与李龙塘胡胡山马峰亭并弟继先相守数日得诗三首》第三首中有："吾弟知农务,诸君总善文。连朝能聚会,冷雨久缤纷。"①"村居"的村指的是李氏祖村,又名绿原村,在章丘城南三十里。李继先为李开先堂弟,其子李春坞后来过继给李开先为嗣。李龙塘、胡来贡等皆是章丘文人,常从李开先游。众人被雨滞留,相守数日,李开先作了三首诗。李开先还作《寒食南庄宴李九河马南冶魏东皋李胡川黄孔村李龙塘胡胡山诸客作》②,南庄亦指南村、祖村,李开先祖茔在村南,此行当为清明节之祭坟事。宴中诸客除李九河外都是章丘人,与李开先交善。从这两首诗可以看出,跟他交往密切的还有马广、胡来贡等人。

马广(1486—1560),字济周,号南冶,章丘大冶回族人。有勇力,喜文事和武事,乐善好施,数次成功抵御流贼巨寇的进犯,保护一村安宁,乡人称其为善人马居士。李开先在为其撰写的墓志铭中说:"居士爱接文人,酷嗜藏书,而诗曲朗诵,长不辍于口。能驰马试剑,尤精射法,胆略又足以将之。"③他为人真诚,不虚伪,这是大家愿意与其为友的原因。李开先母亲寿辰及故去,他都按照汉人习俗持礼庆吊,甚至李之幼子去世,他亦亲自吊唁痛哭。清明时他到友人刘希杜等人墓前祭奠,从不告知友人家属。李开先赠给他的诗文颇多:为了给他祝寿,嘉靖三十七年(1558)二月作《贺马南冶七十三寿序》,两年后又作《〈游仙引〉寿南冶马济周》;嘉靖三十九年(1560)九月他去世,又作《南冶马义士合葬墓志铭》和《祭南冶马济周文》;后来到大冶庄游玩,仍然想起他,"良友久观化","生居大冶中,葬在危山下"。④ 其妻金氏八十寿辰前,李开先预作祝寿文《贺马母金氏八十寿序》,然她未及期而终,又为其作挽诗《挽马母金氏》和《祭峰亭马母金氏文》。从这些应酬之文,可以感受到李开先与马广一家关系比较密切。

胡来贡,字忠夏,号胡山,东莱人(亦有说掖县人)。隆庆二年(1568)进士,官至大同巡抚。幼时即能文善诗,为贡生时从李冕读书莱芜山中,后来入明湖书院。李开先乡居时,他仅为年轻贡士,因善属文两人交游较多,他为《中麓画品》题跋,文笔老到熟练。他为宣城县主簿时,李开先作《〈宛陵山水歌〉赠三尹胡胡山》,大概是赠给他一幅画又题诗一首,诗中有:

---

① 《李开先全集·诗文》《李中麓闲居集》之二《五言律诗·十月村居遇雨与李龙塘胡胡山马峰亭并弟继先相守数日得诗三首》,第158页。
② 《李开先全集·诗文》《李中麓闲居集》之二《五言律诗·寒食南庄宴李九河马南冶魏东皋李胡川黄孔村李龙塘胡胡山诸客作》,第164页。
③ 《李开先全集·诗文》《李中麓闲居集》之八《墓志·南冶马义士合葬墓志铭》,第803页。
④ 《李开先全集·诗文》《李中麓闲居集》之二《五言律诗·游大冶庄追忆马义士》,第239页。

> 胡子幼年有大志,学成竟未摄巍科。
>
> 若论时文精至骨,古今诗赋亦无讹。
>
> 虽云行洁操还厉,可是心慈性不苛。
>
> 他日政成超擢后,江村重整旧渔蓑。①

李开先还作《胡胡山园看花口占》,到他的园中看花时作诗一首,夸他"岂惟花事盛,文事亦成家"②。这些语句皆说明李开先对他比较欣赏,事实上他确实担当得起这种赞誉。后来又是中进士,又是官至大同巡抚,所作边塞诗《塞行有感》脍炙人口。不过,这些李开先未曾看到,若真的地下有知,定会含笑九泉。

五、与诗文弟子和门客的交游

此处提到诗文弟子与门客,两者稍有区别,前者侧重于和李开先的师徒授受关系,后者侧重于寄居和依附关系。

1. 与诗文弟子的交游

李开先归乡后,诗文词曲成为他生活中的重要内容,而且他又创办中麓书院,不少人慕名前来,希望成为他的弟子,从其游学。他们的活动以提升学业和增进诗文写作水平为宗旨,李开先在知识授受过程中也体会到教学相长的快乐。中麓书院和其他书院一样,规章制度不像正式学校那样严格,学术氛围较为轻松,更像今日邀请知名学者举办的学术讲座或学术研讨,所以他与弟子的关系与其说是师生关系,不如说亦师亦友。他的弟子除了前面所述高应玘之外,尚有以下数人:

刘次禹,《赠刘次禹秀才》中说:"刘生从我游,荏苒十春秋"③,该诗作于嘉靖三十年(1551)左右,可知刘从他罢归之初就相追随。

梁绍儒,号玉庵,东平人。嘉靖二十年(1541)进士,选庶吉士,曾任翰林院检讨,预修《大明会典》,嘉靖二十九年(1550)请辞归里。他曾为李开先弟子,罢归时李开先作《寄致政梁玉庵内翰》安慰他,题下小注"旧尝从予学",

---

① 《李开先全集·诗文》《李中麓闲居集》之一《七言古诗·〈宛陵山水歌〉赠三尹胡胡山》,第102页。

② 《李开先全集·诗文》《李中麓闲居集》之二《五言律诗·胡胡山园看花口占》,第217页。

③ 《李开先全集·诗文》《李中麓闲居集》之二《五言律诗·赠刘次禹秀才》,第156页。

诗中有"为师吾有愧，罢吏汝同归"。① 两人被人排挤免官的遭遇相同，这就使得师生二人之间有更多的共同话题。李开先作《寄致政内翰梁玉庵》对其才学品味极为赞赏，在"幸而能不死，赢得直如弦"一句下注释："玉庵为翰林有才名，被忌者排谤免官。其铭沈状元墓云：'直如弦，死道边。以先生事观之，古语不诚然乎？'君盖以之自喻也。"②可见，李开先觉得他"直如弦，死道边"这句话比较经典，在赠给他的诗句中现学现用。此外，在《中麓山人续对》中亦有"林下真长策，道边死直弦"③。李开先在著作中多次套用梁绍儒的句子，这种行为充分诠释了教学相长的真谛。嘉靖三十五年（1556）李开先又作《用六年前诗韵再赠梁玉庵》，对他多番安慰和鼓励，梁作诗一首予以回应。④

崔元吉，号平桥，历下人。在嘉靖三十三年（1554）秋入门拜师，李开先作《寄崔平桥举人》，题下小注"近从予学者"⑤。后来又作《赠崔平桥举人》，感叹他考取功名之路不顺。⑥ 他为李开先《田间四时行乐诗》及院本题跋。《田间四时行乐诗》跋语中回忆了中麓书院招生和他最终在服完母丧后到其门下执弟子礼的旧事。

张自慎，字敬叔，号就山，山东商河人。后流寓居章丘，游李开先之门，为李开先弟子中最擅词曲者，尤以杂剧称名，著金元乐府三十余种。李开先对他亟为赞赏，曾曰："老夫衣钵须此子。"⑦张自慎亦因此自负，与李开先有深厚的师生感情。太原万伯修曰："北曲一派，海内索解人不得，眼中独见张就山耳。"⑧他曾负责刊刻《改定元贤传奇》，为《中麓山人续对》作跋，跋语中有："自慎幼备弟子员，每试幸不落人后。不幸屈抑被黜，又幸而久侍麓师讲席，得其对法独深"⑨。指出自己受李开先的谆谆教导，耳濡目染，竟然领会作对的奥妙。他的作品多已散失，李开先《词谑》中收录他作的一首散曲【折

---

① 《李开先全集·诗文》《李中麓闲居集》之二《五言律诗·寄致政梁玉庵内翰》，第 159 页。
② 《李开先全集·诗文》《李中麓闲居集》之二《五言律诗·寄致政内翰梁玉庵》，第 246—247 页。
③ 《李开先全集·杂著》《中麓山人拙对·续对·中麓山人续对卷之下·散对》，第 1916 页。
④ 《李开先全集·诗文》《李中麓闲居集》之二《五言律诗·用六年前诗韵再赠梁玉庵》，第 247 页。
⑤ 《李开先全集·诗文》《李中麓闲居集》之二《五言律诗·寄崔平桥举人》，第 160 页。
⑥ 《李开先全集·诗文》《李中麓闲居集》之三《七言律诗·赠崔平桥举人》，第 335 页。
⑦ 钱运泰：《章丘县志》，收录在《清孤本地方志选（六）》，线装书局 2004 年版，第 438 页。
⑧ （清）王士禛：《池北偶谈》卷十四，齐鲁书社 2007 年版，第 276 页。
⑨ 《李开先全集·杂著》《中麓山人拙对·续对·中麓山人续对卷之下·跋文》，第 1971 页。不过，原文"适华邑田同年之子以善字而持与川葛尚书书至，堂室亭楼对扁悉备"中间无逗号，逗号乃笔者根据句意所加。

桂令】①，或夸张，或真切，入木三分地讽刺某人愚蠢、狡诈和寡恩。李开先去世后，他作《同客游龙泉寺怀中麓》："共入招提境，风流忆我师。鳞潜曾此地，羽化已多时。云气阴晴变，泉声日夜悲。千秋挥泪处，颓壁旧题诗。"②旧地重游，物是人非，忆起故去的恩师，不禁眼泪纵横。

王春山，号小村，章丘人。秀才，尝从李开先游，为《中麓山人咏雪诗》题跋。他喜欢文学，又擅医术，是一名儒医。李开先为其作《赠王小村秀才》二首，称他"文词能妙绝，医药更专精"，"家世本儒门，读书不惮烦"③。隆庆元年（1567）李开先病重，多亏他和李炜两人的调理才得以好转。李开先赠给他多副对联，俱载《中麓山人拙对、续对》中。

田江，号子濯，章丘人。李开先作《赠门人田子濯秀才》：

> 昔年初受业，朝暮屡于过。
>
> 吾教参乎少，汝言赐也多。
>
> 迩来惟务实，不日掇巍科。
>
> 岂但文章妙，知音善雅歌。④

指出师生两人教学相长的快乐，称赞他文笔出色，而且喜欢词曲。他为《田间四时行乐诗》和《中麓山人续对》作跋，《田间四时行乐诗》跋语中交代既然李开先的好友已经主持将之刻印流布，门人有责任将他的《诗禅》刻印而传之久远。

祁旦，阳谷人。《阳谷祁举人旦远从予学于其避席首问勉以是诗》中谦虚地说"自知疏且庸，深愧远相从"，勉励他"趁此长勤学，无劳叹不逢"。⑤

崔东甫，字晓宇，京城人。李开先作《赠崔生》，诗前小序云："京士崔晓宇名东甫者，素习毛诗，远从予学，愧辞不敢当。乃同其姑丈董刚请之甚恳，不得已受之，仍以是诗励之。"⑥这时中麓书院进入萧条时期，李开先不愿误人子弟，面对他拜师的请求予以推辞。巧的是李开先与他的姑丈董刚有交情，两人恳请再三，李开先才勉强答应，并赠诗以勉励。

黄金溪，资料不详。李开先作《送门人黄金溪自县教谕擢州学正》，其中

---

① 《李开先全集·曲论》《词谑·一词谑·讥愚而诈且无恩者》，第 1557 页。

② 《李开先全集·附录四》《张自慎·同客游龙泉寺怀中麓》，第 2302 页。

③ 《李开先全集·诗文》《李中麓闲居集》之二《五言律诗·赠王小村秀才》，第 161 页。《赠王小村秀才》共两首，两句引文分别出自第一首额联和第二首首联。

④ 《李开先全集·诗文》《李中麓闲居集》之二《五言律诗·赠门人田子濯秀才》，第 163 页。

⑤ 《李开先全集·诗文》《李中麓闲居集》之二《五言律诗·阳谷祁举人旦远从予学于其避席首问勉以是诗》，第 191 页。

⑥ 《李开先全集·诗文》《李中麓闲居集》之二《五言律诗·赠崔生》，第 211—212 页。

有"讲堂留堕鳣，出谷作迁莺"①，意指他由县官被擢为州官。

王大峻，资料不详。李开先作《赠门人王大峻旧法曹》，诗中有"高才自古终难弃，合置鸾坡近木天"。②

马惟则，章丘人。李开先赠给他《鱼图》，并希冀他能够学业有成："聊赠此图悬高壁，萧萧满座生寒涨。待君宴罢鹿鸣归，更扫鱼龙变化盈庭障"。③其弟马惟一去世，李开先又作《秀才马惟则丧其弟惟一诗以悼之》。其父母去世，李开先作《为马惟则秀才乃尊发丧作》十副对联和《为马惟则母金氏发丧作》六副对联。由此可以看出，他当为李开先比较看重的秀才门生。

马既闲和马既同兄弟，马广之子，皆为李开先弟子。李开先在为马广所作的墓志铭中说，他们乡试时虽"迭首诸生"，而"屡次见遗"，"然皆从予游，知之真而言之切，非以私意厚其门人也"④。他们在为李开先《田间四时行乐诗》所作的跋语中也说："愚兄弟两人，久在中麓师讲下。"⑤

张玉，年少弟子，其他资料未知。李开先作《少年子张玉远谒意欲久在予讲下以试事忽动归兴时正仲冬寒甚诗以送之》，其中有"相期长侍教，忽复唱离歌。归有余师在，试将童子科"⑥，说明他年纪较小，准备回去应考童子科。

开蛟，邑庠廪生，莱芜人。嘉靖三十八年(1559)左右，他为《中麓山人续对》作跋，跋中有"麓翁尊师对成三册，誓不复作矣，求者亦不之应。或自用之，只拣取三册中合题者。愚生久在门墙，自恨犹隔乡县，每读对册，不殊对面，以为归田后所作尽于是矣"⑦。嘉靖四十二年(1563)，李开先为其父开琅(字朝郡，号醒斋)作《醒斋开处士墓志铭》中有"莱芜开生蛟，久从予游"⑧，说明他在晚年随同游学。

袁舜问，山东武城人，邑庠生。嘉靖三十七年(1558)左右，师从李开先。当年，武城知县谢梦显重修儒学，派县阴阳官王尚贤来章丘请李开先作记。作为本县庠生的他随同前来，向李开先引荐并在旁边说情。次年，母亲白氏

---

① 《李开先全集·诗文》《李中麓闲居集》之二《五言律诗·送门人黄金溪自县教谕擢州学正》，第229页。
② 《李开先全集·诗文》《李中麓闲居集》之三《七言律诗·赠门人王大峻旧法曹》，第313页。
③ 《李开先全集·诗文》《李中麓闲居集》之一《七言古诗·〈鱼图〉为马惟则秀才题》，第92页。
④ 《李开先全集·诗文》《李中麓闲居集》文之八《墓志·南冶马乂士合葬墓志铭》，第803页。
⑤ 《李开先全集·附录二》《叙论·题跋、曲评》之《〈田间四时行乐诗〉跋》，第2237页。
⑥ 《李开先全集·诗文》《李中麓闲居集》之四《五言排律·少年子张玉远谒意欲久在予讲下以试事忽动归兴时正仲冬寒甚诗以送之》，第397页。
⑦ 《李开先全集·杂著》《中麓山人拙对、续对·中麓山人续对卷之下·跋文》，第1969页。
⑧ 《李开先全集·诗文》《李中麓闲居集》文之七《墓志·醒斋开处士墓志铭》，第709页。

去世,临终叮嘱:"汝近出张教谕门下,远在李太常讲下,吾身后必以张作行状,而求李作墓志铭。"①李开先得知这一心意,为她作《袁母白孺人墓志铭》。

虞得琴,凤阳人,八十多岁高龄,仍然远从凤阳到山东做李开先门人。他为《中麓山人续对》所作跋语中有:"予以外方游人叩从宾从之末,别来无几,即有对二十五联,因而记之,愿附贱名于其后,对不朽,名亦不朽矣。"②

刘希稷亦为李开先的弟子,他在《田间四时行乐诗》跋中提到"中麓尊师""余乃门下人",可知他亦为诗文弟子,还表达了想将李开先的百首原诗一一注释又恐有悖"原旨"的矛盾心理。

众多弟子除了能够让李开先体会到教学相长的乐趣,对他的写作水平有较大提高之外,对其刻书工作亦帮助较大。可以考证的是,《卧病江皋》《改定元贤传奇》《田间四时行乐诗》《诗禅》等即由弟子承当较多的整理、校对和刊刻工作:《卧病江皋》由门人高应玘将之整理付梓并作序;《改定元贤传奇》由张自慎负责刊刻;《田间四时行乐诗》则有高应玘、崔元吉、田江、马既闲和马既同等为之作跋;《诗禅》后附了门人廉珍所作跋语:"乙卯元夜,众客因观灯过中麓师宅……众因请观旧所为灯谜,中麓遂出是编示之,增新慨而感旧事,共谋刻之。印传之余,司牧者见之,或有以宽恤吾民也。"③可知,正是在众多弟子的撺掇下,李开先才将历年所写的诗谜付刻。

2. 与诗文门客的交游

明代中后期,有很多人挟诗文书画之技投靠权门,希望得到主人供养和资助,成为门客或幕宾。李开先罢归后,以其声望招致众多门客,有以技艺游其门的,有以诗文见长的。兹列举如下:

李文庆,字吉之,号松石,章丘人。庠生,李开先父亲李淳的学生,曾与李开先同窗,未入仕。正德时,谷太监爱石,欲将元时丞相刘敏中所藏石头据为己有,赖其阻拦未能如愿。临终时,对李开先说:"蒙君之爱,生则有田以糊口,死则有木以藏身。但君未举子,吾重以为念也。"又说:"君之名位不贱,知止投闲,结亭数椽,积书万卷,足以娱乐终其身。吾为君家老门客,当得登其亭,读其书,相与谈玄话墨,旁及丹青之艺,黄白之术,终归理道,如朱、陆同异之辩,今不得如愿,莫非命也! 顺受其正而已。惟志铭吾墓,周恤

---

① 《李开先全集·诗文》《李中麓闲居集》文之八《墓志·袁母白孺人墓志铭》,第770页。
② 《李开先全集·杂著》《中麓山人拙对、续对·中麓山人续对卷之下·跋文》,第1978—1979页。
③ 《李开先全集·杂著》《诗禅·〈诗禅〉跋》,第2039页。该跋又见《李中麓闲居集》文之六,名叫"《诗禅》又序",可以证明该跋为李开先亲撰或改定。

吾子,此故人之情,生前之约也,念之记之。"①最终,李开先如其愿,为他作《庠生李松石合葬墓志铭》。

苏洲,号雪簑,又号雪簑渔者、雪簑道人,"每大书及诗词后,作冒雪披簑手押,奇古骇观"②。原籍为河南杞县,后来徙居唐县。江湖游士,本非僧非道,却以道人自称。性颖悟,狂妄不羁,擅长草书和绘画,工琴和琵琶,能作诗和曲,通医术、鉴赏古玩,多才多艺,无所不通,多次来章丘拜访李开先,为其门客。李开先作《赠雪簑》中有"医方蹴鞠聊同俗,字画琴声得异传"③,《雪簑道人传》中亦说"恃其颖性,学一事则精一事,而字书、弹琴、蹴鞠、歌唱,皆可居海内第一流。作半笔片纸小画,亦差可人意。"④说明他会医术和蹴鞠,更是精通书法、绘画和弹琴。曾为李开先父亲书写神道碑铭文,为其母亲书写墓文,还为《宝剑记》作序。还为李开先书写一套《千字文》,"近得雪簑子,真乃今之古人,至其笔用中锋,字兼四书,又有高出乎古人者,盖奇之又奇矣"!⑤然而,雕版印刷之后使得原字韵味消减不少。莱芜董廷金将其所写《千字文》刻石,并捶拓印刷,李开先为拓本作序。⑥他还写一套仿效禹碑字迹的作品,李开先作跋认为:"雪簑是刻,更觉奇古,超出笔墨蹊径之外,其学鸟为文邪? 揭之屏楹,恍如游帝禹之庭矣。"⑦后来,李开先连作两首名为《赠雪簑》的七言律诗,对他甚是激赏。和李开先一样,他亦喜欢词曲。李开先为其《烟霞小稿》作序,提到他"有时豪兴突发,雄饮大叫,醉舞狂吟,或放笔,或口占,食顷即成十余曲。不旬日,共得八十一焉,足九九之数","况其字书体格森严,笔势遒劲,足为学书者之法程"⑧,该书最终由李开先门客李理主持刊刻。他和李开先不止志趣相投,对人情世态亦同样的态度待之,两人相处多年感情深厚、无话不谈。李开先为他作《雪簑道人传》,"传之作,意欲存其人,不但释疑解嘲而已",评价他"虽涉狂妄简傲,终是异人也。较之丧心夹脑者,则大有间矣"⑨,最终目的是为好友狂放不羁的行为进行辩解。李开先后人保存有《雪簑子诗画手稿》,包括他所作书法、

① 《李开先全集·诗文》《李中麓闲居集》文之七《墓志·庠生李松石合葬墓志铭》,第 675—676页。
② 《李开先全集·诗文》《李中麓闲居集》文之九《传·雪簑道人传》,第 905 页。
③ 《李开先全集·诗文》《李中麓闲居集》文之三《七言律诗·赠雪簑》,第 316 页。
④ 《李开先全集·诗文》《李中麓闲居集》文之九《传·雪簑道人传》,第 905—906 页。
⑤ 《李开先全集·诗文》《李中麓闲居集》文之六《序·雪簑〈千字文〉序》,第 586 页。
⑥ 《李开先全集·诗文》《李中麓闲居集》文之五《序·〈烟霞小稿〉序》,第 478 页。
⑦ 《李开先全集·诗文》《李中麓闲居集》文之十一《跋语·〈雪簑效禹碑字跋〉》,第 1042 页。
⑧ 《李开先全集·诗文》《李中麓闲居集》文之五《序·〈烟霞小稿〉序》,第 478 页。
⑨ 《李开先全集·诗文》《李中麓闲居集》文之九《传·雪簑道人传》,第 906 页。

绘画作品共 45 幅,1982 年被征集入藏章丘区博物馆。他所作《青山万壑句》一诗(如图 9-1 所示),道光《章丘县志》题为"胡山兀坐",不光在书法方面飘逸潇洒,而且在内容上意境悠远,读起来朗朗上口:"人对青山山对人,不知谁是主和宾。猛然谷里一声笛,唤出梅花陇外春。"①研究雪簑卒于何时,李开先所作《雪簑道人传》是唯一资料——就目前来看是如此,关于李开先什么时间撰写此传众说不一,卜键先生认为"当作于嘉靖三十年之后",明兆乙认为是"嘉靖二十七年",李永祥认为是"嘉靖二十五年",《雪簑道人传》末尾载:"年今七十又四,久不东游,未知无恙否?"可知,他年长李开先近二十岁,该传记乃李开先想念他而作,对于一个居无定所颠沛流离的道人来讲能活七十岁已经是个奇迹,当时李开先虽然不知他的死讯,心中认为他很大可能已经不在人世,所以做了盖棺论定性质的传记。

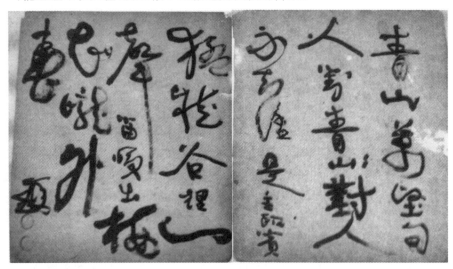

图 9-1　苏洲《青山万壑句》书法

他的题刻真迹在李氏祖茔有所遗存,李开先纪念馆中墓园迎面是一座石坊,横额题有"李氏先茔"四字,左右立柱上刻两联行书"漫漫长夜何时旦、瑟瑟高松不记年"(如图 9-2 所示),李开先墓内门楣的横石上镌刻气势如虹的"生封死葬"四个大字(如图 9-3 所示),这些字皆其手迹。

郭第,字次甫,长洲人。江湖文士,多次过访李开先,为其门客。《列朝诗集小传》丁上《郭山人第》称其"隐于焦山,有向平五岳之愿,自号'五游'"。

---

① 宁荫棠编注:《雪簑子手稿草注》,济南出版社 1997 年版,第 156—157 页。

图 9-2　李开先纪念馆墓园的石坊和立柱

图 9-3　苏州所写"生封死葬"四字(图片来自济南市章丘区博物馆微信公众号)

他向李开先索《五游诗》,李慷慨允诺①。李开先还作《月下赠郭五游》诗一首和《赠郭五游》对联一副送给他。更号"独往",又请赠诗,李开先作《五游郭子更号"独往"向予索〈独往诗〉因题其卷》,诗中有"谋生人笑拙,作赋日求工"②。

　　吕时臣,字中父,号东野,浙江鄞县人。江湖诗人,与赵藩和鲁藩的关系比较密切。初次拜访李开先,时在嘉靖三十四年(1555)春,当时他从赵藩到鲁藩,又从鲁藩赴章丘,"得阅中麓图书花木台榭之盛,及一韵百咏诗"③。在章丘待了九个月,期间与章丘词会和诗会成员唱和不绝,并得到李开先、张克恭、陈德安、袁崇冕、高应冕等人的指点:

① 《李开先全集·诗文》《李中麓闲居集》之三《七言律诗·苏人郭第号五游向予索〈五游诗〉》,第270 页。
② 《李开先全集·诗文》《李中麓闲居集》之四《七言律诗·五游郭子更号"独往"向予索〈独往诗〉因题其卷》,第389 页。
③ 《李开先全集·附录二》《叙论·题跋·曲评》之《〈田间四时行乐诗〉跋》,第 2238 页。

携其诗册并四贤传词,讬吾门阍投入焉。吾览其诗,即知其词;览其词,即知其人。言之秀丽,必其人之清雅者也。出见之,果如所逆料……遂馆之寺中,置之门下,遨游庄上,朝夕讨论,非诗则词,诗词非唐则元。已而较其诗,诗则变矣;较其词,词又变矣。不惟诗词善变,貌亦变而之充实矣。虽非唐调元声,骎骎乎有唐之中格、元之余响矣。谒吾之余,诗又请于张柏岩、陈泰峰,词又请于袁西野、高笔峰,其虚心受善,北方学者未之或先也,宜其诗词速变如此。然独功吾,则吾岂敢!因倭夷作耗,大江南北,全浙东西,纷然骚动,归途既阻,旅寓日多,自春而夏而秋,在吾章凡历三时。①

当年秋天,侵犯江浙的倭寇被官军击退,他打算返乡。李开先和友人在西郊为之饯行,将众人为其送行吟别的诗文辑为《高秋怅离卷》,并作长长的序文交代与吕时臣的情谊。嘉靖四十一年(1562),吕时臣从浙江到章丘,不久又应新乐王的邀请要去青州,李开先为其送行并作诗《送东野吕中辅自浙回携新制词册再赴新乐王之招》。②

黄元吉,号孔村,与李开先同邑。乃其门客中善文者,平日多从李开先交游,曾参与《中麓山人拙对》的校正工作,并为《诗禅》作跋。自幼父亲早逝,母亲将其抚育成人,他曾向李开先乞一副对联挂在正堂,李开先作"母寿年过八十,子成教本三迁"赠之。③

诗文门客对李开先的著述帮助亦不小,他们大多与其同邑,能够朝夕相处、游玩追随,大家一起进行文学创作和学术交流,有的甚至参与作品的刊刻和校对工作。而来自外地的苏洲和吕时臣,为李开先带来章丘之外的奇闻乐事,丰富他的写作素材。

六、民间里巷俚语

社会上的文化层次可分为上层的官方文化和下层的民间文化。明初由于推行极端政治,文化专制现象比较严重,官方文化较为宏大,与之形成鲜明对比的就是民间文化较为寂寥。到了正德、嘉靖和万历等朝,出现资本主

---

① 《李开先全集·诗文》《李中麓闲居集》之三《七言律诗·题〈高秋怅离卷〉》,第 266 页。
② 《李开先全集·诗文》《李中麓闲居集》之二《五言律诗·送东野吕中辅自浙回携新制词册再赴新乐王之招》,第 216 页。
③ 《李开先全集·杂著》《中麓山人拙对、续对·中麓山人续对卷之下·跋文》,第 1996 页。

义萌芽,商业、手工业生产得到发展,市民阶层壮大,官方文化一统天下的局面被打破,民间文化有了明显的发展,逐渐走向繁兴。官方文化和民间文化虽然界限分明,但是它们之间亦存在频繁的互动,前者通过各级儒学教官、私塾先生、说唱艺人等传播到民间文化之中,后者经由士大夫选择、再造后变成官方欣赏的东西。明代中后期,相当一批文人逐渐转变观念,改变以往的高雅和孤芳自赏,尽可能使得创作的文化作品迎合社会需求。一些本来属于民间文化的东西被文人吸收加工之后,成为官方文化的一部分,于是出现一种人们常说的雅俗共赏的文化现象。

1. 李开先受民间文化的影响

李开先在为官时,追随唐顺之、王慎中的复古运动,作品难免受到他们取法唐宋的影响。被罢归后,回到生他养他的家乡章丘闲居。在那里,熟悉市井生活的他接触到大量家谈巷议的故事传闻、流行民间的歌谣小调,渐渐喜爱上民间文化。正是这种经历使他洞察下层读者的阅读需求,作品受到民间艺术的深刻影响,带有较为浓厚的泥土气息和强烈的山东地方特色,也将当时的诗歌带入另一个境界之中。

他的作品对明代中叶的民歌,起到了助推的作用。他曾辑集唐宋以来《浪淘沙》名作为一帙,认为“可由之歌咏唐宋词而追绎古乐府,虽三百篇亦不远矣”。他重视民谣小曲,把它看作与《诗经》、乐府、唐宋词血脉相连的文学样式,指出【山坡羊】、【锁南枝】之类小曲遍布市井虽然“淫艳亵狎,不堪入耳”,但是“语意则直出肺肝,不加雕刻”,“故风出谣口,真诗只在民间。三百篇太半采风者归奏,予谓今古同情者,此也”[①]。由此可见,他将蕴含着真情实感之词比之于《诗经》,他甚至认为这些民间歌谣同样担负着历史传承的重任,识见远超时人。他坦率地承认自己“好采歌谣纪汗青”[②],搜集的许多小曲风趣、清新、耐人寻味,条件允许时还会将之采摭成册、刻版印行,这种做法开明末文人重视俚曲之先河。

他创作的院本也是如此,带有浓厚的人间烟火气息。大多数戏曲家不屑于作院本,因为它体例单一,仅为一折,很容易有内容单薄之嫌,他却积极吸收民间文学的养料,创作了带有浓厚民间色彩的院本六种,可惜的是唯有《园林午梦》和《打哑禅》流传于世。《园林午梦》讲述一位渔夫梦见崔莺莺、

① 《李开先全集·诗文》《李中麓闲居集》文之六《序·〈市井艳词〉序》,第565—566页。
② 《李开先全集·诗文》《李中麓闲居集》之三《七言律诗·田间四时行乐诗》,第297页。《田间四时行乐诗》次韵百首,此为第三十七首。

红娘和李亚仙、秋桂两对主仆争名高下的激烈过程,并在梦醒之时幡然醒悟,四女相争时针锋相对、语言犀利,揭起短来丝毫不留情面,读起来让人忍俊不禁。由于李亚仙曾流落风尘,人生经历丰富,她的台词能够凸显这一特点,譬如她出场时即以【雁儿落过得胜令】唱道:

> 好穿着做羽毛,巧言语为圈套。陷人坑怎得知,漫天网真难料。呀!出落在下风桥,触抹着犯天条。情薄起风中絮,机深藏笑里刀。衡一味虚嚣,填不满相思窖。假意儿悲嚎,拆不开生死交![1]

《打哑禅》则是“在山东、河南诸省流播甚广的故事”[2],讲述猜禅谜时一个屠夫阴差阳错赢了庙中高僧,里面亦有不少通俗易懂的语句。高僧徒弟小僧上场时以【醉太平】唱道:“违条犯法,卧柳眠花,偷佛卖磬当袈裟。抵着头皮儿受打,光乍光乍光光乍,捯扑捯扑捯捯扑,波罗波若摩诃萨,把官司当耍。”揭露出小僧身披袈裟却无恶不作的卑劣行径。屠夫看到山门上贴的哑禅,听小僧说赢了就能得十两黄金之后的自白:“我也不曾看佛经,我也不会打哑禅,且揭了招帖,若撞的着,便骗他十两黄金;撞不着,也不该打罪,也不该骂罪,只是不礼我便了。”短短数语把底层小民的贪婪和无赖揭示得淋漓尽致。高僧自认落败,让小僧拿出黄金打发走屠夫,小僧愤怒质问师父:“师傅挂搭萧寺,今非一日,施主礼敬,亦非一人。自称再世活佛,倒着市井射利之徒、街坊杀猪之辈,赢了赤煺煺的黄金去了。你做甚么好长老?”描绘出小僧为师父输于屠夫的恼羞和愤怒。[3]

李开先在《词谑·时调》中讲述了李梦阳和何景明对市井民歌的重视,李梦阳教徒时说:“若似得传唱【锁南枝】,则诗文无以加矣。”何景明感叹:“时调中状元也!如十五《国风》,出诸里巷妇女之口者,情词婉曲。有非后世诗人墨客操觚染翰、刻骨流血所能及者,以其真也。”他非常赞同两人的观点,强调“若以李、何所取时词为鄙俚淫亵,不知作词之法、诗文之妙者也”。还列举【锁南枝】供人鉴裁:

> 傻酸角,我的哥,和块黄泥儿捏咱两个。捏一个儿你,捏一个儿我。捏的来一似活托,捏的来同床上歇卧。将泥人儿摔碎,着水儿重和过。再捏一个你,再捏一个我。哥哥身上也有妹妹,妹妹身上也有哥哥。[4]

---

① 《李开先全集·院本》《〈一笑散〉二种·园林午梦院本》,第 1397 页。
② 《李开先全集·院本》《〈一笑散〉二种·提要》,第 1393 页。
③ 《李开先全集·院本》《〈一笑散〉二种·打哑禅院本》,第 1402—1404 页。
④ 《李开先全集·曲论》《词谑·一词谑·时调》,第 1552—1553 页。

【锁南枝】描述的是情人之间的相亲相爱，充盈于其中的野性在文人作家之曲辞中绝无仅有。

《词谑》中亦有不少他采自民间的内容，如《咏疟疾》《你的谎儿大似我》《戏妓多贺生辰和昧年》等。《咏疟疾》为：

> 有咏疟疾者，颇尽其情态。【叨叨令】热时节热的在蒸笼里坐，冷时节冷的在冰凌上卧，颤时节颤的牙关错，疼时节疼的天灵破。兀的不害杀人也么哥？兀的不怕杀人也么哥？寒来暑往都经过。①

将得病后生不如死的痛苦描述得非常形象和贴切。《你的谎儿大似我》为：

> 匠作以谎为常，而缝衣、打铁尤甚。马惠善制衣，以吾家所久用，稍不敢脱空，在他处则不然矣。有一严锁，久不用，生涩难开，底且有坏处，付之铁工靳循略加整磋。往来索取，坐积岁时不获。偶遇诸途，靳遂引避酒肆厕中，马如厕提其耳出之，对众高唱【清江引】，词曰："我来访君君莫躲，一把锁烦加磋。年前许送来，今尚无归落。谁知你的谎儿大似我。"众皆为之绝倒，至今传流里巷云。②

交代裁缝马某与铁匠靳某之间因修锁发生的趣事，【清江引】这则曲文是李开先恰好听到，随手记录下来的。这些语句很接地气，通俗易懂，对受众的感染力极强。

其实，遍观他的诗文集《闲居集》，也能发觉民间文学的影子。罢归后，他作《寓言》一诗对为官时的谨慎行为进行反思，诗首引述了一则寓言故事：

> 有人曾学隐形术，术犹未得骄其妻。试问此身见不见？妻笑吾眸无鬼迷。面面厮觑只咫尺，不隔比邻与藩篱。有身何故不能见？无乃精灵为变幻。夫怪其妻语不情，脚蹴手批口相讪。次问及妾妾佯惊，后瞻未已仍前盼，诡言夫主有何能，藏身不见只闻声？夫喜入市便攫物，物主初疑怒渐生。批趿更比其妻甚，咤声大骂如雷鸣。术人高叫任摧残，要见吾身却是难。③

这则寓言在山东一带流传甚广，一人学隐形术未成即先后表演给妻妾看，妻子实话实说招来他的拳打脚踢，小妾假装看不见讨他欢心，他却真以为术已练成，跑到街上掠人财物，招致物主暴打仍执迷不悟。大家觉得此人好笑的

---

① 《李开先全集·曲论》《词谑·一词谑·咏疟疾》，第1533页。
② 《李开先全集·曲论》《词谑·一词谑·你的谎儿大似我》，第1545页。
③ 《李开先全集·诗文》《李中麓闲居集》之一《七言古诗·寓言》，第87页。

同时，会反思讲真话的妻子和讲假话的小妾受到的不同待遇和所起的作用，这也是李开先在诗的最后自嘲"昔居京大拘泥，怕参宰辅与达官"的原因。《闲居集》之一的最后一部分是杂体，收录几篇为亡者作的"诔"和为生者做的"赞"，接着是追思亡妻的《雉朝飞》和悼念儿子的《高秋思子辞》，末尾三篇是《樵妇吟》《车遥遥》《村女谣》，皆从百姓角度反映生活艰辛，与之前作品风格不协。《樵妇吟》包括五首，以一位樵夫妻子的口吻交代丈夫进入深山砍柴，她在家中焦急等待，结果"更深月上是归期，月满柴门尚未知"，她想起之前尚未与丈夫分别这么长的时间而坐立难安，即"厮守何曾暂别离，别离一夜胜多时。侬情好似机头锦，横也丝来竖也丝"。好不容易熬到天亮，她出去"寻郎寻到日三竿"，发现"郎已跌在山前积水滩"，尽管丈夫"残臂病躯无气力"，妻子仍然非常高兴，"强负樵郎走且停"，庆幸"虽然此日同辛苦，胜似夫欠官钱妻受刑"①。《车遥遥》仅有一首："车遥遥，遥遥行未已。只载官租，不载书史。官租完日无催扰，书史误人何日了！"②古来以《车遥遥》为题写诗作赋的文人不计其数，著名的有唐代孟郊、张籍、张祜等，宋代范成大，明代何景明，等等。而李开先所作言简意赅，更接近俚曲，短短三十字将古代租税繁重、经史误人的社会弊端揭示出来。《村女谣》押韵严格，读起来朗朗上口：

> 三条路儿那条光，那条路可上东庄？东庄有个红娥女，不嫁村夫田舍郎。村田虽好他不喜，一阵风来两鬓糠。灶旁门外鸡随犬，院后家前马伴羊。一心嫁在市城里，早起梳头烧好香。一壶美酒一锅饭，一盏清茶一碗汤。从今不见恼怀事，里老催科又下乡。③

这首俚曲刻画了一个挑肥拣瘦的未嫁女形象。该女子出身农庄，却梦想逃离"一阵风来两鬓糠。灶旁门外鸡随犬，院后家前马伴羊"的乡村，一门心思地想着嫁往城市，过上那种"早起梳头烧好香。一壶美酒一锅饭，一盏清茶一碗汤"的富足生活。

除此之外，李开先的《中麓山人拙对、续对》《诗禅》等亦与民间日常活动密不可分。当他毫不隐讳地表达对民间说唱艺术的欣赏并积极进行创作时，他的作品才真正具有时代的生活气息。他不仅从理论高度阐明通俗文学的意义与价值，还将之搜集和刊行，对这些文献的保存功不可没。

---

① 《李开先全集·诗文》《李中麓闲居集》之一《杂体·樵妇吟》，第110页。
② 《李开先全集·诗文》《李中麓闲居集》之一《杂体·车遥遥》，第110页。
③ 《李开先全集·诗文》《李中麓闲居集》之一《杂体·村女谣》，第110页。

2. 李开先与李攀龙的关系辩证

关于李开先和李攀龙不和的说法,最早出自清代道光年间吴连周《绣水诗钞》,其中有:"自明以来,诗家林立。中麓与历下争执牛耳耳,而华(鳌)、袭(勖)则激赏于沧溟(李攀龙),高(应玘)、张(自慎)复见知于元美。"①后人因袭演义,越来越夸张。有的学者认为李开先对民间文学的重视,对那些拟古派文人而言,"真不异诛心之剑"②,还有人说他"鄙视当时文坛上的拟古风尚",与济南李攀龙"相距不过百里,却绝无往来"③。这是绝无仅有的事情,对李开先来说写诗仅仅是一种消遣,不会成为攻击别人的工具。以他为官时谨小慎微的性格,可以看出他一直是个圆滑而不愿意得罪他人的人。

李攀龙(1514—1570),字于鳞,号沧溟,山东历城人。嘉靖二十三年(1544)进士,历官刑部主事、员外郎等职,升陕西提学副使,以病告归。隆庆中起复,任浙江提学副使、河南按察使等。李开先与他交游不是很多,一是因为两人分别居住在章丘和济南两地,在交通条件不甚完善的明代,地域限制了两人的交往。二是与李攀龙归乡后"绝不见客"的做派有关系,他回归乡里后,建造白雪楼,率谢宾客,尤其是对山东地方官更是如此,因此得简傲之名。吴维岳任山东提学副使时数次拜访他,他谢病不见。济南知府魏裳也曾有"三及门而不见"的遭遇,不过后来他最终被魏裳的诚意所感动而与之诗酒往还。李攀龙既然有"绝不见客"的标榜,交游活动肯定有限。

仔细推敲,其实李开先与李攀龙交往甚欢。李开先在为四明人薛晨所作《瑞室》诗的序中指出,薛晨"孝友文雅,向予索瑞室诗,乃步李沧溟韵亦为一律云"④,如果两人关系比较僵,他的赠诗不会用李攀龙的韵脚。李攀龙曾作《春夜许使君集送江生过谒李伯华太常江善鼓琴因句及之》一诗,诗中有:"近报太常深作事,相逢应共醉如泥。"⑤大意是自己如果与李开先相逢,定会一醉方休、烂醉如泥。因此,所谓两人争牛耳之说并不确实,他们还是惺惺相惜的。

---

① (清)吴连周:《绣水诗钞》序,载自褚斌杰等编:《李清照资料汇编》,中华书局 1984 年版,第 135 页。

② 卜键:《从祭赛到戏曲》,文化艺术出版社 2005 年版,第 197 页。

③ 袁灿兴:《明人的率性生活》,华中科技大学出版社 2016 年版,第 100—101 页。

④ 《李开先全集·诗文》《李中麓闲居集》之三《七言律诗·瑞室》,第 355 页。

⑤ (明)李攀龙:《沧溟先生集》卷之九《七言律诗·春夜许使君集送江生过谒李伯华太常江善鼓琴因句及之》,上海古籍出版社 2014 年版,第 274 页。

七、欣赏家乐班扮演的剧目

　　明代的剧团可大体分为宫廷剧团、职业戏班及私人家乐三种，三者的成员组织与服务对象各有特点，在明代剧团的发展中扮演不同的角色。至明代中后期，私人置备家乐唱曲演剧蔚为风气。士大夫蓄养家乐，在招待宾客、怡情遣兴、自娱娱人之余，也不免有借以展示才学的心理。他们除了看戏之外，参与剧本的创作，甚至傅粉登场，亲自表演，不仅仅满足于单纯的观众身份，还期待能通过自己的指点和参与，使剧本日益精进。除了对戏剧的热爱及争胜心理外，还有一些士大夫因在政治上无法施展抱负，只有蓄声伎、筑园林、玩书画来消遣，寄托心志，康海、王九思、李开先、刘绘等都是在罢归林下后蓄养家乐的。

　　家乐班的成员大多是从各地招收或购买过来的，他们的身份是奴仆，专为一家一姓服务。戏剧的体悟原非一时一地教习可得，必须随时熏染和陶冶，风雅的主人带着他们，无论是登山赏雪，或是泛舟吟诗，还是庆祝佳节和寿辰，都是艺术品位的提升，对他们剧艺的精进大有裨益。不过，两者之间也有一层暧昧的关系，家乐的身份有时和姬妾类似，因此其名称除了家优、家伶、家伎、家童、声伎之外，还可以用家姬称之。

1. 李开先家乐班的成员

　　李开先家乐班的成员并非全是女性，华亭人何良俊在《四友斋丛说》中载：

> 　　有客从山东来者，云："李中麓家戏子几二三十人，女妓二人，女童歌者数人。继娶王夫人，方少艾，甚贤。中麓每日或按乐，或与童子蹴毯，或斗棋。客至，则命酒。宦资虽厚，然不入府县，别无调度。"与东南士大夫求田问舍，得陇望蜀者，未知孰贤？
>
> 　　王元美言："余兵备青州时，曾一造李中麓。中麓开燕相款，其所出戏子，皆老苍头也，歌亦不甚叶。自言有善歌者数人，俱遣在各庄去未回。亦是此老欺人。"①

何良俊（1506—1573）与李开先（1502—1568）基本上处于同一时代，虽未谋面且记述之事自他处听来，这种说法有一定的参考价值。他说李开先家"戏

---

① （明）何良俊：《四友斋丛说》卷十八《杂记》，上海古籍出版社 2012 年版，第 117 页。

子几二三十人、女妓二人、女童歌者数人",可见李氏家乐班的规模相当可观,有男有女。不过,何良俊所记王世贞说到李开先家拜访,"其所出戏子皆老苍头也","自言有善歌者数人,俱遣在各庄,去未回,亦是此老欺人",这话并未见诸当事人王世贞的著述,因此不太符合现实。

从李开先园亭中一副对联——"书藏古刻三千卷,歌擅新声四十人",可以知晓家乐班的成员有四十余人。需要指出的是,"三千卷"大概指其中的善本,而家乐班"四十人"也应是约数。李开先所作散曲中多处提到家乐班:"从今后休把人欺,莫谓天高。且自开玳筵,排家乐,月明还照蓬莱岛"①;"醒来口哦,付鸣弦无非怨歌","睡昏昏如游醉乡,唤名姬,聚良朋,华宴初张。眼看着红裙飘荡,手拍着红牙歌唱,欢娱做闷场"②;"歌童满画堂,歌声绕画梁,听来总是无情况"③。可以看出,他自己对家乐班的称呼不尽相同,有时称"家乐",有时称"名姬",有时称"歌童",大概可知"家乐"乃总称,"名姬"和"歌童"在性别、年龄和表演内容等方面各有侧重。有时候需要男女合作,共同完成曲目的表演,"舞女紧旋回素雪,歌童揭调遏行云"。④

李开先的歌伎有张二、张三、范四、秀瑛、莫愁等人,她们亦为家乐班中的主角:张二,徐州人,"貌美言温,性坚情真"⑤,擅长吹箫⑥,最得李开先宠爱;张三"八字眉弯一捻腰,灯前偷觑不胜娇。回头笑语金钗溜,舞态轻盈玉珮摇"⑦,貌美如花,能歌善舞;范四"笑靥烘霞醉碧桃,恍疑仙子谪仙曹。可当诗客题佳句,愁杀良工运彩毫"⑧,同样漂亮无比,又有作诗的才情。张三和范四年纪轻轻,弹筝技艺却相当高超,李开先曾作诗夸赞⑨。秀瑛和莫愁是他晚年得到的歌伎,他作《戏赠小妓》赠给秀瑛,可以看出她歌舞才艺双绝:"他妓应难比,章台幸得名。"⑩莫愁到他家更晚一些,这一名字应该是李

① 《李开先全集·散曲》《四时悼内·中秋对月忆子警悟词》,第1519页。
② 《李开先全集·诗文》《四时悼内·夏》,第1507,1508页。
③ 《李开先全集·诗文》《四时悼内·重五感旧》,第1509页。
④ 《李开先全集·杂著》《中麓山人拙对·续对·中麓山人拙对卷之中·散对》,第1815页。
⑤ 《李开先全集·诗文》《李中麓闲居集》之一《杂体·侍姬张二谏》,第105页。张二是张氏之外最为得宠的姜室,乡人以其貌美、艺高,称其为"牡丹"。
⑥ 《李开先全集·诗文》《李中麓闲居集》之三《七言律诗·忆张二》,第262页。诗中有:"娇容不照青铜镜,逸韵无闻碧玉箫"。
⑦ 《李开先全集·诗文》《李中麓闲居集》之三《七言律诗·赠张三》,第263页。李开先妻姜以姓氏排名,该妾为第三。
⑧ 《李开先全集·诗文》《李中麓闲居集》之三《七言律诗·咏范四》,第262页。李开先妻姜以姓氏排名,该妾为第四。
⑨ 《李开先全集·诗文》《李中麓闲居集》之二《五言律诗·范张二姬弹筝》,第120页。
⑩ 《李开先全集·诗文》《李中麓闲居集》之二《五言律诗·戏赠小妓》,第236页。

开先所取，是他对生活不愁不苦的希冀和渴望。嘉靖四十五年(1566)，他在《谷日》中说"南国千年有莫愁"，该句乃借用韦庄《忆昔》"南国佳人号莫愁"，其下小字注释"近得一小丫鬟，颇能歌谈佐酒"①。《秋夜别会稽马举人蒙次韵》中亦有"佐酒安能得莫愁"②，诗下虽然没有注释，不难看出"莫愁"即指佐酒解愁的小丫鬟。还需要注意的是，李开先在《戏赠小妓》中明确指出自己置办家乐班的目的是"寄兴"，这既是一种标榜，也能看出观戏于他来说仅仅是种消遣。这些歌伎因某些原因还会离开，他在《赠别歌妓》中对才艺双绝者的离去表达不舍之情，亦坦率地承认自己的放荡不羁：

> 相逢正仲秋，相别临初夏。
> 景促莫须悲，心安久委化。
> 堂中共笑喧，林下多闲暇。
> 同辈独超群，名娼亦不亚。
> 尔于予减愁，予为尔增价。
> 此后御歌筵，怀思耿不下。③

　　家乐班的成员不惟女性，还有男性，即如前面所说的"老苍头"和歌童。可以确知，刘九、张渊泉、何七、任良即为家乐班的成员：刘九，名守，号修亭，济宁人。李开先作《赠济宁刘九》，第一首中说"刘郎歌比张司业，博记人称虞伯生"，小注说他"目虽盲，善记诵，善歌南北词曲"，第二首中说他擅长各种乐器和身怀绝技，"不徒鼓吹善琵琶""推占内养兼医药，百试曾无一试差"④。琵琶之外，打鼓亦称一绝，"击鼓黏滑撺断，双槌颠倒撇弄，不失一版；善以首著地竖立，歌长套词，两手两足代版，亦不失一"⑤。他除了擅长盲人常做的歌弹外，有些本事出乎一般盲者之外："博雅记诵，有目者或不能及。市语方言，不惟腾之口说，而且效其声音。卜算符咒，医药方术，天文地理，内养外丹，悉通大略。"⑥李开先将他安排住在城中闲宅和城外小园，他

---

① 《李开先全集·诗文》《李中麓闲居集》之三《七言律诗·谷日》，第360页。《谷日》有两首，此为第二首末句。《谷日》作于嘉靖四十五年(1566)，因为在第一首中李开先用小字注释"己丑新正八日，予会试北行，计今三十八年矣。"嘉靖己丑为嘉靖八年(1529)，38年后即为嘉靖四十五年。
② 《李开先全集·诗文》《李中麓闲居集》之三《七言律诗·秋夜别会稽马举人蒙次韵》，第337页。
③ 《李开先全集·诗文》《李中麓闲居集》之四《五言排律·赠别歌妓》，第396—397页。
④ 《李开先全集·诗文》《李中麓闲居集》之四《七言绝句·赠济宁刘九》，第444页。"张司业"指唐代张籍，官司业，目盲而善歌古诗。"虞伯生"指元代虞集，博学善记，以目疾要求致仕，文宗不允，得到重用。
⑤ 《李开先全集·诗文》《李中麓闲居集》文之十《传·瞽者刘九传》，第907页。
⑥ 《李开先全集·诗文》《李中麓闲居集》文之十《传·瞽者刘九传》，第907页。

曾在酒后口出狂言表达对李开先的仰慕之情："吾世习先天之学,腹罗列宿之图,三教九流,百工众技,无一不通。有目者惟让山东李中麓,无目者惟让在京徐惟霖耳。"①李开先对他比较赞赏,自谓与他相见恨晚,还作有《瞽者刘九传》,《词谑》中亦载多则关于他的轶事。张渊泉,江湖艺人,善琴,多次游李开先府邸,李开先《赠渊泉张琴士》一诗中有:"琴士重相访,棋朋喜欲狂。调弦安玉轸,泛徵杂清商。兼得琴棋客,闲中岁月长。"②何七擅长琵琶,任良擅长说书。李开先在《说者任良歌》中说:"何七琵琶名已久,说书任良世鲜有。蹴圆阙美如风柳,迭进可娱林下叟。两人两足及两手,只敌一人谈天口"③,可见,何七擅长弹琵琶,阙美擅长蹴鞠,任良为说书人,三人技艺皆超群。

2.欣赏家乐班的演出

家乐班会在节日或特殊时令演奏庆祝,如:某年除夕守岁,"强欲留年战睡魔,哄堂弦管间笙歌"④;某年冬至下雪,李开先与家人"围炉俯听歌儿曲"⑤。某年元宵节,他邀请众客到家中赏灯听乐,"上元又是新年节,狂客高歌醉不休""听彻《落梅》兼《出塞》,居人自是不关愁"⑥。某年冬天大雪,他邀请众友到家里欣赏雪景和梅花,家乐演出的场景非常壮观:"舞剧明珰碎,酒酣宝髻斜。寒声吹觱篥,冻指拨琵琶。"⑦

关于吃喝应酬,人们不仅看重吃什么喝什么,还在乎形式和排场。李开先的家乐还经常在客人来访和用餐时表演以侑觞:"扮戏因开宴,坐深夜已阑"⑧;"座上名姬舞腰风柳交相款,堂中饮客醉面霜花两斗红"⑨。嘉靖三十六年(1557),王世贞担任山东按察副使青州兵备,在某个冬夜过访,李开先为之接风洗尘,宾主尽欢。夜宴时,两人吟诗唱和,王世贞作七言排律相赠,李开先作《冬夜王凤洲宪副见访近城园中有诗相赠依韵奉答》和之,后面几句为:

---

① 《李开先全集·诗文》《李中麓闲居集》文之十《传·瞽者刘九传》,第907页。

② 《李开先全集·诗文》《李中麓闲居集》之二《五言律诗·赠渊泉张琴士》,第246页。

③ 《李开先全集·诗文》《李中麓闲居集》之一《七言古诗·说者任良歌》,第101页。

④ 《李开先全集·诗文》《李中麓闲居集》之三《七言律诗·守岁》,第285页。

⑤ 《李开先全集·诗文》《李中麓闲居集》之四《七言排律·冬至日雪》,第400页。

⑥ 《李开先全集·诗文》《李中麓闲居集》之三《七言律诗·元夕邀客赏灯兼听筝笛二乐》,第361页。

⑦ 《李开先全集·诗文》《李中麓闲居集》之四《五言排律·雪宴》,第379—380页。

⑧ 《李开先全集·诗文》《李中麓闲居集》之二《五言律诗·夜宴观戏》,第223页。末句"优旃曾讽谏,获谴叹言官",仍然将自己被罢官归因于权臣和言官。

⑨ 《李开先全集·杂著》《中麓山人拙对·续对·中麓山人拙对卷之中·散对》,第1786—1787页。

挥毫独美成诗速，秉烛同游引步迟。

弦管风中声断续，亭台月下影高卑。

屡承台使情无已，为爱山人心不私。

自愧徒工巴下曲，何能继和郢中词。①

可知，李开先为他设宴时有家乐助兴，饭后散步时演奏仍未停止。李开先还在稍晚的七言排律《用前韵自述》中说他常常边喝酒边欣赏歌舞："当筵惯听歌声沸，侑酒长看舞袖垂。"②在《田间四时行乐诗》第九首中说："投辖留宾开夜宴，侑觞出妓闹秋庭"。第十九首中说："且放酒杯追李白，喜听歌词对秦青"。第三十四首中有"歌儿裙染榴花艳，醉客杯浮竹叶青"。第七十九首中说："学会酣歌兼醉舞，浑忘辨志与离经……未报国恩时望阙，盛张家乐夜喧庭"③。这些皆说明他喜欢在晚上宴客，由家乐班表演歌舞以助酒兴。

乐曲能使人精神振奋和忘记忧愁，即如他所说："闲人闻妙曲，虽饱亦加餐"④，"躁心闻即释，身世在蓬瀛"⑤，"搏击堪消日，莫愁白发侵"⑥，"秋雨连旬闷不禁，聊将音乐慰吾心"⑦。妻妾和爱子接连去世后，他经常借欣赏歌舞消愁："睡昏昏如游醉乡，唤名姬，聚良朋，华宴初张。眼看着红裙飘荡，手拍着红牙歌唱，欢娱做闷场。愁肠固结，泪眼迷茫。""歌童满画堂，歌声绕画梁，听来总是无情况。""且自开玳筵，排家乐，月明还照蓬莱岛。【贺新郎】，【贺新郎】，琼杯再酌；【歌金缕】，【歌金缕】，檀板频敲。"⑧

在《市井艳词》又序中，李开先曾如是写道：

予独无他长，长于词，岁久愈长于俗。远交王渼陂，近交袁西野，足以资而忘世，乐而忘老。"三日不编词，则心烦；不闻乐，则耳聋；不观舞，则目瞀。"此康对山之托言，而予之实事也。况乐以词合，舞与词偕，词非予之独长，乃予之独幸耳。⑨

---

① 《李开先全集·诗文》《李中麓闲居集》之四《七言排律·冬夜王凤洲宪副见访近城园中有诗相赠依韵奉答》，第404页。

② 《李开先全集·诗文》《李中麓闲居集》之四《七言排律·用前韵自述》，第405页。

③ 《李开先全集·诗文》《李中麓闲居集》之三《七言律诗·田间四时行乐诗》，第294、295、297、303页。《田间四时行乐诗》次韵百首。

④ 《李开先全集·诗文》《李中麓闲居集》之二《五言律诗·琵琶》，第197页。

⑤ 《李开先全集·诗文》《李中麓闲居集》之二《五言律诗·笙》，第198页。

⑥ 《李开先全集·诗文》《李中麓闲居集》之二《五言律诗·水盏》，第199页。水盏乃古代铜制的打击乐器，因盏中盛水而得名，又称缶、铜瓯、响盏。

⑦ 《李开先全集·诗文》《李中麓闲居集》之四《七言绝句·初秋大风雨山水临城纪异》，第441页。

⑧ 《李开先全集·散曲》《四时悼内》，第1508、1509、1519页。

⑨ 《李开先全集·诗文》《李中麓闲居集》文之六《序·〈市井艳词〉又序》，第569页。

他显然赞同康海"三日不编词,则心烦;不闻乐,则耳聋;不观舞,则目瞽"的说法,此言亦交代出他的创作和歌舞欣赏的相互增进关系。他曾在散对中概括他的日常生活是"宴游侑酒编新曲,祭祀登歌奏古诗"①,同样说明家乐欣赏对创作具有积极的影响。

3. 家乐班演唱和表演李开先及友人的作品

除了应酬和消遣,李开先常常以家乐为载体观戏听曲,探讨词曲文辞格律,这也是他词曲著述过程中一项有趣又有意义的活动。嘉靖二十三年(1544)左右,"偶有西郡歌童投谒,戏擅南北,科范指点色色过人"②,这些歌僮受过良好的训练,南传奇、北杂剧都很擅长,演唱表演的才艺过人,激发了他的创作热情,即兴创作了《傍妆台》百阕(又叫《中麓小令》)交由他们歌唱。嘉靖二十六年(1547),妻子张氏和爱妾张二相继离世,李开先接受不了这种双重打击,"周岁之间,懊恼万状,抚景激衷,四时各有数曲,汇成小集,名之曰《四时悼内》云。愁肠欲断,泪眼将枯,以此付之童辈,长歌当哭,非以恣泆乐而喜篇什也,观者必有知吾苦心者"③。某年冬夜,适逢挚友李冕过访,刘九和吕时臣两人"合歌一曲",歌唱的是《四时悼内》中《冬·夜长不寐》部分④。张氏归葬绿原村祖坟之后,李开先"尝集【浪淘沙】两卷,名以《古今欹指调》,复欲集【风入松】,未暇也","适苏雪簑慕名相访,馆于别院,朝夕歌者此词也,作者亦此词也"⑤。可知,这一时期,李开先还编辑《古今欹指调》两卷,由家乐班朝夕歌唱。嘉靖二十九年(1550)左右,他改窜民间流行小调为《市井艳词》,"不应弦,令小仆合唱",后来又应客人"请目其曲,聆其音"的请求,"群仆人于一堂,各述所记忆者"⑥。嘉靖三十五年(1556)六月六日,暑热难耐,蚊虫乱舞,整夜不能寐,李开先信步走到庭院中,"仰见玉绳将低,银河已徙",想起和他一起被罢归的李舜臣、刘绘、罗洪先等九位诗文俱佳的好友,"爰念同心,作为九诗歌之,童子群然和之,声惊邻舍。古谓朝歌歌非其时,然则予歌诚亦非时,而予情有不能已耳!次日困卧迟起,起即命歌童从

---

① 《李开先全集·杂著》《中麓山人拙对、续对·中麓山人拙对卷之中·散对》,第 1797 页。
② 《李开先全集·散曲》《中麓小令·〈中麓小令〉引》,第 1449 页。李永祥在《李开先诗文选》中指出"西郡"即西部省份,似应指陕西,推测"西郡歌童"应该是由王九思推荐过来的歌童。
③ 《李开先全集·散曲》《四时悼内·〈四时悼内〉小序》,第 1502 页。序末李开先署名"嘉靖戊申年庚申月甲申日中麓病夫李开先撰",可知序作于嘉靖二十七年七月。
④ 《李开先全集·曲论》《词谑·一词谑·把子与撩子》,第 1544 页。《把子与撩子》称歌唱的是《冬夜悼内》,其实就是《四时悼内·冬·夜长不寐》。
⑤ 《李开先全集·诗文》《李中麓闲居集》文之六《序·〈烟霞小稿〉序》,第 478 页。
⑥ 《李开先全集·诗文》《李中麓闲居集》文之六《序·〈市井艳词〉序》,第 566 页。

而记之"①。"童辈""小仆"和"童子",当与歌童意思相同,是家乐班成员中年纪较小的童声演唱者,由童声合唱自己的作品,将其中的悲喜表现得淋漓尽致。嘉靖三十六年(1557)春,李开先作雪诗让歌妓演唱,众多美女歌喉婉转、舞姿曼妙,窗外的白雪和妩媚的玉肌交相辉映,真是一场难得的听觉和视觉盛宴。②

　　家乐班不仅便于士大夫设戏酬宾,更提供了文士之间意见交流的机缘。尤其对于家乐班主人自制的剧本,更能反复上演。通过技艺切磋和指点润色,主人可以检视剧本的演出效果,同时由于作者亲自解说指导,家乐班的表演更贴近原著精神。这种情况下,李开先不仅是家乐班的主人,更是剧本的编者和演出的导演。《一笑散》写成后,他"有时取玩,或命童子扮之,以代百尺扫愁之帚而千丈钓诗之钩"③。《宝剑记》每写成一出即披之管弦,他亲自指导排练,让他们按腔、定调、合板,发现不妥处随即修改,至全剧完成后扮演待客,演出效果非常不错,坐客无不泣下沾襟。《宝剑记》后序所载"又不见其童辈搬演《宝剑记》耶",即指此事。嘉靖三十四年(1555)倭寇频袭苏州,商人邹伦逃离家乡,过访章丘,李开先作诗《冬夜留吴客邹太湖共酌》挽留其久住家中,其中有"高歌弹宝剑,畅饮对华灯。海寇方猖狂,还乡恐未能"④。"宝剑"在此并非实指,而当指李开先所作《宝剑记》,一方面因为邹伦喜欢诗文词曲,主宾畅饮时命家乐演唱主人所著词曲乃助兴手段,也算一种精神分享;另一方面,这一时期倭寇屡次侵犯江南,致使生灵涂炭,邹伦无法平安归家,欣赏《宝剑记》应时应景,能够增添豪壮之感和对倭寇的憎恨。

　　家乐班不惟歌唱李开先的作品,在遇到诗文友人聚会也会歌唱他们的新作。某年大雪众人诗兴大发,家乐班应邀表演歌舞,当时场景是:"画阁光摇宜夜宴,烟楼湿透强朝炊。冷侵诗客吟肩耸,影衬娇娥舞袖垂",使得李开先发出"喜有同心长聚首,更无孤客滞天涯"的感慨。⑤ 长夜寂寞,正好让家乐班歌唱大家的新作打发时间,"佳人夜坐歌新曲,良友朝来有嗣音"⑥。明

---

① 《李开先全集·诗文》《李中麓闲居集》一《五言古诗·九子诗》,诗前序文,第61页。
② 《李开先全集·诗文》《李中麓闲居集》之二《五言律诗·春日雪宴用妓佐酒》,第152页。
③ 《李开先全集·诗文》《李中麓闲居集》文之五《序·〈一笑散〉序》,第515页。
④ 《李开先全集·诗文》《李中麓闲居集》之二《五言律诗·冬夜留吴客邹太湖共酌》,第120页。李开先在为苏祐所作《寿致政总督宣大大司马舜泽苏公》中有"酣歌弹宝剑,较射注缗钱",此处"弹宝剑"当指舞剑。
⑤ 《李开先全集·诗文》《李中麓闲居集》之三《七言律诗·喜雪》,第271页。《喜雪》三首,此为第三首。
⑥ 《李开先全集·诗文》《李中麓闲居集》之四《七言绝句·戏为一韵七绝句》,第436页。此为第三首。

兆乙在《李开先》中提到张二到章丘最先学唱的是冯惟敏所作《李中麓归田》，嘉靖二十九年（1550）冯再次到章丘时，刘九、张三、范四等人亦为他表演此作，最终宾主尽欢。① 冯惟敏多次来章，家乐班在他到访时演唱他的作品，凸显李开先别出心裁的待客之道。

李开先的未成之作《词谑》中有"词乐"一章，专门论述戏曲的演出，举凡演员上场演出、师父授徒学曲、演员场下练习以及乐器演奏伴奏等皆有记录，足见他对扮演的熟稔。《中麓山人拙对》中有"调歌须促席，按舞且停杯"②，"促席"是座位靠近的意思，"按舞"是按乐起舞的意思，如果这样解释，李开先有可能还亲自参与了演出③。《词谑》体现出他不仅在乎与戏曲文本有关的一些创作技法，而且对于表演艺术和舞台效果也相当重视。他在戏曲音韵、声律方面的实践，丰富了我国戏曲音乐的宝库，推动了山东地方戏曲的发展。

4. 家乐班的异地演出

私人家乐以家宅演出为主，不过也有一些特殊情况。前已提到，李开先家乐班在词社、诗会雅集时演唱他与友人即兴创作的词曲，在众人词曲交游中发挥着重要作用。作为两会的会长，且成员轮流做东，并非所有成员家中都置办有家乐班，当没有家乐班的成员做东时李开先的家乐班会应需出席。这点虽然没有史料指明，部分家乐出席在别人家中举行的诗会和词会活动乃在情理之中。

家乐班也会随着主人到各地游玩，李开先曾带家乐到章丘城东爬长白山，歇息之时消遣听曲，如《携妓游山》云：

> 自笑衰残白发侵，东山携妓强登临。
>
> 凤头钗斜沉清溜，雁足筝排趁绿阴。
>
> 弹手轻拢兼歌拍，歌唇不动有余音。
>
> 曲终奏雅方为得，踞坐石床弄古琴。④

---

① 明兆乙：《李开先》，华艺出版社1999年版，第57—59页。

② 《李开先全集·杂著》《中麓山人拙对·续对·中麓山人拙对卷之中·散对》，第1831页。

③ 李开先参与演出与否未见他处记载，明兆乙《李开先》中提到张氏"常常与歌妓、伶人为伍，时间久了，耳濡目染，又加上她天资聪颖，故南北曲调都能上口"，这种说法未见他处记载，估计是怕世俗眼光和遭人非议。

④ 《李开先全集·诗文》《李中麓闲居集》三《七言律诗·携妓游山》，第366页。"东山"当为实指，在章丘城东，笔者最初查证章丘东部有座挺拔峻秀的山，名叫长白山，但是不确定李开先等人所游是不是该山，暂且置疑。后来，又见他另一诗《望长白山》中有"罢归今幸无拘束，赢得东山仔细看"，可知"东山"即指长白山。

李开先在各处都营建有庄园,家乐班还会去这些地方助兴。他在《庄上曲》中说:"十年身离五云乡,选胜寻幽得此庄……有时万籁奏笙簧,不殊乐向洞庭张。"①虽然该庄的具体所在已难以查证,然而李开先曾半夜在此命家乐班演奏。他的中麓书院建成,众友庆贺,家乐班也曾到场献艺,"玉绳俱敛耀,铁笛远飞声"②。家乐班还曾多次在李开先祖村——绿原村表演,其中一诗中有:"歌舞出妖童,邀宾场圃中。歌筵留落日,舞袖趁东风。"③另一首诗中有:"同游南墅值残年,愧我难称地主贤。歌舞家童妆假妓,笑谈座客总真仙。"④家乐班亦曾到近城园和水寨演出助兴:《游近城园》一诗中有"妖童随杖屦,嘉客共壶觞"⑤,近城园又叫南园,牡丹盛开时,他亦邀请好友欣赏,"城外牡丹旧会,樽前歌妓新妆。映日可称二绝,临风须尽千觞"⑥。李开先曾在水寨为指挥使张某饯行,"侠客弹长铗,舞姬溜短钗。酒终歌别曲,一曲一伤怀"。⑦

嘉靖三十年(1551)春,家乐班甚至跟随他到齐东为继配王氏的外祖母送葬,由小清河水路坐船返程的途中,他作诗《携家众齐东送葬由船路回》四首,第一首中有:"山童始识船,济水逆流旋。鱼逝惊箫鼓,鸟鸣杂管弦";第二首中有:"千花眼底明,一叶浪中轻。行疾树难辨,倒悬岸不平。忽闻童辈唱,混入棹歌声。"⑧可以猜测,这四首诗皆为返程途中边听家乐歌唱边看美景而在船上吟就。

李开先是不甘寂寞的,如果他在偏僻的地方待客而且家乐班没有随行,临时会招外面的妓女助兴,"日映山光摇几席,风传水调溢弦歌","侑酒惜时招野妓,尘生罗袜步凌波"。⑨宴请重要客人时还会请外面歌妓助兴,比如吕时臣来访,李开先请章丘名妓郑樱桃献艺,"座中举目皆英豪,主人呼出郑

---

① 《李开先全集·诗文》《李中麓闲居集》之一《七言古诗·庄上曲》,第86页。
② 《李开先全集·诗文》《李中麓闲居集》之四《五言排律·中秋书院初成诸友携酒过临将夜半始月》,第377页。
③ 《李开先全集·诗文》《李中麓闲居集》之二《五言律诗·寒食南庄宴李九河马南冶魏东皋李胡川黄孔村龙塘胡胡山诸客作》,第164页。
④ 《李开先全集·诗文》《李中麓闲居集》之三《七言律诗·冬月祖村会客》,第323页。
⑤ 《李开先全集·诗文》《李中麓闲居集》之四《五言绝句·游近城园》,第410页。
⑥ 《李开先全集·诗文》《李中麓闲居集》之四《六言绝句·南园牡丹》,第432页。
⑦ 《李开先全集·诗文》《李中麓闲居集》之二《五言律诗·山水小村饯别少川张挥使》,第225页。
⑧ 《李开先全集·诗文》《李中麓闲居集》之二《五言律诗·携家众齐东送葬由船路回》,第180页。
⑨ 《李开先全集·诗文》《李中麓闲居集》之三《七言律诗·村居秋兴》,第278页。《村居秋兴》一韵十一首,此为第二首。

樱桃","大小忽雷手中出,须臾翻作《郁轮袍》"①,吕时臣该诗交代郑樱桃弹琵琶技艺很高。

　　总之,作为"嘉靖八才子"之一,李开先著述灵感还会来自和其他人的交游,而且他的交游活动可以使我们大体掌握嘉靖前期诗坛和曲坛的基本状况。在李开先交好的诗人中,既有前辈如康海、王九思、吕柟、马理、王廷相等,又有同辈诗人如唐顺之、赵时春、王慎中、陈束、李舜臣、刘绘、罗洪先、吕高、熊过、潘高、冯惟敏等。和众人的交游提高了李开先的诗艺,使他成为一个在创作方面造诣更高的人,"中麓亦尝自言,吾诗赖良友之助,兼阅古之多,止三年有成"②。诗是如此,其他文学成就亦是如此。此外,肥沃的民间文学土壤和他组建的家乐班对创作灵感和揣摩戏曲音律也发挥很大的助推作用。

---

① （明）吕时臣:《李太常伯华江上草堂雪夜出妓弹琵琶》,载自钱谦益《列朝诗集》丁集第九,中华书局 2007 年版,第 4880 页。吕时臣所说"江上草堂"不知具体指李开先的哪处庄园。
② 《李开先全集·附录二》《叙论·题跋·曲评》之《〈田间四时行乐诗〉跋》,第 2233 页。

第十章　著述成就

　　李开先的一生可以分为苦读功名时期、京师宦游时期和罢官归田时期，前面两个阶段的著述活动虽然记述较少难以考证具体细节，仍有数次。罢归之后，可以遵从内心，进行自己喜爱的创作活动，著述成就更为丰富。然因学术界对李开先的戏曲成就关注较多，笔者专业所限，不愿过多置喙，故从原始资料的解读出发，主要探讨著述成果的编撰过程。

一、罢归前的著述成就

1. 戏曲上牛刀小试却半途而废：《南北插科词》

　　嘉靖八年（1529）以前，读书应考期间，李开先作《南北插科词》数阕，他在序中说：

> 予少时综理文翰之余，颇究心金元词曲，凡《中原》《燕山》……靡不辨其品类，识其当行。音调合否，字面生熟，举目如辨素苍，开口如数一二。甚至歌者才一发声，则按而止之曰："开端有误，不必歌竟矣！"坐客无不屈伏。时或强缀一篇，虽中板拍，殊无定声，以此钩致虚名。然非有神解顿悟之妙，好之笃而久，是以知之真而作之不差耳。继叨窃科第，厕名郎曹，征逐流尘，就就了公务之不暇，于是弃置不为，今十年所矣。及归林下，渐山屠太史遥以素册索书歌词，岂过听曲采，妄谓瓦缶之间，或可寓钟律耶！披翻架阁，得旧作《南北插科》数阕，用以塞其请，且求教益。览者若严以曲部，目以大方，则非予之敢如也。①

　　《南北插科词》当作于李开先究心科举之余，乃兴趣创造奇迹的明证。当时他特别喜好戏曲，有神解顿悟之妙，好之笃而久，定烂熟于心，时有所作。

　　做官之后则弃之不为，罢归林下后，适逢友人屠应峻寄信求新奇的曲

---

① 《李开先全集·诗文》《李中麓闲居集》文之六《序·〈南北插科词〉序》，第562页。

词,他找遍书架,翻出昔日旧作数阕寄给他,用来交差,并希冀他指点一二。可以推测,重新见到《南北插科词》的稿子,他百感交集,有对时光飞逝、物是人非的感怆,更有对自己积极入仕却仕途坎坷的遗憾。可惜的是,此书未见流传。

2. 结识和同情康海的感时愤世之作:《述隐——赠康对山》

嘉靖十年(1531)暮春,李开先在户部任职,赴宁夏运送军饷。路过乾州时,与向所钦仰的文人和学者——康海意外相逢,激动之余操笔写下《述隐——赠康对山》这套散曲。这是迄今所见李开先最早的词曲之作,弥足珍贵。这时他还是个历宦未久的青年,在曲中流露了对宦程艰厌的深刻理解,不仅同情康海在宦途上的坎坷经历,又折服于他超脱的精神,对其彪炳耀世的才能、磊落正直的品德和倜傥潇洒的襟怀进行热情地赞美,而对他蒙冤被谪、怀才不遇的遭际表达了由衷的同情和愤慨,兹举四阕以说明:

　　【滚绣球】要相逢恨不能,得相逢喜又惊。证果的名实相称,把伤心世态闲评。热情怀变冷冰,正团圞散晓星。都只为争名求胜,巧舌头恶浪千层。你如今文高一世人偏忌,学贯三才志不行,怎能勾万里前程!

　　【叨叨令】只为你中龙头游龙阙非侥幸,想着你拜龙颜辅龙德人钦敬;只为你逆龙鳞搴龙衮忞正直,赶逐的你效龙吟空龙卧闲游咏。兀的不可惜了人也么哥,兀的不担阁了人也么哥! 谁肯去奏龙庭奋龙剑斩了神奸佞?

　　【一煞】长沙窜贾生,汨罗葬屈平,只因他要把朝纲正。你如今潜身不上麒麟阁,放步惟存鸥鹭盟。非不愿闻时政,则恐怕小瓦块汤的脚倒,树叶儿打的头疼。

　　【尾声】你先公箕业长,你科名囊脱颖,词林中五载遭吞并,留下这不尽的余福付儿孙慢慢领。①

该曲由二十二曲组成,长达两千余言,辞情丰沛,语言沉郁,曲文笔触酣畅锋利,是明散曲中难得的长篇佳作。正是因为其中所传达的思想锋芒与文采,使康海与王九思将李开先视为同道,结为忘年之交,对他"皆极加赏命,折节倒屣,不敢称前辈"②。《述隐——赠康对山》在当时流播甚广,万历年间被陈所闻选入所编《北宫词纪·外集》。《北宫词纪》是一部散曲选集,

---

① 《李开先全集·散曲》《述隐——赠康对山》"滚绣球""叨叨令""一煞"和"尾声",第 1417、1419 页。
② 《李开先全集·附录》《一传略·李开先传》,第 2221 页。

与《南宫词纪》合称《南北宫词纪》。

3. 病中冷眼观世强说愁:《一江风·卧病江皋》

嘉靖十年(1531)秋,李开先宁夏饷边归来的途中,在河南染病,扶病抵达老家章丘,直到次年才病愈返京。对于一位初涉官场、踌躇满志的新科进士而言,长时间被病魔缠绕,无疑是件非常痛苦的事情。于是写作小令《一江风·卧病江皋》一百一十首①,病眼观世,从自己的病态联想到整个社会的丑态,深刻反思和揭露社会的矛盾和黑暗,从自己病况和病中心境开始,稍事点染,转笔去写那个病态的社会,慨叹朝廷与边关,痛惜世风日下,选用同韵且限字的方式,尤其一个"态"字为点睛之笔,在看似重复中强化对社会不同层面的认识。该曲运笔老练、情感充沛,乃明代散曲的佳作。

曲中有不少表达忧愁的句子,如:

> 病难捱。永夜独眠态,凶岁难偿债。睡魔来,城上啼乌,窗外鸣鸡,合做惊人派。舒身胳膊抬,揉眉眼晕开,梦破愁仍在!

> 病难捱。恨压眉头态,愁满心头债。去还来,才下眉头,又上心头,愁恨周旋派。秤钩煞力抬,盘珠净算开,万恨千愁在!②

其实,这时他的生活过得还比较恣意,有歌姬舞女相陪,有诗朋酒友相伴,实在难以体会忧愁从何而来,比如"玉人来,顺意知心,携手挨肩,莫把差罚派","抱琴来,流水高山,白雪阳春,几曲通仙派","那坨来,袅袅婷婷,款款轻轻,浴罢兰汤派","琼杯落又抬,灯花落又开,酒友诗朋在"。③ 众所周知,仅凭想象难以写出高于生活的艺术作品,笔者相信李开先所写大多为亲身经历的事情。不过,此时他在家乡暂住,家乐班尚未组建,诗朋酒友相伴可以理解,歌姬舞女随侍就费思量一些,她们跟从他归家的可能性不大,很大可能是临时网罗的,而且她们的技能使在官场中刻意掩饰的他比较满意,无意中在作品中流露出来。

《一江风·卧病江皋》写成之后即"单张片纸"地随手"填委架阁",亦有不少"为人取去者"。幸而门人高应玘当时随侍在旁,袖而存之,在嘉靖二十三年(1544)二月将之整理付梓,它才得以流传于世。高应玘认为该曲"音既合谱,意更可人,押韵满百,不重一字,真艺林之宗工,而南曲之绝倡也",将

---

① "一江风"为曲牌名,属南曲南吕宫,是南曲小令专用曲调。
② 《李开先全集·散曲》《卧病江皋》,第1432、1440页。
③ 《李开先全集·散曲》《卧病江皋》,第1427、1430、1439、1430页。

之刻印乃缘于自身"素嗜词"的爱好,有将佳作与人分享之意①。他做自己喜欢的事情,让恩师愉悦,使友人和他人受惠,可谓一举多得。刊刻之年是李开先罢归林下的第三个年头,这时他对世态炎凉更为敏感,对人情世故体味得更为深刻,在付梓前对作品进行修订亦有可能。

4."闲时培养""以图报效明时":《双修揭要》

嘉靖十六年(1537),李开先担任稽勋司郎中之职,因事简心闲,得以详读宋朝张君房《云笈七签》,并博采《道藏》有关玄学的内容,"终以传抄,传闻秘旨,苦究沉思,必与吾心契合,乃始放过。总所得而揭其要,共有七节,性命双修,因名其集曰《双修揭要》"②。从此可以看出他的阅读诀窍,即先将这类谈玄论道的书籍抄写多遍,细细探究其中奥旨,直到心领神会才作罢。

当时他作此书的目的在于"闲时培养,以待冗时作用,以图报效明时",这就说明他致力于编辑道家书籍并非出于自己喜好神仙之术,实乃世宗佞道,他迎合最高统治者的喜好去研究道教,以图有更光明的前途,更好地报效朝廷。不过,这种目的终未实现,"及为文选,作用既不能副其所养;今归林下,培养又置之无用"。闲暇之余,"复取旧著读之,多有支离龃龉者,春和秋肃,笔札可亲,督耕省敛之暇,从而改定之,仍是七节,节节凿凿可行,更名《重订双修揭要》云。交有数道友,灵根顿悟,真诀有传,将以是就正,共超尘障,但恐更生命薄,丹砂易耗,而仙阶愈远耳"③。可见,担任稽勋司郎中时曾经编著《双修揭要》,罢归林下后又重新修订,还将书稿中不确定的内容和道友商榷,然后予以作序并刻印。

由此可知,李开先对道家玄学的倾心早在为官时就开始了。不过罢归前后关注的出发点是截然不同的,罢归前是为了更好地晋升,罢归后纯粹是为了爱好。然而,由于这类谈性命之学的书没有多大价值,终究不传。

二、罢归后的著述成就

1.初归故里的移情之作:《中麓画品》

嘉靖二十年(1541)十一月,李开先搜集大量历代书画作品,作《画品》一

① 《李开先全集·散曲》《卧病江皋·〈卧病江皋〉序》,第1425页。
② 《李开先全集·诗文》《李中麓闲居集》文之六《序·〈重订双修揭要集〉序》,第598页。
③ 《李开先全集·诗文》《李中麓闲居集》文之六《序·〈重订双修揭要集〉序》,第598页。

册①,此为他返乡后的首部著作。李开先拥有强烈的入仕之心和忠君思想,面对壮岁辞阙的巨大现实落差,一病不起,身体恢复时已是深秋。从某方面来讲,此书可视为他化解胸中郁气的移情之作。

关于此书的写作原因和篇章结构,他在题署"嘉靖辛丑十一月中麓山人李开先撰"的序中交代得比较清楚:

> 国朝名画,比之宋、元,极少赏识,立论者亦难其人。岂非理妙义殊,未可以一言蔽之耶?予于斯艺究心致力,为日已久,非敢谓充然有得也。常山叶子则云流观当代,未见上于予者,且请撰次品格,为艺林补缺焉。于是乃作《画品》五篇:其一篇论诸家梗概;二篇设六要,括诸家所长,分四病指摘所短;三篇搜罗尺寸之长,俾令无遗;四篇类次其比肩雁行,无甚高下,浑为一途可也;五篇述各家所从来之原。此据其所见者如此,其间遗逸者借日有之,亦不多矣。②

"常山叶子"即叶澄,字原静,号常山,祖籍东吴,世居京师,正德嘉靖年间画家。两人关系密切,李对他的作品颇为推崇。原本李开先对于藏画"非敢谓充然有得也",听了叶澄带有恭维和鼓励的话之后,信心倍增,才根据所藏编撰《画品》。

《画品》的宗旨是对本朝已故画家的作品进行赏识和品评,其下分为五个部分:《画品一》共 29 条,对倪瓒(号云林)、戴进(号文进)、吴伟(号小仙)、陶成(号云湖)等 30 人的作品风格进行评价,除了王谨和王谔两人合为 1 条外,其余皆 1 人 1 条。不过严格来说,倪瓒应该是元人,他生于元大德五年(1301),死于明洪武七年(1374),生活和绘画创作的大部分时间在元末。李开先在这一部分使用象征的手法形象地描绘出他们的绘画笔法和风格,使蕴含在画中抽象的东西变成具体的形象外显出来,呈现在读者眼前,更有利于读者的理解,比如:"戴文进之画,如玉斗,精理佳妙,复为巨器。吴小仙如楚人之战钜鹿,猛气横发,加乎一时。陶云湖如富春先生云白山青,悠然野逸。"③《画品二》提出自己的绘画品评标准,即"画有六要"(神、清、老、劲、活和润)和"画有四病"(僵、枯、浊和弱),其后还用具体实例阐述如此划分的依据。用此标准不仅能够区分出不同画家的高下,亦可以比较同一画家不同

---

① 《画品》乃李开先所写作品的本名,由于唐代徐浩、宋代李荐、明代杨慎等撰有较多同名著作,后人在著录时特加作者字号以示区分。
② 《李开先全集·杂著》《画品·〈画品〉序》,第 1659 页。《李开先全集·诗文》《李中麓闲居集》文之六亦曾收录,然句读有所不同,尤其是引文首句差别更大。
③ 《李开先全集·杂著》《画品·画品一》,第 1660 页。

作品的优劣。他虽然比较推崇戴进的画作,仍能认识到他的山水画具有"六要"的品质,而菊竹和美人之类的画作有"浊"之病,这就说明他尚能客观地评价这些画家及其作品。之前已有多种关于绘画的品评标准,例如:唐代朱景玄《唐代名画录》提出神、妙、能、逸"四品",五代荆浩《笔法记》提出气、韵、思、景、笔和墨"六要",宋代刘道醇《圣朝名画评》提出气韵兼力、格制俱老、变异合理、彩绘有泽、去来自然、师学舍短"六要",宋代郭若虚《图画见闻志》提出画有板、刻、结"三病",等等。李开先在此提出"六要"和"四病",目的在于彰显自己与众不同的审美感受和品评方法。《画品三》首句为"凡有尺寸之长,皆收于此"①,说明这一部分乃补充前面之所未及之处。《画品四》将众多画家分出不同的等级:戴进、吴伟、陶成、杜堇4人列为一等,与《画品二》中的持论相同,他认为他们是最优秀的画家;庄麟、倪云林为第二等;蒋子成、金润夫、夏仲昭、周臣、吕纪为第三等;胡大年、唐寅、李在、石田、林良、景昭、若水为第四等;商喜、石锐为第五等;张世禄、李福智、刘俊、袁林等36人为第六等,不仅在六个等级中人数最多,亦于人名后标明所画门类,其中有25人未曾见诸前篇。《画品五》归纳总结众多画家绘画方法和风格的渊源所出,共论及45人,其中叶绅、叶正名、姜立纲、沈士称、姚公绶5人未载前篇。总的来说,前四部分属于"品"的部分,第五部分属于"史"的部分。

嘉靖二十四年(1545)十月,李开先为《画品》写了后序,似乎此书初刻于此时。之前他虽然为《画品》已定非已故者不收的体例,不过这时他对在世的画家未免跃跃欲试,意欲对其优劣进行评价。他认为"画犹文学,随时消长,然亦太半高年,虽消长相去不远",首先对当时尚在世的画家,如叶澄、文征明、张禄、张合、谢时臣、沈仕等的绘画风格进行品评,接着他认为对画喜爱的文人可分为收藏家和鉴赏家两类。李开先对画的收藏和鉴赏颇有几分自负,其中他取笑好友毛良(袭封南宁伯)和田项的话,遭到两人的反驳后又进行辩解,充分说明他想通过写作《画品》使自己的收藏和鉴赏能力"取信于人"。接着,李开先讲述了戴进的生平经历,最初他以画技超群被宣宗器重,然因用代表官服颜色的大红色画《秋江独钓图》中的钓鱼人,遭到皇帝斥退,离开宫廷之后靠卖画谋生,生活窘迫到"嫁女无赀,以画求济,无应之者"的程度。戴进的经历之后,李开先引述他的一句感叹:"吾胸中颇有许多事业,争奈世无识者,不能发扬",颇有借戴进之口抒发衷肠和吐露心声的意味。后序最后以几句设问结尾:

---

① 《李开先全集·杂著》《画品·画品三》,第1664页。

> 予论不能徇于今之人,敢望求知于今之人哉?公论久而后定。进
> 不待久,不识即有知予者乎?抑或有罪予未久而知之者乎?自信之笃,
> 知与不知,定与不定,有不暇计也。①

意指他借该书表达某种想法,至于所造成的社会影响和学术争议根本不会
考虑。

李开先初罢归就写作《画品》,除了是因为藏画积累到一定程度而水到
渠成,更多缘于他对戴进、吴伟等浙派画家的推崇。嘉靖二十六年(1547)左
右,他在为张铎《海岱诗集》所作序中对明代画家戴进、吴伟、陶成和杜堇进
行评价:

> 我朝名画,比之宋、元虽少,总之似不下百人,而以戴、吴、陶、杜为
> 最。戴静庵生成变化,下视同行。吴小仙健纵,粗且简者,更不可及。
> 陶云湖之细润,杜古狂之精奇,皆擅长伎圃,流声艺林者也。②

言语之中,对四人的绘画风格极为赞赏。浙派画家大部分生活颠沛流离,画
中蕴含对社会的不平之气。李开先刚罢归,无奈和不甘郁积心头,和他们的
感受别无二致。

李开先在《画品》中对 61 位明代已故画家,尤其是浙派画家,进行了客
观地评论,"既有对前人观点的传承,又有对后世的影响。既有对他人观点
的驳斥,亦有对别人见解的赞同"③。不过,以《画品》的格局评论有明一代
的画风,则见局促,是故王士禛《香祖笔记》和永瑢等《四库全书总目》对之评
价不是很高。④ 好友王世贞亲眼见过他的藏画,说其中"无一佳者",实则两
人鉴赏标准迥然不同:"弇州崇摹拟,中麓尚独创,世俗之见,未足以服中麓
也。"⑤所以,仅仅根据王世贞一言遽断李开先之论偏颇,似有不妥。李开先
写作《画品》,品评的出发点是推崇戴进、吴伟、陶成等浙派画家。对于浙派
画家的看法,明清士大夫往往持两种观点,也就是说赞扬和批评同在,这估
计也是《画品》招黑的原因之一。

《画品》毕竟是李开先返乡后的首部作品,而且是他的病中移情之作,难

---

① 《李开先全集·杂著》《画品·〈画品〉后序》,第 1669—1670 页。《李开先全集·诗文》《李中麓
闲居集》文之六亦曾收录,两者个别地方的断句有所不同。

② 《李开先全集·诗文》《李中麓闲居集》文之五《序·〈海岱诗集〉序》,第 475 页。

③ 李盟盟:《李开先〈中麓画品〉研究》,天津社会科学院出版社 2016 年版,第 63 页。

④ (清)永瑢、纪昀:《四库全书总目》卷 114《子部二十四·艺术类存目·中麓画品》,中华书局 1965
年版,第 975 页。《四库全书总目》说他"官至太常寺卿",实为"提督四夷馆太常寺少卿"。

⑤ 王绍曾、沙嘉孙:《山东藏书家史略》,山东大学出版社 1992 年版,第 75 页。

免有些潦草,缺乏一种完整性,这是可以理解的。他借品题画作来移情化郁,点评中也时有精彩笔墨,还提出画有神、清、老、劲、活和润"六要"和僵、枯、浊和弱"四病",比较有见地,这些亮点也是不容抹去的。

2."推山倒海""凌驾千古"的抑郁愤激之作:《中麓小令》

嘉靖二十三年(1544),李开先作《中麓小令》百首,凡十九韵。由于通篇皆用【傍妆台】曲牌,又名《傍妆台小令》。

关于此书的写作过程,他在序言中交代得比较详细:

> 闲居日久,颇有余力。省稼灌园之外,六经训解义有未安者,随笔注之。竣研究既久,各成一家之言。所尝与谈经者,将走书乞正。不事词曲,自在仕路已然矣。偶有西郡歌童投谒,戏擅南北,科范指点色色过人,因作【傍妆台】小令一百,付之歌焉。起结句同而字异,杂以常言,援笔即成,七法不差,十九韵皆尽。每于箫鼓中按拍,弦索上发声,中多悲忿之音、激烈之辞,似乎游心浮气,尚有存者。①

末尾有"嘉靖甲辰中麓山人书于焉文堂"的落款,可知此曲当作于嘉靖二十三年(1544)。这是他归乡的第三个年头,渐渐走出壮年罢官的阴影,积极营建田产和庄园,写作活动亦开始活跃。适逢"戏擅南北"的"西郡歌童投谒"投靠,为家乐班注入新鲜血液,对《中麓小令》的写作和传播贡献颇大。不过,他的序文写得比较微妙,先是交代自己究心经术,"六经训解义有未安者,随笔注之","所尝与谈经者,将走书乞正。不事词曲,自在仕路已然矣"。序后结尾又强调:"予此曲虽若酒后耳热,实则瓜窃而心凉也。寓言寄意,听者幸求诸言意之表,奚必俱实事哉!嗣后专志经术,诗文尚尔不为,况词曲又诗文之余耶?"②说明他虽然爱好词曲,然又不想让自己沉浸其中。因为这一时期他还希冀能够重返朝廷,想为当政者留下一个潜心研究经书的好印象,这种心理甚是矛盾和复杂。

《中麓小令》延续了李开先早期所作戏曲的风格,借曲抨击世间不平之事,从中可以窥见他的心志和世道的升沉。它如投枪匕首掷向那个世态炎凉、弊病丛生的社会,在北方曲坛乃至整个嘉靖曲坛上产生了极大的影响。谢九容、王九思、杨慎、李廷相、李舜臣、茅坤等89人为此书作95条跋语誉之,《中麓小令》按照收到众人跋语的时间先后列出姓名、仕籍,笔者增补一

---

① 《李开先全集·散文》《中麓小令·〈中麓小令〉引》,第1449页。《李开先全集·诗文》《李中麓闲居集》之六中收录《傍妆台小令》序,序文与之相同,然断句有些差别。

② 《李开先全集·散文》《中麓小令·〈中麓小令〉引》,第1449页。

些信息如表 10-1 所示。

表 10-1 《中麓小令》作跋者①

姓名	字号	籍贯	中第时间	当时现任或曾任官职	备注
谢九容	号东村	山东章丘			词会好友
王晸	字承晦,号杏里	山东章丘	嘉靖二年进士	见任陕西右布政	同县
夏文宪	字柏贞,号黄山	山东章丘	嘉靖七年举人		词会友人
张舜臣	字熙伯,号龙冈	山东章丘	嘉靖十四年进士	见任文选司员外郎	同县
曾铣	字子重,号石塘	南直隶江都	嘉靖八年进士	见任山西巡抚副都御使	同年进士
谷继宗	字嗣兴,号少岱	山东历城	嘉靖五年进士	原任宜兴知县	词会友人
李舜臣	字懋钦,一字梦虞,号愚谷	山东乐安	嘉靖二年进士	原任太仆寺卿	挚友
梁绍儒	号玉庵	山东东平	嘉靖二十年进士	见任翰林院检讨	师门弟子
徐守义	字子和,号凤冈	河南杞县	嘉靖十一年进士	见任山西参政	
孙光辉	字华国,号夹谷	山东淄川	嘉靖八年进士	原任南京户部主事	同年挚友
顾遂	字德伸,号秋山	浙江余姚	正德十二年进士	见任巡抚汀漳副都御史	
袁崇冕	初名衮,号西野	山东章丘			词会好友
杨盈	字守谦,号双溪	山东章丘	正德二年举人	原任潞城知县	词会友人
商大节	字孟坚,号少峰	湖广钟祥	嘉靖二年进士	见任河南副使	
陈德安	号泰峰	山东章丘	嘉靖四年举人	原任乐亭知县	词会友人
李继先	字伯孝,号介堂	四川泸州	嘉靖十七年进士	见任户部主事	
谢少南	字应午,号与槐	应天府上元	嘉靖十一年进士	见任左春坊左司谏兼翰林院检讨	
袁勋	号乐盘	山东章丘	举人	原任衡府长史	同县
冯惟讷	字汝言,号少洲	山东临朐	嘉靖十七年进士	见任扬州府同知	
王九思	字敬夫,号渼陂	陕西鄠县	弘治九年进士	原任翰林院检讨、吏部文选司郎中	忘年交
张邦奇	字常甫,号甬川	浙江鄞县	弘治十八年进士	原任太子宾客、南京兵部尚书参赞机务	忘年交
李廷相	字梦弼,号蒲汀	山东濮州	弘治十五年进士	原任资政大夫兼翰林院学士,加太子宾客	忘年交
李秦	字仲西,号东冈	河南临漳	嘉靖十四年进士	原任礼部给事中	

① 虽然李开先在《中麓小令》跋语的后面按他们写跋语的先后开列了名单,然仅有姓名、号、籍贯、进士或举人、现任或原任官职等信息,有些地方缺漏甚至有误,笔者一一核实之后,补充了字、进士或中举时间、与李开先的关系等信息。

续表

姓名	字号	籍贯	中第时间	当时现任或曾任官职	备注
叶洪	字子源,号洞庵	北直隶德州卫	嘉靖八年进士	原任工部给事中	同年进士
翟瓒	字庭献,号青石	山东昌邑	正德八年进士	原任湖广金都御史	
梁士龙		广东茂名	茂才		
张一厚	字叔载,号岱野	山东平原	嘉靖五年进士	原任浙江副使	
王慎中	字道思,号遵岩,又号南江	福建晋江	嘉靖五年进士	原任吏部郎中、河南参政	嘉靖八才子成员
陆深	初名荣,字子渊,号俨山	南直隶上海	弘治十八年进士	原任詹事府詹事兼翰林院学士	忘年交
刘隅	字叔正,号范东	山东东阿	嘉靖二年进士	原任巡抚保定都御史	
雒某①	号三谷				
欧阳铎	字崇道,号石江	江西泰和	正德三年进士	原任吏部侍郎	
崔元	字懋仁,号岱屏	山西代州	弘治六年被选为永康公主驸马	特进光禄大夫柱国少师兼太子太傅驸马都尉京山侯	
傅朝臣	号悟庵	山东武定	万历三十七年举人	后来官开州同知	作跋时为茂才
白世卿	号东川	陕西秦州	嘉靖八年进士	见任山东按察司金事	同年进士
罗洪先	字达夫,号念庵	江西吉水	嘉靖八年状元	原任左春坊左赞善兼翰林院修撰、经筵讲官同修国史	同年进士
张应吉	字佑之,号东泉	山东章丘	举人	见任陕西凤翔府通判	
周显宗	字子孝,号桃村,又号洞虚	山东濮州	嘉靖八年进士	原任陕西汉中府知府	同年进士
胡侍	字奉之,一字承之,号蒙溪	陕西咸宁	正德十二年进士	原任鸿胪寺少卿	忘年交
杨慎	字用修,号升庵	四川新都	正德六年状元	原任翰林院修撰、经筵讲官兼修国史	忘年交
康浩	字德充,号渭滨	陕西武功	正德六年进士	原任户部郎中	忘年交
吕应期	号竹屿	山东章丘	正德十四年举人	见任陕西同州知州	忘年交
张伟	号三山	山东章丘	茂才		
方元煐②	号两江	山东临清	举人		
冯惟健	字汝强,一字汝至,号陂门,又号冶泉	山东临朐	嘉靖七年举人		

---

① 有跋语,但在清单中李开先未列其名。

② 他和李开先的关系不甚确知,仅仅知道李开先曾以《方两江背郭堂》为题作四对对联。

续表

姓名	字号	籍贯	中第时间	当时现任或曾任官职	备注
端廷赦	字思恩，号虹川	南直隶当涂	正德十六年进士	见任都察院左副都御史	
左杰	号东津	山东恩县	嘉靖八年进士	原任山西行太仆卿	同年进士
顾问	号裕庵	山东恩县		省祭	
伦以训	字彦式，号白山	广东南海	正德十二年会元	南京国子监祭酒	忘年交
石迁乔	号木庵	山东恩县	监生		
叶烓	字季鼎，号椒山	浙江丽水	监生	见任南直隶丰县知县	
吕怀健	字思顺，号乾斋	南直隶泰州	嘉靖十一年进士	见任山东金事	
辛大义	号太初	山东章丘	举人	见任河南舞阳知县	
杨选	字以公，号东江	山东章丘	嘉靖二十三年进士	见任行人司行人	挚友
张治道	字孟独，号太微	陕西长安	正德九年进士	原任刑部主事	
吴孟祺	字元寿，号六泉，别号警庵	山东宁阳	嘉靖八年进士	见任陕西西安知府	同年进士
姜大成	字子集，号松涧	山东章丘	嘉靖十六年进士	原任山西屯留知县	词会友人
田汝棘	字深甫，号莘野	河南祥符	正德十一年举人	原任兵部司务	
黄祯	字德兆，号海野	山东安丘	嘉靖二年进士	原任吏部文选司郎中	
张鲲	字子鱼，号南溟	河南钧州	正德十二年进士	原任山西布政	
莫贲	号雄山	广西桂林	举人	见任山东宁阳知县	
傅汝舟①	字木虚，号梦岩，又号丁戊	福建侯官	举人	见任山东高苑知县	
盛楷	号桃渚	南直隶仪真	监生	见任山东博兴县丞	
孟守直	号友云	山东宁阳	监生	原任武昌府通判	
江以达	字于顺，号午坡	江西贵溪	嘉靖五年进士	原任湖广提学副使	
李绅	号南墩	河南祥符		见任登州知府	
韩儒	号中岩	山东章丘	茂才		
胡宗明	字汝诚，号瓶山	徽州绩溪	正德十二年进士	见任山东左布政使	地方长官
张寰	字允清，号石川	江苏昆山	正德十六年进士	原任通政司参议	忘年交
郭宗皋	字君弼，号似庵	山东福山	嘉靖八年进士	见任巡抚顺天府副都御史	同年进士
张九叙	号石林	山西石州	嘉靖五年进士	见任山东兵备副使	地方官
刘枲	字宪甫，号五泉	湖北钟祥	正德十六年进士	原任山西巡抚副都御史	

① 原书称其为陕西西安卫人，笔者查了读秀、百科，并结合王承丹和尚永亮合写的《辨两个傅汝舟之混淆与误用》（载于《东南大学学报》哲学社会科学版 2013 年第 3 期）一文，籍贯改成福建侯官。

续表

姓名	字号	籍贯	中第时间	当时现任或曾任官职	备注
皇甫汸	字子循,号百泉	南直隶长洲	嘉靖八年进士	原任南京刑部员外郎	同年进士
陈锭	号纪南	湖广江陵	进士	见任北直隶大名府知府	
陈药	号秋湖	浙江山阴	举人	见任德府左长史	
陈甘雨	字应时,号少渠	福建莆田	嘉靖二十三年进士	见任莱芜知县	
彭灿	号两泉	河南灵宝	举人	见任山东青州府同知	
王在	号小川	河南仪封	廪生		
茅坤	字顺甫,号鹿门	浙江归安	嘉靖十七年进士	见任广平府通判	挚友
纪公遇	号后墅	山东恩县	廪生		
苏洲	号雪簑,又号雪簑渔者人	河南杞县		烟霞羽客	门客
宋相	号龙山	山西潞安	监生	原任经历	
邹伦	号太湖	南直隶苏州			江湖良贾
顾明	号紫霞	南直隶苏州			
孙述	号西墅	山东新泰			
郝鸣阴	号鹤亭	北直隶宝坻	嘉靖二十三年进士	原任长治知县	
芮文采	号龙渠	北直隶宝坻	举人		
邵淮	字伯昭,号桐溪	北直隶安州	官生	原任两淮运判	
邵河	字伯东,号昆仑	北直隶安州			在京秀才
张舜元	字柏木,号尧山	北直隶庆都	进士	原任河南布政司参议	

此外,和者亦无数:韩儒依韵和作一百二十曲;王九思和百曲,编为《南曲次韵》;康浩和两百曲①,分别编为《诗镕百韵》和《词庚百韵》;宋相和百曲,编为《调笑余音》;孙述和五十曲,编为《小令续貂》;等等。还有张治道和十曲、张鲲和了百曲、李绅和了一曲、邹伦和了大概百曲、冯惟敏和了六曲②。其实,由于《中麓小令》不止在章丘刻印,传播范围比较广泛,和者不止上述数人。李开先在为新乐王朱载玺和刻本《诗外微撒》所作的序中交代了它的唱和与刊刻情况:

《傍妆台》百曲,中麓子归田后出于一时口占,恐其久而忘记,笔之

① 康浩一连作三跋,他所读《中麓小令》乃张应吉所寄,感慨万千,依样作《诗镕百韵》,读了王九思和曲之后又作《词庚百韵》,借曲抒情,其间亦有文人的好胜心理在作祟。
② 冯惟敏之作为《傍妆台六首·效中麓体》,参见冯惟敏《海浮山堂词稿》卷二下《小令》。

于书；又恐其久而散失，镂之于梓。自愧草率，幸而偶投时好，和之者奚啻数百人，而渼陂王太史为最；刻之者奚啻数十处，而漳浒李太守为佳。盖王隐鄠杜，擅秦声而负重名；李官真定，得吴工而为善本。敦朴如马溪田，亦有和章；简僻如舞阳县，亦有镂板。他可知矣！……新乐贤王，尚文乐善，宗藩中之出色者也。雅爱予词，从而和且刻之，名为《诗外微撒》。音韵协和，字画精好，众作瞠乎其后，众刻风乎斯下矣。予之词传而益远，予之幸大而无穷。书成，敬致数言，聊为一谢云。①

该序大概作于嘉靖三十六年（1557）后，因为新乐王朱载玺于这年袭封。这时距离《中麓小令》问世已经十余年，对其社会影响如何把握得更为全面和客观。其中，王九思所和百首质量最佳，"远近传诵，其他和者，不下数十人，未有能上之者"。②

当然，社会上对《中麓小令》也有不少消极的评价，好友张伟、陈德安、茅坤等人在跋语中进行辩解即能说明它并非人见人爱。王骥德《曲律》更是将它贬得一无是处："山东李伯华所作百阕傍妆台，为康德涵所赏予，购读之尽，伧父语耳，一字不足采也。"③所谓"萝卜白菜，各有所爱"，任何作品都不可能受到所有人的欢迎，这些消极评价并不能遮住《中麓小令》耀眼的光芒。

3."诛谗佞，表忠良，提真托假振纲常"：《宝剑记》

嘉靖二十六年（1547）夏，李开先作传奇《登坛记》和《宝剑记》。《登坛记》已无传本，《宝剑记》有嘉靖刊本。其中《宝剑记》二卷流传至今，与《浣纱记》《鸣凤记》并称明中叶三大传奇，奠定了李开先在戏剧史上的地位。传奇本为小说，后用以称戏剧，沈璟《北九宫谱》以长的戏曲为传奇，传奇、杂剧的界限仍未分明。

题为雪簑所作的序交代《宝剑记》的写作原因和过程，其实乃李开先改窜之作，所以对作者的心境洞幽烛微。《宝剑记》所作因为高明《琵琶记》虽然流布很广、赞誉颇多，仍存在很多不足之处。相比较而言，《宝剑记》要好很多："是记则苍老浑成，流丽款曲，人之异态隐情，描写殆尽，音韵谐和，言辞俊美，终篇一律，有难于去取者；兼之起引散说，诗句填词，无不高妙者，足以寒奸雄之胆，而坚善良之心。才思文学，当作古今绝倡，虽《琵琶记》远避

---

① 《李开先全集·诗文》《李中麓闲居集》文之六《序·〈诗外微撒〉序》，第609页。鄠杜即鄠县与杜陵。

② 《李开先全集·诗文》《李中麓闲居集》文之十《传·渼陂王检讨传》，第925页。

③ （明）王骥德：《曲律》卷四，明天启五年毛以遂刻本，第65页。

其锋,下此者毋论也。"关于《宝剑记》是李开先原创,还是改编,序中涉及此事:"或曰:'坦窝始之,兰谷继之,山泉翁正之,中麓子成之也。'然哉?非哉!闻其对客洒翰,如不经意,才两阅月而脱稿矣。"①然而考察与李开先同时的章丘耆旧并无坦窝、兰谷、山泉翁等人,可以猜测他在故布疑阵。应该是《宝剑记》原为一种流传在当地民间的剧作②,李开先在改编中加入了对权相柄臣的痛恨,映射出嘉靖中后期腐朽的朝政,然而由于夏言、严嵩仍在内阁,李开先在序中提到坦窝、兰谷、山泉翁三人,实乃一种政治避祸的做法。创作《宝剑记》时,李开先展现出最佳的写作状态,"对客洒翰"的不经意间,"才两越月而脱稿矣",足见他文思敏捷。《闲居集》亦将托名姜大成的《宝剑记》后序③收入其中,以两人的友情可以推测,它要么是姜大成起草后请李开先修改定稿的,要么是李开先写成直接署名姜大成的。它一方面揭示出李开先写作《宝剑记》的原因是由于"古来抱大才者,若不得乘时柄用,非以乐事系其心,往往发狂病死","今借此以坐消岁月,暗老豪杰";另一方面提出"知音十标准",又称为"知音十论",即一个优秀的戏曲作家不仅要深谙小令、长套、杂剧等方面的音乐知识,还要求能"知节拍指点,善作而能歌",也就是说要通晓音乐知识、擅长乐器演奏与掌握歌唱技巧,唯有如此才能写出优秀的戏曲著作。以"知音十标准"来衡量,结合李开先的综合素质,不难看出他恰恰是位真正"知音"的戏曲家。

《宝剑记》改编自《水浒传》,借林冲与高俅的忠奸斗争影射时政和抒发抱负。不过,从【满庭芳】一阕的剧情介绍可以看出,它与《水浒传》中林冲的故事情节有很大的差异:

> 义士林冲,孝妻张氏,早年子母孤孀。遭逢残害,倚势乱纲常。幸遇贤明府尹,悯英雄发配遐方。义聚梁山豪杰,剪恶表忠良。佳人多薄命,钗梳典尽,终养姑嫜。不慕权豪富贵,女替真娘。千里寻夫逃难,虎狼丛失伴怆惶。白云庵夫妻相遇,宝剑永传扬。

> 高殿帅纵子淫乱,杨府尹决断分明。张真娘冰霜守节,林武师宝剑

---

① 《李开先全集·传奇》《新编林冲宝剑记·〈宝剑记〉序》,第 1128 页。此处《宝剑记》序,与《闲居集》文之六中所录大同小异,"钱塘高则成"在《闲居集》中是"陈留高则成","歌咏则口吐涎沫不绝"中"不绝"二字根据《闲居集》而加。

② 明兆乙《李开先》则说他编写《宝剑记》跟刘九有很大关系,刘九擅说《水浒传》,尤其是"武松大闹十字坡""醉打蒋门神""林冲发配"等段,在交流的过程中,李开先选取林冲被逼上梁山的故事重新编制而成《宝剑记》。

③ 《李开先全集·传奇》《新编林冲宝剑记·〈宝剑记〉后序》,第 1259 页。《宝剑记》后序中"古来抱大才者",在《闲居集》中为"古来以才自负者"。

传名。①

由此可知，《宝剑记》乃李开先的改窜和针砭时弊之作。当时，世宗崇信道教和道士，好仙术，段朝用、陶仲文之流旋拜大位。内阁首辅夏言、严嵩等，无不刻意借撰写"青词"以固宠。御猫霜眉死了，皇帝下令文官为它拟写祭文超度，礼部侍郎袁炜以"化狮为龙"一句颇受青睐，官职累至礼部侍郎、礼部尚书、内阁大学士。于是，众人争媚邀宠成为一时风气。李开先的朋友赵时春因上疏抨击当时献瑞麦和进嘉禾、盐花等谀佞之风，被下昭狱、黜为民。而且，世宗营建宫室，巡幸承天，在靡费民财上，常常超过前朝。这种情况下写成的《宝剑记》表达了对奸佞误国的激愤情绪，在开篇【鹧鸪天】一阕即点明该书的写作意图：

> 一曲高歌劝玉觞，闲收风月入吟囊。联金缀玉成新传，换羽移宫按旧腔。诛谗佞，表忠良，提真托假振纲常。古今得失兴亡事，眼底分明梦一场。②

林冲被奸臣陷害，被逼上梁山，不过最终建功获得朝廷招安，作者写此书其实是借林冲写自己，寄寓着自身盛年被罢、壮志未酬的愤慨，希冀朝纲重振、能够重返庙堂。

《宝剑记》成书之后，即由其家乐班进行演出，每场皆请章丘县令陈东光及本地名家莅临指导。雪簑评价它的演出效果说："尝拉数友款予，搬演此戏，坐客无不泣下沾襟。恐其累吾道心，酒半而先逃"③。观众"无不泣下沾襟"和雪簑"酒半而先逃"的反应，生动地展现了它的艺术魅力和感人程度。《宝剑记》除了在章丘当地广泛演出外，八十二岁高龄的王九思在家乡鄠县亦组织人马搬演，"乃倩歌之，凭几而听之既，于是仰而叹曰：'嗟乎！至圆不能加规，至方不能加矩，一代之奇才，古今之绝唱也！'"④"凭几而听""仰而叹曰"等字眼可以看出他听戏时的认真痴迷程度，从侧面证明《宝剑记》的音律精审、情节感人。

出于抬爱，陈东光主持该书的刊刻事宜，工匠、用料等皆选优良。卜键认为，陈东光乃嘉靖十四年（1535）进士，以翰林贬谪外任，嘉靖二十五年（1546）至嘉靖二十七年（1548）为章丘知县，遭际与李开先略同，对《宝剑记》

---

① 《李开先全集·传奇》《新编林冲宝剑记·〈新编林冲宝剑记〉第一出》，第1131—1132页。
② 《李开先全集·传奇》《新编林冲宝剑记·〈新编林冲宝剑记〉第一出》，第1131页。
③ 《李开先全集·传奇》《新编林冲宝剑记·〈宝剑记〉序》，第1128—1129页。
④ 《李开先全集·传奇》《新编林冲宝剑记·书〈宝剑记〉后》，第1260页。

抨击权奸的做法大约亦有同感,主刻的《宝剑记》即为原刻本。[1] 其实,陈东光和李开先的生平遭际并不相同,他的官运要亨通得多,最终官至都御史,来章丘之前仅以京官外放为地方官说明不了他的仕途遭受多少挫折与坎坷。至于《宝剑记》序中说:

> 邑侯平冈,恐是记失传,托刻之。盖政而兼文者也。诚心直道,以翰林清贵而出是官,劳心抚字,苦志辞章,不知身为迁客,宜其有是举也。[2]

这句话更能看出该序是李开先改窜雪簑之作,因为雪簑未曾做官,对官场事宜和京官外放的痛苦不甚敏感,唯有亲身经历过宦海沉浮的李开先才会有如此细腻的感受,才会觉得陈东光比较坚强和乐观。陈东光与李开先情谊深厚,主持《宝剑记》的刊刻乃欣赏和推崇的惯性使然。在古代,地方长官倡导刊刻地方士大夫作品的情况屡见不鲜,陈东光主持刊刻《宝剑记》的动机没什么值得质疑和推敲的。该书由太常寺少卿所撰、邑侯主持刻印,加上艺人的传唱,受到群众的极大欢迎。

《宝剑记》是明代传奇中第一部水浒戏,后来出现沈璟《义侠记》、许自昌《水浒记》、陈与郊《灵宝刀》等。据傅惜华先生考证:"历来舞台上所搬演者,仍采用李开先原本;吕天成《曲品》、祁彪佳《远山堂曲品》皆不载陈氏改本。盖谈曲者亦多知有《宝剑记》,而不识有《灵宝刀》也。"[3]尤其是"林冲夜奔"一折,成为昆曲、京剧、湘剧等剧目的保留选段。当时林冲夜奔梁山的唱词是:"登高欲穷千里目,愁云低锁衡阳路。鱼书不至雁无凭,几番空作悲愁赋。回首西山月又斜,天涯孤客真难渡。男儿有泪不轻弹,只因未到伤心处。""男儿有泪不轻弹,只因未到伤心处"成为流传至今的一句经典。[4] 明代著名戏曲家、散曲家梁辰鱼比李开先小近二十岁,李开先《宝剑记》作于嘉靖二十六年(1547),而梁之《浣纱记》大概作于嘉靖末年,梁曾研读过《宝剑记》的内容或亲自观看过该剧演出,以至于他在《补陆天池无双传二十折后》的"小序"中曾说:"本无双而记,借明珠以联情。摘词哀怨,远可方瓯越之《琵琶》;吐论峥嵘,近不让章丘之《宝剑》。"[5]梁辰鱼对陆采《吴双传》评价颇

---

① 《李开先全集·传奇》《新编林冲宝剑记·提要》,第 1127 页。

② 《李开先全集·传奇》《新编林冲宝剑记·〈宝剑记〉序》,第 1129 页。

③ 傅惜华:《水浒戏曲集:第二集"题记"》,上海古籍出版社 1985 年版,第 155 页。

④ 毛泽东在《坚持艰苦奋斗,密切联系群众》中说:"我们现在有些同志,他们也是男儿(也许还有女儿),他们是'男儿有泪不轻弹',只因未到评级时,这个风也要整一下吧。"

⑤ (明)梁辰鱼:《梁辰鱼集》,上海古籍出版社 2010 年版,第 443 页。

高,认为它远可超越元末高明《琵琶记》,近不啻章丘《宝剑记》。山东大学文学与新闻传播学院王平教授评价说:李开先创作的《宝剑记》,作为明中叶三大传奇之首,是明代戏曲史上里程碑式的作品,对明清通俗文学的发展也产生了很大的推动作用,在中国戏曲及文学史上都留下了浓墨重彩的一笔。①

关于《宝剑记》也有不少负面评价,王世贞认为:

> 北人自王、康后,推山东李伯华。伯华以百阕《傍妆台》为德涵所赏。今其辞尚存,不足道也。所为南剧《宝剑》、《登坛记》,亦是改其乡先辈之作。二记余见之,尚在《拜月》、《荆钗》之下耳,而自负不浅。一日问余:"何如《琵琶记》乎?"余谓:"公辞之美,不必言。第令吴中教师十人唱过,随腔字改妥,乃可传耳。"李怫然不乐罢。②

王世贞所记为其亲历之事,当为事实。李开先改窜雪蓑的《宝剑记》序中有意指斥高明,确实有些自视太过。王世贞认为《宝剑记》辞藻之美自不必说,不过李开先作为北人,不善作南曲,所以建议他找数位苏州歌者演唱,随调改正其中不协音律之处,这样才能流传更广。李开先颇不以为然,甚至不喜欢听这些逆耳之言。王世贞虽然讥讽他不晓南音,对剧作的内容和曲文仍予以肯定。沈德符《万历野获编》说:"章邱李中麓太常亦以填词名,与康王俱石友,不娴度曲,即如所作《宝剑记》,生硬不谐,且不知南曲之有入声,自以《中原音韵》叶之,以致吴侬见诮。"③王世贞和沈德符皆是从音韵上评价它的不和谐之处,而祁彪佳则从情节设置上指出其中不合理之处:"中有自撰曲名,曾见一曲,采入于谱,但于按古处,反多讹错。且此公不识练局之法,故重复处颇多。以林冲为谏诤,而后高俅设白虎堂之计,末方出俅子谋冲妻一段,殊觉多费周折。"④《宝剑记》虽然有些许不足,但是瑕不掩瑜,这些负面评价不能遮掩它的价值和光芒。

4."懊恼万状,抚景激衷":《四时悼内》

嘉靖二十七年(1548)七月,散曲《四时悼内》成,共南曲五套,北曲一韵十咏。今有抄本传世,存北京图书馆善本部。

从李开先自作小序中可知,该曲为悼念亡妻张氏和宠妾张二而写,张氏

---

① 王佳声、侯茜雪:《谁是〈金瓶梅〉作者? 最可能是嘉靖才子李开先》,《大众日报》2011 年 6 月 15 日.

② (明)王世贞:《曲藻》,载自《中国古典戏曲论著集成》(四),中国戏剧出版社 1959 年版,第 36 页.

③ (明)沈德符:《万历野获编》卷二十五《词曲·南北散套》,中华书局 1959 年版,第 640 页.

④ (清)祁彪佳著,黄裳校录:《远山堂明曲品剧品校录》,上海古典文学出版社 1957 年版,第 55 页.

死于嘉靖二十六年(1547)八月十九日,张二死于同年冬,"宜人既已弃我,有一爱姬,又相次即世,周岁之间,懊恼万状,抚景激衷,四时各有数曲,汇成小集,名之曰《四时悼内》云"①。附收的《悼殇词》和《警悟词》,用以哀悼先后夭亡的长子苏郭和次子九十,前者作于嘉靖二十九年(1550)岁尾,后者作于嘉靖三十二年(1553)中秋,表达了因子嗣出生带给他的欣悦和希冀,然而更多的是中年丧子的惨痛和绝望。《四时悼内》记录的是李开先归田后经历丧妻亡子的一段悲苦日子,世称他优游林下,读此书则知此语大谬,亲人亡逝的锥心之痛长期地缠绕着他,这在《闲居集》中亦可找到多处印证。

书后没有跋语,仅附刘绘收到《四时悼内》后的一篇回信代为后序。其实回信中有刘绘关于《四时悼内》的读后感:"昨得兄词本,即付此人歌之,无不叶律,【那吒】一令,更足感人!""佳词中意旨,无不与鄙心相符。但知长嫂去室,凤雏已殂,虽达人高郎,视天地若寄旅,未足动其真念,顾交爱之情,不能不一罹怀也!使者荷担以取回答,言语无伦,字画随笔,罪甚罪甚!"②

5."俗以渐加,而文随俗远":《市井艳词》

嘉靖二十九年(1550)左右,《市井艳词》成书。鉴于"正德初尚【山坡羊】,嘉靖初尚【锁南枝】,一则商调,一则越调","二词哗于市井,虽儿女子初学言者,亦知歌之"的情形,李开先在友人的鼓励下仿此而作《市井艳词》,对于"尝有一狂客"和"客有老更狂者"之类的说法,大可不必当真,这是李开先的一个托词,实则是自己的心声写照。③ 最初,他对改窜艳词的行为还有所顾忌,"词出,识者必讶其愈趋愈下,或者又以为愈出愈奇。予从而断之曰:'不过愈老愈放云!'"④解释是因为自己越老越无所顾忌和奔放的缘故。出乎意料的是,《市井艳词》受到大家的欢迎,社会影响颇广,"词出一时狂兴,聊以应客侑觞,不意邑人有录之者,有欲刊之者,又有欲焚之者","然录者百人而有九十人焉,刊者多半,焚者无几。占三人而从二人,寡不敌众,将必有录而刊之者,付之无心而已"。⑤ 如此深厚的受众基础,使他信心倍增,在又序中说:"予词散见者勿论,已行世者,辛卯春有《赠对山》,秋有《卧病江皋》,甲辰有《南吕小令》,《登坛》及《宝剑记》脱稿于丁未夏,皆俗以渐加,而文随

---

① 《李开先全集·散曲》《四时悼内·〈四时悼内〉小序》,第 1502 页。
② 《李开先全集·散曲》《四时悼内·附刘嵩阳复书即为后序》,第 1505 页。
③ 《李开先全集·诗文》《李中麓闲居集》文之六《序·〈市井艳词〉序》,第 565—566 页。
④ 《李开先全集·诗文》《李中麓闲居集》文之六《序·〈市井艳词〉后序》,第 567 页。
⑤ 《李开先全集·诗文》《李中麓闲居集》文之六《序·〈市井艳词〉又序》,第 567 页。

俗远。至于《市井艳词》，鄙俚甚矣，而予安之，远近传之。"①面对《市井艳词》问世后有人抄录、有人刊刻，而有人欲"焚之"而后快的不同做法，李开先的心渐渐"安之"，并总结作品流传广泛的原因是"俗以渐加，而文随俗远"，也就是说因为它们通俗易懂，读者面才比较广泛。

《市井艳词》已无传本，从序中可知它大概有 103 篇，所收歌词有三部分：或直接采录于民间，或采集后改编，或仿其体例而自编。正如他在《词谑·市井艳词》开首即说："《市井艳词》百余，予所编集。中有改窜，且多全作者。只录三【山坡羊】三【锁南枝】，一即李、何所爱者，余悉此类，不相上下，似出一人之手云——"，这就可以看出《市井艳词》和《词谑》皆为李开先的作品，《市井艳词》虽有采自民间的改窜之作，亦有不少自编的创新作品。不过，李开先虽说《词谑》中收录【山坡羊】和【锁南枝】各三则，正文中却仅为五则，有可能是他笔误，亦可能是传抄致误。这五首皆有关闺怨，不过角度和意境略有不同。第一首讲述一个性情泼辣的女子埋怨负心的丈夫与和稀泥的婆婆，气头上严厉声讨，让丈夫边跪边听她骂。亦有人解释是讲妓女与嫖客之间关系的曲子②，估计是受曲词中王魁和桂英之事的误导。不过妓女与嫖客乃皮肉换钱的交易，妓女对嫖客巴结还来不及，哪里敢让他跪下，不跪的话就采耳朵，甚至"动一动就教你死"。这位女子把丈夫比作可恶的王魁，甚至比王魁还胜一筹，是对多情丈夫的鞭挞。第二首讲述一个渴望出嫁的女子被情郎抛弃，却发现自己已经怀孕，在讲究伦理纲常的社会，面对世俗的眼光，不能与哥嫂商量，只能晓之以理动之以情地劝说老娘让她把孩子生下来。"鬏髻"是明代已婚妇女束发用的东西，就是一种用头发、银丝，或者是金丝编结成的网帽。此曲中"鬏髻"已经不是实指，而是已婚身份的象征。第三首是女子相思情郎，而情郎似乎不甚买账，女子抛下矜持，又爱又恨、声泪俱下地控诉情郎。第四首是女子讥讽爱炫耀、以钱势欺人的男子，把行为有亏的人骂得淋漓尽致。第五首大概是女子在神明面前把鞋当作杯珓，通过两只绣鞋掷出后的阴阳来判断男子来不来找她相会，一片痴心而又纠结无措的女子形象跃于纸上。③

明兆乙《李开先》载，新中国成立前，故乡东鹅庄一带尚流传着许多民间小调，如《十八相送》《十八摸》《送情郎》等等，"据当地遗俗故老们讲：此等下流曲调，皆由李太常所编《市井艳词》沿化而来，他们视之为'贫嘴寡舌、坏人

---

① 《李开先全集·诗文》《李中麓闲居集》文之六《序·〈市井艳词〉又序》，第 568 页。
② 郭小青：《〈唱论〉辨析与研究》，文化艺术出版社 2014 年版，第 97 页。
③ 《李开先全集·曲论》《词谑·一词谑·市井艳词》，第 1553—1555 页。

子弟'",书中摘录【十八相送】【大姐本姓高】两曲,分别讲述仆夫和诗猜谜、仆夫跟媚妇猜谜的故事,内容真的有点秽亵。① 从《词谑》仅存的五则和明兆乙《李开先》中的摘录,能够领会《市井艳词》乃形象生动地描写乡间女子神态、男女情事的曲词,读之可窥见其中原汁原味的乡土用语和浓厚地道的民间生活气息。这些明显是士大夫不屑一顾的内容,估计也是李开先将《市井艳词》刻印后心情忐忑的原因。未曾想到,它的传播之势一发而不可收,李开先得以心安并为之得意。

6."乐而忘老"、聊以明志:《中麓山人拙对、续对》

嘉靖三十一年(1552)十二月,辑成《中麓山人拙对》两卷,录楹联千余对。罢归后,李开先渐渐热衷于购置扩拓田园,广修亭台楼阁,兴之所至,则为其书匾题联,聊以明志,这大约是他写作对联的开始。由馆阁亭台到乡村景物,再到抒情写意,由自家园林到题赠亲朋园舍,再到贺寿悼亡。总之,他的名声越来越大,对联越来越多,或为亲朋友人取去,或仍留书箧中,日积月累竟然达到千余对。为了避免散失无存,知交门生鼓励他将之刊刻印行,于是就有了这部对联专集。② 次年冬至,他在后序中指出如同写诗一样,写作对联有一个由生疏到熟练的过程,说明作对和写诗皆是他罢归后的一种精神寄托。③ 后序之后附了李思禄、高明、张克恭、马晖、陈德安、袁学诗等人的跋语,由之可以看出《拙对》的刊刻原因、刊刻过程及产生的社会影响。由跋语还可知在他身边有一个很有效率的出版班底,从侧面说明当地的印刷业比较发达。

《中麓山人拙对》编成之后,李开先关于对联的写作并未停止。事实上亲友的鼓励和请托使他也无法停止,如是经过一番积累,至嘉靖三十八年(1559)又有1600余对,经过整理后刊印两册,称为《续对》。即如序中说:

> 予曩有对千余联,误为世所珍尚,刻行久矣。乃后求者不已,散作亦时或有之,比之前刻又得二之一。贱物易售,贪心无穷,名以《续对》,遂亦刻之。出与对皆不佳,未知观者仍前珍尚否?④

最后一句表明他内心忐忑,不知《续对》是否和《拙对》一样受人欢迎。他将

① 明兆乙:《李开先》,华艺出版社1999年版,第100—101页。
② 《李开先全集·杂著》《中麓山人拙对、续对·〈中麓山人拙对〉序文》,第1683页。《李开先全集·诗文》《李中麓闲居集》文之六亦收录该序,两者断句稍有不同。
③ 《李开先全集·杂著》《中麓山人拙对、续对·〈中麓山人拙对〉后序》,第1848页。
④ 《李开先全集·杂著》《中麓山人拙对、续对·〈中麓山人续对〉序》,第1853页。

之及时刊刻，并关心它的受众情况，亦可证明他具有较强的传世意识和读者意识。七月十二日作后序，次日又作《续对》又序。七月十五日作《拙对、续对》又总序，讲述刊行之后友人和他探讨其中对联的过程，其中透漏的信息颇多：第一，从对客人"小学生""老学究"式的回答和深夜品评后于壁间书写一对的行为，可以看出他的幽默风趣和潇洒气度。第二，戏谑问答的中间插入一段非常正经的文字，即"对虽欲严，然意活泼而字不拘束，远则对以近，俗则对以雅，缓声则对以急响，乍见若出言外，徐察不踰目前。斯则对之上者也，惜予心知而力不逮耳"！大概是刊行传播后，对联造成一定的反响和质疑，有人认为它没有严格遵循韵律，他在此进行解释。第三，他和客人讨论的两副对联出处不同。"蝶拍莺簧富贵山中相，鳌竿渔纲生涯河上公"乃为河上楼所作，出自《中麓山人拙对》。"蒿里将高新马鬣，萱堂拾得旧熊丸"乃为母亲发丧所作对联之一，出自《中麓山人续对》。这就说明他在作后序之前，已经将《中麓山人拙对、续对》合刻在一起，否则也无法"囊携刻本，出以与之"，然后与客人"每读一对，必详细品题"了。那么可以肯定，他写作后序、又序、又总序之后，《中麓山人拙对、续对》将它们附录在正文之后重新刻印。① 李开先连作数序的行为归根结底在于他比较强烈的传世意识和精品意识，特意对一些争议性问题进行解释，说明自己没有严格按照对偶字眼作对，而是更多地追求顺乎意境。

与《中麓小令》相同的是，《中麓山人续对》后同样收录较多跋文，不同的就是作跋者大多名不见经传且和李开先沾亲带故，其中开蛟、张自慎、虞得琴、田江、朱懋修为弟子和门客，逯希闵为儿女亲家②，沈仕为慕名和李开先交往的好友，高明和魏北为同邑友人，徐慎独为李开先继配王氏的妹夫，李逢春为李开先妻子张氏的妹夫，王枝为李开先侄辈，王任为李开先内弟，王烈为王任的老师，王应诏和卢应龙为李开先的妹夫，王樾称呼李开先姨丈，胡士荣为李开先年少时同窗好友，李春蹊和李春田为李开先亲侄。这种现象与李开先其他著作的作跋者显著不同，除了张自慎名气较大、逯希闵和高

---

① 《李开先全集·杂著》《中麓山人拙对、续对·〈拙、续对〉又总序》，第 1969 页。

② 李开先在《祭逯处士天泽文》中说"向予有一弱息，许与君之令孙。虽女殇而婚断，交愈久而愈亲"。逯天泽乃逯希闵之父，李开先所说"弱息"即自己的女儿，不过难以确定与逯家定亲的是不是招弟。李开先同邑亲戚王枝在为《中麓山人续对》所作的跋文中指出招弟"已许聘亚卿谢少溪之子庭薰，乃以十五岁夭殇，时则嘉靖丙寅九月二日"。不知是不是李开先的女儿招弟先许给逯希闵的儿子，后来许给谢九仪的儿子。不过，这种情况不太可能，既然古代有一女不事二夫的传统，那么女子同样不会同时许两个婆家。九十很小即与本邑富商高承慧的孙女有婚约，可见年幼即许配这种事在当时司空见惯，那么似乎可以猜测李开先另有一个女儿，只不过未成年而卒。

明在李开先序跋中多次出现外，其他只是在关系上和李开先比较密切，甚至有直接的亲缘和血缘关系，他们很显然将作跋作为传名后世的机缘。跋语中所录李开先的对句较多，有的明确标明作于隆庆二年（1568），即李开先去世之年，加上李开先死后出现家难，这就可以证明带有众人跋语的《中麓山人拙对、续对》合刻本必然刊行在李开先去世之后。《中麓山人拙对、续对》的嘉靖原刻本已不可见，北京图书馆善本部所藏，以《拙对》两卷分别称为"卷之上"和"卷之中"，而以《续对》为"卷之下"，显然经过后人的重新编排。

在《中麓山人拙对、续对》中，每对字数没有定例，单联 5 字、6 字、7 字，甚至有更多字数的情况，如 11 字、12 字、14 字、18 字等。内容亦比较丰富，涉及面较广，可谓包罗万象。李开先借对联抒写了昔日在朝为官的情形和罢归后的人情世态，还抒写了乡间的景物之美和闲居的恬淡安适，亦抒写了罢归的忧闷和不甘，此外，还有不少应酬之作。相对来讲，《拙对》中应酬之作较少，唯有《方两江背郭堂》《为岳父发丧作》《为逯西墅乃尊发丧作》《为王秀才乃尊发丧作》《为婶母发丧作》等数联，而《续对》中较多，如《水竹环居》《力田堂》《近山亭》《为右川康太守乃尊发丧作》《为袁西野妻发丧作》《赠张少棠举人》《为梧冈王太守乃堂发丧作》《赠袁西野》《赠致政代州同知张悔庵》等 44 联。对联虽短且有一些应酬之作，它们仍然是李开先真实心情和生活状况的写照，具有很高的史料价值，值得后人认真研读。

7. 与友人打赌、三天写就百首的《田间四时行乐诗》

嘉靖三十三年（1554）冬，李开先创作大型组诗《田间四时行乐诗》百首。李开先自序中交代三天时间按照《梅花百咏》的韵律，写出七律百首是和友人打赌的结果，没想到友人对之评价甚高。① 百首组诗次"青"韵，即首颔颈尾各联的末字为经、青、庭和星，多写闲居情怀，间有感慨生平、嗟叹世事等内容。

诗成之后，在同邑诗友如袁崇冕、王阶等的倡导下刻印，以单行本行世，李开先作序及后序，文友及门生如逯希闵、杨选、刘禄等 23 人作跋。这些跋文的排列，应该如同《中麓小令》所附跋语一样按收到友人反馈跋语的时间先后排列，不分轻重和亲疏。不过，它们虽非作于一时一地，仍有规律可循，可以看出作跋者大致可分为以下几类：一是词会和诗会友人，除逯希闵外，如魏守忠、高应纪、夏文宪，不过作跋时夏文宪还未归乡加入诗会和词会；二是门生和门客，如田江、崔元吉、马既闲和马既同、刘希稷、吕时臣等人；三是

---

① 《李开先全集·诗文》《李中麓闲居集》文之六《序·〈田间四时行乐诗〉序》，第 582 页。

朝廷大员,如魏良贵、杨选、谢九仪、郑晓等,当时魏良贵为山东右布政使,杨选为右佥都御史,谢九仪为监察御史①,嘉靖三十三年(1554)冬至嘉靖三十五年(1556)五月,郑晓先后担任兵部右侍郎兼右佥都御史、吏部左侍郎②,官职亦不低;四是同窗或挚友,如刘禄、高进、高运、张巨卿、谢九式等人及那位跋语佚名者。

8. 序文价值远超正文的谜语集:《诗禅》

嘉靖三十四年(1555)秋,谜语集《诗禅》编成付刻。明代京都和省城各地有在大年三十和元宵节之间的夜晚点燃花灯庆祝节日的传统,各色花灯布满街市,猜灯谜成为文人喜闻乐见的活动。在佳节之时,喜爱热闹的李开先自然不会错过和大家一起猜谜谈笑的机会。由于他的知识面广和生性诙谐,所出谜面让众人猜的情况比较多。由于经常参与猜谜活动,对谜语集多有了了解,他编修《诗禅》就是因为所见其他谜语集如《谜镜》《谜瓮》《黑漆补》《锦簸箕》《包罗天地》《山阴羽客》《夜雨敲灯》等有些入格,难免有"粘带、冲犯之病",而《诗禅》"总括古今,续以拙作,更以鄙意,远之千里,近之则在跬步,远而近,近而又未尝不远,众妙惟一窍,一字可三书,乃其真诠奥诀也。知此者可与参禅,可与为诗禅,其于他人诗禅,亦可亿则屡中。虽不中,不远矣"!③ 可见,《诗禅》中的谜语有李开先自作,有搜集古今流传所得,拥有此书能够提升猜谜的本领。

由于他涉猎和爱好广泛,所出谜语涵盖面甚宽,涉及世间俗物、民间谚语,更有经史格言、诗词趣语等,包括物谜、字谜、诗谜等多个种类。例如:用"咬破裂裳僧舍鼠"打一古人名,谜底为"伤衫寺耗(商山四皓)";用"尼姑庵不值半文钱"打一常言,谜底为"光阴寺贱(光阴似箭)";用"尼姑庵鸨儿隔壁"打一常言,谜底为"光阴寺俊妈家边(光阴似骏马加鞭)";用"幼弟好矜夸"打一常言,谜底是"家父小儿骄(家富小儿娇)";用"书生因甚偷酒"打一常言,谜底是"士何盗醴(是何道理)";用"一枝红杏出墙来"打一官名,谜底是"探花园外(探花员外)";用"雨敲明镜珍珠滚"打一历史故事,谜底是"淋铜斗宝(临潼斗宝)";用"儒士绝粮讨干戈"打一常言,谜底是"文饥乞武(闻

---

① 《弇山堂别集》卷五十五《兵部左右侍郎》载,谢九仪在嘉靖三十五年担任兵部侍郎,那么他嘉靖三十三年时大概为监察御史。

② (美)富路特,房兆楹原主编:李小林、冯金朋主编:《哥伦比亚大学明代名人传》(壹),北京时代华文书局2015年版,第282、283页。其中关于郑晓的生平事迹和一些关键的时间节点,记录得较为详细。

③ 《李开先全集·杂著》《诗禅·〈诗禅〉序》,第2013—2014页。《李开先全集·诗文》《李中麓闲居集》文之六《序·〈诗禅〉前序》,第564页。

鸡起舞)";"崖上一丛草,崖下一丘田。十人在田内,八人在外边",打一字,谜底是"黄"(黄)字;用"一枕黄粱白了须"打一古人名,谜底是"梦皓髯(孟浩然)";用"滴滴堕堕,讥讥聒聒,斟斟酌酌,毕毕剥剥",打一七言绝句,谜底是"黄梅时节家家雨,青草池塘处处蛙。有约不来还夜半,闲敲棋子落灯花";"头上皆为水,胸中总是愁,口边虽要吃,眼下渺难求",打一唐诗绝句,谜底是"清明时节雨纷纷,路上行人欲断魂。借问酒家何处有? 牧童遥指杏花村"。

其中尤以戏曲方面的谜语最为引人注目,用戏曲故事、戏曲人物及戏曲名句的有近十则,例如:用"八"字打《西厢记》中的一句话,谜底是"两下里做人难";用"重修山上寺"打《西厢记》中一句话,谜底为"并换岳庵(病患要安)";用"月栏"打《西厢记》中的两句话,谜底为"只恐怕嫦娥心动,因此上围住了广寒宫";用"普救在张生不在"打一常言,谜底是"寺有儒无(似有如无)";用"屠子手"打《琵琶记》中两句话,谜底是"骨肉分离,寸肠割断";用"犯奸女子诉实情"打《科月亭》中两句戏文,谜底是"事到头来,怎生避得羞耻";用"臣服戎羌,沉默寂寥"打一曲名,谜底是"【四边静】";用"男子腿瘸,女儿眼瞎,媒婆往来,只说俊雅"打一曲名,谜底是"两头瞒(【两头蛮】)";"【上小楼】家居四壁,头挽双髻。喜的是雨意云情,捱不得霜清气爽,月朗星稀。被人弹,即便归,柴门紧闭。只恐怕,死无个葬身之地",打一虫鸟类的动物,谜底是"蜗牛";等等。可见,李开先熟知戏曲,尤其爱用《西厢记》《琵琶记》等的语句设谜。

同年冬,李开先署名"下元之夕中麓子再书"作《后序》,与卷首序相差三个月,当是《诗禅》已经基本刻成之时。后序先是叙述了谜语的源流及得失,然后交代编辑《诗禅》的意义。[①] 嘉靖四十一年(1562)署名"壬戌季秋中麓再书"又写了篇序文,自称"《诗禅》又序",其中阐明对诗谜的见解,涉及谜语的流变史、历史上有影响力的谜语作者、谜语的体格、谜语的流行地域、猜谜易于举行的时间、猜谜语的要领、出谜语的忌讳和毛病。[②] 嘉靖四十二年(1563)冬,署名"癸亥孟冬中麓又书"再次写了篇序文,自言"诗禅已有三序,而体格尚有未尽者,无嫌于重复,再序之"[③]。序中他对谜语的"体格"进行阐释,解释自己所作有些不合体格,并为《诗禅》作广告。从众多序文似乎可

---

① 《李开先全集·杂著》《诗禅·〈诗禅〉后序》,第 2035 页。《李开先全集·诗文》《李中麓闲居集》文之六《序·〈诗禅〉后序》,第 564 页。
② 《李开先全集·杂著》《诗禅·〈诗禅〉又序》,第 2035—2036 页。
③ 《李开先全集·杂著》《诗禅·〈诗禅〉又序》,第 2037 页。

以推测,《诗禅》在嘉靖三十四年(1555)初秋刻印初版,在嘉靖四十一年(1562)进行修订,次年再版刊行;亦可以看出李开先对诗谜的探讨在一步一步地深入,不仅阐明了对诗谜的见解,还涉及谜语的发展演变史和写作诀窍,可以毫不夸张地说序文的价值远在正文之上。

9.“随笔随心”“不虞得失”“不较工拙”:《闲居集》

嘉靖三十五年(1556),编成《闲居集》四册,收录归田之后的诗作。《闲居集》前序中说:

> 年四十,罢归田里,既无用世之心,又无名后之志。顿然觉悟,诗不必作,作不必工。或抚景触物,兴不能已;或有重大事,及亲友恳求,时出一篇,信口直写所见……自称其集曰“闲居”,以别官居时苦心也。虽然居官之苦多矣,固不独作诗云耳。吾今闲居,不虞得失,作诗不较工拙,其乐有难以言传者。观吾诗者,幸求诸言外可也。①

表达两层意思:一是关于此书的命名,因为自己罢归之后“既无用世之心,又无名后之志”,“自称其集曰‘闲居’,以别官居时苦心也”。这说明他在创作时,不会为了逞才恃强而特意表现文学才能和政治见解。二是不同于为官时作奇古诗的字斟句酌,闲居后随手而写,不较工拙,更注意表达内心真实的感受和看法,读此书的人应从书外体味作者的乐趣。

《闲居集》于次年刻印,李开先作后序,连襟弭子方作跋。后序中言:

> 中麓子屏居以来,其所著作,词多于文,文多于诗。以啸歌之日多,而诵读之日少,故文不及词;又求文者多,而诗者少,故又诗不及文。然皆随笔随心,不复刻苦,常言常意,无有可传。文词十余册,诗则三四册而已。古人有一句一首得名者,虽三四册亦赘矣!丁巳七夕中麓子再书。②

指出《闲居集》所录皆是罢归后的作品,同时交代其中的编著数量侧重及诗文贵精不在多的思想。《闲居集》初刻仅诗四集,此后的八集乃续刻而成。今传世刻本均补入其后之作,且有作于隆庆改元之后者,当补刻于他辞世之后,仍依诗体分类,主其事者应该是嗣子李春坞及长孙李衡。

今之所见的《闲居集》收录了李开先自罢归至病逝凡 27 年间的几乎全部的诗文作品,包括诗 4 册、文 8 册,而其诗作又呈现出内容繁杂、题材多样

① 《李开先全集·诗文》《李中麓闲居集序》,第 52 页。
② 《李开先全集·诗文》《李中麓闲居集·后序》,第 1119 页。

的特点,他归乡后的生活内容和思想状态得以一一呈现出来。诗歌按体裁分类,包括四言古诗 3 首、五言古诗 33 首、七言古诗 36 首、五言律诗 437 首、七言律诗 409 首、七言绝句 285 首、五言绝句 96 首、六言绝句 18 首、五言排律 47 首、七言排律 26 首、杂体 16 首,共 1400 余首。文包括"序""墓志""墓表""传""记""杂文""祭文""跋语"共 8 类,其中序文 150 篇、墓志铭 47 篇、墓表 5 篇、行状 2 篇、祭文 46 篇、传 27 篇、记 50 篇、杂文 9 篇、跋语 14 篇。他的诗文情感挚切,语言鲜活,不拘泥于韵格,具有较强的时代气息。

今存《闲居集》刻本乃诗文总集,有嘉靖刻本、隆万间刻本、崇祯刻本、清抄本四种。嘉靖刻本虽称嘉靖年间刊刻,但因录入了李开先作于隆庆年间的诗,实则成书于隆万间,此外又有标注隆万间刻本一种。崇祯刻本卷首有孙子李瓒等编纂的《先太常年谱》,共四函二十四册。清乾隆三十年益都李文藻题记的《闲居集》抄本,卷首附录前人对他的评价。齐鲁书社《四库全书存目丛书》集部第 92、93 册和上海古籍出版社《续修四库全书》第 1340、1341 册,均据明刻本影印。卜键笺校《李中麓闲居集》以中国科学院图书馆藏本为底本,第 12 册收录的杂文《居丧杂仪》后多出《吕判政迹对》《寿辽国主四十岁致语》《玉雪解》《医案》《生日谢却贺礼门帖》《病后告减应酬门帖》等,可以说该本是今见收录最全的早期刻本。这 6 篇杂文与原书版式和字体皆同,惟折页处全然黑口,未能剔除细目和页码,有些草率。[①] 其他诸如版式、边框、字体等风格全同,应为同版在不同时间或者不同地方的刷印。

中国国家图书馆藏《闲居集》五种,三种刻本的出版发行项著录为"明嘉靖[1522—1566]",两种抄本著录为"清[1644—1911]"。三种刻本的风格差不多,皆为 9 行 18 字、黑口、四周双边,仅分册情况不同,分别为 12 册、26 册和 30 册。兹将其分册情况和卜键《李开先全集·李中麓闲居集》进行对比,见表 10-2。

表 10-2　卜键笺校本底本《闲居集》与国家图书馆所藏三种嘉靖刻本的首尾对比

册号	首尾	卜键笺校底本《闲居集》12 册	国图藏《闲居集》12 册	国图藏《闲居集》26 册	国图藏《闲居集》30 册
1	开头	李中麓闲居集序	李中麓闲居集序	李中麓闲居集序	李中麓闲居集序
	结尾	村女谣	村女谣	村女谣	月

<hr />

① 《李开先全集·诗文》《李中麓闲居集·提要》,第 7—8 页。

续表

册号	首尾	卜键笺校底本《闲居集》12 册	国图藏《闲居集》12 册	国图藏《闲居集》26 册	国图藏《闲居集》30 册
2	开头	罢官抵家简乔龙溪佥宪	罢官抵家简乔龙溪佥宪	罢官抵家简乔龙溪佥宪	寄题葛芝山藏书歌有序
	结尾	和沈青门赠诗韵有序	和沈青门赠诗韵有序	春阴二首中的第1首	村女谣
3	开头	早春即事	早春即事	春阴二首中的第2首	罢官抵家简乔龙溪佥宪
	结尾	应酬人事屡过右川康太守墓下感而赋此	应酬人事屡过右川康太守墓下感而赋此	和沈青门赠诗韵有序	立秋后作一韵十四首
4	开头	赠永阳子	赠永阳子	早春即事	南园小集
	结尾	赠造刻漏者	李中麓闲居集后序	田间四时行乐诗次韵一百首的最后一首	笛
5	开头	东谷孙公去思诗序	东谷孙公去思诗序	田间四时行乐诗次韵一百首的最后一首	水盏有序
	结尾	伤逝编后序	伤逝编后序	应酬人事屡过右川康太守墓下感而赋此	和沈青门赠诗韵有序
6	开头	傍妆台小令序	傍妆台小令序	赠永阳子	早春即事
	结尾	病愈谢小村王茂才序	病愈谢小村王茂才序	塞上曲一百首的第52首	廉访使蔡白石过访奉赠诗二首同韵
7	开头	医学训科董君墓志铭	医学训科董君墓志铭	塞上曲一百首的第53首	赠镇山朱方伯过访
	结尾	东皋魏省祭合葬志铭	东皋魏省祭合葬志铭	南园牡丹六首	知止二首
8	开头	唐县知县冶山王君墓志铭	唐县知县冶山王君墓志铭	东谷孙公去思诗序	忆友二首
	结尾	通议大夫南京工部右侍郎杏里王公合葬墓志铭	通议大夫南京工部右侍郎杏里王公合葬墓志铭	贺沾化石尹敦奖序	应酬人事屡过右川康太守墓下感而赋此
9	开头	处士张公配刘氏墓表	处士张公配刘氏墓表	贺沾化石尹敦奖序	赠永阳子
	结尾	中川王亚卿传	中川王亚卿传	伤逝编后序	惊闻朝廷火灾林下小臣恭为此诗六首

续表

册号	首尾	卜键笺校底本《闲居集》12册	国图藏《闲居集》12册	国图藏《闲居集》26册	国图藏《闲居集》30册
10	开头	昆仑张诗人传	昆仑张诗人传	傍妆台小令序	寄致政大参王遵岩二首
	结尾	康王王唐四子补传	康王王唐四子补传	贺泰安州守杨孔峪膺奖序、均平首政序（皆不全）	赠造刻漏者有序
11	开头	重修济南府治记	重修济南府治记	贤贤续集序（不全）	与客游百花园
	结尾	幸览编跋	幸览编跋	病愈谢小村王茂才序	李中麓闲居集后序
12	开头	钝庵赵尹征粮受奖帐文	钝庵赵尹征粮受奖帐文代佐二作	医学训科董君墓志铭	东谷孙公去思诗序
	结尾	李中麓闲居集后序弢子方跋	祭梧冈王太守文	处士王治祥墓志铭	送平冈陈大参升任云南宪长序
13	开头			处士王治祥墓志铭	乔龙溪词序
	结尾			南顿巡检古泉王君合葬墓志铭	伤逝编后序
14	开头			南顿巡检古泉王君合葬墓志铭（很快接《醒斋开处士墓志铭》）	傍妆台小令序
	结尾			东皋魏省祭合葬墓志铭	雪簑千字文序
15	开头			唐县知县冶山王君墓志铭	宝剑记序
	结尾			累赠奉直大夫吏部验封司员外郎绿原显考墓志铭	再送徐通府升顺州序
16	开头			累赠奉直大夫吏部验封司员外郎绿原显考墓志铭	赵浚谷诗文集序
	结尾			奉政大夫南京户部郎中西峪董君墓志铭	病愈谢小村王茂才序
17	开头			奉政大夫南京户部郎中西峪董君墓志铭	医学训科董君墓志铭
	结尾			通议大夫南京工部右侍郎杏里王公合葬墓志铭	醒斋开处士墓志铭

续表

册号	首尾	卜键笺校底本《闲居集》12 册	国图藏《闲居集》12 册	国图藏《闲居集》26 册	国图藏《闲居集》30 册
18	开头			处士张公配刘氏墓表	豫作乡宾西野袁翁墓志铭
	结尾			湖东费相国传	东皋魏省祭合葬墓志铭
19	开头			湖东费相国传	唐县知县冶山王君墓志铭
	结尾			中川王亚卿传	郑府右长史致仕进阶朝议大夫三溪王君合葬墓志铭
20	开头			昆仑张诗人传	郑府右长史致仕进阶朝议大夫三溪王君合葬墓志铭
	结尾			渼陂王检讨传	通议大夫南京工部右侍郎杏里王公合葬墓志铭
21	开头			渼陂王检讨传	居士张公配刘氏墓表
	结尾			荆川唐都御史传	镇抚李继孜行状
22	开头			荆川唐都御史传	张寿翁传
	结尾			康王王唐四子补传（未完）	温母常氏还金传
23	开头			重修济南府治记	亡妻张宜人散传
	结尾			我灵台记	中川王亚卿传
24	开头			我灵台记	昆仑张诗人传
	结尾			巡抚朱镇山祠堂记	渼陂王检讨传
25	开头			钝庵赵尹征粮受奖帐文代佐二作	李崆峒传
	结尾			居丧杂仪	康王王唐四子补传
26	开头			祭袁良玉处士文	重修济南府治记
	结尾			李中麓闲居集后序彁子方跋	壤白楼记
27	开头				探涨楼记
	结尾				游龙藏洞记
28	开头				忆游南内记
	结尾				幸览编跋

册号	首尾	卜键笺校底本《闲居集》12 册	国图藏《闲居集》12 册	国图藏《闲居集》26 册	国图藏《闲居集》30 册
29	开头				钝庵赵尹征粮受奖帐文代佐二作
	结尾				居丧杂仪
30	开头				祭袁良玉处士文
	结尾				祭梧冈王太守文

由上可知，卜键笺校底本和嘉靖本 12 册的册数相同，内容大致相同，其中有些细微的不同之处：一是两种书最大的差别在第 4 册，嘉靖本的排列顺序是五言排律、七言绝句、七言排律、五言绝句和六言绝句，也就是五言排律最后一首《少年子张玉远谒意欲久在予讲下以试事忽动归兴时正仲冬寒甚诗以送之》接七言绝句第一首《得新历书因成二绝句》，七言绝句的最后一首《赠造刻漏者》接七言排律的第一首《与客游百花园》，七言排律的最后一首《挽东皋魏省祭》接五言绝句的第一首《四戒诗》，五言绝句的最后一首《寄题三溪李氏园》接六言绝句的第一首《同陈泰峰游道院十首》，六言绝句的最后一首《南院牡丹六首》后为《李中麓闲居集后序弇子方跋》。二是李开先所作后序和弇子方所写跋文，各本皆将之放在集之四的末尾，卜键笺校底本的第 12 册多出《吕判政迹对》《寿辽国主四十岁致语》《玉雪解》等六篇杂文，书的最后是跋语，跋语放在最后，符合今天的习惯。

三种"嘉靖"刻本的差别就在于编排顺序和主观分册，尤其是某册结尾和下册开头皆为同一著作，说明分册时人为地将某一著作隔开。较之 12 册的版本，26 册版有些不太完整：第 10 册结尾的《贺泰安州守杨孔峪膺奖序》和《均平首政序》皆不全；第 11 册开头的《贤贤续集序》不全；第 22 册结尾《康王王唐四子补传》中有关唐顺之的传记不完整；第 24 册的结尾为《巡抚朱镇山祠堂记》，第 25 册的开头为《钝庵赵尹征粮受奖帐文代佐二作》，中间缺少所有的跋语。30 册版本除了分册不同，内容和其他两册大同小异。

李开先对于诗文集分卷的处理比较随意，先诗后文，如前四册称之一到之四，第五册开始加"文"字，称为"文之五""文之六"等。在每卷内，先按五言律诗、七言律诗、五言排律等文学类别加以细分，每个小类下面再按写成时间先后排列，颇便于不断地补刻新作，但是也出现一个装订顺序的问题，现存各本或可见编排上的先后错落，即由此而来。基于这样一种聪明便捷的补录和续刻方式，加上李开先早就为该书写好的序言，可以推想在嘉靖中后期或已付梓，不过这种猜想还没有得到印证。其实，他写好的作品有的已经被印行,比如抽出《田间四时行乐诗》《咏雪诗》《塞上曲》等单独印成小册子,分寄给友人,众人积极褒奖唱和。只是至今未见友人关于《闲居集》的评论,大概是因为该书卷帙浩繁,刊刻不易所致。遗憾的是,前面所述的几种小册子,亦未见到流传的痕迹。

嘉靖三十六年(1557)《闲居集》原刻本未见流传,国家图书馆所藏标称"嘉靖刻本"的几种版本收录了他作于隆庆元年(1567)和隆庆二年(1568)的诗作,可知该书的再次刊行当在嘉靖朝之后。他生前性情豪爽,喜欢交接朋友,在其故乡亦有不少文友、门客和追随者,不过他病逝之后,家难即起,家产田园被瓜分殆尽,朋友早已星散,那么印行该书是不可能发生在家难平息之前。所幸嗣子李春坞颇知诗书,长孙李衡考中举人,可以推知《闲居集》的结集刊行当在万历朝,由李春坞或李衡负责其事,他们对李开先作品搜罗和推广功不可没。

《闲居集》也有多种抄本传世,国家图书馆所藏抄本的内容与编排顺序与刻本一致。路工所编《李开先集》依据的即是一个抄本。它与刻本的差异主要在前四册,如《咏雪诗》作于数年之间,刻本皆以写成时间为序散收于各诗体中,而路工本则整合一起,打乱了原来次序。刻本所收一些序文,多李开先借他人之名所写,结集时在题下以小字注明,路工本或删掉小注,或竟全文弃用,给研究者带来诸多误解和不便。

10.“因浅近而出新奇”的喜雪之作:《中麓山人咏雪诗》

嘉靖三十六年(1557)正月,初辑《中麓山人咏雪诗》八十九首,前六十三首作于嘉靖三十五年(1556)冬至至立春,当时经常下雪,正如他在《雪中杂言》中说"迎长佳节后,几次雪飘花"[①],喜雪的他闲居无聊,或五言、六言、七言不拘;后二十六首春雪诗作于嘉靖三十六年(1557)初。在自序中说:"客岁丙辰,自迎长以后、迎阳以前,连雪不已,予因喜而为诗,历日不久,得诗六十三首。既又春雪等二十六首,共诗八十九首,似云多矣。"[②]次日,又在后序中说:"予之咏雪,不限乎此,尚且格卑调劣,意背字重,限则又不知当何如矣?诗有别才,以朽腐为神化,因浅近而出新奇,心虽知而慕之,不但力有不足,亦且年有不及。"[③]指出自己所作不能要求完全符合韵律。

《中麓山人咏雪诗》的单行本已不可见,在明嘉靖本《闲居集》中,咏雪诗

---

① 《李开先全集·诗文》《李中麓闲居集》之四《五言绝句·雪中杂言》,第412页。
② 《李开先全集·诗文》《李中麓闲居集》文之六《序·〈咏雪诗〉序》,第580页。
③ 《李开先全集·诗文》《李中麓闲居集》文之六《序·〈咏雪诗〉后序》,第581页。

散见于各卷之中。卜健笺校本亦如此编排,路工辑校的《李开先集》则将所据抄本中的咏雪诗集在一起,附于《闲居集》之三《中麓山人咏雪诗序》后。《中麓山人咏雪诗》只有咏雪这一个题目,诸诗体裁、内容等各不相同。从体裁上讲,有七言律诗、五言律诗、五言排律、七言排律,亦有七言绝句、五言绝句、六言古诗、七言古诗、五言古诗,律诗占了一半左右。从内容来看,有纪事纪游者,如《冒雪游绣江寺》《雪中游广严寺》《雪夜有客过访》《雪中送别》等;有感怀抒情者,如《雪中闻边报》《阻雪忆友》等;还有专门咏雪之诗,如《雪晴》《咏雪》《夜雪》等。

11.“以代百尺扫愁之帚而千丈钓诗之钩”:《一笑散》

嘉靖三十九年(1560)十二月,所作院本《一笑散》之《园林午梦》《打哑禅》付梓。自序中交代写作和刻印的原因及背景,序末有“嘉靖岁在上章涒滩除月嘉平日中麓子李开先自序”字样。上章涒滩乃以岁星纪年,即嘉靖庚申年(1560),除月即十二月,嘉平本亦为十二月,嘉平日则指十二日,那么序文作于嘉靖三十九年十二月十二日,刻印亦在此时。据序文可知,他平时所作杂剧有六种,总名《一笑散》,具有解闷除郁之功,其中《搅道场》《乔坐衙》《昏厮迷》《三枝花大闹土地堂》四种未流传于世,仅存《园林午梦》《打哑禅》两种。他唯恐众人纷纷借观将之遗失,终究还是未能避免。[①] 孙晓东从《一笑散》的内容探讨李开先的救世心态:

> 闲居的生活让他对往昔的生活有了更多的反思,也有了更深刻的认识,他看到这个社会的黑暗与腐败,但自己却无能为力。不过,李开先并没有消极弃世,他还是抱着救世的心态来思考拯救这个世界的方法,《一笑散》院本的创作正体现了他积极的人生思考。[②]

这种看法笔者不敢苟同,《一笑散》大概是李开先罢归林下后对之前仕宦生活的反省,是开始新生活之前的沉思。尤其是《园林午梦》借渔夫之梦,比较《西厢记》和《曲江池》中的人物形象,揭露张生与崔莺莺、郑元和与李亚仙之间的情伪,实乃绝妙,最后以渔夫梦醒结尾:

> 奇怪!奇怪!园林中方才合眼,梦见两个女仙,各逞其能;两个女奴,各为其主。多因我机心尚在,因此上梦境不安。从今后早断俗缘,

---

[①] 《李开先全集·院本》《〈一笑散〉二种·院本短引》,第 1395 页。《李开先全集·诗文》《李中麓闲居集》文之五《序·〈一笑散〉序》亦有这段引文,两处引文差别不小,除了几处标点符号不同外,前者的“刻之以木”,后者则为“锓之以梓”。

[②] 孙晓东:《李开先的救世心态与〈一笑散〉院本创作》,《渤海大学学报》2014 年第 3 期。

务造到至人无梦。

（白）黄粱久炊犹未熟，社鼓一声惊觉来。万事到头都是梦，浮名何用恼吟怀？①

与其说是渔夫的自我忏悔，不如说是李开先的反思和决断。据《园林午梦院本》跋语可以得知，起初他"无异梦，且不喜谈梦"，"不甚信梦"，进入仕途后有很多不切实际的幻想，且患得患失，所以容易"做梦"。退居园林之后，"如梦觉来，心定而神复清"，历仕十余年，求名谋利，不过一场"异梦"而已。之前他生活在希望与失望的反复交替中，此时梦醒，昔日豪情壮志已经不复存在，令人唏嘘不已。在跋语最后用设问的形式引人思考："《午梦院本》之作，其在何时耶？观者不待予言自知。但望更索诸言外，是则为幸不浅耳！"②

《打哑禅》讲述一个屠夫以杀猪经成功揭开庙中得道高僧的佛法偈语的故事，令人啼笑皆非。虽然篇幅短小，却描绘出一个是非颠倒、无可救药的社会。嘉靖四十年（1561）五月初六，李开先为之作跋，用佛语阐述了对人生的具体感悟。③ 此后又为二院本作了总跋："至人无梦，太上忘言。午梦甚于夜梦，哑禅涉于多言。视至人、太上，不深有愧乎？"④

沈德符在《万历野获编》中说："本朝能杂剧者不数人，自周宪王以至关中康，王诸公，稍称当行，其后则山东冯、李亦近之。然如《小尼下山》、《园林午梦》、《皮匠参禅》等剧，俱太单薄，仅可供笑谑，亦教坊耍乐院本之类耳。"⑤卜键认为沈德符的说法或有谬误，《皮匠参禅》当为李开先《打哑禅》。其实，《皮匠参禅》是李开先的另一著名杂剧。沈德符的错误在于认为《小尼下山》是李开先的作品，它实乃冯惟敏的杂剧《僧尼共犯》。无论沈德符说法中错误成分占比如何，他的批评有些中肯，李开先只传下这两种院本，除了供人发笑之外，曲辞方面根本谈不上，如果不是因体裁特殊，在戏剧史上难有一席之地。

12."鞭挞四夷，扫除天下，安事一室之志"：《塞上曲》

嘉靖四十四年（1565）中秋，李开先以衰病之躯作《塞上曲》百首，追忆当

---

① 《李开先全集·院本》《〈一笑散〉二种·园林午梦院本》，第1398—1399页。
② 《李开先全集·院本》《〈一笑散〉二种·园林午梦院本·〈园林午梦院本〉跋语》，第1400页。《李开先全集·诗文》《李中麓闲居集》文之十一《跋语·〈园林午梦院本〉跋》，第1043页。两处引文差别不大。
③ 《李开先全集·院本》《〈一笑散〉二种·〈打哑禅院本〉跋语》，第1408页。跋语后署"嘉靖辛酉年端阳后一日中麓李开先书"，借此可以推断其写作时间乃嘉靖四十年（1561）五月初六。
④ 《李开先全集·院本》《〈一笑散〉二种·〈园林午梦〉、〈打哑禅〉二院本总跋》，第1409页。
⑤ （明）沈德符：《万历野获编》卷二五《词曲·杂剧院本》，中华书局1959年版，第648页。

年饷边上谷和宁夏的情景。先写军队生活和出征,后写为国立功的愿望不能实现,借此怀念年轻时的意气风发和远大理想,感叹时光悠悠人已老去。他为单行本作前后两序,前序署"嘉靖乙丑中秋中麓病叟漫题",后序署"秋分日中麓再题"。

高运所作跋语说最初《塞上曲》"止有琐碎一小册,传览几失之,幸而得之鼠穴之傍,字多啮断,乃就正中翁,聚集镂工,寿之木公,于以传之无穷云"。可见,这次刻印工作由高运主持,使得它免遭散逸无存的命运。在传览过程中,人们对《塞上曲》褒扬不一,透过高运和茂才马某(号近川)的对话可以窥见一斑:

> 予(高运)复问曰:"君意以为何似?"近川又应之曰:"毕竟是唐人声调。有病其语意重复者,有病其字句蹈袭者,又有病其前后背戾者,此之谓不知务者也。军情有限,边景如斯,一事而四百言,纵有一二重复蹈袭,无害也。至于前后似相背戾,尤不足以病之。泛论各边,既非一方之事,又非一时之事,如东报捷而西失机,才败军而旋得胜,一方一时,其事即不同如此。胜负乃兵家常态,况非一方与一时耶?边塞诗古来有一两首即成名者,其多若是,其佳更若是,不惟今人难得,虽在古人亦鲜矣!"①

李开先将这则跋语收录在后,似在为自己的作品进行无声而有力地辩驳。

13. 未及成书的戏曲批评之作:《词谑》

隆庆二年(1568)二月李开先卒,手书遗嘱中说有三件事颇为遗憾,其中即包括《词谑》未及成书。《词谑》是一部有关戏曲理论批评的著作,从今传世本来看,格局框架已粗具。它未能完书,不光是李开先的遗憾,亦是中国戏曲史的缺憾。现今国家图书馆善本部所藏刻本题为"明嘉靖刻本",显然有误。他死于隆庆二年(1568),死后又立即出现家难,该书当在万历年间由其后人刻成。

李开先以其对民间歌谣和词的衷心喜爱和熟悉,既博采书史,又撷拾坊间传闻,参以精妙的点评,编成《词谑》。现在该书的流传本分为四部分:一是《词谑》,记录一些与词曲相关的 35 则滑稽故事、人情物理、风俗趣语,以及词曲作法、押韵失韵,内容比较丰富。其中有几则与自己的朋友有关,如有关王九思的《嘲王渼陂外户》《商调词》《驳渼陂词》,有关谷继宗的《谷少岱

次韵》,有关袁崇冕的《讥作词失韵》和《嘲子弟》,有关刘天民的《罢官不平》和《只为着舌头尖》,有关冯惟敏的《吃杖妓》,有关门客刘西坡的《西坡三好》,等等。此外,还有出自里巷街谈,如《刺题诗邮亭壁》《咏疟疾》《薄酒》《暑夜》《你的谎儿大似我》《讥贪狠小取者》等,还有与州牧县守相关的,如《崔氏春秋》《戏妓多贺生辰及昧年》《讥白敏中》《孙丰山威福》等。《词谑》部分涉及的社会面既广,人物亦纷纭,可以说,它是明初社会各阶层与词曲关系密切的一种直接反映。

二是《词套》,收入张可久、马致远、郑光祖、白朴、贯云石、乔吉、刘兑、王实甫、谷子敬、贾仲名、罗贯中、陈铎、杨果、亢文苑、刘廷玉、商政叔、王伯成、吴弘道、赵明远(又作赵明道)、朱有燉等名家及少数无名氏所作的近五十套元、明散曲与剧曲,而尤以元人作品为多。其中不乏大家耳熟能详者,如马致远《昭君和番》和《三醉岳阳楼》、郑光祖《王粲登楼》和《倩女离魂》、白朴《梧桐雨》、乔吉《玉箫女两世姻缘》和《李太白匹配金钱记》、刘兑《月下老问世间配偶》、王实甫《芙蓉亭》、谷子敬《吕洞宾三度城南柳》、贾仲名《度金童玉女》、罗贯中《宋太祖龙虎风云会》、王伯成《李太白贬夜郎》等等。李开先对之不仅选录,还酌加评说,或考证曲文作者,或交代作品特色,或说明自己的见解。

三是《词乐》,虽然仅有《周全》《颜容》和《弹唱》三篇,记录的内容却相当丰富,举凡演员上场演出、师父授徒学曲、演员场下练习都有所记录,还详细列举当时精通弹唱的乐人名单。其中透露当时演艺界的授徒方法、演员台下刻苦练习、演奏技巧的信息,显得弥足珍贵。比如善唱南北词的周全教授徒弟时,"教必以昏夜,师徒对坐,点一炷香,师执之,高举则声随之高,香住则声住,低亦如之。盖唱词惟在抑扬中节,非香,则用口说,一心听说,一心唱词,未免相夺,若以目视香,词则心口相应也"①。这种授徒方法具有可操作性,可为今天借鉴。镇江丹徒人颜容,及时总结舞台经验并刻苦练习,最终取得极大成功:

> 颜容,字可观,镇江丹徒人,全(即周全)之同时也。乃良家子,性好为戏。每登场,务备极情态,喉音响亮,又足以助之。尝与众扮《赵氏孤儿》戏文,容为公孙杵臼,见听者无戚容,归即左手将须,右手打其两颊尽赤,取一穿衣镜,抱一木雕孤儿,说一番,唱一番,哭一番,其孤苦感怆,真有可怜之色,难已之情。异日复为此戏,千百人哭皆失声。归又

---

① 《李开先全集·曲论》《词谑·三词乐·周全》,第1641页。

至镜前，含笑深揖曰："颜容，真可观矣！"①

李开先以颜容简介为切入点，穿插他台下刻苦练习的细节描写，最后以他成功后复至镜前，感叹对得起自己所取之字结尾。这篇短小精悍的人物传记性质的描述，足以看出李开先对表演艺术把握得相当到位和文字功底极其深厚。《词乐》中关于演奏技巧的描述是："弦索不惟有助歌唱，正所以约之，使轻重疾徐，不至差错耳。人有弦索上学来者，单唱则窒；善单唱者，以之应弦索则不协；清弹亦然。"②

四是《词尾》，专论曲尾的写作："世称诗头曲尾，又称豹尾，必须急并响亮，含有余不尽之意。作词者安得豹尾，满目皆狗尾耳，况所续者又非貂耶？"接着列举了魏晋南北朝谢朓、柳恽、吴均、梁元帝、陶渊明、谢灵运，以及唐代苏颋、张柬之、王维、杜甫、孟浩然等诗文名句，感叹"诗人多而好句尚少，词尾不尤为难事耶"？③ 之后选录十余则北曲尾声佳作示例，如刘庭信《秋景怨别》、詹时雨《丽情》、曾瑞《闺中闻杜宇》、刘兑《月下老》第二折和第四折、乔吉《晒鞋》和《两世姻缘》、张可久《春思》等，这些曲子大多是元曲，李开先将之简短列举，意在向读者揭示它们的结尾技巧。

全书虽由《词谑》《词套》《词乐》《词尾》四部分组成，《词谑》却又成了书名，而且相比前两部分，后两部分的篇幅较少，明显未完待续的样子。李开先平素喜欢为自己的作品题序作跋，有时接连作多篇，甚至假托友人之笔。此书一无序跋，且框架尚不均匀、诠次略显舛乱，这些仓促和草率充分证明该书未成而作者已逝。

14. 未能成书的《章丘县志》

李开先在罢归后，还曾编修《章丘县志》，只不过一直未能编成，对此甚是介怀和遗憾。嘉靖二十七年（1548），在《莱芜县志》序中说："人之言曰：'世后而文繁。'如稗官小说，里巷谰言，劣诗琐文，无益身心，不关政教，是诚繁矣。而志也者，顾可少哉！"④认为如地方志之类有资于政教的作品，多多益善。嘉靖三十九年（1560）冬，在为孙述、崔克仁等修《新泰县志》中指出县志对于治理的重要性：

县之有志，小而如家之有乘、族之有谱，大而如国之有史、经之有

---

① 《李开先全集·曲论》《词谑·三词乐·颜容》，第1642页。
② 《李开先全集·曲论》《词谑·三词乐·弹唱》，第1642页。
③ 《李开先全集·曲论》《词谑·四词尾·诗头曲尾》，第1644—1645页。
④ 《李开先全集·诗文》《李中麓闲居集》文之五《序·〈莱芜县志〉序》，第483页。

《春秋》……故志者史之余也，史者《春秋》之余也，斯其大者也；乘者史之余也，谱者乘之余也，斯其小者也。总之无小大，均有关于治理者也。①

鉴于此，他才会有编修《章丘县志》的想法。曾在《莱芜县志》序中说："罢归林下，八年于兹矣，《章志》虽云草创，尚未敢出以示人"，"余虽闲而神疲志怠，《章志》宜其无成也"。② 这就说明大概在嘉靖二十八年（1549）左右他编修的《章丘县志》已经草创，未曾拿出示人。这似乎说明他有种种顾虑，可从《新泰县志》序中窥知一二：如果中央没有将修志当作政治任务加给地方，地方官员就不甚理会和积极修志，而本县之人私自修志又会带来很多麻烦，即"直则丛怨，诡则增羞，烦则费工，简则有遗，太文则非体，太俗则取笑，又无权力可以镇服有众"，估计这也是他将编修的《章丘县志》私藏而迟迟不愿刊刻的原因。③ 他对孙述、崔克仁等人合作修志的行为极力称扬，相比之下，《章丘县志》"原草率，久且不修，窃意不敢轻易拟古，欲如近世《随州志》之包括、《相台志》之简要、《武功志》之宏阔，稿虽创而未就，官罢闲居，翻不如未发身者之留心文事。予既勉为一序，以塞远客之请，续当急成一志，以慰吾同乡之心云"④。愿望美好，现实骨感，他未能将《章丘县志》编修成书。

嗣子李春坞在万历年间参与《章丘县志》的校正工作（如图 10-1），也算是对他在天之灵的慰藉。言及此，让人产生以下几个疑惑：不知李开先《章丘县志》的草稿什么时候散失的？李春坞见过这一草稿没有？它是否在万历《章丘县志》编修过程中起到参考作用？笔者觉得章丘历来不缺宿学大儒，凭借李春坞的威望和才学似乎不能参修《章丘县志》。章丘知县董复亨邀请李春坞校正《章丘县志》，首先缘于他对李开先的敬仰，他在（万历）《章丘县志·文苑传·李开先》末尾为李开先写的赞语为："余童子时，闻先生名籍甚，及入阳丘，则先生前没已三十阳秋矣。取其集，卒业其文与诗词，皆自成一家然。"那么，李开先编修县志的经历以及志书草稿或许亦是李春坞被当局选中预修方志的原因。如果真是如此，李开先所编《章丘县志》也算发挥了应有的作用。

---

① 《李开先全集·诗文》《李中麓闲居集》文之六《序·〈新泰县志〉序》，第 603—604 页。
② 《李开先全集·诗文》《李中麓闲居集》文之五《序·〈莱芜县志〉序》，第 483 页。
③ 《李开先全集·诗文》《李中麓闲居集》文之六《序·〈新泰县志〉序》，第 603—604 页。
④ 《李开先全集·诗文》《李中麓闲居集》文之六《序·〈新泰县志〉序》，第 604—605 页。

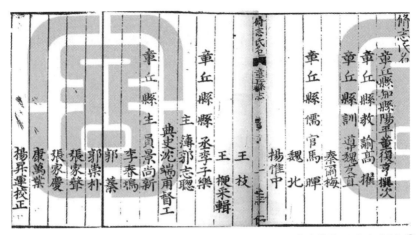

图 10-1　万历《章丘县志》中修志名单(中国国家图书馆中华古籍资源库中截图)①

三、著述成就述评

1. 罢归前作品传世较少的原因

从前面两部分的叙述可以看出,李开先罢归前的作品仅有四部,《南北插科词》《一江风·卧病江皋》《双修揭要》等仅为草稿,在罢归后才整理付梓。他在朝为官时以诗文称名,所作诗文定非少数,目前仅知他游海甸为王慎中送行时作过诗,为抚慰邻人李琛丧妻之痛作《雉朝飞》和《四方图歌》,其他的诗文已经踪迹难觅。

笔者猜测罢归前作品传世较少的原因有两点:一是他本人刻意为之,不愿给他人留下作诗为文耽误政事的印象,在作品中多次强调"不事词曲,自在仕路已然矣""兢兢了公务之不暇,于是弃置不为,今十年所矣"。二是为官时身不由己写了一些违心之言,罢归后不愿将之示人,作品渐渐亡佚,不为人知。从李开先《〈跋大公集〉跋》可以看出罢官前后他的诗文风格有所变化,昔在吏部时,汪铉为吏部尚书,霍韬是吏部左侍郎,张邦奇为吏部右侍郎,凡有事务大多霍韬定夺,即"渭厓以稿有当删易者,恐戾旧规,告之诚斋(汪铉)。诚斋答以'当开心见诚,勿分尔我',而甬川亦云然"。当时霍韬组织编成《大公集》并刻印,各部门都作有跋语,李开先作为僚属亦难避免,

---

① 万历二十四年(1596),魏北、王枝和王梗作为章丘县儒官,参与万历《章丘县志》的资料采辑工作,这说明希冀通过为《中麓山人续对》作跋留名的毛头小子,逐渐成为当地有头有脸的人物,如果李开先有知,亦会比较欣慰。

跋曰：

> 尝考庆历名臣，范文正广大真诚，富文忠明敏果锐，韩忠献尔雅质
> 直，是其性则殊矣；至其定国是，决朝政，论官抢才，各出所见，初若不相
> 下，久之参伍错综，恢弘注措，无不尊主庇民，登良黜劣，真乃异姓兄弟，
> 同心为国，上殿相争如虎，下殿不失和气者也。三公其之古人欤？

将汪铉、霍韬和张邦奇比作北宋仁宗时名臣范仲淹、富弼和韩琦，说三人虽
有争执但忠心为公，歪曲事实和恭维之意顿显。李开先罢归后看到这样睁
眼说瞎话式的跋语，也许有点不好意思，在《〈跋大公集〉跋》的最后说："予今
为林下放言之人，当改添数字。《韩非子》有云：'莫三人而迷。'妄谓一言以
蔽之矣，未知见者以为何如？"①暗指为官时不能畅所欲言，罢归后才能无拘
无束，这是《闲居集》不愿收录罢归前作品和取名"闲居"的原因。这种做法
是情有可原的，人在晚年的时候回首过往，不是自鸣得意、洋洋洒洒，就是豪
气顿消、欲语还休，而李开先显然属于后者。

2. 罢归后集中凸显的文名

嘉靖二十三年(1544)左右，李开先渐渐走出罢官的阴影，开始优游林
下、经营园林，生活日益丰富，写作逐渐活跃。创作涉及诸多方面，如诗文、
戏曲、散曲、对联、谜语等，诗文数量可见《闲居集》中收录，由于结集的不及
时肯定有所散失，自言"十年悔著诗千首"②，"十"和"千"虽都是约数，照这
种写作速度日积月累，作品数量是相当可观的。其实对比他丰富的日常生
活，在有限的时间内能够写出如此众多的诗文，真是相当不容易：

> 某自辛丑谢政家居，今二十七年矣。性本好动，好文，好棋，好客，
> 兼有家事、人事、农事，及转浼官事，并四方柬札诗文，每岁少闲月，每月
> 少闲日，每日少闲时。甚至风雨之夜，客常满座，十餐有七八次对客，而
> 家食者无几。不惟外劳，而内亦劳苦甚矣大！③

这种在万机之暇笔耕不辍的精神确实值得后人学习。

李开先自谓："中麓子素不能诗，诗不能多。"其前中期主要创作散曲和
传奇，诗歌虽亦有作，但缺乏压卷之篇，因此在文坛中原本不以诗名。《田间

---

① 《李开先全集·诗文》《李中麓闲居集》文之十一《跋语·〈跋大公集〉跋》，第 1046 页。
② 《李开先全集·诗文》《李中麓闲居集》之二《七言律诗·自城还乡月夜缓步独酌》，第 344 页。
③ 《李开先全集·诗文》《李中麓闲居集》文之十二《杂文·病后告减应酬门帖》，第 1085 页。《病
　后告减应酬门帖》作于隆庆元年冬，当时他大病一场，病后贴出此帖告知前来拜访的亲友。

四时行乐诗》的创作及由此赢得的声誉,使他诗名大振。在这一组诗创作获
得成功的几年后,又以大型组诗《咏雪诗》称誉诗坛。两大组诗的创作,体现
了他自觉的诗体意识。不过,他尤以戏曲、散曲成就为高,较为著名的作品
有传奇《宝剑记》、院本《一笑散》、散曲《中麓小令》等。而且,这些著述成就
大多是在罢归后取得的,仕途虽然短暂,然而立功不成转为立言,在有意无
意之间,人生追求实现了从建功立业到著书留名的转变,或者可以说是"失
之东隅,收之桑榆"吧。正如李献芳在《简论李开先思想的变化与文艺观的
创新》中说:

> 仕途上的挫折,使李开先获得了文学创作和文艺理论研究的契机,
> 使他有机会接触到那意兴活泼的通俗文学,他把自己的才华倾注到诗
> 文词曲的创作中,留下了珍贵的蕴含着新思想的文学作品。他创作了
> 传奇《宝剑记》、《断发记》两种,杂剧《园林午梦》、《打哑禅》两种,诗文集
> 《闲居集》十二卷,还有散曲、杂著,他改定过"元贤传奇",校刊过乔梦符
> 和张小山散曲,选编了《市井艳词》、《诗禅》等,几乎各种民间不被人重
> 视的体裁他都精心地收集、创作过,这些作品反映了他不同时期复杂的
> 心境,他的文艺观点散见于这些作品中。①

3. 作品反映生活或直抒胸臆

李开先的很多作品是平时活动的结集,比如咏雪、写作对联、猜诗谜等,
这些活动参与得多了,就积累了数量可观的作品。高进在《田间四时行乐
诗》跋语中说:"文有别刻,棋有别谱,只观一韵百首,可知其诗,而文与棋可
例推也已。"②可以说明他除了文集外,还编有棋谱。几乎每项活动都能写
成作品,亦说明透过他的作品可以窥见他的日常生活。他喜欢将感情抒发
在作品之中,尤其是借眼前景物表达悲喜和感悟,这大多是因为某种景色触
动和引发了某种感情。嘉靖三十六年(1557)春经常下雪,他作了不少咏雪
之诗。面对雪花纷纷扬扬地从天上飘落下来的场景,不同心境的人会写出
不同的诗句。他描写胡山雪景作《雪中有感》,其中有"云落如官罢,风吹不
上天"。③ 自己罢官之后再无起复,何尝不是如此遭遇呢? 他亦作《雪后有
感》,其中"调高应寡和,白甚不能缁。名利场中客,冰山能几时"?④ 寥寥数

---

① 李献芳:《简论李开先思想的变化与文艺观的创新》,《齐鲁学刊》1997 年第 5 期,第 14 页。
② 《李开先全集·附录二》《叙论·题跋·曲评》《〈田间四时行乐诗〉跋》,第 2234 页。
③ 《李开先全集·诗文》《李中麓闲居集》之二《五言律诗·雪中有感》,第 153 页。
④ 《李开先全集·诗文》《李中麓闲居集》之二《五言律诗·雪后有感》,第 153 页。

语交代世间名利如同春天的冰雪一样难以持久。有一年清明节他偶过大沟厓,从大姑娘小媳妇名目繁多的荡秋千比赛中,联想起自己的仕途飘荡升落,"从旁观者惧,仕路合如何"①。某次盛夏游山避暑,由登山险阻联想到仕途安危,"虽是登山经险阻,不同仕路计安危"②。《中麓小令》中亦有多处表达游玩观景对他灵感的促进作用,"雨丝丝,冲风跃马欲何之? 闲游正喜风吹袂,况有雨催诗","山高月小吟怀放,水阔天低望眼迷"。③

章丘距北京千余里,李开先登高必北望,北望必抒怀,如登女郎山有"平野千余里,南来首此山","报国心犹赤,还乡鬓已斑。凭高堪望远,西北是燕关"④,登危山有"春暮集朋俦,登山快远眸。三齐连鲁甸,千里望幽州"⑤。站在高处望眼欲穿,这种不甘被人遗忘、渴望皇帝重新起用他的心情何等强烈! 他对做农民还是做渔夫进行了比较,得出还是做农民好的结论,"尝就农渔筹上策,为农独不犯风波。渔舟犹畏风波险,仕路风波险更多"⑥。他还在《残菊歌》中表达对自己年近半百而一事无成的感伤:

> 人言花影坐间移,我叹花开能几时。
> 逝水光阴留不住,掀天事业杳难期。
> 抚膺自壮丹心在,照镜惊看两鬓衰。
> 一瘁一荣常事尔,莫因残菊重伤悲。⑦

作品是"写"出来的,"写"的过程便是"泻"胸中积郁的过程。李开先的诗文以闲居时所作为多,不事雕琢,直抒胸臆,好似自心底肺尖流出。他在作品中注入真挚情感,这些情感来自对生活苦涩的咀嚼和体味。正因为如此,《中麓小令》中流露出抑郁愤激之情,说明他仍处在无故罢归的阴霾之中,虽在林下仍然关注朝政,借曲弹世、自誉自嘲的真情实感,引起了宦程上奔波和颠踬者的共鸣,作品一出即传播海内,尤其盛于都门,一时南北和者甚多,其中以王九思之作影响最广。《园林午梦》寄寓着他罢归林下后的如梦觉醒,开端即为:"轮转心常不动,争长竞短何用? 拨开尘世闲愁,试听园林午

---

① 《李开先全集·诗文》《李中麓闲居集》之二《五言律诗·观秋千作》,第 207 页。
② 《李开先全集·诗文》《李中麓闲居集》之四《七言绝句·暑月游山前》,第 435 页。
③ 《李开先全集·散曲》《中麓小令》,第 1458、1464 页。
④ 《李开先全集·诗文》《李中麓闲居集》之四《五言排律·同李脉泉方伯谢少溪亚卿刘后峰谏议三致政游女郎山》,第 387 页。
⑤ 《李开先全集·诗文》《李中麓闲居集》之二《五言律诗·三月念又八日同众客游危山》,第 131 页。
⑥ 《李开先全集·诗文》《李中麓闲居集》之四《七言绝句·审处》,第 472 页。
⑦ 《李开先全集·诗文》《李中麓闲居集》之一《七言古诗·残菊歌》,第 79 页。

梦。"《清江引》一阕交代故事背景外,感叹宦海凶险:"长江夜来风浪起,惊醒渔翁睡。钓台也不安,仕路当知退,床前几番长叹息。"①《打哑禅》中得道高僧承认败在屠夫手下,面对徒弟气急败坏地质疑,心平气和地解释说:

> 徒弟,你不知世事。方今之人,多有贤而隐居下位,才而老死林泉,绝人逃世,隐姓埋名,寄迹涂泥,藏身廛市,以卑微度日,宰剥为生,你怎么晓的!②

李开先似乎在借老僧之口说明当下人才未尽其用的社会现实,而他自己即是其中之一。

同许多作者一样,李开先在作品中抒写情志,寄寓爱憎。不过,很少人像他那样,在几乎所有的作品中,孜孜于倾诉衷肠,甚至在为友人所作之诗文中,仍要大段插叙自己的景况或往事,提的最多就是生子期盼。嘉靖三十二年(1553),发妻张氏的父亲张锜去世,在为岳父所作的祭文中提道:

> 婿况不幸,见居母丧。曰有一子,亦已上殇。翁女吾妇,内主蒸尝,德惟闲静,事多赞襄。命逢阳九,病在膏肓。云笼缺月,尘掩残妆。因兹一奠,百感摧戕。③

指出如今正服母丧,岳父又去世,而之前爱子早夭和爱妻早逝,心情可谓悲痛万分、百感交集。他对岳父很是敬重,在他面前很容易卸下坚强的伪装,将感情自然地流露出来。嘉靖三十七年(1558)友人杨选(字东江)寄信告知他生女的遗憾,他作《杨东江书报得女》一诗以自己比杨选大十二岁却膝下无子宽慰他。④ 他还在《次前韵贺杨东江生子》第三首中说"吾年已长当加勉,愿与君家交贺书"⑤,由别人家的喜事,联想到自己的生子大计。他与刘东相交甚厚,两人年龄相同,又皆生子早夭,嘉靖四十五年(1566),在为刘东作的《存友后录》后序的末尾提道:"吾今六十有五,尚未举子,自此以文为戒,以后为重。存吾神所以存吾后,亦因以存吾人也。"⑥由此可知,生子仍是他心中的痛,刘东与之命运相同,他有自警之意。《中麓山人续对》中收录为表兄王仪凤第四子发丧所作的十副对联,其中有"风急难成相见梦,日遥

---

① 《李开先全集·院本》《〈一笑散〉二种·园林午梦院本》,第 1396 页。
② 《李开先全集·院本》《〈一笑散〉二种·打哑禅院本》,第 1404 页。
③ 《李开先全集·诗文》《李中麓闲居集》文之十二《祭文·祭岳丈张寿官文》,第 1098 页。
④ 《李开先全集·诗文》《李中麓闲居集》之二《五言律诗·杨东江书报得女》,第 155 页。
⑤ 《李开先全集·诗文》《李中麓闲居集》之四《七言绝句·次前韵贺杨东江生子》,第 455 页。
⑥ 《李开先全集·诗文》《李中麓闲居集》文之五《序·〈存友续录〉后序》,第 547 页。

犹有未招魂","父兄哭泣悲长夜,亲友咨嗟惜少年","未壮即为伤逝赋,怜才争掷吊亡诗"①,为一个晚辈作十副对联的做法实属反常,估计他是想起来自己早夭的儿子,感同身受,才一发而不可收。在记述与友人对弈过程的《前象棋歌》一诗的结尾说:"闻人誉己谦为美,惟有棋家必自扬。况我年高犹乏嗣,精神收敛自然无病而繁昌。"②本来是与友人对弈兴高采烈之时,仍然提到年事已高而膝下无子的无奈,可见早日生子是他心头挥之不去的渴盼。

在给胡松作的《寄胡柏泉少司马》最后提到自己的状况:"予见不能早,官休已是迟。束书为睡枕,当局善弹棋。雨后扶耕耒,溪边把钓丝。别来林下事,特报故人知。"③告知胡松自己的近况让他放心,这是友人之间交心的表现。如果说这种情况尚且正常,那么在忧国忧民的诗文中穿插自己的境况则属反常。嘉靖三十四年(1555)十二月山西地震,平阳府受灾严重,他在次年夏写《平阳哀》一诗,在诗首长序中对各地受灾情况进行统计并对东南倭寇侵略情况进行陈述,诗的正文前部分描写了地震发生时山崩地裂的可怕景象和地震之后哀鸿遍野的惨状,后来推及自己:"吾病且无谋,何以保形骸? 久以嗣为虑,兼以老见催。一二有经济,不见起朋侪。"④嘉靖三十五年(1556),俺答频频侵边,他作《边事》两首表达自己备边见解,在第一首最后说:"予非杞国人,愿作橘中叟。飘然出帝京,久矣栖畎亩。世事不关愁,著棋兼饮酒。"⑤在此类诗文中论及自己状况,其实是懊恼自己已经不在朝班,却为与林下生活本不相干的事情担忧,令人更为他忧国忧民的精神所感动。

① 《李开先全集·杂著》《中麓山人拙对、续对·中麓山人续对卷之下·为王梧冈第四乃郎发丧作》,第 1871—1872 页。

② 《李开先全集·诗文》《李中麓闲居集》之一《七言古诗·前象棋歌》,第 81 页。

③ 《李开先全集·诗文》《李中麓闲居集》之四《七言排律·寄胡柏泉少司马》,第 392 页。"束书为睡枕"在明刻本中作"束书为枕",明显少一字。

④ 《李开先全集·诗文》《李中麓闲居集》之一《五言古诗·平阳哀》,第 70 页。

⑤ 《李开先全集·诗文》《李中麓闲居集》之一《五言古诗·边事》,第 72 页。

第十一章　著述思想的复杂性

在当时的历史条件下，"学而优则仕"是读书人唯一的出路,借此可以扶摇直上、平步青云而名利兼收,一旦宦途失意,便会前功尽弃甚至陷入万劫不复的悲惨境遇。罢官后,李开先携家返回章丘,开始赋闲生涯,用无尽的时间去消受"壮岁辞阙"的苦果。人称他"优游林下",却不知怀有经世济民志向的他饱受这种"优游"生活的折磨,内心多么痛苦不堪。这些忧愁和苦闷在他的作品中有所体现,使得他的作品呈现既矛盾又统一的特点。

一、文笔豪放和哀婉兼具

李开先的作品兼具豪放和哀婉的特点,有的内容读起来让人觉得潇洒跌宕、豪兴四起,有的内容则让人觉得肝肠寸断、神伤不已。

1. 豪放之处

他是个充满干云豪气的人,诗文中豪放的风格随处可见,例如《秋日观山涨》中有:"霜重岩岩山骨瘦,雨多滚滚浪花高。风吹云堕厓崩坼,电引雷轰水怒号。"①《塞上曲》百首描写军中苦乐和罢归后对军事的慨叹,不过其中有些诗句寄予作者为国立功的英雄情结,写的甚是疏狂和潇洒,如:"堂上张灯酒正豪,帐前骏马缩寒毛。忽闻羽檄传来急,上马酕醄弄宝刀";"一阵沙因一阵风,迎风拒敌保云中。不将虏血涂原野,对众羞称堵截功"。结尾两首更是如此:"奋身直取不花王,万骑千群总受降。试揭舆图遥聘望,长城之外亦金汤";"九天日月又重辉,万里风霆总畏威。从此边尘长不动,圣君万寿永垂衣。"②在《中麓山人拙对、续对》中说:"畅怀对月琴三弄,得道飞空剑一双"、"瑞霭千层围洞府,红尘万丈隔蓬莱"、"率尔连登高阁上,嫣然一笑

---

① 《李开先全集·诗文》《李中麓闲居集》之三《七言律诗·秋日观山涨》,第264页。
② 《李开先全集·诗文》《李中麓闲居集》之四《七言绝句·塞上曲》,第464、465、470页。四首诗分别为《塞上曲》第11、17、99和100首。

大江边"、"御房全凭纠纠雄夫双宝剑,生儿不必盈盈仙子六铢衣"、"对客挥毫狂兴发,携童跨蹇远游回"①,"月照山泉汲泉解渴飘浮月,云迷石径绕径徐行杖拨云"。②

《前象棋歌》《后象棋歌》皆以兵喻棋,寄托感慨,写得豪壮万分,挥洒淋漓。比如《前象棋歌》中有:"鼓角喧阗惊朔漠,旌旗荡漾映甘凉","驱役三千虎旅,分敷十二龙骧,捷如驰八骏,险如攻五羊"③。他用诗歌般的语言描绘了象棋实战的激烈过程,让读者领略到高手对垒的风采。他在此临枰杀贼,从容谈兵,让人感觉这哪里是在下棋,分明是身在军旗猎猎的战场。散曲中也不乏豪放的内容,他在《述隐——赠康对山》中表达对康海被罢官的同情:"一蓑细雨同和靖,万古清风羡子陵,懒去把功名挣。""龙韬已破千山暗,虎斗空余万壑腥,著后世为谈柄。"④写作《卧病江皋》时虽在病中,关于生活的态度并未颓废:

> 病难捱。笔扫云烟态,诗少江山债。兴飞来,李杜争雄,屈宋争衡,风惟传真派。头因望气抬,口因吐气开,万丈虹霓在。

> 病难捱。转日迥天态,抹月批风债。笔端来,文势骞腾,武库森严,砥柱中流派。千钧一发抬,三江一线开,壮武雄文在。⑤

《中麓小令》中除了将关于边关和出征的内容写得极为激昂外,生活态度低沉处亦有些许激荡的亮色:

> 鬓班班,愁闻边塞对敌难。只须平把住黄花镇,横当了紫荆关。金戈耀日狼烟息,铁甲冲风鸟阵闲。雕弓劲,画角残,得加餐处且加餐。

> 曲弯弯,一轮残月照边关。恨来口吸尽黄河水,拳打碎贺兰山。铁衣披雪浑身湿,宝剑飞霜扑面寒。驱兵去,破虏还,得偷闲处且偷闲。

> 不拘拘,从人唤做老狂夫。笑将四海为杯勺,五岳作茅庐。消磨日月诗千首,啸傲烟霞酒一壶。无穷事,多病躯,得支吾处且支吾。⑥

即便在遭遇了接连丧子的打击后,他仍能进行反思,并振作起来:"今番省悟,做个英豪。不是我夸强卖老,来岁今朝,依然连应熊罴兆。家缘永保,

① 《李开先全集·杂著》《中麓山人拙对、续对·中麓山人拙对卷之中·散对》,第 1800、1804、1808、1813、1838 页。
② 《李开先全集·杂著》《中麓山人拙对、续对·中麓山人续对卷之下·散对》,第 1937 页。
③ 《李开先全集·诗文》《中麓闲居集》之一《七言古诗·前象棋歌》,第 80 页。
④ 《李开先全集·散曲》《述隐——赠康对山》"十煞"和"七煞",第 1418、1419 页。
⑤ 《李开先全集·散曲》《卧病江皋》,第 1428、1438 页。
⑥ 《李开先全集·散曲》《中麓小令》,第 1454、1455、1462 页。

人月常圆,风光更好";"做歹人终有恶报,做好人终有吉兆,天运循环无颠倒"。①

　　试想,如果他的仕宦之路不是那么短暂,而是有效忠君主、报效国家的机会,以他这种积极豪放的人生态度和政治追求,肯定不会在官场中蝇营狗苟、随波逐流,定能施展"上马击狂胡,下马草军书"的抱负。

2. 哀婉之处

　　现实总是残酷的,他不仅壮志难酬,而且身心备受折磨。这种经历和遭遇,使得他的文笔异常细腻,下笔写悲伤的事情轻而易举地触动读者的泪腺,让人泪如雨下。不少文章通过生动感人的生活细节讲述人物的事迹,写来字字血泪,人物形象呼之欲出。妻子张氏在他一无所有时嫁给他,在家境日渐丰裕时因小产去世,无论为官时还是罢官后,平日都是他的良友:

> 宜人贫则助余学,仕则助余政,致政则助余以闲。日具杯酌,与宾友为乐。即余至百年,乃不能相同以死,白首不相离之约,今成幻梦。出门有碍,持内无人。豪游浩歌,无复旧兴;左瞻右盼,只益新愁。中年丧妻,谓之不幸,若余则又不幸之尤者! 伤心难腾之口也!②

张氏死于嘉靖二十六年(1547)八月十九日,不久宠妾张二病亡。当年除夕,他孤独地发出"向时守岁灯前侣,扠泪回看少二人"的感慨③。次年春他作《雉朝飞》追思妻子,此诗交代他"五语一长吁,十语一鸣咽"地思念妻子,从"去年桑叶绿,黄蛹釜中翻"和"自从吾妻亡,使吾纴素缺"可以看出张氏会养蚕织绸且亲力亲为地为夫君整制装束④。他在《四时悼内》中说:"自从他去闲中阃,无复开筵对酒樽,教我一度怀人一断魂!"⑤"只争来贤妻早亡,遇佳辰,对名花,反助悲伤"⑥;"梦难成,失群哀雁断肠声。觉来搔耳推孤枕,散发步空庭"⑦;"曾亡枕上人,难免心头怨,睡昏昏晓梦颠连"⑧。嘉靖三十二年(1553)秋作《亡妻忌辰》⑨,妻子去世六年,他仍然思念不绝,因睹物而思

① 《李开先全集·散曲》《四时悼内·中秋对月忆子警悟词》,第 1519 页。
② 《李开先全集·诗文》《李中麓闲居集》文之八《墓志·诰封宜人亡妻张氏墓志铭》,第 764 页。
③ 《李开先全集·诗文》《李中麓闲居集》之三《七言律诗·丁未除夕》,第 257—258 页。"扠泪回看少二人"中"扠",在明刻本中作"收"。
④ 《李开先全集·诗文》《李中麓闲居集》之一《杂体·雉朝飞》,第 108—109 页。
⑤ 《李开先全集·散曲》《四时悼内·春》,第 1506—1507 页。
⑥ 《李开先全集·散曲》《四时悼内·夏》,第 1508 页。
⑦ 《李开先全集·散曲》《四时悼内·冬·夜长不寐》,第 1511 页。
⑧ 《李开先全集·散曲》《四时悼内·北曲·触事咏怀兼忆内》,第 1514 页。
⑨ 《李开先全集·诗文》《李中麓闲居集》之三《七言律诗·亡妻忌辰》,第 261 页。

人,声声断肠。

此外,哀悼母亲和儿子的作品亦非常感人。嘉靖三十一年(1552)六月,母亲王氏去世,他作《哭母》三首,其中有"徒抱终天恨,难伸爱日诚","久无题柱志,只为倚门情"。① 嘉靖三十四年(1555)重阳节,他作《重阳》一诗,诗中有"父亡正值重阳日,今日重阳母服终。发少愁多难更白,容衰久病亦添红"②。嘉靖二十九年(1550)十二月,他署名"中麓老樵"作《悼殇词》一阕怀念长子苏郭:

> 想起吾儿,骨棱层,神爽谿,足称贤嗣;双眉秀,肌体凝脂,言辞丰姿。徐卿杜甫诗,李公苏轼词。喜孜孜。摩弄着,恰才三岁;忽变做,一天愁思。③

次年二月,继配王氏为他生下儿子九十,李开先在散曲《中秋对月忆子警悟词》小序中说:

> 是儿生而身长面润,耳大鼻隆,方口圆颅,修眉广额,容颜姣好,声气宏亮。县主金摄山每顾即索观之,以为神采射人,两目在相法更异常不可言。性好嬉游,门前日有聚观者,其称许俱犹摄山也。④

正文"双蝴蝶"一则又言:

> 想着他莺喉语正娇,想着他熊胎气最豪,想着他天生的奇形古貌,想着他见人亲举手相招,想着他画堂前与群儿喧闹,想着他目重瞳人间最少。⑤

可惜的是,如此聪明可爱的宝宝仍然在嘉靖三十二年(1553)六月病卒。该年中秋夜的皎洁月光使他想起去世的母亲和爱子,有一种"不知今夕诚何夕"的感觉,听到"泠泠金笛咽清商",看到"堪怜桂子零秋露,无奈萱花被早霜",只觉得徒增悲凉,最后一句"搔痒脱巾频顾影,照来分外鬓毛苍",其下小字注释"母亡后,又丧子",勾起读者无限同情和感伤。⑥ 这种白发人送黑发人、接连丧子的厄运对他的打击很大,"吾今母服未除,父书无托,残息难

---

① 《李开先全集·诗文》《李中麓闲居集》之二《五言律诗·哭母》,第 126 页。
② 《李开先全集·诗文》《李中麓闲居集》之三《七言律诗·重阳》,第 260 页。
③ 《李开先全集·散曲》《四时悼内·悼殇词》,第 1515 页。
④ 《李开先全集·散曲》《四时悼内·中秋对月忆子警悟词》,第 1516 页。县主金摄山,即知县金九成。
⑤ 《李开先全集·散曲》《四时悼内·中秋对月忆子警悟词》,第 1518 页。
⑥ 《李开先全集·诗文》《李中麓闲居集》之二《七言律诗·中秋月》,第 255—256 页。

保,万念俱灰。两儿俱三岁,是儿更奇,吾年更长,其情不为更苦耶"?① 同年秋,又作《高秋思子辞》表达心中的苦痛。② 嘉靖三十三年(1554)左右,李开先在《祭外祖母吕氏文》中还提到早夭的儿子:

> 及予丧偶,继婚齐东,拜其祖母与其祖翁……视其女孙,往来匆匆。女孙得子,喜溢眉峰。忽抱病以长逝,迄今四历忽春冬。外孙亦已夭折,难免忧心之忡忡。③

同样,在《祭王外祖驿丞文》中亦有:"某忝为晚婿,数本前缘。得子而夭,相叹相怜。久隔音容,将撤几筵,预陈薄奠,于以告虔。"④本为继配王氏的祖母吕氏和祖父王臣所写祭文,仍提及王氏所生的儿子,可见丧子之痛刻骨铭心。

嘉靖三十五年(1556),五十五岁的他作《哭子》一诗,表达了连丧三子后,他无可奈何、无限哀愁和颓唐不振的心情,"三子相连丧,昼号夜不宁","医愁难得效,无药制颓龄"⑤。三子指苏郭、九十和王氏所怀未能成活的儿子。母亲亡后的八年归葬绿原村祖坟,丧事完毕他想起祖孙皆去世,作《将除服有作》:

> 废诗哀王裒,刻形效丁兰。
> 追念母存日,抱孙笑相看。
> 乃今俱已矣,五内徒辛酸。
> 短叹复长号,交颐涕汍澜。⑥

嘉靖四十五年(1566)九月,十五岁的女儿招弟病卒。招弟小字淑秀,亲戚王枝曾言:

> 幼时见者咸惊其貌,稍长女伴悉资其长,针指虽犹□人,而识字能运笔,弹棋兼抚琴,有非他人之女可及者。寡言少笑,博记多能。沉静舒徐其举止也,红白娇艳其容色也。古称女美为媄,淑秀盖众女中之尤美者。已许聘亚卿谢少溪之子庭薰,乃以十五岁夭殇,时则嘉靖丙寅九

① 《李开先全集·散曲》《四时悼内·中秋对月忆子警悟词》,第1516页。
② 《李开先全集·诗文》《李中麓闲居集》之一《杂体·高秋思子辞》,第109页。
③ 《李开先全集·诗文》《李中麓闲居集》文之十二《祭文·祭外祖母吕氏文》,第1096—1097页。
④ 《李开先全集·诗文》《李中麓闲居集》文之十二《祭文·祭王外祖驿丞文》,第1100页。
⑤ 《李开先全集·诗文》《李中麓闲居集》之二《五言律诗·哭子》,第131—132页。当时王氏又有身孕,然亦不育。
⑥ 《李开先全集·诗文》《李中麓闲居集》之一《五言古诗·将除服有作》,第58页。

月二日。①

如此美丽恬静的姑娘，竟然未及成人出嫁就香消玉殒，怎能不让人痛惜。发丧之日，李开先作五副对联贴在停枢门左右，其中"慈航超度三千界，赡部才交十五春"，"霜陨娇花貌，风摧弱草躯"，"倒杖周详邑南已卜乘生地，穿针细巧窗下犹存旧女工"，"无福无缘空许大臣之子，有容有德堪怜众女之媖"②，可以看出老父亲对爱女早逝的痛心。此外，他还作《哭幼女招弟》表达内心哀痛，其中有"偶向绣房檐下过，风吹窗纸助哀鸣"。③

他还作有《忆张二》《过张二墓》《侍姬张二诔》等表达对张二经久不减的思念之情。《忆张二》的末句为"触物伤情双落泪，余香犹染旧鲛绡"④，《过张二墓》的首句为"枕边遗嘱言犹在，陇上经春雪未消"⑤，《侍姬张二诔》中有"年青而折，莫究厥因。岂尔家之薄福，抑苍苍之不仁"？⑥ 李开先为如此年轻、貌美、贤惠的女子早早离世而感到痛惜，甚至为这种不公平忍不住向苍天发问。

与上述直接描写悲痛之情相比，有时一些侧面叙述更能凸显逝者和他感情深厚，亦说明他能够熟练运用写作技巧。被罢归前，器重李开先的翟銮与首辅夏言力争，试图将他留在朝中，事虽不成，夫妻二人对翟銮的回护之恩相当感激。在悼念妻子的《亡妻张宜人散传》中说："宜人深德石门，后石门以事除名，宜人屡加叹惜。既又石门讣音至东，吾乃仓忙走报，行至寝所，始悟宜人亡矣，因之痛哭而回。"⑦短短数语，让人为张氏的情深义重而感动，更为夫妻二人的阴阳阻隔痛哭流涕。这种侧面抒怀在悼念张氏和张二的《四时悼内》中也有不少，"合欢杯，同心结，嫁时旧裳，睹物越凄惶"⑧；"自丧娇娥，归家无倚，此身疑是泛虚舟。苔径湿，可教我何处闲游？憔瘦！离恨天高，团团月少，泪如雨点最难收！""忽然回首，记年前喜雨歌讴。吹竹弹

---

① 《李开先全集·杂著》《中麓山人拙对、续对·中麓山人续对卷之下·跋文》，第 1993—1994 页。

② 《李开先全集·杂著》《中麓山人拙对、续对·中麓山人续对卷之下·跋文》，第 1994 页。

③ 《李开先全集·诗文》《李中麓闲居集》之三《七言律诗·哭幼女招弟》，第 370—371 页。

④ 《李开先全集·诗文》《李中麓闲居集》之三《七言律诗·忆张二》，第 262 页。

⑤ 《李开先全集·诗文》《李中麓闲居集》之四《七言绝句·过张二墓》，第 434 页。

⑥ 《李开先全集·诗文》《李中麓闲居集》之一《杂体·侍姬张二诔》，第 105—106 页。

⑦ 《李开先全集·诗文》《李中麓闲居集》之九《亡妻张宜人散传》，第 866 页。引文所说翟銮"以事除名"，指的是嘉靖二十三年(1544)阁臣严嵩命人诬告翟銮之子翟汝俭和翟汝孝科考舞弊一事，生性多疑的世宗将翟氏父子俱革为民，主考官江汝璧、秦鸣夏等被下昭狱。

⑧ 《李开先全集·散曲》《四时悼内·夏》，第 1508 页。

丝,撞钟击鼓,大开笑口"①;"空有那待月楼,礼星亭,焉文阁,谁与同登"?②"忽惊白玉环,更见黄金钏,为怀人两泪涟涟。"③

他的作品兼具豪放和哀婉的特点,这就说明在作品中失意的愤慨,狂放的情趣,生活的苦痛,常常纠缠和交织在一起。让读者随其喜而喜,随其悲而悲,为他的喜怒哀乐而牵肠挂肚。

二、谨慎与潦草并存

李开先的作品还表现出谨慎与潦草并存的矛盾,比如《词谑》从搜集编撰到评论鉴赏,都呈现这一特点,其他作品亦然。这和他的性格及当时的学术风气有极大关系。

1. 谨慎之处

具有强烈传世意识的李开先,处处表现出谨慎小心。《中麓山人拙对、续对》收录的对联也是经过精心挑选,最后一对为"对择千联其余不足观已,字过二万虽多亦奚以为",其后注释:"对共一千六百二十一联,择其差可观者,不过千联而已。字虽二万六千五百有奇,恶足多哉! 末对平侧不叶,以其可终卷也,故存之耳。"④他在《诗禅》题首解释:"诗禅不分格类,记起者即登于册,其太涉讥讪戏谑者,咸黜而不书"⑤,这就可以看出他在编选时进行了严格把关,平日所作谜语远远多于《诗禅》所录。同样,他在《画品》后序中说:

> 《画品》论人皆已逝者,见在世如叶常山、文衡山、衡山子休承、张平山、张贡所、谢樗仙、沈青门、王仲山、杨戊生、陶仰山、刘后庄、吕思石、邬亭山、郭天锡、李本仁、范行甫、陈莫之、胡守宁,未敢轻议,以盖棺始定。画犹文学,随时消长,然亦太半高年,虽消长相去不远……李、范及陈,以未见其画难评。总之乃区区一人有限之见,岂敢为一定不易之论哉!⑥

① 《李开先全集·散曲》《四时悼内·秋·苦雨》,第1510页。
② 《李开先全集·散曲》《四时悼内·冬·夜长不寐》,第1511页。
③ 《李开先全集·散曲》《四时悼内·北曲·触事咏怀兼忆内》,第1514页。
④ 《李开先全集·杂著》《中麓山人拙对·续对·中麓山人续对卷之下·散对》,第1966—1967页。
⑤ 《李开先全集·杂著》《诗禅》,第2015页。
⑥ 《李开先全集·杂著》《画品·〈画品〉后序》,第1669页。

这就说明他的评论皆为亲眼所见的感触,而非妄下臆断和人云亦云,亦说明他对待画作鉴定和品评比较谨慎。

他在《田间四时行乐诗》后序中解释:"予是诗注脚字死而实,独一青字虽虚,然亦非圆活者,所以难于次押,句意因而或失照应,才限之、韵拘之也。聊以适一时之兴,非敢有奇博之心。"①对韵律押韵情况进行解释,指出该诗难于押韵,不敢存博人眼球的心理。《丁未除夕》一诗中有一句"流影有如驹过隙,哀声不啻雁离群",下有小注:"'群'字出韵,因悲恍不及致详,亦不复改正,以见吾情惊云。"②因为是年他的妻子张氏和爱妾张二相继离世,除夕守岁时孤苦伶仃使他悲痛万分,在字斟句酌时虽然"群"字不甚合乎韵律,仍然决定将之保留来表达心中真实的感情,然又担心行家讥笑他不懂作诗,特意用小注加以注释,可见他的良苦用心。无独有偶,《悼中孚李养正举人》一诗中有"三世善良君不永,颁白妻母苦相将",其下小字对"颁白"进行解释:

> 《孟子》:"颁白者不负戴于道路。"斑谓五十之老,白谓七十之老也。
>
> 朱注:"老人头半白黑。"盖专为斑字,士多认作总训斑白者,误也。③

除了对待作品具有精品意识外,李开先在为人处事上也比较谨慎世故。嘉靖十三年(1534)章丘知县赵瀛主持修复县城庙学,派人到京城请李开先作记,他"以方任吏部繁司,非为文之时,又修学大事,非能文之人,辞逊不敢当"④,因怕为家乡作记影响仕途,就以公务繁忙和难以胜任而推辞。罢归后所著《中麓小令》附作跋者的简介,特意解释"题跋名姓仕籍,无论年齿长少、官阶崇卑,以先有者为序"⑤,这与今天"排名不分先后""按姓氏拼音为序""按姓氏笔画为序"等做法极其相似。嘉靖四十五年(1566)左右,他为山东右布政使李磐作《送西谷李方伯上疏得请将致仕还其乡》,其中有"仕路方亨日未曛,飘然归性(兴)迥离群","林泉清福平分去,岂独吾称李隐君",意指李磐将要和自己一样闲居林下。结果诗写成了,李磐的致仕申请没有得到官方批准,如果不加以澄清有盼其早日离任的嫌疑,于是用小字注释"传闻将归,遂作此诗送之,乃后知部覆未准,欲即除去,友劝诗颇可,姑存

---

① 《李开先全集·诗文》《李中麓闲居集》文之六《序·〈田间四时行乐诗〉后序》,第582—583页。
② 《李开先全集·诗文》《李中麓闲居集》之三《七言律诗·丁未除夕》,第257页。
③ 《李开先全集·诗文》《李中麓闲居集》之四《七言绝句·悼中孚李养正举人》,第449页。
④ 《李开先全集·诗文》《李中麓闲居集》文之十一《记·章丘县重修庙学记》,第993页。
⑤ 《李开先全集·散曲》《中麓小令》,第1491页。

之"①。如此做法立即将嫌疑撇清，可见他的谨慎小心。他在为康海、王九思、王慎中、唐顺之作过传记之后，又作了补传，原因是：

> 初予欲为康、王、王、唐四子作传，屡次致书其家，索其志状不可得。恐终不可得也，遂据平素所见，并刻行文集，漫然为之。乃后各家陆续寄至……今四传俱本志状直书，皆前传中所未备者，而唐传则用洪状独多……②

这段话既对前面的仓促行为进行解释，又用作补传的行为表达对四人的虔敬。

他在为康海所作的传记中提到了康海主动拜访刘瑾，积极营救李梦阳的事情：

> 时竖瑾擅权，流毒缙绅，怒韩忠定及李崆峒曾疏其过，矫旨逮系，将毙于狱中。崆峒扯衣襟，嗌指血，密书告急于君，曰："非吾友，他弗能救！"君因与王渼陂计曰："许友以死，分也，奈老母何？"王言："罢官已矣，谅不及母。"君慨然："果如是，吾何惜一官而弃二命！"遂入白于瑾，初若不可解，徐徐言及此来非为二人，瑾扣其故，答以："韩虽不识事体，久负正人之名；李则文章超绝，可为乡里之光。倘若被戮，则公之凤望损矣！"瑾意稍许可。③

武宗即位之后，刘瑾、马永成等太监操纵朝政，户部侍郎李梦阳代替户部尚书韩文拟定奏疏揭发他们的罪行，使得刘瑾心怀怨恨，找准机会把两人逮捕关进牢狱欲加杀害，李梦阳向康海求救，康海主动拜访刘瑾，陈述杀害韩文和李梦阳将会使他的"凤望"有损，早就想拉拢康海的刘瑾卖给他一个面子，将两人释放。此外，在为康海所作的补传中又有这样一句话："数次援人于死地，弗望报也。而获生者反造谤焉，因为《差差辞》及《中山狼传》，而后咎有所归矣。"④他并未提及"获生者"是谁，但是联系正传不难猜测包括李梦阳在内。康海与刘瑾主动交往，用以营救李梦阳，刘瑾事败，康海连带丢官，憎恨刘瑾的李梦阳"议论稍过严刻"⑤，后来康海作《中山狼传》将他比作忘

---

① 《李开先全集·诗文》《李中麓闲居集》之三《七言律诗·送西谷李方伯上疏得请将致仕还其乡》，第368—369页。"飘然归性迥离群"中"性"，在明刻本中作"兴"，笔者觉得"兴"更为恰当。
② 《李开先全集·诗文》《李中麓闲居集》文之十《传·康王王唐四子补传》，第964页。
③ 《李开先全集·诗文》《李中麓闲居集》文之十《传·对山康修撰传》，第917—918页。
④ 《李开先全集·诗文》《李中麓闲居集》文之十《传·康王王唐四子补传》，第965页。
⑤ （明）何良俊：《四友斋丛说》卷十五，第126页。

恩负义的"中山狼"似也情有可原。在为李梦阳作的《李崆峒传》中,李开先简略地提到李梦阳依附宁王朱宸濠一事:

> 宸濠久蓄异图,招集文学士,要名誉,收人心,凡吏于其土有才名者,或啗以利,或劫以威,悉入网罗。崆峒初亦不屈,被其朔望困饿,又欲借其势以挟轧己者,实则不与其谋。①

李开先压根儿没有提李梦阳为朱宸濠做了什么,还为他做了回护,其实李梦阳正是因为替朱宸濠写《阳春书院记》被革职,不难看出李梦阳的人品上并非没有污点。李开先这些做法,或许是出于为贤者讳的目的,恰恰凸显了他为人谨慎小心的特点。

2. 潦草之处

李开先追求自然,强调要有真情实感和独创的风格,不拘泥于格律、程式。在《闲居集自序》中说:"或抚景触物,兴不能已;或有重大事,及亲友恳求,时出一篇,信口直写所见。"②在《闲居集后序》中说自己的写作是"随笔随心,不复刻苦,常言常意,无有可传"③。关于《塞上曲》,序中说"但一事而数百言,或有一半句犯旧者,力不暇及,而才亦拘定,背驰无害,此则不免有愧耳"④。还在后序中指出读者认为《塞上曲》序中所引的五言律诗,与正文"漫不相类",其实"诗在意趣声调,不在字句多寡短长也。向出使日,情与景会,偶诵其所记者而已"⑤。可见,他所作的诗在乎意境功用,而不在乎合不合规范。《一江风·卧病江皋》也是如此,所写均用一个曲牌,今存者一百一十首,从曲文内容可见作非一时,大多随意赋写,编排亦略作类从,不尚严谨。

他罢官归家后,广置田园,修葺庐舍,为所建亭台楼榭作记二十余篇。这些记文在写法上没有定格,或写景物、或发议论、或抒怀抱,或以所记写的对象为缘由而作发挥,少则数十字,多则三五百字,均秉承为文"信手放笔"的惯例,信手拈来,手法自如。⑥ 写作的对联同样是"对虽欲严,然意活泼而字不拘束,远则对以近,俗则对以雅,缓声则对以急响,乍见若出言外,徐察

---

① 《李开先全集·诗文》《李中麓闲居集》文之十《传·李崆峒传》,第 930 页。
② 《李开先全集·诗文》《李中麓闲居集序》,第 52 页。
③ 《李开先全集·诗文》《李中麓闲居集后序》,第 1119 页。
④ 《李开先全集·诗文》《李中麓闲居集》文之五《序·〈塞上曲〉序》,第 539 页。
⑤ 《李开先全集·诗文》《李中麓闲居集》文之五《序·〈塞上曲〉后序》,第 540 页。
⑥ 李梅:《李开先诗文研究》,山东师范大学 2011 年学位论文,第 53 页。

不逾目前"①。他颇推崇唐顺之,认为唐顺之能"深其本源"和"博其旨趣",所以他的文字"虽从笔底写成,却从胸中流出。如说家常话而作家庭书,所谓见理明而用功深者"②。这种话语也道出他自己的追求和心声。数量多难以兼顾质量精,难怪《明诗纪事》戊签卷九引《海岳灵秀集》评价他:"中麓积书好客,豪宕不羁,著作甚富,如貔貅纵横,江海泛滥,一韵百篇,盖白乐天之流亚。然词意浮浅,多何尚焉。"③

　　他作词与写诗喜欢韵脚游戏,《田间四时行乐诗》七律百首,次"青"韵(经、青、庭、星),依次用原韵、原字按原次序相和的方法创作,难度颇大。此外,他的诗多有一韵数首的情况,嘉靖三十七年(1558)左右,他按照谷继宗的韵律,用鱼、虚、书等字结尾作了五十七首七言绝句,从《谢谢少溪惠鱼次谷少岱韵》六首开始,到《杏里王亚卿致政抵家再借前韵为诗代候》二首结束。④ 嘉靖三十八年(1559)左右,他按照许谷赠诗的韵律,用年、贤、仙、传、天等字结尾作了七十六首七言律诗,这些诗被收录在《闲居集》之三,从《旧省长许石城自南都惠诗依韵奉答》始至《月下赠郭五游》终。⑤《闲居集》之二中收录他的五言律诗《游山晚归》一韵三首、《感兴》叠韵二十四首、《哭母》一韵三首、《闻朝议将调边军备倭感而有赋》一韵四首、《春日赋事》一韵九首、《地震》一韵十首、《暑月夜游忆旧》一韵十四首、《闻复征东兵责在无将也感而有赋》一韵五首、《夏日即事写怀》十四首、《立秋日作》一韵十六首、《立秋后作》一韵十四首等。有时候一题亦创作多首,《塞上曲》即为百首,《中麓山人咏雪诗》共七十五首,《傍妆台小令》遍用十九韵到底。

　　如此,他的作品缺乏剪裁,常嫌拖沓,会造成一些疏漏之处:《闲居集》之三的七言律诗中收录两首《赠雪簑》,前面一首《元日立春》,三首诗后又有《元日立春》二首;《闲居集》中收录他为《诗禅》所作的四篇序文,以及托名门人廉珍所作的跋文,不过名字皆叫前序、后序、又序,不唯没有将序和跋区分开,而且五篇序文散布于《闲居集》的文之五和文之六,稍晚写成的两篇《诗禅》又序散布在文之五,《诗禅》前序、《诗禅》后序和托名廉珍的《诗禅》又序连在一起收录在文之六。为苏洲《千字文》作两序,即《雪簑〈千文〉序前》和《雪簑〈千字文〉序》,分别在《闲居集》之五和之六。同样,《张小山小令》和

─────────────

① 《李开先全集·杂著》《中麓山人拙对、续对·中麓山人续对卷之下·〈拙、续对〉又总序》,第1969页。

② 《李开先全集·诗文》《李中麓闲居集》文之十《传·荆川唐都御史传》,第957页。

③ (清)陈田:《明诗纪事》戊签卷九《李开先》,上海古籍出版社1993年版,第1529—1530页。

④ 参见《李开先全集·诗文》《李中麓闲居集》之四《七言绝句》,第451—458页。

⑤ 参见《李开先全集·诗文》《李中麓闲居集》之三《七言律诗》,第334—540页。

《乔梦符小令》的前序和后序分别在文之五和文之六中,《中麓山人拙对、续对》的六篇序文也散布在《闲居集》的文之六中。这种编排方式就不能全面和更好地把握相关著作的编修原因、刻印过程以及社会影响。《中麓山人咏雪诗》七十五首,大多作于嘉靖三十五年(1556),曾经单独刻印。而在《闲居集》中,这些咏雪诗散见于各卷之中。《中麓山人续对》中有《为唐吾介妻守节作》两副对联,第二副对联末尾小注"介吾作词曲颇为当时所取",不知为何,"吾介"一下子又变成了"介吾"。

陈太一在《李开先及其〈中麓画品〉著述范式》中指出《中麓画品》的序文有很多疏漏,这种写作上的矛盾在其他作品中也时时流露,且在同一作品中也经常出现。[1] 卜键评价《中麓画品》的局限"仍在于有些潦草,下气力不够,这也是李开先的性格特点"[2]。王卓在《文体选择与李开先的文学思想》一文中指出他在明代中期文学思想史上具有过渡性质,笔者很是认可。这方面的情况在他所撰传记作品中有所体现,如《对山康修撰传》对康海的为官经历作了仔细介绍,而对其晚年曲学造诣则未作说明。而在《雪簑道人传》中处处流露出传主放荡不羁的性格。两篇传记的写作时间虽然相差不远,文章主旨却大相径庭,可见此时文学风气和绘画风气都是处于嬗变期。

三、儒家和释道思想掺杂

之前的朝代虽然有儒释之争,明代中叶以后,儒释道不仅在学术上交融,而且从形式上合一。这样的发展趋势在明代是相当明显的,一些大儒对释道学说比较精通,亦出现颇通儒学的高僧和道士。李开先虽然不是儒释道皆极为精通的人,随着生活遭际的变化,思想体系呈现不同的特征,入仕前期和在朝为官时受儒家思想影响较大,"雅负经济,不屑称文士"(清曹溶《明人小传》),罢归之后则儒释道思想掺杂。

1. 儒家思想

他出生在一个经学家庭,从小即受到儒学正统思想的影响,修身齐家治国平天下的思想占了主导地位。受儒家入世思想的影响,他对国家的命运和前途尤其关心。无论诗歌、文章,还是词曲,他的经世致用思想比较明显,内容固然有描写优游林下的闲适,更有对政治局势的关心和对百姓疾苦的

---

[1] 陈太一:《李开先及其"中麓画品"著述范式》,《美术学报》2011 年第 3 期,第 50—54 页。
[2] 《李开先全集·杂著》《画品·提要》,第 1657 页。

同情。嘉靖十年(1531)秋在家养病期间,作《卧病江皋》百余曲,其中有不少对边塞军情的忧思。①

所作《宝剑记》和《断发记》撇开男女情爱和家庭矛盾,树立为国效力、维护君臣纲常的忠孝观念和夫妻恩爱、上下和睦的家庭观念。男主人公林冲和李德武都为武将出身,他用大量篇幅表现他们在被朝廷逼迫得走投无路时,依然怀着矢志不渝的忠诚。在《宝剑记》中,林冲被下昭狱,向妻子诉说心中的遗憾,"虑萱亲无靠","苦娇妻年少","死生事最小,但只念君亲恩重,未尽忠和孝"。② 死到临头,还想着劳什子的君亲忠孝。被迫上梁山后,心情非常矛盾:"谢吾皇涵养林冲雨露仁,效犬马要图尺寸,生逼做不忠臣。遥拜我宋明君。"③在《断发记》中,书生李德武因坐妹夫王才秀窝藏要犯李密罪,被流放幽州立功赎罪。见到好友温彦博,他恢复雄心壮志,"惟只愿唐王心虔秉钺,使海内诸侯整然有截。趁天意奋英杰,直斩天狼我肯缺。山河跋涉,不辞筋力竭,万里横戈远探虎穴"④。最终因屡立奇功被皇帝犒赏,封为右翊卫大将军,妻子被封为河南郡夫人,他感叹:"皇恩此日沾枯槁,微生岂幸封褒。凤冠袄,斜侵翠翘,霞垂绣帔飘飘。"⑤他们的妻子贤孝贞良,面对强大的邪恶势力,表现得不卑不亢,面对无情的社会现实,从不放弃和丈夫团聚的希望,她们以坚强的毅力和决心侍养婆母——尽管婆婆耐不得煎熬早早去世,直至丈夫带功而归。比如,林冲的妻子张氏在探监时向丈夫表态:"官人,你放心,倘或有些吉凶之事,奴岂有再嫁之理!"⑥事实上她也是这么做的,为了救丈夫"忍羞含怨,身自经危险","击鼓向金门,声动朝阳殿"。⑦ 侍奉婆婆尽心尽力,"天明早起,高堂问寝食","亲尝汤药,躬勤菽水"。⑧ 李德武的妻子裴淑英听闻朝廷准许丈夫与她离婚的消息表态:"此身誓不登二门,从教扭捏为齑粉。""夫者,天也,向可背乎? 守之以死,必无异志也呵!"⑨面对丈夫的迟疑,更是"引刀割耳,指苍天焉敢自欺"⑩。别离

① 《李开先全集·散曲》《卧病江皋》,第 1426—1438 页。
② 《李开先全集·传奇》《新编林冲宝剑记·第十五出》,第 1167—1168 页。
③ 《李开先全集·传奇》《新编林冲宝剑记·第四十出》,第 1225 页。
④ 《李开先全集·传奇》《裴淑英断发记·第十一出彦博荐友》,第 1303 页。
⑤ 《李开先全集·传奇》《裴淑英断发记·第三十九出合夥团圆》,第 1387 页。
⑥ 《李开先全集·传奇》《新编林冲宝剑记·第十五出》,第 1168 页。
⑦ 《李开先全集·传奇》《新编林冲宝剑记·第十六出》,第 1169 页。
⑧ 《李开先全集·传奇》《新编林冲宝剑记·第二十二出》,第 1183 页。
⑨ 《李开先全集·传奇》《裴淑英断发记卷之上·第九出奉旨离姻》,第 1291、1292 页。
⑩ 《李开先全集·传奇》《裴淑英断发记卷之上·第十出引刀自誓》,第 1294 页。

丈夫时,接过雌剑,欲效仿"虞姬不负名节"①。听闻丈夫的死讯后,面对父亲逼迫改嫁柳直,举刀断发,立下永不改嫁的誓言②。如此忠臣和节妇,博得读者无限钦佩和同情。

李开先为家人和亲朋所作的墓志铭、传记之类,皆会评价此人道德和品行的文字,例如称赞母亲王氏贤惠、孝亲敬夫:

> 先大夫乡试屡不第,母不为苦颜,得隽,亦不动喜色。会试同上京,闻祖父讣音,多方解慰,先大夫虽愁容可掬,得免旅病。归事祖母,倍加诚敬,每令节寿辰,洁器具,罗脆甘,率卑幼堂前祝拜。及祖母脾疾,不能去水火,母必扶抱转送,得无太苦。先大夫染消渴,茶水药饵,三年伏事如一日。③

他很少为不甚相关的人作应酬之文,却为死节的烈妇杨氏作碑记和跋语。杨氏温良贤惠,嫁姜守身,待公婆至亲至孝,和丈夫举案齐眉,日子过得和和美美,不幸的是不久丈夫得急病而亡,她誓言不独活,几次自裁不遂,在次年寒食节支开家人自杀,丫鬟盛儿亦殉节追随。杨氏和盛儿死节的事迹,令李开先感慨万千,在所作碑记中说:"烈妇素温巽柔嘉,而其英爽决断若此,盖有丈夫所不能者。""烈妇委曲处其死,非惟事稀而奇,盖亦义就而难矣。"④又在《杨氏暨侍婢死节事跋》中夸赞:

> 今观姜妻杨氏之死节,女婢盛儿甘与同之,杨氏盖女流中之仅见,盛儿亦侍婢中之绝无者也。皓齿作机头之断,青春委梁上之尘,杨氏可风女流;金盏覆无干之水,玉琴抛未续之弦,盛儿可风婢辈。⑤

这些言论充分说明他是封建伦理纲常的自觉维护者,这在封建社会很普遍,无可厚非。

在罢归林下的日子,他没有恬然于势利之外和欣然于山水丘壑,相反对边备疲敝、吏治腐败、人民病瘼仍然非常关心,不在其职而急其事,不在朝廷而心忧社稷。作《田间四时行乐》百首,表达罢归后的闲适恬静,不过自言"间有言及武事者,亦安不忘危之意云"⑥。南倭北虏、山陕大地震在他眼中

---

① 《李开先全集·传奇》《裴淑英断发记卷之上·第十一出德武别妻》,第1297页。
② 《李开先全集·传奇》《裴淑英断发记卷之上·第三十六出淑英剪发》,第1373页。
③ 《李开先全集·诗文》《李中麓闲居集》文之八《墓志·封太宜人先母墓志铭》,第760页。
④ 《李开先全集·诗文》《李中麓闲居集》文之十一《记·姜烈妇杨氏碑记》,第1019页。
⑤ 《李开先全集·诗文》《李中麓闲居集》文之十一《跋语·杨氏暨侍婢死节事跋》,第1044页。
⑥ 《李开先全集·诗文》《李中麓闲居集》之三《七言律诗·田间四时行乐诗》,第292页。此为诗题下小注。

都是大灾难,作品中述之甚详,担忧之情溢于言表。倭寇屡屡侵犯沿海,他异常焦虑担忧,嘉靖三十三年(1554)左右,作《闻复征东兵责在无将也感而有赋》一韵五首,其中第一首中有:"南国多残破,东人亦震惊。他方非不虑,急为筑章城"①,《立秋后作》第五首中亦有:"夷虏兵临塞,英雄泪湿襟。军情今若此,愁极只孤吟。"②作《闻朝议将调边军备倭感而有赋》一韵四首,寄寓作者"大君神且武,计日可擒王"的愿望③。嘉靖三十五年(1556)夏,倭寇攻破慈溪,残害百姓,久居林下的李开先作《夏日闻倭报》④。又作《忧时事》,为"岁饥逢久旱,雨小只鸣雷。远报倭夷盛,近闻野哭哀"感到担忧,以至于"置酒高楼上,积怀郁不开"⑤。得知"居民贫到骨,海寇乱如毛"的境况,感到"忧愤无由泄",于是"床前舞宝刀"⑥。还连作《勉军士》三首寓言诗,通过叙述符、巫、医之事,对江南讨倭过程中无能军官"征倭见倭走,军前多懦夫"的畏敌行为表达鄙视和痛恨,诗的结尾接连发出"粮赏空糜费,嗟哉符不如"、"粮赏空糜费,叹哉巫不如"、"粮赏空糜费,嗟哉医不如"的感叹⑦。嘉靖四十二年(1563)春,倭寇进犯福建,他"闻警忧心不可降"。⑧

嘉靖三十四年(1555)十二月,山西、陕西、河南发生大地震,平阳府受灾严重,据《明史》载死者八十余万人。他在次年春写了《地震》一韵十首对地震惨状进行描绘,即如第一首中说:"地震连山陕,残伤亿万家。室庐尽倒塌,骸骨乱交加",最后一首提及"南北还交困,胡尘与海沙"⑨。夏天写《平阳哀》一诗,在诗首长序中对陕西和平阳灾情进行细致入微的统计并对东南倭寇侵略情况进行陈述,诗的正文部分描写了地震发生时山崩地裂的可怕景象和地震之后哀鸿遍野的惨状,"有如地维坏,忽然鸣疾雷。屋倾同拉朽,墙塌类崩崖。物畜不足恤,民命等蒿莱",论及东南倭寇时提到"倭寇今炽

① 《李开先全集·诗文》《李中麓闲居集》之二《五言律诗·闻复征东兵责在无将也感而有赋》,第139页。
② 《李开先全集·诗文》《李中麓闲居集》之二《五言律诗·立秋后作》,第146页。《立秋后作》一韵十四首。
③ 《李开先全集·诗文》《李中麓闲居集》之二《五言律诗·闻朝议将调边军备倭感而有赋》,第127页。此为第四首。
④ 《李开先全集·诗文》《李中麓闲居集》之一《七言古诗·夏日闻倭报》,第83页。
⑤ 《李开先全集·诗文》《李中麓闲居集》之二《五言律诗·忧时事》,第132页。
⑥ 《李开先全集·诗文》《李中麓闲居集》之四《五言排律·雪晴自幸安居忽闻海寇复炽感而有作》,第381页。
⑦ 《李开先全集·诗文》《李中麓闲居集》之一《五言古诗·勉军士》,第71页。
⑧ 《李开先全集·诗文》《李中麓闲居集》之三《七言律诗·晓起闻倭夷警报》,第352页。
⑨ 《李开先全集·诗文》《李中麓闲居集》之一《五言律诗·地震》,第129—130页。

盛,慈溪余烬煨。兵戈逼杭郡,风声震江淮"①。即便在游玩之时,看到眼前美景虽然喜不自胜,但国家命运和内忧外患时不时地在心头泛起,在《游百脉泉》前面四首描写美景,第五首的最后几句为:"林居有足乐,世事不能平。北房南倭寇,何人为请缨?"②其至在为族侄李继孜所作的行状中,提及应李继孜之请,对嘉靖三十年(1551)左右的南北战事侃侃而谈:

> 倭患在春汛,虏患在秋高。年来事势渐变,患不止春与秋,若能隆赏格以励文武,御出洋以绝乱源,复旧制以立寨舶,定军法以分主客,暂借盐引脏罚,以足食用,倭患庶可抒矣!储将材以充任使,复屯盐以图经久;革通事以防奸细,勤抚字以招逼逃;许便宜从事以专权任,虏患庶可抒矣……③

这番鞭辟入里的高论,抵得上一篇《隆中对》,是一个置身政治之外的人根本做不到的,让族侄敬佩得五体投地。

嘉靖四十二年(1563)冬,鞑靼军队再次入侵中原,他心急如焚,作《候虏信》二首,其中有"千里起尘埃,惊传虏骑来""门前听信息,一日几徘徊"④。言语之中,对国家的内忧外患和人民疾苦尤其关注,为了听到最近的消息,一天之中在门口等待和徘徊多次。不久,拜访好友王士登,两人谈起边塞军情,一起叹气感伤。⑤嘉靖四十五年(1566)春,北房再次犯边,他作《新春忧边警彻夜不寐旋闻兵马聚盛虏必败遁不足忧矣》⑥。当年他已经六十五岁,年老体衰正需要多多休息,却为国事彻夜不眠,担忧中充满官军必胜的信心。忧愤郁积心头,他甚至发出"复河湟,系名王,驱逐倭酋静海洋"的豪言壮语,不过他随即感叹"壮志悉从衰病降,悲歌感慨呜呜不复少年狂"⑦。晚年他多病难支,由自己病态推及国家的内忧外患,指出如果民众的疾苦能够消除,他独自得病也心甘情愿:

---

① 《李开先全集·诗文》《李中麓闲居集》之一《五言古诗·平阳哀》,第70页。
② 《李开先全集·诗文》《李中麓闲居集》之二《五言律诗·游百脉泉》,第172页。《游百脉泉》一韵五首。
③ 《李开先全集·诗文》《李中麓闲居集》文之九《行状·镇抚李继孜行状》,第849页。
④ 《李开先全集·诗文》《李中麓闲居集》之二《五言律诗·候虏信》,第232页。
⑤ 《李开先全集·诗文》《李中麓闲居集》之二《五言律诗·冬日访王云峰处士》,第232—233页。
⑥ 《李开先全集·诗文》《李中麓闲居集》之三《七言律诗·新春忧边警彻夜不寐旋闻兵马聚盛虏必败遁不足忧矣》,第363页。尾联"堪嗟螳螂在车前奋",尽管卜键笺校和明刻本一致,笔者仍觉得"奋"乃"当"之误,因为螳臂当车乃一成语,且繁体字的"奋"和"当"形似。
⑦ 《李开先全集·诗文》《李中麓闲居集》之一《七言古诗·庄上曲》,第86页。

在心为忧身为病,吾病无乃忧所为。

又不见东国民贫势不支,内销肌骨外疮痍。

困踣流离不忍见,良方妙剂将安施?

刑简赋平敷善政,是惟良牧与医师。

民瘼幸然能脱体,吾身独病亦舒眉。①

需要指出的是,他对社会命运的关心和对民众疾苦的同情不仅仅体现在作品中。嘉靖四十三年(1564)他以实际行动平息一场乱贼伤民的祸乱,其孙在《先太常年谱》中记载如下:

濮上大猾陈良谟聚淄青盐矿万人作乱,所至市肆一空。二三有司亦且奔命恐后焉。客间请于大父曰:"先生居尝自负有戡乱之谋,今乱生东方,将扰桑梓,谋将安在?"大父答曰:"易与耳。"少焉移书抚台,代为处分策。亡何良谋死杖下,余党以榜招安,不声色而祸乱平。②

濮州一个叫陈良谟的坏人带领万余人在淄川和青州交界的盐矿作乱,所到之处百姓遭殃,他给山东巡抚修书一封,献上平定祸乱的良策,没过多久,官府就将陈良谟俘获杖死,余党被招安,可见李开先足智多谋,具备运筹帷幄的能力。不过,这事未见官方记载,或许是因为有司不想让他居功而刻意隐瞒,或许是因为此事太小不足以记载。无论如何,以李开先关心时政的做派,袖手旁观是做不到的,笔者相信这件事具有几分真实性。

2. 释道思想

到了晚年,佛系和道家思想逐渐显露并加剧,和各色人等的交往增多,曾言"近交谁复是良朋,一半山人一半僧"③,"但有酒樽同食垒,便游道院与禅堂"、"听法留禅榻,参玄著道衣"、"追随道友长为客"、"寺近不时僧击户"④,"交有数道友,灵根顿悟,真诀有传,将以是就正,共超尘障"⑤。正是因为近佛而知佛语,他才能写出《打哑禅》这样的作品,该院本刻画一位自命不凡的得道高僧形象,其中有不少佛偈,即便跋语亦用佛语写成:

尝谓虚声顿息,法空之正印旋生;猛焰俄消,灵润之真诚立验。六

---

① 《李开先全集·诗文》《李中麓闲居集》之一《七言古诗·医士黄承佑歌》,第99页。
② 《李开先全集·附录三》《年谱·族谱·先太常年谱》,第2270页。
③ 《李开先全集·诗文》《李中麓闲居集》之四《七言绝句·秋深村况》,第448页。
④ 《李开先全集·杂著》《中麓山人拙对、续对·中麓山人拙对卷之中·散对》,第1807、1835、1838、1843页。
⑤ 《李开先全集·诗文》《李中麓闲居集》文之六《序·〈重订双修揭要集〉序》,第598页。

尘之境本空,镜中照影;三界之涂无体,谷外传声。理事该罗,当世谛而明真谛;始终互彻,即凡心而见佛心……①

如此深奥难懂的语句,对佛事和佛经没有一定的了解,是写不出来。

这时,他开始批判自己信奉一生的儒家正统思想,认为儒家经典不如道家著作有用。在《夏日即事写怀》的第十一首中说:"道服宁违众,儒冠误一生。"②在《自述》一诗中说:"莫为不平鸣,殷勤保令名。但称为善士,岂愿作儒生。"③作《田间四时行乐诗》百首,其中第十五首有"何日生男承世业? 百年误我是儒经";第四十二首中有:"床头虽是存《周易》,袖里惟携《道德经》","僻地著书同柱史,黄冠道扮灿犹星";第七十七首中有:"书藏万卷何书好? 得用今知惟《道经》。"④在《中麓山人拙对》中说:"鹖冠曾被儒冠误,豸服何如道服闲。"⑤《宝剑记》中借林冲之口也说:"儒冠误我甚堪悲,笃志玩兵机","脱却儒衣挂战袍,学文争似习龙韬"。⑥在《论仙学得失》中指出"半世冥修终畔道,一言超悟便成仙"⑦,感慨自己半生学儒而终究归道。作《家居学道》一诗⑧,说明在养病期间对道家思想研究颇多,领悟较深。还作《园居学道》一诗,其中有"从此兼修命,三年道可成"⑨。还一连作《归隐学道》四首,第三首末句为:"一年修道忘寒热,酷暑今临大雪天",第四首颈联为:"访道愿从逃世侣,休官岂是落凡仙"。⑩《家居学道》《园居学道》《归隐学道》等诗皆说明他试图彻底地脱离尘事的烦扰,一心求道,在空灵沉寂中求得内心的安静与平和,即如他所说的:"独居尘虑少,久坐道心清","非无闻与见,禅定不为惊"。⑪相应地,他还作了一些学道感悟以及与道士、炼丹师交往的诗文,例如《谢客读〈石函记〉感悟》《病中读〈道德经〉感悟》《闻道后追忆旧事》《赠张云霞炼师》《赠虞一峰道者》等。

---

① 《李开先全集·院本》《〈一笑散〉二种·〈打哑禅院本〉跋语》,第1408页。
② 《李开先全集·诗文》《李中麓闲居集》之二《五言律诗·夏日即事写怀》,第141页。《夏日即事写怀》共十四首。
③ 《李开先全集·诗文》《李中麓闲居集》之三《五言律诗·自述》,第232页。此为该诗的首联和颔联。
④ 《李开先全集·诗文》《李中麓闲居集》之三《七言律诗·田间四时行乐诗》,第294、298、303页。《田间四时行乐诗》共百首。
⑤ 《李开先全集·杂著》《中麓山人拙对、续对·中麓上人拙对卷之上·散对》,第1729页。
⑥ 《李开先全集·传奇》《新编林冲宝剑记·第二出》,第1132页。
⑦ 《李开先全集·诗文》《李中麓闲居集》之三《七言律诗·论仙学得失》,第332页。
⑧ 《李开先全集·诗文》《李中麓闲居集》之二《五言律诗·家居学道》,第135页。
⑨ 《李开先全集·诗文》《李中麓闲居集》之二《五言律诗·园居学道》,第223—224页。
⑩ 《李开先全集·诗文》《李中麓闲居集》之三《七言律诗·归隐学道》,第330页。
⑪ 《李开先全集·诗文》《李中麓闲居集》之二《五言律诗·习静》,第133—134页。

其实,他有这些思想倾向除了因为回归朝班无望,还跟命运多舛有关。从嘉靖二十六年(1547)八月到嘉靖三十二年(1553)七月,短短六年之间,妻子张氏、爱妾张二、长子苏郭、母亲王氏、次子九十相继去世,使他饱经丧母、丧妻、丧子的人生苦难。数次得子后,经过求医问药、拜神烧香等几番折腾,仍然挽回不了爱子的性命,最终落得身后乏嗣的下场,"这愁苦三年两遭","可也曾扬幡打醮,可也曾烧香挂袍,可也曾迎医讨药,从俗礼,不辞劳,只争这数难逃"①。长期的忧郁不得排解,使他对命运有所怀疑,"死生祸福本参差,莫谈命运,算甚干支! 眉尖恨,心间事,这番磨难人谁似?"②在这种漫长而痛苦的闲居生涯中,庄子"无以人灭天,无以故灭命,无以得殉名","知其不可奈何而安之若命,德之至也"的思想可以使他的内心得以稍稍抚慰。于是,道家安时顺处和无为无名无功的思想占据了主导地位,渐渐笃信命由天定。

四、入仕和退隐的矛盾

仔细考究可以发现,李开先闲居前期仍有入仕之心。他书写对功名的淡漠,然而又毫不掩饰对重回朝廷的渴望。

1. 退隐的想法

早在为官时,即在《述隐——赠康对山》中描写了归田的好处:

【十三煞】幸一身得自由,做三公待怎生? 笑他每千方百计穿捷径。闲愁镇日空千遍,夜睡何曾到五更? 俟落出膏肓病。做一个投林的倦鸟,胜强如出海的飞鹏。

【二煞】繁华凤里灯,功名水上萍,晦明迁转全难定。朝中忽起明珠谮,塞外虚存铜柱名。叹马援逢权佞。见机的是扁舟范蠡,五柳渊明。③

不过,这时他表达的是对康海被罢归的同情,劝慰其接受现实和看开世道,于他自己则无关痛痒。

罢归之后,他对仕途进行深思,闲适的生活给他带来许多乐趣,发出"仕

---

① 《李开先全集·散曲》《四时悼内·中秋对月忆子警悟词序》,第 1518 页。
② 《李开先全集·散曲》《四时悼内·悼殇词》"前腔令",第 1516 页。
③ 《李开先全集·散曲》《述隐——赠康对山》"十三煞"和"二煞",第 1418—1419 页。

进岂知恬退乐,吾今始得洗心经"①的感慨。甚至看清了以前孜孜追求的仕途:"半生岁月成虚度,仕路艰危已饱经"②;"官忙岂若闲游好,怪得京卿不肯留"③;"仕途终日忙,傀儡竞登场"④;"一自热场遭斥遣,此心今已冷如冰"⑤;"不恋京卿翻身离业海,相随野老糊口种花田"⑥;"仕路不如归路好,将台争似钓台高"⑦;"宠辱不惊何用争妍取宠,名声大振无如隐姓埋名"、"无味功名如嚼蜡,难羁岁月类抛梭"、"宦情鸡肋同不须挂齿,人事牛毛似何劳苦心"⑧;"过后寻思始知乌帽为愁帽,从前莽憨幸免华阶作祸阶""热场角逐终无益,冷地栖迟凤有缘"⑨,"始知上殿尚书履,只敌长江渔父簑"⑩,"人命似风中烛,水上沤,自古贤愚共一丘"⑪;"黄粱久炊犹未熟,社鼓一声惊觉来。万事到头都是梦,浮名何用恼吟怀"⑫。《中麓小令》中这样的句子更多:"红尘外,绿水滨,得安身处且安身","黄金印,白玉珂,得腾那处且腾那","铜佗印,金字牌,得丢开处且丢开","柴桑里,松竹园,得随缘处且随缘","江湖梦,丘壑情,得离京处且离京";⑬"志扬扬,重归旧日卧龙冈。无心久恋铜驼巷,暂脱碧鸡坊"⑭。他更是作《归农》一韵十四首,第三首开端为"当年何事不归农?奔走迷途恨颇浓"。⑮

在《雨不歇》中写道:"一朝辞帝里,十载作农家。进退吾皆适,皇恩讵有涯。"⑯作《田间诗》三首,其中写道:"门前无俗驾,几上只农书","客来从笑

① 《李开先全集·诗文》《李中麓闲居集》之三《七言律诗·田间四时行乐诗》,第 306 页。《田间四时行乐诗》次韵百首,此为第九十九首。
② 《李开先全集·诗文》《李中麓闲居集》之三《七言律诗·田间四时行乐诗》,第 294 页。《田间四时行乐诗》次韵百首,此为第十四首。
③ 《李开先全集·诗文》《李中麓闲居集》之三《七言律诗·秋夜宿水村梦觉已曙因而有作》,第 354 页。该诗共三首,此为第二首尾句。
④ 《李开先全集·诗文》《李中麓闲居集》之二《五言律诗·傀儡》,第 196 页。傀儡即木偶戏。
⑤ 《李开先全集·诗文》《李中麓闲居集》之三《七言律诗·仲夏苦热》,第 268—269 页。《仲夏苦热》共三首,此为末首尾句。
⑥ 《李开先全集·杂著》《中麓山人拙对、续对·中麓山人拙对卷之上·田舍郎》,第 1701 页。
⑦ 《李开先全集·杂著》《中麓山人拙对、续对·中麓山人拙对卷之上·钓台》,第 1691 页。
⑧ 《李开先全集·杂著》《中麓山人拙对、续对·中麓山人拙对卷之上·散对》,第 1738、1743、1744 页。
⑨ 《李开先全集·杂著》《中麓山人拙对、续对·中麓山人拙对卷之中·散对》,第 1795、1814 页。
⑩ 《李开先全集·杂著》《中麓山人拙对、续对·中麓山人续对卷之下·散对》,第 1965 页。
⑪ 《李开先全集·散曲》《四时悼内·秋·苦雨》,第 1510 页。
⑫ 《李开先全集·院本》《〈一笑散〉二种·园林午梦院本》,第 1399 页。
⑬ 《李开先全集·散曲》《中麓小令》,第 1453、1454、1455、1461、1465 页。
⑭ 《李开先全集·散曲》《中麓小令》,第 1461 页。
⑮ 《李开先全集·诗文》《李中麓闲居集》之三《七言律诗·归农》,第 347 页。
⑯ 《李开先全集·诗文》《李中麓闲居集》之二《五言律诗·雨不歇》,第 118—119 页。

语,不许及升除".① 在《漫题》中说"宦游踪迹类浮萍","罢归誓不出前楹".② 在《夏日即事写怀》的第九首中云:"纳凉临北牖,避热卧西清。且了身边事,不干世上名。"第十三首中有:"穴兔兼巢鸟,各归依所生。十年勤政意,千里倦游情。"③作《纪梦》一诗,首句即为:"苦为尘事牵,自幸早归田"④,《冬至日雪》的末句为"从此大东歌岁稔,宦游岂若作农家"⑤。作《初冬夜与客赏菊》,自我安慰之所以能够"乘闲长宴客"和"花底陶然醉"地游玩饮酒,全因"有幸蚤辞官"的缘故⑥。所作《林居追忆往事》中有:"栖息性相安,不思再赐环。乘风行柳下,伴月卧花间。身外无余物,心内有余闲。"⑦《田家乐》第一首为:"四十归田已是迟,田家乐处有谁知。"⑧如此,皆表明了他归隐后的闲情逸致。《秋夜狂吟》更是将罢归后的放纵行为表现得淋漓尽致:

> 不复犯凤江,休官还旧邦。
>
> 露蛩声暗壁,月雁影晴窗。
>
> 兴发挥吟笔,醉来卧酒缸。
>
> 米狂今有二,国士愧无双。⑨

在蟋蟀吟唱和月亮影窗的秋夜尽情饮酒,文如泉涌时挥笔作诗为文,确实有点米芾的张狂和洒脱。《村居秋兴》第十一首为:

> 虚名薄利争无已,好似云烟眼外过。
>
> 纵犬闲观田父猎,骑牛遥听牧童歌。
>
> 菜羹碗内香而滑,菊酒床头旨且多。
>
> 林下满前皆乐事,仕途何苦久奔波。⑩

纵犬打猎、骑牛听歌、吃着野羹、喝着菊酒,这种村居日子过得还算比较惬

① 《李开先全集·诗文》《李中麓闲居集》之二《五言律诗·田间诗》,第133页。
② 《李开先全集·诗文》《李中麓闲居集》之四《七言绝句·漫题》,第458页。
③ 《李开先全集·诗文》《李中麓闲居集》之二《五言律诗·夏日即事写怀》,第141、142页。《夏日即事写怀》共十四首。
④ 《李开先全集·诗文》《李中麓闲居集》之一《五言古诗·纪梦》,第74页。
⑤ 《李开先全集·诗文》《李中麓闲居集》之四《七言排律·冬至日雪》,第400页。
⑥ 《李开先全集·诗文》《李中麓闲居集》之二《五言律诗·初冬夜与客赏菊》,第173页。
⑦ 《李开先全集·诗文》《李中麓闲居集》之一《五言古诗·林居追忆往事》,第59页。
⑧ 《李开先全集·诗文》《李中麓闲居集》之四《七言绝句·田家乐》,第462页。《田家乐》共两首。"莺花作主今朝事"中"事",在明刻本中作"举",不知孰是孰非。
⑨ 《李开先全集·诗文》《李中麓闲居集》之二《五言律诗·秋夜狂吟》,第115页。不过,作者却从中读出他癫狂之后无限落寞。
⑩ 《李开先全集·诗文》《李中麓闲居集》之三《七言律诗·村居秋兴》,第279页。《村居秋兴》共十一首。

意。《四时悼内》中收有南曲和北曲,北曲《触事咏怀兼忆内》中《那吒令》一韵十首,其中有"功名水上沤,富贵风中燕,可人怜名震三边","繁华火上冰,岁月云中电,再休题万里兵权","仕途梦一场,世态云千变,又何须挂甲朝天","沧溟小似杯,日月疾如箭,爱清闲懒听鸣鞭","谁知相国衙,不若悲田院,油灯没且受熬煎","昨朝雨露恩,今日风霜面,想杀人一日三宣","兵戈众将忧,丰稔吾农愿,胜强如一岁三迁","早辞四品衔,高出千人见,了今生啸傲林泉"。① 可以说,乡居伊始他确实感觉到了久违的宁静和轻松,能够随心所欲地做想做的事情。

2. 入仕的想法

对于罢归闲居李开先并不甘心,透过故作轻松的语句可以发现他对起复的渴望,可以说通过在作品中显露安心田园、沉湎山水掩盖对壮年罢官之事的耿耿于怀。他先是抒写对功名的淡漠,紧接着却毫不掩饰对重回朝班的希冀,这种矛盾在诗文和词曲中处处可见。《知止》:"拂袖东归齐鲁地,侧身北望紫薇天"②;《纪梦》:"旅寓燕京日,常牵田里思。归来频入梦,犹是早朝仪"③;《放居》:"日日添疏放,示无仕宦心。矜持太作意,仍望出山林"④;散对中有"放歌好在穷愁日,谢政方才强仕年"⑤。尤其是嘉靖三十七年(1558)好友唐顺之起复为兵部职方郎中,他的心境再起波澜,也渴望再起,作《自叙》诗感叹志趣才华为世所负的无奈:

> 松柏伏磐石,侧出终凌云。
> 隼虽暂塌翅,回旋薄苍旻。
> 回旋吾不能,侧出苦无因。
> 既非后凋材,鸟雀与同群。
> 壮志已焉矣,耕钓藏其身。⑥

湖广茶陵人张治在嘉靖二十八年(1549)二月晋为礼部尚书兼文渊阁大学士,素来平易近人,喜奖掖人才,对李开先比较赏识,答应为其作诗写文并向朝廷举荐他,李开先体谅他的难处加以婉拒:

① 《李开先全集·散曲》《四时悼内·北曲·触事咏怀兼忆内》,第 1512—1514 页。
② 《李开先全集·诗文》《李中麓闲居集》之三《七言律诗·知止》,第 318 页。《知止》共两首,此为第一首末句。
③ 《李开先全集·诗文》《李中麓闲居集》之四《七言排律·纪梦》,第 410 页。
④ 《李开先全集·诗文》《李中麓闲居集》之四《七言排律·放居》,第 411 页。
⑤ 《李开先全集·杂著》《中麓山人拙对、续对·中麓山人拙对卷之上·散对》,第 1730 页。
⑥ 《李开先全集·诗文》《李中麓闲居集》之一《五言古诗·自叙》,第 71—72 页。

龙湖曾许为《中麓说》,自南都取入内阁,以书相报曰:"说文久稽,非敢有忘,对佛谈经,自是难事。且以尘鞅中俗吏,而言清凉境界高人,举笔而投者,非一次矣。操布鼓而过雷门,终当献丑。待上一荐疏后,方偿此文债也。"予得书,驰复之曰:"入山以来,姓名尚不欲有之,况乎仕号,而又文以光饰其号耶? 自愧才非用世,性不随人,久居冷地,熟视热场无味,二事俱不劳记念。"未几,龙湖卒。①

在罢归后李开先肯定与张治多有联系,希望得到奖掖和提携,他还算比较有眼光,张治确实官做得越来越显贵,不过张将此事放在心上还未付诸行动,将他的难处说出,李觉得不好意思才加以拒绝,嘉靖二十九年(1550)十月张治病卒,李开先寄予的希望完全落空。继而将目光转向他人,曾作《寄怀高熙斋户部上卿》一诗给时任户部尚书的高燿:

> 别来久异地,在昔窃同寅。
> 予是耕田叟,君为名世臣。
> 亲庭常爱日,仕路喜逢辰。
> 奚但司财赋,还看秉国钧。②

还曾作《寄大司寇黄葵峰》给时任刑部尚书的黄光升:

> 司寇职刑名,惟明刑自平。
> 系囚防暑毒,仁意蔼春生。
> 戕虐深为戒,哀矜为得情。
> 好生天子德,辅助在贤卿。③

李开先与高燿、黄光升曾为同僚,不过罢归林下后和他们已经有云泥之别,诗中蕴含恭维和套近乎的意味,希冀他们能够助他重返朝廷。

随着岁月的流逝,他渐渐明白复出无望,"岁久宦情淡,林泉兴转浓"④。不愿意别人以旧时官职称呼他,"向曾探虎穴,近卜养鸡乡。只可称居士,莫云李太常"⑤。与人交谈时不愿提起朝中之事,有同被罢官的访客问及他昔

---

① 《李开先全集·诗文》《李中麓闲居集》之四《五言绝句·六十子诗·张龙湖治》,第419—420页。
② 《李开先全集·诗文》《李中麓闲居集》之二《五言律诗·寄怀高熙斋户部上卿》,第220页。
③ 《李开先全集·诗文》《李中麓闲居集》之二《五言律诗·寄大司寇黄葵峰》,第227页。西周时开始设置司寇一职,掌管刑狱、纠察等事,后世也用作刑部尚书的别称。
④ 《李开先全集·诗文》《李中麓闲居集》之四《五言排律·初冬村夜言怀》,第387页。
⑤ 《李开先全集·诗文》《李中麓闲居集》之四《五言排律·秋夜书怀》,第377页。

日官场中事,亦不愿回答,不过他因客问而忆起往事,因往事又增新感,于是"恐其愈久而遗忘之矣,遂笔而存之,又继之以诗",对于自己既作序又写诗的做法,他觉得好笑,"譬之僧已受戒,尚论民间事,妇既被黜,还为夫主忧"①。"官休志不终"真是一种难以割舍的为官情结,也充分表明在罢官后他的内心从未真正地宁静过,无法在辞别官场后无忧无虑地安顿身心。

进退失据,仕隐两难,官场人奸似鬼,山林壮志难酬,李开先挣扎在这仕与隐、进与退的矛盾中,苦苦追寻,没有出路。后来,衰病并至,他在煎熬中反省过去:"自幸当时早拂衣,悔居城市愿多违。终年应客无闲暇,镇日因人判是非",如今牙齿脱落、头发稀疏,对什么事情都提不起兴趣,即"家务从今犹懒顾,深藏不但宦情微"。②

五、直言不讳和隐约其辞的矛盾

在作品中,不仅能够看出李开先直言不讳的真诚,有时亦能看出他隐约其辞的虚伪。

1. 直言不讳

李开先归乡后,美姬环侍,歌舞娱情,纵情声色,在为妻子作的传记中称:"一远妓,疥毒方殷,因而沾移于吾以及宜人,每搔痒不可忍,宜人未尝出一怨言。"③叙述了自己召妓染上梅毒,又传染给妻子,妻子虽然奇痒无比,仍未发一句抱怨。可见,他对自己的泛滥多情毫不隐晦,别人羞于启齿之事也见于传记记载。他还对保定籍刘姓妓女的名"淮盐"和号"玉雪"进行阐释,"贵莫如玉,白莫如雪,盐之价与色实以之,而淮盐更与他盐不同……"不过,他认识到这一做法会招致风言风语,特在文末说:"因解玉雪,而附其说如此,览者或以予为轻狂老狂,甘心受之;若以为病狂醉狂,将瞪目拒之矣!"④在《游龙藏洞记》中提到,嘉靖二十四年(1545)与谢九叙、陈德安等人到龙藏洞游玩,随行还有妓女数人以供消遣取乐,"在镇,众穷妓作戏,衣蓝缕而声哑,羞涩殊不自持;至是顿改精魄,以洞虚助声云耳"⑤。就是说这些道貌岸然的士大夫在乡里时在乎名声,与妓女调笑"声低哑"和"羞涩殊不自

---

① 《李开先全集・诗文》《李中麓闲居集》之二《五言律诗・因客问述往事》,第 190 页。
② 《李开先全集・诗文》《李中麓闲居集》之四《七言排律・因衰自警》,第 406 页。
③ 《李开先全集・诗文》《李中麓闲居集》文之九《传・亡妻张宜人散传》,第 866 页。
④ 《李开先全集・诗文》《李中麓闲居集》文之十二《杂文・玉雪解》,第 1082—1083 页。
⑤ 《李开先全集・诗文》《李中麓闲居集》文之十一《记・游龙藏洞记》,第 1026—1027 页。

持",来到人少地偏之处就全部撕去伪装、放飞了自我而"顿改精魄",可见洞中声音嘈杂不惟回声较大的缘故。

赋闲之后,他在嘉靖四十一年(1562)为霍韬补作的墓志铭中直接提及为官时的谨小慎微①,在墓志铭正文前将当时的顾虑真诚地讲述出来。霍韬病故之后,他与罗洪先、唐顺之、赵时春前去吊唁,霍韬的儿子霍与瑕当场恳请他为父亲撰写墓志铭,而他却推让给罗洪先、唐顺之和赵时春,没有答应。过了几天,霍与瑕夜里来访,以父亲和他"相处有年,相信实深","生前独爱君作"等原因再次恳请,他再次婉拒。他作为霍韬门生理不当辞,这是因为他想把霍韬对夏言的"讥诮之语,弹劾之疏"加以删削,而霍与瑕不肯如此,他只好拒绝执笔。他为了避免得罪夏言,以期调和两派纷争,而不是让夏言以为他是完全站在霍韬一边。不过,尽管当时他谨慎小心地在霍韬和夏言之间斡旋,甚至有意和霍韬拉开距离,最终还是未能消除夏言的顾虑,没有避免被罢归的结局。罢归后他进行反思,对此事满怀歉疚,在夏言获罪被诛之后为霍韬补作一篇墓志铭。因墓志铭本是墓主死后刻在石上安葬在墓穴中,霍韬早已入土为安,这篇文章已经没有实际意义,他只是为了偿还文债求个心安而已,也算是对两人师生一场的交代。后来他借在山东及中原一带流传较广的一则寓言故事,自嘲居京时复杂的心态:"予昔居京大拘泥,怕参宰辅与达官。疏斥累遭犹不悔,跳身重执旧渔竿。"②时隔多年,追忆起过去的所作所为,仍有所后悔,足见他对当年的谨慎怕事比较介意,更为自己的谨慎小心最终未能消弭夏言的芥蒂而憎恨他。《中麓山人续对》中有"乞怜摇尾成何物,改谏批鳞羡直臣"③,直言羡慕谏臣忤逆君主和权臣的勇敢。

传记乃古人重视的一种文体,善恶必书地纪实是其基本要求,李开先认为"诸作者多溢美人善,而恶则未之及"④。所以,对于亲友的缺点,虽然不大书特书,也不会轻易回避。例如:他对康海非常感激和崇拜,即便如此,在为康海所作传记中直言不讳地指出他被罢归后一直未能起用的原因:"其废也,不止为友,与夫以文为累。在官日,论事无所回护,有不如意,则怒骂不置,又好面斥人过失。后虽屡有荐章,当道者明知其才,弃而不用也。"⑤这

---

① 《李开先全集·诗文》《李中麓闲居集》文之七《志铭·太子少保礼部尚书谥文敏渭厓霍公墓志铭》,第683—684页。
② 《李开先全集·诗文》《李中麓闲居集》之一《七言古诗·寓言》,第87页。
③ 《李开先全集·杂著》《中麓山人拙对、续对·中麓山人续对卷之下·散对》,第1927页。
④ 《李开先全集·诗文》《李中麓闲居集》文之十《传·老黄浑张二恶传》,第908页。
⑤ 《李开先全集·诗文》《李中麓闲居集》文之十《传·对山康修撰传》,第918页。

就说明康海亢直和不懂世故,在传记中直接点出好友兼前辈的缺点,是需要极大勇气的。对于使李家受惠较多的洪汉,他虽然甚是感激和欣赏,在传记末尾仍不露痕迹地指出洪汉的性格缺陷:"惟是英气太露,机心不免,生平以弹劾及勋戚,贤智先士夫,未尝遭一蹶之挫,所以后裔衰微而肖子先亡耳。"①洪汉喜欢弹劾他人定不受欢迎,但是将洪氏后裔衰微和子孙早亡归咎于他"英气太露"等,似乎有些牵强。

他虽然尽量不带感情色彩地记叙前贤事迹,从《李崆峒传》中仍能看出李梦阳极力扬名和恃才傲物。李梦阳为了使声名传之久远,在成名后不惜更改名、字和号:"(李)正生次子孟阳,今改孟为梦,原字天赐,今改献吉,而取号崆峒,爰自素屏改焉,皆由俗入雅,可见文学随时渐进,非可一蹴能之者也。"李开先认为,李梦阳的名字和字号随着其诗文渐长亦由俗入雅。然国人自古就有"大丈夫行不更名坐不改姓"之说,他如此随便更名凸显为出名可谓"不择手段"。李梦阳的恃才凌人体现在仗着自己的长处,公务之余"招集名流为诗会",非得拉不擅长作诗的邻人做陪衬,人家不得已才想出"主母将就馆"这种荒唐可笑的逃遁借口。还提到李梦阳为官时书生意气过重:"虽为文不妨政事,然为政太拘文法,以监三关招商过严,革绝势人求索,被构诏狱。"②费宏(1468—1535)为李开先的前辈,两人未有太多交集,费宏死后他应其子费懋贤之请作传记,诚恳地指出:"偶检敝箧,得其浣书,及观遗德录,并无所谓传者,乃茫然自失,又负此文债久矣。予与翁,地相去三千余里,科第隔四十余年,不能悉知前贤事迹,止据录所云云,稍变其辞,而为之传,以备一体。"③由于资料缺乏无所凭借,而且对传主不甚了解,李开先指出传记仅仅依靠"并无所谓传者"的遗德录,内容有可能写得空洞和死板。

2. 隐约其辞

当然,李开先作品中也有不少隐约其辞之处,首先体现在不愿意刻印自己的著作上。嘉靖三十三年(1554)《田间四时行乐诗》写就,"客有爱而刻之者,知之晚,不及停其工,印册殆遍布邑中矣。乃遗之以书,愿焚其刻而灭其迹。客言:'工不足惜,诗能一韵百咏,虽古人亦难之者。至于弃而不传,为可惜耳! 焚而灭之,事不由君矣。'呜呼!"④如果他真的不愿意刊刻该诗,就不会将之示人和作序。事实上,他不独喜欢刻印作品,而且非常有自觉和传

---

① 《李开先全集·诗文》《李中麓闲居集》文之十《传·云广洪都御史传》,第 963 页。
② 《李开先全集·诗文》《李中麓闲居集》文之十《传·李崆峒传》,第 927—928 页。
③ 《李开先全集·诗文》《李中麓闲居集》文之九《传·湖东费相国传》,第 867 页。
④ 《李开先全集·诗文》《李中麓闲居集》文之六《序·〈田间四时行乐诗〉后序》,第 583 页。

世意识,唯恐别人所述难以准确地表达心声和心迹,经常会改窜别人作的序跋,如《宝剑记》序署"嘉靖丁未八月念五日雪簑渔者漫题",而《闲居集》将之收入,可见这一序文乃李开先改窜苏洲之作;《宝剑记》后序署"嘉靖丁未闰九月同邑松涧姜大成序",《闲居集》亦将之收入,这就说明后序乃托名姜大成之作;不惟改窜好友作品,他更改动门客之作,《闲居集》文之六《孝廉堂序》题下小注"改定门人李遇阳之作",从门客的视角对他罢归后营建孝廉堂众庄园的心理和目的进行阐释。

他曾说"中麓子自退归林下,身不入公府,口不谈官事"①,其做派往往与之相悖。为地方官员写的应酬之文,还往往说成是受乡民所托,不忍拒绝才为之。为章丘知县陈东光作《送陈平冈大名别驾序》,其中有"平冈戒行有期,后逢难必,乡民恳余为文以赠,允之矣;已而士夫恳之,其僚友又恳之,可见出于人心之同然。余不能二三其说"②。作为陈东光好友,为陈作序是他自愿的事情,用这个说辞,极力彰显陈东光政绩卓然乃百姓有目共睹。在济南通判兼署章丘县事的萧音离任时作《送两川萧通判还府序》,"县属感其教召之有方,士夫感其接遇之有礼,百姓感其抚育之有恩,咸征予文以表其德,张其政而华其行。予久在公爱下,正欲借以报之,而况有群情之合请哉!"③交代为萧音作序乃应群僚、士大夫和百姓之请,自己正好要报答他的厚爱,顺势而为之。章丘知县董文寀被提拔为御史,他在《送邑令董澄溪钦承征取序》最后说:"众老人刘蒉等托予叙其事,遂濡毫书册付之,追送至辇毂者"④,意思是这篇文章是应刘蒉等人之请而作,如果真是如此,就没必要追送到京城。济南同判署章丘县事的徐恒锡后来升任顺州知州,他连作《送联峰徐通府升云南顺州知州序》和《再送徐通府升顺州序》,还说:

> 初将改委之他,继而远迁之任,国父老、乡大夫以及县佐贰共惜其去,托中麓子为之文。中麓深感联峰,且不忍违众,其士夫已为之代笔,而佐贰之请更坚,遂亦应之。而父老则固力有不暇,然联峰已得部符,仍有阅卷事未完行缓,则总不敢孤负耳!夫一人之知识有限,而众人之闻见无穷,拙文惟据众为之,不参以己私,但为佐贰则言止佐贰,而他固

---

① 《李开先全集·诗文》《李中麓闲居集》文之五《序·寿彭翁七十序》,第 485 页。
② 《李开先全集·诗文》《李中麓闲居集》文之五《序·送陈平冈大名别驾序》,第 477 页。
③ 《李开先全集·诗文》《李中麓闲居集》文之五《序·送两川萧通判还府序》,第 503 页。
④ 《李开先全集·诗文》《李中麓闲居集》文之五《序·送邑令董澄溪钦承征取序》,第 518 页。"辇毂"本意是皇帝的车舆,指代皇帝或京城。

不遑矣！①

交代为徐恒锡作序乃受"国父老、乡大夫以及县佐贰"委托而作，其实李开先自己亦"深感联峰"，为之作序乃出于自愿，否则不会一"送""再送"。他为《山东盐运司志》作序，同样指出自己的被动：

> 志成之次日，运司诸君走伻致书，托予为之序文。予尝以吏事之精慕俭庵，世务之熟慕龙湖，既为林下废人，不复谈天下事久矣，而可为盐志作序文哉？然诸君之意，不敢固违，又喜志与予所草创条例纲目大同小异，谨勉而为之。虽然志诚备矣，然尚有一二事可参考者，不容不言及之耳。②

关心地方时政如他，特别愿意为《山东盐运司志》作序，否则也不会在篇首就讲自己在吏部时编修条例之后草创《会计录》的事情，序中也不会精准地指出该志存在的疏漏之处。

他的虚伪之处还体现在刻意标榜对做官没有热情。《暑月夜游忆旧》第六首中说："日夜忆山扉，求归幸得归。病沉乡思切，客久宦情微。"③在《解职后游禅院》云："一心恋故山，双手谢朝班。不愿攀鳞上，惟随倦翼还。"④在《夏日即事写怀》第五首中云："自愧汉三杰，愿为鲁两生。迟迟无仕意，恋恋有乡情。"⑤在《五十三岁生辰自寿》中有"才薄最宜长弃置，志衰不复梦朝参"⑥。在《中麓山人拙对、续对》中说："宦情有似人情薄，归兴真如酒兴浓"⑦，"此日栖迟逃世纲，当年勇决谢朝簪"⑧。这些语句似乎在说他是因为思念家乡自愿归田，其实他的做法恰恰相反，罢归之初他仍然积极入仕，罢归之后仍然希冀重返朝班。虽然居家之闲，仍关注现实，体恤民生，《苏息民困或问》《颜神事宜》《浚渠私议》《漯议》等杂文虽属随笔挥洒之作，但苍生疾苦，民情吏隐，历历可见。《苏息民困或问》借有客相问而作答的形式，洋洋洒洒，就如何救章丘之民于困苦，尽情发表对赋税、徭役、养马等方面的看

---

① 《李开先全集·诗文》《李中麓闲居集》文之六《序·再送徐通府升顺州序》，第 619 页。
② 《李开先全集·诗文》《李中麓闲居集》文之六《序·〈山东盐运司志〉序》，第 577—578 页。
③ 《李开先全集·诗文》《李中麓闲居集》之二《五言律诗·暑月夜游忆旧》，第 136 页。《暑月夜游忆旧》共十四首。
④ 《李开先全集·诗文》《李中麓闲居集》之二《五言律诗·解职后游禅院》，第 219 页。
⑤ 《李开先全集·诗文》《李中麓闲居集》之二《五言律诗·夏日即事写怀》，第 141 页。《夏日即事写怀》共十四首。
⑥ 《李开先全集·诗文》《李中麓闲居集》之四《七言排律·五十三岁生辰自寿》，第 399—400 页。
⑦ 《李开先全集·杂著》《中麓山人拙对、续对·中麓山人拙对卷之上·散对》，第 1737 页。
⑧ 《李开先全集·杂著》《中麓山人拙对、续对·中麓山人续对卷之下·散对》，第 1909 页。

法,提出了解决的措施。《颜神事宜》先叙述颜神镇的地理位置及历代行政沿革,继而从自然环境与行政治理两方面分析了明开国以来此地屡次爆发农民起义的原因。《浚渠私议》为浚渠而发,表达对治理白云湖的看法,是他关心家乡水利工程建设的证明。《漯议》详细描绘大小清河的发源、沿途流经地,以及给各州县带来的影响,写出他对家乡河道治理与农业生产的见解与主张。《苏息民困或问》和《颜神事宜》后面皆有很长的"足前未尽",说明他写完两文之后意犹未尽,急忙又加以补充,写成两篇文章。这些作品皆关乎时务,有感而发,内容涉及水利、开矿、税收、建置、礼仪等诸多方面,既可作为研究明中叶社会的重要文献,又折射出他虽居家投闲仍关注现实和体恤民生的政治热情。

六、忠君思想和反抗意识互见

李开先作为一名士大夫,忠君思想极为浓厚,无论在具体行为,还是在作品中皆有体现。但是,壮年罢归后,目睹一些社会现实并进行反思,又使他具有一定的批判意识。

1. 忠君思想

他的忠君观念十分浓厚,入仕之初在《述隐——赠康对山》中就彰显出来:

【六煞】十年来岐山彩凤鸣,黄河澈底清,万年景运逢嘉靖。九夷仰德来朝贡,四海高歌乐太平。风雨顺,边方静,正好寻花问柳,泛梗飘萍。①

如果说这是他吃国家俸禄说皇帝好话的本能行为,那么他罢官之后,在庄园中特起一楼,珍藏皇帝赐给他的三封诰敕,并作《尊藏诰敕楼记》为自己宦途短暂荣得诰敕感到得意,将之视为传家之宝保存,每每读之则想起皇帝的音容笑貌,并希冀子孙永远忠孝以报国恩,这就足以说明他对皇帝自始至终忠心不二。② 朝廷虽然规定受旨之人需要对圣旨严加保管,但是像他这样特建一楼来尊藏的实属少数,他这样做除了表白对皇帝的忠心,还蕴含显摆家族尊荣的心思。

---

① 《李开先全集·散曲》《述隐——赠康对山》"六煞",第1419页。
② 《李开先全集·诗文》《李中麓闲居集》文之十一《记·尊藏诰敕楼记》,第995页。

从历史演进上看,家国情怀一直与君子人格相生相伴,成为中国传统社会毫无疑义的道德制高点。李开先同样具有家国情怀,罢归后,长期主持家族祭祀事务,所作《家堂春祭文》中有:"久沐国恩,克承家教。家教易堕,国恩难报。有一不称,是吾不肖。事父与君,惟忠与孝。不愆不忘,是则是效。神鉴孔昭,人言免诮。"①此外,忠君报国的思想还体现在他为庄园"奉常退居"所作的对联中:"归田无复凌云志,报国常存捧日心"②,他的散对中也有"长瞻北阙恩难报,莫倚西风叹不逢","圣主纳言天开黄道,皇储开读日丽青宫"③,"东归得请微臣愿,北顾难忘圣主恩"④。这些日常生活中的点点滴滴,仍能窥见他强烈的忠君思想。

嘉靖三十二年(1553)左右,他将平日所作对联编辑为《中麓山人拙对》,在序文末尾发出空享太平无以为报的感叹:

> 呜呼!生当盛世,仕则步止容与,安享禄位;处则田而食、屋而居、支颐而卧、鼓腹而嬉,得以为太平之民、山泽之癯,敢忘所自耶?《诗》云:"无德不报。"况大德同玄造者乎?凡我臣民,其何以为报也。⑤

嘉靖三十三年(1554)倭寇围困东南,作诗感叹:"国运当熙洽,君王总万机。求贤常旰食,勤政每宵衣。早定江南乱,永教天下肥。藩篱俱撤尽,四海作周围。"⑥诗中希冀天下太平,希望当朝君王勤政,这跟当时内忧外患的处境和世宗几十年不理朝政的所作所为极其相悖,真是莫名的讽刺。同年冬,作《田间四时行乐诗》百首,其中第十二首中有:"忽梦朝仪思魏阙,如闻广乐奏虞庭。醒来仿佛天香在,万朵祥云护景星。"第八十首中有:"身在林泉心魏阙,远游寰宇近园庭"⑦。这些皆说明他身在林下心在朝廷,甚至梦到上朝时的场景。

嘉靖三十四年(1555)山陕大地震、嘉靖三十五年(1556)东南倭寇作乱,李开先作《哀平阳》一诗记叙这种内忧外患的情况,无论诗前长序还是诗的

---

① 《李开先全集·诗文》《李中麓闲居集》文之十二《祭文·家堂春祭文》,第1088页。
② 《李开先全集·杂著》《中麓山人拙对、续对·中麓山人拙对卷之上·奉常退居》,第1692页。奉常有太常寺之意,那么可以推知"奉常退居"意指李开先从太常寺少卿任上罢归后的日常住所,这种猜测可以从此联与"突兀亭""对圣亭""中麓别业"等并列得到印证。
③ 《李开先全集·杂著》《中麓山人拙对、续对·中麓山人拙对卷之上·散对》,第1744、1791页。
④ 《李开先全集·杂著》《中麓山人拙对、续对·中麓山人续对卷之下·散对》,第1965页。
⑤ 《李开先全集·杂著》《中麓山人拙对、续对·〈中麓山人拙对〉序文》,第1684页。
⑥ 《李开先全集·诗文》《李中麓闲居集》之二《五言律诗·感兴》,第123页。《感兴》共二十四首,此为第四首。
⑦ 《李开先全集·诗文》《李中麓闲居集》之三《七言律诗·田间四时行乐诗》,第294、303页。

正文对嘉靖皇帝还是充满信心和极为恭谨,序文中有:

> 皇上道孚太素,德拟重玄,道已成而望若未见,德优入而谦不自居,施不测之恩威,有无方之神化。行看海不扬波,五气顺轨,永一统无穷之治,而收五兵不试之功,中变外寇,奚足为患哉!

正文中有:"致祥气必和,致异气必乖。圣人今在上,自能平泰阶。天心见仁爱,灾奏司天台。"[1]将希望寄托在皇帝齐天洪福之上的轻松口吻,跟诗中描绘的惨状形成鲜明对比。

有时过节仍然想起当今圣上,如此情义甚是感人。比如,某年端午节作《端午》三首,末首末句为:"夜梦赐衣仍旧景,醒来虚妄好无凭。"[2]嘉靖四十一年(1562)春节,作《逢元颂圣》一诗,诗前序文交代写作背景:

> 岁壬戌元日,林下小臣,恭喜太平有象,悠久无疆。虽边方小警,不足为虑;而村田大有,常不绝书。皇上在位四十一年,圣寿五十六岁。王者五百年而始出,圣人千八百岁以为春。二百年来,治安如一日。成周卜世三十,殆将过之;唐尧十五为君,正与今同,而遐寿亦必过之矣。国恩未报,家食无营,聊述短章,名为颂圣云。[3]

内忧外患之时,还不忘拍嘉靖皇帝马屁。

跟好友通信,也能使他忆起当年一起上早朝拜见皇帝的情景,"忆昔趋朝天未曙,鸣珂同拜圣明君"[4]。想起过去甚至会倏然落泪,"忆昔守岁居官舍,贺节拜金銮。两行客泪随风落,一片乡心对酒宽"[5]。嘉靖四十四年(1565)冬,为好友张师雍祝八十大寿,在寿词中还说:"况当圣天子在位之四十四年,深居端拱,玄默静虚,天下依化国之日,乐有道之长;逢极盛之会,而悠游仁寿域中。翁幸生于其时,寿亦有所资藉也。"[6]甚至他生命中最后一年即隆庆二年(1568)的春节,已经卧病一年、大病初愈的他仍想起当年上朝的场景:"林居朝阙同乡老,尚忆当年拜紫宸。"[7]在他的心目中,世宗和尧舜一样,皆是圣明的化身,只是被坏人蒙蔽才出现一些弊政,充分说明他对皇帝的忠心是终生不渝的。

---

[1] 《李开先全集·诗文》《李中麓闲居集》之一《五言古诗·哀平阳》,第 70 页。
[2] 《李开先全集·诗文》《李中麓闲居集》之三《七言律诗·端午》,第 286 页。
[3] 《李开先全集·诗文》《李中麓闲居集》之二《五言律诗·逢元颂圣》,第 206 页。
[4] 《李开先全集·诗文》《李中麓闲居集》之三《七言律诗·得浚谷赵中丞书感赋》,第 358 页。
[5] 《李开先全集·散曲》《中麓小令》,第 1460 页。
[6] 《李开先全集·诗文》《李中麓闲居集》文之六《序·贺悔庵张翁八十寿序》,第 628 页。
[7] 《李开先全集·诗文》《李中麓闲居集》之三《七言律诗·戊辰元日》,第 373 页。

在《暑月夜游忆旧》的第三首中说：

> 拜表扣天扉，病衰乞放归。
>
> 诏许还东国，谢恩下紫微。
>
> 使臣今有礼，能孝在无违。
>
> 报国惟忠孝，勿贻青史讥。①

他被罢归时正值壮年，"病衰乞放归"乃隐晦说法，说明自始至终他对在其罢归之事中起最终拍板作用的皇帝并无任何怨念，反而在诗中表达自己"报国惟忠孝"的决心。他固然恨夏言将他害得壮年归田这般凄惨，也清楚皇帝就是造成这一切的始作俑者和幕后推手，不过作为臣子他对皇帝的忠君之情太深而恨不起来，于是就将这所有的恨意都转移到夏言身上。这也是他在《宝剑记》中所表达的思想，林冲走投无路被逼上梁山，最终建功立业还是回归朝廷，实现封妻荫子的梦想。

2. 反抗意识

他并非一般愚忠之臣，能够看出皇帝高高在上，奸臣和忠臣斗来斗去、作威作福终究缘于皇帝的纵容。在作品中，有不少评论朝政和社会风气的刺世之作。当他看到"去恶如逐兽，猛者不敢傍。功高多不封，疑深为丛谤。佞或以巧逢，贤或以直放。贞士羞折腰，茂宰徒强项"的弊政，在痛苦中思索，敏锐地觉察到这世风败坏的根源就在于帝王和阁臣，"用舍关朝政，责在君与相"②。在封建专制统治下，这样一针见血地指陈弊政，是相当大胆的。在《国朝辅弼歌》中希冀宰相善于用人和宽宏大量："善于用人为急务，古言宰相无他长。又言鼻吸三斗醋，撑船腹内量难量。如此相臣有一个，致君端可并虞唐。"③在《知止》一诗的开端即言"生当舜日与尧年，君圣由来臣自贤"④，意指君主圣明自然臣子贤能。他还在两首不同的诗中强调朝无佞臣天下大治，《自省》第二首中有"朝无幸位野无贤"⑤，《闻道后追忆旧事》中有"朝无幸位太平年"⑥，这两句诗虽然出处各异，然仅相差三字，它们的重心在"朝无幸位"上，与其说这是作者自身经历的感慨，不如说是对当今皇帝的

---

① 《李开先全集·诗文》《李中麓闲居集》之二《五言律诗·暑月夜游忆旧》，第 135 页。
② 《李开先全集·诗文》《李中麓闲居集》之一《五言古诗·暑夜读史》，第 58、59 页。
③ 《李开先全集·诗文》《李中麓闲居集》之一《七言古诗·国朝辅弼歌》，第 85 页。
④ 《李开先全集·诗文》《李中麓闲居集》之三《七言律诗·知止》，第 318 页。《知止》共两首，此为第一首首句。
⑤ 《李开先全集·诗文》《李中麓闲居集》之三《七言律诗·自省》，第 321 页。《自省》共三首。
⑥ 《李开先全集·诗文》《李中麓闲居集》之三《七言律诗·闻道后追忆旧事》，第 324 页。

期许。他更是直接作了两首名为《皇朝颂》的七言律诗,第一首开端为"频将肉帛赐高年,举士非由左右贤",第二首开端为:"运祚灵长亿万年,臣无病国与妨贤。"①在《中麓山人拙对》中也有"下有良佐上有明君自古明良鲜遇"②,竟然指出明君和良佐自古难求,暗含的意思不难揣摩。

他对皇帝的讽刺集中体现在嘉靖三十六年(1557)夏所作《惊闻朝廷火灾林下小臣恭为此诗》六首中。这年四月,奉天、华盖、谨身三殿起火,世宗下诏引咎修斋五日。如前所述,他即因嘉靖二十年(1541)"九庙灾"而罢归,罢归之后一直未能起复,对此他耿耿于怀。受这场火灾的刺激,思及使他罢归的火灾,才写出如此大胆的诗文。第一首描写了三殿起火后火光满天的场景:

> 都攸何事偏为厉,凤阙龙楼一夕空。
> 皂蟒金蛇飞万道,北风助力半天红。

第二首交代火灾的损失:

> 祷雨雷坛方有应,火遭内变出无前。
> 正朝三殿镕为烬,延及门廊莫不然。

诗后小注:"诏书有云:'昨火遭无前之内变,祷泽于雷霆洪应之坛,方喜灵雨之垂,随有雷火之烈,正朝三殿一时烬焉。延及门廊,倏刻燃矣。'文辞简古,出自圣制,有非词臣代笔所能及。"遇到极大天灾,皇帝才亲写诏书,这个小注可以看作是对世宗多年不理朝政的讥刺。第三首对比两次火灾后皇帝的做法,为自己因火灾被罢免感到遗憾:

> 火灾九庙吾官罢,今日朝堂又复灾。
> 圣主恩深宽策免,隐忧明诏九天来。

末首指出火灾后宫殿重建将比原来更雄伟:

> 楼殿宜无不修理,遣官采石兼催木。
> 巍峨不日胜前规,玄德潜通神力助。③

可想而知,宫殿的重建工作神助是假的,为百姓带来更为沉重的负担却是真的。

---

① 《李开先全集·诗文》《李中麓闲居集》之三《七言律诗·皇朝颂》,第328—329页。
② 《李开先全集·杂著》《中麓山人拙对·续对·中麓山人拙对卷之中·散对》,第1771页。
③ 《李开先全集·诗文》《李中麓闲居集》之四《七言绝句·惊闻朝廷火灾林下小臣恭为此诗》,第443页。

强烈的忠君思想与时时浮现的反抗意识看似矛盾，实则是封建社会士大夫的悲哀，无论何时都不会背叛皇帝，认为他总是圣明的，只是被坏人暂时操纵而已，所以对于他德行有亏虽然有些微词，但是始终相信如果他能醒悟过来仍然是圣明之主。

七、抨击奸佞和与官交往的矛盾

自古以来，人际关系皆比较复杂且难以处理。李开先的作品中虽然对奸佞进行抨击，但不会明确指名道姓，在朝中善于结交同僚，罢归后和地方官积极交往，可谓左右逢源。

1. 抨击奸佞

他的作品中有不少抨击官宦权奸之作。早在入仕之初对官场就有清醒的认识，《述隐——赠康对山》"十一煞"中有："行军的都望赢，做官的都望升，其间就里难前定"，"假若是一钱不受，管教你寸步难行"。① 在杂剧《园林午梦》和《打哑禅》中，批判了贤愚不辨和世事颠倒的黑暗社会。在传奇《宝剑记》中用"提真托假"手法，描写"四海苍生水火间，纷纷满目权奸""致生命遭涂炭"的社会现实，表明憎恨奸谗、颂扬忠良的政治倾向。

这种抨击之作在《闲居集》中屡见不鲜。论古今科举制度时，指出"条纲渐坏，弊端不殄。倖位亦多，科名力寡。文浮而虚，味短而浅"的现实状况。② 在《农歌》中指出官府横征暴敛，最后发出"安得缓征薄敛，免使闾里向隅哭"的呼吁。③ 在《九子诗·潘春谷高》中指出当时他在嘉靖二十年（1541）陕西参议任上被考察罢归，平时潘高治军严整，大家对这个结果非常吃惊，后来复出时"屡征屡见挠，天下空延颈"，以至于"时辈尽滔滔，贤人徒耿耿"。④ 嘉靖三十三年（1554），在《感兴》叠韵第十八首和二十首中对将军和官府"独肥"的社会现象进行抨击。⑤ 同年冬，《田间四时行乐诗》第九十七首为：

① 《李开先全集·散曲》《述隐——赠康对山》"十一煞"，第 1418 页。
② 《李开先全集·诗文》《李中麓闲居集》之一《四言古诗·客有问唐朝科目何如我朝者因为是诗应之》，第 54 页。
③ 《李开先全集·诗文》《李中麓闲居集》之一《七言古诗·农歌》，第 100 页。
④ 《李开先全集·诗文》《李中麓闲居集》之一《五言古诗·九子诗·潘春谷高》，第 67 页。
⑤ 《李开先全集·诗文》《李中麓闲居集》之二《五言律诗·感兴》，第 125 页。

> 外侮内奸为弊久，谋臣何以作常经。
>
> 食贪熊掌金盘美，贿爱鸦翎宝钞青。
>
> 馈饷长愁穷内地，弱兵岂可敌胡庭。
>
> 不胜供役民劳瘁，摇动长空少定星。①

将内忧外患列举殆尽，比起外寇的凶残，内奸贪图享受、接受贿赂、侵吞军饷、役使百姓等无恶不作，使得军士和民众极为痛苦。

嘉靖三十五年(1556)，俺答频频侵边，他作《边事》二首对边塞军事进行品评，第一首中有"失机却报捷，虏级乃华首"，第二首中有"债帅剧贪婪，皮去仍加剥。外夷且莫防，内变或将作"。② 可见，他晚年虽然久居林下，仍以边事为念，对于将帅腐败、边备荒废深感忧虑，认为长此以往很容易出现比"外夷"侵略危害还大的"内变"。同年，在所作《地震》诗中提到"民间差已重，额外赋仍加"，"天地情何惨，生灵祸莫加"，③在《平阳哀》长序和诗中除了交代受灾情况和生民困苦外，还提到"远路无轻担，穷民反重差。征求及鸡狗，刑罚及婴孩"④。这些诗句表达他对那些凶暴贪婪、误国伤民之辈的痛恨。为族侄李继孜所作的行状中提到嘉靖三十三年(1554)八月二十三日，因统领取得暂时胜利后轻敌和指挥不当而惨败，"杀伤多半，逃归者裸体带血，鲜有全人。七十里之间，僵尸遍野"。镇抚李继孜水土不服，正在病中，本不该出兵，"主者取其强，可成功，逼出之，乃至于此"，在混战中他被倭寇团团包围而牺牲⑤，"是日共损十四头领，中多不亚王千斤者，不但季子而已"⑥。同时，他在《江南倭夷作乱杀伤山东民兵》一诗中更是直接地指出正是统领的一意孤行造成如此大的代价："可怜债帅原无统，况乃佳兵最不祥。"⑦

尤其到了晚年，一向重视与地方长官搞好关系的他，变得没有那么世故。嘉靖四十四年(1565)在《送李县丞致仕序》中指出：

> 自吾林居二十余年，几(凡)经十余丞焉。多者数千金，少者亦科千金去。上不加察，而下不知惩，民如何不贫且流也？惟高、曹、丁、陆四

---

① 《李开先全集·诗文》《李中麓闲居集》之三《七言律诗·田间四时行乐诗》，第 305 页。
② 《李开先全集·诗文》《李中麓闲居集》之一《五言古诗·边事》，第 72—73 页。
③ 《李开先全集·诗文》《李中麓闲居集》之二《五言律诗·地震》，第 130 页。
④ 《李开先全集·诗文》《李中麓闲居集》之一《五言古诗·平阳哀》，第 70 页。
⑤ 《李开先全集·诗文》《李中麓闲居集》之九《行状·镇抚李继孜行状》，第 851 页。
⑥ 《李开先全集·诗文》《李中麓闲居集》之二《五言律诗·闻倭寇杀伤山东民兵》，第 121 页。
⑦ 《李开先全集·诗文》《李中麓闲居集》之三《七言律诗·江南倭夷作乱杀伤山东民兵》，第 259 页。该诗一韵两首，此为第二首。

丞，爱民而不爱钱，间亦有治事才。可步其武者，今有随州李君，虽刚断不足，而谨守有余。上不知其为贤佐贰，而民则以为慈父母。①

明确地说，罢归林下的二十余年间只遇到高、曹、丁、陆、李五位爱民清廉的好县丞，其余则横征暴敛，"多者数千金，少者亦科千金去"，五人中前四位有治事之才，李县丞则欠缺刚断。敢于如此直言，是需要极大勇气的。估计正是他时常讥评时政和弊政，才招致当政者的记恨，也是他们纵容"家难"的原因。

2. 与官交往

他尽管抨击奸佞，与当局的关系并非水火不容。相反，他与各色官员皆保持交往，人脉比较广泛。在朝时与朝中名宦和诸同僚同年交往，罢归后仍然与皇亲宗室、山东地方官和乡里知县等密切互动，写了各种带有赞美性质的应酬之文即是明证。

皇亲宗室和亲密挚友只能兼顾一方时，他肯定会弃后者而选前者，这是他攀附权贵的思想使然。他家中收藏颇多名画，宋赵千里《瑶池春晓图》即是其中之一，很多文士都想据为己有。嘉靖三十八年（1559），袁崇冕过七十三岁生日，他打算送画祝寿：

> 予家蓄有二画图：一《瑶池春晓》，一《玉洞桃花万树春》。每对客披阅，以为此可将寿，意待西野袁先生诞期已及，持以献之，以报四十年相交之情。客言："西野只愿寿一语，不愿得二图。"②

因客之言，李开先最终赠给他一序而未赠画。与袁崇冕只愿得文不愿得画相比，王阶则对该画心系已久，嘉靖四十五年（1566）弥留之际念念不忘的第三件事就是想要得到带有李开先作诗雪篆题字的画作③。不过，《闲居集》中收录《题〈瑶池春晓图〉寿衡王》，似乎是李开先已经无法或者是最终没有兑现承诺，而是将其作为寿礼赠送给衡王朱厚燆。

他为官场朋友所作的作品中有不少溢美之词，夸知府和知县清廉、推官公正、兵备英勇、训导辛劳好学是他一贯的做法。作《寄赠翟青石大中丞》二首夸赞翟瓒廉洁清正和多才多艺，第一首中有"昔任大中丞，政严恶尽惩"，

---

① 《李开先全集·诗文》《李中麓闲居集》文之六《序·送李县丞致仕序》，第 621 页。
② 《李开先全集·诗文》《李中麓闲居集》文之六《序·贺袁西野七十三寿序》，第 590 页。
③ 《李开先全集·诗文》《李中麓闲居集》文之五《序·〈存友录〉序》，第 544 页。李开先"曾许唐人《瑶池春晓图》，将以雪篆字书予寿诗于其间"。不过《瑶池春晓图》应该不是唐人之作，不知是不是在宋赵千里之前有人画过此图，查遍资料未见他说。

第二首中有："刚方性不移,才艺博而奇"①。其实,翟瓒并非那么公正严直。河南开封府推官黄嘉宾主管刑狱,执法公正,在朝内任给事中的翟瓒托他为某个大案中的罪犯开脱罪责,遭到严词拒绝,使案件得以秉公处理,由此得罪翟瓒。正德十二年(1517),礼部提升他任武库主事,翟瓒乘机说他"资历很浅",故而未能授职。后来黄嘉宾以礼部随员的身份护卫武宗北征,因忠于职守受到皇帝嘉奖。② 表兄王仪凤担任思州知府期间曾经入朝向皇帝汇报工作,李开先作《送思州王梧冈太守朝觐毕回郡》赞曰:

> 来去朝京出郡城,足占善政得民情。
> 北来父老相持泣,南去儿童喜笑迎。
> 寂寂讼庭秋月皎,萧萧官舍晓霜清。
> 时同参佐街前过,骑从曾无疾厉声。③

其中全是关于王仪凤善政和得民心的溢美之词。此外,他夸赞乐安县令郭中"对善贤良策,政成卓异名"④,称赞巩县令谢九叙"爱民情最切,忧国意难忘"⑤,称赞莱州府推官温训"公庭人不喧,听讼刑无繁"⑥。作《林虎》二章对武定兵备佥事饶思聪极力称扬,"林有虎,樵苏见阻。君子其来,荷戈杀汝!""陆有豸,戕我形骸。今得无恐,君子其来。"⑦饶思聪本来名不见经传,多亏他作诗称扬而留名。此外,还有一名尹姓参将,他作《寄尹慎亭参将》,其中有"名重三边上,身轻百战余。岂惟娴将略,兼且读儒书"⑧。司训乃明清时县学教谕的别称,他曾作《送武城旧司训傅尧急》说傅"课士情犹子,休官鬓未丝。储中无积粟,笔下有新诗"⑨。

王仪,字克敬,号南岷,顺天府文安人。嘉靖二年(1523)进士,嘉靖七年

① 《李开先全集·诗文》《李中麓闲居集》之二《五言律诗·寄赠翟青石大中丞》,第221页。
② 傅洁琳、李天程、周明昆:《中华进士全传·山东卷》,泰山出版社2007年版,第150页。
③ 《李开先全集·诗文》《李中麓闲居集》之三《七言律诗·送思州王梧冈太守朝觐毕回郡》,第277页。
④ 《李开先全集·诗文》《李中麓闲居集》之二《五言律诗·寄乐安令郭玄池》,第113页。
⑤ 《李开先全集·诗文》《李中麓闲居集》之二《五言律诗·寄巩令谢慎庵》,第113页。
⑥ 《李开先全集·诗文》《李中麓闲居集》之二《五言律诗·赠月溪温节推》,第162页。
⑦ 《李开先全集·诗文》《李中麓闲居集》之一《四言古诗·赠武定兵备饶湖田》,第55页。饶思聪任武定兵备佥事的时间不可确知,不过他之后翟镜、王暐、孙壁、曹天宪先后继任该职,而曹担任此职的时间为嘉靖三十二年,那么可以推知饶思聪担任该职在嘉靖三十年左右,该诗的写作时间也大概在此时。
⑧ 《李开先全集·诗文》《李中麓闲居集》之二《五言律诗·寄尹慎亭参将》,第224页。"岂惟娴将略"的"娴",在明刻本中作"闲"。
⑨ 《李开先全集·诗文》《李中麓闲居集》之二《五言律诗·送武城旧司训傅尧急》,第219页。

(1528)擢御史巡按陕西,嘉靖十二年(1533)以监察御史任苏州知府,未久因前劾亲王不法事诏回籍听理,嘉靖十五年(1536)再知苏州事,进浙江副使。后来,又升山西右参政,分守冀、宁一带,有次敌寇大举进攻清源城,城中兵力少,王仪命令士兵打开城门,隐藏众人,敌寇怀疑他布置疑兵而退走。嘉靖二十九年(1550),俺答犯京师,诏其为副都御史镇守通州,因捕笞仇鸾部下,受到御史姜廷颐弹劾,于是被斥为民。李开先作《赠王南岷》一诗夸赞王仪,其中有"历任操愈严,清风长拂拂。官阶今已崇,官事久而熟。属吏畏其威,下民受其福","贪风日渐长,民生日以蹙。如君得百人,内卿外作牧。九有无干戈,四时闻丝竹"。① 该诗大概作于嘉靖三十五年(1556),当时王仪已返乡闲居,李开先在为其鸣不平。

他既抨击奸佞,亦与官交往,这种做法看似矛盾,实则体现他的处世哲学,对于不平之事看破不说破,一般不会指名道姓地得罪他人,而对于那些溢美之词,后人需要辩证地看待,既要看到其中真实性的一面,亦要看到其中虚夸的部分,需要和其他史料多多比对和分析。

八、悯民思想与特权意识的矛盾

李开先的作品中还有一个比较矛盾的地方就是虽然处处可见对百姓疾苦的同情和担忧,但是亦会不由自主地显示出高人一等的特权意识。

1. 悯民思想

在踏入仕途之初,他就在《卧病江皋》中由自己的病况转而去写社会的病态,描绘"背井离乡,失业抛家"的百姓之苦和"点水成冰,见事生风"的官场动态,对人民困苦和猾吏贪枉的集中揭示体现在以下一曲,其中有"人在做天在看"的意味:

> 病难捱。雪案萤窗态,云路鹏程债。做官来,点水成冰,见事生风,善政均平派。爱民手掌抬,客人度量开,作福神明在。②

罢归乡里经营田产庄园,下乡进村接触农民的机会增多,凡春耕、秋收、旱涝、丰歉、苛捐杂税、兵丁服役等皆进入他的视野。他在著作中不断地揭示农民的困苦,如《大河》中有"大河涓涓,高山童童。道多渴死,民乃困穷。

---

① 《李开先全集·诗文》《李中麓闲居集》之一《五言古诗·赠王南岷》,第73页。
② 《李开先全集·散曲》《卧病江皋》,第1433—1434页。

谁知离乱,即于我躬"。①《悯农》中有"逋负不能偿,逃亡不可留。贫者卖儿女,富者卖马牛。倒悬谁与解?沉痼何时瘳"?②《悯贫》中面对贫民"有衣不掩骭,无粟甑生尘"的情形,那些"温室宁知腊,华堂别贮春"的"豪奢纨袴子"是难以理解的。③ 有一次下雹子,他看到"田内禾俱偃,庭前树半摧"的景象,感叹"汹汹人情异,嗷嗷众口哀",呼吁"有谁为郑侠,图绘献兰台"④。他还借一位昔日担任皇帝护卫和侍从的羽林郎之口,交代战争的残酷,参军前他们"无事终年食太仓""饱暖止知居輂毂",打仗时见到"洞深水咽断人肠""骸骨山前相撑拄"的惨烈,战败后归乡却举目无亲、满眼凄凉,"望见乡山空浪喜","归家还只是他乡"。⑤ 在《蚕妇》一诗中写道"少妇采柔桑,养蚕日夜忙",经过一番辛劳,"茧丝组织后,温暖却寒凉"。抽丝织布之后,温暖了他人而养蚕织布之人却寒凉。⑥ 末句的鲜明对比,与宋朝张俞所写《蚕妇》结尾"遍身罗绮者,不是养蚕人"有异曲同工之处。

　　为将要赴任的亲友送行,多是勉励他们宽政恤民。嘉靖三十五年(1556)冬,岳丈王贡升河南南顿巡检司巡检,他作诗送行,其中有"官秩无崇卑,勤廉政自宜"⑦。他勉励由国子监生任蒲州吏目的妹夫袁思艾早施善政,"早敷善政民心慰,悬听歌声众口传"⑧。嘉靖三十二年(1553),齐东知县黄堂被擢为济宁知州,他作《送齐东黄尹升济宁知州》,鼓励他坚持宽待和安抚百姓,定有政声远扬的机会。⑨ 邑友人吕应期被选为常州通判后,心中惴惴不安,恐不能胜任,到他家中谈心,他"学古人茧丝保障之说"进行劝导:"君之此选,为名耶?为利耶?若为利,到即大贪,不过去官而已;若为名,则须一廉如水,稍浑则亦同归耳……"⑩发自肺腑的一席话说得吕应期疑虑顿消、幡然醒悟,表示到任后"欲比水尤廉"。挚友李冕担任贵州按察使时,李

---

① 《李开先全集·诗文》《李中麓闲居集》之一《四言古诗·大河》,第 53 页。
② 《李开先全集·诗文》《李中麓闲居集》之一《五言古诗·悯农》,第 56 页。其中"逋负"当为"逋赋",意指拖欠的租税。
③ 《李开先全集·诗文》《李中麓闲居集》之二《五言律诗·悯贫》,第 174 页。
④ 《李开先全集·诗文》《李中麓闲居集》之四《五言排律·雹》,第 386 页。
⑤ 《李开先全集·诗文》《李中麓闲居集》之四《七言古诗·从军行》,第 90—91 页。
⑥ 《李开先全集·诗文》《李中麓闲居集》之二《五言律诗·蚕妇》,第 226 页。
⑦ 《李开先全集·诗文》《李中麓闲居集》之四《五言排律·雪后送岳丈王古泉由仓副使升任南顿巡宰》,第 381 页。
⑧ 《李开先全集·诗文》《李中麓闲居集》之三《七言律诗·送蒲州吏目袁一新》,第 321 页。袁思艾,号一新,李开先三妹之夫。
⑨ 《李开先全集·诗文》《李中麓闲居集》之三《七言律诗·送齐东黄尹升济宁知州》,第 252 页。
⑩ 《李开先全集·诗文》《李中麓闲居集》文之十二《杂文·吕判政迹对》,第 1080—1081 页。

开先建议他平等看待少数民族，清廉勤政终究能够显达。①

2. 特权意识

他同情平民，关心民众疾苦，却从未忘记自己的身份。他毕竟是做过官的人，特权意识从未消失。在《卧病江皋》中他认识到社会黑暗和百姓困苦，立志削尽人间不平，"青萍一剑抬，寒芒两刃开，谁许奸雄在"！但他深谙明哲保身之道，提醒自己不如"青白眼少抬、雌黄口少开"，"是非来，忍气吞声，妆哑推聋，口免悬河派"。②"病难捱。尖嘴轻薄态，屈膝央浼债。自今来，缄口藏舌，袖手藏头，洗耳临清派。檐低首莫抬，才高齿莫开，树大风声在。"③该曲更是提醒自己处处小心和谨慎。在《中麓小令》中思虑官场倾轧的险恶，但其中也有不少诸如"高抬手，懒折腰，得逍遥处且逍遥"，"权妆哑，佯不知，得便宜处且便宜"，"牢钳口，莫皱眉，得休提处且休提"之类的内容。"气昂昂，奋身挣脱利名缰。休愁卧榻藏狐兔，当道有豺狼。各除自己门前雪，莫管他人屋上霜。玄都观，绿野堂，得徜徉处且徜徉。"④该曲更是表明多一事不如少一事的想法。

他声称向往耕夫渔夫的生活，愿与里舍邻翁为友，然所交往的大多为乡间绅士耆旧。罢归之后，仍然感觉昔日为官的自己不可与普通乡民相提并论，曾为别人不认识他作《顷游南村行坐即为乡人所让客有疑而问之者不知予行本尊止以为年高不压职也解以是诗》⑤，从该诗 38 个字的长长题目可以体会到他被人当作普通糟老头时所受到的强烈刺激，末句"不惟父老推前辈，自谓羲皇以上人"能够表明即便身在林下，他仍然具有高人一等的优越感，无论何时都要维护并保持自己的文化身份。此外，他返乡后为了标榜"士大夫"身份，还制定一套新的符合儒家理想的祭祖礼仪，并将这套礼仪付诸实践之中，比如从他写的《家堂春祭文》和《家堂秋祭文》可知他在一年之中两次在家堂祀先，具体仪式是"三斋七戒，不荤不吊。栉浴改服，省心返照……"⑥

罢归后他积极扩大田产，成为坐拥千亩、庄园遍布章城的大地主，齐家理业往往乘人之危，等他人家遭不幸、急需用钱时归为己有，比如云山寺，

---

① 《李开先全集·诗文》《李中麓闲居集》之三《七言律诗·送李脉泉宪长之任贵州》，第 263 页。

② 《李开先全集·散曲》《卧病江皋》，第 1434、1427、1432 页。

③ 《李开先全集·散曲》《卧病江皋》，第 1439 页。

④ 《李开先全集·散曲》《中麓小令》，第 1452、1452、1458、1453 页。

⑤ 《李开先全集·诗文》《李中麓闲居集》之四《七言绝句·顷游南村行坐即为乡人所让客有疑而问之者不知予行本尊止以为年高不压职也解以是诗》，第 433 页。

⑥ 《李开先全集·诗文》《李中麓闲居集》文之十二《祭文·家堂春祭文》，第 1088 页。

"赊得岩前寺,只争卖者贫""买主原施主,中人即上人"①。再比如河上楼,"构者王氏子也。予尝游而奇焉,不意王亡而鬻速,予即其主也。村城旧称王家楼,今改名'河上'。"②他曾在对联中得意地表示:"下取高高取下或下或高买地之微权在我","村号南王虽非一日,地归中麓愿历多年"。③ 嘉靖四十三年(1564),在《游龙藏洞记》中说:

> 此洞又已属予,托之守洞者,前此僧人明月,今则明悟。魏、詹两公,以山地硗确,鲜花粒,不起科,粮免征,则守者能久矣。记终,因并及之。已存告词,更以记作证,以防后之无知而混赖者。④

龙藏洞所在的山地归他后,太守魏裳、州佐詹昆峰特免科征,为防人赖产而官司无凭,故存告词,并以此记为证据,说明他殚精竭虑地维护自己的利益。除了田产,家中仆人众多,他没有忘记自己是享受者的角色:"落叶拥阶奴辈懒"⑤,"狡童断草偏能胜"⑥,"侵阶草茂拟亲除"⑦。被刁民欺负,气得他直骂对方是强盗:"村落愚民霸粮对面为真盗"⑧。他的作品中有不少吃喝玩乐的内容,如《席上雪》云:

> 雪片俄从锦席飘,琼姬伴醉不胜娇。
> 古人取喻犹无当,风柳将来比舞腰。⑨

描绘了下雪日欣赏群妓歌舞的场景,当然这种贵族般纸醉金迷的生活,不是太积极,兹不详述。

《闲居集》中收录他为卑者所作的诗文甚少。燕京卖煤营生的刘祥死后,其子刘都冒着风雪到胡山中麓草堂恳请他为父亲作墓志铭,向他讲述父亲的遗愿:"祥生也愚,自知无足齿录。人言死者但得李文,免堕地狱。今亦不敢过望全篇,素蒙怜爱,只书其乡贯姓名,及生死月日足矣。"他无奈地笑着说:"果欲如此直书,人皆能之,何必中麓山人、何劳远诣山中耶?"在正文

① 《李开先全集·诗文》《李中麓闲居集》之二《五言律诗·卢地远在山南有寺名曰云山买以避喧作诗纪实》,第116页。
② 《李开先全集·诗文》《李中麓闲居集》文之十一《记·河上楼记》,第1004页。
③ 《李开先全集·杂著》《中麓山人拙对、续对·中麓山人拙对卷之上》"高埠平楼"和"江乡别业",第1706页。
④ 《李开先全集·诗文》《李中麓闲居集》文之十一《记·游龙藏洞记》,第1028页。
⑤ 《李开先全集·杂著》《中麓山人拙对、续对·中麓山人拙对卷之上·散对》,第1726页。
⑥ 《李开先全集·杂著》《中麓山人拙对、续对·中麓山人拙对卷之上·散对》,第1797页。
⑦ 《李开先全集·杂著》《中麓山人拙对、续对·中麓山人续对卷之下·散对》,第1944页。
⑧ 《李开先全集·杂著》《中麓山人拙对、续对·中麓山人拙对卷之中·散对》,第1760页。
⑨ 《李开先全集·诗文》《李中麓闲居集》之四《七言绝句·席上雪》,第437页。

中,毫不客气地直书:

> 煤客姓刘名祥,无字,生平不以文称,不以才称,不以辩称,不以雄
> 赀尚气称,而不染浮华,不知机巧,则其长也……予虽叹其不知时务,以
> 其父分,而又仓皇恳切,遂援笔立授此文……铭曰:煌煌帝都,惟民所
> 止。熙熙治世,惟民乐只。刘生其间,安平老死。千里求文,好事乃尔。
> 无善可称,无瑕可指。①

一篇墓志铭相当于一篇传记,以士大夫的立世标准衡量一位下层百姓,并直
说他"不知时务""无善可称,无瑕可指",实属过分。他更是在《赠余星士》前
序中说"予素不谈命,余星士恳乞赠诗,不得已以此应之",不得已、不情愿而
为之,态度肯定好不了,诗中也说"菑渔自判生涯了,不必从君问子平"②,这
种语调甚是决绝和盛气凌人。

为卑贱之人写作诗文与为仕宦请托作应酬诗文,他的态度有云泥之别:
费宏官至内阁首辅,嘉靖十四年(1535)再次入阁的次月,问吏部员外郎林
春:"晚进中孰为善文者?"林春回答:"有任生瀚、李生开先,文方有名。"费宏
甚喜,想看两人作品,"林即各抄一册,两及门值其两入朝,竟未一见,而奄忽
升仙矣"。他应其子费懋贤之请为之作传,不过又为自己官卑身微难以胜任
而惴惴不安,"京官三品上即立传,制也,况功德如翁,而国史必详其事,且大
臣或有外传,必名位兼隆者为之,末学小子,而可当斯任哉?但生而未见鄙
文,殁而文以慰之,亦情也"③。想以为之作传留名又担心难以胜任的矛盾
心理左右着他的情绪,以至于在嘉靖二十年(1541)归乡后才写出《湖东费相
国传》。嘉靖三十三年(1554)左右,济南知府项守礼委托他为母亲周氏作墓
表,他甚是谦卑和感激,"中麓子以虚声蒙忌,何幸独为太守公所取,又何幸
得托名于诸文士后"?④

嘉靖三十九年(1560)夏,他带领家人到水寨、张林镇等村游玩,作《仲夏
携家过城东诸村》,其中有:"巨户昼长闭,缫车夜不休。虽携家室乐,忍见闾
阎愁。"⑤且在"巨户昼长闭"下小字解释"畏盗及债主并催租者"。其实他是
个田产遍及章丘城的大地主,一边同情百姓,一边不断地扩充田产。磨上庄
水土沃美,他想方设法归为己有,作诗表达喜悦之情:"昔年过此爱清幽,绿

---

① 《李开先全集·诗文》《李中麓闲居集》文之七《墓志·煤客刘祥墓志铭》,第 716—717 页。
② 《李开先全集·诗文》《李中麓闲居集》之三《七言律诗·赠余星士》,第 307 页。
③ 《李开先全集·诗文》《李中麓闲居集》文之九《传·湖东费相国传》,第 867 页。
④ 《李开先全集·诗文》《李中麓闲居集》文之九《墓表·敕赠安人项母周氏墓表》,第 833 页。
⑤ 《李开先全集·诗文》《李中麓闲居集》之二《五言律诗·仲夏携家过城东诸村》,第 185 页。

柳阴中隐钓舟。岂意一朝归我有,始知万事不人谋。"①在所作《庄上曲》中同样表达了营建庄园的辛苦和成功拥有后的喜悦,即"十年身离五云乡,选胜寻幽得此庄","有时万籁奏笙簧,不殊乐向洞庭张",更具讽刺意义的是,同诗还抒发了"复河湟,系名王,驱逐倭酋静海洋"的豪情壮志。②

《闲居集》中还有一首诗《过竹川华县丞墓次》,可以看出他的势利和侥幸心理。华竹川即华夏靖,为同乡晚辈,做过某县县丞,曾为《中麓画品》题跋,从《闲居集》中没有关于他的其他诗文、铭文可以看出,两人虽有交往,然交情不深。该诗题下小字为:"忆昔病日,予往候问,见病势,料其无生理。医言数药可愈,予佯许而窃笑之",指出在他生前曾去探望,没有为其病情担忧和感伤,倒是为断定他活不了几天最终应验而得意。诗云:

> 佐县曾循吏,治家亦有才。
> 住居新易主,墟墓易生哀。
> 雨洒无薪火,风吹残炬灰。
> 人生今命尽,仙药岂能回。③

"住居新易主"下注释"其祖居卖与予弟",可知华夏靖尸骨未寒,祖居就卖给了李开先的堂弟李继先,全诗看不出他的悲哀,反而是满溢的得意,笔者感觉这是他真情实感的不自觉流露。这归因于对方官职较低,他没有必要绞尽脑汁撰写矫揉造作的哀诗和掩饰自己的情感。另一首悼亡诗《悼亭山刘次甫上舍》,其中"妾属他人园属我,生前为乐悔无多"④,同样看不出他有丝毫悲痛,反而为拥有他人庄园带有几分得意,并表达人生在世只有及时行乐才不会后悔的思想。

总之,一个人身上竟然有那么多矛盾之处,而且是如此和谐地融于一体。笔者曾经为之思索,百思不得其解。后来看到西川所著《唐诗的读法》中对进士文化进行阐释,说它"包括广义的士子文化,在古代当然是很强大的。进士们掌握着道德实践与裁判的权力,审美创造与品鉴的权力,知识传承与忧愁抒发的权力,钩心斗角与政治运作的权力,同情、盘剥百姓与赈济

---

① 《李开先全集·诗文》《李中麓闲居集》之三《七言律诗·游新买磨上庄》,第277页。
② 《李开先全集·诗文》《李中麓闲居集》之一《七言古诗·庄上曲》,第86页。
③ 《李开先全集·诗文》《李中麓闲居集》之二《五言律诗·过竹川华县丞墓次》,第245页。
④ 《李开先全集·诗文》《李中麓闲居集》之四《七言绝句·悼亭山刘次甫上舍》,第449页。

苍生的权力,制造舆论和历史书写的权力"①。李开先就是一名进士,其行为合乎这一定义。何朝晖在《晚明士人与商业出版》中亦言:"隋唐实行科举制度之后,士人进入官僚体系具有了稳定的制度化管道。士人研习儒家典籍,为进入仕途作准备。通过科举考试后,即获得入仕资格,进入官僚集团。官员遭罢黜或致仕之后,则回归乡里,成为地方士绅。因而士人可以在官僚集团内外流动,但不管是未仕还是已仕,他们都具有一些共同特征:研习儒家经典,以道统的承载者自命,以经国济世为抱负。"②如此即可解释李开先飘忽不定的立场和看似矛盾的行为,有助于理解他备受煎熬和进退无措的内心。

---

① 西川:《成为诗歌的朝代,唐朝付出的代价》,《中华读书报》2018 年 12 月 5 日。另外,西川所著《唐诗的读法》(北京出版社 2018 年版)一书亦有收录。
② 何朝晖:《晚明士人与商业出版》,上海古籍出版社 2019 年版,第 19 页。

刻书篇

在对李开先研究的过程中，笔者感觉学者着墨最多的是他的文学成就，而对其藏书家的身份有所忽略，下定决心将其藏书活动进行细致梳理，谁知占有大量资料并进行研读之后惊喜地发现，他不仅藏书宏富、著作等身，同样从事刻书活动。他的刻书活动兼具家刻和坊刻的性质，而更倾向于家刻，主要刻印自己著作和一些珍稀藏品，并为友人所著的作品整理编排付梓。因为时间久远和影响较小，所刻之书大多无传，故未曾出现在史志目录中。笔者仅凭对《闲居集》的解读，梳理出他刻书活动的大致脉络，而无法探究刻书的纸张选择、版式特征等细节及对这些刻本进行追踪，所以刻书篇的内容相比藏书和著述两篇占比较少，但是它不适合并入藏书或著述的任何一篇，故将三者并列阐述。

第十二章　刻书背景探究

一、明代中期世人强烈的传世意识

明代中期，世人的传世意识比较强烈，希冀借典籍名垂不朽。李开先指出古今对身后事的态度对比说："世后而籍繁，岂不信然哉。前辈有名位者，铭旌之外，更无余物。今虽卑微者，往往身亡而墓志出。人事日趋于文，人情日流于伪，安得欲从先进者挽而上之哉。"①嘉靖年间，好友唐顺之曾说：

> 仆居闲，偶想起宇宙间有一二事，人人见惯，而绝是可笑者。其屠沽细人，有一碗饭吃，其死后则必有一篇墓志；其达官贵人与中科第人，稍有名目在世间者，其死后则必有一部诗、文刻集，如生而饭食、死而棺椁之不可缺。此事非特三代以上所无，虽汉、唐以前亦绝无此事。幸而所谓墓志与诗文集者，皆不久泯灭。然其往者灭矣，而在者尚满屋也，若皆存在世间，即使以大地为架子，亦安顿不下矣。②

他还说：

> 今世所谓文集者，遍满世间，不为少矣，其实一字无用。彼其初作者，莫不妄意于不朽之图，而适足以自彰其陋，以取诮于观者，徒所谓木灾而已。③

由此可见，在明代，请人为亲友写墓志铭文和结集刻书非常泛滥，这些文集内容单调、僵化乏味，不为时人所重。

尽管唐顺之看不惯这种现象，仍然未能免俗。母亲跟随父亲到信阳赴任，半途死于舟中，他极为愧疚，请吕柟为母亲写墓志铭，当时"值雨雪连绵，

---

① 《李开先全集·诗文》《李中麓闲居集》文之七《墓志·醒斋开处士墓志铭》，第709页。
② （明）唐顺之：《荆川先生文集》卷六《答王遵岩》，第四册第70—71页。
③ （明）唐顺之：《荆川先生文集》卷七《与卜益泉知县》，第四册第125页。

泥途冻泞,自儳舆,仆力或稍却,则徒步行来,不惟见其孝心,且知不借官势矣",克服了种种困难,亲自拜访吕柟托付铭文。这就说明在当时的社会条件下,他发表那种观点和见解比较容易,如果与众不同就真的会因离经叛道为社会不容,重视孝道的社会环境使他自觉或不自觉地随波逐流。去世后,儿子唐鹤征也是到处求人为父亲写文章,"以行状求洪芳洲(洪朝选),以墓志求赵大洲(赵贞吉),传则罗念庵(罗洪先),而表则予(李开先)"①,于是,关于唐顺之的纪念性资料就有洪朝选《明都察院右金都御史巡抚凤阳等处地方提督军务前右春坊右司谏兼翰林院编修荆川唐公行状》、赵时春《金都御史荆川唐君墓志铭》、罗洪先《祭唐荆川文》、李开先《荆川唐都御史传》、王畿《祭唐荆川墓文》等多种。

明代前期士大夫为人作文比较慎重、严肃,中后期较为随意,不是出于敬重和友情,仅为获得高额润笔费。陆容《菽园杂记》载:

> 今仕者有父母之丧,辄遍求挽诗为册,士大夫亦勉强以副其意,举世同然也。……甚至江南铜臭之家,与朝绅素不相识,亦必夤缘所交,投赞求挽。受其赞者,不问其人贤否,漫尔应之。铜臭者得此,不但哀册而已,或刻石墓亭,或刻板家塾。有利其赞而厌其求者,为活套诗若干首以备应付。及其印行,则彼此一律,此其最可笑者也。②

文化作品的商品化趋势更为明显,士大夫将润笔费作为增加收入的重要途径,无论相识与否、对方品德如何,即便是非常讨厌之人相请,为了钱亦有求必应,一律歌功颂德,这就使得此类纪念性文字尽管被印行传世,因意义不大而流传下来的可能性极小。

二、明代中后期发达的造纸术

明初重视发展农桑,农业和手工业有较大的进步。到了后期,出现资本主义萌芽,南方造纸业繁荣,纸行、纸号开始出现,造纸技术有很大提高,这一时期甚至出现几部有关造纸的著作,如王宗沐《江西大志·楮书》、宋应星《天工开物》等。《江西大志·楮书》详细记载了制造楮皮纸的技术过程,记录的工艺流程极为精细。《天工开物》第十三卷《杀青》中竹纸、皮纸的记载

---

① 《李开先全集·诗文》《李中麓闲居集》文之十《传·荆川唐都御史传》,第957页。
② (明)陆容:《菽园杂记》卷十五,上海古籍出版社2012年版,第126页。

和造纸操作图是对造纸术的总结性和详尽性叙述，足见明代在选料、配料和工艺等方面都有创新和进步。国家对造纸业比较重视，为了选用优质的纸张，在永乐年间，曾派官员到各地置官局造纸供中央使用，带动了手工纸业的发展兴盛。方以智(1611—1671)《物理小识》卷八载：

> 永乐于江西造连七纸，奏本出铅山，榜纸出浙之常山、庐之英山。宣德五年造素馨笺，印有洒金笺五色金粉磁青蜡笺。此外，薛涛笺则矾潢云母粉者。锐面高丽，则茧纸也。后唐澄心堂纸绝少，松江潭笺，或仿宋藏经纸，渍荆州连、芨褙蜡研者也。宣德陈清款，白楮皮厚，可揭三四张，声和而有穰。其桑皮者牙色，矾光可书。今则棉推兴国泾县。敝邑桐城浮山左，亦抄楮皮结香纸，邵建则竹纸顺昌纸，柬纸则广信为佳，即奏本也。①

由此可见，明代江西、浙江、江苏、安徽等省所造各种高质量本色纸及加工纸，除作商品流通外，还作为贡品供宫廷御用及各部公用。尤其是诞生于明初的皖南地区"泾县纸"，以优良的印刷和书画性能，逐渐成为纸中翘楚。据《大明会典》载，每年各省向内府贡纸的数量是：陕西 15 万张，湖广 17 万张，山西 10 万张，山东 5.5 万张，福建 4 万张，北京 10 万张，浙江 25 万张，江西 20 万张，河南 2.5 万张，南直隶 38 万张，合计 147 万张。这些纸张一部分用于文书和生活，大部分用于印书。② 不过，和其他省份相比，山东贡纸数量比较少，似乎说明山东造纸业不是特别发达。

明代的纸张有麻纸、竹纸、皮纸、草纸等种类，明初刻书承元绪，仍有用麻纸印造者。正德以后，则多用棉纸印造，尤其是嘉靖时所刻的数量较多、质量较高的白棉纸书，使得"嘉靖本"成为版本目录学上的专用词语③。然而后来，用竹造纸使得造纸原料范围扩大，随着竹纸技术的成熟，竹纸的质量提高，常见的有毛边纸、毛太纸、官堆纸、贡川纸、观山纸、太史纸、连史纸等，以低廉实用逐渐成为社会写印用纸的主流。比如天顺年间《大明一统志》初刻选用的纸张为白棉纸，至隆庆年间，此书再次出版则采用竹纸刊印。万历年间官方重修《大明会典》时采用竹纸类中的连七与毛边纸刊印，充分说明明代中后期竹纸印书已成为一种趋势。精巧的造纸术为编辑出版事业

---

① （明）方以智：《物理小识》卷八《器用类·笺纸》，商务印书馆 1937 年版，第 189 页。
② 缪咏禾：《中国出版通史·明代卷》，中国书籍出版社 2008 年版，第 19 页。
③ 白棉纸实为"白绵纸"，其原料为构皮、桑皮等树皮纤维，因撕扯断面呈棉絮状而得名，纸张匀净、洁白，南方称之为皮纸，北方称之为棉纸。

的发展提供了物质条件,刻印中心一般分布在产纸区域,既可以保证有充足的纸张供应,又可以降低运输成本。

三、明代中后期繁荣的刻书业

明代造纸业得到较大发展的同时,印刷业空前繁荣。印刷术自唐代发明之后,到明代已有六七百年历史,其间雕版印刷业从未中断,技术日趋成熟,套印技术、饾版和拱花技术、铜活字印刷术都是明人的伟大发明或改进。太祖"洪武元年八月,诏除书籍税"①,对印刷业起到极大的推动作用。

在明代前期,官刻占据很大比重,中央官刻主要是南北国子监和内府司礼监刻书,地方官刻主要成就是方志的出版和刻印"书帕本"。陆容在《菽园杂记》中指出明前中期刻书事业的变化情况:

> 国初书版,惟国子监有之,外郡县疑未有。观宋潜溪《送东阳马生序》可知矣。宣德、正统间,书籍印版尚未广。今所在书版,日增月益,天下古文之象,愈隆于前已!但今士习浮靡,能刻正大古书以惠后学者少,所刻皆无益,令人可厌。上官多以馈送往来,动辄印至百部,有司所费亦繁,偏州下邑寒素之士,有志占毕,而不得一见者多矣。②

可知,与明初仅国子监刻书相比,明代中后期的刻书事业日益发达,但是存在质量不精和分布不平衡的问题。

伴随资本主义萌芽的出现,产生新的市民阶层,坊刻和家刻有大幅度发展,印刷了大量的通俗读物,如小说、戏曲之作,逐渐呈现压倒性优势。前期小说的传播方式以抄写绘画为主,后期雕版印刷业的繁荣促使小说的发展进入黄金时期,大家耳熟能详的《三国演义》《水浒传》和《西游记》皆出现在明代中后期,"三言""二拍"及《古今谭概》《万锦情林》等书反映市民阶层的生活趣味。明代中后期戏曲出版亦出现繁荣局面,大批知名戏曲家创作出大量脍炙人口的作品,甚至一些官员如沈璟、李开先等为了消遣自娱,亲自参与创作活动。

明代刻工工价较低,蔡澄《鸡窗丛话》载:

> 前明书皆可私刻,刻工极廉。闻前辈何东海云,刻一部《古注十三

---

① (清)龙文彬:《明会要》卷二六《学校下·书籍》,中华书局 1956 年版,第 418 页。
② (明)陆容:《菽园杂记》卷十,第 85 页。

经》，费仅百余金。故刻稿者纷纷矣。……按明时刻字工价，有可考者，《陆志》《丁志》有明嘉靖甲寅闽沙谢鸾识岭南张泰刻《豫章罗先生文集》，目录后有"刻板捌拾叁片，上下二帙，壹佰陆拾壹叶，绣梓工赀贰拾肆两"木记。以一版两叶平均计算，每叶合工赀壹钱伍分有奇。其价廉甚。至崇祯末年，江南刻工尚如此。①

刻工工价低廉，无疑会促进刻书事业的发展。从李开先《后冈陈提学传》中一个类似笑话的故事可以看出当时刻书比较容易：

> （陈束）日与少洲所述数子并熊南沙、屠渐山、田豫阳游衍，竞为奇古诗文。士方守常袭陋，见其作惊讶，谓为捉鬼擎神之手，姗且笑之者十人而八九矣。后冈时或闻之，佯若不闻，有劝之者，虚谢其劝，而故态则略不省改。权贵有慕名枉访者，辄闭门不轻出见，又私语有所讥弹，哗然传于缙佩间。顾未斋骂其为"轻薄小黄毛"，意将刻一小黄毛图书用之，以暴其失，中麓子力止之，勿生事端也。②

陈束生性亢洁，不喜逢迎，不仅不主动拜访权贵，权贵来访还闭门不见，不过他又是个大嘴巴，喜欢乱讲别人，所讲的东西传到缙绅之间引起一片哗然，使权贵甚为恼火和嫌恶，以至于顾鼎臣骂他乃"轻薄小黄毛"，陈束想私刻一部小黄毛绘本类的图书加以反击，被李开先劝阻。这就可以看出，当时的士大夫随随便便就能刻书，有点像今天到处有打印店，随时随地可以打印一样。

明代刻书地区遍及全国，而以江浙为最，刻书内容广泛，数量众多。山东刻书虽然比起京师和江浙稍逊一筹，在版刻史上仍占有一定地位。据王绍曾《略谈山东刻书及其在文化史上的作用》一文统计，除了周弘祖《古今书刻》著录的五十一种官刻，官刻和家刻尚有六十余种，目前尚有流传的就有四十余种。③ 唐桂艳在博士论文《清代山东刻书史》第一章追溯清代以前山东的刻书概况，指出明代是山东刻书的发展期，三大刻书系统基本形成，统计明代官刻有五十一种，家刻三百六十一种，藩府刻书三十九种，且开始形成世家大族刻书的特色。④ 嘉靖、万历年间的济南和章丘一带，文化艺术繁

---

① （清）叶德辉：《书林清话》卷七《明时刻书工价之廉》，复旦大学出版社 2008 年版，第 161—162 页。
② 《李开先全集·诗文》《李中麓闲居集》文之十《传·后冈陈提学传》，第 936—937 页。
③ 王绍曾：《略谈山东刻书及其在文化史上的作用》，《山东大学学报（哲学社会科学版）》1993 年第 1 期，第 62—63 页。
④ 唐桂艳：《清代山东刻书史》，山东大学 2011 年博士论文，第 9—82 页。

荣,印刷业比较发达。比较李开先《宝剑记》《闲居集》《改定元贤传奇》等刻书风格,字体秀雅、页面清佳,版式和刻工一致,一望可知出自一批写工、刻工之手。①

　　明代中后期,以李梦阳、何景明为代表的前七子倡导复古运动,提出"文必秦汉,诗必盛唐"的口号。随后,以李攀龙、王世贞为代表的后七子继承复古理论,提倡"文自西京、诗自天宝而下,俱无足观",形成了声势浩大的潮流,从而影响了整个社会风气。在刻印古书上亦呈现一派"崇古"风尚,摆脱前朝旧式,完全仿效雕版印刷的黄金时期——宋代的浙本风格。宋浙本多用皮纸印书,明中期刻书几乎均采用了质地优良、纸张洁白的白棉纸。② 除了刻书用纸,行款格式也发生一次变化,"变化的最显著之点,即字体由此前的赵体突然改换成整齐的欧体,而版式也由此前的大黑口变成了白口。这个变化始于正德,剧于嘉靖,下及隆庆,其中尤以嘉靖时所刻的数量既多,质量又高,成为明刻本以至我国版本史上的一大特色,'嘉靖本'也随之成为了版本目录上的专用词语"③。明中期刻本行格疏朗,纸洁墨莹,在白棉纸的衬托下更彰显出古朴遗韵。字体由赵体改换成欧体,即由书法韵味浓厚的手书体向程式化的匠体字过渡,为雕版印刷业的普及和推广创造了条件。

---

① 《李开先全集·诗文》《李中麓闲居集·提要》,第 6 页。
② 邱敏:《古书竹纸研究》,第 21 页。
③ 黄永年:《古籍版本学》,江苏教育出版社 2009 年版,第 119 页。对明代来讲,不同时期字体风格亦有不同,洪武至成化年间为赵体字,正德、嘉靖除了司礼监刻书外推崇宋体字,隆庆、万历年间演变为横轻竖重字体,天启、崇祯年间字体由方正变狭长。

第十三章　刻书分类

李开先除了刻印自己的著作,还刻印几部友人著作,并在友人死后(袁崇冕除外),将平日为友人写的诗文之类整理结集单独刊刻,甚至出于爱好和责任刻印几部前朝著作。他的刻书活动不是特别频繁,但是透过这种现象可以印证他强烈的传世意识。而且,这些刻书,除了他自己的著作和几部前朝著作,其他书籍未见于他书记载,这也是有原因的,就拿他为友人整理结集的纪念性小册子来说,虽然刻印了,然因复本较少,除了当事人家族收藏外,其他人关注较少,很容易消失在历史的长河中,未曾留下任何痕迹。

一、刻印自己的著作

在友人、门客、门人的鼓励或帮助下,李开先生前完成的著作大多会予以付梓。只不过,这些作品的刻印集中于罢官后,罢官前的著作在刻印前会进行重新整理,而罢归后的作品一般成书即刊刻。嘉靖十年(1531)秋所作《一江风·卧病江皋》,嘉靖二十三年(1544)二月门人高应玘主持刊刻。嘉靖二十三年(1544)《中麓小令》成书即刻印,嘉靖二十六年(1547)夏《宝剑记》成书即刻印,嘉靖二十九年(1550)左右《市井艳词》成书即刻印,嘉靖三十四年(1555)秋《诗禅》成书即刻印。《中麓山人拙对》先刻印,后来和《续对》合刻。《闲居集》初刻于嘉靖三十五年(1556),后来亦经过补充和整理而刻印多次。他甚至将一些专题诗的单行本进行刻印,即嘉靖三十三年(1554)冬刻印《田间四时行乐诗》百首,嘉靖三十六年(1557)正月刻印《中麓山人咏雪诗》七十五首,嘉靖四十四年(1565)中秋刻印《塞上诗》百首。从一些跋语中可以看出这些作品的刻印过程,兹举数例以说明。

有关《田间四时行乐诗》的刊刻过程,逯希闵所作的跋语述之甚详[①]。跋中指出李开先担心此诗"身隐而文出,不惟非所好,而更非所宜也","以押

---

① 《李开先全集·附录二》《叙论·题跋·曲评》之《〈田间四时行乐诗〉跋》,第2231页。

韵太拘泥,用句有蹈袭,使字多重复,立意失联属"而被人诟病,众友的规劝说该诗虽然有些缺点,然而"见者只叹其奇而服其博,诸病咸将掩之矣","纵无此刻,海内谁不知有中麓子者"?李开先最终同意将它刻印,词会诗会友人对之帮助很大,袁崇冕出面,王阶协助,张克恭和陈德安两人校正。

嘉靖三十四年(1555)六月六日,李开先门客李思禄为《中麓山人拙对》作跋,从跋中可以看出以下信息①:一是从嘉靖二十二年(1543)到嘉靖三十二年(1553)的十年间,李开先作对千联,早期的对联多太平之乐和生活闲适之作,妻妾、老母去世和爱子夭折后,后期的内容则多愁叹之声。这就可以看出对联确确实实是他真实心境的写照,也是他人生经历的记录。二是为了避免散逸将之迅速刻印,参与刻书的众人有明确的分工,其中李思禄、霍潭、黄元吉、李啥和弭子方负责校正,刘廷儒负责写书上版,宁守家和杨一元协助刻书工作。张金和张国珍是董工,大概是说后面的雕版、刷印和装订工作由二张进行监督和管理。三是该书非常适合日用,可以作为"表判",可以用来"辉门庭",还可以用来教童子"知声律",还可以使儒生"触类乎诗文"。将李思禄的跋语当作赤裸裸的广告语也不为过,他在积极为老师的作品做宣传,从中亦能看出他对恩师的膜拜。李开先的刻书行为虽然更接近家刻性质,这则跋语中所带的广告意味或多或少是受发达的明代坊刻业影响所致。

门人廉珍为《诗禅》所作跋语交代了该书写作背景和刻印过程,这一跋语蕴含的信息非常丰富②:其一,跋语交代了《诗禅》的编辑背景。嘉靖三十四年(1555)元宵节的夜晚,众人到街上观灯归来,路过李开先家问他为何不张灯结彩出灯谜,李开先回答说章丘百姓近年贫苦不堪,不忍一人独乐。在众人的恳请下,他拿出之前所作灯谜给大家看。众人看过之后,筹划将它刊刻。这就可以看出,《诗禅》是李开先所作灯谜的结集,编辑时间在此年元宵节之前。其二,《诗禅》的刻印除了将谜语与天下共享的目的之外,还有"印传之余,司牧者见之,或有以宽恤吾民也"的希冀,希望地方长官能够体恤百姓,使得"城内外灯如昼而谜如市,游人喧阗呼噪"的场景能够重现。这也可以看出弟子廉珍和恩师李开先一样,具有儒家积极的入世思想和淑世情怀。

---

① 《李开先全集·杂著》《中麓山人拙对、续对·〈中麓山人拙对〉后序》,第1848—1849页。霍潭,号清渠,章丘人,秀才出身,与李开先交往颇多,李开先为其妻作《祭霍秀才妻刘氏文》,其中有"夫士清渠,瑚琏之器"。

② 《李开先全集·杂著》《诗禅·〈诗禅〉跋》,第2039页。该跋又见《李中麓闲居集》文之六,名叫《诗禅》又序",可以证明该跋为李开先亲撰或改定之作。

其三,参与刊刻工作的有廉珍、宁守龙、宁守富、李菊、张敕、冯瞻某等人,从"百诗千对后已有名者,此则无庸重注云"可知,参与其事的可能还有《中麓山人咏雪诗》和《中麓山人拙对、续对》的刊刻者或作跋者,只不过他们已经留名后世,这次就不重复列出。廉珍的跋语映射出李开先的想法,可以看出他为友人提供流芳后世的机会比较均等。

最初看到李思禄和廉珍的跋语中先后提到宁守家、宁守龙、宁守富等人,笔者即怀疑李开先与宁氏兄弟交往密切,然因资料寥寥,未能证实。2022 年 10 月再次赴章丘查找资料,幸会章丘区前博物馆馆长宁荫棠,他告诉我宁家族谱中有一篇李开先给一位叫"慎庵"的老祖宗写的墓表,我拜托他将表文拍给我,未久他不仅拍下图片还将文字转录于 Word 文档中发给我。看了表文不禁大喜,原来这位叫"慎庵"的宁氏先祖竟然是宁守家,兹将其部分摘录如下:

明故听选官慎庵公墓碑

慎庵宁公以寿终,邑之士人惜之。咸曰:"诚信君子也,天乎酷成莫相吉士也。"将于是年春襄事于新阡。其子邦政谋立石以表其墓,所以承慎庵之志、永慎庵之行,用垂不朽也。

状曰:公宁姓守家名,先甫其字,慎庵其号也。上世冀州枣强人,金季避祸章丘,遂土著为章人……传至慎庵公、振之而益大其室。公兄守富、弟守宇,皆称是。公躯干魁梧,言政高朗,致行倜傥慷慨,交游满海岱之间,一时名公硕士咸尔。与友善,公性孝友……输鹦为橡,听选吏部,故其教子为之延师取友传极一时。听选伯氏邦政为邑孝名士,仲氏邦和为国庠生,奉公之教故其成立类此。晚岁于别墅,起重楼亭馆,植嘉花异木,客至辄展席命酒、深觞细杯,靡有厌倦,遂成风致。居间则客农教子,冲旷导和而已。

岁甲申年忽病、遂告革,谓其子曰:"吾自分必死,吾上经父之成业,而更扩之。下见汝辈亦有成人之望,吾无憾矣。"语未竟气奄奄垂绝,将于去清丁巳三月十八日葬于新阡之北,新阡去祖茔百步许,始祖之茔夏家庄西南一里许,继迁于宁家埠东南一里许,此新阡又再迁者也。公生于正统甲戌年二月廿七日,卒于嘉靖乙卯年十一月廿一日,得年四十二岁,配李氏,子三人,长邦政邑庠生,次邦和太廪生,三邦相而尚抱。呜呼,此慎庵公之墓也。上能克家而为善继,下能贻谋而为善作,亦可谓完人也。后之显知,知慎庵公奕世之胜者,其幸考于斯。

嘉靖二十三年乙卯仲春赐进士太常寺卿中麓李开先书。

此表文未见于《李中麓闲居集》,对于考证宁守家的生平具有极大价值。从表文可知,宁守家为章丘宁家埠人,为吏部听选官,善于经营,营造较大家业,去世前将长子宁邦政培养为邑庠生,次子宁邦和为国子监廪生。他在当地亦算具有一定影响力的人物,本家兄弟跟李开先都有交往。

二、刻印友人著作和为友人所作的纪念性文字

(一)刻印友人著作

1. 在京送别王慎中的九人唱和之作:《游海甸诗》

嘉靖十四年(1535)春,王慎中因事遭谗,谪判常州。临行前,李开先与京中诸文友如唐顺之、吕高、熊过、陈束等在海甸(即今海淀)为之饯行,九人唱和作诗,编成诗集《游海甸诗》。

闲居日久,诗集竟辗转回到他的手上,为之作序而刻之。刻印当在嘉靖四十年(1561)后,因为序中说:"诗卷归予手,事如隔世,而人多下世,怆然作序,不惟感诸友之易消歇,而且叹大臣之善倾陷也。诸诗字迹宛然如新,丰神则杳然不可复觌矣。"①然而,该书未见流传。

2. "调高而雅,体正而平":《边华泉诗集》

嘉靖十四年(1535),李开先为验封司副职时,乍到这种"终朝寂坐,如妆塑人"的地方,实在有些耐不得寂寞,便携书册上公厅,品赏圈点,如坐书房,最终在公务之余编选了《边华泉诗集》,"就朱墨笔逐一选取,期于精而不贵多。间有未安者,退公又正于百泉皇甫子。装潢成帙,托之舜泽苏代巡刻焉"。②

《边华泉诗集》是他早期编选的一部图书。边贡(1476—1532)比他年长26岁,嘉靖十年(1531)罢官归里,次年去世,去世时他刚刚入仕,说明两人并无实际交往。不过,他非常敬慕边贡,对其诗文比较欣赏和推崇③,于是在公务之余编选诗集。这部诗集很有可能全集共四十卷,这次刻印仅是其

---

① 《李开先全集·诗文》《李中麓闲居集》文之六《序·〈游海甸诗〉序》,第624页。
② 《李开先全集·诗文》《李中麓闲居集》文之六《序·〈边华泉诗集〉序》,第616页。
③ 《李开先全集·诗文》《李中麓闲居集》文之六《序·〈边华泉诗集〉序》,第616页。

中的八卷。① 因为当时苏祐以副都御史巡抚山西，利用山西的资源将其付梓，也就使得书版存于两地。《边华泉诗集》嘉靖十七年（1538）八卷本入选第四批《国家珍贵古籍名录》，今藏北京大学图书馆。

3. "阐学明经之旨，辟禅翼圣之谈"：《松窗寤言》

嘉靖三十年（1551）左右，李开先刻印崔铣《松窗寤言》81章。关于此事，李开先在序中说崔铣《松窗寤言》草稿初成，两人一起研读，当时李开先就决定为之作序并刊布，未果而崔铣去世。十余年后，李开先又得到该书，发现它比初稿更加完善，且崔铣已作两序。李开先觉得如此实用之书乃应时之需，成书不可不刻传，否则就白叫"松窗寤言"了②。不过，该书未见流传。

4. 挚友袁崇冕作品——《春游词》

袁崇冕与李开先相交将近四十年，"年愈长，词益工"，"语俊意长，俗雅俱备，声中金石，色兼玄黄，真如游上林而踏青郊，淑景春葩，历历在目"③。李开先非常珍惜与他的友情，亦喜爱其作品风格和内容，于是在嘉靖三十八年（1559）刻印《春游词》。

5. 好友唐顺之作品——《名贤策论》

嘉靖四十年（1561）左右，唐顺之编辑《古来名贤策论》，李开先认为这本书"选取既慎，批点亦详，缠绵比密，奇绝错综……"，堪为举业的重要参考书，章丘士大夫中"其时文见而悦之者众，独《名贤策论》鲜有得之者"④，于是将之刻印。

他在序中还发表一段关于八股文在读书人生活中扮演什么角色的精彩论述，认为"以举业而取进士，譬诸击门户而拾瓦砾，饮醇醪而藉糟粕，求鱼兔而用筌蹄。进士取而举业弃，门户辟而瓦砾掷，醇醪竭而糟粕黜，鱼兔得而筌蹄置之无用矣"，可见他比较鄙视举业，但他还认为"以瓦砾有击门户微劳，糟粕乃醇醪从出，而筌蹄则鱼兔所由致也，不忍弃置"，说明这块敲门的瓦砾还是需要的，这也是唐顺之编辑此书的原因。⑤

---

① 《李开先全集·诗文》《李中麓闲居集》文之六《序·〈边华泉诗集〉序》，第617页。
② 《李开先全集·诗文》《李中麓闲居集》文之六《序·〈松窗寤言〉序》，第621—622页。
③ 《李开先全集·诗文》《李中麓闲居集》文之六《序·西野〈春游词〉序》，第597页。
④ 《李开先全集·诗文》《李中麓闲居集》文之五《序·〈唐荆川批选名贤策论〉序》，第523页。
⑤ 《李开先全集·诗文》《李中麓闲居集》文之五《序·〈唐荆川批选名贤策论〉序》，第522—523页。

6. 整理前辈乔岱作品——《乔龙溪词》(未刊)

嘉靖四十三年(1564),词会前辈乔岱已死二十余年,李开先遍寻他生前所作,因为较少不成册,于是先写一序保存而待刻。他不仅整理乔岱作品,在序中还有为乔岱被世人误解仅仅善于作北词辩解之意:"邑人乔龙溪先生,以金事致仕后,即擅词名,远迩但称其长于北词,是岂知词与先生者耶?……龙溪非惟能作,而且善讴,南词时亦有之,但非其所好。以为非其所长,是岂知词与先生者耶?"①这是李开先积极为朋友辩护之语。

7. "思致冲玄,体裁闲雅":《何氏辞赋集》

李开先解释李梦阳、徐祯卿和何景明的辞赋成就齐名,专门刻印何景明作品没有凸显孰轻孰重之意。何氏辞赋"思致冲玄,体裁闲雅,有汉、魏作者风"②,原本有三卷,全稿在张治道手里,张去世后稿子难见,所以有重新刻印的必要。

(二)整理为友人所作的纪念性文字并付梓

1. 怀念友人李舜臣的《贤贤小集》

嘉靖三十八年(1559),李开先挚友李舜臣去世,葬于次年,李开先为其作墓志铭、祭文及挽词,汇为一册,名为《贤贤小集》,虽未见单行本,但这些纪念性文字均收录于《闲居集》中。

2. 怀念友人李冕的《贤贤续集》

嘉靖四十二年(1563),按照《贤贤小集》的体例,编辑为李冕所作的墓志铭、挽诗和祭文为《贤贤续集》,更多的是为了寄托哀思而无暇顾及它的社会影响。他在序中感叹:"十年之间,良朋凋谢:如江午坡、吕江峰、潘春谷、唐荆川、王遵岩,俱远在四方;愚谷则同省矣;脉泉则同县矣。地愈近而情愈切,恐其岁愈久而迹愈陈,二集均之不可无者也……是刻聊以尽吾心而报相知云耳,轻重有无奚计焉。"③又在后序中说:"续集之刻,不直言而直在其中,似无言而意在言外矣。"④

① 《李开先全集·诗文》《李中麓闲居集》文之五《序·〈乔龙溪词〉序》,第526—527页。"太少不成册"中"册",在明刻本中作"闻"。

② 《李开先全集·诗文》《李中麓闲居集》文之六《序·〈何氏辞赋集〉序》,第622页。

③ 《李开先全集·诗文》《李中麓闲居集》文之六《序·〈贤贤续集〉序》,第610页。

④ 《李开先全集·诗文》《李中麓闲居集》文之六《序·〈贤贤续集〉后序》,第610页。

3. 宣扬友人马广夫妇善举的《与善录》

嘉靖四十三年（1564），整理为本县好友马广及其妻金氏作的寿文寿诗、志文祭文编为《与善录》并将之刻印。① 在后序中说："瑞出而史不可无书，马君夫妇之善，固将悬铎而鸣之国，揭榜而示之衢。既已集成与乐录矣，能无刻而传之乎？"②

4. 为孙光辉陈情的《事定公评》

嘉靖四十四年（1565）冬，李开先为同年孙光辉作墓志铭，力陈其蒙冤始末，并为其刻《事定公评》，收录"不止志铭，并挽诗对语祭文，总为一小编"③。在后序中说："乃代为分辩，遍及相知，屡作长书，陈诸当道。幸而昭雪，遽尔沦亡，乃命运所使，而人力无如之何者也！"④交代自己为营救他付出的努力。

5. 怀念友人王阶和刘东的《存友录》和《存友续录》

嘉靖四十五年（1566）二月，邑词会友人王阶卒，李开先为其撰墓志铭。辑录并刻印《存友录》一册以资纪念，"首之以志铭，继之以诗、对及像赞、祭文，以备众览，以见予情"⑤。不久，听闻同邑友人刘东的讣告，李开先为之撰墓志铭，并辑录《存友续录》一册。⑥

6. 怀念友人袁崇冕的《幸览编》

嘉靖四十五年（1566）春，为了满足挚友袁崇冕想在生前见到纪念性材料的愿望，"与其死后多美，不若生前幸得一览也"⑦，李开先将为其所作诗文编辑成册，袁崇冕"以存日得览其文为幸"⑧，故曰《幸览编》。

刻成之后，袁崇冕爱不释手，"乃以一册坐卧与俱，分送远近相知，不下百册"⑨。这年四月五日，袁崇冕虚岁八十，于十一月去世。可以说，在生前即见到留名后世的诗文，袁崇冕是相当幸运了！ 不过，为友人预作死后文

---

① 《李开先全集·诗文》《李中麓闲居集》文之六《序·〈与善录〉序》，第625页。"殁则夫前女后"中"女"，在明刻本中作"妇"。
② 《李开先全集·诗文》《李中麓闲居集》文之六《序·〈与善录〉后序》，第625—626页。
③ 《李开先全集·诗文》《李中麓闲居集》文之六《序·〈事定公评〉序》，第633页。
④ 《李开先全集·诗文》《李中麓闲居集》六之六《序·〈事定公评〉后序》，第634页。
⑤ 《李开先全集·诗文》《李中麓闲居集》文之五《序·〈存友录〉序》，第544页。其实，刘东之死早于王阶，而听闻讣告较晚，李开先特在序中解释对于两友没有厚薄之分。
⑥ 《李开先全集·诗文》《李中麓闲居集》文之五《序·〈存友续录〉序》，第546—547页。
⑦ 《李开先全集·诗文》《李中麓闲居集》文之五《序·〈幸览编〉序》，第550页。
⑧ 《李开先全集·诗文》《李中麓闲居集》文之六《序·〈遗览编〉序》，第642页。
⑨ 《李开先全集·诗文》《李中麓闲居集》文之十一《跋语·〈幸览编〉跋》，第1047页。

字,唯有亲密无间的挚友才能如此,因为这在当时是有悖常道的。

7. 怀念友人张师雍的《遗览编》

嘉靖四十五年(1566)十二月,词会友人张师雍卒。他与李开先父子皆有交情,受到李开先的极大尊敬:

> 邑人张君,少先大夫十四岁,长予十六岁。先大夫忘年,称其为小友;予则上交,称其为老友。同会者几十人,相会者逾十年,每会推予作首,惟拜刺予则以晚生自居,而君辄不自安,苦劝易之,迄不敢从。①

当然这种尊敬是相互的,从张师雍"辄不自安""迄不敢从"可以看出他从来不倚老卖老,而是受宠若惊。李开先为他撰墓志铭,并集为之所作诗文为《遗览编》。关于此书命名,李开先在序言中说:"今为之志铭诸作,并前此作者汇成一编,题曰《遗览》,意以不得如西野《幸览》,将以遗诸后世,使览者无穷,而知其人之有行云。"②在后序中说:"张君生于富而饶于酒,寿考名行,兼而有之。是编也,盖有遗览而无遗恨矣!"③

8. 怀念友人魏守忠的《一朝千古集》

隆庆元年(1567)春,邑友人魏守忠卒,李开先将为其所作诗文辑为《一朝千古集》,总为一册,并刻印,希冀"传之千古"。在后序中说:"是集也,不惟可慰东皋,凡后死者,皆将慰之矣!"④

9. 怀念友人康迪吉的《伤逝编》

隆庆元年(1567),将为好友康迪吉所作诗文铭表为一册,是为《伤逝编》,然此编亦未见流传,单篇诗文见于《闲居集》中。李开先与康迪吉两家的关系亲厚,诗文往来比较频繁。

三、出于爱好和责任对前朝著作进行结集并付梓

1.【浪淘沙】的摘集之作:《歇指调古今词》

嘉靖二十六年(1547)左右,李开先曾辑唐、宋以来名家所作《浪淘沙》小

---

① 《李开先全集·诗文》《李中麓闲居集》文之八《墓志·儒林郎代州同知悔庵张君墓志铭》,第821页。
② 《李开先全集·诗文》《李中麓闲居集》文之六《序·〈遗览编〉序》,第643页。
③ 《李开先全集·诗文》《李中麓闲居集》文之六《序·〈遗览编〉后序》,第643页。
④ 《李开先全集·诗文》《李中麓闲居集》文之六《序·〈一朝千古集〉后序》,第647页。

词,集为两卷,因其属于歇指调,名为《歇指调古今词》。

刻印前,他自撰序文,序中交代自己比较推崇唐宋所作的【浪淘沙】和【风入松】,然由于苏洲已经摘录完成有关【风入松】的词曲,于是特意搜集唐宋至明代有关【浪淘沙】的名作。将这些不同时代、同一曲牌的作品汇录一册,为比较研究提供极大便利,可以在比较中观察其发展衍化的轨迹,"可由之歌咏唐宋词,而追绎古乐府,虽三百篇当亦不远矣"。①

2."好古道、表遗书"影响下的《广川书跋》和《广川画跋》

嘉靖三十五年(1556)左右,李开先刻印《广川书跋》和《广川画跋》。两书的刻印跟杨慎有很大关系。当时杨慎因大议礼身谪云南边陲,"久罹远戍,不以为戚,惟以好古道、表遗书为急"②,在这种情况下仍然关心文事,克服各种困难刻印宋朝董逌《广川画跋》一书,不过因未得《广川书跋》一书传本而未能将之同刻。李开先受杨慎这种为天下共享典籍的精神触动,将所藏《广川书跋》和《广川画跋》校勘后付梓,也算偿了杨慎的夙愿。

3."清劲""超出尘俗":《张小山小令》

李开先对元曲极有研究,读到《古剑歌》,凭借着对元曲的熟悉程度和该曲的写作风格,准确地猜出它为张可久所写。③ 他特别喜欢张可久的作品,将之与马致远相较,认为张更胜一筹:"东篱苍老,小山清劲,瘦至骨立,而血肉销化俱尽,乃孙悟空炼成万转金铁躯矣!"④从序中可以看出,他对张可久不惟推崇,还认为正是元朝中央政府重用蒙古人、轻视汉人的人才制度才造就一大批元曲作者,也正是如此元朝统治日渐衰败:

> 夫以是人而居卑秩,宜其歌曲多不平之鸣。然亦不但小山,如关汉卿乃太医院尹,马致远为江浙行省属,郑德辉杭州路吏,宫大用钓台山长。其他屈在簿书、老于布素者,不可胜计。当时台省元臣、郡邑正官及雄要之职,尽其国人为之,中州人每每沉抑下僚,志不获展。此其说见于胡蠡溪所著《真珠船》。因序小山词而节取之,以见元词所由盛、元治所由衰也。⑤

他见解独特,研究张可久的散曲成就和风格联系到其所处的整个社会环境,

---

① 《李开先全集·诗文》《李中麓闲居集》文之五《序·〈歇指调古今词〉序》,第531页。
② 《李开先全集·诗文》《李中麓闲居集》文之十一《跋语·跋〈广川书跋〉》,第1039—1040页。
③ 《李开先全集·诗文》《李中麓闲居集》文之五《序·〈张小山小令〉序》,第529页。
④ 《李开先全集·曲论》《词谑·二词套·东篱苍老小山清劲》,第1561页。
⑤ 《李开先全集·诗文》《李中麓闲居集》文之五《序·〈张小山小令〉序》,第529页。

推及元代的其他散曲家如关汉卿、马致远、郑光祖、宫天挺等皆抑郁不得志，进而归因于元朝政府歧视汉人的用人制度。当元代作曲家在现实中失去了施展抱负的机会时，他们选择的途径是乐闲赋归，或隐于田园，或流连在秦楼楚馆。李开先的人生经历同样坎坷，壮年罢官后朝廷并未如他期望的召他回朝，而是在政治上永远地摈弃了他。之后他接连遭遇丧妻失子之痛，这些痛苦无时无刻不在折磨着他的内心，随遇而安是他唯一的选择。

嘉靖四十五年（1566）十月，他汇集数十个版本进行校勘，刻印《张小山小令》二卷。在后序中交代"词独爱张小山之作，以其超出尘俗，不但癯劲而已"，然而存世的词曲之书渐少，收录张可久作品的图书更少，"其小山词载在《乐府群珠》、《诗酒余音》者，仅有数十曲"，经过积累搜求，"更得《仙音妙选》、《乐府群玉》、《乐府新声》"，"可惜类词有小山一卷，廖洞野取去，坚不复出，而普集元词，在邹平崔临溪者，小山词独有一本，以负累遁逃，不知所之"，他这次编次虽然有上下两卷，担心收录不全，通过"每样曲终，镂板不剔空"，"以待博学君子，词山曲海，不惜寄示，必有以增其所未高，而浚其所未深云"。① 除了恐其散失的责任感和"以待博学君子""增其所未高""浚其所未深"的希冀，他和张可久思想相通应该也是编刻《张小山小令》的动力之一。从后序亦可知，"词山曲海"乃他对词曲之书宏富的说法，希望天下同好能够提供丰富的图书，使得张小山作品集收录更为全面，跟"曲艺曲目浩如烟海"的关联性不大②，后人对这个词语有所误解，在此一并澄清。

清丁丙《善本书室藏书志》云："（《张小山乐府》）后为李中麓另编作二卷，则无复此书之旧矣。四库所收二卷本，当即中麓重编本，有钱谦益印、汪鱼亭藏阅书诸印。"③唐艳在《清代山东刻书史》中指出该书的版本情况：

> 《张小山小令》二卷，元张可久撰，明李开先辑，明嘉靖四十五年李开先刻本。此书卷端题：庆元张可久著，章丘李开先编。杜泽逊师《存目标注》6817条著录：前有嘉靖四十五年丙寅李开先序。后有李开先跋，署"季冬腊日中麓再书"，当亦嘉靖四十五年作，内云"今所编次，虽成上下二一册，每样曲终镂版不剔空，以待博学君子。"知系嘉靖四十五

---

① 《李开先全集·诗文》《李中麓闲居集》文之六《序·〈张小山小令〉后序》，第643—644页。
② 陈炜敏：《数字化让"书山曲海"盛景再现》，《济南日报》，2019年12月10日。其中有这样一句话："当人们要形容这种繁荣时，也就想起了明代戏曲家李开先形容戏曲、曲艺曲目浩如烟海的词语——'词山曲海'"。
③ （清）丁丙：《善本书室藏书志》卷四十《集部二十·新刻张小山北曲联乐府三卷外集一卷》，清光绪刻本，第12页。

年李开先刻本。九行十八字，黑口，四周单边。①

4."激劝人心，感移风化"：《改定元贤传奇》

嘉靖四十五年(1566)，李开先与门人编刊元人作品为《改定元贤传奇》。序文中指出，与汉唐诗文和宋代理学诸书广泛结集、流传相比，元代词曲鲜有人见，且流传的大多是"寻常之作，脂粉之余"，"美恶兼蓄，杂乱无章"。他深以为病，刻印此书的目的是"欲世之人得见元词，并知元词之所以得名也"，也就是说他带着不想使元曲精髓被人遗忘的强烈责任感，走上挽救元曲经典的道路。

编选元曲需要选择底本，这对收藏词曲比较丰富的李开先来说，正好将藏书资源进行充分利用。据序可知②，仅元曲之作他就收藏有千余本，编选时最初选定五十种，因资费不足减为十六种，而实际付刻的恐怕只有六种。如同其自撰杂剧六种，最终只刻印《园林午梦》和《打哑禅》两种一样。至于"改定"两字，是因为他们对原著进行了处理，即"删繁归约，改韵正音，调有不协，句有不稳，白有不切及太泛者，悉订正之，且有代作者"，指出不仅仅是挑选和收录这般简单，而是部分改动了元曲中的内容或直接进行了创新，这种改动体现了他和弟子的审美情趣。之所以取名"传奇"，是因为他觉得传奇"字面稍雅致"的缘故。他还决定等资费充足时，再刻印散套和小令。愿望是美好的，现实是残酷的，他在两年后因病去世，应该是整理和刊刻元曲著作工作最终中断的原因。

《改定元贤传奇》的收录原则是"要之激劝人心，感移风化，非徒作、非苟作、非无益而作之者。今所选传奇，取其辞意高古，音调协和，与人心风教俱有激劝感移之功。尤以天分高而学力到，悟入深而体裁正者，为之本也"③。在编选过程中，他非常重视从文本角度进行评判，认为一部优秀的戏曲作品要同时具备"辞意高古""音调协和"和"有激劝感移之功"这三个条件，那些"天分高而学力到，悟入深而体裁正"的戏曲家更值得尊重，其作品就会优先选录。前已论述他受儒家思想的影响颇深，这就不难解释即便将元人作品编选为《改定元贤传奇》这一活动中亦蕴含着明显的资治目的，是他在对明王朝日渐淫靡的社会风气和每况愈下的社会现实倍感焦虑的情况下，带着高度使命感来做的。正是因为他强调戏曲有裨于世道，极为在乎它感移风

①　唐桂艳：《清代山东刻书史》，山东大学 2011 年博士论文，第 43—44 页。

②　《李开先全集·诗文》《李中麓闲居集》文之五《序·〈改定元贤传奇〉序》，第 556 页。

③　《李开先全集·诗文》《李中麓闲居集》文之五《序·〈改定元贤传奇〉后序》，第 557 页。

化的社会功能,于是借《江州司马青衫泪》赞扬裴兴奴虽生为乐籍,但是恪守伦理立志刚方;借《西华山陈抟高卧》赞扬陈抟心怀天下、一心向道且心坚不变;借《杜牧之诗酒扬州梦》劝诫为人臣不能贪恋花酒,要勤于政事;借《唐明皇秋夜梧桐雨》告诫君王不要因沉迷酒色耽误国事;等等。

张自慎全程负责编刊事宜,参与者有高应圮、弭子方和张畏独。其中张自慎、高应圮为弟子,弭子方为连襟,张畏独无考,众人皆以词曲擅名,与他的关系亦在师友之间。在改定过程中,他提出思路,提供拣选的底本,指示选择和删改增补的标准,又负责刊刻印行,起到决定性作用,用现在的话说即主编兼出版人,而他自己则说是"总裁与考试官"①。这是一部倾注了他心血且能反映其审美标准的元曲集,他希望通过自己和门人的努力,让世人感知元曲的意境之美。后人对他们的改定工作显然比较认可,如《古名家杂剧》《柳枝集》等明显受到《改定元贤传奇》的影响。将《改定元贤传奇》与《元曲选》校读,可见在不少曲白的处理方面,前者明显优于后者。

5. "雄健"而"出奇"的《乔梦符小令》

隆庆元年(1567)初,李开先编刊《乔梦符小令》。在序中②,交代了乔吉的生平和社会影响,以及本书的收录不仅包括乔的小令,还有套词。刻印此书的目的是与《张小山小令》好事成双,因为李开先认为张可久和乔吉如同唐代的李白和杜甫,在元代戏曲史上具有重要地位。李开先还认为世人所概括的乔吉的作品特点具有片面性,还担心自己的概述不能符合众人的期待。

四月,李开先作后序,说明《乔梦符小令》的编排顺序是"以双调先之,以宫内各章如【水仙子】、【折桂令】、【清江引】等,俱系官样曲子,天下所同歌,且多作者,以其熟顺、易见、易知为序,非敢变移音律,错乱宫商也。"③

四、彰显妻贤、母族和祖德的刻书活动

1. 丧妻悲情的《悼内同情集》

嘉靖四十五年(1566)夏,好友相继辞世而自己衰病兼至的李开先在实际生活中煎熬窘迫,更加思念妻子张氏,又联想到同样丧妻的友人,汇编了

---

① 《李开先全集·诗文》《李中麓闲居集》文之五《序·〈改定元贤传奇〉后序》,第 557 页。
② 《李开先全集·诗文》《李中麓闲居集》文之五《序·〈乔梦符小令〉序》,第 530 页。
③ 《李开先全集·诗文》《李中麓闲居集》文之六《序·〈乔梦符小令〉后序》,第 644—645 页。

《悼内同情集》这部作品。所谓"悼内同情"，即："内亡而悼之，乃人之常情；内贤而悼之，有出于常情之上者矣。悼亡、悼贤，同一情也，而贤则其情尤切。"①

该书收录他为妻子张氏所作《诰封宜人张氏墓志铭》，加上李梦阳《封宜人亡妻左氏墓志铭》、李舜臣《亡妻封宜人朱氏墓志铭》、罗洪先《亡妻曾氏墓志铭》、唐顺之《封孺人庄氏墓志铭》和王慎中《存悼篇》。当时应有刻本传世，都察院右副都御史任山东巡抚的洪朝选题短跋，叙及与王慎中有亲谊，且对李开先敬重有加，言必称"公"：

> 旧见舍亲遵岩子与其弟书，有"哭内"。时闻公讣传凶信，作诗云："内外并时良友丧，一双泪眼两般啼。"遵岩子于公可谓金石交矣，料公必自知之。因见公有《悼内同情集》，聊一及之也。②

后来沈德符《万历野获编》称洪朝选是家难的始作俑者，因艳羡他的藏书进行加害掠夺，这是一桩待考公案。

2. 母亲王氏一族诗文的汇集之作：《王氏家乘》

隆庆元年(1567)春夏之间，编修母姓《王氏家乘》。序中指出"国有史，家有乘。国非史，则海内之事浩繁而无所与考；家非乘，则门内之事泯没而不得以传"。于是将母亲王氏一族的诗文"裒成一册，谓之《王氏家乘》"③。除欲以此书入国史之外，编修此书的目的是彰显孝道，"盖推爱母之心，以及其家世。为王氏子孙者，又当推爱亲之心，以守其家法。斯乘也，殆将百世可传，君子所惧于三者，于是乎可免矣"。④

3. 彰显祖德的《勒石考德集》

该集辑录李开先家族迁居章丘后的世系和志表，"龙章鸾诰，恩及泉原。华表穹碑，光生草木。睿制温纶，深勒于石。附以志表，编成总集，俱是石刻，名以《勒石考德》"⑤。由将之勒石可以推知以他的自觉意识和社会影响，该集的编辑和刊刻事宜应该也是由他负责。笔者想起，在李开先纪念馆调研时看到的两通顶部镌有云龙浮雕、额题"奉天诰命"的石碑，其后人李庆

---

① 《李开先全集·编集》《悼内同情集·〈悼内同情集〉后序》，第2206页。
② 《李开先全集·编集》《悼内同情集·跋》，第2207页。洪朝选该跋署名颇长，即"通议大夫都察院右副都御史巡抚山东地方兼理营田同安芳洲洪朝选"。
③ 《李开先全集·诗文》《李中麓闲居集》文之五《序·〈王氏家乘〉序》，第557—558页。
④ 《李开先全集·诗文》《李中麓闲居集》文之五《序·〈王氏家乘〉后序》，第558页。
⑤ 《李开先全集·诗文》《李中麓闲居集》文之六《序·〈勒石考德集〉序》，第595—596页。

启先生介绍这些石碑都是明代实物，似可猜测它们应由李开先操持镌刻，且被收录在《勒石考德集》中。

总之，从刻书内容上讲，李开先除了刻印自己的著作，往往将朋友的作品珍藏并编辑出版，将自己为朋友所作的诗文进行结集并单独印行，还整理和刻印喜爱的文人诗文、元曲、时令小调等。刻印《张小山小令》和《乔梦符小令》，是因为他对两人比较推崇，他曾说："单词谓之叶儿乐府，非若散套杂剧，可以敷演填凑，所以作者虽多，而能致其精者亦稀矣。元以词名代，单词致精者，不过两人耳：小山张可久、笙鹤翁乔梦符。"①

从刻书时间来讲，他的刻书具有及时性的特点。著作完成后，应友人之请，在门客和门生的帮助下很快就能刻印。为友人编辑和刻印纪念性文字，因工作量不大，亦能很快印行传世，比如为袁崇冕辑录的《幸览编》在他生前即刻成，其他的在友人去世后亦迅速刻成。而对于他喜爱的文人著作，在与天下分享的责任意识驱使下，相信在精力和金钱皆充沛的条件下亦会迅速付诸行动。

---

① 《李开先全集·诗文》《李中麓闲居集》文之五《序·〈醉乡小稿〉序》，第 504 页。

第十四章　刻书特点

　　虽然与藏书、著述相比,李开先的刻书活动不甚显著,或者为世人忽视。但是再次印证他具有强烈的传世意识和自觉意识,虽然他喜欢为作品作带有广告性质的序跋,仍然可以看出刻书活动带有明显的家刻性质,且由于刻书耗资巨大,使得刻书活动有虎头蛇尾的情况发生。

一、强烈的传世意识和自觉意识

　　李开先传世意识很强,除了体现在写作很多有关年龄、经历的作品外,著作一旦写成即会刻印。刻印前后会写作序文,至少是前序和后序,有的作品不惟前后两序,比如他为《市井艳词》作了四篇序文,即序、后序、两篇又序,《诗禅》亦有前序、后序及多篇后序。他喜欢自作序文,自言"吾之书册,前后序皆所自撰,以懒于求人,且人或不尽合鄙意耳。至于文之拙陋,有所不计,期于达意而已"①。他极为重视序言的作用,在序中介绍作品的写作背景、刊刻过程、社会影响或自己的文学主张,甚至会为自己作品引起的争议进行阐释或辩解。《中麓山人拙对、续对》的序文中还列举不少当时文人所作的著名对联,拙对序中收录陆深、李梦阳、顾鼎臣、苏洲等人的对联,续对序中列举程良金、杨守陈、胡可泉、唐顺之等人的对联。在扩大作品影响的同时,也使序中提及之人和作跋者有个留名后世的机会。

　　明代中后期书序跋文连篇累牍、泛滥成灾,一方面是在润笔费的驱使下文人往往轻率为文,极尽吹捧之能事,另一方面商业出版大潮使得文人出书相当容易,相互之间寄赠作品和评论性文字。李开先的作品中亦会收录朋友序文或跋语,前者尤为稀见,比如王九思在《宝剑记》后序中指出,李开先将《傍妆台小令》和《宝剑记》寄来品评,他读了之后赞赏不已,欣然提笔为《傍妆台小令》次韵,为《宝剑记》作序,还自谦地说:"公如不弃,得以托名不

<hr />

① 《李开先全集·诗文》《李中麓闲居集》文之五《序·〈存友续录〉后序》,第547页。

朽,幸矣幸矣!"①相比之下,尤以跋文最为常见。比如《中麓小令》后面收录89人的90多条跋语,并为作跋者列一个清单样的附录,他们遍布四海,大多与他熟识,反映出他交游广泛的特点。而且,除极个别是他的追随者外,多数是进士出身,身居官位或已经致仕,在社会上具有一定的影响力。细分的话,可分为山东和章丘地方官、忘年交、当时身在官场的友人、罢归或赋闲在家的友人、关系密切的同年进士②、词会友人和弟子门客等。《画品》后面附了"嘉靖丙辰四月同邑两峰杨道跋""同邑胡来贡跋""同邑竹川野客华夏靖跋""固始雩楼张祉跋"等四篇跋语。《田间四时行乐诗》后面附了逯希闵、魏守忠、杨选、魏良贵、刘禄、高进、刘希稷、高运、张巨卿、田江、谢九式、崔元吉、马既闲和马既同兄弟、吕时臣、高应玘、石轲、李默、谢九仪、郑晓、夏文宪、郑坤等跋,很明显高进和刘希稷两人的跋语中间还有一则跋语,卜键《李开先全集·附录》将之放在刘希稷跋语之中,不过从两段话的语气和语意可以看出它们所说并非同一件事且明显出自不同人之手,故不能与刘希稷的跋语合并,众人的跋语有助于了解《田间四时行乐诗》的写作经过和社会影响。③《诗禅》后面亦附了廉珍、翟汝孝、上党栗应宏、黄元吉、泰安王植的跋语。为《中麓山人咏雪诗》题跋者有谢九仪、张舜臣、弭子方、南昌张希举、昆山王世贞、麻城刘采、侯官王应时、杨选、黄邦佐、朱睦㮮、郑坤、王春山等12人,与为《田间四时行乐诗》题跋者相对照,除章籍大吏杨选、谢九仪和郑坤得以复见,其余未曾重复,与为其他作品题跋者重复的是张舜臣、王春山、弭子方等人,前两个是挚友,后者是其连襟。众人为其作品作跋,一则起到宣扬作用,二则借此扬名后世,此外最直接的效果就是联络朋友之间的感情,传递时刻关注对方学术动态的讯息。

他还为朋友整理作品集,甚至将平日或他们死后为其所作的诗文和大量纪念性资料编辑刻印,如为马广及其妻金氏刻《与善录》、为同年孙光辉刻《事定公评》、为王阶辑录《存友录》、为刘东辑录《存友续录》、为袁崇冕辑录《幸览编》、为张师雍辑录《遗览编》、为魏守忠辑录《一朝千古集》、为康迪吉辑录《伤逝编》等。在《存友录》后序中说:"为之述其往事,传之将来,于以常存而不朽,因名其录为'存友',非私之也。"④在《存友续录》中说:"他无可言

① 《李开先全集·传奇》《新编林冲宝剑记·书〈宝剑记〉后》,第1260页。
② 古人很重"同年"之情,在此单列该项,虽与前面两项涉嫌重复,但以示突出。嘉靖八年己丑科进士包括一甲3名,二甲95名,三甲225名。
③ 《李开先全集·附录二》《叙论·题跋、曲评》之《〈田间四时行乐诗〉跋》,第2232—2241页。
④ 《李开先全集·诗文》《李中麓闲居集》文之五《序·〈存友录〉后序》,第545页。

者,怜其无后,恐遂灭没其人,有此录则存此人矣。"①这些所作所为,充分说明他是位交友真诚的人,不遗余力地使他们流芳千古。这些资料收入《李开先全集》中得以流传,但不少单行本早已亡佚,亡佚原因有:一是篇幅较小,复本较少,抵抗自然和人为灾害的能力不强,容易失传;二是社会意义不大,除了自家保存外,外人很少会费心珍藏。

如果说他刻印自己和友人作品,并帮助整理和刻印友人纪念性资料,是为了"赢得生前身后名",那么他刻印张可久、乔梦符等人作品和《改定元贤传奇》则出于强烈的为天下保存文献的自觉意识。对于自己感兴趣而社会上又没有佳本的书会在整理、校勘后刻印,所刻之书,大多因为当时之未有或校勘不甚精善。嘉靖四十五年(1566)十月刻印《张小山小令》,十一月在后序中说:"今所编次,虽成上下二本,每样曲终,镂板不剔空。以待博学君子,词山曲海,不惜寄示,必有以增其所未高,而浚其所未深云。"②同年刻印《改定元贤传奇》,在序文中指出,与汉唐诗文和宋代理学诸书广泛结集、流传相比,元代词曲鲜有人见,且流传的大多是"寻常之作,胭粉之余",刻印此书的目的是"欲世之人得见元词,并知元词之所以得名也"③。该书凝聚着他的编辑劳动,因爱好词曲而刻印词曲,推及他人。明代中叶以降,学风败坏,束书高阁不读不观者不计其数,如此求其实用、有益民生如他者,实不多见。

二、李开先刻书属于家刻的阐释

古代刻书可分为官刻、家刻和坊刻三大系统,而家刻和坊刻的边界难以界定。一般认为,从刻书目的而言,士大夫以作品传播为目的的刻书行为是家刻,书贾着眼于赚取利润的刻书是坊刻;从承担功能上来说,家刻主要承担学术创新和传承功能,坊刻则承担文化推广和普及功能。私人刻书一般不以营利为目的,主要为古书续命,以便能够嘉惠后学。傅璇琮和谢灼华在《中国藏书通史》中说:"明代藏书家刻书目的,一是为增加自己藏书,二是所刻书用以赠送、出售或交流,这既丰富自己的收藏,也是藏书的一种手段。"④

① 《李开先全集·诗文》《李中麓闲居集》文之五《序·〈存友续录〉后序》,第547页。
② 《李开先全集·诗文》《李中麓闲居集》文之六《序·〈张小山小令〉后序》,第644页。
③ 《李开先全集·诗文》《李中麓闲居集》文之五《序·〈改定元贤传奇〉序》,第556页。
④ 傅璇琮、谢灼华:《中国藏书通史》,宁波出版社2001年版,第679页。

李开先挚友、门客或门生会鼓励他将著作刻印，而且在刻印过程中他们亦会参与其中、襄助其成。嘉靖三十四年(1555)六月六日，门客李思禄指出众人支持他将积累的对联付梓：

> 尝就而录之，归藏箧笥，恐久而散逸，因谋诸梓以广其传。或资之以作表判，或揭之以辉门庭。不独教童子以能知声律，亦可使儒生触类乎诗文。他刻书者或不切于日用，此则非其比也。观者料必于予言而是之。校正，予与清渠霍潭、孔村黄元吉、龙塘李唫、少庵弈子方；书者，刘廷儒；助工，宁守家、杨一元；董工，则名金，名国珍，二张氏子云。①

这则跋语非常宝贵，不仅指出该书可以用来作"表判"、"辉门庭"、教童子知声律、使儒生通诗文，而且提供参与刻印《中麓山人拙对》的人员名单和不同分工。它虽然带有一定的广告意味，不过与坊刻铺天盖地的广告轰炸、书上所列参与刻书人员的庞大阵容相比，显然是小巫见大巫。有时候，他的作品尚未写成就被抄录而流传在外，与其让书坊刻印，不如自己刻印，这样才能保证作品的质量和获得售卖利润。

他具有极强的广告意识，非常在乎所刻之书的社会影响。例如在《悼内同情集》后序中说："世有生而反目、病不关心、殁而肉未及寒辄已忘旧爱议新婚者，其薄情亦甚矣！斯集也，自谓有敦薄之助，未知览者果动情乎不也。"②指出该书具有促进夫妻恩爱的功用，不知道读者览后会不会动容。在《中麓山人续对》序中说：

> 予曩有对千余联，误为世所珍尚，刻行久矣。乃后求者不已，散作亦时或有之，比之前刻又得二一之。贱物易售，贪心无穷，名以《续对》，遂亦刻之。出与对皆不佳，未知观者仍前珍尚否？③

希冀《续对》能够和《拙对》一样受到读者的欢迎。他刻印的书，除了自己收藏、赠送他人之外，有一部分应该用来放在书店出售。他刻书的目的虽然不是为了销售，但当时的书店会卖他的作品，纪公遇为《中麓小令》作的跋语说："每闻巷间中争歌夫子小令，脍炙人口，因寓省下，苦索诸书肆，偶获全册，欣然捧读……"④说明他所藏和品读的《中麓小令》就是从"书肆"买到的。

---

① 《李开先全集·杂著》《中麓山人拙对、续对·〈中麓山人拙对〉后序》，第1848—1849页。
② 《李开先全集·编集》《悼内同情集·〈悼内同情集〉后序》，第2206页。
③ 《李开先全集·杂著》《中麓山人拙对、续对·〈中麓山人续对〉序》，第1853页。
④ 《李开先全集·散曲·小令》《中麓小令·〈中麓小令〉跋语》，第1487页。

尽管他的刻书行为应该归入不以营利为目的家刻活动，但大打广告和将书籍放于书店出售的事实与此相悖，而且他的刻书大多内容通俗易懂，贴近社会和基层，具有广阔的受众基础，如果能够大范围售卖，获利必将丰厚。所以，对他来讲，希冀得到社会的共鸣是第一目的，如果能够在获得社会认可的同时得到一定的经济利润，至少能够弥补前期的大量亏损，也就起到锦上添花的作用。

三、私家刻书的巨大支出

一般来说，明代雕版书籍的生产成本由以下几个部分组成，即锓版印造之费、工墨装背钱、印造纸墨工食钱、棕墨糊药印背匠工食钱、棕墨钱、装背工糊钱、印造用纸、印造纸墨工食钱、面蜡工钱。刻书需要雕版，旧时通常用不易变形的梨木或枣木，这些木材在北方比较常见。木板准备好之后，需要请擅长书法的人写样和擅于镌刻的人刻版。完工之后，还需要有认真谨慎的人负责校对，排除谬误后就可以正式印刷了。印刷时需要大量纸张、印墨，印成之后需要专门人员进行装帧。其中，购买木板、纸墨等是必不可少的硬件开支，而写样、镌刻、校对和裱褙的人工开支具有较大的弹性。

虽然李开先的著述中未提到刻书活动的支出明细，但是可以猜测人工成本应该不是很大，大多是他的朋友和门人襄助而成，从前述《中麓小令》《诗禅》《闲居集》等的序跋中可以窥见一斑。不过，其他开销亦不少，在《一笑散》序中提到刻工费用："更因雕工贫甚，愿减价售伎。自念古人遇岁荒乃以兴造事济贫，谚又有'油贵点灯，米贵斋僧'之说，遂以二院本付之，不然，刻不及此。"①证明刻工愿意降低工价是他能够将《一笑散》刻印的重要原因。

刻书业相比盐业、米业、典当等，利润并不高，即使像专门从事坊刻的毛晋那样的大出版家，亦需不断出售田产来补贴出版经费，何况不以营利为目的的私人刻书活动。编刊《改定元贤传奇》时，他提到"乃尽发所藏千余本，付之门人诚庵张自慎选取，止得五十种。力又不能全刻，就中又精选十六种"②，可知最初编选时从所藏千余本中选定五十种，因资费不足减为十六

① 《李开先全集·诗文》《李中麓闲居集》文之五《序·〈一笑散〉序》，第515页。
② 《李开先全集·诗文》《李中麓闲居集》文之五《序·〈改定元贤传奇〉序》，第556页。

种,而实际付刻的恐怕只有《江州司马青衫泪》《西华山陈抟高卧》《杜牧之诗酒扬州梦》《唐明皇秋夜梧桐雨》等六种。因经费问题只能将所刻之书一减再减,这对欲将元人传奇佳本与天下人分享的他来说,是多么无奈和不甘。

总　论

综前所述，李开先从事藏书、著述和刻书等文化活动，且成就卓著。在这一部分，笔者试图揭示他从事的文化活动与经济活动具有相辅相成的关系，就目前所见的三幅画像及其著述思想的研究努力勾勒关于他的整体形象和性格特征，并对他的贡献及其作品的史学价值进行评价。

一、李开先从事的文化活动及其与政治、经济活动的关系

李开先从事的文化活动比较多，除了前面重墨渲染的藏书、著述和刻书等，还有听曲、下棋、赏石、庆祝节日、主持祭祀等，在此人为地缩小范畴，主要讲述藏书、著述和刻书这些文化活动之间的相互关系，及它们与政治、经济活动的关系。

（一）藏书、著述和刻书活动的关系

私家藏书在中国藏书史乃至整个文化史上具有重要的作用，对于中国传统文化的绵延流布作出了极其重要的贡献。旧有的图籍经过时代环境的考验以及天灾人祸的影响，若非历来藏书家勤于收访、保护，并加以校雠、传布，仅凭官方内府的收藏、维护和整理，实在难以将数量众多的珍贵典籍流传给后人。明代的私人藏书家有自己的藏书重点，往往就感兴趣的图书进行收藏。李开先喜藏书，清代著名藏书家钱曾《读书敏求记》称："近代藏书家推章丘李氏、金陵焦氏。"朱彝尊《静志居诗话》云："中麓最为好事，藏书之富甲于齐东。"其藏书楼为万卷楼，藏书富甲齐东，名盖全国。有诗云：岂但三车富，还过万卷余。汲古阁主人毛晋之子毛扆跋《新刊张小山北曲联乐府》云："章丘李中麓开先，晓音律，善作词，最爱张小山，谓其超出尘俗。其

家藏词山曲海,不下万卷。"①他藏书之宏富,是南方许多藏书家望尘莫及的,仅词曲类的图书就收藏不下万卷。

他的众多藏书并非束之高阁,而是进行了充分利用。丰富的藏书为创作提供了很好的条件,阅读提升了他的人生感悟。他的成就是多方面的,有《闲居集》传世,其中不乏忧国忧民之作。作为剧作家,创作不朽的名剧《宝剑记》和院本《园林午梦》,还作有《卧病江皋》《中麓小令》。还评选了一些散曲和杂剧的曲文,也辑录了一些明代戏曲史料。在戏曲上,他有融合南北的意图,身为北人却大胆尝试南曲创作,作品虽然"见讥于吴侬",在当时而言,毕竟是一种大胆的突破。他的举动得到时人的认可,王九思附和《中麓小令》百首,冯惟敏"效中麓体"新作六首,皆说明他的作品得到曲坛同行的肯定和赞赏。他毕生致力于词曲创作,其代表作《宝剑记》的问世奠定了他在戏曲史上的不朽地位,为汤显祖《牡丹亭》的诞生奠定了基础。吕天成对他的评价是:

> 李开先铨部贵人,葵邱隐吏。熟誉北曲,悲传塞下之吹;间著南词,生扭吴中之拍。才原敏赡,写冤愤而如生;志亦飞扬,赋遒囚而自畅。此词坛之雄将,曲部之异才也。②

万历间董复亨所主编的《章丘县志》历来为后世治史者推崇,与《闲居集》中包罗万象的诗文记载不无关系。在目录方面,他撰有《李中麓书目》《中麓画品》等,如果没有足够数量与较高质量的藏书和藏画,这两部作品不可能问世。在《中麓画品》中品题明人绘画,打破前人"神妙能逸"及上中下三等旧格,其持论非同一般,可谓独创一家之言。

文人的成果要想得到社会的认同和流传后世,必须刊刻。这就是李开先的著作甫一完成,亲朋诗友和门客门人就协助将之刊刻的原因。此外,他有强烈的责任意识,为了和天下人分享,他和门人从家藏元剧千余本中,精选编定成《改定元贤传奇》,还不遗余力地整理和刻印张可久和乔吉的作品。他丰富的藏书以及对藏书尤其是词曲书的整理及勘刻,为保存我国古代文献作出了巨大贡献。

他的藏书不仅利己,而且利他,朋友和弟子都可以借阅,友人拜别时他

---

① (明)毛晋:《毛晋书跋零拾(附伪跋)》之《新刊张小山北曲联乐府》,转引自潘天桢《潘天桢文集》下编,上海科学技术文献出版社 2002 年版,第 323 页。

② (明)吕天成著,王卓校释:《曲品》卷上,北方文艺出版社 2000 年版,第 10 页。关于这句话,该版本与《曲品》其他的校注本的不同集中体现在最后一句,其他版本为"此词坛之雄将,曲部之异才也"。

还会相赠不少书册。对整个社会的贡献而言,私人藏书的作用甚至大过于官府藏书。盖私人藏书虽为藏书家之私有财产,未如今日之图书馆以开放利用为目的,但藏书家之间彼此传抄、互易书籍,亦达到书籍流通之目的。一家之书既散,复为他家所得,亦促进社会间书籍之流通与学术之广传。台湾潘美月老师在《宋代藏书家考》中说:

> 皇室收藏深扃禁宫,不啻帝王之私有财产,除近侍及大臣尚可得一窥外,不能公之大众,故其影响尚未甚大。然一般士大夫凭借稍厚,每于升平之际,肆意蓄书,往往积至数十万卷,奇文秘籍,不乏内府所无者。且私家藏书多精雠慎勘,蓄意丹黄,秘册借抄,奇书互赏,甚者建书院,买田市书,以待来者,利便好学之士,其于学术之发展,社会之贡献甚溥。①

他不惟为藏书而藏书,而是将图书的收藏与学术研究、刻书活动相结合,通过阅读藏书提升学识,通过借阅和刻书活动扩大书籍的流传范围。包括李开先、康海、王九思等在内的曲家群"不仅仅致力于创作,而且集创作、演出、评论与编刊四位一体,对散曲发展产生了显著影响","在北方曲坛,李开先是一个核心人物,其交游活动将曲家们串联起来,对促进创作与编刊风气的盛行大有裨益"。② 如果在这个链条中加上藏书,则可以认为,古代藏书家虽多,但能像他这样,从采访、分类、编目,到管理、利用各方面都有见解,并躬践于行的,实不多见。他是学者兼藏书家、出版家的身份,尽收集、保存、整理、校勘、抄录、刊刻之力,有培养人才、繁荣学术之功。

(二)文化活动与政治、经济活动的关系

在绪论中,笔者即谈到文人的文化活动受社会经济、政治状况的制约和影响,明代的经济和文化状况在成化之后为之一变,正德、嘉靖后为之再变,《明史·艺文志》中收录的明初和明代中后期文人的文集数量多寡即能说明这一问题,太祖朝文人的文集寥若晨星,成祖时锐减至不足五十种,仁宣时再减至二十种,英宗和景泰帝达到近五十种,武宗时约有一百四十种,世宗和穆宗两朝多达三百三十种。③ 幸运的是,李开先恰好生活在社会发生明

---

① 潘美月:《宋代藏书家考》,学海出版社 1970 年版,第 1 页。
② 杨惠玲:《明嘉靖年间以家刻为主的曲籍编刊述论》,《西北民族大学学报(哲学社会科学版)》2020 年第 5 期,第 167 页。
③ 商传:《明代文化史》,东方出版中心 2007 年版,第 26 页。

显变化的嘉靖时期。

微观上,他从事的藏书、著述和刻书活动,受政治目的驱使和经济活动的制约。文化活动受政治目的驱使最为明显的就是他从事的著述活动和将自己著作立即刻印,其目的都是留名后世,为了吸引统治者的注意,在初罢归时甚至掩饰自己的词曲爱好,著作中经常倾诉政治观点和政治抱负。

同时,他从事的文化活动难免受经济活动制约。他丰富的藏书中有很大一部分是通过花钱购求而来,诗文中常有花钱买书的语句。至于刻书,需雇人抄写、雕版等,亦要足够的资金支撑,他的作品中有因刻工愿意降低刻书工价和因经费欠缺不得不缩减刻书品种的记载。著述虽然和经济扯不上关系,但是一个人只有积累足够多的知识和阅历才能写出脍炙人口的作品,而这种隐形增长需要充足的闲情、时间和金钱去堆砌。他最大的经济来源是经营田产庄园,除了在《闲居集》的"记"和《中麓山人拙对》中能够看出其田产庄园之多,其他诗文中没有多少蛛丝马迹,这是因为务农对他来说是求生的无奈之举,在创作中尽管他反复提到林下生活的闲适和静谧,不能忽视的是他同时与官宦交往,不断强调自己的文化身份。

从另一方面说,文人一旦有了文化资本,又为他积累经济财富提供了前提。李开先的名声越来越大,找他写作应酬诗文者越来越多,以当时的社会习俗,给他带来的润笔费肯定不少,只不过他耻于谈及罢了。

二、关于李开先的评价

读作品时不同的人有不同的感受,对古人进行评价亦是如此,不同层次和文化背景的人对李开先的看法亦差别很大。笔者深知为读者塑造一个有血有肉的人物形象很难,仍不揣浅陋,试图从以下几点对他进行介绍,以增加读者对他的认知。

(一)目前所见三幅画像的不妥之处

他早年追随唐顺之、王慎中为奇古文,进行复古运动,罢归后将视野转向民间,文风为之嬗变。虽然他创作多部在当时文人眼中略显"鄙俗"的作品,并且通过踏雪访寺、半夜狂歌、醉酒编曲、携妓宴游、整理艳词等行为向世人展示自己的狂放,但是日常生活中众宾环绕、锦衣玉食、仆人成群,根本不落魄。人的行为具有目的性,他看似有悖于士绅行为的狂放不羁,恰恰是他内心苦闷的宣泄。所以用文字对他进行准确描述比较困难,用画像对他进行勾勒更为不易。绪论部分那张穿着官服的画像是李开先纪念馆和章丘区博物馆对外公布的画像,据说"文革"期间曾被绿原村一造反派以墨汁污面,后来经过修复。那种正襟危坐的严肃面孔,看不出来表情和性格。所以,笔者更为留意其他资料中的画像,希望从这些画像中判断后人对其了解和认知程度。

在济南市博物馆参观的时候见到有关他的介绍并附一幅画像(如图 15-1 所示),关于他的文字介绍没多少偏差,但是看到那张画像直觉那个背着行囊狂放落魄、满脸沧桑的人根本不是他,这样的形象和他根本沾不上边。

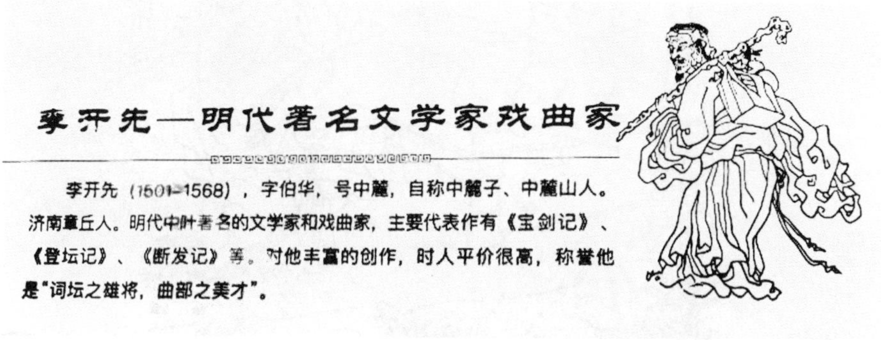

图 15-1　济南市博物馆展厅关于李开先的介绍和画像①

李世欣选编的《泉·文人名士》在《李开先咏百脉泉诗》一文中附了一张插图(如图 15-2 所示),图中李开先在竹石相伴下坐在椅子上看书②,而图中李开先手中拿的类似于今天的稿纸,其与历史事实的契合程度值得怀疑。

2021 年中秋节,到大明湖游玩,乘船到历下亭岛,有幸遇到名士轩展厅开放,虽然关于李开先的文字介绍部分略有偏差,但是相关画像是目前最为顺眼的(如图 15-3 所示)。

(二)广泛的兴趣爱好

李开先是一个艺术天才,于诗词歌赋、下棋樗蒲、书法、赏石等无所不能、无所不通。曾在《〈陆岐泉奕世儒医赠言录〉序》中说:"然吾有三疾焉,岐泉或未之能医也:棋癖,书癖,烟霞泉石癖。"③

---

① 参观时间:2020 年 10 月 7 日,因展厅光线较暗且图片悬挂较高,笔者拍照时图片上留下了光晕,如彻底处理掉对字迹破坏较大,故仍保留部分光影。后来查证文献得知,此图出自周群主编《济南七十二名士》(济南出版社 2004 年版)第 103 页。
② 李世欣:《泉·文人名士》,济南出版社 2002 年版,第 62 页。
③ 《李开先全集·诗文》《李中麓闲居集》文之五《序·〈陆岐泉奕世儒医赠言录〉序》,第 534 页。

图 15-2 《泉·文人名士》中"李开先咏百脉泉诗"插图

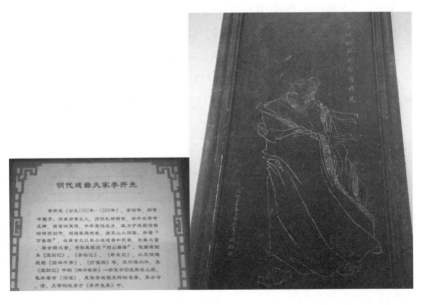

图 15-3 济南市大明湖景区历下亭名士轩展厅关于李开先的介绍和画像

　　下棋是消遣方式之一，即如他在《后象棋歌》中所说："逃名海岛从今日，坐隐楸枰不论年。招呼众友终朝为戏具，一任人情世事雨覆共云翻。"①基于对下棋的喜好，他作了《前象棋歌》《后象棋歌》《咏象棋》等诗文之作。他精于棋艺，明万历《章丘县志·文苑·李开先传》载："精象棋，自许海内无两手。"自夸"棋高无对偶，诗速不呻吟"②，"终日敲棋高手尚然饶一马，前年判袂知心不见惠双鱼"③，"对局友朋常败北，传经童冠待图南"、"对局数盘客惧，应门五尺童痴"④，"对局宾皆北，赋诗悉古音"⑤，"棋局称无敌，文章愧大家"⑥。在《前象棋歌》中说"吾以棋名擅天下，后先访者纷相望"⑦。可见，比起诗文，他对自己的下棋水平更为自负。退居林下之后，慕名来和他切磋棋艺的人较多，如蔡荣、陈珍、朱相、张希秋、吴唐等，而他多次胜出。在赠给门客中棋士陈珍的诗前小序说："燕京人陈珍，字国用，围棋双陆皆可，独以象棋擅名，举世无与抗衡者……独予长饶一马，经年止和数局，余悉败北。人咸称予，只此一艺，可高古今。闻言惶汗，殊不自安。"⑧有次他与高手对垒，竟然完胜两局，张自慎在旁感叹说："棋无两胜，乃兼得耶？"李开先大笑说："自有一定，诸君固不识耳。故其机尝在我。"⑨可见他的棋艺水平确实较高，得到大家交口称赞之后，又滋长了他的自负心理。有时，他对自己酷爱下棋的习惯进行反思，"棋著雪天真白战"，"覆局从今戒杀心"⑩，甚至作《四戒诗·戒棋》："名擅棋中圣，心神良以劳。虽云称坐隐，不著更为高。"⑪相传他命人将与陈珍对弈、苏洲一旁观棋的画面绘出，请石匠雕成石刻，这幅《李开先弈棋图》初存于章丘文庙内，后来存于山东博物馆。⑫

　　李开先亦喜欢书法，崇祯二年（1629）孙辈李衡等为其立碑，碑文中说他

① 《李开先全集·诗文》《李中麓闲居集》之一《七言古诗·后象棋歌》，第 82 页。
② 《李开先全集·诗文》《李中麓闲居集》之二《五言律诗·立秋日作》，第 144 页。《立秋日作》一韵十六首，此为第十首。
③ 《李开先全集·杂著》《中麓山人拙对、续对·中麓山人拙对卷之中·散对》，第 1842 页。
④ 《李开先全集·杂著》《中麓山人拙对、续对·中麓山人续对卷之下·散对》，第 1908、1959 页。
⑤ 《李开先全集·诗文》《李中麓闲居集》之二《五言律诗·立秋后作》，第 147 页。《立秋后作》一韵十四首，此为第十四首。
⑥ 《李开先全集·诗文》《李中麓闲居集》之二《五言律诗·答远书相问》，第 172 页。
⑦ 《李开先全集·诗文》《李中麓闲居集》之一《七言古诗·前象棋歌》，第 80 页。明兆乙《李开先》中记载皇帝招他对弈并赏赐金棋盘和玉棋子，未见李开先本人和友人记载，不足采信。
⑧ 《李开先全集·诗文》《李中麓闲居集》之四《五言排律·赠棋客陈国用》，第 394 页。
⑨ 《李开先全集·附录三》《年谱·族谱·先太常年谱》，第 2269 页。
⑩ 《李开先全集·诗文》《李中麓闲居集》之四《七言绝句·因雪感怀》，第 437 页。
⑪ 《李开先全集·诗文》《李中麓闲居集》之四《五言绝句·四戒诗》，第 409 页。
⑫ 陈先运主编：《章丘历史与文化》，齐鲁书社 2006 年版，第 178 页。

"善草篆,邑中胜地多卧碑遗迹"①。这句话比较可信,他喜欢游玩,兴之所至作诗吟诵,豪气挥笔题写相当正常,现存梵王宫西壁《游百脉泉一韵五首》,乃其行书手迹之一,末尾有"嘉靖二十七年仲秋望日中麓山人李开先书"的字样。亦曾署名"隐茗弟"作一副笔迹苍劲有力的隶书对联"阙文传夏五,行乐舞秋千"。可以确定的是,此对联乃罢归后所作,上联"阙文""夏五"皆为用典,意指所写之书有阙文,乃自谦和避祸之词,而下联文辞消极,是他自我放纵的颓废之词。

石头大则可以点缀庄园,小则可做案头清供。从秦汉起,文人对石头的收罗和欣赏即形成一种社会风气,相沿不辍。他同样爱好收集石头,在《曳石歌》中说:"我以好石名东方,五倍刘公还不訾。愿移此心养性灵,人生百岁真如寄。"刘公指的是元朝同邑刘敏中,返乡后营建绣江别墅,置奇石亭榭,伴石而居,以石为友,饮酒赋诗,好不惬意! 刘氏之亭叫含晖,石叫太初、秀峰等,不过他死后亭子荒废,石头散失殆尽,李开先幸得两石。李开先提到自己同样爱石和赏石,数量比刘敏中的五倍还多,不过又说"玩石虽可寄闲情,莫教丧志为吾累"以为鉴戒②。某年元宵节,他曾招待宾客欣赏莲灯,"积石为群峰,积灯广一亩"③,光燃放莲灯的水域占地一亩,可以推测园林中点缀的石头数量亦不少。

所谓性格决定爱好,爱好决定命运。身为艺术天才却未必是一个政治天才,自古以来人无风趣官多贵,李开先则秉性耿介、书生意气,这些永远是为官的大忌,如此之人恐怕不适合在官场上混。深处政治漩涡之中,必须具备敏锐的政治嗅觉,必须脚踩两只船甚至三只船,随时见风使舵。他的章丘同年张舜臣和谢九仪,为人机警、处世圆通,或许悟到了当官的真谛,从而顺顺当当地位至公卿。罢归后,他总结做官时的所作所为,"要除党恶知心少,不听人情惹怨多"④。不过,从另一角度来说,正是罢官的打击成就了他的林下著述,他以不朽的著述光耀千秋,而张、谢之流则在历史长河中黯然失色。

(三)对雅文化和俗文化的贡献

从汉赋到唐诗,到宋词元曲,再到明人小说和戏曲,已经带有一种文化

---

① 《李氏族谱》卷三《世纪·十五世》,第 23 页。
② 《李开先全集·诗文》《李中麓闲居集》之一《七言古诗·曳石歌》,第 77—78 页。
③ 《李开先全集·诗文》《李中麓闲居集》之二《五言律诗·元夕集客赏假山上莲灯》,第 235 页。
④ 《李开先全集·散曲》《中麓小令》,第 1461 页。

普及的趋势。就拿小说而言,明代前期小说的主人公大多是官宦及其子弟,中后期则逐渐为富商大贾或平民所取代,这充分说明雅文化的范围在不断缩小,俗文化的范围在不断扩大。文人从民间汲取营养再创作的时候,亦起到推动雅俗文化转化的作用。

李开先对雅文化和俗文化皆做出较大贡献,前者体现在创作《闲居集》《双修揭要》等,后者体现在写作《宝剑记》《诗禅》《词谑》《中麓山人拙对、续对》《园林午梦》等。在为官时,受前后七子、唐宋派的影响,写作风格难免追求复古。而其才名大显、真正为国人所重的,却是他以挟带时代风雷的健笔为人民留下的通俗文学。明万历年间的《章丘县志》称他"优游林下近三十年,益肆于诗文,下至里巷狭邪之音,亦皆降调为之"①。清人钱谦益《列朝诗集小集》称他"所著,词多于文,文多于诗。改定元人传奇乐府数百卷,搜辑市井艳词、诗禅、对类之属,多流俗璅碎,士大夫所不道者"②。这些行为在固守传统的士大夫眼中有些出格,足见他在俗文化倡导和普及方面的贡献更为突出。

他的作品极大地丰富了市民百姓的阅读生活,出版后在读者当中流传甚广。他重视吸收民间文化的精髓,在日常生活中与民众打成一片,自觉地承担起使文学艺术回归到产生和滋养它的民间的任务。从《宝剑记》风靡乡里后引起一场不小的风波,可以看出它的受欢迎程度。这是因为其中涉及僧尼的风月问题,比如第四十一出中有:

【诵子】师徒三人共一居,大家一样画葫芦。终须有日阎君唤,一头骡子两头驴。(丑唱)跳墙去遇住持,他领丫鬟我拐妻。色即是空空即色,从今葫芦大家提。

(净白)小僧法名皎月,心性从来决劣。幼年多病牵缠,父母送我僧舍。不会念佛看经,一味乔诌胡捏。好色有似饿鬼,遇酒如蝇见血。赌博手类飞蛾,跳墙身同落叶。恶疮生了十年,色劳经今八月。生前那肯修行,死后阎王不赦。③

第五十一出:

(净扮尼姑上白)脸是尼姑脸,心还女子心。空门谁得识,就里有知

① (明)万历《章丘县志》卷二十八《文苑传》,载自《李开先全集·附录一·李开先传》,第 2218 页。该传当为嗣子李春坞手笔,李春坞在万历二十四年应知县董复亨之邀参编县志。
② (清)钱谦益:《列朝诗集小集》丁集上《李少卿开先》,古典文学出版社 1957 年,第 377 页。
③ 《李开先全集·传奇》《新编林冲宝剑记·〈新编林冲宝剑记〉第四十一出》,第 1227 页。

音……

【清江引】口儿里念佛,心儿里想:张和尚、李和尚、王和尚。著他堕劣根,与我消灾障。西方路儿上都是谎!

(末打白)好出家人,专想和尚。(净白)休打,休打,打坠了胎!佛说:"法轮常转图生育,佛会僧尼是一家。"(末白)出家人,也说这风月的话。(净白)风月风月,随心堕孽。后墙上送生,前门里接客……①

这些本是说书唱戏有所讽谏而增加的博人发笑的"噱头",无可厚非。但是给周边兴国寺、玉泉寺等处的僧尼下乡化缘带来很大不便,所到之处,皆能听到"脸是尼姑脸,心还女子心""口儿里念佛,心儿里想:张和尚、李和尚、王和尚"等污词诟语。他们串通起来,将李开先庄园近千亩麦田里快要收获的小麦用镰刀割掉掠走。最终李开先请官府出面制止,所掠小麦不再追究,事情才算平息下去。

兹再以他和友人作对和猜谜活动进行说明:他为被人削掉一耳且被仇家构陷入狱十年的人续对,人家的上联是"征雁冲云堪纵目"表达出狱后"困翼得舒",他对曰"鸣蝉泣露最闹心",又作"毒龙吐雾早抽身"和"劣马嘶风偏聒耳"两半联分对之,"讥其不善避仇及一耳不全,闻者绝倒",凸显他的睿智风趣。② 黄元吉为《诗禅》作的跋语中记载了他在宴会上以时事设谜的轶事:嘉靖四十一年(1562)正月朝廷考察天下官员,最终罢斥四千九百多名不合格者。载有该消息的邸报送达之时,"值中麓延客,即席以此作灯谜,在《西厢记》中,一句九字,中者免酒,不则罚一巨觥。至末座一少年,厉声云:'笔尖儿横扫了五千人。'中麓笑曰:'是也。'众客各抚掌大笑哄堂"。黄元吉还指出将此事写于跋语的原因:"三年一次,去官如是之多,此朝廷大典,无非为民而已。因详述之,聊作《诗禅》一跋。前《壬戌会试录序》备陈考察事由,今复壬戌矣,有感于衷,小跋亦窃效之云耳。"③李开先以时事设谜和黄元吉以时事入跋,彰显他们对国家时事的关心,同时亦说明他酷爱猜谜活动,随时随地皆可进行,而且喜欢以词曲入谜。王植为《诗禅》所作跋语更是将他在生日那天和众客猜谜调笑的场景描绘得淋漓尽致:

长清刘卢阳,与物无忤,逢人多戏,人咸以"刘驴阳"称之。八月念又八日,来贺李中麓生辰,座客无不与之嘲讪者。中麓在主席,出一谜

---

① 《李开先全集·传奇》《新编林冲宝剑记·〈新编林冲宝剑记〉第五十一出》,第 1250 页。

② 《李开先全集·杂著》《中麓山人拙对、续对·中麓山人续对卷之下·跋文》,第 1995 页。

③ 《李开先全集·杂著》《诗禅·〈诗禅〉跋》,第 2041 页。

试众猜之,中则免酒罚主,不则免主罚客,"绕遍洛阳寻不见,东风一阵板肠香"。客竟无一应者,遂酌酒遍饮客,曰:"乃是'留驴阳'三字。"客无不大笑出声者。既又一客姓任名弼卿,请卢阳在耳室私语,及入席,中麓又出一谜云:"弼卿在房中与刘子说话,书语九字。"罚免例如前。客有猜破者,大叫曰:"得非'任人有问于屋庐,子曰'乎?"中麓领而然之,客乃酌酒觞主,大笑亦如前。座客有为商走江湖者,老而归家,惧内殊甚,每遭打骂,不敢回言。中麓又出一谜,只用以意中之:"多年船板做了锅盖。"客亦无一应者。中麓云:"游遍江湖,翻受厨灶的气。"主客咸免罚,而大笑则加倍于前云。①

主客以猜谜决定喝酒多寡,他以身边之人设谜,随口一出即是妙言,宾主尽欢的场景跃然纸上。同时亦说明他交往面甚广,除了达官贵人,亦有如刘卢阳之类的善谑者和经商行走江湖之人。与平民百姓的互动和交流,为他的写作提供了丰富素材,促进了俗文化的发展。

值得一提的是,戏曲是一个包含文学、音乐、舞蹈与表演等多项内容的文艺形式,需要通过角色表演体现故事情节,可以说一部好的戏曲由创作者和表演者共同缔造。李开先在戏曲方面造诣颇深,背后不容小觑家乐班发挥的作用。他和家乐班其实是相互成全的,他的创作为家乐班提供了表演素材,家乐班的演唱为他提供写作灵感和检验音律效果。论及李开先对俗文化的贡献就是,他吸收民间文化的内容,又通过家乐班的表演传播出去。如果说他在其间充当提炼和吸收民间文化的中心环节,家乐班则充当了文化传播者的角色。明兆乙《李开先》中记载,他戏谑刘卢阳后,刘九即席表演一段关于"驴的阳物"的快板:"有客诨名留驴阳,本性好戏又谑浪",将众人逗得前仰后合。这个酒宴上的谑浪小段,一时传遍城乡,成为盲艺人串乡说唱吸引听众的拿手曲段。直到清末民初,这个"叫驴段"才逐渐销声匿迹。②可以说,他既了解官方的话语和占有丰富的资源,又因熟知本地的风土人情而拥有巨大的市场,这是其作品流传广泛的得天独厚的优势,也是他能够发挥沟通雅文化和俗文化的桥梁作用的原因所在。

一直到今天,还有来自澳大利亚、加拿大等国家的学者(如图 15-4 所示),江苏、北京等地高校研究昆曲的学者,以及山东电视台、济南电视台等新闻媒体等到李开先纪念馆进行调研和采访,这充分说明李开先的文学成

① 《李开先全集·杂著》《诗禅·〈诗禅〉跋》,第 2041—2042 页。
② 明兆乙:《李开先》,华艺出版社 1999 年版,第 134 页。

就引起海内外的极大关注。

图 15-4　2016 年 6 月 14 日,澳大利亚两名学者携翻译来李开先纪念馆调研

不得不说的是,即便在今天章丘东鹅庄的居民仍然能歌善舞,吹拉弹唱信手拈来,正月从初一到十五大戏不断,附近十里八村的居民都会跑到他们村看戏。这种潜移默化的影响和社会文化的传承,不知道和李开先嗜好戏曲的习惯和家难后家乐班就近解散有没有直接的关系。

三、李开先作品的史学价值

比较李开先的藏书、著述和刻书三者对当时和后世的影响,以著述最为突出且广为人知,至少就目前而言,他的藏书和刻书除极个别在公藏机构有所保存外,大多湮灭不传,而其著述成就流传千古,并随着古籍数字化的推进,将会传承更久。对他的戏曲成就研究的学者不在少数,笔者撇开这些重墨渲染之处,试图从史学角度予以解读。从著述内容和刻印著作的序跋,可以看出他的人生经历、交游网络和社会世态,从这个意义上说他的作品具有极大的史学价值。就拿他为友人所作的墓志铭来说,这种作品是放置在墓中记有死者生平事迹的石刻,文本内容分为两部分:第一部分记述死者相关的信息，无论世系、祖荫，还是持家、德行，抑或政绩、功业等，志主的一生浓缩为一份充满溢美之词的原始档案；第二部分多用韵文撰写，表达对死者的悼念或赞颂，称之为"铭"。与传统文献相对照，墓志可以查补正史之漏、更正传世之谬，从墓志角度关注社会历史的变迁，具有正本清源的作用。① 而且，由于他强烈的传世意识，有关财产、游玩等在作品中有详细的记载，可以从中了解当时的社会情况和文人的生活情趣。

（一）交游史

1. 交游广泛

在李开先那里，著述完全服务于生活，是生活和交游的工具。他的交游非常广泛，上至首辅，下及盲翁煤客，从地位上讲有阁臣、皇亲、朝官、地方官、平民等；从关系上讲有文友、书友，上司、下属，同年、同乡等。他自言：

> 予自嘉靖己丑入仕途，幸不见弃于贤士、名臣、骚卿、墨客。虽会有久暂，交有浅深，然其不逆于心，而相期以道者，可但百人，林居细数，半已物故。间有志已伸而功可述者，然不得志者众，而赫然可述者少。五咏八哀，今古同怀，病中不能长诗，各为五言绝句。或举其一事，或概其一生，而叙交情为多，总之共六十人，而诗数亦如之。静室披阅，恍如睹其貌，而划然闻其声。著棋，人谓之坐隐；观山水图，人谓之卧游；此则可谓不出门之交云。丁巳八月望日中麓子题。②

从《闲居集》收录诗文和其他作品如《中麓小令》《诗禅》《中麓山人咏雪诗》《田间四时行乐诗》《中麓山人拙对、续对》等的跋语，可以描绘出他的交游网络，从中可以遥想他们的诗酒风流，也可以领略他们的思想风貌，可作文读，亦可作史观。

2. 交游对象

李开先的交游对象大致可以分为皇室宗亲、山东和章丘地方官（尤其是罢归后）、山东或章丘籍官员、非山东或章丘籍官员③、平民百姓等。文末以附录的形式将与他交游之人的生平、籍贯、历任官职、与他的交往互动等简

① 蒋爱花：《身份、记忆、变迁：从墓志看隋唐时期的幽州》，《光明日报》2019 年 9 月 2 日。
② 《李开先全集·诗文》《李中麓闲居集》之四《五言绝句·六十子诗》，第 414—415 页。
③ "山东和章丘地方官"专指李开先罢归到逝世（1541—1568）这段时间内在山东或章丘任职的与李开先有所交往的官员。"非山东或章丘籍官员"指的是除了山东和章丘地方官之外的其他外省官员。

单揭示出来。

当朝的皇室宗亲血统高贵，除极个别与他有所互动，大多是他单方面的攀龙附凤。朱睦㮮与他的关系较好，为《中麓山人咏雪诗》作跋时提到随同寄来的还有50挂香头串，对他的作品评价颇高，认为"辞调高雅"，可领先诗坛。

罢归后和山东、章丘地方官交游是寻求他们的庇护，这是因为他在乡里媵妾、田产、庄园，没有地方势力做保护，很难不引起强盗和无赖的觊觎，当然地方官如果愿意称扬其作品也是他喜闻乐见的。有些地方官觉得李开先有求于他，将自己的姿态放得较高，比如杨博是他同年进士中的贵显者，为《塞上曲》所作跋语的署名为"光禄大夫柱国少保兼太子太保吏部尚书蒲州虞坡杨博"，内容为"读《塞上》诸曲，方叔宣猷，召虎宣力，兼寓其中，虽老于疆场者不能道，此必传后无疑矣"①。跋语正文言简意赅、惜字如金，仅仅33字，和后面23字的署名相映照，非常符合作跋者的身份和地位。这则跋语说明两个问题：一是杨博对作跋之事未曾放在心上，为了面子应付了事；二是李开先拉拢高官作跋，借此抬高作品和自己，传世的目的呼之欲出。时任山东按察司佥事白世卿和前湖广提学副使江以达在《中麓小令》跋语中皆抱怨他未曾将大作寄赠给他们，不过两人抱怨的性质不太一样。白世卿先是怪罪他未寄书给他，收到书后又希冀借作跋留名："近闻高调百阕，传播士林，脍炙人口，而仆犹未一见，岂以为未喻此耶？何以不见寄也？""见惠大雅之调，读之使人一唱三叹焉！尚拟数言，附诸贤名批后，未就也。"②寥寥数语，以权压人的官宦嘴脸一窥便知。江以达则质疑友人是不是把他忘记了："归来杜门却扫，与世事都不相闻。仆既长往山林，而兄亦中堕云汉，感今怀昔，使人耿耿。久不见客，偶为波石一出，问知《中麓词》刻行于世，而不以见寄，岂兄已忘我耶？"③这种抱怨有一种委屈和哀怨在里面，说明之前两人关系不错。

他与山东或章丘籍官员亦比较密切，因为有乡梓情谊，在官场中可以相互提携。初入官场即去拜访刘铉，希冀借对方的声望扩大影响和交往。罢归后，亦与不少同乡官员进行交往，大家互为成全。不过，也有不通世故者。华夏靖号竹川，乃同乡晚辈，在《画品》跋语中说李开先请他作跋，"竹川野客

---

① 《李开先全集·附录二》《叙论·题跋·曲评》之《〈塞上曲〉跋》，第2248页。
② 《李开先全集·散曲·小令》《中麓小令·〈中麓小令〉跋语》，第1474页。
③ 《李开先全集·散曲·小令》《中麓小令·〈中麓小令〉跋语》，第1482页。

不敢辞,遂述而跋之,以补所未备而广所异闻云"①。这种说法令人不太舒服,以李开先的才学和官品,愿意为之作跋希冀传名后世者肯定不乏其人,区区一个名不见经传的晚辈敢说这样的大话多少有些逆耳。顾及面子,李开先在书中收录此条跋语,任其流传后世,内心不在乎是不可能的。由此可以推知华夏靖情商不高,与见过世面的李开先相处得肯定不甚融洽,这估计也是李开先在《过竹川华县丞墓次》中对他的去世没有丝毫哀痛之情的原因。

他与非山东或章丘籍官员的交游,其中最为重视的就是同年进士,其他官员中有一部分是在朝为官时以文采和声望结交的,有的是在罢归后对他非常仰慕而自动追随的。张邦奇与李开先为忘年交,李开先未曾寄书给他,他并未计较并主动作跋:"数年不见故人之面,北望岂胜驰恋之私。偶于士夫家得读新曲,真如空谷足音也! 素知古学优长,乃更时词美丽,言似涉于讥刺,意固未尝不和平。《诗》云:'知我者谓我心忧,不知我者谓我何求。'听其词者,原其心可也。"当跋语随书再次刊出时,张邦奇已经去世,他对李开先的这份情谊很是感人。

罢归后他与平民百姓的交往,除了与谢榛、张诗等布衣诗人的交往外,与一些有特长的门客过往甚密,或诗文赓和,或引吭高歌,或切磋棋艺,或徜徉山水,无不高雅而有风致,对他打发罢归后寂寥的生活很有帮助。

(二)游玩和财产史

1. 游玩史

《闲居集》中所写之物和所观之景不可胜计,皆为生活中常见之物和常观之景,李开先擅长从小处着眼,以小物入诗,笔下的景物缺少雄浑激荡之感,而是呈现出简单平常的气质,如《夹竹桃》《怪石》《琵琶》等。记游写景之作不算太多,却相当精彩,自成一格。例如,罢归后他回忆和友人游玩皇宫大内,在《忆游南内记》中翔实而形象地描写了帝王之家的金碧辉煌和富丽豪华。闲居之后,有时间和精力到处游玩赏景,他用足迹丈量生他养他的故乡,写了不少游玩之作,如《游山庄》、《初冬出游》、《秋日过北村》、《杪秋村田乐》、《席上小雪歌》、《城南暮雪》、《寒雪行》、《游山晚归》、《村会夜归》、《暑月夜游忆旧》十四首、《寒食依岩亭燕客兼观蹴蹴秋千二戏》三首、《齐东途中书所见》、《胡胡山园看花口占》、《张良策园赏菊同前韵》、《同众友游道观夜

---

① 《李开先全集·杂著》《画品·中麓画品跋》,第1675页。

归》《元夕集客赏假山上莲灯》等揭示他四季游玩不断,游玩范围广泛。

平日闲暇时,他喜欢到处游山玩水。(如图 15-5 所示)危山在章丘西南十五公里处,山上古木参天,楼阁宏峻、碑碣林立,为章丘第一胜景,他作《三月念又八日同众客游危山》。山顶西侧有西汉济南王刘辟光之墓,相传墓室用生铁浇铸,当地人称之为"铁墓顶",他作《醉游危山铁墓顶》①。长白山在章丘县城东三十里,群峰罗列,绵延于章丘市及邹平、淄川县境,名见于《太平御览》,以其高峻秀拔望之云雨长白而得名;他作《望长白山》②;范仲淹未曾入仕时在章丘黉山读书,后人为其建祠纪念,他作《谒范文正公祠》③;绣江为小清河支流,是济南市章丘区境内最大的一条河,他作《夜宿绣江岸》描写风助水势使得水面须臾变化万千的场景④;白云湖在章丘县城北与历城交界处,属于两县共有,为章丘名胜之一,他作《白云湖夜泛》《游白云湖夜归》《白云湖子粒考》,其实严格来讲《白云湖子粒考》不属于游玩之作,它直接揭露了藩府宗室贪得无厌、侵吞民田、盘剥百姓的行径;广严寺在章丘县治西南角,旧名"琉璃寺",又名"南寺",他作《雪中游广严寺》;大云寺亦名北寺,在章丘旧治西北角,修建于唐开元年间,他作《夏日游大云寺》;龙藏洞距城七十里,嘉靖二十四年(1545)六月十五日,与友人共十人到此洞游玩,"东道主省祭杨尚卿,而弭三尹东洞、李上舍松泉为辅主焉,简招谢慎庵、陈泰峰二县尹,刘亭山、高柏亭二上舍,袁汝获、袁汝为二儒生,主客及予共十人"⑤。嘉靖三十六年(1557),李开先与苏洲、李冕、康迪吉、陈德安、张舜臣、袁崇冕等再游龙藏洞立碑为记,苏洲撰文、张一厚书丹、李开先篆额,此次苏洲大概还在石壁上写上"通天透地"四个大字。⑥ 此外,游玩之作还有《游百脉泉》《冒雪游绣江寺》《风雪中重游玉泉寺》《与李脉泉秋日游上方井寺》等。

---

① 《李开先全集·诗文》《李中麓闲居集》之四《七言绝句·醉游危山铁墓顶》,第 463 页。
② 《李开先全集·诗文》《李中麓闲居集》之四《七言绝句·望长白山》,第 463 页。
③ 《李开先全集·诗文》《李中麓闲居集》之四《五言排律·谒范文正公祠》,第 395 页。
④ 《李开先全集·诗文》《李中麓闲居集》之四《五言绝句·夜宿绣江岸》,第 413 页。
⑤ 《李开先全集·诗文》《李中麓闲居集》之十一《记·游龙藏洞记》,第 1025 页。
⑥ 《李开先全集·附录三》《年谱·族谱·先太常年谱》,第 2267 页。碑文被收录在孙培森主编《济南园林碑刻》中,该书乃济南出版社 2006 年出版。

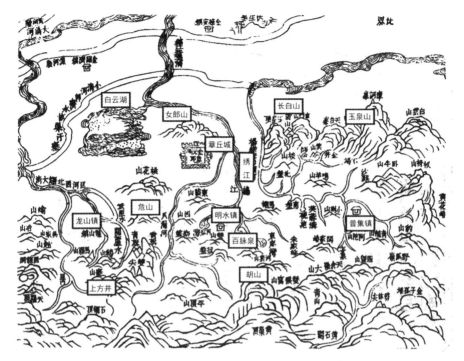

图 15-5　李开先在章丘的游玩足迹（部分）①

白天游山玩水，夜晚参加宴会、饮酒听戏，这种生活极为闲适和自在：

> 叶蓁蓁，花残梅子已生仁。流光春夏如飞箭，朝暮似征轮。花王报
> 信临初夏，梅子生仁已暮春。朝游山寺，暮宿水村，得安贫处且安贫。②

闲适之中亦不乏滑稽和放诞场景，《村会夜归》中讲道：一大早出来，游玩苦短，夜里宴会饮酒朋友劝酒太急，他带着仆人中途逃逸，途中还听到众友情致高昂和歌舞不停，健壮的仆人提前跑到城门处通知守门人晚点关闭城门。③《游山庄》亦有：手拿树枝骑着跛驴的主人带着两名仆人风尘仆仆地赴宴，一路上囊破遗书，又值正午暑热难耐，可谓窘态毕现、辛苦异常。让人忍俊不禁的是一胖一瘦的仆人袒露真实性情的不同表现，这说明主人是位宽容随和的人。终于到达山居的友人家中，友人是杀鸡备酒一番盛情招待，三人吃酒之后大睡一觉，一直到山月东上才跌跌撞撞地往家赶。走的时候

---

①　底图为《绣水诗钞中的章丘山水》所附古地图之一，章丘城上几个字为"金元明章邱"，可知该图绘于明清之际。图中标示的地名仅为李开先的部分足迹，还有一部分可参考《藏书篇·藏书利用》中"中麓书院的大致位置"标示出来的地名。

②　《李开先全集·散曲》《中麓小令》，第 1460 页。

③　《李开先全集·诗文》《李中麓闲居集》之二《五言律诗·村会夜归》，第 133 页。

还不禁感慨,如此令人神清气爽的环境,如若不是怕打扰人家,住上一月都不嫌多。①

透过这些游玩之作,可以窥见明代中期文人的生活情趣和处世态度,带有浓厚的生活气息和人情味儿。同时说明当时虽然面临一些徭役和盗匪,章丘一带的社会环境还算比较稳定,文人可以及时行乐和纵情山水。

2. 财产史

李开先考取功名之前,家境并不宽裕。父亲李淳辗转病榻数年,去世时家贫如洗,多赖母亲王氏和妻子张氏辛苦支撑,才勉强维继。王氏"遂亲省田桑,茹辛历苦,凡百所需,有时短缺,不至不堪。岁饥,族人逋逃,里役独累,极力支撑,不致随族散而之四方"②,张氏十九岁嫁给他,"时先大夫殁才禫除,生计索莫,宜人躬苦茹淡,以济不足"③。

他的财产多营建于在朝为官之后,母亲和妻子起的作用较大。他去京师做官,母亲牵挂在老家章丘的三个女儿,未曾跟随,开拓田产,积累些许财富。④ 妻子张氏"俭约出于天性,一丝一缕,不忍轻弃",罢归后,张氏对于营建田产庄园操心不少,他自言:"余之治第也,财物出其手,日用十金,至晚无一钱不明者。虽工役杂沓,人事纠纷,余惟对客觞咏,有事问及,指点数语而已"⑤。张氏的精明得益于父亲张锜的言传身教,张锜是一位非常精明又仗义疏财的商人,深受大家的尊敬,众人称他"张翁疏财仗义,明如望月,凛若秋霜"⑥。张氏受父亲影响,在婚后对李开先帮助很大,李开先在为岳父所作祭文中提到妻子的功劳:"翁女吾妇,内主蒸尝,德惟闲静,事多赞襄。"⑦

不过,真正厉害的还是李开先自己。他喜欢阅读农书,结合日常生活中的长期观察和总结,在气候对农业生产的影响方面积累丰富经验。《秋冬之交雨多未为不善也诗以喜之》中认为"秋尽雨""春前雪"意味着来年丰衣足食⑧。北方有"瑞雪兆丰年"的农谚,虽不知它最早出自何处,但他有一诗句的意思与之相同——"雪多丰可必,觞客馨交欢"⑨。认为立春之后下雪,是

---

① 《李开先全集·诗文》《李中麓闲居集》之一《五言古诗·游山庄》,第55—56页。
② 《李开先全集·诗文》《李中麓闲居集》文之八《墓志·封太宜人先母墓志铭》,第760页。
③ 《李开先全集·诗文》《李中麓闲居集》文之八《墓志·诰封宜人亡妻张氏墓志铭》,第762页。
④ 《李开先全集·诗文》《李中麓闲居集》文之八《墓志·封太宜人先母墓志铭》,第761页。
⑤ 《李开先全集·诗文》《李中麓闲居集》文之八《墓志·诰封宜人亡妻张氏墓志铭》,第763页。
⑥ 《李开先全集·诗文》《李中麓闲居集》文之九《传·张寿翁传》,第852—853页。
⑦ 《李开先全集·诗文》《李中麓闲居集》文之十二《祭文·祭岳丈张寿官文》,第1098页。
⑧ 《李开先全集·诗文》《李中麓闲居集》之二《五言律诗·秋冬之交雨多未为不善也诗以喜之》,第117页。
⑨ 《李开先全集·诗文》《李中麓闲居集》之二《五言律诗·正月七日雪夜对客作》,第151页。

在告诫百姓准备农耕:"新雪应难久,坚冰渐觉融。农人交劝戒,及早即田功。"①对于哪处田产适合种植什么作物,亦了如指掌,在《长春楼记》中说:"乡人目绵为硬货,地宜种此者,惟张林镇东西一带。"②指出张林镇(今张家林一带)适合种植棉花。在《近济楼记》中说:"济河去城六十余里,去村止数里而已……大抵濒河皆沃壤,宜百谷……"③指出靠近小清河的田里适合种植百谷。在《壤白楼记》中说:"嘉靖庚戌,西乡连三岁不登,以黑壤逢旱故耳。北乡收入如常,壤白而松,易种而无草。田家有恒言:'黑壤看苗,白壤吃饭。'"④指出在干旱季节白壤比黑壤产量高。营建庄园时亦破费心机,在"宜麦宜秋"的大沟厓(今大沟埝)为了监测水势建有探涨楼。⑤ 在相公庄庄园场中建有年楼,"翼以二敞棚,贮农器。阴雨则以刮板收粒,又扒收禾"⑥。种种这些,充分说明李开先比较精明,经营时得心应手,渐渐积累较多财富。

李开先的庄园比较多,他曾说:"近世士夫家,或新岁,或创起亭台楼馆,门楹之间,颇尚对语"⑦,从《中麓山人拙对、续对》中可以看到他营建的亭台楼阁如下:楼有尊藏诰敕之楼、待月楼、三宜楼、四望楼、烟楼、耳城楼、藏书万卷楼、高埠平楼、平楼、注目楼、心南楼、爱莲楼、河上楼、场圃楼、二用楼、逍遥楼、探涨楼、白壤楼、西成楼、楼外楼、瞰江楼、对望楼、有年楼等,堂有时享堂、孝廉堂、蕳渔堂、见宾堂、畸侔堂、吾如堂、仍堂、中麓草堂、农商兼济之堂、暖余堂、蟠松堂、醉归堂、登贤堂、乃肯堂、聚书万卷堂、百花堂、朋来堂、敦本堂、五福堂⑧等,斋有赐闲斋、寄傲斋、贤己斋、卧游斋、已焉斋、明农斋等,亭有烟柳亭、云柏亭、露菊亭、风竹亭、犄角亭、砥柱亭、突兀亭、对圣亭、径亭、有即亭、慈姑亭、乾坤一草亭、当山亭、洞山亭、飞轮亭、较猎亭、野亭、一览亭、避暑亭、息机亭、礼星亭、近学亭、吾爱亭、依岩亭、旨江亭、余亭、蔬果亭等,台有琴台、棋台、钓台、望月台等,房有云房、萝月山房、松房等,轩有后知轩、南思轩、北望轩等,居有奉常退居、大隐居、临浒居等,业有中麓别

① 《李开先全集·诗文》《李中麓闲居集》之二《五言律诗·雪晴》,第154页。《雪晴》共两首,此为第二首的颈联和尾联。
② 《李开先全集·诗文》《李中麓闲居集》文之十一《记·长春楼记》,第1000页。
③ 《李开先全集·诗文》《李中麓闲居集》文之十一《记·近济楼记》,第1000页。
④ 《李开先全集·诗文》《李中麓闲居集》文之十一《记·壤白楼记》,第1005页。
⑤ 《李开先全集·诗文》《李中麓闲居集》文之十一《记·探涨楼记》,第1005页。
⑥ 《李开先全集·诗文》《李中麓闲居集》文之十一《记·有年楼记》,第1008页。
⑦ 《李开先全集·杂著》《中麓山人拙对、续对·〈中麓山人拙对〉序文》,第1683页。
⑧ 《李开先全集·杂著》《中麓山人拙对、续对·中麓山人续对卷之下·跋文·五福堂新买袁太守之居》,第2003页。其中一副对联为"数仞墙高百岁安居膺五福,四夷馆邃一朝致政得三宜",上联交代五福堂得名原因。

业、江乡别业等,此外,还有焉文草阁、哑三洞、大觉禅林、吟窗、别墅、小崆峒、酒圣诗禅、词林雅会、城郭山林、龙山老农家、心远地偏庐、水云乡、蒙庵、近游园、白泉精舍、江山胜览处、蓼花汀、药室、太常南圃、牡丹庭等。有的庄园比较大,某个元宵节夜晚曾经邀请宾客欣赏某园假山上的莲灯,光假山就能够占地一亩,整个园子之大可想而知。他还拥有云山寺、龙藏洞的所有权,《庐地远在山南有寺名曰"云山"买以避喧作诗纪实》说明云山寺是他买来的,他在《游龙藏洞记》中说:"此洞又已属予,托之守洞者,前此僧人明月,今则明悟。"①虽然今天很难逐一考证这些亭台楼阁的具体位置,不过从富有诗意的名字可以猜测,他会时不时到此留宿或者居住数日,甚至会携家乐邀请宾朋好友一起行乐,足以满足文人日常娱乐消遣的需求。

营建庄园的同时,他广置田产,产业散在县内多处,具体数量不甚确知。他自言"归来负郭田千亩"②,"买地常千亩"③,"近村千亩地"④,"新垦薄田千百亩"⑤。一次就能垦田千亩,那么田地总数当在万亩以上,"传说锦屏山上有李氏卧牛地40亩;从文祖到南大寨有李家的赶牛道;埠村北门里,沙湾村头,垛庄、官营均有李家的饮牛湾"⑥。除了庄园、田产,他大概还有店铺,据卜键实地考察时听当地老人传说:"章丘旧治(距现在县城南约三十里)南关,原有一条街,李开先在世时尽买其房屋铺面,因号李家街。后来,房屋典尽,开先子孙中有言卖屋却未曾卖街者,于街心索要地皮钱,这便近乎于流氓无产者的作派了。"⑦

有时一些称呼,难以考证出到底指的是哪一个庄园。比如"城下园林"具体指何处不是很明确,仅知里面种有松树、桂花、槐树等,他曾带友人到此游玩。⑧再如,他的作品中有关于远村的叫法,《三月十日同茗客游远村》中有"亭午出城闉,初昏到水滨……何方堪避俗,此可共寻真"⑨,《远村赴故旧

---

① 《李开先全集·诗文》《李中麓闲居集》文之十一《记·游龙藏洞记》,第1028页。
② 《李开先全集·诗文》《李中麓闲居集》之三《七言律诗·田间四时行乐诗》,第300页。《田间四时行乐诗》次韵百首,此为第六十首。
③ 《李开先全集·诗文》《李中麓闲居集》之四《五言排律·自叹》,第377页。
④ 《李开先全集·诗文》《李中麓闲居集》之四《五言排律·乐闲》,第379页。
⑤ 《李开先全集·杂著》《中麓山人拙对、续对·中麓山人拙对卷之上·散对》,第1739页。
⑥ 明兆乙:《李开先》,华艺出版社1999年版,第141页。
⑦ 卜键:《李开先妻王氏墓志铭考引》,《戏曲艺术》1985年第3期,第97页。
⑧ 《李开先全集·诗文》《李中麓闲居集》之三《七言律诗·城下园林秋夜谦饮回文》,第336页。
⑨ 《李开先全集·诗文》《李中麓闲居集》之二《五言律诗·三月十日同茗客游远村》,第211页。

春酌风雪中行冰途上感而有赋》中有"远会不辞劳,护行仗宝刀"①。又作《仲春邀客游远村》三首②,第二首中有"他村来往频,到此又三春",第三首中有"柴门草不除,人迹远村疏",可见远村他不经常去。

(1)李开先祖居

祖居即李氏绿原村(今东鹅庄一带)老屋,在章丘旧治南三十里,有宗祠,村南为李氏祖茔,他返乡后每年清明和十月一日来此祭祖,十月一日被其称为冬祭。他作有《十月村居遇雨与李龙塘胡胡山马峰亭并弟继先相守数日得诗三首》《雨中祖居请众客陪苏雪簑书先母墓文》《先茔冬祭毕谢陪祭诸客》《十月一日祭先垅谢陪祭诸亲友》《九月三十日至祖村为十月朔日祭先垅》等诗,提及祭祖活动。

普通人建平楼以防盗,"甃皆砖石,大约高二十尺上下,平其颠,利于飞石御敌"。他在祖居建30尺高的平楼,"以先陇前峙,族人环居,高平可以登望,望陇起孝,望族起敬,孝敬有资乎尔。此所以必楼,而楼所以必平且高也"③。他还专门建心南楼追念祖先,"爰自十九世祖三迁而居始定,田庐丘陇,俱在南山之南,所谓歌哭于斯,聚族于斯者也。每登楼,吾心所之,不于他而独于南,因名楼以'心南',而并为之记云"④。心南楼附近也有田产,他为心南楼作对联"古疃三家一头黄犬迎风吠,良田百亩六角犁牛背日眠"⑤,这就说明心南楼附近大概有百亩田产。旁边有场圃楼和二用楼,前者用以登高守护场圃⑥,二用楼功用与之相近,以其兼可看护场与田故得名"二用"⑦。

(2)李开先宅第

李开先日常居住之所在章丘县城西南寓,原为李氏老屋,李开先对之增修,因建有焉文阁,又称文园。⑧　其中最早营建的是雄伟壮观的孝廉堂,建造过程完全体现了他对人、财物等资源的管理和调度能力:

> 出月俸柴薪之余,藉购买旧产之助,工食得之户曹使者,车运借之

① 《李开先全集·诗文》《李中麓闲居集》之二《五言律诗·远村赴故旧春酌风雪中行冰途上感而有赋》,第240页。
② 《李开先全集·诗文》《李中麓闲居集》之二《五言律诗·仲春邀客游远村》,第230页。
③ 《李开先全集·诗文》《李中麓闲居集》文之十一《记·平楼记》,第998页。
④ 《李开先全集·诗文》《李中麓闲居集》文之十一《记·心南楼记》,第996页。
⑤ 《李开先全集·杂著》中麓山人拙对·续对·中麓山人拙对卷之上》"心南楼",第1713页。
⑥ 《李开先全集·诗文》《李中麓闲居集》文之十一《记·场圃楼记》,第1003页。
⑦ 《李开先全集·诗文》《李中麓闲居集》文之十一《记·二用楼记》,第1004页。
⑧ 据李开先第十五世后裔李中福言,李氏老屋经历李氏十几代先人,历经三百多年建立起来,李开先将其营建为占地十五亩的豪宅。

同年司谏,一夫一物,未尝取之县司。乡人供役,匠作效能,不数月而堂落成,再涉岁而第完备,非润屋之资财丰裕,乃主人之调度美善也。①

家堂在城南门里,文庙东南数步许,他在世时家堂完好,兼领祭一职。

宅第中有四望楼、连璧楼和烟楼,四望楼是因为它"北女郎而南跑山,东长白而西华不注,望之近在几席间,四山皆可卧游也……吾宅后楼虽高,却不妨众目。得望山而遥为之主,则四山者,四座嘉宾也……"②连璧楼是一幢白塔楼,"不甚高,仍旧而稍增饰之,与悬桥小楼相接,如连璧然。远可望阡陌,近可望场圃,省稼省耕,不劳余力"③。烟楼大概建造于嘉靖三十八年(1559)冬,"撤旧贯,筑新基,横石叠砖高丈余,观者咸称坚壮,中方用木,户牖疏朗,上结一长亭,则高耸数丈余矣",高耸数丈、坚实如磐的高楼用时不足白天,"匠作则数百,佣工则数千",体现他强大的指导能力,"初止以为日用饮食之资,今殆为近便观游之美,而深闭豫防,亦在不言中矣"。④ 亦有延客大厅和延客小厅,两厅功用有所不同,是其士大夫身份的标榜:"宅有延客大厅,园门内更为小厅,无亦炫美而夸多乎。大厅衣冠揖让,小厅壶矢留连。非大厅无以作敬畏,非小厅无以馨交欢。一则礼乐攻吾短,一则山林引兴长者也。"⑤

靠近宅第有河上楼,原为王氏所有,旧名"王家楼",他改之为"河上楼"⑥。有时又称其为"江上楼",他作《携客登江上楼》,其中有"筑楼近傍水深处,倚槛遥看天尽头。光彻风簾宵有月,凉生云榻早知秋"。⑦

(3)章丘城及其周边的田产

在章丘县城中有爱莲楼和注目楼。爱莲楼是从逯驿丞后人手中购来,因楼边有池塘种莲花而得名,"窃自附于濂溪周子后"⑧。注目楼则购自高氏,重加修饰,身在高处既可赏景题咏,又可瞭望防盗。⑨

大概在回乡的第十年,由于喜爱李家亭岸柳依依、兼葭苍苍、荷香稻丰、

① 《李开先全集·诗文》《李中麓闲居集》文之六《序·〈孝廉堂序〉》,第592页。
② 《李开先全集·诗文》《李中麓闲居集》文之十一《记·四望楼记》,第999页。
③ 《李开先全集·诗文》《李中麓闲居集》文之十一《记·连璧楼记》,第1001页。
④ 《李开先全集·诗文》《李中麓闲居集》文之十一《记·烟楼记》,第1007—1008页。
⑤ 《李开先全集·诗文》《李中麓闲居集》文之十一《记·延客小厅记》,第1009页。
⑥ 《李开先全集·诗文》《李中麓闲居集》文之十一《记·河上楼记》,第1004页。
⑦ 《李开先全集·诗文》《李中麓闲居集》《七言律诗·携客登江上楼》,第264页。
⑧ 《李开先全集·诗文》《李中麓闲居集》文之十一《记·爱莲楼记》,第1004页。
⑨ 《李开先全集·诗文》《李中麓闲居集》文之十一《记·注目楼记》,第997页。此高氏不知是不是高廷重,李开先作有《题高廷重城南别墅》二首,题下小注"墅有水碾磨及藏修室庐",诗中描写的是别墅内的景物,而《注目楼记》描绘的是楼周围景物,难以找出吻合之处,故存疑。

鹭起鸥飞、云山隐现、渔火明灭这种优美的自然风光,还因绣江河上两盘水磨可以经营获利的现实因素,他买下了河上的水磨及附近的数百亩田产。为此写了三副对联,其中一联是:"四境有田园生计何方独最,十年离魏阙卜居此地为宜。"①在以后的几年里,他在此建房、建亭、盖屋、立碑,并雇刘氏佃户在此看管代耕。所建的房子取名"吾如堂",赋对联三副,其中一联:"有田皆可水,无日不登山。"②所建亭取名"飞轮亭",有联为证:"日月双飞磨,江河一转环。"③家难中,王氏带着李春坞放弃章丘豪宅到李家亭居住,后来长孙李衡依据飞轮亭撰写了《李家亭铭》,从此这里有了正式的村名——"李家亭"。

城东诸村如水寨、张林镇,都有他的田产。《暮春游城东水村》一诗中"城东水村"即水寨,亦有《山水小村饯别少川张挥使》一诗,"山水小村"同样指水寨。这说明他在水寨有田产,其中建有览胜楼,楼旁有两个水池,一个养鱼,另一个种莲,"登之不惟尽览一第之胜,而一镇之农商动定,一邑之山川回合,其胜概举在览中,因题楼以'览胜'"④。他在张林镇购田约百亩种植棉花,建暖余堂及长春楼,"虽家有数百指,衣布而衬绵,无不温暖如春,长收则长春矣……吾堂既谓之'暖余',则楼不谓之'长春'可乎?"⑤凤兴楼在长春楼之南,俯临通衢,楼下商旅启行、农工出作哗然如市,"可由此旌勤而策惰","是则'凤兴'者,又'长春'之本也"。⑥ 章丘城西桑氏庄(今名未知)有田产,建有西成楼看护庄稼,有期待"积久而后成"之意。⑦

近游园即南园,在城南三里许。《南园小集》中有"疏松高覆屋,密竹自成丛"⑧。《城南暮雪》云:"南墅今重到,天寒岁已穷","冰霜坚晚节,松柏原相同"⑨。"南墅"也指南园,其中栽有松柏和竹子。有时亦称"近城园",所作《游近城小园》中有"田园皆负郭,庐舍近邻城"⑩。有时又称"百花园"⑪,为该园聘请了吴中种植能手专门管理和经营,种植不少牡丹之类的花卉,花

① 《李开先全集·杂著》《中麓山人拙对、续对·中麓山人拙对卷之上·中麓别业》,第1692页。
② 《李开先全集·杂著》《中麓山人拙对、续对·中麓山人拙对卷之上·吾如堂》,第1696页。
③ 《李开先全集·杂著》《中麓山人拙对、续对·中麓山人拙对卷之上·飞轮亭》,第1711页。
④ 《李开先全集·诗文》《李中麓闲居集》文之十一《记·览胜楼记》,第1002页。
⑤ 《李开先全集·诗文》《李中麓闲居集》文之十一《记·长春楼记》,第1000页。
⑥ 《李开先全集·诗文》《李中麓闲居集》文之十一《记·凤兴楼记》,第1003页。
⑦ 《李开先全集·诗文》《李中麓闲居集》文之十一《记·西成楼记》,第1006页。
⑧ 《李开先全集·诗文》《李中麓闲居集》之二《五言律诗·南园小集》,第148页。
⑨ 《李开先全集·诗文》《李中麓闲居集》之二《五言律诗·城南暮雪》,第149页。
⑩ 《李开先全集·诗文》《李中麓闲居集》之二《五言律诗·游近城小园》,第169页。
⑪ 《李开先全集·诗文》《李中麓闲居集》之四《五言排律·与客游百花园》,第397页。

开时邀请亲朋好友予以欣赏,并作《南园牡丹》六首描写牡丹盛开的情景①。园中有原性堂和待月楼:前者建造于嘉靖四十一年(1562)春三月,八月稍成,次年才粉饰装修②,后者的命名是因为"楼南近城而东对山,自望后,必待山吐而城挂,月始得赏"③。由这些精心的布置可以看出,因为距离日常居住之所较近,李开先将之营建为可供游玩欣赏和消遣娱乐的别墅。后人称其为"李氏花园",即今天的大李家庄④。

章丘北乡有田产,建有壤白楼看护庄稼。壤白楼又叫白壤楼,嘉靖二十九年(1550)西南边的田产遇到干旱颗粒无收,而北乡因土质松软而无草,收成没受影响,壤白楼"僻在直北一方"⑤,并非用来看护,而是因为李开先觉得它坚固雄伟才购买的。城北的大沟厓村东接回军镇(今回村),北邻小清河,有时又称其为"北村",有诗《秋日过北村》为证⑥。他在大沟厓有祖产,建有临浒居以供居住,嘉靖四十年(1561)后建造水风卧吟楼,"下为门通来往,上设榻恣卧吟"⑦。岳父王贡辞官后带着家人到章丘依居,帮他管理油里庄(今名未知)和临浒居的田产⑧。

高埠(今南北皋埠一带)有肩埠楼,他在记中说:

> 高埠,埠高而地平,村落乃在洼处,聚气藏风,亦一得所乐土也。高楼南出,北与埠比肩,足以发骚人之逸兴,消暴客之邪心。此李氏故物也,而予以同姓得之。然又不但高埠,普济、张林、步村、油里镇,皆同姓者也。⑨

可以看出,肩埠楼亦有游玩娱乐之功用,他在高埠、普济(今普集)、张林、步村(今埠村)、油里(今名未知)等地皆有田产,且得之李氏同姓。

在普济镇北面的海套园建有三宜楼,"三宜"指的是顾舍、娱目、栖身,"据高旷之地,倚栏凝望",可见月亮"或曲如钩"和"或烂如盘",雨水"润如

---

① 《李开先全集·诗文》《李中麓闲居集》之四《六言绝句·南园牡丹》,第 432 页。
② 《李开先全集·诗文》《李中麓闲居集》文之十一《记·原性堂记》,第 1023 页。
③ 《李开先全集·诗文》《李中麓闲居集》文之十一《记·待月楼记》,第 999 页。
④ 李开先十世孙李师亮,是同族中辈分最长者,保存有光绪元年《李氏族谱》,曾将之提供给卜键老师查考。
⑤ 《李开先全集·诗文》《李中麓闲居集》文之十一《记·壤白楼记》,第 1005 页。
⑥ 《李开先全集·诗文》《李中麓闲居集》之三《七言律诗·秋日过北村》,第 265 页。
⑦ 《李开先全集·诗文》《李中麓闲居集》文之十一《记·水风卧吟楼记》,第 1023—1024 页。
⑧ 《李开先全集·诗文》《李中麓闲居集》文之七《墓志·南顿巡检古泉王君合葬墓志铭》,第 708 页。
⑨ 《李开先全集·诗文》《李中麓闲居集》文之十一《记·肩埠楼记》,第 1001 页。

酥"和"势如注",雪花"轻如絮"和"大如手"①。他临终前手书遗嘱,以"普济新修园未得到"为三件憾事之一,可知海套园购之未久,或刚刚营建。

相公庄有朋来堂和有年楼,为朋来堂作的对联云:"堂隍宴集新宾客,庄所名因旧相公""教育英才三可乐,结交益友百无忧"②,说明它具有宴客聚会的功能。有年楼在庄宅后场中,"翼以二敞棚,贮农器。阴雨则以刮板收粒,又扒收禾"③。田中本来歉收,取名"有年"含有期盼丰收之意。

明水镇浅井庄种植秔稻,建是亦楼看护,"薄产多据镇有楼,惟浅井庄不楼不镇",离明水镇二里许,"楼虽不雄,是亦楼也,是以'是亦'名之"④。

他在磨上庄、南王村也有田产。关于前者,他作有《游新买磨上庄》《季冬望后二日过磨上庄观新立石有怀杨东江》。关于后者,对联中说:"村号南王虽非一日,地归中麓愿历多年。"⑤

他还有一处田产在小清河畔,距城较远,"大抵濒河皆沃壤,宜百谷"⑥。这处田产因偏僻而价廉,一下子有五顷,即五百亩,为了便于看护,特建近济楼五楹⑦。不过,因信息较少和模糊,该处田产未在图上标出。远在历下龙山镇也有田产,建有逍遥楼:

> 龙山镇属历下,与吾章接界,与吾村连壤。居在镇中,田尾居后。今太平日久,生齿繁多而盗贼充斥。又以其属异县也,构楼以防不虞,顾讳焉而以"逍遥"名之。夫不虞防而后可逍遥行乐矣。⑧

为之所作的对联为"楼原备缓急,名且假逍遥",可见虽然取名"逍遥",实难如此,这是因为该处田产远在历下、盗贼充斥的异乡,在那里种植作物很难让人高枕无忧、逍遥自在。

①　《李开先全集·诗文》《李中麓闲居集》文之十一《记·三宜楼记》,第 997—998 页。
②　《李开先全集·杂著》《中麓山人拙对·续对·中麓山人续对卷之下·相公庄朋来堂》,第 1892 页。
③　《李开先全集·诗文》《李中麓闲居集》文之十一《记·有年楼记》,第 1008 页。
④　《李开先全集·诗文》《李中麓闲居集》文之十一《记·是亦楼记》,第 1002 页。
⑤　《李开先全集·杂著》《中麓山人拙对·续对·中麓山人拙对卷之上·江乡别业》,第 1706 页。
⑥　《李开先全集·诗文》《李中麓闲居集》文之十一《记·近济楼记》,第 1000 页。
⑦　楹为量词,是古代房屋的计算单位,有人说一列为一楹,还有人说一间为一楹。笔者认为五百亩地太宽广,李开先应该是建五栋高楼来看护。
⑧　《李开先全集·诗文》《李中麓闲居集》文之十一《记·逍遥楼记》,第 1006 页。

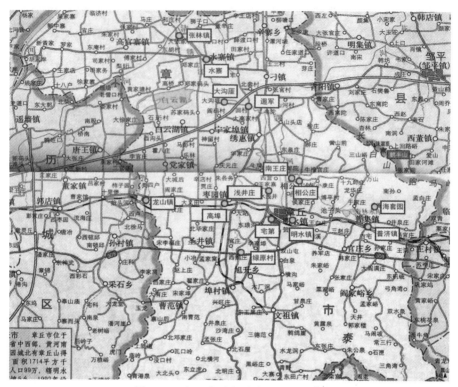

图 15-6　李开先财产分布图（部分）①

　　根据文字描述并考证其地理位置，绘制图 15-6，由此可知：一是凡有楼处即有宅第、田产，楼或在宅内外，或在田产中，或在花街柳巷中，有的是为了看田护院，有的是为了养性闲吟，各有各的用途。二是在灌溉条件不是很发达的年代，大多田产分布在水源充足的地方，小清河附近那处五顷田产自不必说，张林镇、水寨、大沟厓、回军镇、南王庄、相公庄、普济镇等处的田产靠近绣江河或漯河，绿原村、海套园和龙山镇的田产旁边亦有细流穿过。三是这些田产附近交通比较便利，便于耕种和收获转运。他在当时的身份属于地主阶级，自给自足之外更多的是为了销售获利。如此数量众多的财产，不仅为他的日常生活和广泛交游提供充足资金，还为他追求雅致的兴趣提供雄厚的经济基础，藏书、刻书、组建家乐等都需要不菲的钱财做后盾。

---

① 笔者查了很多文献，包括县志和地图册，没有找到明代章丘地图。在《德国普鲁士文化遗产图书馆藏晚清直隶山东县级舆图整理与研究》（齐鲁书社 2015 年版）中虽然有一幅晚清手绘《章丘县舆图》，不仅不全，亦不符合地图的标准。故斟酌再三，决定利用武汉大学测绘的章丘天地图为底版，其上标出考证后的明代古地名。由于古今异名且资料缺失，其中南王庄、高埠的考证尤为困难，耗时最久。

（三）内忧外患史

从明初以来，内忧外患一直困扰着整个王朝。嘉靖至万历年间，鞑靼之乱、山东征兵、倭寇南侵、山陕地震等，使得生灵涂炭。李开先固然以放荡不羁的方式在著述中倾吐官场和社会对他的不公正待遇，但是，强烈的出仕之心和社会良知促使他不断思考时政和关注民生，用笔记录下发生在这一时期的大小事件，写下《忧时事》《计处古北口》《闻朝议将调边军备倭感而有赋》《边事》《边报行》《夏日闻倭报》《勉军士》《江南楼夷作乱杀伤山东民兵》《候房信》等大量关心国事和牵念时局的诗文。它们可以说是嘉靖前期国家内忧外患、国事军事的全景记录，不仅如实勾勒出事件的场景，而且描绘出当时国家朝不保夕的动荡和百姓颠沛流离的痛苦。他关心时事，喜欢发表对天下形势的看法，曾在《叹老》中说："久不谈兵兢武略，何须操笔做文雄。"①尽管有些懊悔，但笔下自觉不自觉地流露出无限的忧思与豪情。从这个角度来说，将他的诗文称为诗史也不为过。

1. 见证自然灾害

中国自古就是一个灾害多发的国家，他在著作中对亲身经历的自然灾害进行记载，比如正德十三年（1518）六月六日章丘大水：

> 正德戊寅六月六日之夜，山涨激发，掩巨石以飞奔，落悬崖而再触；惊讶蛟龙之斗，不分牛马之群，有如倚柱摧而地维裂。河流高起数丈，城垣不没者三板。惟其风雨魇天，是以波涛溢（隘）地。城内大恐，城外浮尸不计其数。或曰五千，或曰满万，各村社及近河并居地稍下者，四方过客，与夫久住之客，难以按查。②

此处描述的是夜里章丘暴雨之后洪水肆虐、民不堪命的惨状，读及此处，让人感到人类面对自然灾害束手无策的无奈和悲壮。嘉靖三十五年（1556）陕西大地震，他作《平阳哀》和《地震》描绘地震惨状，在本书其他地方有些节录，兹不详述，值得注意的是，他在《平阳哀》长序中说："不哀陕而哀平阳，以有来自彼处，就熟于（揆）东者，言之切而得之详，庶诗为真情，序为实录

---

① 《李开先全集·诗文》《李中麓闲居集》之四《七言排律·叹老》，第398页。
② 《李开先全集·诗文》《李中麓闲居集》文之十一《记·江楼钱公祠堂记》，第1033页。"是以波涛溢地"中"溢"，在明刻本中皆作"隘"，故改之。

也。"①交代写作长序的目的是真实记录当时场景。嘉靖三十六年(1557)秋,连着十多日刮大风下大雨,使得山洪突发,章丘为水所困,他作《初秋大风雨山水临城纪异》六首,第六首后有长长的小注:

> 正德戊寅大水,己卯大风。今嘉靖丁巳秋,风水兼至;后又久雨暂晴,晴又即雨,虽较前稍轻,然四十年来惟有此度为害不细。父老传言:每三四十年,水必一次薄城。观城南古堤,盖为障水设也。岂人之灾,天之数若是乎齐耶?诗后谨书此,以竢左验。愿乡人并宦于吾乡者,及时修人事以回天意云。②

嘉靖三十九年(1560)左右,作《叹时政》四首,对政府重新丈量土地表示担忧。此事起因于嘉靖八年(1529)霍韬、桂萼等疏请核实田亩,顾鼎臣请履亩丈量,先在江西安福、河南裕州试行,渐渐推广全国。丈量核实土地本为均平赋税,减轻人民负担,增加国家收入,然而在操作过程中事与愿违,即如诗中感叹带来践踏青苗、妨碍农时等弊端。③ 同年,他还作《有年楼记》,提到当年因天灾引起的饥馑:

> 今岁庚申,天灾流行,春不雨,至秋七月,蝗复蔽天遍地,谷菜俱不熟,饥馑甚矣。池不闻鸣蛙,道不逢醉客,吾楼借旧积适以是岁成之,取名"有年",苦中思乐,亦若"西成楼"所谓道其常也……④

他作《忧世》表达对世态的担忧和人民的同情:

> 百年生聚乐升平,汹汹人情近不宁。
> 籴谷才完催市马,科银未已又征兵。
> 吏贪更比官贪甚,米价频增物价轻。
> 东国民穷朝不食,西方地震夜犹惊。
> 江南财赋三之二,倭寇深妨织与耕。⑤

他关于自然灾害的叙述,可以与他人的描述相印证,也可以将其作为历来山东自然灾害统计资料,为后人总结经验和探究规律提供借鉴。

---

① 《李开先全集·诗文》《李中麓闲居集》之一《五言古诗·哀平阳》,第 68 页。
② 《李开先全集·诗文》《李中麓闲居集》之四《七言绝句·初秋大风雨山水临城纪异》,第 441—442 页。
③ 《李开先全集·诗文》《李中麓闲居集》之四《七言绝句·叹时政》,第 461 页。
④ 《李开先全集·诗文》《李中麓闲居集》文之十一《记·有年楼记》,第 1008 页。
⑤ 《李开先全集·诗文》《李中麓闲居集》之四《七言排律·忧世》,第 402 页。

2. 记录东南倭寇入侵

他的诗文中叙述最多的是嘉靖时期为祸东部沿海的倭寇之乱,把倭寇的残忍行径和百姓的无限痛苦写入其中。嘉靖中期,倭患渐起,官方设立巡抚浙江兼管福建海道提督军务都御史,"(嘉靖)三十三年调拨山东民兵及青州水陆枪手千人赴淮、扬,听总督南直军务都御史张经调用"①。他作《感兴》二十四首,第十五首为:

> 南征还北讨,责在掌枢机。
>
> 杀气旋油幕,金创染战衣。
>
> 将无千里算,士少百金肥。
>
> 北虏虽潜遁,宁波屡被围。②

在家过春节闹春,看到市井人烟稀少、物价飞涨、盗贼四起,又想起东方战事而心绪难平,作《新春触事偶述》③。嘉靖三十三年(1554)前后,倭寇大扰江南,朝廷调山东八卫所之兵南下御倭,李开先作《闻朝议将调边军备倭感而有赋》一韵四首,指出"平倭征壮士,轵舍及辽阳。南北原殊土,马舟各有长","倭贼俄为乱,战船乃所长。休轻撩彼毒,急要厚吾防。定陷囚车内,羞称海外王"。④ 又作《闻复征东兵责在无将也感而有赋》一韵五首,第一首交代背景,第五首对名将素质提出要求。⑤ 八月,倭寇以二万余人占据柘林,分掠嘉兴、湖州等地,山东民兵御之于嘉定彩桃江,先胜后败,死伤过半,僵尸遍野,《闻倭寇杀伤山东民兵》和《江南倭夷作乱杀伤山东民兵》就是为此而作。他对征集北兵抗倭的弊端有清醒的认识:

> 家本东藩六郡良,一朝抽选事戎行。
>
> 可怜债帅原无统,况乃佳兵最不祥。
>
> 北备边方犹自可,南来水战本非长。
>
> 人言捉象还须象,疗瘴槟榔出瘴乡。

---

① (清)张廷玉:《明史》卷九一《志第六十七·兵三》,中华书局 1974 年版,第 2244 页。
② 《李开先全集·诗文》《李中麓闲居集》之二《五言律诗·感兴》,第 124 页。
③ 《李开先全集·诗文》《李中麓闲居集》之三《七言律诗·新春触事偶述》,第 255 页。
④ 《李开先全集·诗文》《李中麓闲居集》之二《五言律诗·闻朝议将调边军备倭感而有赋》,第 127 页。
⑤ 《李开先全集·诗文》《李中麓闲居集》之二《五言律诗·闻复征东兵责在无将也感而有赋》,第 139 页。

他还在末句小字注释:"象风而逸,象奴急纵他象捉之,舍象更无术也。"①其实,他对与日本的海外贸易也有见识,日本的许多生活必需品如丝布、锅子、针、药材等都靠中国供给,"彼之仰给中国者何止一物,即如制衣必用针,彼不善造针,将不来抢针耶?王晋溪有言:'能止其入贡之路,岂能止其入寇之路?'已甚生乱,必须有通融之法"②。也就是说,他认识到用暴力方式禁止中日的贸易往来是行不通的,必须想到变通的方法才行。

《平阳哀》诗前序还对倭寇侵犯的炽焰进行描写:

> 四方灾异,层见叠出,倭寇戕害三吴两浙,处所不止对半,窃据不止三年。今年正月初一日,新敞镇折川兵一千;二十一日,山东、河南等处兵五百,尚参将一员,指挥等十三员;三月二十六日,报到倭船八十只,陆续到者尤众;四月初三日,在伯蔡港;初七日,在狼山,抢去张把总;十四日,突入慈溪,杀死居民不计其数,乡官腰金者三十余,荼毒名邑一空;困薄杭城,劫掠瓜州、仪真、江阴等处;又有一部,常熟种田,扬州关厢已被烧毁,桐乡知县放一应死王秀才领兵五百,立功赎罪,出即降贼,弯弓反射,遂诛其十九口家属,今竖云梯攻城复仇;五月初,五烧无锡,一住十七日,南烧至望亭镇、浒墅关,北至高桥巡检司,横林、落舍二镇,及各乡村三百余里;又烧常州关厢,并奔牛、吕城二巡检司;本月二十七日,烧丹徒。大约南宁波,北扬州,东上海,西湖州,四面二千余里。民谣有"兵戈起练川,流血染昆山",及"吴越干戈动,嘉湖作战场"云云。其他讹言,不可胜纪。大端东南财力已竭,西北自然坐困。③

作者以细腻的笔触详细列举了嘉靖三十五年(1556)从年初到六月东南沿海遭到的倭寇荼毒,若没有一颗忧国忧民的心是难以做到如此详尽记录的,他的精神实在令人叹服。嘉靖四十二年(1563)春,倭寇侵犯福建,李开先作《晓起闻倭夷警报》,诗中有"无数甲兵来日本,何时波浪静(息)风江"。④

---

① 《李开先全集·诗文》《李中麓闲居集》之三《七言律诗·江南倭夷作乱杀伤山东民兵》,第259页。该诗一韵两首,此为第二首。
② 《李开先全集·诗文》《李中麓闲居集》文之九《传·宋素卿传》,第863页。传称,宋素卿本宁波鄞县朱姓,后被卖给日本人而入外籍,被国王招为婿,生七子。嘉靖初年宋素卿、谦导等人掀起了中日贸易的宁波之乱,事情发生后,明朝废除市舶司大监一职,缩小对日的贸易规模,导致倭寇数量激增。
③ 《李开先全集·诗文》《李中麓闲居集》之一《五言古诗·哀平阳》,第68—69页。"五月初,五烧无锡"应该断为"五月初五,烧无锡"。
④ 《李开先全集·诗文》《李中麓闲居集》之三《七言律诗·晓起闻倭夷警报》,第352页。"何时波浪静风江"中"静",在明刻本中作"息"。

3. 记录北虏侵扰

　　除了南倭荼毒,北虏带来的危害也不可小觑。嘉靖年间,兀良哈与鞑靼部合兵,屡犯边境,世宗下令罢马市,禁止市场交易,双方交恶,北边频频告急。嘉靖二十九年(1550),甚至深入京畿,兵至密云、怀柔、通县,京师戒严,下檄诸镇兵勤王,结果明军疲不应战,俺答汗焚掠八日,满载而归,史称“庚戌之变”。李开先在《计处古北口》中提出自己的军事见解：

> 塞却葫芦峪,出其意不防。
>
> 易如除草寇,即可了花当。
>
> 有备终无患,杀降非不祥。
>
> 又须偷北日,追走势仓皇。

其后小字解释：“花当一种,为害甚钜。正统末年曾作也先向导,控弦之士不过三千。尝偷盗北狄,被其穷追。中国若乘机塞峪,伏兵突起,彼必授首不遑,可免无穷后患矣。”①嘉靖三十五年(1556)岁末,达喇苏以十余万骑兵进攻广宁(辽宁北镇),明军伤亡惨重,辽东总兵殷尚质战死。李开先作《雪中闻边报》二首对明军誓死抵抗表示欣赏,第一首诗下注释：“辽东被虏诱杀,五千人无还者,损折殷总兵、阎游击各一员。”第二首诗下小注：“近如总兵岳懋之边外堵截,张弦之宣府冲锋,李涞之雁门迎战,则已赫然称之矣。”②嘉靖四十二年(1563)冬,辛爱、把都儿攻破墙子岭,京师戒严,他作《边报行》③、《闻北虏警报》④、《候虏信》二首⑤。这些记述可与《明史·世宗本纪》和《明世宗实录》佐证,具有补史的作用。

　　《中麓山人拙对、续对》中也有不少内忧外患的语句,如：“羽檄星驰外夷突入侵边鄙,血书火报内寇俄闻犯海洋”、“惟兹海寇釜内游鱼难作滔天之恶,嗟彼胡人席傍饿犬猜争投地之腥”、“雨坏民居只愿雨惟破块,海虽盗窟久闻海不扬波”、“穷寇何能立待江皋撤警,虏猷惧罪行省边徼无尘”⑥、“国虚黜虏来侵清宵传箭攘外少良谋梦中还说梦,路涩穷民作梗白昼操戈赈饥无奇策愁上更添愁”、“海寇猖狂当碎骨,山人僻远亦关心”、“寇薄山西难在大同门不守,民逃境外只因兖府水为灾”、“师李群凶凭凌归德府,毛汪二寇

① 《李开先全集·诗文》《李中麓闲居集》之二《五言律诗·计处古北口》,第117页。
② 《李开先全集·诗文》《李中麓闲居集》之四《七言绝句·雪中闻倭报》,第438页。
③ 《李开先全集·诗文》《李中麓闲居集》之一《七言古诗·边报行》,第101页。
④ 《李开先全集·诗文》《李中麓闲居集》之三《七言律诗·闻北虏警报》,第351页。
⑤ 《李开先全集·诗文》《李中麓闲居集》之二《五言律诗·候虏信》,第232页。
⑥ 《李开先全集·杂著》《中麓山人拙对、续对·中麓山人拙对卷之上·散对》,第1747、1748页。

窃据普陀山"、"传闻宁静方迎敌,又报延安未解围"、"传报榆林多掠牛羊归丑虏,怕游柏寺不将车马恼闲僧"、"朝著连年勤选将,边陲何日可擒王"、"挥戈不把骄胡走,按剑空贻壮士羞"①,"何时平海寇,有日灭天骄"、"昼夜不知烽燧警,春秋长是鼓旗闲"②。此外还有不少自然灾害的语句,如"积雨伤禾拨云方可驱晴日,横流浸壁炼石何时补漏天"。③

　　总之,他的作品揭示了个人和社会的历史,有助于了解他的人际交往、社会风气,亦有利于了解灾难、战争等困局中挣扎求生的社会百态,非常有价值,亦是值得后世进一步挖掘的史料资源。

① 《李开先全集·杂著》《中麓山人拙对、续对·中麓山人拙对卷之中·散对》,第 1759、1764、1789、1790、1790、1823、1831、1835 页。
② 《李开先全集·杂著》《中麓山人拙对、续对·中麓山人续对卷之下·散对》,第 1953、1961 页。
③ 《李开先全集·杂著》《中麓山人拙对、续对·中麓山人拙对卷之上·散对》,第 1752 页。

附　录

古人名、字多隐，往往称人以号，笔者经过认真查考，按类将李开先的交游对象简单介绍，并胪列于下：

一、与皇亲宗室的交游

1. 衡藩

朱厚㷆（1502—1572），衡恭王朱祐楎之子，嘉靖十九年（1540）袭封衡王。藩邸在青州，史称衡庄王。某年他的寿辰，李开先作《题〈瑶池春晓图〉寿衡王》为其祝寿。

端惠王即新乐王朱厚㷇，亦为衡恭王朱祐楎之子，嘉靖三年（1524）封，嘉靖三十二年（1553）去世，李开先作《端惠王挽诗》①。他死后上庙号时，李开先作《为新乐王成端惠庙作》三副对联。

朱载玺为新乐王朱厚㷇之子，嘉靖三十六年（1557）袭爵，万历二十一年（1593）去世。《明史·诸王传》称他"博雅善文辞，索诸藩所纂述，得数十种，梓而行之。又撰《洪武圣政颂》《皇明政要》诸书，多可传者"②。朱载玺著述之宏富，为衡藩诸郡王之冠，因喜好文学艺术，与当时的著名文人学者徐渭、李开先、吕时臣、徐来复、梁辰鱼等都有来往。朱载玺袭封后将其父在嘉靖二十年（1541）营造的我灵台重加修葺，命人持书到章丘请李开先作记③。除了诗文来往外，李开先与朱载玺关系的增进与江湖文人、浙江鄞县人吕时臣亦有关系。前已叙述，吕时臣多次造访李开先，为其门客。嘉靖四十年（1561）左右，他从浙江到章丘不久又被朱载玺召唤，李开先作《送东野吕中

---

① 《李开先全集·诗文》《李中麓闲居集》之二《五言律诗·端惠王挽诗》，第163页。
② （清）张廷玉等：《明史》卷一百十九《列传第七·诸王四·衡王祐楎》，中华书局1974年版，第3641页。
③ 《李开先全集·诗文》《李中麓闲居集》之十一《记·我灵台记》，第1012页。

辅自浙回携新制词册再赴新乐王之招》。朱载玺曾和李开先《中麓小令》百首,题为《诗外微撒》,李开先为之作序对朱载玺扩大作品传播面表示感谢,可以推测《中麓小令》是吕时臣带去的词册之一。李开先与衡王府还有些间接联系,同邑忘年交袁勋友尝任衡府右长史,同邑人王国贤曾为衡府掾。

2. 鲁藩

鲁恭王朱颐坦于嘉靖二十八年(1549)袭封,有贤声。因李开先之乞请,他将父亲朱观㸅生前所玩的水盏赠给他,并修书一封"乐盏一副,传自先王,特割爱相赠"①。如果两人关系较浅,李开先不会张口求赠,朱颐坦亦不会慷慨赠予。鲁恭王之母鲁太妃去世之后,李开先作祭文②。奉国将军朱健桨(号竹村)思念父亲朱当滴作《追先法史录》,寄给李开先一册请他作序。③

3. 周藩

朱睦㮮,字灌甫,号西亭,嘉靖时为镇国中尉,万历时为宗正。藏书之富,堪称宗室第一。与李开先交厚,曾为《中麓山人咏雪诗》作跋。他得一子,李开先作《贺西亭宗贤生子》积极称赞:

> 惊喜得贤嗣,凡儿未可同。
> 嬉嬉时一笑,炯炯现双瞳。
> 长大传家学,恢宏有国风。
> 名高已足贵,贵复世王公。④

李开先未曾见过孩子就如此夸赞,拍马屁的功夫十分了得。嘉靖四十年(1561),其父奉国将军朱安河卒,李开先作祭文,其中有"尝考西京,刘德擅称。有子更生,校雠五经。麟阁图形,公之教成。冢器西亭,可作世桢"⑤。周藩建祠追思,皇帝赐额"崇孝",李开先又作贺文,短短几言恭维数人,夸赞皇帝重视亲情和厚爱周藩,夸赞朱安河堪比汉朝刘德,夸赞朱睦㮮似刘向之才⑥。李开先死后出现家难,朱睦㮮力为李氏复其家,将劫难平息。

4. 赵藩

赵王即彰德赵康王朱厚煜,有贤孝名,喜读书,善文翰,结交四方宾客。

---

① 《李开先全集·诗文》《李中麓闲居集》之二《五言律诗·水盏》,第198—199页。
② 《李开先全集·诗文》《李开先闲居集》文之十二《祭文·祭鲁太妃文》,第1087页。
③ 《李开先全集·诗文》《李中麓闲居集》文之五《序·〈追先法史录〉序》,第545页。
④ 《李开先全集·诗文》《李中麓闲居集》之二《五言律诗·贺西亭宗贤生子》,第168页。
⑤ 《李开先全集·诗文》《李中麓闲居集》文之十二《祭文·祭周府昆仑奉国将军文》,第1113页。
⑥ 《李开先全集·诗文》《李中麓闲居集》之二《五言律诗·贺西亭中尉奉朝命建乃尊奉国将军崇孝祠落成》,第244页。

吕时臣在为李开先《田间四时行乐诗》所作的跋语中提到赵王"每出中麓诗文及小令视予辈曰：'真东方之才也，恨不得一见面耳'"①，说明赵王将李开先比作东方朔，非常仰慕他的才华。嘉靖三十六年（1557）十月初六为其六十岁生辰，李开先作《遥贺赵王寿六十岁》一诗为其祝寿。嘉靖三十九年（1560）十月，他因宗室事与地方官争执，自缢而死。李开先听说消息后，作挽诗一首，其中有："下士情无倦，著书志未终"②，指出他礼贤下士、酷爱著述。

李开先和赵王府的文士谢榛（号四溟）、郑若庸（号虚舟）有往来，曾于嘉靖三十九年（1560）作《谢四溟自赵府惠书与诗附使酬谢即用其韵共三首末首兼及郑虚舟》。门客李九河旅居章丘准备返回安阳时，李开先托他为赵王带去一些书籍，其中应该包括李开先最近的著作，否则送行诗中不会有"书去劳门客，抄时正鲁鱼"之语③。李开先还作《送李九河由汴梁归赵府》，其中有"贤王久爱才，君去莫徘徊"，诗的末尾又提及谢榛、郑若庸，"侍宴多恩幸，邹枚日与陪"。④

5. 庐江王

庐江王即荣缪王朱祐楄，嘉靖二十二年（1543）袭封，嘉靖四十三年（1564）卒。李开先作《上庐江王》，其中有"宗贤随处是，公议首庐江"，"朝吟挥彩笔，夜读照银釭。文思如泉水，玲玲出石淙"⑤，一片溢美之词。

6. 辽王府

洪武十一年（1378），太祖封第十五子朱植为卫王，洪武二十六年（1393）改封辽王，封地在广宁。燕王朱棣起兵后，各藩王奉旨南归，辽王改封荆州。嘉靖中期，朱植的六世孙朱宪㸅袭封王爵。他以笃奉道教为世宗宠信，赐号清微忠教真人，不过在隆庆年间坐罪降为庶人，藩国被废除。他曾按照李开先悼念亡妻张氏和爱妾张二的《四时悼内》，作悼念李才人的《思贤集》，寄给李开先品评，李为之作序，又将所编《悼内同情集》回赠给他⑥。嘉靖四十四年（1565）他四十岁，李开先作寿文称贺：

---

① 《李开先全集·附录二》《叙论·题跋·曲评》之《〈田间四时行乐诗〉跋》，第2237页。
② 《李开先全集·诗文》《李中麓闲居集》之二《五言律诗·挽赵国主》，第237页。
③ 《李开先全集·诗文》《李中麓闲居集》之二《五言律诗·初夏江上送李九河携借书还邺》，第166页。
④ 《李开先全集·诗文》《李中麓闲居集》之四《五言排律·送李九河由汴梁归赵府》，第385页。
⑤ 《李开先全集·诗文》《李中麓闲居集》之四《五言排律·上庐江王》，第394—395页。
⑥ 《李开先全集·诗文》《李中麓闲居集》文之五《序·〈思贤集〉序》，第552—553页。

仰惟辽王殿下贵为上国,名溢中华,手不停披于六经之文,耳不乐闻乎五音之奏。时或跨寒城郊,烹雌林薮,幕天席地,畅饮忘归。不迩声妓,喜接文人,所著诗有《荆乐纪词》,有《莲漪渔唱》。自号种莲子及西湖渔父,而赐号则清微忠教真人。贵而自忘其贵,贤而益亲乎贤。不必五十而可寿,将至千岁而无穷矣。①

7. 楚藩

李开先与楚藩没有直接交往,曹云山(号云山,名不详)从济南提学副使任上升为楚藩大参,李开先在《送云山曹宪副提学升任楚藩大参序》中对楚藩的沿革和基本情况进行详细介绍。②

二、罢归后与山东和章丘地方官的交游

李开先罢归后的二十余年间,山东巡抚、山东布政使、章丘知县、县丞等走马灯般替换,他书序题跋,赠诗写状,多不推辞。由此可以看出他的声望较高,和地方官员关系比较融洽。兹将这些官员分为省官、章丘地方官、外县地方官三类予以列举:

1. 巡抚、按察使、提学副使、知府等高级官员③

张铎,号秋渠,南京人。嘉靖二十年(1541)进士,授翰林院庶吉士,嘉靖二十二年(1543)升任监察御史,嘉靖二十五年(1546)由巡按辽阳、开元改为巡按山东。李开先为他的《海岱诗集》作序④,对其政绩和文采一番吹捧。该诗集由时任章丘知县的赵介夫(即伊钝庵)主持刻印,刻于章丘。

霍冀(1516—1575),字尧封,号思斋,山西孝义人。嘉靖二十三年(1544)进士,选御史,历任宁夏巡抚、保定巡抚,嘉靖四十四年(1565)七月以户部右侍郎兼右金都御史巡抚山东。祖母被赠夫人,李开先作《题思斋霍中

---

① 《李开先全集·诗文》《李中麓闲居集》文之十二《杂文·寿辽国主四十岁致语》,第 1081—1082 页。
② 《李开先全集·诗文》《李中麓闲居集》文之六《序·送云山曹宪副提学升任楚藩大参序》,第 626 页。
③ 这些官员虽不如章丘知县、同知等直接管制李开先,但是他们是章丘地方官的上司,可以间接施加影响,所以列在最前面。
④ 《李开先全集·诗文》《李中麓闲居集》文之五《序·〈海岱诗集〉序》,第 475—476 页。

丞祖母〈贞节褒扬卷〉》四首,先夸霍的祖母贞洁坚强,后夸霍有拜相之才。①
还作《贺亚卿霍思斋父母双寿重封》二首,其中有"千年千度双亲寿,三品三
迁一子贤"②。嘉靖四十五年(1566),由于他的祖父母、父母、夫妇二人和儿
子都受到恩封,李开先作《四世恩荣录》序。

　　谢载,号高泉,四川射洪人。嘉靖八年(1529)与李开先同年进士,次年
为分宜知县。曾为山东左布政使,李开先作《赠高泉谢方伯》。③

　　杨博(1509—1574),字惟约,号虞坡,山西蒲州人。嘉靖八年(1529)与
李开先同年进士,在嘉靖二十一年(1542)左右为山东提学副使,那时恰逢李
开先初罢归,可以推测两人交游颇多,后来仍然保持书信往来。嘉靖二十五
年(1546)任右佥都御史,嘉靖三十四年(1555)任兵部尚书,嘉靖四十五年
(1566)改吏部尚书,深受世宗倚重。曾作《过文山祠》和《读谢叠山传》表达
自己对文天祥和谢枋得的尊崇,并赠给李开先,李作诗回应,即《虞坡杨尚书
索和诗》二首《文山》和《叠山》④,他还为李开先《塞上曲》作跋。李开先作五
言排律《怀大司马杨虞坡》,称其尊贵、廉洁,最后提到自己十分怀念他:"予
惭何所有,农隐乃其宜。一别十年久,寸心千里思。旧游如梦觉,后会杳
难期。"⑤

　　胡宗明,字汝诚,号瓶山,徽州绩溪人。正德十二年(1517)进士,初授户
部主事。嘉靖元年(1522)朝廷平息甘州兵变,因督饷有功出任四川参议,后
调广东,因设计俘获盗贼首领而升河南副使,转福建参政。在福建任上,清
剿盗匪、惩治土豪、平均田赋、清除官场积弊等举措深得民望。后调广西,因
协助都御史毛伯温"平黎乱""征安南"有功,升任云南、山东左布政使。嘉靖
二十六年(1547),以右副都御史巡抚辽东,多有建树。他为山东布政使期
间,曾为李开先《中麓小令》作跋。

　　魏良贵,字师孟,号及斋,江西新建人。嘉靖十四年(1535)进士,仕至南
京都察院右副都御史。嘉靖三十三年(1554)十二月,由山东按察使升为山
东右布政使,为李开先《田间四时行乐诗》作跋。李开先作《寄魏及斋方伯》,
其中提到两人直接交往少,书信往来较多,鼓励他"暂居右辖清戎政,不日中

① 《李开先全集·诗文》《李中麓闲居集》之二《五言律诗·题思斋霍中丞祖母〈贞节褒扬卷〉》,第
　 242—243 页。
② 《李开先全集·诗文》《李中麓闲居集》之三《七言律诗·贺亚卿霍思斋父母双寿重封》,第 368
　 页。此为第二首颈联。
③ 《李开先全集·诗文》《李中麓闲居集》之四《五言排律·赠高泉谢方伯》,第 389 页。
④ 《李开先全集·诗文》《李中麓闲居集》之二《五言律诗·虞坡杨尚书索和诗》,第 234 页。
⑤ 《李开先全集·诗文》《李中麓闲居集》之四《五言排律·怀大司马杨虞坡》,第 392—393 页。

台秉国钧"①。不久,又作《送魏及斋升云南左方伯》,为他调任云南感到惋惜。不过,魏良贵高升云南的消息并不属实,李开先在诗尾小字注释"成诗后,始知非云南,邸报讹传耳"②。由于邸报出现讹误,他写完该诗才知道魏良贵并没有高升。这也说明居乡文人靠邸报获知官场信息,看到上面载有关于友人升转的消息就写诗恭维或勉励,而非通过与友人取得联系核定事实后才作诗,于是会出现诗文记载中的信息与事实不符的现象。所以后人对当时著述中记载的信息需要进一步核实,以免引证谬误。

李磐,号西谷,固始人。嘉靖五年(1526)进士,曾任山东右布政使。李开先《题〈西谷李藩伯卷〉》中称他"英灵钟国器,名姓挂金闺","行看跻一品,不但福三齐"③。嘉靖四十五年(1566)左右,李开先作《送西谷李方伯上疏得请将致仕还其乡》,结果李磐的致仕申请没有得到官方批准,李开先用小字注释一下仍然将该诗收录在《闲居集》中。

蔡汝楠(1514—1565),字子木,号白石,浙江德清人。嘉靖十一年(1532)进士,历任衡州知府、四川宪副、江西参政、山东按察使、江西布政使、河南巡抚等,官至南京工部右侍郎。他为山东按察使时,曾经到李开先宅第拜访并作诗,李开先依韵作诗奉答《廉访使蔡白石过访奉赠诗》(二首同韵),第一首中夸赞他执法严正、博学能文、年貌清扬,第二首开头为"别后心思耿不忘,少年名誉擅词场",说明他与李开先早就相识,年少即有文名,入仕之初追随唐顺之、王慎中、李开先等前辈学习。第二句为"外僚已历两三省,登第今余二十霜",是说他在为山东按察使前已经做两三省的外僚,距离他进士登第已经二十年,那么同样可以推知这首诗作于嘉靖三十年左右。④ 后来,蔡汝楠升任江西右布政使,李开先为其作诗同时恭维朱衡,即《贺蔡白石升江西右方伯兼及朱镇山左方伯》⑤。蔡汝楠和朱衡官职大体相同,由其升职想到朱衡,这种做法可谓一举两得。

翁大立(1517—1597),字儒参,号见海,浙江余姚人。嘉靖十七年(1538)进士,官至南京兵部尚书。作诗以自然见长,有民歌之风。嘉靖二十八年(1549)任河南提学佥事,后来调任山东布政使。嘉靖三十八年(1559)以右副都御史,巡抚应天、苏州诸府。大概就是在此时,他赴右副都御使之

① 《李开先全集·诗文》《李中麓闲居集》之三《七言律诗·寄魏及斋方伯》,第 265 页。
② 《李开先全集·诗文》《李中麓闲居集》之三《七言律诗·送魏及斋升云南左方伯》,第 268 页。
③ 《李开先全集·诗文》《李中麓闲居集》之二《五言律诗·题〈西谷李藩伯卷〉》,第 237 页。
④ 《李开先全集·诗文》《李中麓闲居集》之三《七言律诗·廉访使蔡白石过访奉赠诗》,第 291 页。
⑤ 《李开先全集·诗文》《李中麓闲居集》之三《七言律诗·贺蔡白石升江西右方伯兼及朱镇山左方伯》,第 315 页。"方伯"乃布政使的别称。

任路过章丘拜访李开先，然而两人未及相会，李开先依韵作诗一首表示感谢，诗中有"过门投刺不相见，为赴严程畏简书"。①

朱衡（1512—1584），字士南，号镇山，万安人。嘉靖十一年（1532）进士，仕至工部尚书兼左副都御史，精于治理河道，裁抑浮费。为人亢直，为张居正所忌，万历初被劾乞归。嘉靖三十七年（1558）擢为山东按察副使，次年为布政使，与李开先交善。李开先作《赠镇山朱方伯过访》夸赞他，其中有"清如玉露湑金茎，明比金波映玉绳。南国共称真外史，东方望作大中丞"②。离任后，山东乡民感念他的恩德，为其建生祠，李开先作《巡抚朱镇山祠堂记》，记中称他："德可感人，而又才以济之；量能容物，而又学以充之。"③

秦梁（1515—1578），字子成，号虹洲，江苏锡山人。嘉靖二十六年（1547）进士，任南昌府推官。历任通政司参议、南京太仆寺少卿、鸿胪寺卿、浙江布政司左参议、湖广按察司、江西右布政使等职。嘉靖四十一年（1562）任山东按察司副使，两年后改任浙江提学副使。在山东为官期间，与李开先过往甚密。李开先作《尊贤祠》一诗对其家族进行恭维，诗前长序交代作诗背景，大意是：锡山尊贤祠用来祭祀地方名贤，最初名叫十贤祠，由正德朝名臣邵宝创修，秦梁之父秦瀚予以重修，又增祀邵宝和秦梁高祖秦旭，改名为尊贤祠④。李开先记叙此事，为秦梁家族进行宣传。他升任浙江提学副使时，李开先又作《送虹洲秦宪副转任浙江提学序》，夸赞他"为宪副于东臬，能清吏治而得民心，及带摄学政，又能振文风而变士习"。⑤

乔瑞，字观之，号唐谷，山西霍州人。嘉靖五年（1526）进士，历西安府推官、浙江府同知、济南知府、河南副使等职。嘉靖十九年（1540）担任济南知府，该职得益于李开先的举荐⑥。确实，他不负李开先的期望，在任期间政绩卓然，大有可观。履任之初即倡导重修府治，同知郑纹、李奈，通府孙钦、吴九经，节推刘焘共成其事。一年之后，济南府治落成，寄信章丘，请李开先作《重修济南府治记》。

项守礼，字伯进，号减峰，浙江奉化人。嘉靖二十三年（1544）进士，历任

① 《李开先全集·诗文》《李中麓闲居集》之四《七言绝句·翁见海以方岳升大中丞经过敝邑承赐拜简行役未及相会予方据韵和诗因以一首贻之聊见谢意云》，第455页。
② 《李开先全集·诗文》《李中麓闲居集》之三《七言律诗·赠镇山朱方伯过访》，第291页。
③ 《李开先全集·诗文》《李中麓闲居集》文之十一《记·巡抚朱镇山祠堂记》，第1036—1037页。
④ 《李开先全集·诗文》《李中麓闲居集》之三《七言律诗·尊贤祠》，第352页。
⑤ 《李开先全集·诗文》《李中麓闲居集》文之六《序·送虹洲秦宪副转任浙江提学序》，第614页。
⑥ 《李开先全集·诗文》《李中麓闲居集》文之十一《记·重修济南府治记》，第977页。嘉靖十八年（1539）七月左右，李开先担任吏部文选司郎中，对乔瑞之前在西安、浙江等为官时的政绩比较了解和赞赏，极力推荐他担任济南知府。

济南知府、山西按察司副使等。嘉靖三十三年(1554)担任济南知府,三年后离任,李开先作《贺郡守项减峰升井陉兵备宪副序》。这期间,李开先还为其母作《敕赠安人项母周氏墓表》。

魏裳(1520—?),字顺甫,号兰川,湖北蒲圻人。嘉靖二十九年(1550)刑部山西司主事,嘉靖四十一年(1562)以刑部侍郎出守济南,后来升山西副使。他与王世贞、李攀龙等人唱和颇多。担任济南知府期间,写诗赠给李开先,李开先作《秋夜宿水村梦觉已曙因而有作》三首,题下小注"用魏太府见寄诗韵"①。将要在嘉靖四十四年(1565)入京接受考核,李开先提前一年作《送兰川魏太守入觐序》,其中提到以他的政绩受到奖励自不必言。②

2. 章丘地方官③

孙应奎(? —1570),字文宿,号东谷,河南洛阳人。正德十六年(1521)进士,官至南京户部尚书,嘉靖三十五年(1556)二月以年迈致仕。初中进士即授章丘知县,嘉靖四年(1525)三月转任南京兵科右给事中,为政期间,秉公执政,深得民心。离任时,"士之能为诗歌者,因民之思,采其言,各为诗歌,以达其情",编为《东谷孙公去思诗》④。这时李开先还是个没有功名在身的贫寒学子,应袁钊、刘谭、魏绪、潘洪等乡绅之请,为之作序,一则说明他的文采在当地产生一定的影响,得到大家的认可,二来说明他和知县私交不错,他出色的交游能力在为官前已经有所显现。

伊钝庵,原名赵介夫,后来复本姓伊。嘉靖二十年(1541)进士,次年为章丘知县,嘉靖二十五年(1546)升任南康府通判,官至按察司副使,与李开先有终身之谊。在章丘任职时颇有政声,嘉靖二十四年(1545)因征粮有功受到褒奖,李开先替同知作《钝庵赵尹征粮受奖帐文》。离任之后,李开先作《怀伊钝庵》二首,第二首中有"交谊丘山重,别来岁月更"。诗前和诗尾皆有小字注释,题下注释为"一韵二首,钝庵初姓赵,改复为伊,尝尹予邑,有惠政云"。诗末注释为:"钝庵曾示以欲就闲之意,予复书劝止之。"⑤嘉靖三十年(1551),伊钝庵以辽阳金宪路过章丘,李开先与其他士大夫在郊外为其送行。后来他升少参,仍在辽阳,再升宪副,兵备苏州。再后来因为边事失误

---

① 《李开先全集·诗文》《李中麓闲居集》之三《七言律诗·秋夜宿水村梦觉已曙因而有作》,第354页。
② 《李开先全集·诗文》《李中麓闲居集》文之五《序·送兰川魏太守入觐序》,第535页。
③ 以下按众人到章丘任职的时间顺序排列,而不论官职崇卑。
④ 《李开先全集·诗文》《李中麓闲居集》文之五《序·〈东谷孙公去思诗〉序》,第474页。
⑤ 《李开先全集·诗文》《李中麓闲居集》之二《五言律诗·怀伊钝庵》,第186页。

被贬谪,大司马杨博为其斡旋,复为宪副,兵备德州。嘉靖四十年(1561)春,夜里过访扣门,李开先"梦中惊起","披衣出迓,入而张灯畅饮,击节雄谈,诵其旧作,无非边务军情"。然而天未亮他又要启程,李开先"喜其临而惜其速也",即席作诗一首赠之。① 嘉靖四十二年(1563)致仕,李开先作《寄赠钝庵伊宪副致仕》称赞和安慰他。②

陈东光,字平冈,河南钧州人。嘉靖十四年(1535)进士,选为庶吉士。嘉靖二十五年(1546)为章丘知县,仕至都御史。在章丘任职两年,办了两件好事:一件是修葺章丘城隍庙的形象工程;另一件是刊刻李开先《宝剑记》的文化工程。他擅长书法,所到之处人愿重金求之墨迹,在章丘也是如此,李开先说他"登楼游山,多有述作,大书飞动,留题布满吾邑"③。他与地方士绅相处得极为融洽,和李开先有莫逆之交。升任大名府同知离开章丘时,李开先作《送陈平冈大名别驾序》,后来去云南任职,李开先又作《送平冈陈大参阶任云南宪长序》。嘉靖四十一年(1562)左右,李开先作《怀陈平冈大参》一诗思念他,题下小字注释:"原内翰外谪,历府县臬司至今官",正文有"忆昔宰吾章,视民惟恐伤"④。如此种种,足见两人联系之长久,感情之深厚。

丁洺涯,陈州人。嘉靖二十五年(1546)任章丘县丞,有善政。李开先与之交善,嘉靖三十二年(1553)作《贺洺涯丁二尹父母七十偕寿序》,其中有"洺涯佐治吾章五年矣,不胲下而奉上,惟洁己以律人,有立辨之才、先事之智"⑤。大概在嘉靖三十五年(1556)又作《洺涯丁二尹像赞》,赞前序文:

> 洺涯佐政吾章最久,德泽入人最深。裁决百为,朝夕不怠;精白一心,终始不渝。忽尔就闲,邑人无长少无不涕零心痛,以为数十年来仅得此真父母,乃舍子弟辈而去,无依之叹,失所之忧,由今不免矣!⑥

萧汝默(? —1549),字潜斋,号一泉,直隶静海人。嘉靖二十六年(1547)进士,次年任章丘知县,任期未满而卒于任所,李开先作《祭萧一泉县尹文》。

段古园,陕西人。嘉靖三十年(1551)左右,以武定府别驾暂摄章丘县

① 《李开先全集·诗文》《李中麓闲居集》之二《五言律诗·赠伊钝庵》,第190页。前面的叙述和引文出自诗前长序。
② 《李开先全集·诗文》《李中麓闲居集》之二《五言律诗·寄赠钝庵伊宪副致仕》,第233页。
③ 《李开先全集·诗文》《李中麓闲居集》文之五《序·送陈平冈大名别驾序》,第477页。
④ 《李开先全集·诗文》《李中麓闲居集》之二《五言律诗·怀陈平冈大参》,第213页。
⑤ 《李开先全集·诗文》《李中麓闲居集》文之五《序·贺洺涯丁二尹父母七十偕寿序》,第490页。
⑥ 《李开先全集·诗文》《李中麓闲居集》之一《杂体·洺涯丁二尹像赞》,第108页。

事。因他与康海、王九思同乡,与李开先有所交往。母亲朱氏八十岁时,请李开先作寿文。李开先听康海、王九思提过段姓为当地大族,且他们亦曾为之作文,于是慷慨允诺而作《贺太孺人段母朱氏八十寿文》。①

萧音,号两川,湖广遂州人。举人,历任叶县知县、济南通判等职。嘉靖三十年(1551)左右,任济南府通判,署章丘知县事,与李开先交善。李开先作《送萧通府致政》,其中有"春来频梦返田庐,仕路方亨即驻车"②。后来,还作《送两川萧通判还府序》。

金九成,字鸣韶,号摄山,江苏武进人。嘉靖二十三年(1544)进士,次年为镇海知县,持身清谨。嘉靖二十九年(1550)至嘉靖三十三年(1554)为章丘知县,期间经常到李开先家中做客。九十出生不久,"县主金摄山每顾即索观之,以为神采射人,两目在相法更异常不可言"③。嘉靖三十二年(1553)左右,其父母皆七十岁,李开先作《贺西楼金封君暨孺人寿同七十序》和《再贺金摄山父母七十双寿序》,其中有"余惟摄山之在吾章也,廉静寡欲,治尚简要,而民渐复古风"。④

程熟,号吾潭,直隶开州人。嘉靖三十二年(1553)进士,次年为章丘知县,嘉靖三十五年(1556)离任。李开先作《贺吾潭程尹马政膺奖序》和《祭程尹母张氏文》。

贺赍,字茂文,号洪滨,河南灵宝人。嘉靖三十五年(1556)进士,当年秋赴任章丘知县,不到一年即获得奖掖,李开先作《邑侯澍应谣》《贺邑令贺洪滨奖异序》和《再贺贺洪滨奖异序》。

董文寀,字汝和,号澐溪,山西临汾人。嘉靖三十八年(1559)进士,授章丘知县,有政声。嘉靖三十九年(1560)冬,章丘乡绅作诗赞颂他能均徭平赋,编成《均平首政》诗册,请李开先作序⑤。嘉靖四十年(1561)表弟李静斋(名不详)跟随他在章丘游学,一病不起,不久离世,李开先作《静斋李儒士就学于其表兄董澐溪在章旬余日一疾不起将返葬燕门诗以挽之》。嘉靖四十一年(1562)擢监察御史,李开先作《送邑令董澐溪钦承征取序》⑥。后来,章

---

① 《李开先全集·诗文》《李中麓闲居集》文之五《序·贺太孺人段母朱氏八十寿序》,第486页。
② 《李开先全集·诗文》《李中麓闲居集》之三《七言律诗·送萧通府致政》,第267页。
③ 《李开先全集·诗文》《李中麓闲居集》文之五《序·〈中秋对月忆子警悟词〉序》,第514页。《李开先全集·散曲》《四时悼内·中秋对月忆子警悟词》,第1517页。
④ 《李开先全集·诗文》《李中麓闲居集》文之五《序·贺西楼金封君暨孺人寿同七十序》,第488页。
⑤ 《李开先全集·诗文》《李中麓闲居集》文之六《序·〈均平首政〉序》,第607—608页。
⑥ 《李开先全集·诗文》《李中麓闲居集》文之五《序·送邑令董澐溪钦承征取序》,第517—518页。后来,董担任河南道监察御史。

丘民众感念其恩德为之建生祠,李开先作《章尹董澺溪祠堂记》。

詹珊,号昆峰,浮梁人。嘉靖二十六年(1547)进士,官至知府。嘉靖四十一年(1562)左右,以武定州佐摄章丘县事,次年升庐州通判,李开先作《送州佐詹昆峰升庐州通府序》,其中夸赞他"在武定,和于僚而宜于众;在章城,敏于事而慎于官"①。他为李开先做的事情之一就是免除龙藏洞的赋税,"忽闻兰川魏太守同署印州佐詹昆峰为均地事至其处,……魏、詹两公,以山地硗确,鲜花粒,不起科,粮免征"②,"兰川魏太守"指的是济南知府魏裳。

刘田,号见川,河南南阳人。嘉靖四十一年(1562)进士,两年后任章丘知县,履任一年,考察后升湖广武昌府同知。入京朝觐前,李开先作《送见川刘尹朝觐序》。即将离开章丘时,李开先作《送见川刘尹升任武昌二守序》。

张一通,号洙滨,直隶宁晋人。嘉靖四十四年(1565)进士,赴任章丘知县。在任数月即受到山东巡抚鲍象贤的褒奖,李开先作《贺邑令洙滨张君抚台奖励序》。嘉靖四十五年(1566)其父去世,李开先作《祭张尹乃尊玉泉翁文》,其中提到"闻忧解绶,将返征轮。士民恋慕,僚友酸辛"③,意指因要为父守丧,张一通未及期而离任。

徐恒锡,号联峰,浙江余姚人。举人,任济南通判时曾署章丘知县,与李开先有所交往。嘉靖四十二年(1563)左右,李开先作《赠署印联峰徐三府》,其中夸他"摄政暂江城,洋洋广诵声。仁慈如雨润,剖决自风生"。④ 升云南顺州知州,李开先作《送联峰徐通府升云南顺州知州序》,得到吏部任命后因阅卷事缓行,李开先作《再送徐通府升顺州序》。

叶龙,号沈湖,江西南昌人。嘉靖三十二年(1553)进士,历吏部主事、济南府同知、云南佥事等职。嘉靖四十五年(1566)以济南府同知署章丘知县半年。离开章丘时,李开先作《送别驾叶沈湖署县事有成还省》,其中有"署政章城返济城,政成远迩沸贤声"。⑤ 章丘士大夫为赞颂他署县事时的所作所为,写作大量诗文,编为《署政有声诗卷》,推举李开先作序。李开先在序中详述其为人和政绩,其中有"慈祥耿介,勤敏清廉,虽不以敲朴钩摘为能,

---

① 《李开先全集·诗文》《李中麓闲居集》文之六《序·送州佐詹昆峰升庐州通府序》,第613页。
② 《李开先全集·诗文》《李中麓闲居集》文之十一《记·游龙藏洞记》,第1028页。
③ 《李开先全集·诗文》《李中麓闲居集》文之十二《祭文·祭张尹乃尊玉泉翁文》,第1112页。
④ 《李开先全集·诗文》《李中麓闲居集》之二《五言律诗·赠署印联峰徐三府》,第233页。
⑤ 《李开先全集·诗文》《李中麓闲居集》之三《七言律诗·送别驾叶沈湖署县事有成还省》,第371页。

然而六事修,百废举",“半载之间,政声赫赫洋洋,播于远迩,闻于省台"。①
李开先为其子书房作六副对联,并赠他三副春联,春联中有“宦况清闲复值
舒长化日,民情体悉有同嘘拂春风"②。隆庆元年(1567)升任云南佥事,李
开先作《贺沈湖升云南佥事》,其中有“飞来驿使报迁乔,豸服官尊色不骄",
“指日定蒙宣室诏,长趋凤阙听箫韶"。③

昝条冈,山西解州人,以岁贡任章丘训导,与李开先交善。嘉靖四十三
年(1564),李开先作《送昝条冈由章丘训导升任安化教谕》一诗④。同年,主
持济南乡试前,李开先应杨东里、高明等士大夫之请作《送训导昝条冈应山
东乡试序》。⑤

胡县丞,姓名不详。致仕归乡,李开先作《送胡县丞还楚》,其中不少恭
维之词:“佐政山城已四春,乞归懒去走风尘。齐庭此后谁良牧?楚国从来
有逐臣。"⑥

赵小江,尝任章丘县丞。李开先作《赠赵县丞》一诗,其中有“钱谷能分
理,簿书不惮劳。庭闲知讼简,政善自名高"⑦,对其进行赞誉。

田杏川,尝任章丘主簿。嘉靖四十三年(1564)左右升任晋藩典仪,晋藩
封地在太原,当时晋简王朱新㙉在位,李开先作《送杏川田主簿升晋府典
仪》。

曹崖松,尝任章丘典史。将要和知县刘田入京朝觐前,“二尹赵小江,三
尹田杏川,合词索中麓子为之序其行",李开先作《送崖松曹典史应朝序》。⑧

张某,大概嘉靖四十五年(1566)任章丘典史,他的母亲去世,李开先作
《祭张典史母王氏文》。

刘文江,曾为章丘训导,嘉靖四十五年(1566)升任齐东教谕,“诸生感其
德而惜其别,各为诗章以赠之,题其册曰《春风时雨》"⑨,李开先作《赠长教
刘文江〈春风时雨〉序》。

---

① 《李开先全集·诗文》《李中麓闲居集》文之六《序·府同知叶沈湖章丘〈署政有声诗卷〉序》,第645页。
② 《李开先全集·杂著》《中麓山人拙对、续对·中麓山人续对卷之下·跋文》,第1998页。
③ 《李开先全集·诗文》《李中麓闲居集》之三《七言律诗·贺沈湖升云南佥事》,第372页。
④ 《李开先全集·诗文》《李中麓闲居集》之二《五言律诗·送昝条冈由章丘训导升任安化教谕》,第241页。
⑤ 《李开先全集·诗文》《李中麓闲居集》文之五《序·送训导昝条冈应山东乡试序》,第532页。
⑥ 《李开先全集·诗文》《李中麓闲居集》之三《七言律诗·送胡县丞还楚》,第251页。
⑦ 《李开先全集·诗文》《李中麓闲居集》之二《五言律诗·赠赵县丞》,第242页。
⑧ 《李开先全集·诗文》《李中麓闲居集》文之五《序·送崖松曹典史应朝序》,第537页。
⑨ 《李开先全集·诗文》《李中麓闲居集》文之五《序·赠长教刘文江〈春风时雨〉序》,第550页。

3. 外邑官员①

饶思聪(1506—1555)，字子闻，号湖田，江西新淦人。嘉靖八年(1529)与李开先同年进士，历官保定同知、武定兵备佥事、山东按察司副使等。平定倭寇功，升任湖广右参政、福建布政使。李开先曾作《赠武定兵备饶湖田》。

季德甫，号竹隅，南直隶太仓人。嘉靖二十三年(1544)进士，任滨州知州，有善政。嘉靖二十六年(1547)李开先作《竹隅季大夫德政碑记》，写作此记缘于蒲台知县施某的请托。②

张谧，字子静，号安轩，南皮人。嘉靖二十六年(1547)进士，历任杭州推官、山东按察司佥事备兵武定、陕西宪副等。李开先作《送安轩张金宪由武定兵备升山西少参分守冀南道》，其中有"此去司钱谷，昔时备甲兵。刑严除盗迹，法恕近人情"。③

曹忠，字显卿，号东山，海州人。嘉靖二十一年(1542)，由监生任莱芜知县。离任之后，李开先作《寄莱芜旧尹曹东山》赞其清正廉洁，其中有"视民如爱子，驱盗尽归农。疑狱真能剖，非公曾不容"④。

温景葵，字汝阳，号三山，山西大同人。嘉靖二十二年(1543)六月至嘉靖二十六年(1547)二月担任长山知县，因有善政而入生祠。李开先与之交善，作《长山尹温公生祠碑记》称颂他，其中提到他多次经过章丘到济南时，"有时枉顾，则见其持重谨畏；与之言时政，则豁然于中；言民瘼，则戚然于外"。⑤

侯天爵，介休人。曾任沾化主簿，为官期间善政得民、清操出众。嘉靖二十六年(1547)将致仕还乡时，"以祠堂记走使见托"。当时李开先"解官静居，每欲集古今祭礼，酌其经久可行者，必自祠庙始"，而侯氏的祭礼与之大同小异，于是慷慨作文。⑥

陈甘雨，字应时，号少渠，福建莆田人。嘉靖二十三年(1544)进士，次年为莱芜知县，在任三年。主修的《莱芜县志》是该县现存最早的志书，内容全面详实，为史家所称道。该志成书，请李开先作序，李开先联想到自己编修

---

① 　即便其中有知府之类的高官，跟李开先没有公务上的往来，更多是出于私交。
② 　《李开先全集·诗文》《李中麓闲居集》文之十一《记·竹隅季大夫德政碑记》，第980页。
③ 　《李开先全集·诗文》《李中麓闲居集》之二《五言律诗·送安轩张金宪由武定兵备升山西少参分守冀南道》，第169页。
④ 　《李开先全集·诗文》《李中麓闲居集》之二《五言律诗·寄莱芜旧尹曹东山》，第205页。
⑤ 　《李开先全集·诗文》《李中麓闲居集》文之十一《记·长山尹温公生祠碑记》，第985页。
⑥ 　《李开先全集·诗文》《李中麓闲居集》文之十一《记·介休侯氏祠堂记》，第983页。

《章丘县志》多年未成,对之夸赞再三:"陈君尹莱已三年,将报政北上,使使持书以序文见委……陈君青年博学,有规措之才,惊敏之智,刑清政简,有余力而为是举,固也。"①他工于诗咏,为李开先《中麓小令》作跋。

黄堂,河南内乡人。举人,嘉靖二十五年(1546)知齐东县事,是年擢为济宁知州。李开先作《送齐东黄尹升济宁州守》,其中有:"舟车使者年来急,水陆居民日愈残。君去固多安辑术,政成应不数刘宽。"②

王光山,字汝希,号淮川。嘉靖二十六年(1547)为临朐知县,在任期间重修当地儒学场所,自以为不可无记,托邑人冯惟健向李开先索文。不过,当时李开先正为母亲守孝,"读礼之外,不敢他及文事"。等李开先守丧期满,他已经升官离任,冯惟健已经去世,可谓物是人非。李开先仍然践行旧约,作成《临朐县重修儒学记》,"寄诸新令尹刻石,以纪迁者之美,而成死者之志,不亦一举而两得也哉!"③

谢梦显,号南洲,河南仪封人。他为旌表孝子之孙、孔门外甥,举人。嘉靖三十五年(1556)为武城知县,两年后重修县学毕,派县阴阳官王尚贤和李开先门生袁舜问至章丘请李开先作《武城县重修儒学记》。李开先又作《再次前韵寄赠武城令谢南洲》,赞他"武城独有循良牧,民得安居士读书"。④

王尚贤,嘉靖三十七年(1558)左右为武城县阴阳官,来章丘请求李开先为武城重修儒学撰写记文,李开先作《再次前韵送武城簪亭王尚贤》三首。

温训,号月溪,陕西汉阴人。嘉靖三十五年(1556)为莱州府推官,李开先作《赠月溪温节推》,又为其祖母作《温母常氏还金传》。曾到李开先家中做客,受到主人的热情招待,住了大概十天才返回莱州:"(温训)尝因公事相过,素慕其声,而又超出俗吏常格之外,倾盖有如旧交,把杯时有新得,徘徊旬日,乃始反辔而东。"⑤

刘筠亭,号巩昌。嘉靖三十六年(1557)四月为博兴知县,捐俸重修县里儒学,派潘楫、崔应鹏、唐思恭、唐思敬等到李开先家中乞求作记并刻石⑥,李开先作《博兴县儒学重修文庙记》。

杜思,字子睿,号武川,浙江鄞县人。嘉靖三十五年(1556)进士,嘉靖四

---

① 《李开先全集·诗文》《李中麓闲居集》文之五《序·〈莱芜县志〉序》,第483页。
② 《李开先全集·诗文》《李中麓闲居集》之三《七言律诗·送齐东黄尹升济宁州守》,第252页。
③ 《李开先全集·诗文》《李中麓闲居集》文之十一《记·临朐县重修儒学记》,第990页。
④ 《李开先全集·诗文》《李中麓闲居集》之四《七言绝句·再次前韵寄赠武城令谢南洲》,第457页。
⑤ 《李开先全集·诗文》《李中麓闲居集》文之六《序·送月溪温节推还莱州序》,第585页。
⑥ 《李开先全集·诗文》《李中麓闲居集》文之十一《记·博兴县儒学重修文庙记》,第988页。

十年(1561)左右为青州知府,编修《青州志》成书,寄给李开先请他作序。①

沈稠,字时秀,浙江归安人。嘉靖三十八年(1559)进士,曾任寿光知县。期满升调南京礼部任职,李开先作《贺寿光县令沈时秀升任南礼部》,其中有"君欲驱车去,民皆卧辙留。为时当不远,都府复东游"②,意指他深得百姓爱戴,将来定能升职东归。

张中复,号龙池,浙江仁和人。嘉靖四十二年(1563)左右,知邹平县事。李开先作《赠邹平尹张龙池》,其中有"善政最宜民,民情日益亲。兼能知所畏,不但感其仁"。③

自古就有"官大一级压死人",李开先罢官返乡,田产遍布四邑,差役赋税之类需要和地方官打交道,上面列举的数十位与他交往的官员中,除与伊钝庵、陈东光、丁洺涯等人是发自内心接近之外,其余大多是被迫趋附和逢迎。

三、与山东或章丘籍官员的交游

古人重视同乡情谊,李开先也是如此,与同省、同乡官员交往颇多。兹按众人中进士或举人的时间先后顺序列举如下:

刘栾,章丘人。弘治九年(1496)进士,曾任衢州知府、河东运使等职。李开先作《经过秀江刘太守墓下》一韵二首。

李廷相(1485—1544),字梦弼,号蒲汀,山东濮州人。弘治十五年(1502)进士,历任翰林院编修、翰林侍讲学士、南京吏部右侍郎、兵部右侍郎、户部尚书、翰林院学士等职。为李开先《中麓小令》作跋④,数言之间既高度评价了《中麓小令》,又告诉友人自己近况。在世时,李开先作《寄题李蒲汀尚书藏书楼》。去世后,李开先作《蒲汀李尚书传》《六十子诗·李蒲汀廷相》,传中叙及两人关系亲密:

> 予之未生也,公已举进士。予之始仕也,公已为亚卿。初则以同姓同乡,继则以同朝同志,不以年长官尊自处,惟以功崇业广是期,所以推

① 《李开先全集·诗文》《李中麓闲居集》之三《七言律诗·谢武川杜太守惠新修〈青州志〉书》,第356页。

② 《李开先全集·诗文》《李中麓闲居集》之二《五言律诗·贺寿光县令沈时秀升任南礼部》,第215页。

③ 《李开先全集·诗文》《李中麓闲居集》之二《五言律诗·赠邹平尹张龙池》,第228页。

④ 《李开先全集·散曲》《中麓小令·〈中麓小令〉跋语》,第1471页。

爱延誉者，不能殚述。予官罢将归，赠以贵重器物作思念，后寄新刻书册博见闻。自公殁，京中士夫，无一相通问者矣！传之作，虽若出私厚，而实合公论也。①

张茂兰（1471—1535），字德馨，号东谷，章丘人。弘治十八年（1505）进士，正德初授巨鹿知县，丁忧服阙，起为任丘知县。后来升户部主事，一无染指。辞官归家后，屡荐皆固辞不起，谈农事，授徒山中，其弟子如袁轩冕、陈德安等皆有所成。长李开先三十岁，为同邑之前辈。李开先出使宁夏归来在老家章丘居住数月，两人在乔岱家中相遇。他对乔岱许诺借《史记》《汉书》《文选》三书迟迟未兑现向李开先发牢骚："君为新郎，人所敬重，乔许《史记》、《汉书》、《文选》三书，吝不即与，幸一言速之。"乔岱听后大笑说："非吝也，疾固也！尝欲一见，或有事商量，则不可得，或无事懒接客，则日不离门，以书作质，欲其招之即来也。"他回答："若是，贻我三书，东西南北，惟命所之。东则朝鲜，西则流沙，南则交趾，北止居庸关，一生惟畏宣府耳！"②这一事情说明他性情诙谐，又体现出私家藏书珍藏与外借之间的矛盾。李开先作《六十子诗·张东谷茂兰》和《东谷张先生传》，传中盛赞他居官清廉。

翟銮（1477—1547），字仲鸣，号石门，山东青州人。弘治十八年（1505）进士，官至内阁首辅。与李开先交往过密，多有提携。据《金舆山房稿》卷九载，嘉靖十八年（1539）翟銮奉旨巡九边，曾依照李开先的建议改变行程。

张廷桂（1484—1554），字时芳，号秋潭，德州人。正德五年（1510）中举，与李开先父亲李淳同年举人，官至灵宝知县。与李开先亦为忘年交，"简札往返，每月不虚。予失位也，唁之以文；生子也，贺之以诗"③。嘉靖三十三年（1554）去世，李开先作《灵宝知县秋潭张公墓志铭》。

翟瓒，字庭献，号青石，山东昌邑人。正德八年（1513）中举，授工科给事中，有直声，出为河南佥事，嘉靖十四年（1535）因功升湖广巡抚，次年被劾不职，诏令致仕。李开先作《寄赠翟青石大中丞》二首。④

刘钺（1476—1541），字汝中，号西桥，山东寿光人。幼即善识奇古字，宪宗爱其聪敏，命为中书舍人。历官五十余年，嘉靖中至太常寺卿，兼翰林院五经博士。嘉靖八年（1529）李开先中进士，求乡先达一人以自托，登门造访刘钺，两人以爱好藏书、辞章等共同志趣惺惺相惜。在李开先罢官那年去

① 《李开先全集·诗文》《李中麓闲居集》文之十《传·蒲汀李尚书传》，第904—905页。
② 《李开先全集·诗文》《李中麓闲居集》文之九《传·东谷张先生传》，第880页。
③ 《李开先全集·诗文》《李中麓闲居集》文之七《墓志·灵宝知县秋潭张公墓志铭》，第681页。
④ 《李开先全集·诗文》《李中麓闲居集》之二《五言律诗·寄赠翟青石大中丞》，第220页。

世，李开先作《资善大夫太常寺卿兼翰林院五经博士西桥刘公墓志铭》，为未及拜访而遗憾：

> 越数载，余官亦罢，窃意余乡去公家止二百余里，疾驰之骑，兼日可至，当拜其庭，读其书，问学有格格未融处，将以详问也。奈何天不愁遗，公遽盖棺矣！余抵家多疾，尚未走吊，会其婿赵岜，持翟青石状来征志铭焉。青石以文擅场名家久矣，状甚佳，顿即移为志文，奚不可者。①

陈经，号东渚，山东益都人。正德九年（1514）进士，仕至兵部尚书。李开先作《上致政大司马东渚陈公》②，推戴有加。

刘天民（1486—1541），字希尹，号函山，历城人。正德九年（1514）进士，历任户部主事、吏部员外郎、寿州知府、四川按察副使等职。与边贡交好，将女儿嫁给其子边习为妻。边贡死后，李开先编选《边华泉诗集》，他写信表达谢意。为官清正，在吏部任职期间，曾因谏南巡、大礼而两次遭到廷杖。嘉靖十三年（1534）左右担任四川按察副使，以善政反被诬以"才力不及"，反对者认为他"改调未久"不能升任此职，身为吏部考功司主事的李开先为之力争，不过还是未能成事。他对李开先的仗义执言非常感激，罢归后两人交游往来更为频繁。嘉靖十一年（1532）邀请李开先到济南游玩，泛舟大明湖上，浩歌豪饮，特别惬意。嘉靖二十年（1541）夏，李开先刚刚致仕返乡，刘天民邀其重游大明湖，名义上是欣赏荷花，最终是为了宽慰他罢官后的不平之心。李开先心情不好，以倦于出游而婉拒，他遂作《五月三日同少岱谷子邀杨李二明府泛舟湖上，不至，戏东一首》寄给李开先，诗中称李开先可比唐代诗人李邕。未几去世，李开先对邀约未至两人竟成永别后悔不已。时隔多年，李开先再游大明湖时景色依旧，与友人却阴阳两隔，忍不住"泫然而泪下"。他善诗文，与边贡、李攀龙并称为"历下三杰"。晚年家居好词曲，李开先说他"诗文书翰，为当世所推尚。晚年为词曲，杂俗兼雅，歌者便之。盖虽假金元之音以泄不平，亦可见才之优赡，无往不宜也。自少以至投老，有风调，善谈吐，庶几乎嬉笑怒骂皆成文章者。黄方伯海亭尝谓余曰：'同一事

---

① 《李开先全集·诗文》《李中麓闲居集》文之七《墓志·资善大夫太常寺卿兼翰林院五经博士西桥刘公墓志铭》，第 662—663 页。
② 《李开先全集·诗文》《李中麓闲居集》之四《五言排律·上致政大司马东渚陈公》，第 393 页。

也,他人言之或无意味,但自函山口出,人无不倾听者矣。'"①"嬉笑怒骂皆成文章"说明他才情丰赡,幽默风趣,这也是他和李开先的相同之处。诗文稿集刊为《函山集》,散曲集《酸醎构肆》,惜已不传。李开先《词谑》中著录其【胡十八】、【仙侣】套数和【叨叨令】等②,可以窥见他以滑稽风格宣泄罢官后的不平,亦可见他的散曲水平确实很高。

张应禄(1487—1534),号西皋,章丘西皋村人。正德十一年(1516)举人,以儒冠终其身,未曾入仕。李开先《六十子诗·张西皋应禄》为他才不得用抱屈③,还作《西皋举人张君行状》感念他的知遇之恩:

> 予群诸生日,君与脉泉独能识之,从而礼敬之,又荐之绣江刘太守,礼敬有加。及予举进士,有虚名,君再不言及前事,惟云:"此时花已似锦,但出门即看花人矣。"感君相知于未遇,报君旧爱而无由,惜其志传甚略,特为之补一行状。④

吕应期,号竹屿,章丘人。正德十四年(1519)举人,历官常州通判、陕西同州知州、山西平阳府同知等,以目疾致仕,曾为李开先《中麓小令》作跋。嘉靖四十四年(1565),李开先作《吕判政迹对》对比他担任常州通判署无锡县事和徐恒锡担任济南通判署章丘县事时所作善政,既表达自己对官场的看法,也算对两人的回忆。⑤

王旒(1482—1540),字成玉,号悔斋,济阳人。嘉靖二年(1523)进士,官至彰德知府。去世后,与发妻刘氏合葬,李开先作《中顺大夫彰德府知府王公合葬墓志铭》。

王昺(1491—1566),字承晦,号杏里,章丘黄河镇王家寨村人。嘉靖二年(1523)进士,历官太常寺博士、监察御史、按察布政司左布政、南京工部右侍郎等职。为官守法奉公,廉洁勤政。嘉靖三十七年(1558)闰七月,擢南京工部右侍郎,上京改任途中经过故乡章丘,李开先赠《送王杏里上京改任》为

---

① 《李开先全集·诗文》《李中麓闲居集》文之七《墓志·四川按察司副使前吏部文选司郎中函山刘先生墓志铭》,第655—656页。"黄方伯海亭"乃山东益都人黄卿,正德年间进士,官至江西左布政使,故李开先称其为"方伯"。黄卿解官归里后,与杨应奎、石存礼、冯裕(即冯惟敏的父亲)、刘澄甫、陈经等结为"海岱诗社",以吟诗唱和为乐,这些作品后来被辑录为《海岱会集》。

② 《李开先全集·曲论》《词谑·一词谑》中《罢官不平》和《只为着舌头尖》,第1549—1550、1555页。《罢官不平》小序云:"济南函山刘天民,以副使罢官,愤愤不平,作三《胡十八》,一套仙吕。'十八'全载,套亦最大略,犹夫双调云"。《只为着舌头尖》小序云:"【叨叨令】一曲,是亦函山作。所刻《酸咸拘肆》,遗而未备,聊记于此。"

③ 《李开先全集·诗文》《李中麓闲居集》之四《五言绝句·六十子诗》,第426页。

④ 《李开先全集·诗文》《李中麓闲居集》文之九《行状·西皋举人张君行状》,第846页。

⑤ 《李开先全集·诗文》《李中麓闲居集》文之十二《杂文·吕判政迹对》,第1081页。

其壮行①。然而,不久即因有人进谗言而致仕归家,李开先用前韵作《赠王杏里亚卿致政》为其感到惋惜②,说他亢直和"操比冰清",评价颇高。还作《杏里王亚卿致政抵家再借前韵为诗代候》二首,在他没有到家前就作诗等候,期盼之情溢于言表。又作《赠王杏里》,诗中有"忽腾物议殊惊听,未久人知出妄传。清白操持终不改,此心真可对青天"③,仍然为他因谗言免官抱屈。他去世后,李开先抱病作《通议大夫南京工部右侍郎杏里王公合葬墓志铭》,为其妻作《送杏里郭夫人丧途中口占》一诗和《为王杏里夫人发丧作》七副对联。

蓝田(1477—1555),字玉甫,号北泉,原为昌邑人,后迁即墨。嘉靖二年(1523)进士,官至河南道御史。李开先作《文林郎河南道监察御史北泉蓝公墓志铭》,提到"予与公虽同乡,东西相去七百里,又素未之面,惟有神交梦卜,简札往来而已"④。李开先作墓志铭是替李舜臣代笔,当时蓝田后人托之李舜臣,恰逢他生病,而由李开先代写。

王仪凤(1500—1565),字应和,号梧冈,章丘人。嘉靖四年(1525)中举,历任真定府通判、定州知州、顺天府同知、思州府知府。王仪凤乃李开先母亲族侄⑤,李开先为其家人作《有怀梧冈王郡守时已丧母将归》和《诰赠中议大夫王公合葬墓志铭》,并作《为梧冈王太守乃堂发丧作》五副对联和《为王梧冈第四乃郎发丧作》十副对联。他进京朝觐返回思州,李开先作《送思州王梧冈太守朝觐毕回郡》一诗,通篇是溢美之词⑥。嘉靖四十四年(1565)正月卒于故乡,李开先作《挽梧冈王太守》一首五言律诗、《祭梧冈王太守文》、《中宪大夫思州府知府梧冈王君墓志铭》并为其发丧作五副对联,这些身后诗文交代他的贤良和李开先对他的赞赏,比如祭文中有:"居乡而四乡服其善,在郡而一郡颂其贤","愚忝荐葭之戚,契同金石之坚。既作志以藏之墓次,复为文而奠诸几筵"⑦。其弟王云凤,字治祥,号梧峰,为李开先连襟,亦

---

① 《李开先全集·诗文》《李中麓闲居集》之三《七言律诗·送王杏里上京改任》,第256页。
② 《李开先全集·诗文》《李中麓闲居集》之三《七言律诗·赠王杏里亚卿致政》,第288页。
③ 《李开先全集·诗文》《李中麓闲居集》之三《七言律诗·赠王杏里》,第310—311页。
④ 《李开先全集·诗文》《李中麓闲居集》文之七《墓志·文林郎河南道监察御史北泉蓝公墓志铭》,第697页。
⑤ 王仪凤非李开先母亲王氏亲侄,李开先为王仪凤父亲王珏作《诰赠中议大夫王公合葬墓志铭》中说王珏的父亲为王海,而李开先为母亲王氏所作《封太宜人先母墓志铭》中说王氏的父亲为王福厚。
⑥ 《李开先全集·诗文》《李中麓闲居集》之三《七言律诗·送思州王梧冈太守朝觐毕回郡》,第277页。
⑦ 《李开先全集·诗文》《李中麓闲居集》文之十二《祭文·祭梧冈王太守文》,第1118页。

娶富商张锜之女。嘉靖三十一年(1552)去世,李开先作《祭王梧峰表弟文》和《处士王治祥墓志铭》,祭文中有"往辞来会,语每日中",说明表兄弟关系密切。

申邦永,章丘人,嘉靖四年(1525)举人,曾任洧川知县、太仆寺丞。李开先作《寄洧川令申长白》。

刘东(1502—1566),字思周,号贞庵,章丘人。嘉靖四年(1525)举人,历任工部司务、南京户部员外郎、郎中等。嘉靖四十三年(1564)左右,李开先作《寄刘贞庵南户部》①。嘉靖四十五年(1566)二月卒于南京任上,李开先作《挽贞庵刘郎中》和《挽南户部刘贞庵》,后来还为其作《祭贞庵刘郎中文》《奉议大夫南京户部郎中贞庵刘君墓志铭》。祭文中提到:"忆昔秉烛寓书,时当夜直;只今缩酒陈牲,来上朝食。如闻声音,如见颜色。有言在耳,有泪沾臆。志文未索而先成,素行庶几无遗失。"②可见两人平素比较亲厚。

冯惟健(1504—1553),字汝强,一字汝至,号陂门,又号冶泉。嘉靖七年(1528)中举,此后连续七次会试皆未中式,遂绝意仕进,操持家业。弱冠即有文名,有《陂门山人文集》传世。李开先为之作《六十子诗·冯冶泉惟健》:"可惜大冯君,善书更善文。有才终不售,今又一刘蕡"③,对他怀才不遇、仕途无门感到惋惜。

孙光辉(1501—1565),字华国,号夹谷,淄川人。与李开先为乡试、会试同年,两人有始终之交。早年,两人朝夕讨论、学业共同增进的一段经历颇为感人:

> 初为府学生,改告县庠,府县士所作时文,鲜有当其意者。闻予有虚名,不惮百里之劳,携所读书并窗课来就正焉。予见其豪宕有余而雅细不足也,为之指点改窜,不少假借。君已有将变之机,是以闻言即悟,如融春冰而出云日,不数月,有过人者。予始则爱之,久则畏之,君则不敢自居,未尝不以兄长事予而服其精也。遂相与穷览载籍,上下古今,君学日宏博,而予亦因之长进矣。④

他仕途坎坷,仕至南京户部主事,归家后"心热兴发,屡以边事上疏干进,又作青词数十卷,将用之矣,乃为执政大臣所阻"。晚年因"稜角峭厉,操履刚

---

① 《李开先全集·诗文》《李中麓闲居集》之二《五言律诗·寄刘贞庵南户部》,第 238 页。

② 《李开先全集·诗文》《李中麓闲居集》文之十二《祭文·祭贞庵刘郎中文》,第 1111 页。

③ 《李开先全集·诗文》《李中麓闲居集》之四《五言绝句·六十子诗》,第 428 页。

④ 《李开先全集·诗文》《李中麓闲居集》文之八《墓志·南京户部主事夹谷孙君墓志铭》,第 809 页。

方"和"偏急偏执"的性格缺陷,被群小构害,"翻系狱十年,不容见一面、对一辞",相知者多落井下石,唯有李开先悲其诬枉而极力伸救,山东巡抚鲍象贤最终放他归家①。嘉靖四十四年(1565)十月,归家三月即卒。两人关系密切,诗文往来不断。嘉靖二十三年(1544)左右,李开先《中麓小令》成书,他作跋语。嘉靖三十二年(1553),李开先爱子九十夭折,他寄信安慰:

> 兄之富贵十倍于弟,命厚福大,犹有蚤岁之厄。然则为之子者,乃当以小可之命哉!矧兄年尚未老,更且健于曩昔,只多纳宠妾,按行古法,散遣仆隶,卖却远田,减省延待,谢绝简书,子当骈集,踰于弟数之多矣!②

他去世之后,李开先作《挽孙夹谷》一韵三首、《祭夹谷孙主事文》、《南京户部主事夹谷孙君墓志铭》及三副对联哀悼他。

葛守礼(1502—1578),字与立,号与川,德平人。嘉靖八年(1529)与李开先同年进士,嘉靖朝历任兵部主事、河南提学副使、山西按察使、陕西布政使、右副都御史、河南巡抚、南京礼部尚书等职,隆庆朝历任户部尚书、刑部尚书、左都御史等职。万历初以年老乞休,诏加太子少保。万历二年(1574),李开先墓志铭刻石,由他书丹。两人有书信来往,门人张自慎为《中麓山人拙对、续对》所作的跋语中提到,本来李开先不愿再作对联,"适华邑田同年之子以善字而持与川葛尚书书至"③,欣喜之下破例作十五副春联。嘉靖四十五年(1566),李开先在为张舜臣所作的祭文中,提到他和张舜臣两人在同年举人中官位最崇。

郭宗皋(1499—1588),字君弼,号似庵,山东福山人。嘉靖八年(1529)与李开先同年进士,历御史、陕西参政、大理寺少卿、大同巡抚,至兵部右侍郎、宣大总督。嘉靖二十九年(1550)六月北虏进犯大同,因失利被贬谪戍陕西靖虏卫十七年,隆庆年间才赦回。李开先作《寄赠郭似庵》中有"塞翁今失马"④,《赠郭似庵》二首中分别有"谪戍太离乡国远","可惜才高如子者,奈何降作出班仙"⑤,皆指此事,为之感到惋惜。万历二年(1574),李开先墓志铭刻石,由郭宗皋篆额。

---

① 《李开先全集·诗文》《李中麓闲居集》文之八《墓志·南京户部主事夹谷孙君墓志铭》,第811—812页。
② 《李开先全集·散曲》《四时悼内·〈中秋对月忆子警悟词〉序》,第1517页。
③ 《李开先全集·杂著》《中麓山人拙对、续对·中麓山人续对卷之下·跋文》,第1971页。
④ 《李开先全集·诗文》《李中麓闲居集》之一《五言律诗·寄赠郭似庵》,第119页。
⑤ 《李开先全集·诗文》《李中麓闲居集》之三《七言律诗·赠郭似庵》,第309页。

杨献可,字子襄,山东青城人。嘉靖八年(1529)进士,官至行人司行人。工于书法,称名一时。死后不久,恰好仆人到章丘办事,李开先得知消息,作《祭同年杨子襄行人文》。

王国珍(1487—1554),字桢甫,号冶山,章丘人。嘉靖七年(1528)与李开先同年中举,官至唐县知县。去世后,李开先作《唐县知县冶山王君墓志铭》。

李楷,号养正,章丘人。嘉靖十三年(1534)举人,嘉靖三十六年(1557)卒于乡,李开先作《悼中孚李养正举人》。

董汝瀚(1497—1558),字子汇,号西屿,益都人。嘉靖十三年(1534)举人,官至南京户部郎中。李开先为其作《奉政大夫南京户部郎中西屿董君墓志铭》,为其孙《董孟才诗集》作序。

冯惟讷(1513—1572),字汝言,号少洲。嘉靖十七年(1538)进士,仕至光禄寺卿。嘉靖四十一年(1562)擢浙江提学副使,李开先作《赠浙江督学宪副冯少洲》,其中有"书穷六籍及三坟,勤学经年志不分",夸赞他知识渊博和勤学苦读,最后一句为"法眼严师如子少,定将学政继前闻",鼓励他像刘瑞(号五清)、万潮(号五溪)、汪文盛(号白泉)等前辈一样在浙江提学副使一职上有所建树[①]。他对李开先亦多有鼓励,李开先为陈束、吕高等同代人作传即来源于他的点拨。

张大儒,号玄同,章丘人。嘉靖十九年(1540)举人,授陕西临洮府推官,李开先作《秋日用三溪韵送张玄同推府临洮》[②],又由张到陕西为官而想起饷边旧事,集唐诗作《玄同之任关中怆然有感于旧游用前韵》二首。[③]

刘禄(1509—1571),字惟学,号后峰,章丘回军镇(或云绣惠镇耿家村)人。嘉靖二十三年(1544)进士,官至太常寺少卿。中进士后,授行人,后来官户部给事中,因忤严嵩被廷杖、罢归。归乡后和李开先交游颇多,曾为李开先《田间四时行乐诗》题跋。初罢归,李开先作《赠致政司谏刘后峰》十首宽慰他,如"赴饮惟随明月归""解官幸免簿书劳"等极言家居生活的闲适[④]。某年,李开先到回军镇办事,来去匆匆未能与他见面,作《暮春回军镇道中简

---

① 《李开先全集·诗文》《李中麓闲居集》之三《七言律诗·赠浙江督学宪副冯少洲》,第341页。
② 《李开先全集·诗文》《李中麓闲居集》之三《七言律诗·秋日用三溪韵送张玄同推府临洮》,第338页。
③ 《李开先全集·诗文》《李中麓闲居集》之三《七言律诗·玄同之任关中怆然有感于旧游用前韵》,第339页。
④ 《李开先全集·诗文》《李中麓闲居集》之四《七言绝句·赠致政司谏刘后峰》,第445页。

刘后峰》慰问他，其中有"往返历回军，草深花吐芬"，"匆匆难访友，短札特相闻"①。后来，又作《赠刘后峰》，说他"人静展舒诗卷读，客来喧笑酒杯传"②。他在隆庆时官复原职，后来晋升太常寺少卿。刘禄三女嫁给康迪吉儿子，次子刘节亨的长女嫁给李春蹊儿子李长庚，刘节亨的次女嫁给杨选孙子杨应奎。

　　杨选(1512？—1562)，字以公，号东江，章丘绣惠镇渔张村人，词会友人杨盈之子。嘉靖二十三年(1544)进士，最初被授官行人，后升任御史，出任易州兵备副使。俺答包围大同后，升为右佥都御史。有《东江诗集》传世，为李开先《中麓小令》《田间四时行乐诗》《中麓山人咏雪诗》等作跋。在《田间四时行乐诗》跋语中指出收到该书后，急忙在征途中读之，并乘兴依韵作诗一首，附于跋语之后。嘉靖三十二年(1553)左右，其父母获封文林郎和孺人且七十大寿，李开先作《贺双溪杨公孺人时氏同封偕寿序》。嘉靖三十七年(1558)左右，其父去世，李开先作《为杨东江父母发丧作》七副对联和《祭封御史双溪杨翁配太孺人时氏文》。在家服丧期间，由于担任兵部实职，加上李开先素喜谈兵，两人较为投机，李开先赠诗比较频繁。他作《怀太常李中麓》谈到两人交游时光，"夜谈须用花擎烛，晨起仍教酒解醒"③。李开先作《杨东江书报得女》《次前韵贺杨东江生子》三首、《简杨东江都御史》、《赠杨东江》、《寿杨东江》等，其中有"念尔居忧常简出，令予独乐不相将""待得服除读礼罢，千篇诗赋烂云光"④，"解组居忧已两年，玺书不日即征贤"⑤，这些诗句皆说明正值他服丧在家，等待朝廷下诏征用。此外，李开先还为其庄园作《基定堂》《近郭楼》《望江楼》和《拱北楼》共九副对联。某年季冬，李开先作诗颂他"豪气(气豪)可夺三军帅，望重终跻八座仙"⑥。嘉靖三十九年(1560)十一月丁忧再起，担任大同巡抚。嘉靖四十一年(1562)秋临近五十岁，李开先作《贺总督蓟辽保定大司马兼大中丞东江杨公五十寿序》为其祝寿。次年，因北虏侵入指挥不力受到世宗猜忌，最终获罪，被处死并枭首示众。妻子和子女被流放两千里外，隆庆初年始被召还故里。长子杨寿甫娶

---

① 《李开先全集·诗文》《李中麓闲居集》之二《五言律诗·暮春回军镇道中简刘后峰》，第185页。
② 《李开先全集·诗文》《李中麓闲居集》之三《七言律诗·赠刘后峰》，第312页。
③ 景元华：《岱北第一雄山——胡山》，中国文化出版社2008年版，第70页。
④ 《李开先全集·诗文》《李中麓闲居集》之三《七言律诗·简杨东江都御史》，第289页。
⑤ 《李开先全集·诗文》《李中麓闲居集》之三《七言律诗·赠杨东江》，第313页。
⑥ 《李开先全集·诗文》《李中麓闲居集》之三《七言律诗·季冬望后二日过磨上庄观新立石有怀杨东江》，第325页。"豪气可夺三军帅"中的"豪气"，在明刻本中作"气豪"，"气豪"与"望重"更为对仗。

高应玘长兄高应璋三女,杨寿甫儿子杨应奎娶刘禄次子刘节亨的次女。李开先与他的弟兄如杨东渔、杨东里等皆有交往,在《中麓山人续对》中收录不少为他们作的对联,如《进初堂》"为杨东渔作"前后三副对联、《慕玄堂》"为杨东里作"三副对联、《祝东里生子》一副对联。嘉靖四十三年(1564),李开先作《祭东里祖母陈氏文》,其实也是为杨选祖母所作,其中提到"老夫人之殁也,值杨运之遭否而奇祸之横生"①,意指他被处死、家属戍边的灾难。这大概是李开先在他死后针对此事的首次发声,这种不痛不痒的叙述乃是对至高无上皇权的妥协。

康迪吉(1519—1558),字道甫,号右川,章丘明水镇人。嘉靖二十三年(1544)进士,历任户部主事、山西太原府知府、保定府知府等职。为官十余年,政绩卓著,清廉闻于朝野,"读书勤励,文笔顺畅"②。嘉靖三十三年(1554),从太原知府任上丁父忧,李开先为其父康济民(字惠之,号怀朴)作《为右川康太守乃尊发丧作》《怀朴康君传》。三年后服丧期满赴京候补,李开先作《送右川康太守服满上京候补任》四首。嘉靖三十七年(1558)病卒于任所,李开先作《挽右川康太守》《中宪大夫保定府知府右川康君墓志铭》《祭右川康太守文》。嘉靖三十九年(1560)十一月,归藏于章丘明水镇祖茔,李开先亲去送葬,作《冬月明水镇送右川康太守葬回》,并为其发丧作两副对联。嘉靖四十二年(1563)冬,康母胡氏去世,与李开先好友李冕的墓相近,李开先前来祭拜,作《明水镇祭康夫人因伤其夫封君子太守君末及脉泉方伯李翁》和《祭右川康母太安人文》。隆庆二年(1568),李开先多次路过他的墓前,作《应酬人事屡过右川康太守墓下感而赋此》,其中有"遥望丰碑常洒泪,每持遗翰一伤神"③,对他表示追思。康迪吉有三子二女,长子娶刘禄之女为妻,次女嫁给李开先嗣子李春坞。

张希稷,号凤台,山东高苑人。嘉靖三十八年(1559)进士,嘉靖四十一年(1562)为钱塘知县,李开先作《送钱塘尹张凤台》④。嘉靖四十四年(1565)改任鄢陵知县,李开先又作《寄鄢陵尹张凤台》四首,其中有"官清莫

---

① 《李开先全集·诗文》《李中麓闲居集》之十二《祭文·祭东里祖母陈氏文》,第1107页。
② 《李开先全集·诗文》《李中麓闲居集》文之八《墓志·中宪大夫保定府知府右川康君墓志铭》,第805页。
③ 《李开先全集·诗文》《李中麓闲居集》之三《七言律诗·应酬人事屡过右川康太守墓下感而赋此》,第374页。
④ 《李开先全集·诗文》《李中麓闲居集》之二《五言律诗·送钱塘尹张凤台》,第192页。

谓衙斋冷,仁被闾阎暖似春","拔葵饮水真廉吏,会有天书早见征"。①

乔奉先,号松菊,乔岱之父。成化七年(1471)中礼魁,仕至秦府右长史。李开先用他《题醉杨妃菊》的诗韵作《邀客赏菊》。

袁公冕(?—1537),字伯瞻,号西溪,章丘人。袁崇冕之兄,举人,官至汝宁府通判,以诗文名世。李开先未入仕时,和他交游颇多,罢归后曾用他《十月始见菊》韵作《赏晚菊》。他去世后,李开先作《六十子诗·袁西溪公冕》和《袁西溪传》,前者说他"风骚善笑谈,在处人知敬"②,后者言及他"酒所酷好,诗则其尤长也。醉必抗声高歌,醒复放杯雄饮,气魄凌驾一世"③。李开先还想为他编选作品集而未果,"袁集止《南行近稿》、《西溪二稿》,余皆散乱,无为之编选者。予虽有意,索三稿亦不全矣"。④

张举人,号少棠,生平不详。李开先作一首七言律诗《赠少棠张举人》,其中有"继兄登第后三年,东省齐名有二贤","万丈文光摇北斗,一生高义薄云天"⑤。同时,还作六副对联,其中"群书插架,一几专房"、"磨墨长临帖,研朱自点经"⑥,说明他藏书甚多且颇通文墨。卜键认为张举人有可能为正德八年(1513)癸酉科举人张应禄,笔者不敢苟同:一则如果真是早于李开先的张应禄,他是前辈,受道德约束的李开先不敢调戏他的宠妓刘五⑦。二则张应禄在李开先居京为官时就已经去世,李罢官后为其补作《西皋举人张君行状》,他以西皋村为号,非号少棠。可知,少棠张举人当另有所指,职位稍低些,年龄稍小些,而且家资颇丰。

梁谷,号默庵,山东东平人。曾任德府左长史。李开先作《六十子诗·梁默庵谷》,其中有"才大复多闻,气豪迥出群"。⑧

李秉彝,号湖南,章丘人。以贡生入太学,历任赵州通判、安阳知县、开封通判等职。嘉靖二十年(1541)冬,其妻路氏去世,李开先作《封孺人李妻路氏墓志铭》。

孙文泽(1486—1563),字德辉,号醴泉,邹平人。以输粟入国子监读书,

---

① 《李开先全集·诗文》《李中麓闲居集》之四《七言绝句·寄鄢陵尹张凤台》,第447页。两句分别为第一首和第二首的末句。
② 《李开先全集·诗文》《李中麓闲居集》之四《五言绝句·六十子诗·袁西溪公冕》,第426页。
③ 《李开先全集·诗文》《李中麓闲居集》文之九《传·袁西溪传》,第881页。
④ 《李开先全集·诗文》《李中麓闲居集》文之九《传·袁西溪传》,第881页。
⑤ 《李开先全集·诗文》《李中麓闲居集》之三《七言律诗·赠少棠张举人》,第315页。
⑥ 《李开先全集·杂著》《中麓山人拙对、续对·中麓山人续对卷之下·赠少棠张举人》,第1864页。
⑦ 《李开先全集·诗文》《李中麓闲居集》之三《七言律诗·戏赠少棠宠妓刘五》,第317页。
⑧ 《李开先全集·诗文》《李中麓闲居集》之四《五言绝句·六十子诗》,第428页。

选为阳城县主簿。李开先作《登仕郎阳城县主簿醴泉孙君墓志铭》。

孙进（1504—1566），字希止，号对荆，章丘人。贡士，曾任嘉兴府照磨。李开先作《对荆孙照磨墓志铭》。

林雄，章丘人。李开先作《贺林雄连举二子》，为他贺喜。嘉靖四十一年（1562）由吏员升任太谷县丞，李开先作《送太谷二尹林雄》勉励他为官清正①。

张应吉，号东泉，章丘人。嘉靖元年（1522）举人，嘉靖二十年（1541）左右为汤阴县令。当年李开先在吏部为官时，曾随君南巡承天府，经过汤阴，与之结识，对其印象较好②。

胡邦佐，号少川，山东潍县人。曾任临洮府别驾，李开先作《贺临洮别驾胡少川升任南刑部员外郎》③。

杨环，号惟绩，章丘人。曾任静乐县训导，李开先作《送静乐司训杨惟绩》，其中有"书读足三冬，乡闱竟不逢。能文挥彩笔，待问扣洪钟"④。

弭子方，秀才，李开先连襟。在章丘设馆课徒，兼善为文，尝以岁贡任温县训导。与李开先多有交往，为李开先刻书做了不少辅助工作，比如校正《中麓山人拙对》、编刊《改定元贤传奇》之外，还为《闲居集》《中麓山人咏雪诗》等作跋。李开先作《赠少庵弭来夫》交代两人的关系，并称赞他读书勤苦⑤。值得注意的是，由诗题和内容可知，这名叫弭来夫的人号少庵，和李开先是连襟关系。李开先为岳父张锜作的《张寿翁传》末尾说张锜有四个女儿，幺女嫁给弭子方："女四，长适王应奎，次适王云凤，三则予妻，封宜人，四则秀才弭子方。"⑥这就足以证明弭子方和弭来夫是同一个人。李开先《词谑》中收录他所作嘲讽妓女的一首散曲⑦，曲中用"窈窕""妖娆"等美好字眼反衬妓女面容黪黑的丑陋，用语机巧，然嬉谑太过伤人。

高明，号鹤泉，章丘人。李开先同窗友人高能之子，与李开先过从甚密，主持刊刻《中麓山人拙对》并题跋。其母生辰，李开先作《〈仙子跨凤图〉为高鹤泉乃堂庆寿题》一诗。某年，他从光禄寺回家探亲，返京时李开先作《送鹤

---

① 《李开先全集·诗文》《李中麓闲居集》之二《五言律诗·送太谷二尹林雄》，第213页。
② 《李开先全集·诗文》《李中麓闲居集》之二《五言律诗·贺汤阴旧令张东泉入明宦祠》，第214页。
③ 《李开先全集·诗文》《李中麓闲居集》之二《五言律诗·贺临洮别驾胡少川升任南刑部员外郎》，第229页。
④ 《李开先全集·诗文》《李中麓闲居集》之二《五言律诗·送静乐司训杨惟绩》，第240页。
⑤ 《李开先全集·诗文》《李中麓闲居集》之二《五言律诗·赠少庵弭来夫》，第157页。
⑥ 《李开先全集·诗文》《李中麓闲居集》文之九《传·张寿翁传》，第854页。
⑦ 《李开先全集·曲论》《词谑·一词谑·二【沉醉】》，第1548页。

泉高光禄假满旋京》为其送行。李开先还作《近山亭》和《近廓草堂》三副对联赠之。

高进，号柏亭，章丘人。为以放贷为生的高智长子，官至鸿胪寺署丞。他曾为《田间四时行乐诗》作跋，其中有"余虽不谷，曾与中麓龆年同游"，可见他与李开先为发小。李开先《贺高柏亭鸿胪得请还乡侍母》，其中有"容台方有名，乞养返齐城"，"同妻问夜寝，代婢进朝羹"①，暗示他从鸿胪寺辞官奉养母亲。归乡后营建园第，李开先作《贺柏亭高鸿胪新居》。由李开先作《茔次口占谢高柏亭杨东里东江东渔东菑五亲知李南麓马峰亭廉隅庵三门客》可知，李开先祭祀亲人后答谢陪祭的亲友和门客中就有他，而且排名最为靠前，说明两人关系最为亲厚。

高运，字地山，号思周，章丘人。高智次子，高进之弟。仕至大同府通判，与李开先交善，尝为《塞上诗》《田间四时行乐诗》题跋，李开先为其耕渔堂作两副对联。

谢九式，号龙盘，又号龙磐，谢九容和谢九仪之弟。太学生，尝为《田间四时行乐诗》题跋。李开先作《送谢龙磐应贡入太学》二首，第一首中有："材贡东州美，文章绚彩霞。循资登监胄，善作大方家。"②李开先还为其回文诗作品集作序，其中有"同邑龙磐谢先生，新亲旧友也，兼且年家。素爱其回文诗，尝欲为之一序，或有小助，如王勃、世昌辈阐明作者之意，而指示览者之端"③，交代出两人的关系和为之作序的原因。

董廷金，莱芜吏人，大概就是县里小官。和李开先结交较早，友谊持续十余年：

> 嘉靖戊子大比，予待试省下。莱芜吏人董廷金者，偶以公务来会。久之，相与饮洽……癸巳冬，予以户部主事差徐，取道莱芜，廷金闻之来候，因拜于其家……及辛丑，予以自陈罢归，廷金越境来唁……廷金还，予郊送之，若有乞者，而竟不言。意必墓文耳，以为不专诚也，当必复来。越数月，果具状加币，匍匐予庭下，揖而进之，乃载拜请曰："伯父将以十一月二十日葬于城南五里祖茔次，而志文未有所属也。不肖辱交游门下十三四年，寒门事知十之八九，海内号称雄于文如先生者，百无

---

① 《李开先全集·诗文》《李中麓闲居集》之四《五言排律·贺高柏亭鸿胪得请返乡侍母》，第384页。

② 《李开先全集·诗文》《李中麓闲居集》之二《五言律诗·送谢龙磐应贡入太学》，第160—161页。

③ 《李开先全集·诗文》《李中麓闲居集》文之五《序·〈谢龙磐回文诗〉序》，第555页。

一二，窃愿有述也。"予曰："文诚不佳，然交久知深，宜莫如予者。"乃可
其请，返其币，按来状并所尝闻于人者，志铭而归之。①

他情商比较高，做事尽诚尽礼，李开先非常感动，应其请，为其伯父董敬作
《医学训科董君墓志铭》。后来他还将李开先好友苏洲所写《千字文》刻石，
并捶拓印刷，李开先为拓本作序。牛志春《雪蓑》（中国文化出版社 2014 年
版）一书中谈及董廷金为雪蓑的结拜兄弟，雪蓑在莱芜留下许多文化遗迹。
以此观之，董廷金与李开先的关系亦较密切。

王一鸣（1498—1563），字子默，号三溪，齐东人，李开先继配王氏的亲
族。嘉靖十年（1531）秀才，历仕林县知县、马邑知县、蔚州知州、宁羌州知
州、郑府右长史等职，皆有政声。李开先作《郑府右长史致仕进阶朝议大夫
三溪王公合葬墓志铭》。

谢仲和，号养新，章丘人。死后，李开先作《悼养新谢仲和贡士》，其中有
"诗律字书俱作者，章城是亦一人豪"。②

刘尔愚，章丘人。李开先作《再次前韵赠刘尔愚秀才》，勉励他"励志定
然为国士，能文不久荐乡书"。③

谢正甫，章丘人。李开先作《贺谢正甫选东床未成钦赐秀才》，可知他欲
召为驸马，未成，钦赐为秀才。

李淑荐，号敬泉，章丘人。去世后，李开先作《悼静泉李淑荐秀才》。

李子静，号东川，章丘人。去世后，李开先作《悼东川李子静秀才》。

张一清，号西泉，章丘人。去世后，李开先作《悼西泉张一清主簿》。

四、与非山东或章丘籍官员的交游

李开先与非山东或章丘籍的官员亦保持有联系，以下众人同样按中进
士或中举的时间先后顺序排列：

费宏（1468—1535），字子充，号健斋，又号鹅湖，江西铅山人。成化二十
三年（1487）状元，授翰林院修撰。武宗时官至文渊阁大学士，正德九年
（1514）被迫致仕还乡。世宗时迎其还朝辅政，继杨廷和为首辅，嘉靖六年
（1527）再请致仕。嘉靖十四年（1535）政敌桂萼、张璁或死或去，重召入阁，

---

① 《李开先全集·诗文》《李中麓闲居集》文之七《墓志·医学训科董君墓志铭》，第 650—651 页。
② 《李开先全集·诗文》《李中麓闲居集》之四《七言绝句·悼养新谢仲和贡士》，第 451 页。
③ 《李开先全集·诗文》《李中麓闲居集》之四《七言绝句·再次前韵赠刘尔愚秀才》，第 455 页。

卒于任上。这次返朝,他听说李开先有文名,欲召见因病未果。费宏死后,李开先作《湖东费相国传》和《祭鹅湖费相国文》。

何瑭(1474—1543),字粹夫,号柏斋,河南河内人。弘治十五年(1502)进士,历仕五朝,仕至南京都察院右都御史掌院事。嘉靖十年(1531)告老还乡,成立景贤书院,设馆讲学,著书立说。从嘉靖八年(1529)李开先入仕到嘉靖十年(1531)他归乡,两人的交游仅仅维持两年左右,李开先以才识出众得到他的欣赏。与李开先志趣相投的交谈,使得素不留人吃饭的何瑭不仅破了例,而且在得知李开先爱好下棋和词曲之后,命人将他追回而未果。①

顾鼎臣(1473—1540),初名仝,字九和,号未斋,南直隶昆山人。弘治十八年(1505)状元及第,授修撰,累迁礼部右侍郎。世宗好神仙之术,他进《步虚词》七章,优诏褒答。明代词臣以青词结主知,自他始。后以礼部尚书兼文渊阁大学士入参机务,加官至少保兼太子太傅礼部尚书武英殿大学士,时人称其为青词宰相。当时夏言为内阁首辅,他平素柔媚,充位而已。嘉靖十九年(1540)卒,追赠少保、太子太傅,谥号“文康”。李开先作《六十子诗·顾未斋鼎臣》。②

陆深(1477—1544),初名荣,字子渊,号俨山,南直隶松江府(今上海)人。弘治十八年(1505)进士,授编修。遭刘瑾忌,改南京主事。刘瑾被诛后复职,累官四川左布政使。嘉靖中,官至詹事府詹事。卒,赠礼部右侍郎,谥号“文裕”。在翰林院记其每日所得,成《玉堂漫笔》三卷。善于藏书,所编《江东藏书目》不是按经史子集四部排列,而是根据实用设置门类。撷刘知几《史通》精华,广采诸家之论以为佐证,撰《史通会要》三卷。李开先作《六十子诗·陆俨山深》,指出“博综及七略,才识擅三长”③。

崔铣(1478—1541),字子钟,又字仲凫,号后渠,又号洹野,世称后渠先生,河南安阳人。弘治十八年(1505)进士,仕至南京礼部右侍郎。最初为翰林院编修,因得罪刘瑾,被外放为南京吏部验封司主事。正德五年(1510)刘瑾伏诛,召还翰林院史馆,正德十二年(1517)引疾告归。嘉靖元年(1522)被召入京,次年擢为南京国子监祭酒。嘉靖三年(1524)因大礼议忤旨而罢职返乡,嘉靖十八年(1539)被起用,任詹事府少詹事兼翰林院侍读学士,后又升任南京礼部右侍郎。次年因病乞归,卒谥“文敏”。与李开先交善,作《中

---

① 《李开先全集·诗文》《李中麓闲居集》之四《五言绝句·六十子诗·何柏斋瑭》,第416页。
② 《李开先全集·诗文》《李中麓闲居集》之四《五言绝句·六十子诗·顾未斋鼎臣》,第417页。
③ 《李开先全集·诗文》《李中麓闲居集》之四《五言绝句·六十子诗·陆俨山深》,第417页。

麓说》赠之①。李开先作《六十子诗·崔后渠铣》,还为其作品《松窗寱言》作序并刊行。

段炅,号河滨,陕西兰州(今属甘肃)人。弘治十八年(1505)进士,授翰林院检讨。谄附阉党重臣焦芳,刘瑾事败后,被撤职。李开先作《六十子诗·段河滨炅》为其感到惋惜。②

谢丕(1482—1556),字以中,号汝湖,浙江余姚人。弘治十八年(1505)进士,历仕孝宗、武宗、世宗三朝,世宗朝历任翰林编修、左春坊左赞善、太常少卿兼翰林学士掌院事,最后为吏部左侍郎兼翰林学士掌院事,因母亲去世回乡守孝,期满,不愿赴召。李开先作《寄余姚谢汝湖亚卿》。③

罗辂(1487—1535),字质甫,号半窗,应天府江宁人。正德三年(1508)进士,累迁大理寺少卿,卒于官。李开先作《六十子诗·罗半窗辂》④,说明为官时李开先和他交往颇多,两人一起谈论时务和较量棋艺,是关系密切的忘年交。

钱宏(1475—1535),字可容,号江楼,钱塘人。正德三年(1508)进士,官至南赣汀漳巡抚都御史。正德十二年(1517)任山东按察司佥事,正德十六年(1521)升广西按察使,此后又任福建右布政使、湖广左布政使,颇有政声,章丘人建生祠以报其德。嘉靖四十年(1561)左右,李开先追忆旧事,作《江楼钱公祠堂记》。

邹守益(1491—1562),字谦之,号东廓,江西安福人。正德六年(1511)进士,官至南京国子监祭酒,著有《邹东廓集》。李开先作《自嘲并怀邹东郭杨升庵龚云冈三太史》四首,第二首是为怀念他而作。

吴仕(1481—1545),字克学,号颐山,江苏宜兴人。正德九年(1514)进士,初任户部主事,后历任山西、福建、广西、河南四省提学副使,任职期间,选拔了许多优秀人才。因愤严嵩专断国政、称病致仕,居家吟诵不辍,著有《颐山诗稿》。李开先作《六十子诗·吴颐山仕》。⑤

蔡昂(1480—1540),字衡仲,号鹤江,淮安府山阳县人。正德九年(1514)进士,除编修,历官礼部左侍郎兼翰林侍讲、翰林学士兼詹事。有《颐

---

① 《中麓说》见于《李开先全集·附录二》《绪论·题跋·曲论》,第2226—2227页。其中有"章丘李伯华氏家于胡山之下,山有三足,李子宅其中,遂称中麓云。"
② 《李开先全集·诗文》《李中麓闲居集》之四《五言绝句·六十子诗·段河滨炅》,第418页。
③ 《李开先全集·诗文》《李中麓闲居集》之三《七言律诗·寄余姚谢汝湖亚卿》,第308页。
④ 《李开先全集·诗文》《李中麓闲居集》之四《五言绝句·六十子诗·罗半窗辂》,第421页。
⑤ 《李开先全集·诗文》《李中麓闲居集》之四《五言绝句·六十子诗·吴颐山仕》,第419页。

贞堂稿》，死后赠礼部尚书。李开先作《六十子诗·蔡鹤江昂》。①

张治道(1487—1556)，字孟独，号太微，陕西长安人。正德九年(1514)进士。授长垣知县，迁刑部主事。不愿为官，引疾归。罢归后，与康海、王九思等谈论诗文。因两人引荐，与李开先结识，颇为赞赏，作《咏胡山》予以称扬，并为《中麓小令》作跋。死后，李开先作《悼太微张孟独比部》。

田汝耔，字深甫，号莘野，河南祥符人。正德十一年(1516)举人，官至兵部司务，有《莘野集》。李开先作《田莘野汝耔》，其中有"客中金易尽，只有一诗囊"。②

王廷陈，字稚钦，号梦泽，湖广黄冈人。正德十二年(1517)进士，官至吏科给事中。家居二十余年，嗜酒啸歌，李开先作《六十子诗·王梦泽廷陈》。③

伦以训(1497—1540)，字彦式，号白山，广东南海人。正德十二年(1517)进士，授翰林院编修，官至南京国子监祭酒。李开先作《六十子诗·伦白山以训》。④

崔桐(1479—1556)，字来凤，号东洲，南直隶海门人。正德十二年(1517)进士，历任授翰林编修、福建参政、浙江副使、国子监祭酒、南京礼部右侍郎等职。曾作《中麓草堂诗》赠给李开先，诗中有"地主爱奇今李白，百篇斗酒气如虹"，李开先依韵作诗二首表示答谢⑤。李开先忆起旧友，作《六十子诗·崔东洲桐》。⑥

胡侍(1492—1553)，字奉之，一字承之，号濛溪，陕西咸宁人。正德十二年(1517)进士，嘉靖三年(1524)因劾奏当朝大学士张璁、桂萼遭贬谪，嘉靖十七年(1538)寻命复职，历任刑部云南司主事、刑部员外郎、鸿胪寺少卿等职。嘉靖十年(1531)秋，李开先在《卧病江皋》中即提到他："上心来，段老河滨，胡子濛溪，时济同乡派。逢人把俺抬，虚名自此开，感德丹衷在。"⑦这时李开先初涉仕途，与他有所交往，曲中还指出自己声名远扬与康海、段炅、胡

① 《李开先全集·诗文》《李中麓闲居集》之四《五言绝句·六十子诗·蔡鹤江昂》，第418页。
② 《李开先全集·诗文》《李中麓闲居集》之四《五言绝句·六十子诗·田莘野汝耔》，第427页。
③ 《李开先全集·诗文》《李中麓闲居集》之四《五言绝句·六十子诗·王梦泽廷陈》，第425页。
④ 《李开先全集·诗文》《李中麓闲居集》之四《五言绝句·六十子诗·伦白山以训》，第420页
⑤ 《李开先全集·诗文》《李中麓闲居集》之三《七言律诗·崔东洲亚卿寄到〈中麓草堂诗〉如韵成二首自咏兼谢东洲云》，第289—290页。
⑥ 《李开先全集·诗文》《李中麓闲居集》之四《五言绝句·六十子诗·崔东洲桐》，第421页。
⑦ 《李开先全集·散曲》《卧病江皋》，第1431页。"段老河滨"即段炅，弘治十八年进士，授翰林院检讨，武宗时与康海、王九思等同因刘瑾之事被罢归，三人均以工诗文和博学闻名于世，并称"关中三老"。

侍等人的称颂有关。他作《咏胡山》一诗对李开先进行称誉,其中有"岱岳东峰东海隈,茅堂东向海门开""高情不逐风尘往,寄语沙鸥莫浸猜"①。李开先罢归后作《六十子诗·胡蒙溪侍》,对他评价颇高。②

张鲲,字子鱼,号南溟,均州人。正德十二年(1517)进士,历任吏部稽勋司主事、四川提学副使、山西右布政使等职。后来,上书辞官归里,在辋山书院讲学,受教人甚多。有文名,著有《东山集》《崧少漫稿》等,刊印《二业通学古编》《四礼图》等。曾为《中麓小令》作跋,李开先《词谑》中收录他所作的一首咏张良的散曲③,曲中他庆幸才高八斗的张良得以功成身退,着眼点在于君王应当如何礼贤下士。

马汝骥(1493—1543),字仲房,陕西绥德人。正德十二年(1517)进士,授编修。世宗即位仍为编修,嘉靖二十年(1541)迁礼部右侍郎,加翰林侍讲学士。嘉靖二十二年(1543)以肺病卒,追赠尚书。李开先作《六十子诗·马西玄汝骥》,其中有"历官至亚卿,身后不能殓",小注云:"卒于官,囊不满十金,棺殓费俱同官及司属出办"④,说明他在为官期间两袖清风,平日积蓄不够棺椁和入殓费用。

杨维聪(1490—1550),字达甫,号方城,固安县城内(今河北固安)人。正德十六年(1521)状元,授翰林院修撰、右春坊右中允。嘉靖三年(1524)七月十五日,因大议礼忤旨被廷杖,外调为山西按察司副使。嘉靖九年(1530)任河南学正,嘉靖十二年(1533)转山东布政司参政。次年升山西布政右使,嘉靖十五年(1536)转山东布政左使,嘉靖十七年(1538)授南京光禄寺卿,翌年任太仆寺卿。担任山东地方官虽然在李开先罢归之前,两人关系还是比较密切。嘉靖三十七年(1558)岁末立春日,李开先正在宴客,收到他的来信很是欣喜,作《立春日席上喜得方城杨状元书》⑤。次年又寄信给李开先,李作《奉谢杨方城寄书》,其中有"年来再枉故人书,书内殷勤慰索居"。⑥

张治(1488—1550),字文邦,号龙湖,湖广茶陵人。有文名,著有《张龙湖先生文集》十五卷,和彭维新、李东阳、刘三吾并称"茶陵四大学士"。正德十六年(1521)进士,选庶吉士,授编修。嘉靖间历官南京吏部侍郎、吏部侍

---

① 景元华:《岱北第一雄山——胡山》,中国文化出版社2008年版,第74页。
② 《李开先全集·诗文》《李中麓闲居集》之四《五言绝句·六十子诗·胡蒙溪侍》,第421页。
③ 《李开先全集·曲论》《词谑·一词谑·二【沉醉】》,第1547—1548页。
④ 《李开先全集·诗文》《李中麓闲居集》之四《五言绝句·六十子诗·马西玄汝骥》,第418页。
⑤ 《李开先全集·诗文》《李中麓闲居集》之三《七言律诗·立春日席上喜得方城杨状元书》,第284页。
⑥ 《李开先全集·诗文》《李中麓闲居集》之四《七言绝句·奉谢杨方城寄书》,第459页。

郎、翰林学士掌院事、南京吏部尚书。嘉靖二十八年(1549)二月,入为礼部尚书兼文渊阁大学士,后来官至太子太保。博闻强识,性亢爽,有气节。世宗崇尚玄修,辅臣皆须供撰青词,他以此殊不自得,遂郁郁成疾。嘉靖二十九年(1550)十月十四日病卒,赠少保,谥号"文隐"。"素与中麓子善,尝同陪祀郊坛,乃避众独执手相语"①,在李开先罢归后答应举荐他,李开先所作《六十子诗·张龙湖治》记载此事颇详。

吴檄,字用宣,号皖山,安徽桐城人。正德十六年(1521)进士,最终死于陕西参政任上。工诗,著有《兵部集》一卷。与嘉靖八才子诗文唱和,作《游海甸诗》时不仅成诗最快,而且最好,李开先比较佩服他,将这事在序言中交代甚详。后来,李开先又作《吴皖山檄》追忆他。

潘潢,字荐叔,号朴溪,南直隶婺源人。正德十六年(1521)进士,历任户部主事、礼部郎中、福建提学副使、吏部左侍郎、南京兵部尚书等职。《国朝献征录》对之评价较高:"(潘)潢有文学,行谊修饬,士论重之。"李开先作《六十子诗·潘朴溪潢》:"著作十余种,独无诗与词。"小注云:"所著有《文宝》、《文政》、《乐成》、《刀笔》、《竹亭》、《寤言》及《户部奏议》、《留曹敷奏》等十二种,有切实用,可久传世。"②

王用宾(? —1579),号三渠,陕西咸宁人。正德十六年(1521)进士,嘉靖三十三年(1554)为礼部尚书,嘉靖三十五年(1556)因忤旨改为南京吏部尚书。辞官归里时,作诗一首赠给李开先,表达归乡之感。李开先回赠《和三渠王尚书至临潼韵》抒发对世事变迁的无奈和对友人的思念之情③,首句为"临潼尝一游,三十余春秋",李开先在嘉靖十年(1531)左右饷边,归途路过陕西,由此可知该诗作于嘉靖四十年(1561)左右。

童承叙,字汉臣,一字士畴,湖北沔阳人。正德十六年(1521)进士,官至左庶子兼翰林院侍讲,曾为世宗讲立政诸篇,拳拳于用正人端国本,声响彻殿,皇帝喜形于色,赐飞鱼服。与茶陵张治、蒲圻廖道南,并称楚之三才。重气节,不阿权贵。嘉靖二十一年(1542)请准归籍,不久病逝。李开先作《六十子诗·童内方承叙》,其中首句为"金马老辞臣,雄谈能动人"④,即指他为

---

① 《李开先全集·诗文》《李中麓闲居集》文之十一《记·原性堂记》,第1020页。当时,张治对李开先说了一番关于原命和原性的见解,对李开先此堂的命名具有启发意义,原性堂初名"面山",有位客人建议改为"原性",李开先想起张治的那番话遂改之。
② 《李开先全集·诗文》《李中麓闲居集》之四《五言绝句·六十子诗·潘朴溪潢》,第420页。书名号中间的顿号本应省略,但引文依旧。
③ 《李开先全集·诗文》《李中麓闲居集》之二《五言律诗·和三渠王尚书至临潼韵》,第235页。
④ 《李开先全集·诗文》《李中麓闲居集》之四《五言绝句·六十子诗·童内方承叙》,第421页。

皇帝日讲之事。

廖道南（？—1547），字鸣吾，蒲圻人。正德十六年（1521）进士，改庶吉士，授翰林院编修。嘉靖四年（1525）纂修《明伦大典》，擢中允，充日讲官，累官至侍讲学士。著有《楚纪》六十卷、《殿阁词林记》等。李开先作《六十子诗·廖洞野道南》，赞他"赡文辞"①。嘉靖十八年（1539）左右，皇帝南巡承天，李开先伴驾随行，指正身在林下的他不该在行宫朝参时身穿绯色，他虚心接受。②

田顼（1495—1562），字希古，又字太素，号柜山，延平府尤溪县人。正德十六年（1521）进士，选翰林院庶吉士，历任户部主事、兵部武选司主事、礼部郎中、湖广学政、贵州按察司副使等职。李开先与他有交，作《秋日有怀柜山田希古》。

李默（1494—1556），字时言，号古冲，建安人。正德十六年（1521）进士，改庶吉士。嘉靖初，改为户部主事，进兵部员外郎，后来调到吏部，嘉靖二十九年（1550）左右为吏部尚书。博雅有才辨，不为阿顺，被柄政的严嵩构陷而夺职为民。未久，皇帝下旨复其官，进为太子少保兼翰林院学士。不过，为人清正使他遭到奸佞嫉恨。嘉靖三十五年（1556）二月，赵文华与严嵩勾结，趁机诬陷他诽谤朝廷。皇帝听信谗言，将他罢官下狱而死于狱中。他与李开先有交，为《田间四时行乐诗》作跋。③

杜柟（1489—1538），字子才，号研冈，河南临颍人。正德十六年（1521）进士，官至右佥都御史，著有《研冈集》。李开先作《六十子诗·杜研冈柟》，其中有"刻诗传洛下，遗像俨生前"。④

姚涞（1488—1538），字维东，号明山，浙江慈溪人。嘉靖二年（1523）状元，授翰林院修撰，然不久因"大礼议"之争失势，受廷杖、下诏狱。复官后，充经筵讲官，迁左春坊左谕德，侍读学士。嘉靖十六年（1537）父丧，辞官回乡，次年卒。李开先作《六十子诗·姚明山涞》。⑤

左思忠，字子熙，一字长臣，号石皋，陕西耀州人。嘉靖二年（1523）进士，任莱阳县令，仕至吏部员外郎，有《石皋集》传世。李开先作《六十子诗·

① 《李开先全集·诗文》《李中麓闲居集》之四《五言绝句·六十子诗·廖洞野道南》，第422页。
② 《李开先全集·附录三》《年谱·族谱·先太常年谱》，第2265页。
③ 跋语中李默的谦称和对李开先的尊敬似有不妥，李开先出生和中第之年皆比他晚近十年，官职也没有他做得高，这则跋语是不是李默所作值得怀疑。
④ 《李开先全集·诗文》《李中麓闲居集》之四《五言绝句·六十子诗·杜研冈柟》，第428页。
⑤ 《李开先全集·诗文》《李中麓闲居集》之四《五言绝句·六十子诗·姚明山涞》，422页。

左石皋思忠》,其中有"左思有妙思,肆笔便成章"①,称赞他思路敏捷、下笔成章。

高叔嗣(1500—1537),字子业,号苏门山人,河南祥符人。少时,受知于李梦阳,与兄高仲嗣并有才名。嘉靖二年(1523)进士,授工部主事,改吏部,与三原马理、武城王道同署,以文艺相切磋。历稽勋郎中,出为山西左参政,断疑狱十二事,人以神视之。迁湖广按察使,卒于任上。李开先对他的诗文评价颇高,认为"苏诗能入室,何李只升堂"。②

李宗枢,字子西,号石叠,陕西富平人。嘉靖二年(1523)进士,任诸城县令,擢御史,累迁右金都御史。李开先作《六十子诗·李石叠宗枢》③。

王教(1479—1541),字庸之,号中川,河南仪封人。嘉靖二年(1523)榜眼,授翰林院编修,参与修撰《大明会典》,后升翰林院侍读。嘉靖十六年(1537),升国子监祭酒,兼任右春坊右谕德。久之,调任南京兵部右侍郎。曾三次担任会试主考官,包括主持嘉靖八年(1529)己丑科会试,乃李开先座主④。去世后,应其子王在之请,李开先撰写《中川王亚卿传》,传中言及他的著述多不存稿,诸子搜集和整理他的作品,仅得三分之一,厘为若干卷,珍藏于家。⑤

屠楷(1490—1561),字良植,号直斋,临桂人。嘉靖二年(1523)进士,嘉靖十年(1531)吏部验封司主事,嘉靖十四年(1535)文选司郎中,后仕至南京兵部尚书,嘉靖四十年卒于家。李开先作《书寄临桂直斋屠尚书》思念和称赞他⑥。

张时彻(1500—1577),字惟静,号东沙,浙江鄞县人。嘉靖二年(1523)进士,尝任山东右布政使、四川巡抚等职。以南京兵部尚书致仕,著有《芝园集》别集、外集等。平素非常看重李开先,将所著《芝园集》寄赠,并附一封书信,认为李开先是李白在世。李开先愧不敢当,反过来称赞他诗才出众,"羡君诗拟张平子,愧我才非李谪仙"⑦。据考证,他担任山东右布政使的时间在李开先罢归之前,故未将其列入山东地方官中。

① 《李开先全集·诗文》《李中麓闲居集》之四《五言绝句·六十子诗·左石皋思忠》,第424页。
② 《李开先全集·诗文》《李中麓闲居集》之四《五言绝句·六十子诗·高苏门叔嗣》,第422页。
③ 《李开先全集·诗文》《李中麓闲居集》之四《五言绝句·六十子诗·李石叠宗枢》,第424页。
④ 《李开先全集·诗文》《李中麓闲居集》之四《五言绝句·六十子诗·王中川教》,第419页。诗下小注云:"己丑会试场,予座主也。"
⑤ 《李开先全集·诗文》《李中麓闲居集》文之九《传·中川王亚卿传》,第898页。
⑥ 《李开先全集·诗文》《李中麓闲居集》之二《五言律诗·书寄临桂直斋屠尚书》,第184页。
⑦ 《李开先全集·诗文》《李中麓闲居集》之三《七言律诗·张东沙尚书寄惠〈芝园文集〉且以李太白过许久无便力报谢用石城诗韵奉怀》,第308页。

郑晓(1499—1566)，字窒甫，号淡泉，别号海上大笠生，浙江海盐人。嘉靖二年(1523)进士，授兵部职方主事。不久，卷入"大礼议"之争，受廷杖。后来又因为为母亲和父亲服丧，在家待了近十年。嘉靖十八年(1539)因吏部尚书许瓒的举荐，回京入职吏部，先后担任考功郎中与文选郎中。就是在吏部任职期间与李开先逐渐熟络和往来密切，不过两人的相聚时间不长，至嘉靖二十年(1541)四月李开先被罢归而终。他没有忘记李开先，欣然为《田间四时行乐诗》作跋，这时他官职已崇，短短数语仍然可以看出他对李开先的尊敬和欣赏之情，最后一句似乎可以推测他曾在朝堂上举荐李开先起复①。尽管有严嵩、赵文华等人的阻挠，他的仕途仍相对顺利，先后担任南京太常卿、兵部右侍郎、吏部左侍郎、刑部尚书等，嘉靖三十九年(1560)五月被罢归。谙熟明史，著有《吾学编》《今言》《古言》等，此外还有文集12卷。

栗应宏，字道辅，号太行，山西潞州人。嘉靖四年(1525)举人，官至南阳府通判。和兄长栗应麟一样在诗歌文学方面颇有造诣，风格独具，被誉为"栗世双杰"。李开先《送南阳府判栗太行赴任》在诗前小序中谈到两人一直期待相会，然阴差阳错终未谋面，李开先作诗一首命人追送给他，即如诗首所说："官中期一会，终日望飞旌。"诗中勉励他"一语遥相报，官廉政自平"②。他曾为李开先《诗禅》作跋。

龚用卿(1500—1564)，字鸣治，号云岗，福建怀安人。嘉靖五年(1526)状元，授翰林院修撰，历左春坊、左谕德、翰林院侍读直经筵、南京国子监祭酒等，每进讲志存规讽。参预修撰《明伦大典》和《大明会典》。李开先作《自嘲并怀邹东郭杨升庵龚云冈三太史》四首，末首为怀念他所作。还作《挽云冈龚状元》，其中有"半生东观编青史，万里南天望白云"，"与人作传生平事，史馆今将首传君"③，指他半生预修史书。

吕希周，字师旦，一字从野，号东汇，浙江崇德人。嘉靖五年(1526)进士，历任工部都水司主事、工部员外郎、刑部郎中、兵部职方司郎中、吏部文选司郎中、通政使司右通政。嘉靖十三年(1534)改任吏部文选司郎中，选调李开先为考功清吏司主事，两人有所交集。嘉靖十四年(1535)父亲去世，奔丧还乡。三年守孝满，受阻于朝中权贵夏言和胡守中，未能回京复职。后来虽然夏言被杀弃市，胡守中也因索贿罪被杀，由于严嵩父子把持朝政，他不愿依附，继续赋闲在家。这一时期，倭寇大肆侵扰东南沿海，他施展才干，

---

① 《李开先全集·附录二》《叙论·题跋·曲评·〈田间四时行乐诗〉跋》，第2240页。
② 《李开先全集·诗文》《李中麓闲居集》之二《五言律诗·送南阳府判栗太行赴任》，第238页。
③ 《李开先全集·诗文》《李中麓闲居集》之四《七言排律·挽云冈龚状元》，第406页。

帮助知县加固崇德县城,后又参加胡宗宪幕府,因平倭有功,由右通政晋升为通政使,但没有授予实职。他为官的曲折经历与李开先有很多相似之处,李开先在《再用前韵怀吕东汇》诗前小序中对他评价颇高:"东汇早负才名,善谈吐,有胆略,受知于罗峰张相国,遭谗中废。后以平倭有赞画功,升通政使,仍旧致仕。"①

苏祐(1493—1573),字允吉,初号舜泽,更号谷原,濮州人。嘉靖五年(1526)进士,嘉靖二十九年(1550)以兵部侍郎、佥都御史兼宣大总督,嘉靖三十二年(1553)升右都御史,因军功再进兵部尚书,次年四月因与严嵩不和致仕归家。嘉靖四十三年(1564)左右他的生辰,李开先作《寿致政总督宣大大司马舜泽苏公》,其中"总督昔宣大,德威今尚传。三秋闲甲马,万里息烽烟"夸赞他英勇非凡,"生辰七夕后,致政十年前"揭示该诗的写作时间。②

袁袠(1502—1547),字永之,号胥台,吴县人。嘉靖五年(1526)进士,官至广西提学佥事。能诗,著有《胥台集》《吴中先贤传》。李开先初到吏部,素慕其名,曾走使寄函,诉仰慕之情,并表示将荐他复官,他作《复李验封伯华书》答谢(见《明文海》),并为李开先作《中麓说》一文(载道光朝《章丘县志》)。李开先作《六十子诗·袁胥台袠》,称他"远效虞卿氏,穷愁只著书"。③

祝文冕,字宇周,号静庵,江西德兴人。嘉靖五年(1526)进士,次年任章丘知县,主修县志。乾隆《章丘县志·职官》称他:"廉惠仁厚,积粟捕蝗,大有功于民。"李开先与他关系较为密切,作《挽旧尹祝静庵》④。嘉靖四十年(1561)冬,看在他的面子上,李开先应其子祝诚庵(名不详)之请,为泰安知州杨时中作《贺泰安州守杨孔峪膺奖序》,"诚庵尊翁尝知予邑,有遗爱,而所请必不拒也"。⑤

邢第,字进卿,号北冈,直隶长垣人。嘉靖五年(1526)进士,官至浙江按察司副使。嘉靖六年(1527)为临邑知县,历任三年,颇有善政。李开先对他的印象极好,"予自举于乡,会试道经临邑,已而官于朝,出使往返,亲见邢尹之善政,果宜于民而贤于人"。后来得到记载他为官政绩的《善政录》,深以

---

① 《李开先全集·诗文》《李中麓闲居集》之二《五言律诗·再用前韵怀吕东汇》,第168页。"罗峰张相国"即张璁,吕希周受知于张璁,他同张的关系也决定着在夏言主政时吕的仕途不会顺利。
② 《李开先全集·诗文》《李中麓闲居集》之四《五言排律·寿致政总督宣大大司马舜泽苏公》,第396页。
③ 《李开先全集·诗文》《李中麓闲居集》之四《五言绝句·六十子诗·袁胥台袠》,第425页。
④ 《李开先全集·诗文》《李中麓闲居集》之二《五言律诗·挽旧尹祝静庵》,第183页。
⑤ 《李开先全集·诗文》《李中麓闲居集》文之六《序·贺泰安州守杨孔峪膺奖序》,第605页。

为然,作《邢尹〈善政录〉跋》,希望通过他的事迹,教导地方官如何勤政爱民。①

郑坤,字顺卿,号石南,苏州人。嘉靖五年(1526)进士,嘉靖十三年(1534)任监察巡按御史。以诗名闻天下,《盛明百家诗》卷一说"顺卿诗赋有萧散清逸之风"。与李开先相识较早,关系密切,为《田间四时行乐诗》和《中麓山人咏雪诗》作跋。李开先被罢归后,殷勤赠诗,李作《谢郑石南惠诗》以酬谢。②

翁万达(1498—1552),字仁夫,号东涯,广东揭阳人。嘉靖五年(1526)进士,历任梧州知府、陕西布政使、右副都御史衔巡抚陕西、左副都御史、兵部尚书等职。李开先作七言古诗《思德堂》和《六十子诗·翁东涯万达》。

江以达(1502—1550),字于顺,号午坡,江西贵溪人。嘉靖五年(1526)进士,累官福建提学佥事。李开先作《六十子诗·江午坡以达》,"江文素高古,字如倒泻墨池"。③

岳伦(1491—1542),字厚夫,号云石,安卫人。嘉靖五年(1526)进士,官至工部员外郎,有《云石集》。李开先作《六十子诗·岳云石伦》,对他上疏极谏的行为进行称赞。

陈璋,号东皋,光州人。嘉靖七年(1528)举人,仕至刑部员外郎。他去世后,李开先作诗哀悼,颔联下小注交代他在世时藏书楼失火,李开先寄信宽慰"书楼虽火,腹笥犹存"④,意指藏书这种客观知识虽然无存,通过阅读获得的主观知识仍然存在,无须过于难过。

皇甫汸(1497—1582),字子循,号百泉。嘉靖八年(1529)与李开先同年进士,屡有贬迁,以云南佥事罢归。工于诗和书法,著有《长洲艺文志》《百泉子绪论》《解颐新语》《皇甫司勋集》等。与李开先诗文唱和,过往甚密。罢归长洲后,曾将描述乡居生活的诗作赠给李开先品评⑤。《皇甫司勋集》卷28有《得李伯华书期余往晤感今追昔诗答之》⑥,可知李开先曾经邀请他到章

---

① 《李开先全集·诗文》《李中麓闲居集》文之十一《跋语·邢尹〈善政录〉跋》,第1045页。
② 《李开先全集·诗文》《李中麓闲居集》之三《七言律诗·谢郑石南惠诗》,第288页。
③ 《李开先全集·诗文》《李中麓闲居集》之四《五言绝句·六十子诗·江午坡以达》,第424页。
④ 《李开先全集·诗文》《李中麓闲居集》之二《五言律诗·挽陈东皋旧刑部》,第184页。
⑤ 《李开先全集·诗文》《李中麓闲居集》之四《七言绝句·读皇甫百泉还山诗》,第439页。其中有:"还山今日有佳帙,风月无边谁与争"。
⑥ (明)皇甫汸:《皇甫司勋集》卷二十八《七言律诗·得李伯华书期余往晤感今追昔诗答之》,王云五主持《四库全书珍本三集》,上海:商务印书馆,民国二十三—民国二十四年(1934—1935),第7页。

丘做客。同卷收录《访同年李伯华于章丘》一诗①，末句小字注释"新撰宝剑传奇"，故知他大概在嘉靖二十六年（1547）左右来章丘，游览了李开先的庄园和藏书楼，欣赏了《宝剑记》的演出。分别之后，李开先作《送种植客范心埂还吴兼讯皇甫百泉》，让范心埂替自己向老朋友问候，或许还带信给他，即"相逢皇甫子，首为问寒暄"。②

蔡瑷（1496—1572），字天章，号洨滨，宁晋人。嘉靖八年（1529）与李开先同年进士，历任行人司行人、监察御史等职。嘉靖十四年（1535）因弹劾吏部尚书汪鋐被削职为民，嘉靖十九年（1540）刚被起用，又因母丁忧，在家守孝三年。嘉靖二十一年（1542）十月入京赴任，仅两月就被鸿胪寺弹劾，下锦衣卫监狱，再次被罢官。罢归后创办洨滨书院教授生徒，人称"洨滨先生"，为家乡做了很多慈善事业。李开先为他的著作《训蒙谬说》作序，说该书"总其类一十有六，究其极，一一可作龟镜。兼且典实、痛快、直截、明莹，可与共学，可使从政，谦称《训蒙谬说》，实则教士之章程，如法家之律令"③。不过，查遍他的作品没有李开先序中所说的《训蒙谬说》一书，要么该书早已失传，要么它是今传世的《洨滨语录》的别称。嘉靖四十二年（1563）致信给李开先，请他为洨滨书院作记。李开先慷慨允诺，在记中对他的高洁品行和支持地方教育的事迹进行赞美④。《洨滨蔡先生文集》中有《九日登历下尹公亭》《历下逢陈鹊湖金宪》等，说明他曾到济南游玩。其中亦有《忆章邱四友》，提到家在章丘的四位友人——王昺、李冕、谢九仪和李开先，怀念之情溢于言表：

> 杏里林花映脉泉，沙溪中麓迥风烟。
>
> 论心樽酒知何日，一度看云一怅然。⑤

江满，字谦之，号芳溪，又号日湖，江西进贤人。嘉靖八年（1529）与李开先同年进士，为巴陵尹，后来调到刑部，嘉靖二十五年（1546）左右升为柳州知府，最终官至宣大总督。李开先作《秋日怀总督宣大江芳溪尚书因而自

---

① （明）皇甫汸：《皇甫司勋集》卷二十八《七言律诗·访同年李伯华于章丘》，第 8 页。

② 《李开先全集·诗文》《李中麓闲居集》之三《五言排律·送种植客范心埂还吴兼讯皇甫百泉》，第 382 页。

③ 《李开先全集·诗文》《李中麓闲居集》文之六《序·〈训蒙谬说〉序》，第 611 页。

④ 《李开先全集·诗文》《李中麓闲居集》之十一《记·洨滨书院记》，第 1014 页。"不藉官势而施于有政矣"中"藉"，在两种明刻本中皆为"籍"，故改之。

⑤ （明）蔡瑷：《洨滨蔡先生文集》卷九《七言绝句·忆章邱四友》，清光绪五年（1879）仲咠刻本，第 1 页。此诗标题下自注"王杏里、李脉泉、谢沙溪、李中麓也"，"沙"乃"少"之误。

壮》,其中有"三百同年友,如君鲜与伦。年犹未老大,位已极人臣"。①

胡松,字汝茂,号柏泉,南直隶滁州人。嘉靖八年(1529)与李开先同年进士,历任南京礼部郎中、山西提学副使、江西左布政使、兵部右侍郎、南京兵部尚书、吏部尚书等职。为人忠恳,洁己好修。晚年主持吏部,以振拔淹滞为己任,嘉靖四十五年(1566)十月卒于任上。李开先作《贺南都大司马同年胡柏泉》,其中有"三百同年四十春,惟君贵显极人臣","少年已是无双士,南国今为第一人",对他极其称赞②。李开先还作《寄胡柏泉少司马》,其中有"为滁成志传,知子善文辞。不但中郎篆,更兼少妇碑"。③

王与龄,字受甫,山西临汾乡宁人。嘉靖八年(1529)进士,嘉靖二十一年(1542)为文选司郎中,"澄清铨叙,所推荐皆廉静老成",因不满严嵩请托遭罢斥。既罢,"锦衣遣使侦其装,幞被外无长物,称叹而去"。家居二十余年,亲自躬耕,怡然自得,乡人将其和韩文、陶琰、张润并誉为"平阳四贤",作诗称扬④。李开先同样担任文选司郎中,亦因得罪权臣被罢官,于是作《寄平阳王受甫》二首,诗题下小注"同官同罢官,即予忆君,知君亦忆予云"。第一首中有"吾归栖泰岱,君学播河汾",和他相约"新知兼旧作,有便早相闻"。第二首中有"同为选部郎,闻望略相当。苦口排权府,甘心返故乡。"说明二人为官经历相同,感触相似。⑤

黄光升(1506—1586),字明举,号葵峰,福建晋江人。嘉靖八年(1529)与李开先同年进士,嘉靖四十一年(1562)任刑部尚书,隆庆元年(1567)四月致仕。李开先作《寄大司寇黄葵峰》。

李栋(1495—1541),字植卿,号南湖,宁波人。嘉靖八年(1529)与李开先同年进士,出知杞县县事,后来入朝任户部主事、吏部稽勋司主事等职。嘉靖二十年(1541)三月去世,二十多年后,李开先念其生前曾以志文见托,"兄有遗嘱,托文其碑,文未及成,先此奠辞"⑥,先后作《祭李南湖主事文》和《承德郎吏部稽勋司主事南湖李子墓志铭》。

赵瀛,号文海,陕西三原人。嘉靖八年(1529)进士,嘉靖十一年(1532)为章丘知县,两年后修复县庙学,督工者为高栋、杨盈,同督者为徐冕、王言

① 《李开先全集·诗文》《李中麓闲居集》之四《五言排律·秋日怀总督宣大江芳溪尚书因而自壮》,第 390 页。
② 《李开先全集·诗文》《李中麓闲居集》之三《七言律诗·贺南都大司马同年胡柏泉》,第 362 页。
③ 《李开先全集·诗文》《李中麓闲居集》之四《七言排律·寄胡柏泉少司马》,第 391 页。
④ (清)张廷玉等:《明史》卷二百七《列传第九十五·王与龄传》,第 5479—5480 页。
⑤ 《李开先全集·诗文》《李中麓闲居集》之二《五言律诗·寄平阳王受甫》,第 212 页。
⑥ 《李开先全集·诗文》《李中麓闲居集》文之十二《祭文·祭李南湖主事文》,第 1094 页。

等。众人以为李开先为邑人，"讬友生刘璠、张澍、李时贡，持王从龙所述事状"，到京城请李开先作记①。李开先以公务繁冗予以推辞，直到嘉靖三十八年（1559）才作《章丘县重修庙学记》，记成之时赵瀛早已致仕，刘璠、张澍等已去世，督工和同督十人中存者仅张永暹一人，让人唏嘘不已。值得一提的是，赵瀛为官清正，赫赫有声，章丘百姓为他立有生祠。

皇甫涍（1497—1546），字子安，号少玄，长洲人。嘉靖十一年（1532）进士，官至浙江佥事，工于诗，与兄皇甫冲及弟皇甫汸、皇甫濂皆有才名，时称"皇甫四杰"。嘉靖十二年（1533），李开先以户部主事差管徐州仓道，皇甫涍作《送中麓子之彭城》赠之（见《少玄集》）。李开先作《六十子诗·皇甫少玄涍》追思他②。

林春（1498—1541），字子仁，初号方城，后改号东城，泰州人，明代著名理学家。嘉靖十一年（1532）会元，廷试二甲，仕至吏部文选司郎中。嘉靖二十年（1541）冬，因公务繁忙和日夜操劳，卒于任所，病逝当天仍在官府办公。李开先作《挽林东城旧寅长》予以哀悼和称扬。③

白悦，字贞夫，号洛原，武进人。嘉靖十一年（1532）进士，历任尚宝司丞、江西按察司佥事等职。为古文歌诗、行草小楷皆有法度，李开先作《六十子诗·白洛原悦》赞他："字得古书法，文期作者流"。④

林大钦（1511—1545），字敬夫，号东莆，广东海阳人。嘉靖十一年（1532）状元，授翰林院修撰。不久辞官归里，绝意仕途，著有《林东莆先生全集》。李开先作《六十子诗·林东峰大钦》，"东峰"乃"东莆"之误。

左铭，字应衡，号东井，泾县人。嘉靖十一年（1532）进士，官至尚宝司卿。唐顺之被起复为右春坊右司谏，乃李开先找他向内阁说情所致。李开先作《六十子诗·左东井铭》。

刘汝楠，字孟木，号南郭，福建同安人。嘉靖十一年（1532）进士，授湖州司理，后入京为刑部主事，历任刑部员外郎、湖广提学等职。勤奋好学，才名横溢，著有《白眉子存笥稿》。与李开先大概同在京师为官时相识，曾作《咏胡山》颂之⑤，称赞李开先的诗才之高和狂放不羁堪比唐代李白。

谢少南（1491—1560），字应午，号与槐，南直隶赣县人。嘉靖十一年

① 《李开先全集·诗文》《李中麓闲居集》文之十一《记·章丘县重修庙学记》，第 993 页。
② 《李开先全集·诗文》《李中麓闲居集》之四《五言绝句·六十子诗》，第 425 页。
③ 《李开先全集·诗文》《李中麓闲居集》之二《五言律诗·挽林东城旧寅长》，第 182 页。
④ 《李开先全集·诗文》《李中麓闲居集》之四《五言绝句·六十子诗·白洛原悦》，第 426 页。
⑤ 原载于道光《章丘县志》卷五，转载自卜键《李开先家世考》，中国艺术研究院戏曲研究所和《戏曲研究》编辑部合编的《戏曲研究》第二十二辑，文化艺术出版社 1987 年版，第 237 页。

(1532)进士,官至河南布政司参政。以文才著称,有《粤台稿》《河垣稿》《谪台稿》等,曾为《中麓小令》题跋。李开先为他编的《十朝诏令》作序,还作《六十子诗·谢与槐少南》,诗中有"文谈兼伟貌,一鹤唳清霄"。①

许谷,字仲贻,号石城,上元人,一曰常熟人。嘉靖十四年(1535)会元,仕至南京尚宝司卿。曾在李开先之后任吏部文选司郎中,两人同寅为官,郎中又为一司之长,故李开先称其为"旧寅长"或"旧省长"。李开先作有《怀许石城旧寅长》忆之,他赠诗给李开先,李又作《旧省长许石城自南都惠诗依韵奉答》,诗中有"莲社日长招会友,花台风快挟飞仙","众望召君犹未召,能无清梦到钧天",说明他也赋闲在家,整日和会友唱和作诗。②

高燿,字子潜,号熙斋,河北清苑人。嘉靖十四年(1535)进士,任工部主事。后改任吏部,又升太仆寺少卿,迁职光禄寺。因僚属有违宦臣之意诬及他,被贬河南参议。后来迁南京户部侍郎,嘉靖三十九年(1560)为户部尚书,隆庆初年(1567)乞归返乡。李开先作《寄怀高熙斋户部上卿》,他曾经观政户部,当时李开先为户部主事,故诗中曰"在昔窃同寅"。③

晁瑮(1507—1560),字君石,号春陵,直隶开州(今濮阳)人。嘉靖二十年(1541)进士,授翰林院检讨,官至国子监司业。精工辞赋,家富藏书,藏书楼曰"宝文堂"。藏书门类之广,数量之多,于时称富,李开先《用前韵寄题晁春陵藏书屋》赞之④。他为嘉靖二十年(1541)进士,其子晁东吴为嘉靖三十二年(1553)进士,故诗首句"世史子长名姓芳"下小字注释"春陵父子俱官翰林"。嘉靖中,父子编著《晁氏宝文堂书目》三卷,著录很多明时话本、小说、笔记、戏曲,是研究中国古代小说史和戏曲史的重要文献。

邢一凤(1508—?),字伯羽,号雉山,河南祥符人。嘉靖二十年(1541)进士,最初授编修,嘉靖二十九年(1550)秩满升为翰林侍讲,官至太常少卿。和李开先在翟銮府邸相识,李开先作《寄邢雉山》,称他"敲棋是处皆无敌",对其棋艺很是赞赏。⑤

王应时,字懋行,福建侯官人。嘉靖二十九年(1550)进士,历兵部员外郎、江西佥事参政、云南按察使等职,晚年退居乌石山西南麓的使园(又名

---

① 《李开先全集·诗文》《李中麓闲居集》之四《五言绝句·六十子诗·谢与槐少南》,第426页。有的资料说他字与槐,是上元人,因李开先与他距离较近,比较可信,兹以《闲居集》所载为准。
② 《李开先全集·诗文》《李中麓闲居集》之三《七言律诗·旧省长许石城自南都惠诗依韵奉答》,第307页。
③ 《李开先全集·诗文》《李中麓闲居集》之二《五言律诗·寄怀高熙斋户部上卿》,第220页。
④ 《李开先全集·诗文》《李中麓闲居集》诗之三《七言律诗·用前韵寄题晁春陵藏书屋》,第280页。
⑤ 《李开先全集·诗文》《李中麓闲居集》之三《七言律诗·寄邢雉山》,第310页。

"西园"），营建池馆，与族人王应山、王应种及郡人曹学佺等，为文酒之会。他在为《中麓山人咏雪诗》所作的跋语中表达了自小至壮对李开先矢志不渝的仰慕之情，希望能够成为他的私淑弟子并得到更多的教诲。他在退居后与人诗酒聚会的行为，似乎是对李开先的一种效仿。

李琛，缙云人。李开先居京师时的邻居，时为光禄寺丞，两人交游颇多。他的妻子应氏生病，李开先遣人问疾；应氏去世，李开先去吊唁；他作挽诗，李开先和之；他思妻痛苦，李开先劝解，"作《雉朝飞》以贻之，已又效韩文公《西方图歌》并贻之"。应氏改葬，李琛"不远数千里，驰书索文于中麓山中"，李开先作《赠孺人李妻应氏墓志铭》。①

孟某，号渭泉，曾从四川寄诗给李开先，李开先作《孟渭泉大参自川中寄诗依韵奉答》二首回赠，第一首末句为"诗来万里遥相望，明月危栏几度凭"，第二首末句为"别后新知谁可语？南鸿欲托恐难凭"②，表达深切的怀念之情。

薛晨，字子熙，一字子旗，号霞川。诸生，曾师从长洲文征明，得其书法真谛。李开先与他萍水相逢，作《赠薛秀才晨》③，李开先在"修书屡有功"下小字注释"尝修宁波、河东、青州三志书"，估计只知道他预修地方志有功，却不知他的书法成就更值得推崇。

毛良，出生于武勋功臣世家，袭封南宁伯。写山水师米芾，云霞出没，有天然之妙。著有无声计，曲尽画法之妙。李开先作《六十子诗·毛心夔良》④，称他在绘画、诗文等方面皆有造诣。

崔元（1478—1549），字懋仁，号岱屏，山西代州人。永康大长公主之夫，封爵至光禄大夫兼太子太傅、驸马都尉，京山候。唐顺之请朝东宫获罪，李开先托他多方营救。李开先在《六十子诗·崔岱屏元》云："交人最有情，文笔谁能过。天道似无知，子亡家亦破。"⑤可见他除了身份尊贵，还工于诗文，可惜的是后来家破子亡。

沈麟，号竹东，锦衣卫千户。李开先作《六十子诗·沈竹东麟》，其中有"竹东善聚书，文雅更无如"，小注云"曾同刑部周郎勘事山西，有馈之千金者，却而不受。馈者曰：'如嫌轻，请益之。'公曰：'吾托祖宗福荫，世袭锦衣，

① 《李开先全集·诗文》《李中麓闲居集》文之八《墓志·赠孺人李妻应氏墓志铭》，第 765—766 页。

② 《李开先全集·诗文》《李中麓闲居集》之三《七言律诗·孟渭泉大参自川中寄诗依韵奉答》，第290 页。

③ 《李开先全集·诗文》《李中麓闲居集》之二《五言律诗·赠薛秀才晨》，第 242 页。

④ 《李开先全集·诗文》《李中麓闲居集》之四《五言绝句·六十子诗·毛心夔良》，第 419 页。

⑤ 《李开先全集·诗文》《李中麓闲居集》之四《五言绝句·六十子诗·崔岱屏元》，第 419 页。

万有一点祸水弹及吾身,所失不亦多耶!'"①说明他喜爱藏书和拒绝贿赂,这种高雅行为在锦衣卫中是少见的。

左国玑,字舜齐,号中川,河南祥符人。年近四十,始中举。擅长书法,善诗赋,名动一时。李开先作《六十子诗·左中川国玑》,其中有"诗篇虽富丽,惜与人偕亡"②,小注云:"诗无副稿,身后被众客商改换首尾,攘为彼作。"可见,他死后著作权就受到侵犯,一些朋友将其作品改换首尾窃为己作。

李三溪,大概是武邑人,曾任副都御史。某年,他将所作二十首诗编为《秋日水西招隐》寄给李开先,李开先次韵四首表示谢意并收录一首原诗,解释"三溪诗原二十首今止和其四而录其一"③。这大概说明时人写完诗文,寄给有声望的人品评,希望通过他们写的读后感甚至和诗之类,提高自己和作品的知名度。李开先还作《寄题三溪李氏园》,分别为他的交翠亭、巢云堂、环秀亭和野逸堂作四首诗。④

郭艮山,姓名不详。李开先作《有怀郭艮山通政作诗奉寄》二首,第一首中有"忆昔同朝日,威仪睹汉官",说明两人曾经同朝为官。第二首中有"有人行所学,岁歉不为灾",其下小字注释"董浤溪尝及艮山之门,以其所学,行之吾章。值岁荒旱,抚字有道,民赖以安"⑤他曾是董文家的老师,李开先在夸董的同时其实也在夸郭,这说明官场之中关系较为错综复杂。

马举人,会稽人,资料不详。拜访李开先时作诗一首,末句为"托迹文园聊自遣,莫因乡国叹羁留",李开先连作三首为之送别,第一首中有"羡君年少最风流",第二首末句为"谈诗对局观书画,肯为东君暂一留",第三首末句为"再教款会连三夜,车马门前任去留"。⑥

张养蒙,号东山,同州人。举人,曾任浚县教谕。李开先作《寄浚县分教张东山》,其中有"下帷曾苦读,惊座有雄谈"。⑦

汪某,号遇野。不知在哪个藩府供职,李开先作《送汪遇野由藩司理问

① 《李开先全集·诗文》《李中麓闲居集》之四《五言绝句·六十子诗·沈竹东麟》,第420页。
② 《李开先全集·诗文》《李中麓闲居集》之四《五言绝句·六十子诗·左中川国玑》,第422页。
③ 《李开先全集·诗文》《李中麓闲居集》之三《七言律诗·宪副李三溪自武邑惠诗卷名为〈秋日水西招隐〉次韵答谢》,第337—338页。
④ 《李开先全集·诗文》《李中麓闲居集》之四《五言绝句·寄题三溪李氏园》,第430页。
⑤ 《李开先全集·诗文》《李中麓闲居集》之二《五言律诗·有怀郭艮山通政作诗奉寄》,第193—194页。
⑥ 《李开先全集·诗文》《李中麓闲居集》之三《七言律诗·秋夜别会稽马举人蒙次韵》,第337页。
⑦ 《李开先全集·诗文》《李中麓闲居集》之二《五言律诗·寄浚县分教张东山》,第206页。该诗共两首,此句为第一首额联。

升益府审理》。

郭中，号玄池，河南祥符人。曾为乐安县令，李开先作《寄乐安令郭玄池》。李开先与他交善，儿子苏郭出生当天，他恰好来访，遂以苏洲和他的姓取名。

冯三接，号通山，河南卫辉人。举人，嘉靖四十四年(1565)为长山知县，次年因治理漕运河道受到嘉奖，李开先作《贺长山尹冯通山荣膺河道奖励序》。

罗虞臣(1506—1541)，字熙载，号浯溪，又号华原，广东顺德人。诗文受到李开先座师霍韬的推崇，李开先作《六十子诗·罗浯溪虞臣》。

陈节之，号方斋，福建闽县人。进士，官至中允。李开先作《六十子诗·陈方斋节之》，其中有"闭门长觅句，对众不谈诗"。①

陈篯，号寒溪，福建莆田人。进士，官至尚宝司卿。李开先作《六十子诗·陈寒溪篯》，其中有"乡闱曾举主，仕路更相知"②，交代他在自己乡试时为主考官，为官后两人又成知己。

韩福，号野田，陕西西安卫人，进士，户部侍郎。李开先作《六十子诗·韩野田福》，其中说他预知自己死期，提前作好墓志铭。③

刘玑，号近山，陕西咸宁人，进士，户部尚书。李开先作《六十子诗·刘近山玑》。

马昊，号东溪，陕西宁夏卫人。进士，副都御史。李开先作《六十子诗·马东溪昊》。

朱某，号嗣勋，曾任指挥使。李开先作《赠朱挥使嗣勋》十二首。④

五、与平民百姓的交游

李开先热情好客，潇洒磊落，很多有才艺的平民百姓前来拜访，希望得到他的赏识。以诗文相交游的布衣之人有谢榛、张诗、梁辰鱼、邹伦等人。以技艺获得李开先青睐的，除了前面家乐班中提到的刘九、何七等人，见载于《闲居集》者还有医士王琠、黄承佑、时杏庄、洪时钦等，棋客陈珍、吴橘隐、

---

① 《李开先全集·诗文》《李中麓闲居集》之四《五言绝句·六十子诗·陈方斋节之》，第427页。
② 《李开先全集·诗文》《李中麓闲居集》之四《五言绝句·六十子诗·陈寒溪篯》，第428页。"乡闱曾举主"的"主"，在明刻本中作"土"，明显不通。
③ 《李开先全集·诗文》《李中麓闲居集》之四《五言绝句·六十子诗·韩野田福》，第415页。
④ 《李开先全集·诗文》《李中麓闲居集》之四《五言绝句·赠朱挥使嗣勋》，第413—414页。

吴升甫、刘西坡等，看相卖卜者马相士、刘长沙、余星士等，此外还有蹴鞠客阙美、善于书法的朱懋修、相士吴啸庵、种植客范心埵等及相交数十年的安国泰和刘蒭。

1. 擅诗之人

谢榛、张诗、梁辰鱼等较为擅诗，与李开先志趣相投。谢榛（1495—1575），字茂秦，号四溟，山东临清人。嘉靖二十七年（1548）左右，与李攀龙、王世贞等相识，经常在一起谈诗、写诗，后来众人结为诗社，史称"后七子"。在结社之初以布衣执牛耳，后来王世贞推崇李攀龙，合力排斥他而将之除名。以诗文名世，尤其擅长乐府歌诗，受到赵康王礼遇，寓居邺下，赵康王死后他又浪迹四方。嘉靖三十九年（1560）作《酬李伯华见寄新制乐府》一诗，可知，早前李开先曾寄给他所作乐府诗。收到此诗后，李又作《谢四溟自赵府惠书与诗附使酬谢即用其韵共三首末首兼及郑虚舟》三首，其中第二首中有"王门且自藏"即指他为赵康王赏识，第三首中"贤王常礼士，近事出非常"指赵康王自缢而死之事，"诗能兼众体，史必擅三长"指他文墨较精，"郑子君同志，赐非不及商"指戏曲家郑若庸，当时应该也在赵王府中①。《中麓山人续对》中有《赠谢四溟》一联"作人太峻昨复游燕屡经戚里羞投刺，贤主今薨势当去赵何处王门可曳裾"②，为赵康王死后他无处流落的处境感到担忧。

张诗（1487—1535），字子言，号昆仑，北京人，处士。初师从吕柟学举业，后从何景明学诗文，曾与李梦阳歌咏酬赠，李誉之为"燕山豪士"。李开先在朝为官时，与之交往颇多，引为知己，称其诗"诗文数百篇，壮丽世争传"，说明他精于写作，又说"我有延陵剑，何时墓上悬？"③大意是李开先要和他诗文唱酬，赠其诗文，遗憾的是他已经去世。后来，李开先还作《昆仑张诗人传》缅怀他。

梁辰鱼（1519—1591）④，字伯龙，号少白、仇池外吏，江苏昆山人。著名戏曲家、散曲家，对嘉靖以后昆腔的发展起到重要作用。终身未仕，专心于戏曲创作，著有《浣纱记》《红线女》《鹿城诗集》等。《鹿城诗集》卷二十有一

---

① 《李开先全集·诗文》《李中麓闲居集》之二《五言律诗·谢四溟自赵府惠书与诗附使酬谢即用其韵共三首末首兼及郑虚舟》，第 188—189 页。李开先三首诗后附谢榛原诗，谢之诗被收入《四溟山人全集》卷六。

② 《李开先全集·杂著》《中麓山人拙对、续对·中麓山人续对卷之下·赠谢四溟》，第 1887 页。

③ 《李开先全集·诗文》《李中麓闲居集》之四《五言绝句·六十子诗·张昆仑诗》，第 423 页。

④ 《梁辰鱼集》（繁体竖排版）记载梁辰鱼的生卒年为 1519—1591，而百度百科显示 1521—1594，兹以著作为准。

首七言律诗《留别章丘李太常开先》①，他大概在嘉靖四十五年（1566）北游齐鲁，拜访李开先当在此时。

罗国山，名不详，为慈溪商人。李开先作《送罗国山还慈溪因讯陈闲山》，诗中称其"真能经世务，不但富文辞"。嘉靖三十年（1551）左右，慈溪被倭寇残害，李开先送他返乡大概在此年之后。陈闲山，名鲸，嘉靖五年（1526）进士，历任吏部考功司郎中，有文才，在朝时与李开先交善，李开先常将其比作元时名儒陈旅（号仲众）。李开先嘱托他如果遇到陈鲸，就告诉陈自己每日都想念他，即"倘逢陈仲众，道我日相思"。②

张鼎文，号顺斋。曾在某个冬夜写诗访问李开先，李开先作诗奉答，当时他"击户投诗墨未干，鹤惊犬吠夜将阑"，李开先赶忙起床穿衣迎接，并命人做饭菜买酒招待他，两人"饮酣耳热歌还啸，雄剑床头几度看"。③

邹伦，苏州商人。喜词曲，依韵和《中麓小令》百首并题跋。嘉靖三十四年（1555），倭寇频袭苏州，过访李开先，李作诗《冬夜留吴客邹太湖共酌》挽留其久住家中。④

曾某，号前川。从李开先所作诗句——"我爱前川子，神凝志不分"，"后会知何日，相思隔暮云"⑤，可以看出李开先对他较为仰慕和不舍。

罗鹿龄，号海岳。江湖诗人。他们曾在某个冬天偶遇，李开先作《孟冬河上遇罗海岳》，诗中有"偶于河上逢诗客，便向村中觅酒家"。⑥

逯希韩，布衣诗人。从名字的取名风格猜测应该为逯希闵的兄弟或堂弟，然李开先为逯希闵父亲所作的《祭逯处士天泽文》中有"寿高而德弥劭，子一而孙诜诜"⑦，意指逯天泽仅有逯希闵一子，那么他应该是逯希闵的堂弟。善诗，景元华《岱北第一雄山——胡山》中收录他写的两首咏胡山的诗⑧，其中一首亦被《明诗纪事》收录⑨。从该诗可以看出，逯希韩隐居胡山

① （明）梁辰鱼：《梁辰鱼集·鹿城诗集》，上海古籍出版社 2010 年版，第 254 页。
② 《李开先全集·诗文》《李中麓闲居集》之二《五言律诗·送罗国山还慈溪因讯陈闲山》，第 167 页。
③ 《李开先全集·诗文》《李中麓闲居集》之三《七言律诗·张顺斋鼎文冬夜月下写诗见访即席奉答》，第 281 页。
④ 《李开先全集·诗文》《李中麓闲居集》之二《五言律诗·冬夜留吴客邹太湖共酌》，第 120 页。
⑤ 《李开先全集·诗文》《李中麓闲居集》之四《五言排律·忆前川曾给舍》，第 385 页。
⑥ 《李开先全集·诗文》《李中麓闲居集》之三《七言律诗·孟冬河上遇罗海岳》，第 281 页。
⑦ 《李开先全集·诗文》《李中麓闲居集》文之十二《祭文·祭逯处士天泽文》，第 1096 页。
⑧ 景元华：《岱北第一雄山——胡山》，中国文化出版社 2008 年版，第 68 页。
⑨ （明）逯希韩：《山居》，载自清陈田辑撰《明诗纪事》庚签目卷二十六，上海古籍出版社 1993 年版，第 2727 页。

山中,李开先到中麓草堂时两人应该有所唱和。

2. 医士

谁都有头疼发热的时候,有病就需求医问药,李开先在《送良医陈月山》中亦言"念我常多疾,访医遍九州",并列举十一个医生名单,即"广西杨舜泉秀,温州王中白倕,徽州王意庵琠,长洲薛小斋凤,登州毛贵溪翔,济南胡菊泉嗣廉,保定霍小园承恩,并吾章张西泉洵、李屏岩炜、王小村春山与月山,共十一人,皆可称名医云",感叹其他医生"人危犹未去,颜厚不知羞",而陈月山"独超俗士俦","总然十一子,陈氏拔其尤"①。其实,《闲居集》中所载的医士比较多,简单枚举如下:

> 王琠,号静庵,徽州祁门人。嘉靖年间游京师,治愈皇太子疾病,授太医院官,直圣济殿事,加授登仁郎,与李开先交善。李开先作《赠医士王静庵》,又作《寄御医意庵王琠罢官南归》。②

> 黄承佑,号龙崌,姚江人。李开先作《医士黄承佑歌》,序中有:"姚江黄承佑号龙崌者,携医术客吾章城,章人病者日起,然止一人一身之病耳。贪残之病,有大于是者。于其别,歌以送之,因併及之。"③

> 时杏庄,嘉靖间以医术称名曹、濮间。李开先作《赠良医时杏庄》,诗前小序云:"时杏庄医名曹、濮久矣。顷因陈月山来章,始道其详","陈子已有诗赠之矣,时子不可独遗也,遂亦有此作。"④这说明李开先赠诗易求、公正,凡有些关系者皆能得到。

> 洪时钦,号石塘,安徽潜川人。太医院院士。医治李开先女儿招弟的瘰疬大见成效,李开先作《家人有患瘰疬疮者良医洪石塘治之有效诗以谢之》和《谢外科医士洪石塘序》。向李开先索对联,李作两副赠之。⑤

> 吉迁,清源人,治疮医士。医治李开先女儿招弟的瘰疬有效,李开先作《赠疮医吉迁》赠之。

> 任绵山,江湖游医。治愈了女儿的瘰疬,李开先作《谢任医士》答谢。

> 李少鹤,生平未详,李开先作《赠良医李少鹤》,其中有:"医厚缘多

---

① 《李开先全集·诗文》《李中麓闲居集》之四《五言排律·送良医陈月山》,第 383 页。
② 《李开先全集·诗文》《李中麓闲居集》之三《七言律诗·寄御医意庵王琠罢官南归》,第 282 页。
③ 《李开先全集·诗文》《李中麓闲居集》之一《七言古诗·医士黄承佑歌》,第 99 页。
④ 《李开先全集·诗文》《李中麓闲居集》之二《五言律诗·赠良医时杏庄》,第 174 页。
⑤ 《李开先全集·杂著》《中麓山人拙对·续对·中麓山人续对卷之下·跋文》,第 1983 页。

病,李医志不同。罔贪贫者利,绰有古人风。"①

许元,年老医生,李开先作《寿许医》,诗中有小注:"许元短视,眉长则视益短矣。"②注释说许元近视而眉长,体现李开先的幽默风趣。

郭鹿仙,医士。李开先作《赠医士郭鹿仙》,其中有"勤劳尔不惮,谦谨众皆推"③

何雪筠,既是医生,又能作诗。李开先作《赠何雪筠文士》。④

石建寅,号小峰,武定医士。李开先作《数诗赠武定医士小峰石建寅》三首。

李炜,号屏岩,章丘张林镇人。李开先与他相交二十余年,请他为家人治病数十次。隆庆元年(1567)秋,李开先脾病大作,赖他和王春山两人的调治而病愈,前者"区裁尽力",后者"张主尤多"。两人所开之药"似平实奇,似缓实速,盖以平见效则奇",服药一段时间后,李开先"因得饭加气壮,睡稳步轻,瘦起肉生,饮甘渴止,面颜看看复旧,形体渐渐如常,智虑种种日新,而文思滔滔不竭矣。"⑤

3. 棋客

李开先爱好下棋,棋艺需要通过和他人进行切磋才能增进,门客中陈珍、吴橘隐、吴升甫等以此技赢得青睐。

陈珍,字国用,燕京人,门客中棋士,"围棋双陆皆可,独以象棋擅名,举世无与抗衡者。"⑥

吴橘隐和吴升甫,门客中棋士。李开先作《送棋客吴橘隐兼及吴升甫》"天下名棋有二吴,昼长对垒夜披图"⑦。还作《戏赠棋士吴橘隐》,其中有"终岁终朝饶一马,千盘未得一和棋"⑧,下棋时李开先先饶一马,亦能赢局,说明棋艺相当高超。

刘西坡,京都人士,门客中的棋士,李开先作《赠燕都刘西坡》赠之。《词谑·西坡三好》中戏言他爱好下棋、作文和唱曲,却皆不精湛:

① 《李开先全集·诗文》《李中麓闲居集》之二《五言律诗·赠良医李少鹤》,第167页。
② 《李开先全集·诗文》《李中麓闲居集》之二《五言律诗·寿许医》,第209页。
③ 《李开先全集·诗文》《李中麓闲居集》之四《五言排律·赠医士郭鹿仙》,第386页。
④ 《李开先全集·诗文》《李中麓闲居集》之四《五言排律·赠何雪筠文士》,第395页。
⑤ 《李开先全集·诗文》《李中麓闲居集》文之十二《杂文·医案》,第1083—1084页。
⑥ 《李开先全集·诗文》《李中麓闲居集》之四《五言排律·赠棋客陈国用》,第394页。
⑦ 《李开先全集·诗文》《李中麓闲居集》之四《七言排律·送棋客吴橘隐兼及吴升甫》,第403页。
⑧ 《李开先全集·诗文》《李中麓闲居集》之四《七言绝句·戏赠棋士吴橘隐》,第445页。

京都刘西坡,好棋与词,却不甚高。善文谈,又不免风土声音。曾撰一词戏之,止书三句,以见大意:"调文呵使的口儿内舌强,唱曲呵曳的脖子下筋跳,下棋呵输的肚子里头疼"。①

样样不精的门客,虽然没有可取之处,他令人发笑的存在足以让李开先开怀,估计这是将他收留的原因。

4. 其他门客和艺人

为了体现一视同仁,李开先还为门客中其他有一技之长的人作有诗文。朱懋修,号云江,擅长书法。李开先作《赠善书门客朱云江》,其中有"风行水上文如织,日露云边珠倒垂"②,说明他书法卓绝。他为《中麓山人续对》作跋。逯小峰,画师,本邑人。《赠逯小峰画士》说他:"恃艺重其身,余长在写真。"③华时镇,善于作画。李开先作《空尘诗为华生时镇赋》三首④。阙美,擅长蹴鞠。李开先作《赠蹴鞠客阙美》,在《说者任良歌》亦提及他:"蹴圆阙美如风柳,迭进可娱林下叟。"⑤范心埏,苏州种花名手,李开先归乡后请他打理花园,他返家时李开先作《送种植客范心埏还吴兼讯皇甫百泉》。

看相、卖卜是下层士人的一种谋生手段,李开先与他们亦有交游,不过因地位较低,有的竟无全名留存于李开先著作中。马相士,长清人。李开先作《赠马相士》,诗前序为:"嘉靖改元,长清相士马小子,一见极为推许。予今衰老无成,不能副其初意。别来三十八年,今复见之,年已八十,相术不减于少壮时。与其别也,赠以是诗。"⑥吴啸庵,金陵人,江湖术士,以相法为李开先门客,"啸庵吴子南都彦,堪与数人同一鸣。抵掌迓予极称许,丰神气格本天成"⑦。刘长沙,保定人,相士,李开先作《赠相士刘长沙序》。余某,李开先勉强为其作《赠余星士》。张国珍,字佩玉,号云霞,河南连川人。江湖术士,与李开先交善,尝借居李家。李开先作《赠张云霞炼师》,其中有"眉间道气人争观睹,肘后仙方世未闻"⑧。还作《赠张云霞诗序》,其中有"予素不接方外士,惟于张子奇其术而重其人,是之礼貌而馆谷之耳。偶检书笥,得

---

① 《李开先全集·曲论》《词谑·一词谑·西坡三好》,第 1546 页。
② 《李开先全集·诗文》《李中麓闲居集》之四《七言绝句·赠善书门客朱云江》,第 471 页。
③ 《李开先全集·诗文》《李中麓闲居集》之二《五言律诗·赠逯小峰画士》,第 186 页。
④ 《李开先全集·诗文》《李中麓闲居集》之四《五言绝句·空尘诗为华生时镇赋》,第 414 页。
⑤ 《李开先全集·诗文》《李中麓闲居集》之一《七言古诗·说者任良歌》,第 101 页。
⑥ 《李开先全集·诗文》《李中麓闲居集》之三《七言律诗·赠马相士》,第 306 页。
⑦ 《李开先全集·诗文》《李中麓闲居集》之一《七言古诗·啸庵吴相士歌》,第 98 页。
⑧ 《李开先全集·诗文》《李中麓闲居集》之三《七言律诗·赠张云霞炼师》,第 258 页。

一素卷，遂为诗二首，并撰数言，以见予非泛交，而张非他比也。"①可知，李开先对他比较欣赏。此外，李开先为王尧弼作《赠造刻漏者》，还为无名氏作《赠善医游客》《赠卜者》《樵夫》《赠田间叟》《村翁》《牧童》等诗文。

　　李开先是个重情重义的人，有时和友人的关系维持了几十年。安国泰，章丘人。少时与李开先同学，在其罢归后两人相交颇深。死后，李开先作祭文，其中提到："幼与君同学，居且近邻；长与君异业，交益相亲。予之未遇也，每待以上宾；予之致政也，不视为逐臣。"②他对李开先一直比较崇拜，所以两人的关系没因地位悬殊而中断。刘蓟，章丘人，渔夫。李开先有"临浒居""江乡别业"，有水就有鱼，容易和渔夫产生交集。李开先与之交善，称"二十余年甘隐逸，得君同志共盘桓。"③此外，《直书所事》中有"省事闲人还有事，相寻渔父咏沧浪"④，《闲述》中有"相随渔父久垂纶"⑤，这两处中的"渔父"应该就是刘蓟，李开先百无聊赖时找他闲谈歌咏和水边垂钓。

---

① 《李开先全集·诗文》《李开先闲居集》文之六《序·〈赠张云霞诗序〉》，第586页。"馆谷"泛指食宿接待。
② 《李开先全集·诗文》《李中麓闲居集》文之十二《祭文·祭处士安国泰文》，第1110页。
③ 《李开先全集·诗文》《李中麓闲居集》之一《七言古诗·〈渔隐歌〉为邑人刘蓟赋》，第103—104页。
④ 《李开先全集·诗文》《李中麓闲居集》之三《七言律诗·直书所事》，第269页。
⑤ 《李开先全集·诗文》《李中麓闲居集》之三《七言律诗·闲述》，第270页。

参考文献

一、学术著作

[1](明)董复亨等.(万历)章丘县志[M].中国国家图书馆中华古籍资源库中明刻本.

[2](明)顾起元.客座赘语[M].上海:上海古籍出版社,2012.

[3](明)何良俊.四友斋丛说[M].上海:上海古籍出版社,2012.

[4](明)李开先.一笑散[M].北京:文学古籍刊行社,1955.

[5](明)李开先.李开先集[M].北京:中华书局,1959.

[6](明)李开先.中麓画品[M].北京:中华书局,1985.

[7](明)李开先.断发记·金丸记[M].北京:中华书局,2000.

[8](明)李开先.李开先全集[M].北京:文化艺术出版社,2014.

[9](明)陆容.菽园杂记[M].上海:上海古籍出版社,2012.

[10](明)刘若愚.酌中志[M].北京:中华书局,1985.

[11](明)茅坤.茅鹿门文集[M].上海:上海古籍出版社,1955.

[12](明)茅坤.茅坤集[M].杭州:浙江古籍出版社,2012.

[13](明)毛晋.汲古阁珍藏秘本书目[M].北京:中华书局,1985.

[14](明)毛晋.毛晋书跋零拾(附伪跋)[M]//潘天桢.潘天桢文集.北京:北京图书馆出版社;上海:上海科学技术文献出版社,2002.

[15](明)沈德符.万历野获编[M].上海:上海古籍出版社,2012.

[16](明)孙继宗等.明英宗实录[M].台北:台湾"中研院"历史语言研究所,1968.

[17](明)王世贞.弇州山人四部稿[M].明万历五年世经堂刻本.

[18](明)余继登.典故纪闻[M].北京:中华书局,1981.

[19](明)张萱.西园闻见录[M].杭州:杭州古旧书店,1983.

[20](清)陈田.明诗纪事[M].上海:上海古籍出版社,1993.

[21](清)丁丙.善本书室藏书志[M].上海:上海古籍出版社,1995.

［22］（清）龙文彬.明会要［M］.北京：中华书局,1956.

［23］（清）钱谦益.列朝诗集小传［M］.上海：上海古籍出版社,1983.

［24］（清）钱曾.读书敏求记［M］.北京：书目文献出版社,1984.

［25］（清）王士禛.池北偶谈［M］.北京：中华书局,1982.

［26］（清）王士禛.带经堂诗话［M］.北京：人民文学出版社,1963.

［27］（清）夏燮.明通鉴［M］.北京：线装书局,2009.

［28］（清）叶昌炽.藏书纪事诗［M］.北京：燕山出版社,2008.

［29］（清）张廷玉等.明史［M］.北京：中华书局,1974.

［30］（清）朱彝尊.静志居诗话［M］.北京：人民文学出版社,1990.

［31］（清）朱彝尊.经义考［M］.北京：中华书局,1998.

［32］卜键.李开先传略［M］.北京：中国戏剧出版社,1989.

［33］卜键.嘉靖皇帝传［M］.北京：团结出版社,1995.

［34］卜键.从祭赛到戏曲［M］.北京：文化艺术出版社,2005.

［35］陈先运.章丘历史与文化［M］.济南：齐鲁书社,2006.

［36］杜泽逊,程远芬.山东著名藏书家［M］.济南：山东文艺出版社,2004.

［37］方志远.明代城市与市民文学［M］.北京：中华书局,2004.

［38］韩明祥.济南历代墓志铭［M］.济南：黄河出版社,2002.

［39］何朝晖.晚明士人与商业出版［M］.上海：上海古籍出版社,2019.

［40］济南社会科学院.济南名士评传·古代卷［M］.济南：齐鲁书社,2002.

［41］景元华.岱北第一雄山——胡山［M］.香港：中国文化出版社,2008.

［42］李国庆.明代刊工姓名全录［M］.上海：上海古籍出版社,2014.

［43］李盟盟.李开先《中麓画品》研究［M］.天津：天津社会科学院出版
　　　社,2016.

［44］李万百.绣水诗钞中的章丘山水［M］.沧州：吴桥金鼎古籍印刷
　　　厂,2010.

［45］李永祥.李开先年谱［M］.济南：黄河出版社,2002.

［46］李永祥.李开先诗文选［M］.济南：济南出版社,2009.

［47］李永祥.李开先［M］.济南：济南出版社,2012.

［48］李兆来.乡音集［M］.北京：团结出版社,2012.

［49］刘家和.章丘历代碑刻选粹［M］.北京：中国文史出版社,2005.

［50］刘廷銮,孙家兰.山东明清进士通览［M］.济南：山东文艺出版社,2015.

［51］孟祥荣.李开先与《宝剑记》［M］.济南：山东文艺出版社,2004.

［52］明兆乙.李开先［M］.北京：华艺出版社,1999.

[53]缪咏禾.中国出版通史·明代卷[M].北京:中国书籍出版社,2008.

[54]彭勇.明史[M].北京:人民出版社,2019.

[55]任雅萱.祖先的节日——明清以来山东中部的礼仪与生活[M].北京:线装书局,2020.

[56]商传.明代文化史[M].上海:东方出版中心,2007.

[57]台湾图书馆.明人传记资料索引[M].台北:台湾图书馆,1965.

[58]王辉斌.明清戏著史论[M].武汉:武汉大学出版社,2016.

[59]王菊华.中国古代造纸工程技术史[M].太原:山西教育出版社,2006.

[60]吴汝连.济南历代名士选传[M].郑州:黄河出版社,2014.

[61]徐泳.山东通志艺文志订补[M].济南:山东人民出版社,2016.

[62]杨廷福,杨同甫.明人室名别称字号索引[M].上海:上海古籍出版社,2002.

[63]余来明.嘉靖前期诗坛研究(1522~1550)[M].武汉:武汉大学出版社,2009.

[64]袁灿兴.明人的率性生活[M].武汉:华中科技大学出版社,2016.

[65]曾远闻.李开先年谱[M].济南:齐鲁书社,1991.

[66]查猛济,陈彬龢.中国书史[M].北京:知识产权出版社,2012.

[67]章丘市地名志编纂委员会.章丘市地名志[M].济南:黄河出版社,1999.

二、学术论文

[1]毕裴裴.李开先《改定元贤传奇》研究[D].临汾:山西师范大学,2017.

[2]何静.明中期散曲中的自述研究——以陈铎、康海、李开先为中心[D].上海:华东师范大学,2013.

[3]黄文敬.明嘉靖时期的文人与党争[D].杭州:浙江大学,2012.

[4]李梅.李开先诗文研究[D].济南:山东师范大学,2011.

[5]梁海柱.李开先与嘉靖八才子交往考论[D].桂林:广西师范大学,2001.

[6]刘铭.李开先文学研究[D].上海:复旦大学,2011.

[7]谭晶.李开先《宝剑记》中林冲形象研究——与施耐庵《水荆传》比较[D].桂林:广西师范大学,2015.

[8]唐桂艳.清代山东刻书史[D].济南:山东大学,2011.

[9]唐桂英.陈束研究[D].湘潭:湘潭大学,2014.

[10]王博雅.李开先戏曲创作研究[D].兰州:兰州大学,2008.

[11]王国彬.李开先戏曲研究[D].苏州:苏州大学,2006.

[12]王卓.文体选择与李开先的文学思想[D].北京:首都师范大学,2005.

[13]余俊.赵时春诗文研究[D].武汉:湖北大学,2017.

[14]张冠男.李开先诗文与戏曲创作关系研究[D].厦门:集美大学,2012.

[15]甄飒飒.李开先诗歌研究[D].济南:山东大学,2011.

[16]包建强,胡成选.《元刊杂剧三十种》的版本及其校勘[J].西北师范大学学报,2010(1):44—49.

[17]卜键.李开先妻王氏墓志铭考引[J].戏曲艺术,1985(3):93—97.

[18]卜键.李开先疑事(上)[J].戏曲艺术,1986(4):85—91.

[19]卜键.李开先疑事考(下)[J].戏曲艺术,1987(1):87—90.

[20]卜键.所见明刻本李开先《闲居集》及其他[J].文献,1991(4):57—63.

[21]陈太一.李开先及其"中麓画品"著述范式[J].美术学报,2011(3):50—54.

[22]楚萍.明代戏曲家李开先与章丘词会[J].青年与社会,2014(8):335—336.

[23]杜海军.也论元刊杂剧与李开先的收藏关系——甄炜旎《〈元刊杂剧三十种〉与李开先旧藏之关系》失误辨[J].艺术百家,2013(1):159—163.

[24]杜泽逊.跋明刻本《赵浚谷诗文集》[J].中国典籍与文化,2004(2):27—28.

[25]冯小禄.作家传:值得重视的文学批评形式——以李开先为例[J].云南民族大学学报(哲学社会科学版),2010(3):124—128.

[26]冯艳.论歌谣时调对李开先、王九思散曲观之影响[J].新余学院学报,2015(5):18—21.

[27]郭英德.明代文人结社说略[J].北京师范大学学报(社会科学版),1992(4):28—34.

[28]何宗美.北曲南歌 优游词会——李开先与章丘词社考论[J].文艺研究,2018(12):88—95.

[29]黄洽.李开先文学创作新议[J].鲁东大学学报(哲学社会科学版),1994(2):66—70.

[30]霍艳芳.李开先藏书方式考[J].山东图书馆学刊,2014(5):72—75+79.

[31]霍艳芳.李开先藏书流散考[J].图书馆杂志,2016(7):102—106.

[32]李华,金百众.明代文学家李开先与回族义士马广交往考释[J].中共济

南市委党校学报,2016(6):89—92.

[33]李盟盟.论李开先《中麓画品》的成因[J].天津美术学院学报,2008(2):71—72.

[34]李献芳.李开先和他的杂剧创作[J].齐鲁师范学院学报,1997(3):46—47.

[35]李献芳.简论李开先思想的变化与文艺观的创新[J].齐鲁学刊,1997(5):15—17.

[36]李献芳.李开先的《宝剑记》与明中叶社会思潮[J].曲靖师范学院学报,2002(4):57—59.

[37]刘恒.李开先曲论之贡献[J].齐鲁学刊,2009(6):127—131.

[38]刘恒.二十世纪以来李开先曲学研究述评[J].贵州大学学报(艺术版),2011(4):56—60.

[39]刘恒.词曲交游与李开先的曲学成就[J].渤海大学学报(哲学社会科学版),2014(5):88—92.

[40]刘铭.李开先文学思想综论[J].东方论坛,2012(6):92—97.

[41]刘英波.情真意切 字字传情——李开先及其套曲《冬·夜长不寐》浅析[J].济南职业学院学报,2011(6):92—94.

[42]任远.试论李开先的散文创作[J].济南大学学报(社会科学版),1995(1):28—31.

[43]孙晓东.李开先的救世心态与《一笑散》院本创作[J].渤海大学学报(哲学社会科学版),2014(3):87—90.

[44]汪超.复古与新变:论李开先的戏曲整理研究[J].延安大学学报(社会科学版),2014(4):87—92.

[45]王国强.明代文渊阁藏书考述[J].图书与情报,2002(2):35—38.

[46]王辉斌.究心与录载北曲的佳构——论李开先《词谑》的戏曲学价值[J].宁夏师范学院学报,2014(5):16—22.

[47]王军明.《宝剑记》在明代的传播[J].山西大学学报(哲学社会科学版),2013(1):69—74.

[48]王绍曾.略谈山东刻书及其在文化史上的作用[J].山东大学学报(哲学社会科学版),1993(1):60—67.

[49]徐扶明.李开先和他的"林冲宝剑记"[J].文史哲,1957(10):35—43.

[50]徐苗秦.明代戏剧家李开先在藏书史上的贡献[J].专业史苑,2004(1):97—98.

[51] 徐文翔. 明代精英文人与民歌传播——以李梦阳、何景明、李开先和冯梦龙为例[J]. 淮阴师范学院学报（哲学社会科学版），2016（1）：106—109.

[52] 杨光. 浅谈李开先咏雪诗的艺术性与思想性[J]. 黄河科技大学学报，2010（3）：99—101.

[53] 杨惠玲. 对明清曲籍编刊活动的考察之——以李开先《中麓小令》为个案[J]. 南大戏剧论丛，2017（2）：69—78.

[54] 杨惠玲. 明嘉靖年间以家刻为主的曲籍编刊述论[J]. 西北民族大学学报（哲学社会科学版），2020（5）：164—171.

[55] 于学剑. 李开先戏剧：义愤沉雄 心仪国士[J]. 戏剧丛刊（人文天下），2014（1）：54—61.

[56] 岳爱华，和艳会. 晚清士人的书籍往来——基于李慈铭《越缦堂日记》的考察[J]. 国家图书馆学刊，2014（2）：107—112.

[57] 翟晓岩. 明代的官府藏书及其利用[J]. 甘肃社会科学，1993（6）：139—141.

[58] 甄炜旎.《元刊杂剧三十种》与李开先旧藏之关系[J]. 中国典籍与文化，2008（1）：64—67.

[59] 郑凯歌. 论免官对李开先诗歌的影响[J]. 文教资料，2017（23）：9—10.

[60] 周潇. 李开先《闲居集》简论[J]. 青岛大学师范学院学报，2012（3）：42—49.

[61] 朱红昭. 李开先词曲生涯与士人心态[J]. 西北民族大学学报（哲学社会科学版），2013（F12）：117—119.

[62] 朱红昭. 章丘词会与嘉靖士人词曲风气[J]. 商丘师范学院学报，2017（10）：52—55.

后 记

在校对引文后，去李开先老家章丘的实地调研，得益于李氏第三十一世李庆启老师的引领和介绍，使得实地调研的资料能够补充文献资料的不足。而且，他又赠送给我卜键老师写的《李开先传略》和明兆乙先生写的《李开先》两本书，这两本书出版时间早、发行量小，如今市面上已经很难见到，幸而李开先纪念馆存有两位老师的赠书复本。得到赠书后，我急忙阅读，书中很多内容可与此书相印证。从李老师口中，我还得知卜键老师在研究李开先时，曾到章丘实地踏访数月，冒着酷暑，骑着借来的一辆旧自行车，奔波于崎岖之境，奠定了比较坚实的资料基础。这种艰辛的治学之路虽然费时费力，但他在李开先研究方面的造诣，没人能够望其项背。此书的引文即以卜键老师笺校的《李开先全集》为基础，书中的笺校注解对笔者理解文意帮助很大。不过，其中少许与中国基本古籍库、中国国家数字图书馆中华古籍资源库有矛盾之处，笔者经过斟酌，确实是其中错误就以圆括号标注其后，并在脚注中进行相关说明。

在修改完善过程中，感谢李明杰师兄和何朝晖老师提出的宝贵意见。书稿初成形发给师兄审读，他提出很多高屋建瓴的意见，在专家反馈意见之后发给何老师指正，他亦指教颇多。在校对过程中，得到女弟子范珑瀚和温晓晨的大力支持，多一双眼睛多发现一些谬误。范珑瀚同学还运用Citespace软件对发表在中国知网中的论文进行计量统计和分析，使得笔者对国内研究现状把握得更为准确。薛艳春和张萌两位同学认真考订，撰写数万字的附录部分，用力甚勤。在出版过程中，浙江大学出版社宋旭华老师学识渊博，认真敬业，帮着厘定谬误、调整格式，其他老师进行排版、设计等，亦为拙著的问世费心费力，在此一并致谢。

在学校查找资料时，得到孙振玉老师的慷慨帮助，后来穆允军主任告知我在图书馆网站上使用CADAL在家中即可查找所需资料，少去了奔波辗转的辛苦。一些口述资料，来自李氏后人李庆启、李厥峰、李厥祥、李中福等人，面对他们殷切的目光，我生怕自己水平拙劣，无法为他们的"开先祖"正名和扬名，常常感到惭愧和无助。李庆松老师更是用自己画的两幅画换了牛志春《雪簑》一书赠送给我，这般支持和鼓励让人感动。章丘博物馆前馆长宁荫棠拍摄并转录了宁氏族谱中收录的李开先为宁守家写的墓表，章丘作家协会副主席宁昭收提供了李开先篆额的《明李大公配董氏合葬墓志铭》，皆是未见他处记载的宝贵资料。章丘文史专家李兆来曾写作一部名叫《李开先》(山东文艺出版社 2001 年版)的长篇小说，此次见面他为我复印大作《乡音集》(团结出版社 2012 年版)中收录的《〈金瓶梅〉作者李开先传略》一文，席间听说他担任编剧的《李开先》连续剧因资金问题而搁浅，甚为遗憾。

2021 年 4 月，济南电视台以"古城先贤·李开先：'词山曲海'余音长"为主题做了一期节目，笔者受邀接受采访，在节目中提道："一个家族共同文化记忆的传承，不是一个人一代人就能做得了的，它需要数代人一直努力地守护下去。"跟一些老师和学生讨论时觉得通过网页、公众号、短视频等时下比较流行的方式宣传历史人物和城市文化资源，会取得比较好的效果。但是仅凭我及几个学生，在既缺技术又少资金的情况下难以完成如此重任，所以至今未能付诸行动。后来给刘晓蒙编导发微信，请她在节目最后提一下希望更多的人关注历史资源的开发和利用，进而造福社会。

我现在心中有个梦想，就是能够和专家学者、李氏后人、IT 技术人员等合作设计一个有关李开先的网页，分享有关的实物和研究资料，使更多的人了解他、研究他。希望这个梦想终究能够实现！

2023 年 7 月于家中

图书在版编目(CIP)数据

李开先藏书、著述与刻书研究 / 霍艳芳著. —杭州：
浙江大学出版社,2023.7
ISBN 978-7-308-24028-4

Ⅰ.①李… Ⅱ.①霍… Ⅲ.①私人藏书－研究－中国
－明代②中国文学－古典文学研究－明代③刻书－研究－
中国－明代 Ⅳ.①G259.258.3②I206.48③G256.22

中国国家版本馆 CIP 数据核字(2023)第 128071 号

李开先藏书、著述与刻书研究

霍艳芳　著

责任编辑	宋旭华
责任校对	胡　畔
封面设计	周　灵
出版发行	浙江大学出版社
	（杭州市天目山路 148 号　邮政编码 310007）
	（网址:http://www.zjupress.com）
排　　版	浙江大千时代文化传媒有限公司
印　　刷	杭州钱江彩色印务有限公司
开　　本	710mm×1000mm　1/16
印　　张	28
字　　数	502 千
版 印 次	2023 年 7 月第 1 版　2023 年 7 月第 1 次印刷
书　　号	ISBN 978-7-308-24028-4
定　　价	98.00 元